D1753565

Entscheidungen in Kirchensachen

seit 1946

Begründet von

Prof. Dr. Dr. Carl Joseph Hering †   Dr. Hubert Lentz

Herausgegeben von

Prof. Dr. Manfred Baldus
Vorsitzender Richter
am Landgericht Köln a. D.

Prof. Dr. Stefan Muckel
Universitätsprofessor
an der Universität zu Köln

in Verbindung mit dem

Institut für Kirchenrecht
und rheinische Kirchenrechtsgeschichte
der Universität zu Köln

De Gruyter Recht · Berlin

Entscheidungen in Kirchensachen

seit 1946

40. Band
1. 1.–30. 6. 2002

De Gruyter Recht · Berlin

Zitierweise
Für die Zitierung dieser Sammlung wird die Abkürzung KirchE empfohlen,
z. B. KirchE 1,70 (= Band 1 Seite 70).

ISBN-13: 978-3-89949-312-2
ISBN-10: 3-89949-312-5

©

Copyright 2006 by De Gruyter Rechtswissenschaften Verlags-GmbH, D-10785 Berlin.
Dieses Werk einschließlich aller seiner Teile ist urheberrechtlich geschützt. Jede Verwertung außerhalb der engen Grenzen des Urheberrechtsgesetzes ist ohne Zustimmung des Verlages unzulässig und strafbar. Das gilt insbesondere für Vervielfältigungen, Übersetzungen, Mikroverfilmungen und die Einspeicherung und Verarbeitung in elektronischen Systemen.
Printed in Germany.
Druck und buchbinderische Verarbeitung: Hubert & Co., Göttingen
Einbandgestaltung: Christopher Schneider, Berlin

Vorwort und Benutzungshinweise

Die Sammlung „Entscheidungen in Kirchensachen seit 1946" (KirchE) veröffentlicht Judikatur zum Verhältnis von Kirche und Staat und zu weiteren Problemkreisen, die durch die Relevanz religiöser Belange gekennzeichnet sind. Angesichts dieses breiten Themenkatalogs, der alle Zweige der Rechtsprechung berührt, kann eine Vollständigkeit nur angestrebt werden, wenn man eine gewisse zeitliche Distanz in Kauf nimmt. Im Veröffentlichungszeitraum 2002 sehen sich die Herausgeber erstmals veranlasst, den Stoff auf zwei Halbjahresbände zu verteilen. Der Zuwachs an religionsrechtlicher Rechtsprechung ist unter anderem durch die Verbreitung nichtchristlicher Religions- und Weltanschauungsgemeinschaften bedingt. Bis zum Jg. 38 (2000) wurden nur Entscheidungen deutscher staatlicher Gerichte in die Sammlung aufgenommen. Die steigende Bedeutung religionsrechtlich relevanter Fragen in der Rechtsprechung des Europäischen Gerichtshofs für Menschenrechte (EGMR) und des Europäischen Gerichtshofs (EuGH) macht er unerlässlich, auch deren Judikatur zu berücksichtigen. Dabei werden vornehmlich solche Entscheidungen ausgewählt, die aus Verfahren in Deutschland hervorgegangen oder sonst von grundsätzlicher Bedeutung sind. Die Veröffentlichung erfolgt in einer Amtssprache oder amtlichen Übersetzung, die der Gerichtshof für die amtliche Ausgabe der jeweiligen Entscheidung verwendet hat. Ebenso bleibt die von der deutschen Praxis abweichende Form der Entscheidungen und der Abkürzungen gewahrt. Die Herausgeber sind bestrebt, die in der Zeit von 1980 bis 2001 ergangenen Entscheidungen des EGMR und EuGH zu religionsrechtlichen Fragen alsbald in einem Sonderband zu dokumentieren.

In Fußnote 1 finden sich neben Quellenangaben auch Hinweise auf den Fortgang des Verfahrens (Rechtsmittel, Rechtskraft). Etwaige weitere Entscheidungen aus dem Rechtsmittelzug werden, soweit sie wesentliche Ausführungen zu religionsrechtlichen Fragen etc. enthalten, in späteren Bänden von KirchE abgedruckt.

Die Herausgeber halten es für angebracht, evtl. auch solche Entscheidungen aufzunehmen, die im weiteren Verlauf des Verfahrens keinen Bestand hatten; anderenfalls würde erfahrungsgemäß wertvolles religionsrechtliches Material für eine Auswertung in Wissenschaft und Praxis verloren gehen. Entscheidungen zum Asylrecht und Sonn- und Feiertagsrecht werden in der Sammlung nur berücksichtigt, soweit ein Bezug zum deutschen Staatskirchenrecht ersichtlich ist.

Soweit die als amtlich gekennzeichneten Leitsätze der Gerichte verwendet wurden, ist dies vermerkt. Im Übrigen wurden die Leitsätze möglichst auf den religionsrechtlich relevanten Inhalt der Entscheidung beschränkt. Dasselbe gilt für die von den Herausgebern gefasste Sachverhaltsschilderung, für die Prozessgeschichte und die Entscheidungsgründe. Der z.T. unterschiedliche Zitier- und Abkürzungsmodus ist nur angeglichen, wo Verwechslungen in Betracht kommen. Das Abkürzungsverzeichnis wurde im wesentlichen auf Publikationsorgane und Zeitschriften beschränkt. Zur Auflösung von weiteren juristischen Abkürzungen wird auf Kirchner/Butz, Abkürzungsverzeichnis der Rechtssprache, 5. Aufl., Berlin 2003, verwiesen. Soweit in den Urteilen etc. auf andere Entscheidungen, die auch in KirchE abgedruckt sind, Bezug genommen wird, ist die Fundstelle durch einen Quellenzusatz nachgewiesen.

Über die den Bänden 1-25 erschienene Judikatur informiert zusätzlich ein im Jahr 1993 erschienener Registerband.

Zugänge zur Judikatur kirchlicher Gerichte, die in dieser Sammlung schon aus Raumgründen nicht berücksichtigt werden kann, eröffnen die Rechtsprechungsbeilage zum Amtsblatt der EKD (jeweils Beilage zu Heft 4 eines Jahrganges) und die kirchenrechtlichen Fachzeitschriften, insbesondere das „Archiv für katholisches Kirchenrecht" und die „Zeitschrift für evangelisches Kirchenrecht"; in letzterer bietet Markus Kapischke (Jg. 46 [2001], S. 63-85) einen Fundstellennachweis der Rechtsprechung der evangelischen Kirchengerichte in den Jahren 1991-2000. Die Spruchpraxis arbeitsrechtlicher Schiedsstellen im Bereich der Katholischen Kirche ist u.a. aus der Zeitschrift „Die Mitarbeitervertretung" ersichtlich.

Seit seiner Gründung (1963) erscheint das Werk in Zusammenarbeit mit dem Institut für Kirchenrecht und rheinische Kirchenrechtsgeschichte der Universität zu Köln und wird dort auch redaktionell betreut. Unter denen, die die Arbeiten am vorliegenden Band der Entscheidungssammlung durch ihre Mitwirkung gefördert haben, seien namentlich genannt Dipl.-Bibliothekar Christian Meyer und stud. iur. Kerstin Halverscheid, Daniela Schubert, Kerstin Sieberns und Tobias Kollig. Frau Petra Schäfter (Berlin) sei für die druckfertige Erstellung des Manuskripts gedankt.

Den Benutzern der Sammlung, Herrn Prof. Dr. Hermann Weber (Bad Vilbel), den Gerichten und kirchlichen Stellen, insbesondere dem Kirchenamt der EKD in Hannover und dem Institut für Staatskirchenrecht der Diözesen Deutschland in Bonn, schulden die Herausgeber herzlichen Dank für Hinweise und die Zusendung bisher unveröffentlichter Entscheidungen; sie werden diese Mithilfe auch weiterhin zu schätzen wissen.

Köln, im Sommer 2006   *Stefan Muckel*   *Manfred Baldus*

Inhaltsverzeichnis

Nr.		Seite
1	Ausnahmegenehmigung für Schächten warmblütiger Tiere. BVerfG, Urteil vom 15.1.2002 (1 BvR 1783/99)	1
2	Befreiung von einer Klassenfahrt aus religiösen Gründen. VG Aachen, Beschluss vom 16.1.2002 (9 L 1313/01)	15
3	Befreiung von einer Klassenfahrt aus religiösen Gründen. OVG Nordrhein-Westfalen, Beschluss vom 17.1.2002 (19 B 99/02)	20
4	Zum Grundrechtsschutz für eine vor einem Iman in Deutschland geschlossene Ehe. OVG Saarland, Beschluss vom 18.1.2002 (1 W 9/01)	21
5	Gebetspausen während der Arbeitszeit. LAG Hamm, Urteil vom 18.1.2002 (5 Sa 1782/01)	25
6	Anerkennung als Schwangerschaftskonfliktberatungsstelle, Widerruf. Niedersächsisches OVG, Beschluss vom 21.1.2002 (11 MA 3363/01)	33
7	Erhebung von Kirchgeld im Bereich der Ev. Landeskirche in Württemberg. BFH, Beschluss vom 22.1.2002 (I B 18/01)	39
8	Steuerliche Berücksichtigungsfähigkeit des häuslichen Arbeitszimmers eines Pfarrgeistlichen. FG München, Urteil vom 22.1.2002 (6 K 3603/01)	42
9	Arbeitsvertraglichen Richtlinien des Deutschen Caritasverbandes (AVR) kein Tarifvertrag. BAG, Beschluss vom 23.1.2002 (4 AZN 760/01)	46
10	Klageerzwingungsverfahren wegen Volksverhetzung, Antragsbefugnis einer Religionsgemeinschaft. OLG Stuttgart, Beschluss vom 23.1.2002 (1 Ws 9/02)	48
11	Zur Frage der Zuerkennung von Schmerzensgeld im Falle einer Bluttransfusion bei einem Zeugen Jehovas gegen dessen ausdrücklich erklärten Willen. OLG München, Urteil vom 31.1.2002 (1 U 4705/98)	51
12	Scientology-Werbung in Fußgängerzone. VGH Baden-Württemberg, Urteil vom 31.1.2002 (5 S 3057/99)	66
13	Hinweis in der Lohnsteuerkarte auf Nichtzugehörigkeit zu einer Religionsgemeinschaft. FG München, Urteil vom 5.2.2002 (13 K 5064/01)	88

VIII Inhaltsverzeichnis

14 Mitgliedschaft in israelitischer Kultusgemeinde. FG Köln, Urteil vom
   6.2.2002 (11 K 3900/99) 93

15 Außerordentliche Kündigung eines KODA-Mitglieds wegen eines
   Zeitschriftenartikels. LAG München, Urteil vom 7.2.2002 (4 Sa
   218/01) 101

16 Warnung eines kirchl. Sektenbeauftragten vor gewerblichen Aktivitäten einer anderen Religionsgemeinschaft. OLG München, Urteil
   vom 8.2.2002 (21 U 3532/01) 109

17 Fortgeltung der AVR-Caritas bei Betriebsübergang. LAG Bremen,
   Urteil vom 21.2.2002 (3 Sa 17/02) 121

18 Kirchsteuererhebung verfassungskonform. FG München, Urteil vom
   25.2.2002 (13 K 341/01) 127

19 Gebetspausen während der Arbeitszeit. LAG Hamm, Urteil vom
   26.2.2002 (5 Sa 1582/01) 129

20 Aufklärungspflichtverletzung bei selbstschuldnerischer Bürgschaft
   eines Mönchs. BGH, Urteil vom 28.2.2002 (IX ZR 153/00) 139

21 Staatl. Justizgewährungspflicht für Anspruch auf Staatsleistungen
   einer israelitischen Kultusgemeinde. BVerwG, Urteil vom 28.2.2002
   (7 C 7/01) 140

22 Nebentätigkeit eines Krankenpflegers als Bestatter. BAG, Urteil vom
   28.2.2002 (6 AZR 357/01) 146

23 Kein Ausschluss des Umgangsrechts wegen Zugehörigkeit zu den
   Zeugen Jehovas. AG Göttingen, Beschluss vom 28.2.2002 (44 F
   156/00 UG) 153

24 Einschränkung von liturgischem Glockenläuten. BayVGH, Urteil
   vom 1.3.2002 (22 B 99.338 W) 155

25 Loyalitätspflicht einer Kindergartenleiterin im kirchlichen Dienst.
   BVerfG, Beschluss vom 7.3.2002 (1 BvR 1962/01) 164

26 Gerichtszuständigkeit im Streit über die religiöse Erziehung der
   Kinder. AG Weilburg, Beschluss vom 8.3.2002 (22 F 1642/01) 167

27 Vergütung für Dipl.-Theologen als Berufsbetreuer. OLG Thüringen,
   Beschluss vom 11.3.2002 (6 W 54/02) 171

28 Kopftuchverbot für muslimische Lehrerin im öffentl. Schuldienst. OVG
   Lüneburg, Urteil vom 13.3.2002 (2 LB 2171/01) 173

Inhaltsverzeichnis IX

29 Ermäßigter Umsatzsteuersatz für die Gestaltung von Kirchenfenstern u. sakralen Gegenständen. FG Münster, Urteil vom 14.3.2002 (5 K 7990/99 U) 189

30 Keine Sorgerechtsänderung wegen Beitritts zu den Zeugen Jehovas. OLG Karlsruhe, Beschluss vom 15.3.2002 (2 [20] UF 106/01) 196

31 BAT-KF / AVR und Betriebsübergang. BAG, Urteil vom 20.3.2002 (4 AZR 101/01) 203

32 Berücksichtigung des Kirchensteuer-Hebesatzes bei der Bemessung von Arbeitslosenhilfe. BSG, Urteil vom 21.3.2002 (B 7 AL 18/01 R) .. 211

33 Bürgerbegehren gegen bauplanungsrechtliche Zulässigkeit einer Moschee mit Minarett. VG Augsburg, Urteil vom 21.3.2002 (Au 8 K 01.14089) 106

34 Parteiausschluss wegen Scientology-Mitgliedschaft. BVerfG, Beschluss vom 28.3.2002 (2 BvR 307/01) 220

35 Vollstreckung aus kirchengerichtlichem Kostenfestsetzungsbeschluss. OVG Nordrhein-Westfalen, Beschluss vom 28.3.2002 (5 E 286/01) ... 225

36 Sonderunterhalt für Kosten der Kommunionsfeier. OLG Köln, Beschluss vom 5.4.2002 (27 WF 61/02) 228

37 Wohnraumförderung für Krankenpflegekräfte, Widerruf. BayVGH, Urteil vom 9.4.2002 (24 B 00.2744) 229

38 Zwangsräumung einer besetzten Kirche. EGMR, Urteil (judgment) vom 9.4.2002 (Appl.No. 51346/99 [Cisse ./. Frankreich]) 237

39 Beteiligungsrecht der MAV u. Genehmigungvorbehalt bei Kündigung. BAG, Urteil vom 12.4.2002 (2 AZR 148/01) 247

40 Rechtsweg für Klage auf Dienstbezüge eines ev. Pfarrers. VG Düsseldorf, Urteil vom 19.4.2002 (1 K 8559/99) 252

41 Kirchenaufsichtliche Genehmigung für Grundstücksgeschäfte des Bischöflichen Stuhls. LG Schwerin, Beschluss vom 22.4.2002 (5 T 152/02) 264

42 Beihilfe zur Selbsttötung (assisted suicide). EGMR, Urteil (judgment) vom 29.4.2002 (Appl.No. 2346/02 [Pretty ./. Vereinigtes Königreich) 265

43 Steuerliche Behandlung von Geschäftsbeziehungen mit Scientology. FG München, Urteil vom 7.5.2002 (12 K 5320/99) 273

X   Inhaltsverzeichnis

44 Religionsgesetzliche Pflicht zur Beachtung von Bekleidungsvorschriften kein Asylgrund. OVG Rheinland-Pfalz, Urteil vom 17.5.2002 (6 A 10217/02) 279

45 Absoluter und relativer Tendenzschutz bei Betrieben von Weltanschauungsgemeinschaften. LAG Hamm, Beschluss vom 17.5.2002 (10 TaBV 140/01) 282

46 Streit der Eltern über den Termin der Taufe. AG Lübeck, Beschluss vom 23.5.2002 (129 F 116/02) 296

47 Einreiseverweigerung für Oberhaupt einer Religionsgemeinschaft. OVG Rheinland-Pfalz, Urteil vom 7.6.2002 (12 A 10349/99) 299

48 Befreiung von Baugebühr für kirchliche Stiftung. Niedersächsisches OVG, Beschluss vom 12.6.2002 (1 LA 1134/01) 304

49 Begrenzung des Abzugs von Kirchenbeiträgen als Sonderausgaben. BFH, Urteil vom 12.6.2002 (XI R 96/97) 307

50 Kein Anspruch auf Heimunterricht für schulpflichtige Kinder aus religiösen oder weltanschaulichen Gründen. VGH Baden-Württemberg, Urteil vom 18.6.2002 (9 S 2441/01) 310

51 Schutz der Bezeichnung „Franziskaner". OLG Frankfurt am Main, Urteil vom 20.6.2002 (6 U 62/01) 326

52 Zuverlässigkeit für private Arbeitsvermittlung, Verfahrensmängel. BSG, Beschluss vom 25.6.2002 (B 11 AL 21/02 B) 329

53 Staatl. Warnung vor sog. Jugendsekten. BVerfG, Beschluss vom 26.6.2002 (1 BvR 670/91) 336

54 Erlass von Kirchensteuer für länger zurückliegende Veranlagungszeiträume. BFH, Beschluss vom 26.6.2002 (I B 10/01) 359

Abkürzungsverzeichnis

ABl.	Amtsblatt
ABlEG	Amtsblatt der Europäischen Gemeinschaften
ABlEvLK.	Amtsblatt evangelische Landeskirche
AfkKR	Archiv für katholisches Kirchenrecht
AfP	Archiv für Presserecht
AG	Amtsgericht
AiB	Arbeitsrecht im Betrieb
AK-GG	Kommentar zum Grundgesetz für die Bundesrepublik Deutschland (Reihe Alternativkommentare)
AkKR	Archiv für katholisches Kirchenrecht
AllMBl.	Allgemeines Ministerialblatt der Bayerischen Staatsregierung
AöR	Archiv des öffentlichen Rechts
AP	Arbeitsrechtliche Praxis
ArbG	Arbeitsgericht
AR-Blattei	Arbeitsrecht-Blattei
ArbN	Arbeitnehmer
ArbRGeg	Das Arbeitsrecht der Gegenwart
ArbuR, AuR	Arbeit und Recht
ARST	Arbeitsrecht in Stichworten
ArztR	Arztrecht
AS	Amtliche Sammlung
AS RP-SL	Amtliche Sammlung der Oberverwaltungsgerichte Rheinland-Pfalz und Saarland
AuA	Arbeit und Arbeitsrecht
AuAS	Ausländer- und asylrechtlicher Rechtsprechungsdienst
AuR, ArbuR	Arbeit und Recht
BAG	Bundesarbeitsgericht
BAGE	Entscheidungen des Bundesarbeitsgerichts
BauR	Baurecht
BayGVBl.	Bayerisches Gesetz- und Verordnungsblatt
BayObLG	Bayerisches Oberstes Landesgericht
BayObLGSt	Entscheidungen des Bayerischen Obersten Landesgerichts in Strafsachen
BayObLGR	Report BayObLG. Schnelldienst zur gesamten Zivilrechtsprechung des Bayerischen Obersten Landesgerichts
BayObLGZ	Entscheidungen des Bayerischen Obersten Landesgerichts in Zivilsachen
BayVBl.	Bayerische Verwaltungsblätter
BayVerfGH	Bayerischer Verfassungsgerichtshof
BayVerfGHE, BayVGHE	Sammlung von Entscheidungen des Bayerischen Verwaltungsgerichtshofs mit Entscheidungen des Bayerischen Verfassungsgerichtshofs
BB	Der Betriebs-Berater

BFH	Bundesfinanzhof
BFH/NV	Sammlung amtlich nicht veröffentlichter Entscheidungen des Bundesfinanzhofs
BFHE	Sammlung der Entscheidungen des Bundesfinanzhofs
BGBl.	Bundesgesetzblatt
BGH	Bundesgerichtshof
BGHR	BGH-Rechtsprechung
BGHSt	Entscheidungen des Bundesgerichtshofs in Strafsachen
BGHZ	Entscheidungen des Bundesgerichtshofs in Zivilsachen
BK-GG	Bonner Kommentar zum Grundgesetz
BlPMZ	Blatt für Patent-, Muster- und Zeichenwesen
BPatGE	Entscheidungen des Bundespatentgerichts
BKR	Zeitschrift für Bank- und Kapitalmarktrecht
Breith.	Sammlung von Entscheidungen aus dem Sozialrecht
BRS	Baurechtssammlung
BS	Bereinigte Sammlung
BSG	Bundessozialgericht
BSGE	Entscheidungen des Bundessozialgerichts
BStBl.	Bundessteuerblatt
BT-Drs.	Bundestagsdrucksache
BTPrax	Betreuungsrechtliche Praxis
Buchholz	Sammel- und Nachschlagewerk der Rechtsprechung des Bundesverwaltungsgerichts
BuW	Betrieb und Wirtschaft
BVerfG	Bundesverfassungsgericht
BVerfGE	Entscheidungen des Bundesverfassungsgerichts
BVerwG	Bundesverwaltungsgericht
BVerwGE	Entscheidungen des Bundesverwaltungsgerichts
BVormVG	Gesetz über die Vergütung von Berufsvormündern
BWGZ	Die Gemeinde. Zeitschrift für Städte und Gemeinden, für Stadträte, Gemeinderäte und Ortschaftsräte; Organ des Gemeindetages Baden-Württemberg
BWVP(r)	Baden-Württembergische Verwaltungspraxis
CR	Computer und Recht
CIC	Codex Juris Canonici
DAR	Deutsches Autorecht
DB	Der Betrieb
DBK	Deutsche Bischofskonferenz
DBlR	Dienstblatt der Bundesanstalt für Arbeit Rechtsprechung
DEK	Deutsche Evangelische Kirche
DLR	Deutsche Lebensmittel-Rundschau
DNotI-Report	Informationsdienst des Deutschen Notarinstituts
DNotZ	Deutsche Notar-Zeitschrift
DÖD	Der öffentliche Dienst

Abkürzungsverzeichnis XIII

DÖV	Die öffentliche Verwaltung
DR	Deutsches Recht (Wochenausgabe, vereinigt mit der Juristischen Wochenschrift)
DRiZ	Deutsche Richterzeitung
DRsp	Die Deutsche Rechtsprechung. Datenbank
DSB	Datenschutzberater
DStR	Deutsches Steuerrecht
DStRE	Deutsches Steuerrecht-Entscheidungsdienst
DStZ	Deutsche Steuer-Zeitung
DtZ	Deutsch-deutsche Rechts-Zeitschrift
DVBl.	Deutsches Verwaltungsblatt
DVP	Deutsche Verwaltungspraxis
DZWIR	Zeitschrift für Wirtschafts- und Insolvenzrecht
EBE	Eildienst: Bundesgerichtliche Entscheidungen
ECHR	European Court of Human Rights. Reports of judgments and decisions
EFG	Entscheidungen der Finanzgerichte
EkA	Entscheidungssammlung zum kirchlichen Arbeitsrecht
EKD	Evangelische Kirche in Deutschland
EStB	Der Ertragsteuerberater
ESVGH	Entscheidungssammlung des Hessischen Verwaltungsgerichtshofs und des Verwaltungsgerichtshofes Baden-Württemberg
EuGHE	Gerichtshof der Europäischen Gemeinschaften. Sammlung der Entscheidungen
EuGRZ	Europäische Grundrechte-Zeitschrift
EuZW	Europäische Zeitschrift für Wirtschaftsrecht
EvSt, EvStL	Evangelisches Staatslexikon
EWiR	Entscheidungen zum Wirtschaftsrecht
EzA	Entscheidungssammlung zum Arbeitsrecht
EzA-SD	Entscheidungssammlung zum Arbeitsrecht. Schnelldienst
EzAR	Entscheidungssammlung zum Ausländer- und Asylrecht
EzBAT	Entscheidungssammlung zum Bundesangestellten-Tarif und den ergänzenden Tarifverträgen
EzFamR	Entscheidungssammlung zum Familienrecht
FA	Fachanwalt Arbeitsrecht
FamRB	Familien-Rechts-Berater
FamRZ	Zeitschrift für das gesamte Familienrecht
FEVS	Fürsorgerechtliche Entscheidungen der Verwaltungs- und Sozialgerichte
FF	Forum Familien- und Erbrecht
FG	Finanzgericht
FGPrax	Praxis der Freiwilligen Gerichtsbarkeit

XIV　Abkürzungsverzeichnis

FÜR	Familie - Partnerschaft - Recht
FR	Finanzrundschau
FuR	Familie und Recht
GA	Goltdammer's Archiv für Strafrecht
GABl	Gemeinsames Amtsblatt
GABl.NW	Gemeinsames Amtsblatt des Kultusministeriums und des Ministeriums für Wissenschaft und Forschung des Landes Nordrhein-Westfalen
GBl	Gesetzblatt
GBl.DDR	Gesetzblatt der Deutschen Demokratischen Republik
GewArch	Gewerbearchiv
GI	Gerling Informationen für wirtschaftsprüfende, rechts- und steuerberatende Berufe
GKÖD	Gesamtkommentar Öffentliches Dienstrecht
GRCh	Europäische Grundrechte-Charta
Grundeigentum	Das Grundeigentum
GRUR	Gewerblicher Rechtsschutz und Urheberrecht
GRUR-RR	Gewerblicher Rechtsschutz und Urheberrecht - Rechtsprechungsreport
GS	Gesetzessammlung
GStB	Gestaltende Steuerberatung
GVBl., GVOBl.	Gesetz- und Verordnungsblatt
GVG	Gerichtsverfassungsgesetz
GV.NW	Gesetz- und Vorordnungsblatt für das Land Nordrhein-Westfalen
HdbBayStKirchR	Voll, Otto: Handbuch des Bayerischen Staatskirchenrechts. München 1985
HdbKathKR	Handbuch des katholischen Kirchenrechts. Hrsg. von Joseph Listl, Hubert Müller, Heribert Schmitz. Regensburg 1983
HdbStKirchR	Handbuch des Staatskirchenrechts der Bundesrepublik Deutschland. Hrsg. von Joseph Listl und Dietrich Pirson. 2. Aufl. Bde 1 u. 2. Berlin 1994-1995
HdbVerfR	Handbuch des Verfassungsrechts der Bundesrepublik Deutschland. Hrsg. von Ernst Benda, Werner Maihofer, Hans-Jochen Vogel. 2. Aufl. Berlin 1994
HdbWissR	Handbuch des Wissenschaftsrechts. Hrsg. von Christian Flämig. 2. Aufl. Bd. 1 u. 2. Berlin 1996
Hess.VGH	Hessischer Verwaltungsgerichtshof
HFR	Höchstrichterliche Finanzrechtsprechung
HRG	Hochschulrahmengesetz
HUDOC	Human Rights Documentation. Database of the case-law of the European Convention on Human Rights
IBR	Immobilien- und Baurecht

InfAuslR	Informationsbrief Ausländerrecht
Info BRS	Informationsdienst öffentliche Baurechtssammlung
IÖD	Informationsdienst Öffentliches Dienstrecht
IPrax	Praxis des Internationalen Privat- und Verfahrensrechts
IPRspr	Die deutsche Rechtsprechung auf dem Gebiete des Internationalen Privatrechts
JA	Juristische Arbeitsblätter
JAmt	Das Jugendamt
JMBl.	Justizministerialblatt
JöR	Jahrbuch des öffentlichen Rechts der Gegenwart
JR	Juristische Rundschau
JuS	Juristische Schulung
Justiz	Die Justiz. Amtsblatt des Justizministeriums Baden-Württemberg
JW	Juristische Wochenschrift
JZ	Juristenzeitung
KABl.	Kirchliches Amtsblatt
KAnz.	Kirchlicher Anzeiger
KFR	Kommentierte Finanzrechtsprechung
KG	Kammergericht
KGR Berlin	KG-Report Berlin. Schnelldienst zur Zivilrechtsprechung des Kammergerichts Berlin
KH	Das Krankenhaus
KHuR	Krankenhaus & Recht
Kind-Prax	Kindschaftsrechtliche Praxis
KirchE	Entscheidungen in Kirchensachen seit 1946
KMBl.	Amtsblatt des Bayerischen Staatsministeriums für Unterricht und Kultus
KMK-HSchR	Informationen zum Hochschulrecht Veröffentlichungen der Kultusministerkonferenz
KR	Kommentar zum gesamten Kündigungsrecht
KommunalPraxis BY	Zeitschrift für Verwaltung, Organisation und Recht Ausgabe Bayern
KRS	Krankenhaus-Rechtsprechung
KStZ	Kommunale Steuerzeitschrift
KuR	Kirche und Recht
LAG	Landesarbeitsgericht
LAGE	Entscheidungen der Landesarbeitsgerichte
LAGReport	LAGReport. Arbeitsrechtlicher Rechtsprechungsdienst der Landesarbeitsgerichte
LG	Landgericht
LK	Leipziger Kommentar zum Strafgesetzbuch
LKV	Landes- und Kommunalverwaltung

XVI Abkürzungsverzeichnis

LM	Nachschlagewerk des Bundesgerichtshofs, hrsg. v. Lindenmaier, Möhring
LRE	Sammlung lebensmittelrechtlicher Entscheidungen
LS	Leitsatz
LSA-GVbl.	Land Sachsen Anhalt, Gesetz- und Verordnungsblatt
LSG	Landessozialgericht
LT-Drs.	Landtagsdrucksache
LThK	Lexikon für Theologie und Kirche
MBl.	Ministerialblatt
MDR	Monatsschrift für Deutsches Recht
MedR	Medizinrecht
MeldeG	Meldegesetz
MittBayNot	Mitteilungen des Bayerischen Notarvereins
MittdtschPatAnw	Mitteilungen der Deutschen Patentanwälte
Mitt NWStGB	Mitteilungen des Städte- und Gemeindebundes Nordrhein-Westfalen
MittRhNotK	Mitteilungen. Rheinische Notarkammer
MMR	MultiMedia und Recht
MünchKomm., MK	Münchener Kommentar zum BGB
Nds.GVBl.	Gesetz- und Verordnungsblatt für Niedersachsen
Nds.MBl.	Niedersächsisches Ministerialblatt
Nds.Rpfl.	Niedersächsische Rechtspflege
NdsVBl	Niedersächsiches Verwaltungsblatt
NDV-RD	Rechtsprechungsdienst des Deutschen Vereins für Öffentliche und private Vorsorge
NJ	Neue Justiz
NJW	Neue Juristische Wochenschrift
NJW-CoR	Computerreport der Neuen Juristischen Wochenschrift
NJWE-FER	Neue Juristische Wochenschrift - Entscheidungsdienst Familien- und Erbrecht
NJW-RR	Neue Juristische Wochenschrift - Rechtsprechungsreport
NordÖR	Zeitschrift für öffentliches Recht in Norddeutschland
NotBZ	Zeitschrift für die notarielle Beratungs- und Beurkundungspraxis
NStE	Neue Entscheidungssammlung für Strafrecht
NStZ	Neue Zeitschrift für Strafrecht
NStZ-RR	Neue Zeitschrift für Strafrecht-Rechtsprechungsreport
NuR	Natur und Recht
n.v.	nicht veröffentlicht
NVwZ	Neue Zeitschrift für Verwaltungsrecht
NVwZ-RR	Neue Zeitschrift für Verwaltungsrecht-Rechtsprechungsreport
NWVBl.	Nordrhein-Westfälische Verwaltungsblätter
NZA	Neue Zeitschrift für Arbeitsrecht

NZA-RR	NZA-Rechtsprechungsreport Arbeitsrecht
NZG	Neue Zeitschrift für Gesellschaftsrecht
NZI	Neue Zeitschrift für das Rechts der Insolvenz und Sanierung
NZM	Neue Zeitschrift für Miet- und Wohnungsrecht
NZS	Neue Zeitschrift für Sozialrecht

ÖAKR	Österreichisches Archiv für Kirchenrecht
öarr	Österreichisches Archiv für Recht und Religion
ÖJZ	Österreichische Juristen-Zeitung
OLG	Oberlandesgericht
OLG-NL	OLG-Rechtsprechung Neue Länder für Brandenburg, Mecklenburg-Vorpommern, Sachsen, Sachsen-Anhalt, Thüringen
OLGR	(mit Ortszusatz) OLG-Report: Zivilrechtsprechung der Oberlandesgerichte
OLGSt	Entscheidungen der Oberlandesgerichte in Straf-, Ordnungswidrigkeiten- und Ehrengerichtssachen
OVG	Oberverwaltungsgericht
OVGE	Entscheidungen der Oberverwaltungsgerichte für das Land Nordrhein-Westfalen in Münster und für das Land Niedersachsen in Lüneburg
OVGE Bln	Entscheidungen des Oberverwaltungsgerichts Berlin

PersF	Personalführung
PersR	Der Personalrat
PERSONAL	Personal
PersV	Die Personalvertretung
PflegeR	Zeitschrift für Rechtsfragen in der ambulanten und stationären Pflege
PflR	PflegeRecht

RABl.	Reichsarbeitsblatt
RdA	Recht der Arbeit
RdJB	Recht der Jugend und des Bildungswesens
RdL	Recht der Landwirtschaft
RdLH	Rechtsdienst der Lebenshilfe
RDV	Recht der Datenverarbeitung
RegBl	Regierungsblatt
RG	Reichsgericht
RGBl.	Reichsgesetzblatt
RGRK	Reichsgerichtsrätekommentar
RGZ	Entscheidungen des Reichsgerichts in Zivilsachen
RiA	Das Recht im Amt
RNotZ	Rheinische Notar - Zeitschrift
RPfleger	Der Deutsche Rechtspfleger

XVIII Abkürzungsverzeichnis

RsDE	Beiträge zum Recht der sozialen Dienste und Einrichtungen
RuP	Recht und Psychiatrie
RuS	Recht und Schaden
RzK	Rechtsprechung zum Kündigungsrecht

SAE	Sammlung arbeitsrechtlicher Entscheidungen
SächsGBl	Sächsisches Gesetzblatt
SächsVBl	Sächsische Verwaltungsblätter
SAR	Sozialhilfe- und Asylbewerberleistungsrecht
SchlHA	Schleswig-Holsteinische Anzeigen
Schütz BeamtR	Schütz Beamtenrecht des Bundes und der Länder
SGb	Die Sozialgerichtsbarkeit
SozR	Sozialrecht. Rechtsprechung und Schrifttum
SozSich	Soziale Sicherheit
StAnz.	Staatsanzeiger
StAZ	Zeitschrift für Standesamtswesen
StB	Der Steuerberater
StE	Steuer-Eildienst
StenBer	Stenographischer Bericht
StGHG	Entscheidungen des Staatsgerichtshofs
StR	Staat und Recht
StRK	Steuerrechtsprechung in Karteiform. Höchstrichterliche Entscheidungen in Steuersachen
StraFo	Strafverteidiger Forum
StraßenR	Straßenrecht
StuB	Steuern und Bilanzen
StV	Strafverteidiger
StW	Steuer-Warte

Theol.Rdsch	Theologische Rundschau
ThürVBl	Thüringer Verwaltungsblätter
ThürVGRspr	Rechtsprechung der Thüringer Verwaltungsgerichte

UPR	Umwelt- und Planungsrecht
USK	Urteilssammlung für die gesetzliche Krankenversicherung

VBlBW	Verwaltungsblätter für Baden-Württemberg
VerfGH	Verfassungsgerichtshof
VerfGHE	Entscheidungen des Verfassungsgerichtshofs
VersR	Versicherungsrecht
VerwArch	Verwaltungsarchiv
VG	Verwaltungsgericht
VGH	Verwaltungsgerichtshof
VGH.BW	Verwaltungsgerichtshof Baden - Würtemberg

Abkürzungsverzeichnis   XIX

VGHE	Entscheidungen des Verwaltungsgerichtshofs
VIZ	Zeitschrift für Vermögens- und Investitionsrecht
VOBl.	Verordnungsblatt
VR	Verwaltungsrundschau
VSSR	Vierteljahresschrift für Sozialrecht
VVDStRL	Veröffentlichungen der Vereinigung der Deutschen Staatsrechtslehrer
VwRR BY	Verwaltungsrechtsreport Bayern

WissR	Wissenschaftsrecht, Wissenschaftsverwaltung, Wissenschaftsförderung
wistra	Zeitschrift für Wirtschafts- und Steuerstrafrecht (bis 1996 Zeitschrift für Wirtschaft, Steuer, Strafrecht)
WiVerw	Wirtschaft und Verwaltung
WM	Wertpapiermitteilungen
WPg	Die Wirtschaftsprüfung
WRP	Wettbewerb in Recht und Praxis
WuM	Wohnungswirtschaft und Mietrecht

ZAR	Zeitschrift für Ausländerrecht und Ausländerpolitik
ZBR	Zeitschrift für Beamtenrecht
ZBVR	Zeitschrift für Betriebsverfassungsrecht
ZERB	Zeitschrift für die Steuer- und Erbrechtspraxis
ZEV	Zeitschrift für Erbrecht und Vermögensnachfolge
ZevKR	Zeitschrift für evangelisches Kirchenrecht
ZFE	Zeitschrift für Familien- und Erbrecht
ZfIR	Zeitschrift für Immobilienrecht
ZfJ	Zentralblatt für Jugendrecht
ZfPR	Zeitschrift für Personalvertretungsrecht
ZfSch	Zeitschrift für Schadensrecht
ZfSH/SGB	Zeitschrift für Sozialhilfe (ab 1983, 2) und Sozialgesetzbuch (1.1962 ff.)
ZInsO	Zeitschrift für das gesamte Insolvenzrecht
ZKF	Zeitschrift für Kommunalfinanzen
ZMR	Zeitschrift für Miet- und Raumrecht
ZMV	Die Mitarbeitervertretung
ZNotP	Zeitschrift für die Notarpraxis
ZTR	Zeitschrift für Tarifrecht
ZUM	Zeitschrift für Urheber- und Medienrecht
ZUM-RD	Zeitschrift für Urheber- und Medienrecht - Rechtsprechungsdienst

1

1. Die Tätigkeit eines nichtdeutschen gläubigen muslimischen Metzgers, der Tiere ohne Betäubung schlachten (schächten) will, um seinen Kunden in Übereinstimmung mit ihrer Glaubensüberzeugung den Genuss von Fleisch geschächteter Tiere zu ermöglichen, ist verfassungsrechtlich anhand von Art. 2 Abs. 1 iVm Art. 4 Abs. 1 und 2 GG zu beurteilen.

2. Im Lichte dieser Verfassungsnormen ist § 4a Abs. 1 iVm Abs. 2 Nr. 2 Alt. 2 des Tierschutzgesetzes so auszulegen, dass muslimische Metzger eine Ausnahmegenehmigung für das Schächten erhalten können.

Art. 2 Abs. 1, 3 Abs. 1 u. 2, 4 Abs. 1 u. 2 GG, 12 Abs. 1 GG, 137 Abs. 5 WRV, § 4a Abs. 1 u. 2 TierSchG
BVerfG, Urteil vom 15. Januar 2002 - 1 BvR 1783/99[1] -

Die Verfassungsbeschwerde betrifft die Erteilung von Ausnahmegenehmigungen für das sog. Schächten, d.h. das Schlachten warmblütiger Tiere ohne vorherige Betäubung.

Zu Beginn des 20. Jahrhunderts war in Deutschland das Schächten als Schlachtmethode nach jüdischem Ritus weithin erlaubt (vgl. dazu und zum Folgenden BGH DÖV 1960, S. 635 f.). Die einschlägigen Regelungen sahen dafür überwiegend Ausnahmen vom prinzipiellen Verbot des Schlachtens ohne Betäubung vor. Nachdem der Nationalsozialismus im Deutschen Reich an die Macht gekommen war, gingen immer mehr Länder dazu über, das Schächten zu verbieten. Deutschlandweit wurde der Zwang, warmblütige Tiere vor der Schlachtung zu betäuben, durch das Gesetz über das Schlachten von Tieren vom 21.4.1933 (RGBl. I S. 203) eingeführt, das nach den Feststellungen des Bundesgerichtshofs das Ziel verfolgte, den jüdischen Teil der Bevölkerung in seinen religiösen Empfindungen und Gebräuchen zu verletzen (aaO, S. 636). Ausnahmen vom Schächtverbot wurden nur noch für Notschlachtungen zugelassen.

Nach dem Ende des Zweiten Weltkriegs wurde das Schächten, soweit es nicht durch landesrechtliche Vorschriften ausdrücklich wieder zugelassen worden war, meist stillschweigend geduldet (vgl. Andelshauser,

---

[1] Amtl. Leitsätze. BVerfGE 104, 337; AP Nr. 127 zu Art. 12 GG (LS); AP Nr. 2 zu Art. 4 GG Gewissensfreiheit; AP Nr. 4 zu § 611 BGB; GewArch 2002, 286; Gewissensfreiheit (LS); JA 2002, 548 (LS); JuS 2002, 608 (LS); LRE 42, 343; NJW 2002, 663; NuR 2002, 404; ZevKR 48 (2003), 207. Das VG Gießen hat durch Urteil vom 9.12.2002 - 10 E 141/02 - die angefochtenen Bescheide aufgehoben und den Beklagten für verpflichtet erklärt, über den Antrag des Klägers auf Ausnahmegenehmigung nach § 4a TierSchG unter Beachtung der Rechtsauffassung des Gerichts neu zu entscheiden.

Schlachten im Einklang mit der Scharia, 1996, S. 140 f.). Eine bundesweite Regelung zum religiös motivierten betäubungslosen Schlachten wurde aber erst mit der Aufnahme des Schlachtrechts in das Tierschutzgesetz (im Folgenden: TierSchG) getroffen. Seit dem In-Kraft-Treten des Ersten Gesetzes zur Änderung des Tierschutzgesetzes vom 12.8.1986 (BGBl. I S. 1309; zur aktuellen Fassung des Tierschutzgesetzes vgl. die Bekanntmachung vom 25.5.1998, BGBl. I S. 1105, mit späteren Änderungen) enthält § 4a TierSchG in Absatz 1 das grundsätzliche Verbot, warmblütige Tiere ohne vorherige Betäubung zu schlachten. Absatz 2 Nr. 2 sieht jedoch die Möglichkeit vor, aus religiösen Gründen Ausnahmegenehmigungen zu erteilen. Dabei wurde die Regelung der zweiten Alternative im Gesetzgebungsverfahren im Zusammenhang mit Speisevorschriften sowohl der jüdischen wie auch der islamischen Glaubenswelt gesehen (vgl. BT-Drs. 10/5259, S. 38).

§ 4a TierSchG hat derzeit folgenden Wortlaut:

(1) Ein warmblütiges Tier darf nur geschlachtet werden, wenn es vor Beginn des Blutentzugs betäubt worden ist.
(2) Abweichend von Absatz 1 bedarf es keiner Betäubung, wenn
1. ...,
2. die zuständige Behörde eine Ausnahmegenehmigung für ein Schlachten ohne Betäubung (Schächten) erteilt hat; sie darf die Ausnahmegenehmigung nur insoweit erteilen, als es erforderlich ist, den Bedürfnissen von Angehörigen bestimmter Religionsgemeinschaften im Geltungsbereich dieses Gesetzes zu entsprechen, denen zwingende Vorschriften ihrer Religionsgemeinschaft das Schächten vorschreiben oder den Genuss von Fleisch nicht geschächteter Tiere untersagen oder
3. dies als Ausnahme durch Rechtsverordnung nach § 4b Nr. 3 bestimmt ist.

Nach dem Urteil des Bundesverwaltungsgerichts vom 15.6.1995 (BVerwGE 99, 1, KirchE 33, 222), in dem dieses die Ablehnung einer Ausnahmegenehmigung nach der zweiten Alternative des § 4a Abs. 2 Nr. 2 TierSchG bestätigte, verlangt diese Bestimmung die objektive Feststellung zwingender Vorschriften einer Religionsgemeinschaft über das Betäubungsverbot beim Schlachten. Erforderlich sei das eindeutige Vorliegen von Normen der betreffenden Religionsgemeinschaft, die nach dem staatlicher Beurteilung unterliegenden Selbstverständnis der Gemeinschaft als zwingend zu gelten hätten. Eine individuelle Sicht, die allein auf die jeweilige subjektive - wenn auch als zwingend empfundene - religiöse Überzeugung der Mitglieder einer Religionsgemeinschaft abstelle, sei mit Wortlaut, Sinn und Zweck sowie Entstehungsgeschichte des Gesetzes nicht vereinbar (vgl. aaO, S. 4 ff.).

In dieser Auslegung stehe § 4a Abs. 2 Nr. 2 TierSchG nicht im Widerspruch zur Verfassung. Die Vorschrift verletze insbesondere nicht das in Art. 4 Abs. 1 u. 2 GG garantierte Grundrecht der Religionsfreiheit. In dieses Recht werde durch die Versagung einer Ausnahme vom Schächtungsverbot nicht eingegriffen, wenn die religiöse Überzeugung dem Betroffenen nur den Genuss von Fleisch nicht geschächteter Tiere verbiete. Das Verbot betäubungslosen Schlachtens hindere die Anhänger einer solchen Religion nicht an einer ihrer Religion entsprechenden Lebensgestaltung. Sie seien weder rechtlich noch tatsächlich gezwungen, entgegen ihrer religiösen Überzeugung Fleisch nicht geschächteter Tiere zu verzehren. Mit dem Schächtungsverbot werde nicht der Verzehr des Fleischs geschächteter Tiere verboten. Sie könnten sowohl auf Nahrungsmittel pflanzlichen Ursprungs und auf Fisch ausweichen als auch auf Fleischimporte aus anderen Ländern zurückgreifen. Zwar möge Fleisch heute ein allgemein übliches Nahrungsmittel sein. Der Verzicht darauf stelle jedoch keine unzumutbare Beschränkung der persönlichen Entfaltungsfreiheit dar. Diese an Art. 2 Abs. 1 GG zu messende Erschwernis in der Gestaltung des Speiseplans sei aus Gründen des Tierschutzes zumutbar (vgl. aaO, S. 7 f.).

Das Bundesverwaltungsgericht sah sich in dem von ihm entschiedenen Fall an die tatsächlichen Feststellungen des Berufungsgerichts gebunden, nach denen es für die Sunniten ebenso wie für die Muslime insgesamt keine zwingenden Glaubensvorschriften gebe, die den Genuss des Fleischs von Tieren verböten, die vor dem Schlachten betäubt worden seien (vgl. aaO, S. 9).

Diese Rechtsprechung hat das Bundesverwaltungsgericht inzwischen modifiziert (vgl. BVerwGE 112, 227).

Der Beschwerdeführer ist türkischer Staatsangehöriger und nach seinen - im Verfahren nicht bestrittenen - Angaben strenggläubiger sunnitischer Muslim. Er lebt seit 20 Jahren in der Bundesrepublik Deutschland und betreibt in Hessen eine Metzgerei, die er 1990 von seinem Vater übernahm. Für die Versorgung seiner muslimischen Kunden erhielt er bis Anfang September 1995 Ausnahmegenehmigungen für ein Schlachten ohne Betäubung nach § 4a Abs. 2 Nr. 2 TierSchG. Die Schlachtungen nahm er in seinem Betrieb unter veterinärärztlicher Aufsicht vor. Für die Folgezeit stellte der Beschwerdeführer weitere Anträge auf Erteilung solcher Genehmigungen. Sie blieben im Hinblick auf das erwähnte Urteil des Bundesverwaltungsgerichts vom 15.6.1995 erfolglos. Die im Ausgangsverfahren gegen den Ablehnungs- und Widerspruchsbescheid erhobene Klage hat das Verwaltungsgericht abgewiesen; dabei hat es zur Begründung ebenfalls auf dieses Urteil und außerdem auf das Berufungsurteil in jenem Verfahren verwiesen.

Der Verwaltungsgerichtshof hat den Antrag des Beschwerdeführers auf Zulassung der Berufung abgelehnt:

Soweit der Beschwerdeführer ernstliche Zweifel an der zutreffenden Anwendung der zweiten Alternative des § 4a Abs. 2 Nr. 2 TierSchG äußere, fehle es an einer substantiierten Darlegung, dass das Bundesverwaltungsgericht und das Berufungsgericht in den in Bezug genommenen

Entscheidungen zu Unrecht zu der Feststellung gekommen seien, der Genuss von Fleisch nicht geschächteter Tiere sei durch höchste und maßgebliche Vertreter des sunnitischen Islam nicht zwingend verboten. Der Beschwerdeführer verkenne diese Feststellungen, wenn er meine, in einer säkularen Republik könnten Glaubensinhalte nicht behördlich festgestellt werden. Die Gerichte entschieden insoweit nicht verbindlich religionsgesetzliche Fragen, sondern stellten mit Hilfe von Sachverständigen nur fest, ob die Tatbestandsvoraussetzungen der anzuwendenden Vorschrift gegeben seien. Diese Bewertung der Feststellungen von Sachverständigen habe das Bundesverwaltungsgericht in seiner Entscheidung ausdrücklich als rechtmäßig beurteilt.

Ernstliche Zweifel an der Richtigkeit des verwaltungsgerichtlichen Urteils ergäben sich auch nicht aus verfassungsrechtlichen Gründen. Griffe die zweite Alternative des § 4a Abs. 2 Nr. 2 TierSchG in das Recht des Beschwerdeführers auf freie Religionsausübung ein, wäre dieser Eingriff unter Beachtung der Begrenzungen, denen auch die Religionsfreiheit unterliege, jedenfalls nicht verfassungswidrig. Nach der Wertung des Gesetzgebers werde durch diese Vorschrift allein geregelt, dass bei freiwilliger Ausübung des Berufs des Schlachters Einschränkungen der religiösen Grundhaltung gerechtfertigt sein könnten. Insofern handele es sich um eine sachgerechte Regelung der Berufsausübung.

Vor diesem Hintergrund lägen auch keine besonderen tatsächlichen oder rechtlichen Schwierigkeiten vor, derentwegen die Berufung zuzulassen wäre. Die Rechtssache habe auch keine grundsätzliche Bedeutung.

Mit der Verfassungsbeschwerde wendet sich der Beschwerdeführer unmittelbar gegen die im Verwaltungsverfahren und im Verfahren vor den Verwaltungsgerichten ergangenen Entscheidungen sowie mittelbar gegen § 4a Abs. 1 u. 2 Nr. 2 TierSchG. Er rügt unter anderem die Verletzung von Art. 2 Abs. 1, Art. 3 Abs. 1 u. 3, Art. 4 Abs. 1 u. 2 sowie von Art. 12 Abs. 1 GG. Er lässt im Wesentlichen Folgendes vortragen:

Das Schächten und die Möglichkeit, sich ohne erhebliche Erschwernisse mit Fleisch geschächteter Tiere zu versorgen, seien vom Schutzbereich des Art. 4 Abs. 1 u. 2 GG erfasst. Dem Schlachten ohne Betäubung komme in der islamischen Religion zentrale Bedeutung zu. Sein kultischer Charakter ergebe sich nicht nur daraus, dass das Schächtgebot direkt dem Koran zu entnehmen sei. Auch die Art und Weise des Schächtens seien genau bestimmt. Bei dem Schächtverbot handele es sich danach um einen Eingriff in das Grundrecht des Art. 4 Abs. 1 u. 2 GG. Dies sei in den angegriffenen Entscheidungen verkannt worden. Der Beschwerdeführer sehe das Schächten als unbedingte religiöse Pflicht an. Dass seine Religionsausübung zugleich eine Berufsausübung darstelle, ändere daran nichts.

Das Schächtgebot sei für den Beschwerdeführer, dessen Kunden und alle Angehörigen der sunnitischen Glaubensrichtung des Islam eine zwingende Vorschrift im Verständnis des § 4a Abs. 2 Nr. 2 TierSchG. Die entgegenstehende Auffassung des Bundesverwaltungsgerichts in der Entscheidung vom 15.6.1995 verkenne die Bedeutung der Glaubensfreiheit grundlegend. Ob für den einzelnen Gläubigen zwingende Vorschriften in dem genannten Sinne bestünden, sei im Hinblick auf das Gebot strikter weltanschaulicher Neutralität des Staates nicht vom staatlichen Gericht verbindlich zu entscheiden. Es reiche deshalb aus, wenn aus den Umständen hinreichend deutlich hervorgehe, dass eine ernsthafte Glaubensüberzeugung vorliege. Bei Anwendung dieses Maßstabs hätte dem Beschwerdeführer die Ausnahmegenehmigung erteilt werden müssen.

Auch die Berufsfreiheit des Beschwerdeführers sei verletzt. Er sei zwar türkischer Staatsbürger, besitze aber eine - zeitlich wie räumlich unbeschränkte - Aufenthaltsberechtigung und sei im Hinblick auf die Dauer seines Aufenthalts in der Bundesrepublik Deutschland hier so verwurzelt, dass ihm als De-facto-Deutschem hinsichtlich seiner beruflichen Tätigkeit als Metzger nicht nur der Schutz des Art. 2 Abs. 1 GG, sondern ein Grundrechtsschutz zu gewähren sei, der demjenigen des Art. 12 Abs. 1 GG gleichwertig sei.

Bei der Tätigkeit eines muslimischen Metzgers handele es sich um einen eigenständigen Beruf, weil zu dessen Ausübung Qualifikationen erforderlich seien, die ein normaler Schlachter nicht haben müsse. Dies betreffe nicht nur die Durchführung des Schächtschnitts selbst, der schnell und sauber vorgenommen werden müsse, damit das Schlachttier nicht unnötig leide. Berufsbildprägend seien vielmehr auch religiöse Handlungen wie die Anrufung Allahs.

Das Schächtverbot wirke sich für den Beschwerdeführer faktisch als Berufsverbot und damit als objektive Berufswahlbeschränkung aus. Er werde sich einen neuen Beruf suchen müssen, wenn die angegriffenen Entscheidungen Bestand hätten und ihm eine Ausnahmegenehmigung für immer versagt bleibe. Ein so weit reichender Eingriff könne verfassungsrechtlich nur gerechtfertigt werden, wenn er der Abwehr nachweisbarer oder höchstwahrscheinlich schwerer Gefahren für ein überragend wichtiges Gemeinschaftsgut diene. Das sei aber hier nicht der Fall.

3. Das Schächtverbot verstoße ferner gegen Art. 3 Abs. 1 GG. Jüdische Metzger erhielten wegen ihrer Glaubensüberzeugung zu Recht eine Ausnahmegenehmigung zum Schächten. Da sich die Glaubenshaltung des Beschwerdeführers von der jüdischen hinsichtlich des betäubungslosen Schlachtens nicht unterscheide, sei für eine Ungleichbehandlung kein Raum. Weiter sei Art. 3 Abs. 3 GG verletzt. Die Aufnahme des Begriffs der Religionsgemeinschaften in den Tatbestand des § 4a Abs. 2 Nr. 2 TierSchG führe dazu, dass eine individuelle Glaubensüberzeugung keine Beachtung mehr finde. Der Beschwerdeführer werde deshalb, wenn sei-

ne Glaubensvorstellungen von denen anderer Muslime abwichen, gegenüber den Anhängern kleinerer und homogenerer Glaubensgemeinschaften benachteiligt.

Zu der Verfassungsbeschwerde haben sich - schriftlich und in der mündlichen Verhandlung - geäußert: das Bundesministerium für Verbraucherschutz, Ernährung und Landwirtschaft namens der Bundesregierung, die Hessische Staatskanzlei, der Zentralrat der Muslime in Deutschland und der Deutsche Tierschutzbund. Das Bundesministerium hält die mittelbar angegriffene Regelung des § 4a Abs. 1, 2 Nr. 2 TierSchG für verfassungsgemäß. Sie diene einerseits dem von der Verfassung vorgegebenen Ziel eines ethisch ausgerichteten Tierschutzes, trage andererseits aber mit der Möglichkeit, das Schächten aus religiösen Gründen, hier nach der zweiten Alternative des § 4a Abs. 2 Nr. 2 TierSchG, ausnahmsweise zu genehmigen, auch dem Grundrecht der Religionsfreiheit Rechnung. Durch die Erteilung entsprechender Genehmigungen an Muslime werde auch deren Integration in der Bundesrepublik Deutschland gefördert. Das Schächten sei wie das Schlachten nach vorheriger Betäubung dem ethisch begründeten Tierschutz verpflichtet und als Schlachtmethode noch akzeptabel, wenn es ordnungsgemäß durchgeführt werde. Soweit § 4a Abs. 2 Nr. 2 TierSchG den Begriff der Religionsgemeinschaften verwende, werde an einen Begriff angeknüpft, der hinreichend flexibel sei, um auch den Besonderheiten der Muslime gerecht zu werden. Für das Vorliegen einer solchen Gemeinschaft genüge ein Mindestmaß an organisatorischen kontinuitätswahrenden Strukturen.

Nach Auffassung der Hessischen Staatskanzlei ist die Verfassungsbeschwerde unzulässig. Teils fehle es an einer unmittelbaren Grundrechtsbetroffenheit, teils an einer den Substantiierungserfordernissen genügenden Darlegung.

Der Zentralrat der Muslime in Deutschland betont die große Bedeutung des Tierschutzes im Islam und führt aus, das betäubungslose Schächten sei den Muslimen als wesentlicher Bestandteil der Religionsausübung zwingend vorgeschrieben. Diese Auffassung werde von allen bedeutsamen islamischen Gruppierungen in Deutschland geteilt. Soweit in einem Gutachten der Al-Azhar-Universität von Kairo davon die Rede sei, dass Muslime auch das Fleisch nicht geschächteter Tiere verzehren dürften, gelte dies nur für Notsituationen. Eine solche sei für Muslime in Deutschland nicht gegeben. Das Prinzip der Gleichbehandlung mit jüdischen Gläubigen gebiete die Genehmigung des Schächtens nach § 4a TierSchG auch für Muslime.

Nach Ansicht des Deutschen Tierschutzbundes erleiden Schlachttiere beim betäubungslosen Schlachten mehr und stärkere Schmerzen als bei der konventionellen Schlachtung. Die mit dem Schächten verbundenen Todesqualen beschränkten sich nicht auf den Schnitt am Hals des zu schlachtenden Tieres mit anschließendem langsamem Bewusstseinsverlust, sondern begännen schon mit dem Hereinführen der Tiere in den Schlachtraum und mit ihrer Fixierung. Sie erstreckten sich also auf einen relativ langen Zeitraum, den das Tier bei vollem Bewusstsein durchleide.

Die Verfassungsbeschwerde hatte Erfolg. Sie führte zur Aufhebung der Entscheidungen des fachgerichtlichen Rechtszuges und Zurückverweisung der Sache an das Verwaltungsgericht.

Aus den Gründen:

Die Verfassungsbeschwerde ist begründet. Zwar ist § 4a Abs. 1 iVm Abs. 2 Nr. 2 Alt. 2 TierSchG mit dem Grundgesetz vereinbar. Doch halten die angegriffenen Entscheidungen, die auf diese Regelung gestützt sind, der verfassungsgerichtlichen Prüfung nicht stand.

I. 1. Prüfungsmaßstab ist in erster Linie Art. 2 Abs. 1 GG. Der Beschwerdeführer hat als gläubiger sunnitischer Muslim im Ausgangsverfahren eine Ausnahme von dem Betäubungsgebot des § 4a Abs. 1 TierSchG erstrebt, um in Ausübung seines Berufs als Metzger seinen muslimischen Kunden den Genuss von Fleisch geschächteter Tiere zu ermöglichen. Die Eigenversorgung des Beschwerdeführers mit derartigem Fleisch tritt daneben zurück. Die zweite Alternative des § 4a Abs. 2 Nr. 2 TierSchG, auf deren Grundlage die Verwaltungsbehörden und -gerichte das Begehren des Beschwerdeführers geprüft haben, berührt daher vorrangig die berufliche Tätigkeit des Beschwerdeführers als Metzger.

Diese Tätigkeit wird, weil der Beschwerdeführer nicht deutscher, sondern türkischer Staatsangehöriger ist, nicht durch Art. 12 Abs. 1 GG geschützt. Schutznorm ist vielmehr Art. 2 Abs. 1 GG in der Ausprägung, die sich aus dem Spezialitätsverhältnis zwischen dem auf Deutsche beschränkten Art. 12 Abs. 1 GG und dem für Ausländer nur subsidiär geltenden Art. 2 Abs. 1 GG ergibt (vgl. dazu BVerfGE 78, 179 [196 f.]). Das Schächten ist allerdings für den Beschwerdeführer nicht nur Mittel zur Gewinnung und Zubereitung von Fleisch für seine muslimischen Kunden und für sich selbst. Es ist vielmehr nach seinem in den angegriffenen Entscheidungen nicht in Zweifel gezogenen Vortrag auch Ausdruck einer religiösen Grundhaltung, die für den Beschwerdeführer als gläubigen sunnitischen Muslim die Verpflichtung einschließt, die Schächtung nach den von ihm als bindend empfundenen Regeln seiner Religion vorzunehmen (vgl. dazu allgemein Andelshauser, aaO, S. 39 ff.; Jentzsch, Das rituelle Schlachten von Haustieren in Deutschland ab 1933, 1998, S. 28 ff.; Mousa, Schächten im Islam, in: Potz/Schinkele/Wieshaider, Schächten. Religionsfreiheit und Tierschutz, 2001, S. 16 ff.). Dem ist, auch wenn das Schächten selbst nicht als Akt der Religionsausübung verstanden wird, dadurch Rechnung zu tragen, dass der Schutz der Berufsfreiheit des Beschwerdeführers aus Art. 2 Abs. 1 GG durch den speziellen Freiheitsgehalt des Grundrechts der Religionsfreiheit aus Art. 4 Abs. 1 u. 2 GG verstärkt wird.

2. Die Rechtsstellung, die der Beschwerdeführer danach im Hinblick auf seine berufliche Tätigkeit als Metzger genießt, ist gemäß Art. 2 Abs. 1 GG allerdings nur im Rahmen der verfassungsmäßigen Ordnung gewährleistet. Dazu zählen alle Rechtsnormen, die formell und materiell mit dem Grundgesetz vereinbar sind (vgl. BVerfGE 6, 32 [36 ff.]; 96, 375 [397 f.]; stRspr.). Das setzt in materieller Hinsicht vor allem die Wahrung des Grundsatzes der Verhältnismäßigkeit und in diesem Rahmen die Beachtung der Religionsfreiheit voraus.

II. Diesen Maßstäben wird § 4a Abs. 1 iVm Abs. 2 Nr. 2 Alt. 2 TierSchG gerecht.

1. Zwar greift die Regelung in das Grundrecht aus Art. 2 Abs. 1 iVm Art. 4 Abs. 1 u. 2 GG ein, indem sie das betäubungslose Schlachten als Ausnahme vom Betäubungsgebot des § 4a Abs. 1 TierSchG im Rahmen der beruflichen Tätigkeit eines muslimischen Metzgers nur unter den einschränkenden Voraussetzungen der zweiten Alternative des § 4a Abs. 2 Nr. 2 TierSchG ermöglicht. Dieser Eingriff ist jedoch nicht zu beanstanden, weil er sich verfassungsrechtlich hinreichend rechtfertigen lässt.

a) Zweck des Tierschutzgesetzes ist es, aus der Verantwortung des Menschen für das Tier als Mitgeschöpf dessen Leben und Wohlbefinden zu schützen. Niemand darf einem Tier ohne vernünftigen Grund Schmerzen, Leiden oder Schäden zufügen (§ 1 TierSchG). Dem Ziel eines ethisch begründeten Tierschutzes (vgl. BVerfGE 36, 47 [56 f.]; 48, 376 [389]; 101, 1 [36]) dient auch die Regelung des § 4a Abs. 1 iVm Abs. 2 Nr. 2 Alt. 2 TierSchG. Der Gesetzgeber wollte mit der Aufnahme des Grundsatzes, dass warmblütige Schlachttiere vor Beginn des Blutentzugs zu betäuben sind, die in § 1 TierSchG umschriebene Grundkonzeption des Gesetzes auf diesen Bereich ausdehnen (vgl. BT-Drs. 10/3158, S. 16). Das ist ein legitimes Regelungsziel, das auch dem Empfinden breiter Bevölkerungskreise Rechnung trägt (vgl. BVerfGE 36, 47 [57 f.], und speziell mit Blick auf das Schächten BT-Drs. 10/5259, S. 32 unter I 2a Nr. 3).

b) § 4a Abs. 1 iVm Abs. 2 Nr. 2 Alt. 2 TierSchG genügt den Anforderungen des Verhältnismäßigkeitsgrundsatzes.

aa) Die Regelung ist zur Erreichung des genannten Regelungszwecks, auch das Schlachten warmblütiger Tiere an die Grundsätze eines ethisch ausgerichteten Tierschutzes zu binden, geeignet und erforderlich.

Die Verfassung billigt dem Gesetzgeber für die Beurteilung der Eignung und Erforderlichkeit der von ihm für die Durchsetzung der gesetzgeberischen Regelungsziele gewählten Mittel einen Einschätzungsspielraum zu. Dies gilt auch für die Beurteilung der tatsächlichen Grundlagen einer gesetzlichen Regelung. Insoweit kann eine Fehleinschätzung hier nicht angenommen werden. Zwar gibt es Stimmen, die bezweifeln, dass das Schlachten nach vorheriger Betäubung für das Tier deutlich weniger Schmerzen und Leiden verursacht als das Schlachten ohne Betäubung (vgl. etwa für Schafe und Kälber das Übersichtsreferat von Schulze/ Schultze-Petzold/Hazem/Groß, Deutsche Tierärztliche Wochenschrift 85 [1978], S. 62 ff.). Doch scheint dies wissenschaftlich noch nicht abschließend geklärt zu sein. Andere wie der Deutsche Tierschutzbund in seiner Äußerung in der mündlichen Verhandlung geben dem Schlachten unter Betäubung aus Gründen des Tierschutzes eindeutig den Vorzug. Auch Art. 12 des Europäischen Übereinkommens über den Schutz von Schlachttieren vom 10.5.1979 (BGBl. 1983 II S. 771) und Art. 5 Abs. 1 Buchstabe c der Richtlinie 93/119/EG des Rates der Europäischen Union über den Schutz von Tieren zum Zeitpunkt der Schlachtung oder Tötung vom 22.12.1993 (AB1EG Nr. L 340/21) gehen davon aus, dass es Tieren weniger Schmerzen und Leiden bereitet, wenn sie vor dem Blutentzug betäubt werden. Die damit übereinstimmende Einschätzung durch den Bundesgesetzgeber und dessen Annahme, das Betäubungsgebot des § 4a Abs. 1 TierSchG sei zur Erreichung der Ziele des § 1 TierSchG geeignet und mangels einer gleich wirksamen Alternative auch erforderlich, sind unter diesen Umständen zumindest vertretbar.

Gleiches gilt für die Beurteilung der Ausnahmeregelung des § 4a Abs. 2 Nr. 2 Alt. 2 TierSchG. Der Gesetzgeber hat die Befreiung vom Betäubungsgebot des § 4a Abs. 1 TierSchG unter den Vorbehalt einer Ausnahmegenehmigung gestellt, weil er das Schächten einer verstärkten staatlichen Kontrolle unterwerfen wollte. Insbesondere sollte die Möglichkeit geschaffen werden, über die Prüfung der Sachkunde und der persönlichen Eignung der antragstellenden Personen hinaus durch Nebenbestimmungen zur Ausnahmegenehmigung zu gewährleisten, dass den zu schlachtenden Tieren beim Transport, beim Ruhigstellen und beim Schächtvorgang selbst alle vermeidbaren Schmerzen oder Leiden erspart werden. Das soll beispielsweise durch Anordnungen über geeignete Räume, Einrichtungen und sonstige Hilfsmittel erreicht werden können (vgl. BT-Drs. 10/3158, S. 20 zu Nr. 5). Haus- und sonstige Privatschlachtungen, bei denen ein ordnungsgemäßes Schächten häufig nicht gesichert ist und die infolgedessen zu besonders Anstoß erregendem Leiden der betroffenen Tiere führen können, sollen auf diese Weise möglichst unterbunden, Schlachtungen in zugelassenen Schlachthäusern stattdessen angestrebt werden (vgl. BT-Drs. 10/5259, S. 39 zu Art. 1 Nr. 5).

Im Übrigen setzt die Erteilung einer Ausnahmegenehmigung nach § 4a Abs. 2 Nr. 2 Alt. 2 TierSchG voraus, dass im konkreten Fall Bedürfnissen von Angehörigen einer Religionsgemeinschaft zu entsprechen ist, denen zwingende Vorschriften dieser Gemeinschaft den Genuss von Fleisch nicht geschächteter Tiere untersagen. Dadurch, dass das Gesetz Ausnahmen vom Betäubungsgebot nur unter diesen Voraussetzungen zulässt, wird zwangsläufig die Zahl der in Betracht kommenden Ausnahmen verringert. Bei einer Religion wie dem Islam kommt hinzu, dass dieser selbst, wie der Zentralrat der Muslime in Deutschland in seiner Stellungnahme ausgeführt hat, eine möglichst schonende Tötung von Tieren verlangt (ebenso Andelshauser, aaO, S. 35, 62, 79 f.). Das Schächten muss nach den Regeln des Islam so vorgenommen werden, dass der Tod des zu schlachtenden Tiers so schnell wie möglich herbeigeführt wird und dessen Leiden unter Vermeidung jeder Art von Tierquälerei auf ein Minimum beschränkt werden (vgl. auch Österreichischer Verfassungsgerichtshof, EuGRZ 1999, 600 [603]). Auch von daher konnte der Gesetzgeber davon ausgehen, dass der Ausnahmevorbehalt des § 4a Abs. 2 Nr. 2 Alt. 2 TierSchG eine zur Gewährleistung eines ethischen Geboten verpflichteten Tierschutzes geeignete und auch erforderliche Maßnahme darstellt.

bb) Die in Rede stehende gesetzliche Regelung ist auch verhältnismäßig im engeren Sinne. Bei einer Gesamtabwägung zwischen der Schwere des mit § 4a Abs. 1 iVm Abs. 2 Nr. 2 Alt. 2 TierSchG verbundenen Grundrechtseingriffs und dem Gewicht sowie der Dringlichkeit der ihn rechtfertigenden Gründe ist es den Betroffenen zuzumuten (vgl. BVerfGE 90, 145 [173]; 101, 331 [350]), warmblütige Tiere unter den vom Gesetzgeber festgelegten Voraussetzungen nur auf der Grundlage einer Ausnahmegenehmigung ohne vorherige Betäubung zu schlachten.

(1) Der Eingriff in das Grundrecht der Berufsfreiheit muslimischer Metzger wiegt allerdings schwer. Ohne Ausnahmevorbehalt wäre es gläubigen Muslimen wie dem Beschwerdeführer nicht mehr möglich, in der Bundesrepublik Deutschland den Beruf des Schlachters auszuüben. Sie müssten sich darauf beschränken, in ihrem Betrieb entweder importiertes Fleisch geschächteter oder Fleisch nicht geschächteter, also unter Betäubung geschlachteter Tiere zu verkaufen, wenn sie ihren Betrieb wenigstens als Verkaufsstelle fortführen wollten und nicht, wie es der Beschwerdeführer für seine Person geltend gemacht hat, aufgeben würden, um sich eine neue Grundlage ihrer Lebensführung zu schaffen. Jede dieser Entscheidungen wäre für den Betroffenen mit weit reichenden Konsequenzen verbunden. Der Entschluss, nur noch als Verkäufer das Fleisch geschächteter Tiere zu vermarkten, wäre nicht nur mit dem Verzicht auf die Tätigkeit eines Schlachters, sondern auch mit der Ungewissheit verbunden, ob das von ihm angebotene Fleisch tatsächlich von geschächteten Tieren stammt und damit einen Fleischgenuss in Übereinstimmung mit den Regeln des eigenen Glaubens und des Glaubens der Kunden ermöglicht. Die Entscheidung, den Metzgereibetrieb auf den Verkauf von Fleisch nicht geschächteter Tiere umzustellen, hätte zur Folge, dass vom Betriebsinhaber neue Kunden gewonnen werden müssen. Die völlige berufliche Umorientierung schließlich würde, falls sie in der konkreten Lebenssituation des Betroffenen überhaupt noch möglich

sein sollte, bedeuten, dass dieser sich eine andere Existenzgrundlage aufbauen müsste.

Das Verbot trifft nicht nur den muslimischen Metzger, sondern auch seine Kunden. Wenn sie Fleisch geschächteter Tiere nachfragen, beruht dies ersichtlich auch auf der Überzeugung von der bindenden Kraft ihres Glaubens, anderes Fleisch nicht essen zu dürfen. Von ihnen zu verlangen, im Wesentlichen dem Verzehr von Fleisch zu entsagen, trüge den Essgewohnheiten in der Gesellschaft der Bundesrepublik Deutschland nicht hinreichend Rechnung. Danach ist Fleisch ein weit verbreitetes Nahrungsmittel, auf das unfreiwillig zu verzichten schwerlich als zumutbar angesehen werden kann. Der Verzehr importierten Fleischs macht einen solchen Verzicht zwar entbehrlich, ist jedoch im Hinblick auf das Fehlen des persönlichen Kontakts zum Schlachter und der dadurch geschaffenen Vertrauensbasis mit der Unsicherheit verbunden, ob das verzehrte Fleisch tatsächlich den Geboten des Islam entspricht.

(2) Diesen Konsequenzen für gläubige muslimische Metzger und ihre ebenfalls gläubigen Kunden steht gegenüber, dass der Tierschutz einen Gemeinwohlbelang darstellt, dem auch in der Bevölkerung ein hoher Stellenwert beigelegt wird. Der Gesetzgeber hat dem dadurch Rechnung getragen, dass er Tiere nicht als Sachen, sondern als - Schmerz empfindende - Mitgeschöpfe versteht und sie durch besondere Gesetze geschützt wissen will (vgl. § 90a Satz 1 u. 2 BGB, § 1 TierSchG). Dieser Schutz ist vor allem im Tierschutzgesetz verankert.

Er ist dort allerdings nicht in der Weise verwirklicht, dass den Tieren jede Beeinträchtigung ihres Wohlbefindens von Gesetzes wegen zu ersparen ist. Das Gesetz wird vielmehr lediglich von dem Leitgedanken bestimmt, Tieren nicht „ohne vernünftigen Grund Schmerzen, Leiden oder Schäden" zuzufügen (vgl. § 1 TierSchG sowie BVerfGE 36, 47 [57]; 48, 376 [389]).

Dementsprechend sieht das Tierschutzgesetz von dem Gebot, Tiere nur unter Betäubung zu töten, nicht allein in § 4a Abs. 2 Nr. 2 Ausnahmen vor. Ausnahmen von der Betäubungspflicht bestehen vielmehr auch für Notschlachtungen, soweit eine Betäubung nach den gegebenen Umständen nicht möglich ist (vgl. § 4a Abs. 2 Nr. 1 TierSchG), und können außerdem für das Schlachten von Geflügel durch Rechtsverordnung nach § 4a Abs. 2 Nr. 3 iVm § 4b Satz 1 Nr. 3 TierSchG bestimmt werden. Darüber hinaus erlaubt § 4 Abs. 1 Satz 1 TierSchG generell das Töten von Wirbeltieren ohne Betäubung, soweit dies nach den Umständen zumutbar ist und Schmerzen vermieden werden können. Ist die Tötung eines Wirbeltieres ohne Betäubung im Rahmen weidgerechter Ausübung der Jagd oder aufgrund anderer Rechtsvorschriften zulässig oder erfolgt sie im Rahmen zulässiger Schädlingsbekämpfungsmaßnahmen, darf die Tötung nach § 4 Abs. 1 Satz 2 TierSchG vorgenommen werden, wenn dabei nicht mehr als unvermeidbare Schmerzen entstehen.

12 Verbot des Schächtens

Gerade die zuletzt genannten Ausnahmen zeigen, dass der Gesetzgeber dort, wo sachliche Gesichtspunkte oder auch Gründe des Herkommens und der gesellschaftlichen Akzeptanz Ausnahmen vom Betäubungszwang nahe legen, Durchbrechungen des Betäubungsgebots als mit den Zielen eines ethischen Tierschutzes vereinbar angesehen hat.

(3) Unter diesen Umständen kann eine Ausnahme von der Verpflichtung, warmblütige Tiere vor dem Ausbluten zu betäuben, auch dann nicht ausgeschlossen werden, wenn es darum geht, einerseits die grundrechtlich geschützte Ausübung eines religiös geprägten Berufs und andererseits die Einhaltung religiös motivierter Speisevorschriften durch die Kunden des Berufsausübenden zu ermöglichen. Ohne eine derartige Ausnahme würden die Grundrechte derjenigen, die betäubungslose Schlachtungen berufsmäßig vornehmen wollen, unzumutbar beschränkt, und den Belangen des Tierschutzes wäre ohne zureichende verfassungsrechtliche Rechtfertigung einseitig der Vorrang eingeräumt. Notwendig ist stattdessen eine Regelung, die in ausgewogener Weise sowohl den betroffenen Grundrechten als auch den Zielen des ethischen Tierschutzes Rechnung trägt.

(a) § 4a Abs. 2 Nr. 2 Alt. 2 TierSchG wird diesen Anforderungen im Ansatz gerecht. Die Regelung will im Hinblick auf Speisenormen vor allem der islamischen und der jüdischen Glaubenswelt (vgl. BT-Drs. 10/5259, S. 38) das Schächten aus religiösen Gründen auf der Grundlage von Ausnahmegenehmigungen ermöglichen (vgl. BT-Drs. 10/3158, S. 20 zu Nr. 5). Über das Instrument der Ausnahmegenehmigung soll ein Weg eröffnet werden, der es erlaubt, öffentlicher Kritik am religiös motivierten Schlachten ohne Betäubung insbesondere in Form so genannter Hausund Privatschlachtungen zu begegnen (vgl. BT-Drs. 10/5259, S. 32 unter I 2a Nr. 3). Auf diesem Weg kann, wie schon erwähnt, unter anderem durch Nebenbestimmungen sichergestellt werden, dass den zu schlachtenden Tieren alle vermeidbaren Schmerzen und Leiden erspart werden (vgl. BT-Drs. 10/3158, S. 20 zu Nr. 5, und auch BT-Drs. 10/5259, S. 39 zu Art. 1 Nr. 5). Ziel der Regelung ist danach, den Grundrechtsschutz gläubiger Muslime und Juden zu wahren, ohne damit die Grundsätze und Verpflichtungen eines ethisch begründeten Tierschutzes aufzugeben. Das trägt den Rechten auch des Beschwerdeführers angemessen Rechnung.

(b) Anders wäre es allerdings dann, wenn der Tatbestand des § 4a Abs. 2 Nr. 2 Alt. 2 TierSchG so zu verstehen wäre, wie er vom Bundesverwaltungsgericht in dem Urteil vom 15.6.1995 (BVerwGE 99, 1, KirchE 33, 222) ausgelegt worden ist. Es hat das Vorliegen der Tatbestandsvoraussetzungen dieser Norm verneint, weil der sunnitische Islam, dem auch der Beschwerdeführer angehört, wie der Islam insgesamt den Verzehr des Fleischs nicht geschächteter Tiere nicht zwingend verbiete (vgl. aaO, S. 9). § 4a Abs. 2 Nr. 2 TierSchG verlange die objektive Feststellung zwingender Vorschriften einer Religionsgemeinschaft über das Betäubungsverbot beim Schlachten.

Eine individuelle Sicht, die allein auf die jeweilige subjektive - wenn auch als zwingend empfundene - religiöse Überzeugung der Mitglieder einer solchen Gemeinschaft abstellt, sei demzufolge mit dem Regelungsgehalt des Gesetzes unvereinbar (vgl. aaO, S. 4 f.).
Diese Auslegung wird der Bedeutung und Reichweite des Grundrechts aus Art. 2 Abs. 1 iVm Art. 4 Abs. 1 u. 2 GG nicht gerecht. Sie führt im Ergebnis dazu, dass § 4a Abs. 2 Nr. 2 Alt. 2 TierSchG für Muslime ohne Rücksicht auf ihre Glaubensüberzeugung leer läuft. Die berufliche Tätigkeit eines Metzgers, der im Hinblick auf die Speisevorschriften seines Glaubens und des Glaubens seiner Kunden schächten will, um deren Versorgung mit dem Fleisch betäubungslos geschlachteter Tiere sicherzustellen, wird damit verhindert. Das belastet die Betroffenen in unangemessener Weise und trägt einseitig nur den Belangen des Tierschutzes Rechnung. In dieser Auslegung wäre § 4a Abs. 2 Nr. 2 Alt. 2 TierSchG verfassungswidrig.

(c) Dieses Ergebnis lässt sich jedoch durch eine Auslegung der Tatbestandsmerkmale der „Religionsgemeinschaft" und der „zwingenden Vorschriften" vermeiden, die dem Grundrecht aus Art. 2 Abs. 1 iVm Art. 4 Abs. 1 u. 2 GG Rechnung trägt.

Wie das Bundesverwaltungsgericht inzwischen selbst in seinem Urteil vom 23.11.2000 (BVerwGE 112, 227, KirchE 38, 471) entschieden hat, verlangt § 4a Abs. 2 Nr. 2 TierSchG mit dem Begriff der Religionsgemeinschaft keine Gemeinschaft, die im Sinne des Art. 137 Abs. 5 WRV die Voraussetzungen für die Anerkennung als öffentlichrechtliche Körperschaft erfüllt oder gemäß Art. 7 Abs. 3 GG berechtigt ist, an der Erteilung von Religionsunterricht mitzuwirken. Für die Bewilligung einer Ausnahme nach § 4a Abs. 2 Nr. 2 TierSchG sei vielmehr ausreichend, dass der Antragsteller einer Gruppe von Menschen angehört, die eine gemeinsame Glaubensüberzeugung verbindet (vgl. aaO, S. 234 f.). Als Religionsgemeinschaften in der Bedeutung des § 4a Abs. 2 Nr. 2 TierSchG kommen deshalb auch Gruppierungen innerhalb des Islam in Betracht, deren Glaubensrichtung sich von derjenigen anderer islamischer Gemeinschaften unterscheidet (vgl. aaO, S. 236). Diese Auslegung des Begriffs der Religionsgemeinschaft steht mit der Verfassung im Einklang und trägt insbesondere Art. 4 Abs. 1 u. 2 GG Rechnung. Sie ist auch mit dem Wortlaut der genannten Vorschrift vereinbar und entspricht dem Willen des Gesetzgebers, den Anwendungsbereich des § 4a Abs. 2 Nr. 2 TierSchG nicht nur für Angehörige der jüdischen Glaubenswelt, sondern auch für Mitglieder des Islam und seiner unterschiedlichen Glaubensrichtungen zu öffnen (vgl. BT-Drs. 10/5259, S. 38).

Mittelbar hat dies Konsequenzen auch für die Handhabung des weiteren Merkmals der „zwingenden Vorschriften", die den Angehörigen der Gemeinschaft den Genuss von Fleisch nicht geschächteter Tiere untersagen. Ob dieses Merkmal erfüllt ist, haben die Behörden und im Streitfall die Gerichte als Tatbestandsvoraussetzung für die begehrte Ausnahmegenehmigung zu prüfen und zu entscheiden. Bezugspunkt für diese Prüfung sind aber bei einer Religion, die wie der Islam zum Schächtgebot unterschiedliche Auffassungen vertritt, nicht notwendig der Islam insgesamt oder die sunnitischen oder schiitischen Glaubensrichtungen dieser Religion. Die Frage nach der Existenz zwingender Vorschriften ist vielmehr für die konkrete, gegebenenfalls innerhalb einer solchen Glaubensrichtung bestehende Religionsgemeinschaft zu beantworten (vgl. auch BVerwGE 112, 227 [236], KirchE 38, 471).

Dabei reicht es aus, dass derjenige, der die Ausnahmegenehmigung nach § 4a Abs. 2 Nr. 2 2. Alt. TierSchG zur Versorgung der Mitglieder einer Gemeinschaft benötigt, substantiiert und nachvollziehbar darlegt, dass nach deren gemeinsamer Glaubensüberzeugung der Verzehr des Fleischs von Tieren zwingend eine betäubungslose Schlachtung voraussetzt (vgl. BVerwGE 94, 82 [87 f.], KirchE 31, 328). Ist eine solche Darlegung erfolgt, hat sich der Staat, der ein solches Selbstverständnis der Religionsgemeinschaft nicht unberücksichtigt lassen darf (vgl. BVerfGE 24, 236 [247 f.], KirchE 10, 181), einer Bewertung dieser Glaubenserkenntnis zu enthalten (vgl. BVerfGE 33, 23 [30]). Er kann den „zwingenden" Charakter einer religiösen Norm im Lichte des Art. 4 GG auch nicht allein deshalb verneinen, weil die Religion zugleich Regeln kennt, die auf die Gewissensnot von Gläubigen Rücksicht nehmen und etwa im Hinblick auf den Aufenthaltsort und die dort herrschenden Speisegewohnheiten Abweichungen zulassen. Einem Antragsteller ist vielmehr die beantragte Ausnahmegenehmigung zu erteilen, soweit eine solche nicht aus anderen Gründen ausscheidet. Dabei ist durch Nebenbestimmungen und die Überwachung ihrer Einhaltung ebenso wie bei der Prüfung der Sachkunde und der persönlichen Eignung des Antragstellers auch in Bezug auf die besonderen Fertigkeiten des Schächtens sicherzustellen, dass die Belange des Tierschutzes so weit wie möglich gewahrt werden (vgl. auch BVerwGE 112, 227 [236], KirchE 38, 471).

2. § 4a Abs. 1 iVm Abs. 2 Nr. 2 Alt. 2 TierSchG steht, wenn die Ausnahmeregelung der zuletzt genannten Vorschrift im vorstehenden Sinne ausgelegt wird, auch im Übrigen mit dem Grundgesetz im Einklang. Insbesondere ist für die Annahme eines Verstoßes gegen den allgemeinen Gleichheitssatz des Art. 3 Abs. 1 GG oder das Diskriminierungsverbot des Art. 3 Abs. 3 Satz 1 GG kein Raum, weil nach dieser Auslegung auch Muslime eine Ausnahmegenehmigung nach § 4a Abs. 2 Nr. 2 Alt. 2 TierSchG erhalten können, die als Metzger ihre Kunden mit dem Fleisch geschächteter Tiere versorgen wollen, denen zwingende Vorschriften ihrer Religionsgemeinschaft den Genuss des Fleischs nicht geschächteter Tiere verbieten.

III. 1. Die angegriffenen Behörden- und Gerichtsentscheidungen verletzen das Grundrecht des Beschwerdeführers aus Art. 2 Abs. 1 iVm Art. 4 Abs. 1 u. 2 GG. Die Behörden und die Verwaltungsgerichte haben die Notwendigkeit und die Möglichkeit einer verfassungsgemäßen Auslegung des § 4a Abs. 2 Nr. 2 Alt. 2 TierSchG verkannt und sind daher bei der Anwendung der Ausnahmeregelung vom Schächtverbot zu einer unverhältnismäßigen Beschränkung des genannten Grundrechts gelangt. Die Ablehnung der beantragten Ausnahmegenehmigung und die Bestätigung dieser Entscheidung im Widerspruchs- und im Verwaltungsstreitverfahren beruhen auf diesem Umstand. Es kann nicht ausgeschlossen werden, dass die Kunden des Beschwerdeführers wie dieser selbst einer Religionsgemeinschaft im oben dargestellten Sinne angehören, die von ihnen die Beachtung des Schächtgebots zwingend verlangt, und dass dem Beschwerdeführer bei Zugrundelegung eines derartigen Sachverhalts die begehrte Genehmigung erteilt worden wäre, damit er den Kunden und sich selbst den Genuss des Fleischs geschächteter Tiere ermöglichen kann.

2. Von den angegriffenen Entscheidungen sind nach § 95 Abs. 2 BVerfGG diejenigen der Verwaltungsgerichte aufzuheben. Die Sache wird an das Verwaltungsgericht zurückverwiesen, weil erwartet werden kann, dass der Verwaltungsrechtsstreit dort auf der Grundlage des vorliegenden Urteils zum Abschluss gebracht wird. Bei einer Zurückverweisung an den Verwaltungsgerichtshof müsste dieser, bevor er zu einer das Verfahren beendenden Entscheidung gelangen könnte, erst über den Antrag des Beschwerdeführers befinden, die Berufung zuzulassen.

2

Zur Befreiung von einer Klassenfahrt aus religiösen Gründen.

Art. 4 Abs. 1 u. 2, 6 Abs. 2, 7 Abs. 1 GG, 8 Abs. 2 NW.LV,
§§ 8 Abs. 1, 9 Abs. 1, 11 Abs. 1 NW.ASchO
VG Aachen, Beschluss vom 16. Januar 2002 - 9 L 1313/01[1] -

Die Antragstellerin zu 1), eine muslimische Schülerin der 10. Klasse, begehrte, den Schulleiter durch einstweilige Anordnung zu verpflichten, sie von der Teilnahme an einer 18. bis 26.1.2002 stattfindenden Klassenfahrt zu befreien, weil, wie sie unter Vorlage eines Gutachtens eines islamischen Zentrums vortrug, ihr Glaube ihr verbiete, ohne Begleitung eines „Mahram", eines nahen männlichen Verwandten, an einer Klassenfahrt mit Übernachtung außerhalb des Elternhauses teilzunehmen. Die Kammer lehnt den Antrag ab.

---

[1] NJW 2002, 3191; NVwZ 2002, 1401 (LS); NWVBl 2002, 317. Die Beschwerde der Antragstellerin blieb ohne Erfolg; vgl. OVG.NW, Beschluss vom 17.1.2002, KirchE 40, 20.

Aus den Gründen:

Die Voraussetzungen für den Erlass der begehrten einstweiligen Anordnung (§§ 123 Abs. 1, Abs. 3 VwGO, 920 Abs. 2, 294 ZPO) liegen nicht vor. Gemäß § 123 Abs. 1 Satz 2 VwGO kann das Gericht eine einstweilige Anordnung zur Regelung eines vorläufigen Zustands in Bezug auf ein streitiges Rechtsverhältnis treffen, wenn diese Regelung zur Abwendung wesentlicher Nachteile oder aus anderen Gründen nötig erscheint. Das setzt unter anderem voraus, dass die Antragsteller den geltend gemachten Anspruch (Anordnungsanspruch) glaubhaft machen.

Die Antragsteller haben indessen nicht glaubhaft gemacht, dass ihnen der geltend gemachte Befreiungsanspruch zusteht.

Soweit als Anspruchsgrundlage für dieses Begehren für die Antragstellerin zu 1) § 11 Abs. 1 Sätze 1 u. 2 ASchO in Betracht kommt, ist nach der im vorliegenden Verfahren allein möglichen summarischen Überprüfung auch unter Berücksichtigung verfassungsrechtlicher Gesichtspunkte nicht überwiegend wahrscheinlich, dass die Voraussetzungen für eine Befreiung vorliegen. Gemäß § 11 Abs. 1 Satz 1 ASchO kann ein Schüler nur in besonderen Ausnahmefällen und in der Regel zeitlich begrenzt auf Antrag der Erziehungsberechtigten vom Unterricht in einzelnen Fächern oder von einzelnen Schulveranstaltungen befreit werden. Nach Satz 2 der Vorschrift entscheidet über die - hier in Rede stehende - Befreiung bis zu zwei Wochen der Schulleiter.

Die durch Art. 8 Abs. 2 LV angeordnete allgemeine Schulpflicht verpflichtet den Schüler gemäß § 8 Abs. 1 Satz 1 ASchO unter anderem, regelmäßig und pünktlich am Unterricht und an den sonstigen für verbindlich erklärten Schulveranstaltungen teilzunehmen. Dass die vom 18. bis 26.1.2002 stattfindende Klassenfahrt eine derartige Schulveranstaltung darstellt, ziehen die Antragsteller nicht in Zweifel. Vielmehr vertreten sie die Auffassung, dass ein die beantragte Befreiung rechtfertigender „besonderer Ausnahmefall" vorliegt. Wenngleich dieser unbestimmte Rechtsbegriff, mittels dessen eine Ausnahme von der dem staatlichen Bildungsauftrag entsprechenden allgemeinen Schulpflicht gerechtfertigt werden soll, restriktiv auszulegen ist, ergibt eine verfassungskonforme Anwendung, dass ein solcher Fall jedenfalls dann anzunehmen ist, wenn die Durchsetzung der Teilnahmepflicht an einer bestimmten Schulveranstaltung eine grundrechtlich geschützte Position des Schülers und/ oder seiner Eltern verletzte (vgl. OVG.NW, Urteile vom 12.7.1991 - 19 A 1706/90 - NVwZ 1992, 77, KirchE 29, 231, sowie vom 15.11.1991 - 19 A 2198/91 - VBl.NW 1992, 136 [137], KirchE 29, 369).

Dass im Falle der Antragstellerin zu 1) der in Art. 7 Abs. 1 GG verankerte staatliche Erziehungsauftrag hinter das Recht der Glaubens- und Religionsausübungsfreiheit (Art. 4 Abs. 1 u. 2 GG) zurücktreten muss, so dass ein „besonderer Ausnahmefall" im Sinne des § 11 Abs. 1 Satz 1

ASchO gegeben ist, lässt sich indessen nicht mit überwiegender Wahrscheinlichkeit annehmen. Bei der Wahrnehmung des staatlichen Bildungs- und Erziehungsauftrags muss der Staat die gleichrangigen Grundrechte von Schülern (und Eltern) beachten. Insbesondere das Grundrecht der Religionsfreiheit besitzt einen hohen Rang (vgl. Art. 7 Abs. 2 u. 3 GG). Allerdings trifft denjenigen, der die Befreiung von einer gesetzlich allen auferlegten Pflicht begehrt, die Darlegungslast dafür, dass er durch verbindliche Ge- oder Verbote seines Glaubens gehindert ist, der gesetzlichen Pflicht zu genügen, und dass er in einen Gewissenskonflikt gestürzt würde, wenn er entgegen seinem Glauben die gesetzliche Pflicht erfüllen müsste. Auf der anderen Seite umfasst Art. 7 Abs. 1 GG die Befugnis, das Schulwesen - auch unabhängig von den Vorstellungen der betroffenen Eltern - zu organisieren und zu planen mit dem Ziel der Gewährleistung eines Schulsystems, das allen jungen Bürgern gemäß ihren Fähigkeiten die dem heutigen gesellschaftlichen Leben entsprechenden Bildungsmöglichkeiten eröffnet. Zur wirksamen Wahrnehmung dieses staatlichen Rechts durfte neben der Einführung einer allgemeinen Schulpflicht die Möglichkeit einer Befreiung auf besonders begründete Ausnahmefälle beschränkt werden (vgl. BVerwG, Urteil vom 25.8.1993 - 6 C 8/91 - NVwZ 1994, 578 [579 mit Nachweisen], KirchE 31, 328; vgl. zu Art. 2 des 1. Zusatzprotokolls zur Europäischen Menschenrechtskonvention auch Peukert, in: Frowein/Peukert, Europäische Menschenrechtskonvention, EMRK-Kommentar, 2. Aufl., 1996, Art. 2 des 1. ZP, Rn 6 [S. 831]).

Wenn und soweit das Grundrecht aus Art. 4 Abs. 1 u. 2 GG mit dem staatlichen Bildungs- und Erziehungsauftrag (Art. 7 Abs. 1 GG) in Konflikt gerät, ist ein schonender Ausgleich beider Rechtspositionen im Rahmen so genannter praktischer Konkordanz geboten. Hierbei ist die staatliche Schulverwaltung verpflichtet, alle ihr zu Gebote stehenden zumutbaren organisatorischen Möglichkeiten auszuschöpfen; dann - und nur dann -, wenn die Schulverwaltung dieser Pflicht nicht nachkommt oder nicht nachkommen kann, ist der Konflikt in der Form zu lösen, dass ein Anspruch auf Befreiung von der bestimmten Unterrichtsveranstaltung besteht (vgl. BVerwG, aaO, S. 578).

Ausgehend hiervon legt die Kammer für das vorliegende Eilverfahren zunächst das von den Antragstellern bereits im Verwaltungsverfahren eingereichte Gutachten des Islamischen Zentrums B. zu Grunde, wonach eine mehrtägige Reise mit Übernachtung außerhalb der elterlichen Wohnung für ein muslimisches Mädchen ohne Begleitung eines Mahram nicht gestattet ist. Mahram im Sinne des Gutachtens ist entweder ein Ehemann oder jeder andere männliche Verwandte, den die Betreffende nicht heiraten darf (Vater, Großvater, Sohn, Bruder, Onkel oder Neffe). Nicht zuletzt nach dem von der Antragstellerin zu 1) im gestrigen Erörterungstermin gewonnen Eindruck stellt die Kammer für dieses Eilverfahren auch nicht in Frage, dass diese die für sie als verbindlich bezeichneten Verhaltensregeln konsequent anzuwenden beabsichtigt (vgl. dazu BVerwG, aaO, S. 579).

Allerdings ist nach derzeitigem Erkenntnisstand auch unter Berücksichtigung des am heutigen Vormittag eingegangenen Schriftsatzes der Antragstellerseite nicht erkennbar, dass die Antragstellerin zu 1) vor dem Hintergrund möglichst optimaler Wirksamkeit beider Grundrechtspositionen (Art. 4 u. Art. 7 GG) keine zumutbare, nicht diskriminierende Möglichkeit besitzt (vgl. insoweit BVerfG, Beschluss vom 16.5.1995 - 1 BvR 1087/91 - NJW 1995, 2477[2480], KirchE 33, 191; BVerwG, Urteil vom 21.4.1999 - 6 C 18/98 - NJW 1999, 3063 [3066], KirchE 37, 83), ihrer religiösen Überzeugung bezogen auf die streitige Teilnahme an der Klassenfahrt hinreichend Rechnung zu tragen. Was zunächst das von ihr als verbindlich angesehene Erfordernis anbelangt, eine mehrtägige Reise nur in Begleitung eines Mahram durchzuführen, ist festzuhalten, dass die Antragsteller sowohl unter dem 20.11.2001 als auch noch bei Antragstellung am 20.12.2001 geltend gemacht haben, dass sowohl dem Vater der Antragstellerin zu 1) als auch einer anderen männlichen Person, die einen auch die Ehe ausschließenden Verwandtschaftsgrad besitze, die Teilnahme an der Klassenfahrt nicht möglich sei. Erstmals im Schriftsatz vom 11.1.2002 sowie der beigefügten Eidesstattlichen Versicherung vom gleichen Tag haben sie dann auf die Möglichkeit hingewiesen, dass der die Klasse des Antragsgegners besuchende Bruder der Antragstellerin zu 1) ebenfalls als Mahram in Betracht kommt. Hierauf hat der Antragsgegner umgehend unter dem 14.1.2002 mit dem Hinweis reagiert, einer Begleitung durch einen männlichen Verwandten stehe organisatorisch nichts entgegen; die Kosten müssten allerdings vollständig durch die Begleitperson übernommen werden. Diese Position hat der Antragsgegner im gestrigen Erörterungstermin dahin gehend konkretisiert, dass er - sofern die Erziehungsberechtigten dies beantragten - den jüngeren Bruder der Antragstellerin zu 1) gemäß § 11 Abs. 1 ASchO vom Unterricht befreien würde, damit er seine Schwester begleiten könne.

Hat demgemäß die Schulverwaltung die ihr zur Verfügung stehenden organisatorischen Möglichkeiten ausgeschöpft, oblag und obliegt es nunmehr vor dem Hintergrund praktischer Konkordanz der Antragstellerin zu 1) sowie ihren Eltern, das ihrerseits zur Lösung der Konfliktsituation Zumutbare beizutragen. Dem entspricht es, wenn die Antragstellerin zu 1) (zumindest) auf ihren Bruder als Mahram zurückgreift. Denn nach dem bereits erwähnten Gutachten des Islamischen Zentrums B. ist dieser von der Wahrnehmung dieser Aufgabe nicht ausgeschlossen, und es ist nichts für eine Unzumutbarkeit in dem Sinne erkennbar, dass die Antragsteller zu 2) und 3) (*Anm.: die Eltern*) mit Blick auf ihr Erziehungsrecht auch gegenüber ihrem Sohn (Art. 6 Abs. 2 GG) diesem nicht aufgeben können sollten, seine Schwester auf der Klassenfahrt zu begleiten.

Soweit die Antragstellerin zu 1) gegen diese Lösungsmöglichkeit einwendet, Derartiges sei ihr unangenehm, ist darauf hinzuweisen, dass sie diese mögliche Folge ihrer Religionsausübung hinzunehmen hat, wenn sie sich auf die Gewährleistung der ungestörten Religionsausübung beruft (vgl. OVG.NW, Urteil vom 12.7.1991 - 19 A 1706/90 - NVwZ 1992, 77 [79], KirchE 29, 231).

Was den heute erfolgten Hinweis der Prozessbevollmächtigten der Antragsteller anbelangt, der Bruder - dessen schulische Leistungen in einigen Fächern nicht zufrieden stellend seien - werde sich voraussichtlich nicht unter älteren und unbekannten Schülern durchsetzen können, so stellt dies die aufgezeigte Lösungsmöglichkeit nicht in Frage. Denn er wird sich nach derzeitigem Erkenntnisstand, soweit erforderlich, an eine der insgesamt sieben mitfahrenden Lehrkräfte wenden können.

Die im Erörterungstermin angegebene finanzielle Situation der Antragsteller verlangt ebenfalls keine abweichende Beurteilung. Denn entweder können die Eltern der Antragstellerin zu 1) - wie in früheren Fällen auch - auf private Hilfe etwa von Vereinen zurückgreifen. Gegebenenfalls ist es auch zumutbar, sich wegen eines aktuellen Bedarfs an den Sozialhilfeträger zu wenden.

Besteht nach alledem ein für die Antragstellerin zu 1) nicht unzumutbarer Weg, den von ihr aufgezeigten Gewissenskonflikt bezogen auf die Begleitperson zu lösen, so stellt ihr weiteres Vorbringen das Nichtvorliegen eines besonderen Ausnahmefalles ebenfalls nicht in Frage. Denn es ist nichts dafür dargetan oder ersichtlich, dass sie (beispielsweise) den in ihrer Eidesstattlichen Versicherung vom 11.1.2002 erwähnten religiösen Handlungen unter der gebotenen Mithilfe der Lehrkräfte nicht in dem für erforderlich gehaltenen Umfang nachgehen könnte.

Besteht demgemäß bei summarischer Überprüfung kein Anspruch der Antragstellerin zu 1), gemäß § 11 Abs. 1 ASchO unter Berücksichtigung des Grundrechts aus Art. 4 Abs. 1 u. 2 GG von der Teilnahme an der Klassenfahrt befreit zu werden, so ergibt sich nichts anderes, wenn man auf dieses Grundrecht allein abstellen wollte.

Soweit die Prozessbevollmächtigte der Antragsteller in ihrem Schriftsatz vom heutigen Tag auf einen etwaigen Gleichbehandlungsanspruch gemäß Art. 3 Abs. 1 GG hinweist, ist anzumerken, dass die darin genannte „kostengünstige Alternativunterkunft" und das hieraus abgeleitete Recht auf eine für die Antragstellerseite finanziell tragbare Lösung nach den vorstehenden Ausführungen mangels Vergleichbarkeit der Sachverhalte nicht verfängt.

Die Antragsteller zu 2) und 3) besitzen den geltend gemachten Befreiungsanspruch ebenfalls nicht. In diesem Zusammenhang kann auf sich beruhen, dass die Antragstellerin zu 1. religionsmündig ist. Denn diese Tatsache nimmt ihren Eltern nicht die aus dem elterlichen Erziehungsrecht (Art. 6 Abs. 2 Satz 1 GG) folgende Befugnis, ihr minderjähriges Kind in seinen religiösen Bemühungen zu unterstützen sowie Rechte, die das Kind auf diesem Gebiet zu haben glaubt, mit einem verwaltungsgerichtlichen Verfahren auch im eigenen Namen geltend zu machen (vgl. statt aller BVerwG, Urteil vom 2.9.1983 - 7 C 169/81 - NJW 1983, 2585, KirchE 21, 227).

Indessen besteht aus den vorstehend dargelegten Gründen, auf die die Kammer zur Vermeidung von Wiederholungen verweist, bei summarischer Überprüfung kein Befreiungsanspruch.

3
Zur Befreiung von einer Klassenfahrt aus religiösen Gründen.

§ 11 Abs. 1 NW.ASchO
OVG Nordrhein-Westfalen, Beschluss vom 17. Januar 2002 - 19 B 99/02[1] -

Die Antragstellerin, eine muslimische Schülerin der 10. Klasse, begehrte, den Schulleiter durch einstweilige Anordnung zu verpflichten, sie von der Teilnahme an einer Klassenfahrt zu befreien.

Das Verwaltungsgericht hat den Antrag mit vorstehend unter Nr. 2 abgedrucktem Beschluss abgelehnt.

Die Beschwerde der Antragstellerin wurde zwar zurückgewiesen, jedoch folgt der Senat nicht den Erwägungen der Vorinstanz.

Aus den Gründen:

Die Antragstellerin benötigt keine Befreiung nach § 11 Abs. 1 ASchO. NW im Hinblick auf die bevorstehende Klassenfahrt und folglich auch nicht den Erlass der beantragten einstweiligen Anordnung. Sie hat ein sehr eindrückliches Bild der Beschränkungen und Zwänge, denen sie insbesondere als Mädchen mit ihren religiösen Vorstellungen unterworfen ist, und der Ängste, die sich für sie daraus mit Blick auf zu erwartende Situationen bei einer Klassenfahrt ergeben, gezeichnet. In ihrer eidesstattlichen Versicherung vom 11.1.2002 führt sie aus: Sie sei gläubige Muslimin und versuche weitgehend, ihr Leben nach ihrer Religion auszurichten. Klassenfahrten beschränkten sie wesentlich darin, ihr Leben so zu gestalten, wie es ihr Glaube von ihr verlange. Die Antragstellerin verweist

---
[1] Amtl. Leitsatz. DVP 2003, 509 (LS); KuR 2003, 100 (LS); JuS 2003, 1023 (LS); NJW 2003, 1754.

- *auf ihre ständige Furcht, auf Klassenfahrten könne in ihrem Essen Schweinefleisch sein, das sie aus religiösen Gründen nicht esse,*
- *ihre Furcht, die fünf notwendigen täglichen Waschungen und Gebete nicht vornehmen zu können,*
- *ihre psychische Belastung bei Nichteinhaltung der Regeln,*
- *ihre Furcht, ihre Mitschülerinnen könnten sie seltsam finden, wenn sie so dusche, wie es ihr Glaube ihr allein ermögliche,*
- *ihre Furcht, sich sogar vor ihren Mitschülerinnen unbekleidet zeigen zu müssen,*
- *ihre Furcht, ihr Kopftuch zu verlieren,*
- *ihre ständige Hektik in Sorge darum, nie ohne Kopftuch zu sein.*

Auch wenn die Antragstellerin ausdrücklich betont, sie fühle sich „durch die Religion gar nicht unterdrückt", so sind doch ihre Ängste, die sie artikuliert, religiös bedingt. Sie hat insgesamt Angst, in die angeführten Situationen zu kommen und ohne einen „Mahram" - wie Vater, Großvater, Bruder oder Onkel - über Nacht zu verreisen, also auch an der Klassenfahrt teilnehmen zu müssen. Nach der eidesstattlichen Versicherung ist überwiegend wahrscheinlich, dass die Antragstellerin von den gesehenen Zwängen und den Ängsten so geprägt ist, dass sie ohne eine nach ihren maßgeblichen religiösen Vorstellungen geeignete Begleitperson nicht an der Klassenfahrt teilnehmen kann. Diese durch Zwänge und Ängste gekennzeichnete Situation bei der Klassenfahrt ist der bereits Krankheitswert besitzenden Situation einer partiell psychisch Behinderten vergleichbar, die behinderungsbedingt nur mit einer Begleitperson reisen kann. Es spricht Überwiegendes dafür, dass die geschilderten Zwänge und Ängste auch bei der Antragstellerin bereits Krankheitswert erreichen, so dass sie iSv § 9 Abs. 1 ASchO begründet verhindert ist, an der Klassenfahrt teilzunehmen.

4

Eine in Deutschland vor einem Imam nach islamischem Recht zwischen einem Algerier und einer französischen Staatsangehörigen geschlossene Ehe unterfällt nicht dem Schutz der Art. 6 GG, 8 EMRK.

OVG Saarland, Beschluss vom 18. Januar 2002 - 1 W 9/01[1] -
Der Antragsteller, ein algerischer Staatsangehöriger, beantragt nach Ablehnung seines Asylbegehrens, den Antragsgegner im Wege einer einstweiligen Anordnung (§ 123 VwGO) zu verpflichten, vorläufig von aufenthaltsbeendenden Maßnahmen Abstand zu nehmen und ihm eine

---
[1] InfAuslR 2002, 233 (LS); NVwZ 2002, Beilage Nr. I 7, 77.

(vorläufige) Duldung zu erteilen. Er macht geltend, dass er beabsichtige, die französischen Staatsangehörigen Marita B., die für die Bundesrepublik Deutschland eine unbefristete Aufenthaltserlaubnis-EU besitzt, nach staatlichem Recht zu heiraten. Mit Marita B. habe er bereits ausweislich einer vom Pakistanisch-Deutschen Kultur- u. Wohlfahrtsverein e.V. ausgestellte Heiratsurkunde am 25.9.2001 vor einem Imam in Saarbrücken nach islamischem Familiengesetz die Ehe geschlossen.

Das Verwaltungsgericht hat den Antrag abgelehnt. Auch die Beschwerde des Antragstellers wurde zurückgewiesen.

Aus den Gründen:

Zu Recht hat das Verwaltungsgericht das Begehren des Antragstellers zurückgewiesen, den Antragsgegner im Wege einer einstweiligen Anordnung (§ 123 VwGO) zu verpflichten, vorläufig von aufenthaltsbeendenden Maßnahmen Abstand zu nehmen und ihm eine (vorläufige) Duldung zu erteilen.

Zutreffend geht das Verwaltungsgericht davon aus, dass einem vollziehbar ausreisepflichtigen Ausländer eine Duldung zu erteilen ist, solange seine Abschiebung aus tatsächlichen oder rechtlichen Gründen unmöglich ist (§ 55 Abs. 2, Abs. 4 AuslG), was insbesondere dann zutrifft, wenn es ihm nicht zuzumuten ist, seine familiären Beziehungen durch Ausreise zu unterbrechen. Denn Art. 6 GG enthält eine wertentscheidende Grundsatznorm, nach der der Staat Ehe und Familie zu schützen und zu fördern hat, wobei der Schutzbereich dieser Bestimmung nicht auf deutsche Staatsangehörige beschränkt ist. Der Träger des Grundrechts aus Art. 6 GG hat einen Anspruch darauf, dass die zuständigen Behörden bei der Entscheidung über aufenthaltsbeendende Maßnahmen seine Bindung an Personen, die sich berechtigterweise im Bundesgebiet aufhalten, angemessen berücksichtigen. Die Pflicht des Staates, die Ehe und Familie zu schützen und zu fördern, lässt einwanderungspolitische Belange zurücktreten, wenn eine rechtlich geschützte Lebensgemeinschaft nur in der Bundesrepublik Deutschland stattfinden kann, weil dem deutschen oder in Deutschland aufenthaltsberechtigten Partner das Verlassen der Bundesrepublik Deutschland nicht zuzumuten ist (Vgl. dazu u.a. BVerfG, Beschlüsse vom 31.8.1999, NVwZ 2000, 59, InfAuslR 2000, 67, vom 1.8.1996, InfAuslR 1996, 341, und vom 10.8.1994, InfAuslR 1994, 394; Beschlüsse des Senats vom 28.6.2001 - 1 W 3/01 -, vom 17.7.2000 - 1 W 1/99 - NVwZ-Beilage I 2/2001, 21, InfAuslR 2000, 12, und vom 24.1.2000 - 1 W 4/00 -).

Auf solche, durch Art. 6 GG bzw. Art. 8 EMRK geschützte eheliche Beziehungen kann der Antragsteller indes kein Bleiberecht stützen.

Imam-Ehe in Deutschland 23

Rechtsfehlerfrei ist das Verwaltungsgericht davon ausgegangen, dass sich der Antragsteller im Hinblick auf die nach seinem Vortrag beabsichtigte Eheschließung mit der französischen Staatsangehörigen B., die für die Bundesrepublik Deutschland eine unbefristete Aufenthaltserlaubnis - EU - besitzt, nicht auf die Vorwirkungen des Art. 6 Abs. 1 GG berufen kann, weil von einer unmittelbar bevorstehenden Eheschließung nicht ausgegangen werden kann. (vgl. im gegebenen Zusammenhang neben dem vom Verwaltungsgericht bereits erwähnten Beschluss des 3. Senats vom 1.12.1994 - 3 W 34/94 - auch die Beschlüsse desselben Senats vom 29.5.2000 - 3 V 12/00 - und vom 21.8.2000 - 3 W 3/00 -).

In der Zulassungsbegründung vom 24.10.2001 räumt der Antragsteller zudem selbst ein, dass eine Befreiung von der Beibringung des Ehefähigkeitszeugnisses durch das Oberlandesgericht noch erforderlich sein wird, so dass auch aus diesem Grund eine Eheschließung nicht unmittelbar bevorsteht (zu Letzterem zutreffend OVG Greifswald, Beschluss vom 17.8.1999, NVwZ-RR 2000, 641).

Im Weiteren teilt der Senat dann auch die im angegriffenen Beschluss vertretene Auffassung, wonach die am 25.9.2001 vor einem Imam in Saarbrücken nach islamischem Familiengesetz (vgl. dazu die vom Pakistanisch-Deutschen Kultur- und Wohlfahrtsverein e.V. ausgestellte Heiratsurkunde zwischen dem Antragsteller und Frau Marita B.) geschlossene Ehe nicht unter dem Schutz des Art. 6 Abs. 1 GG bzw. Art. 8 EMRK steht.

Zutreffend stellt das Verwaltungsgericht zunächst fest, dass nach Art. 13 Abs. 3 Satz 1 EGBGB eine Eheschließung in der Bundesrepublik Deutschland wirksam grundsätzlich nur in der nach deutschem Zivilrecht vorgeschriebenen Form, mithin vor einem deutschen Standesbeamten, geschlossen werden kann (vgl. § 1310 BGB). Eine Ausnahme hiervon gilt zwar - wie das Verwaltungsgericht ebenfalls zutreffend festgestellt hat - nach Art. 13 Abs. 3 Satz 2 EGBGB dann, wenn beide Verlobten - wie hier - nicht deutsche Staatsangehörige sind. In diesem Fall kann eine Ehe vor einer von der Regierung des Staates, dem einer der Verlobten angehört, ordnungsgemäß ermächtigten Person in der nach dem Recht dieses Staates vorgeschriebenen Form geschlossen werden. Dies trifft auf die unter Einschaltung des Pakistanisch-Deutschen Kultur- und Wohlfahrtsverein e.V. vor einem Imam geschlossene Ehe jedoch offensichtlich nicht zu. Eine andere, davon zu unterscheidende Frage ist allerdings, ob die nach islamischem Familiengesetz geschlossene Ehe dem Schutz des Art. 6 Abs. 1 GG bzw. Art. 8 EMRK unterfällt. Das Bundesverfassungsgericht hat Art. 6 Abs. 1 GG wiederholt als Schutznorm für verheiratete Ausländer angewandt, ohne der Frage nachzugehen, ob deren Ehe nach deutschem Recht oder nach dem Recht ihrer Heimatländer geschlossen worden war. Es hat in diesem Zusammenhang die Auffassung vertreten, dass eine Ehe auch dann grundsätzlich dem Schutz des Art. 6 Abs. 1 GG unterliege, wenn nach dem für den ausländischen Verlobten maßgebenden Heimatrecht eine rechtsgültige Ehe vorliege, während für den deutschen Verlobten die Verbindung als „Nichtehe" zu beurteilen sei (sog. hinkende Ehe - BVerfG, Beschluss vom 30.11.1982, BVerfGE 62, 323, NJW 1983, 511). Das Bundesverfassungsgericht hat dabei mit Blick auf die Schutzwirkung des Art. 6 Abs. 1 GG als wesentlich herausgestellt, dass die von zwei Partnern als dauernde Gemeinschaft beabsichtigte und versprochene Verbindung (zumindest) durch die für einen der Partner maßgebliche Rechtsordnung anerkannt werde. Ob bei Vorliegen einer in diesem Sinne „hinkenden Ehe" Art. 6 Abs. 1 GG - auch im Bereich des Ausländerrechts Schutzwirkungen entfaltet - in dem der zitierten Entscheidung des Bundesverfassungsgerichts zugrunde liegenden Fall ging es um einen sozialversicherungsrechtlichen Versorgungsanspruch- kann dahingestellt bleiben. Denn die zwischen dem Antragsteller und Frau B. nach islamischem Familiengesetz in Deutschland geschlossene Ehe ist sowohl nach algerischem Recht, dem Heimatrecht des Antragstellers, als auch nach französischem Recht, dem Heimatrecht von Frau B., unwirksam.

Nach Art. 18 des algerischen Familiengesetzbuchs (vgl. dazu die vom Antragsgegner auszugsweise (u.a.) in deutscher Übersetzung vorgelegten einschlägigen algerischen Bestimmungen aus Bergmann/Ferid, Internationales Ehe- und Kindschaftsrecht „Algerien") muss die Urkunde über die Eheschließung vor einem Notar oder einem gesetzlich für zuständig erklärten Beamten errichtet werden, was hier eindeutig nicht der Fall gewesen ist. Gleichermaßen fehlt es an dem durch Art. 22 des algerischen Familiengesetzbuchs vorgeschriebenen Nachweis der Eheschließung. Diese wird grundsätzlich durch Aushändigung eines Auszugs aus dem Zivilstandsregister bewiesen. Fehlt es an einer Eintragung, so wird die Ehe durch Urteil für gültig erklärt, wenn sämtliche Gültigkeitsvoraussetzungen nach den gesetzlichen Bestimmungen vorliegen. Ein diesbezüglicher Nachweis ist vom Antragsteller nicht erbracht worden und es ist auch nicht vorgetragen oder ersichtlich, dass der Antragsteller ein Verfahren zur Gültigerklärung der Ehe durch Urteil eingeleitet hat.

Aber auch nach französischem Recht hat die in Deutschland vor einem Imam geschlossene Ehe keine Gültigkeit erlangt. Denn gemäß Art. 170 des Code civil bzw. des französischen Zivilgesetzbuchs (vgl. dazu Bergmann/Ferid, Internationales Ehe- und Kindschaftsrecht „Frankreich" - 129. Lieferung 20.9.1997, S. 31), ist die zwischen einem Franzosen und einem Ausländer im Ausland geschlossene Ehe nur gültig, wenn sie in den in dem betreffenden Land gebräuchlichen Formen geschlossen ist, was hier eindeutig nicht der Fall ist (vgl. Art. 13 Abs. 3 EGBGB, § 1310 BGB).

Soweit demgegenüber das Niedersächsische Oberverwaltungsgericht (Beschluss vom 17.5.2001, InfAuslR 2001, 387) eine lediglich nach islamischem Ritus zwischen einem Algerier und einer Deutschen geschlossene Ehe dem Schutz des Art. 6 Abs. 1 GG unterstellt, fehlt hierfür jede Begründung. Die Aussage, „der Schutz der Ehe gemäß Art. 6 Abs. 1 GG erfordere die Duldung des Antragstellers zur Gewährleistung des ehelichen Zusammenlebens der Eheleute im Bundesgebiet", beinhaltet lediglich eine Rechtsbehauptung, die in keiner Weise dogmatisch begründet wird.

5

1. Ein Arbeitnehmer verzichtet nicht auf seine Grundrechte aus Art. 4 Abs. 1 und Abs. 2 GG, weil er bei Abschluss des Arbeitsvertrages damit rechnen musste, dass die ordnungsgemäße Erfüllung seiner arbeitsvertraglichen Pflichten mit seinen Verpflichtungen gegenüber seinem Glauben kollidieren könnte.
2. Ein Arbeitgeber ist nicht verpflichtet, durch Art. 4 Abs. 1 und Abs. 2 GG geschützte Gebetspausen des muslimischen Arbeitnehmers während der Arbeitszeit hinzunehmen, wenn hierdurch betriebliche Störungen verursacht werden.

Art. 2 Abs. 1, 4 Abs. 1 u. 2, 12 Abs. 1, 14 Abs. 1 GG, § 611 BGB
LAG Hamm, Urteil vom 18. Januar 2002 - 5 Sa 1782/01[1] -

Der Kläger begehrt im Wege der einstweiligen Verfügung eine bis zu dreiminütige Freistellung von der Arbeit zwischen 6.00 und 8.00 Uhr morgens, um sein Morgengebet verrichten zu können.
Der Kläger ist türkischer Staatsangehöriger und Muslim. Er ist seit dem 4.10.1994, mit einer Unterbrechung vom 3.4.-4.7.1996 als gewerblicher Arbeitnehmer bei der Verfügungsbeklagten beschäftigt.
Die Beklagte ist auf dem Gebiet der Oberflächenveredelung tätig. Es werden Stückbeschichtungen von Bauteilen vollzogen. Bis zum 31.12.2001 waren dort 163 Arbeitnehmer beschäftigt, ab dem 1.1.2002 sind 144 Arbeitnehmer. Davon sind seit Januar 2002 48 Arbeitnehmer Moslems.
Das Arbeitsverhältnis zwischen den Parteien ist nicht ungestört. Die Beklagte erteilte dem Kläger bereits einer Ermahnung vom 30.5.1995 wegen Schlechtleistung, eine Abmahnung vom 15.1.2001 wegen unentschuldigtem Fernbleibens vom Arbeitsplatz, eine Abmahnung vom

---

[1] Amtl. Leitsätze. ArbN 2002, Nr. 6, 37; ArbuR 2002, 317; AuA 2003, Nr. 1, 58; BuW 2002, 748 (LS); EzBAT § 52 BAT Nr. 33; LAGE § 616 BGB Nr. 11; LAGE Art. 4 GG Nr. 2 (LS); NJW 2002, 1970; NZA 2002, 675; PersF 2002, 92 (LS); VersorgW 2003, 71; ZevKR 48 (2003), 236. Das Urteil ist rechtskräftig. Vgl. hierzu auch LAG Hamm, Urteil vom 26.2.2002 in der Parallelsache 5 Sa 1582/01 KirchE 40, 129.

15.1.2001 wegen der Weigerung, die leeren Haken abzunehmen und in die Behälter zu legen, eine Abmahnung vom 15.1.2001 wegen Abhaltung von ungenehmigten Pausen zum Zwecke des Betens, eine Abmahnung vom 25.6.2001 wegen Arbeitsverweigerung und Handgreiflichkeit, eine Abmahnung vom 27.6.2001 wegen Arbeitsverweigerung, eine Abmahnung vom 5.10.2001 wegen Entfernung vom Arbeitsplatz zum Beten und eine Abmahnung vom 13.11.2001 wegen Nichttragens des Schutzhelms. Über die Ansprüche des Klägers auf Entfernung der Abmahnungen, insbesondere wegen der von ihm vorgenommenen Arbeitspausen zum Zwecke des Betens sind zwei Rechtsstreitigkeiten anhängig.

Der Kläger seit einigen Monaten ist an der Vertikalanlage/Beschichtungsanlage (V-Anlage) tätig. Seit dem 1.1.2002 beginnt dort die Arbeitszeit um 6.00 Uhr und endet um 14.30 Uhr. Montags läuft die Anlage erst nach eventuell durchzuführenden Reinigungsarbeiten. Hierdurch kommt es zu entsprechenden Verschiebung der Arbeitszeit. Die Pausenzeit beginnt nicht vor 9.30 Uhr. Der Kläger hat die Arbeitsaufgabe, die beschichteten Teile, die in einer Kette mit gleichmäßigem Vortrieb hängen, abzunehmen. Dabei hat er gleichzeitig auch den Haken, an dem das Werkstück hängt, aus der Aushängung auszuklinken. In der Regel haben die einzelnen Profile eine Läge bis zu 6,50 Meter. In der V-Anlage sind zwei Arbeitnehmer eingesetzt.

Mit dem Antrag auf Erlass einer einstweiligen Verfügung macht der Kläger eine tägliche dreiminütige Arbeitsbefreiung zwischen 6.00 und 8.00 Uhr morgens zur Wahrnehmung seiner religiösen Pflichten geltend.

Der Kläger hat behauptet, er müsse nach den Vorschriften seines Glaubens als gläubiger Moslem in der Winterzeit ab dem 12.11.2001 bis zu deren Ablauf zum 21.2.2001 ein Gebet zwischen 6.00 Uhr und 8.00 Uhr verrichten. Die Arbeitsunterbrechung betrage maximal drei Minuten. Die zeitliche Lage der täglichen Gebete hänge jeweils vom Sonnenstand ab. Die Einhaltung der führe auch nicht zu betrieblichen Problemen. Es bestehe die Möglichkeit, etwas vorzuarbeiten, um dadurch etwa bis zu drei Minuten Luft herauszuarbeiten. Zudem werde die Kette nach den Erfahrungen in der betrieblichen Praxis mindestens fünf- bis zehnmal gestoppt, z.B. für das Nachfüllen von Lackpulver. Auch hier ergebe sich wegen Stillstandes des Bandes ein mindestens dreiminütiger freier Zeitraum zur Abhaltung des Gebetes. Schließlich bestehe eine Aushilfsmöglichkeit. Auch andere Arbeitnehmer im Betrieb würden schon einmal eine Zigarette rauchen oder zur Toilette gehen, ohne dass hierdurch der Betriebsablauf mehr als nur unerheblich gestört werde. Die Angelegenheit sei auch eilbedürftig. Aufgrund der Jahreszeit sei er ab dem 12.11.2000 wieder darauf angewiesen, den Vorschriften seiner Religion Genüge zu tun und während der Arbeitszeit ein Frühgebet zu verrichten.

Der Kläger hat beantragt, der Verfügungsbeklagten aufzugeben, dem Kläger zu gestatten, ab dem 4.1.2002 seinen religiösen Pflichten in Form eines dreiminütigen Frühgebetes, genaue zeitliche Lage nach Wahl des Klägers, während der Arbeitszeit zwischen 6.00 und 8.00 Uhr, ohne Anrechnung auf diese - hilfsweise mit Anrechnung auf diese -, nachzugehen, bis zu einer einvernehmlichen Regelung der Parteien, längstens bis zum Ablauf der diesbezüglichen Winterzeit am 21.2.2002.

Die Beklagte hat bestritten, dass der Kläger nach seinem Glauben verpflichtet sei, die Gebete während der Arbeitszeit zu verrichten. Nach islamischer Lehre sei es durchaus möglich, die Gebete nachzuholen. Es bestehe nach islamischer Lehre kein Zwang zur Verrichtung der so genannten „mittleren Gebete". Zudem sei eine Arbeitsunterbrechung von drei Minuten für das Frühgebet nicht ausreichend. Der Kläger müsse sich zunächst vom Arbeitsplatz entfernen, sich zur Toilette begeben, Waschungen vornehmen und einen ungestörten Raum aufsuchen, an dem er das Gebet ausführen könne. Der Kläger hätte sich auch nicht regelmäßig seit etwa sechs Jahren während der Arbeitszeit zu Gebeten zurückgezogen. Die durch das Beten eingetretenen Arbeitsunterbrechungen führten auch zu betrieblichen Störungen. Es könne durch Vorarbeiten keine freie Zeit herausgearbeitet werden. Auch werde die Kette nicht für das Nachfüllen von Lackierpulver gestoppt. Das Pulver werde während des Laufs der Anlage nachgefüllt. Das Rauchen und Kaffeetrinken geschehe am Arbeitsplatz. Der Gang zur Toilette werde grundsätzlich in der Pause erledigt. Wenn es dennoch vorkomme, müsse sich das Team einen Springer aus der Arbeitsvorbereitung holen. Da dort auch im Zweier-Team gearbeitet werde, könne der nicht abgezogene Vorbereiter während dieser Zeit ebenfalls nicht arbeiten. Hierdurch entstünden Ausfälle.

Das Arbeitsgericht hat die Verfügungsklage abgewiesen und zur Begründung ausgeführt, dem Kläger stehe kein Anspruch auf Gebetspausen zu. Wegen seiner Verpflichtung aus dem Arbeitsvertrag für eine bestimmte Zeit Arbeitsleistungen zu erbringen, fehle es an einer Anspruchsgrundlage. Die Vereinbarung einer anderen zeitlichen Lage der Arbeitszeit würde zu für die Verfügungsbeklagte nicht hinnehmbaren betrieblichen Störungen führen.

Mit der Berufung verfolgt der Kläger sein Klagebegehren weiter. Er ist nach wie vor der Auffassung, er habe Anspruch auf entsprechende Gebetspausen. Das Morgengebet müsse in der Zeit zwischen Imsak (Beginn der Morgendämmerung) und dem Sonnenaufgang verrichtet werden. Das Nicht-Beten zu diesen Zeiten ohne unabweisbaren Hinderungsgrund sei nach der islamischen Religion eine Sünde. Der Kläger überreicht hierzu Auskunft der türkischen Republik - Generalkonsulat Münster - vom 3.7.2001. Die Einhaltung dieses religiösen Gebots führe auch nicht zu betrieblichen Beeinträchtigungen. Das Gebet könne am Arbeitsort ausgeführt werden. Es reiche ein 1,5 Meter großer Platz, an dem ein sauberes Tuch ausgebreitet werden könne. Die Waschung könne zu Hause oder in den regulären Pausen erfolgen. Es gehe nur um die Gebetsphase von drei Minuten. Es komme zu keinen Produktionsstörungen. So benutzten Mitarbeiter auch den Kaffeeautomaten im Pausenraum während der Arbeitszeit. Die Arbeit könne auch vorgeholt werden, da das Band nicht mit einer Durchschnittsgeschwindigkeit von 1,1 Meter pro Minute, sondern langsamer, maximal 0,9 Meter pro Minute laufe. Er habe auch am 4.10.1994 festgestellt, dass die Arbeitnehmer I., Ö. und H. auch ihre Arbeit für das Beten hätten unterbrechen können. Der Kläger habe dies seit diesem Zeitpunkt ebenfalls getan und bis zu den streitigen Abmahnungen keinerlei Rückmeldungen erhalten. Es sei den Schichtführern und den Betriebsleitern ebenso wie zahlreichen anderen Arbeitskollegen bekannt, dass er die Arbeiten unterbrochen habe, um zu beten.

Der Kläger beantragt, das Urteil des Arbeitsgerichts abzuändern und die Beklagte im Wege einer einstweiligen Verfügung zu verurteilen, dem Kläger bis zum Ablauf der derzeitigen Winterzeit mit dem 21.2.2002 zu gestatten, während seiner Arbeitszeit bei der Beklagten seine Arbeit außerhalb der normalen Arbeitspausen zusätzlich unterbrechen zu dürfen, um während dieser zusätzlichen Arbeitspause beten zu können, mit den Maßgaben, dass dabei der Kläger diese zusätzliche Arbeitspause arbeitstäglich nur einmal und hierbei lediglich zwischen 6.00 und 8.00 Uhr in Anspruch nehmen darf, dass diese einmalige arbeitstäglich zusätzliche Arbeitspause des Klägers jeweils nur zwischen 6.00 Uhr sowie 8.00 Uhr und zudem jeweils nicht mehr als drei Minuten dauern darf, dass sich der Kläger während seiner vorstehenden jeweiligen arbeitstäglichen zusätzlichen Arbeitspause von jeweils maximal nur drei Minuten des weiteren ausschließlich in unmittelbarer Nähe zu seinem jeweiligen Arbeitsplatz bei der Beklagten - also höchstens zwei Meter von seinem jeweiligen Arbeitsplatz bei der Beklagten entfernt - aufhalten darf, um dort zu beten, und dass ferner dem Kläger seitens der Beklagten auch die vorstehende arbeitstägliche zusätzliche Arbeitspause von maximal drei Minuten - wie jede andere normale Pause - nicht als Arbeitszeit zu bezahlen ist.

Die Beklagte, ist nach wie vor der Auffassung, dass kein Anspruch auf Arbeitspausen zum Zwecke des Gebets bestehe. Der Kläger sei an der V-Anlage seit etwa einem Jahr eingesetzt. Ein einzelner Arbeitnehmer könne die Profile nicht handhaben. Es müssten jeweils zwei Mitarbeiter abnehmen. Er könne auch nicht in unmittelbarer Nähe zu seinem jeweiligen Arbeitsplatz die Gebete verrichten. Gerade der Betriebsrat lege Wert darauf, den Abnahmeraum durch Gitter zu sichern, um etwaigen Gefahren entgegenzuwirken.

Die Berufung blieb ohne Erfolg.

Aus den Gründen:

Die zulässige Berufung des Klägers ist nicht begründet. Das Arbeitsgericht hat zu Recht den geltend gemachten Anspruch des Klägers auf Gewährung einer dreiminütigen Arbeitspause zum Zwecke des Gebets abgelehnt.
I. Die Berufung des Klägers ist zulässig. (*wird ausgeführt*)
II. Die Berufung ist in der Sache nicht begründet. Der Kläger hat keinen Anspruch auf Gebetspausen während der Arbeitszeit in der Winterzeit bis zum 21.2.2002.
1. Der erforderliche Verfügungsgrund ist gegeben. Bei der Klage auf Arbeitsfreistellung handelt es sich um eine Leistungs- oder Befriedigungsverfügung, die ausdrücklich im Gesetz nicht geregelt ist. Wegen der Befriedigungswirkung dieser Art der einstweiligen Verfügung sind an den Verfügungsgrund allerdings besonders strenge Anforderungen zu stellen. Nach §§ 62 Abs. 2 ArbGG, 936 ZPO iVm §§ 917, 918 ZPO ist ein Verfügungsgrund nur gegeben, wenn der Arbeitnehmer auf die sofortige Erfüllung des Anspruchs im Sinne einer Notlage dringend angewiesen ist (LAG Hamm vom 18.2.1998 - 3 Sa 297/98 - LAGE § 611 BGB Beschäftigungspflicht Nr. 41, unter 1. der Gründe). Vorliegend ergibt sich bereits aus dem drohenden Zeitablauf, dass die erforderliche Dringlichkeit zum Erlass der einstweiligen Verfügung gegeben ist. Der Kläger hätte sonst keine Möglichkeit, seine Gebetspausen noch innerhalb des beantragen Zeitraums gerichtlich durchsetzen zu können.
2. Ein Verfügungsanspruch ist nach zutreffender Auffassung des Arbeitsgerichts nicht gegeben.
a) Der geltend gemachte Anspruch ergibt sich weder aus § 616 BGB, noch aus § 242 BGB iVm dem bestehenden Arbeitsverhältnis. Grundsätzlich unterliegt auch die Festlegung der Zeit der Arbeitsleistung dem Direktionsrecht des Arbeitgebers. Dieses ermöglicht ihm, die im Arbeitsvertrag nur rahmenmäßig umschriebene Leistungspflicht im Einzelnen nach Zeit, Art und Ort zu bestimmen. Beschränkungen können sich nur aus Gesetz, Tarifvertrag, Betriebsvereinbarung oder Einzelarbeitsvertrag ergeben (vgl. BAG vom 7.12.2000 - 6 AZR 444/99 - AP Nr. 61 zu § 611 BGB Direktionsrecht). Der zwischen den Parteien unter dem 7.10.1994 geschlossene Arbeitsvertrag regelt keine Beschränkung des Direktionsrechts der Beklagten. Danach ist der Arbeitnehmer vielmehr nach näherer Anweisung der Betriebsleitung und der einzelnen Vorgesetzten beschäftigt und verpflichtet, auch andere zumutbare Arbeiten zu verrichten. Lediglich die Dauer der wöchentlichen Arbeitszeit von 40 Stunden ist vereinbart. Tarifvertragliche Regelungen oder eine Betriebsvereinbarung über Arbeitspausen bestehen nicht. Der Anspruch kann sich aber aus § 616 BGB ergeben. Zu den subjektiven Leistungshindernissen im Sinne von § 616 BGB gehören auch die Erfüllung einer vor-

rangig religiösen Verpflichtung und die ungestörte Religionsausübung, da sie gemäß Art. 4 Abs. 1 u. Abs. 2 GG unter Verfassungsschutz stehen (BAG vom 27.4.1983 - 4 AZR 506/80 - AP Nr. 61 zu § 616 BGB, KirchE 21, 81). Ein tägliche nur dreiminütige Arbeitspause führt auch im Sinne von § 616 Abs. 1 Satz 1 BGB zu einer Arbeitsverhinderung nur für eine verhältnismäßig nicht erhebliche Zeit. Darüber hinaus kann sich der Anspruch auch aus dem Arbeitsverhältnis in Verbindung mit § 242 BGB ergeben. Die Arbeitsvertragsparteien begründen mit Abschluss des Arbeitsvertrages auch die Pflicht zu gegenseitiger Rücksichtnahme. Durch verfassungskonforme Auslegung der Generalklausel des § 242 BGB können auch Grundrechte des Arbeitnehmers eine Pflicht des Arbeitgebers zur Rücksichtnahme begründen (ErfK/Dieterich, Art. 10 GG Rn 21). Dabei ist anerkannt, dass sich die Grundrechte auch über den Anwendungsbereich des Art. 1 Abs. 3 GG ganz oder teilweise an Privatpersonen werden können. Sie wirken vor allem auf dem Wege über die Auslegung wertausfüllungsfähiger und wertausfüllungsbedürftiger Generalklauseln auch im Privatrecht (vgl. Herzog, in: Maunz/Dürig, Komm. z. GG, Art. 5 Abs. 1, 2 Rn 30).

aa) Die vom Kläger begehrten Gebetspausen unterliegen dem Schutzbereich des Art. 4 Abs. 2 GG. Dabei kommt es nicht darauf an, ob daneben auch der Schutzbereich des Art. 4 Abs. 1 GG betroffen ist. Das Grundrecht der ungestörten Religionsausübung ist nämlich bereits im Begriff der Glaubens- und Bekenntnisfreiheit des Artikel 4 Abs. 1 GG enthalten (BVerfG vom 5.2.1991 - 2 BvR 263/86 - NJW S. 2623 [2624], KirchE 29, 9). Jedenfalls gehört zum Recht auf ungestörte Religionsausübung nach Art. 4 Abs. 2 GG auch das Durchführen von Gebeten (Starck in: v. Mangoldt/Klein/Starck, GG I Art. 4 Rn 53 mwN). Entgegen der Auffassung der Beklagten kommt es dabei nicht darauf an, ob die Religion das Beten während der vom Kläger begehrten Zeit zwingend vorschreibt. Ausreichend ist, dass der Gläubige die religiöse Handlung als verbindlich ansieht (Böckenförde, NJW 2001, S. 723 [724]). Selbst wenn ein zwingender Charakter des religiösen Gebots erforderlich wäre, steht dem nicht entgegen, dass die Religion in Ausnahmefällen auf die Gewissensnot von Gläubigen Rücksicht nimmt (BVerfG vom 15.1.2002 - 1 BvR 1783/99 - KirchE 40, 1, unter B II 1 b [3 b] der Gründe). Nach der Auskunft des Islamrates handelt es sich auch bei dem Frühgebet um ein Pflichtgebet. Das Nachholen sei nur unter bestimmten Voraussetzungen möglich. Die Einhaltung der religiösen Regeln sei in die Gewissensentscheidung des einzelnen Gläubigen gestellt. Damit hat der Kläger ausreichend glaubhaft gemacht, dass auch das Frühgebet durch Art. 4 Abs. 2 GG geschützt ist. Selbst wenn der Islam auf besondere Lebensumstände des Gläubigen Rücksicht nimmt und Abweichungen bei den Pflichtgebeten erlaubt, findet die Entscheidung des Klägers zur Abhaltung des Frühgebetes während der Arbeitszeit dennoch seine ausreichende Grundlage in den Regeln des Islam. Das Gericht hat sich einer Bewertung dieser religiösen Gewissensentscheidung des Gläubigen zu enthalten.

bb) Der Kläger hat mit Arbeitsvertragsschluss nicht auf seine Grundrechte aus Art. 4 Abs. 1 u. 2 GG verzichtet. Ein solcher Verzicht wird unter anderem angenommen, wenn der Arbeitnehmer bei Abschluss des Arbeitsvertrages damit rechnen musste, dass die ordnungsgemäße Erfüllung des Arbeitsvertrages mit seinen Verpflichtungen gegenüber seinem Glauben und Gewissen kollidieren könnte (LAG Düsseldorf, vom 14.2.1963 - 7 Sa 581/62 - BB 1964, S. 597). Ein solcher Grundrechtsverzicht wird für zulässig erachtet, da die Verfügung über Grundrechtspositionen eine wesentliche Form des Grundrechtsgebrauchs darstelle (ErfK/Dieterich Einl. Art. 10 GG Rn 63). Freiwillig eingegangene Privatrechtliche Verpflichtungen soll man nicht unter Berufung auf die Glaubens- und Gewissensfreiheit abstreifen können (Starck, in: v. Mangoldt/Klein/Starck, aaO, Art. 4 Abs. 1, 2 Rn 116; Zippelius, in: Dolzer/Vogel (Hg.), BK, Art. 4 Rn 53). Es ist schon fraglich, ob der Kläger zum Zeitpunkt des Arbeitsvertragsschlusses davon ausgehen musste, dass er sein Frühgebet nur während der Arbeitszeit und außerhalb der Pausen hätte durchführen können. Hierfür spricht allerdings, dass vor Abschluss des letzten Arbeitsvertrages ab dem 4.7.1996 bereits ein Arbeitsverhältnis zwischen den Parteien mit Vertrag vom 4.10.1994 bestanden hatte. Der Kläger musste daher die betrieblichen Gegebenheiten kennen. Ihm kann jedoch nicht entgegengehalten werden, er hätte bei Vertragsschluss die Gewährung der Gebetspausen vereinbaren können. Sein Schweigen führt nicht zum konkludenten Verzicht auf die begehrte Religionsausübung. Eine solche Betrachtungsweise verkennt die Umstände, in denen vertragliche Klauseln zwischen Arbeitnehmern und Arbeitgebern verhandelt werden. Des Weiteren berücksichtigt sie nicht ausreichend den Schutzbereich des Art. 4 GG. Bei Arbeitsvertragsschluss stehen sich Arbeitgeber und Arbeitnehmer nicht als gleichwertige Vertragspartner gegenüber. Die Vertrags- und Verhandlungsschwäche des Arbeitnehmers ergibt sich schon daraus, dass er auf den Arbeitsplatz angewiesen ist und der Arbeitsmarkt in der Regel wenig nutzbare Ausweichmöglichkeiten bietet. Diese geringe Verhandlungsstärke macht es ihm praktisch unmöglich, für den Arbeitgeber ungünstige Nebenbedingungen zu vereinbaren (vgl. auch Dieterich, RdA 1995, S. 129 [135]). Der Arbeitnehmer müsste damit sein religiöses Bekenntnis bei den Arbeitsvertragsverhandlungen offenbaren und eine Benachteiligung wegen dieses Bekenntnisses möglicherweise in Kauf nehmen. Zur Sicherung der Glaubens- und Gewissensfreiheit nach Art. 4 Abs. 1 GG sind aber Fragen nach der Religionszugehörigkeit bei Bewerbung um einen Arbeitsplatz und bei den Vertragsverhandlungen nur zulässig, wenn es sich um einen religiös bestimmten Tendenzbetrieb oder eine kirchliche Einrichtung handelt (MünchArbR/Richardi § 10 Rn 47). Es stellt daher wiederum einen unzulässigen Eingriff in den Schutzbereich des Art. 4 Abs. 1 GG dar, vom Arbeitnehmer zu verlangen, seine Religion und die Regeln seiner Religion bereits vor Arbeitsvertragsschluss dem Arbeitgeber zu offenbaren. Wenn schon ein Fragerecht nicht besteht, ist der Arbeitnehmer erst recht nicht zur Offenbarung verpflichtet. Etwas anderes wird nur zu gelten haben, wenn der Arbeitnehmer aufgrund seines religiösen Bekenntnisses nur erheblich eingeschränkt oder überhaupt nicht in der Lage ist, die vertraglich geschuldeten Leistungen zu erbringen. Dies kann bei einer dreiminütigen täglichen Gebetspause jedoch nicht angenommen werden. Nimmt man die jederzeitige Widerrufsmöglichkeit des Grundrechtsverzichts an (so ErfK/Dieterich Einl. Art. 10 GG Rn 65), kommt es auf diese Abwägung ohnehin nicht an. Zumindest mit Klageeinreichung hat der Kläger dann den Grundrechtsverzicht konkludent widerrufen.

cc) Der Kläger hat jedoch nicht ausreichend glaubhaft gemacht, dass sein Anspruch auf Religionsausübung gegenüber den ebenfalls grundgesetzlich gewährleisteten Schutzrechten der Beklagten aus Art. 2 Abs. 1, 12 Abs. 1 und Art. 14 Abs. 1 GG überwiegt. Die Beklagte ist als juristische Person im Rahmen der auch in Art. 2 Abs. 1 GG enthaltenen wirtschaftlichen Betätigungsrechte Grundrechtsträgerin (Dürig in Maunz/Dürig, aaO). Das mit Art. 12 Abs. 1 GG gewährleistete Grundrecht der Berufsfreiheit und die Eigentumsgarantie des Art. 14 Abs. 1 GG schützt ebenfalls juristischen Personen (BVerfG vom 17.2.1998 - 1 BvF 1/91 - NJW 1998, S. 1627). Die Grundrechte aus Art. 4 Abs. 1 u. 2 GG können ihre Grenze an anderen grundrechtlich geschützten Interessen finden (Zippelius, aaO Rn 46 u. 86). Bei einer solchen Grundrechtskollision von gleichermaßen verfassungsrechtlich geschützten Interessen muss ein Ausgleich der gegenläufigen Interessen mit dem Ziel ihrer Optimierung gefunden werden. Ist dies nicht möglich, ist danach zu entscheiden, wessen geschützte Interessen überwiegen. Aus den streitigen und gegenläufig glaubhaft gemachten Tatsachen lässt sich nicht entnehmen, dass der Kläger sein Frühgebet ohne betriebliche Störungen ausüben kann. So ergibt sich aus der eidesstattlichen Versicherung des Herrn N. vom 8.1.2002, dass der Kläger bei seinem Kollegen nicht in der Lage sei, soweit vorzuarbeiten, dass die Gebetspause eingehalten werden könne. Auch technisch bedingte Störungen der Anlagen könnten dies nicht gewährleisten. Soweit der Kläger vorträgt, es könnten Springer für ihn eingesetzt werden, hat er nicht substantiiert dargelegt, dass solche arbeitsfreien Springer überhaupt vorhanden sind. Der Beklagte trägt hierzu nämlich vor, die Springer müssten aus anderen Arbeitsabläufen abgezogen werden, so dass dort wieder Arbeitsunterbrechungen eintreten würden. Die Beklagte ist nach Auffassung der Kammer auch im Hinblick auf den Schutz des Art. 4 Abs. 2 GG nicht verpflichtet, Betriebsablaufstörungen hinzunehmen, damit der Kläger seine Gebetspausen einhalten kann. Insoweit hat die Vertragstreue Vorrang (vgl. hierzu Starck, aaO, Art. 4 Abs. 1, 2 GG Rn 116). Der Arbeitnehmer hat sich grundsätzlich mit Vertragsschluss dem Direktionsrecht des Arbeitgebers unterworfen. Soweit der Arbeitgeber dieses Direktionsrecht ausübt, um einen ungestörten Betriebsablauf zu gewährleisten, muss der Arbeitnehmer auch trotz Schutz durch sein Grundrecht aus Art. 4 Abs. 1 u. 2 GG den daraus folgenden Weisungen des Arbeitgebers Folge leisten. Allerdings ist der Arbeitgeber verpflichtet, im zumutbaren Umfang durch betriebliche Organisationsmaßnahmen die Religionsausübung durch den Kläger zu gewährleisten. Solche Organisationsmaßnahmen sind im vorliegenden Verfahren jedoch nicht vorgetragen.

b) Der Anspruch ergibt sich auch nicht aus konkludenter Vertragsänderung oder Vertrauensschutzgesichtspunkten. Soweit der Kläger hierzu vorträgt, er habe sechs Jahre lang in Kenntnis von Betriebs- und Schichtleitern gebetet, ist der Vortrag unsubstantiiert. Hieraus ergibt sich nicht, dass er genau außerhalb der ordnungsgemäßen Pausenzeiten und innerhalb der durch den Islam vorgegebenen Zeiten des Frühgebetes arbeitsfreie Pausen in Anspruch genommen hat. Zudem trägt der Kläger selbst vor, dass er erst seit kurzer Zeit an der Vertikal-Anlage beschäftigt sei. Damit ist es durchaus denkbar, dass zuvor die Gebetspausen ohne betriebliche Störungen eingehalten werden konnten. Zudem ist nicht vorgetragen, dass die Duldung der Pausen durch Führungskräfte erfolgte, die bevollmächtigt gewesen sind, mit Wirkung für die Beklagte entsprechende Entscheidungen zu treffen.

6

Die staatliche Anerkennung als Schwangerschaftskonfliktberatungsstelle ist zu widerrufen, wenn die Beratungsstelle nicht mehr bereit ist, Beratungsbescheinigungen nach §§ 7 SchKG (BeratungsG), 219 Abs. 2 Satz 2 StGB auszustellen.

Niedersächsisches OVG, Beschluss vom 21. Januar 2002
- 11 MA 3363/01[1] -

Der Antragsteller ist Träger einer katholischen Schwangerschaftskonfliktberatungsstelle in H., die nach den §§ 8 u. 9 des Schwangerschaftskonfliktgesetzes (SchKG) vom 27.7.1992 (BGBl. I S. 1398), geändert durch Gesetz vom 23.8.1995 (BGBl. I S. 1050), staatlich anerkannt ist.

---

[1] Amtl. Leitsatz. NdsRpfl 2003, 13; NdsVBl 2002, 100; NJW 2002, 2336; NordÖR 2002, 270 (LS); NVwZ 2002, 1531 (LS).

Mit Bescheid vom 29.7.1998 änderte die Antragsgegnerin den Anerkennungsbescheid vom 20.12.1994 u.a. dahingehend, dass die jederzeit widerrufliche Anerkennung unbefristet erteilt wurde und die Richtlinien für das Verfahren zur Anerkennung von Schwangerschaftskonfliktberatungsstellen in der Fassung des Runderlasses des Niedersächsischen Frauenministeriums vom 22.11.1997 (Nds. MBl 1998 S. 113) zum Bestandteil der Anerkennung gemacht wurden.

Nachdem die Vorsitzende des Antragstellers mit Schreiben vom 12.12.2000 mitgeteilt hatte, dass gemäß der Weisung des Bischofs von H. künftig kein Beratungsnachweis nach § 7 SchKG mehr ausgestellt werde, widerrief die Antragsgegnerin den Anerkennungsbescheid mit Wirkung vom 1.1.2001. Den dagegen erhobenen Widerspruch wies die Antragsgegnerin zurück und ordnete zugleich die sofortige Vollziehung des Widerrufs an. Der Antragsteller hat Klage erhoben, über die noch nicht entschieden ist.

Mit dem angefochtenen Beschluss lehnte das Verwaltungsgericht den Antrag des Antragstellers auf Wiederherstellung der aufschiebenden Wirkung seiner Klage ab. Hiergegen richtet sich der Antrag auf Zulassung der Beschwerde des Antragstellers.

Die Beschwerde blieb ohne Erfolg.

Aus den Gründen:

Der auf § 146 Abs. 4 iVm § 124 Abs. 2 Nr. 1 u. 3 VwGO gestützte Antrag bleibt ohne Erfolg. Es liegen weder ernstliche Zweifel an der Richtigkeit des angefochtenen Beschlusses vor noch hat die Rechtssache grundsätzlich Bedeutung.

Das Verwaltungsgericht hat im Rahmen seiner Ermessensentscheidung nach § 80 Abs. 5 VwGO zutreffend festgestellt, dass das Interesse des Antragstellers, bis zur Entscheidung im Hauptsacheverfahren vom Vollzug des Widerrufs der Anerkennung als Schwangerschaftskonfliktberatungsstelle verschont zu bleiben, nicht das besondere öffentliche Interesse im Sinne des § 80 Abs. 2 Satz 1 Nr. 4 VwGO an der sofortigen Durchsetzung des Widerrufs erreiche. Die Anfechtungsklage des Antragstellers werde voraussichtlich keinen Erfolg haben, da der angegriffene Bescheid rechtlich nicht zu beanstanden sei. Dem Antragsteller ist es im Zulassungsverfahren nicht gelungen, diese Beurteilung des Verwaltungsgerichts mit schlüssigen Gegenargumenten in Frage zu stellen.

Gemäß § 10 Abs. 3 Satz 3 SchKG ist die Anerkennung einer Schwangerschaftskonfliktberatungsstelle zu widerrufen, wenn eine der Voraussetzungen des § 9 SchKG nicht mehr vorliegt. Danach darf eine Beratungsstelle nur anerkannt werden, wenn sie die Gewähr für eine fachgerechte Schwangerschaftskonfliktberatung nach § 5 SchKG bietet und zur Durchführung der Schwangerschaftskonfliktberatung nach § 6 SchKG in der Lage ist. Allerdings ist § 7 SchKG, wonach die Beratungsstelle nach Abschluss der Beratung der Schwangeren eine mit Namen und Datum versehene Bescheinigung darüber auszustellen hat, dass eine Beratung nach den §§ 5 u. 6 stattgefunden hat (Satz 1), in § 9 SchKG nicht ausdrücklich erwähnt. Dass die Beratungsstelle des Antragstellers aufgrund bischöflicher Weisung seit dem 1.1.2001 den bei ihr Rat suchenden Schwangeren keine Beratungsbescheinigungen mehr ausstellt, ist aber der Grund, weshalb die Antragsgegnerin den Widerruf der Anerkennung als Schwangerschaftskonfliktberatungsstelle ausgesprochen hat. Daraus folgert der Antragsteller, dass die Ausstellung einer Beratungsbescheinigung nicht Teil der Schwangerenkonfliktberatung und damit auch keine Anerkennungsvoraussetzung im Sinne von § 9 SchKG sei. Dieser Auffassung vermag der Senat in Übereinstimmung mit dem Verwaltungsgericht aufgrund der Entstehungsgeschichte des SchKG und seines Regelungszwecks jedoch nicht zu folgen.

Das SchKG ist Bestandteil des Schwangeren- und Familienhilfeänderungsgesetzes (SFHÄndG) vom 21.8.1995 (BGBl. I S. 1050), mit dem der Gesetzgeber die Konsequenzen aus dem Urteil des Bundesverfassungsgerichts vom 28.5.1993 (BVerfGE 88, 203) gezogen hat, durch das verschiedene Vorschriften des Schwangeren- und Familienhilfegesetzes (SFHG) vom 27.7.1992 (BGBl. I S. 1398) für verfassungswidrig und nichtig erklärt worden waren (vgl. dazu im Einzelnen: Eser, in: Schönke/Schröder, StGB, Komm., 26. Aufl. 2001, Vorbem. vor § 218 Rn 1, 6 ff.; Tröndle, Das Schwangeren-Familienhilfeänderungsgesetz, NJW 1995, 3009; Ellwanger, SchKG, 1997, Einführung Rn 1 ff.). Wesentlicher Ausgangspunkt für die Regelung des Schwangerschaftsabbruchs ist nach Auffassung des Bundesverfassungsgerichts die sich aus Art. 1 Abs. 1 u. 2 Abs. 2 Satz 1 GG ergebende Schutzpflicht des Staates (auch) für das ungeborene menschliche Leben (aaO, Leitsätze 1-6 und S. 251 ff.); dennoch kann es mit Rücksicht auf gegenläufige Grundrechtspositionen der Frau in Ausnahmelagen zulässig, wenn nicht sogar geboten sein, eine Rechtspflicht zum Austragen des Kindes nicht aufzuerlegen (aaO, Leitsatz 7 und S. 255 ff.). Im Übrigen ist für den zur Erreichung jenes Schutzziels einzuschlagenden Weg von grundlegender Bedeutung, dass das Bundesverfassungsgericht das sog. Beratungskonzept grundsätzlich anerkennt (aaO, Leitsatz 11 und S. 264 ff.) mit der Folge, dass es Schwangerschaftsabbrüche, die von einem Arzt nach vorgeschriebener Konfliktberatung in den ersten zwölf Wochen der Schwangerschaft vorgenommen werden, als straffrei - nicht aber als nicht rechtswidrig - ansieht. Das Bundesverfassungsgericht hat bis zu einer gesetzlichen Neuregelung im Wege einer Vollstreckungsanordnung gemäß § 35 BVerfGG dementsprechend bestimmt, dass § 218 StGB in der Fassung des SFHG keine Anwendung findet, wenn die Schwangerschaft innerhalb von zwölf Wochen nach der

Empfängnis durch einen Arzt abgebrochen wird, die schwangere Frau den Abbruch verlangt und dem Arzt durch eine Bescheinigung nachgewiesen hat, dass sie sich mindestens drei Tage vor dem Eingriff von einer staatlich anerkannten Beratungsstelle hat beraten lassen (Nr. 2 der Vollstreckungsanordnung). Zugleich hat es auch eine Übergangsregelung für die aus seiner Sicht den verfassungsrechtlichen Anforderungen bisher nicht genügende Beratung der Schwangeren erlassen (Nrn. 3-6 der Vollstreckungsanordnung). Danach dient die Beratung dem Schutz des ungeborenen Lebens und hat sich von dem Bemühen leiten zu lassen, die Frau zur Fortsetzung der Schwangerschaft zu ermutigen und ihr Perspektiven für ein Leben mit dem Kind zu eröffnen. Sieht die beratende Person die Beratung als abgeschlossen an, hat die Beratungsstelle der Frau auf Antrag über die Tatsache, dass eine Beratung nach Nr. 3 Abs. 1-4 der Vollstreckungsanordnung stattgefunden hat, eine auf ihren Namen lautende und mit dem Datum des letzten Beratungsgesprächs versehene Bescheinigung auszustellen (Nr. 3 Abs. 5 Satz 2 der Vollstreckungsanordnung). Mit diesem Konzept sollte eine im „Ergebnis offene, aber zielgerichtet" auf Fortsetzung der Schwangerschaft ausgerichtete Beratung gewährleistet werden (BVerfGE 88, 210, 306). In diesem Zusammenhang betont das Bundesverfassungsgericht (BVerfGE 88, 203 [270]), dass die betroffene Frau letztlich den Abbruch der Schwangerschaft tatsächlich bestimmt und insofern verantworten muss (Letztverantwortung). Festzuhalten - und dass ist für die Entscheidung des vorliegenden Falles wesentlich - bleibt, dass das Bundesverfassungsgericht die Straffreiheit des Schwangerschaftsabbruchs u.a. davon abhängig macht, dass die Schwangere sich vorher hat beraten lassen und das dieser Nachweis gegenüber dem Arzt, der den Abbruch der Schwangerschaft vornimmt, durch Bescheinigung einer staatlich anerkannten Beratungsstelle zu führen ist.

An diesen verfassungsgerichtlichen Vorgaben hat sich der Gesetzgeber bei dem Erlass des SFHÄndG orientiert (vgl. Bericht des Ausschusses für Familie, Senioren, Frauen und Jugend, BT-Drs. 13/1850 S. 19 - 21). Unter Übernahme des vom Bundesverfassungsgericht gebilligten Beratungskonzepts ist der nach Beratung innerhalb von zwölf Wochen nach der Empfängnis von einem Arzt vorgenommene Schwangerschaftsabbruch straffrei (§ 218a Abs. 1 StGB). Ziel, Inhalt, Durchführung und Organisation der Beratung der Schwangeren werden in § 219 StGB iVm den §§ 5-11 SchKG geregelt. Die Vorschrift des § 219 StGB stellt Grundsätze für die Ausgestaltung der Beratung auf und verweist im Übrigen zur näheren Konkretisierung auf das SchKG (Abs. 1 Satz 5). Damit sind die Vorschriften der §§ 5-11 SchKG gemeint, die als integraler Teil des § 219 StGB zu verstehen sind (vgl. Bericht des Ausschusses für Familie, Senioren, Frauen und Jugend, BT-Drs. 13/58 S. 20). § 219 StGB und die ihn ergänzenden Vorschriften der §§ 5-11 SchKG bilden somit entgegen der Auffassung des Antragstellers eine Einheit, d.h. sie müssen insgesamt ohne Einschränkung beachtet werden (vgl. Eser, aaO, § 219 Rn 1; Lackner/Kühl, StGB, 23. Aufl. 1999, § 219 Rn 1; Ellwanger, aaO, § 5 Rn 1). Der Begriff der Beratung in Schwangerschaftskonfliktfällen ist nicht nur inhaltlich zu verstehen und beschränkt sich nicht auf das eigentliche Beratungsgespräch, sondern umfasst auch Fragen der Durchführung und Organisation. Zur Schwangerschaftskonfliktberatung gehört deshalb auch die Erteilung einer Beratungsbescheinigung (§ 219 Abs. 2 Satz 2 StGB, § 7 SchKG) durch eine staatlich anerkannte Schwangerschaftskonfliktberatungsstelle (§ 219 Abs. 2 Satz 1 StGB, §§ 8 u. 9 SchKG), deren Tätigkeit von den zuständigen Behörden zu überwachen ist (§ 10 SchKG), da der Staat für die Durchführung des Beratungsverfahrens die volle Verantwortung trägt (vgl. BVerfGE 88, 203 - Leitsatz 12 - und S. 301 ff.). Das Bundesverfassungsgericht hat insoweit ausdrücklich darauf hingewiesen, dass Aussagen über Ziel und Inhalt der Beratung ohne die organisatorischen und aufsichtlichen Vorkehrungen, die ihre Umsetzung sichern, der vom Schutzkonzept gebotenen Wirksamkeit ermangeln (BVerfGE 88, 203 [205]). Eine Gesamtschau dieser Regelungen ergibt, dass eine Beratung, für die der Schwangeren eine Bescheinigung nicht ausgestellt wird, keine Schwangerschaftskonfliktberatung im Sinne des § 219 StGB iVm den §§ 5-11 SchKG darstellt. Denn der Tatbestand des § 218 StGB ist neben anderen Kriterien dann nicht verwirklicht, wenn die Schwangere dem Arzt, der den Abbruch der Schwangerschaft vornehmen soll, durch eine Bescheinigung die Tatsache der Schwangerschaftskonfliktberatung nachgewiesen hat (vgl. § 218a Abs. 1 Nr. 1 und Abs. 4 Satz 1 StGB). Hieran wird die wichtige Rolle der Beratungsbescheinigung im Kontext des Schutzkonzepts durch Beratung für die Straffreistellung des Schwangerschaftsabbruchs in den ersten zwölf Wochen der Schwangerschaft deutlich (vgl. dazu auch Kluth, Die rechtliche Einordnung des „neuen Scheins" der katholischen Beratungsstellen, NJW 1999, 2720 f.).

Dieser Auslegung steht auch nicht - wie der Antragsteller meint - entgegen, dass in § 5 SchKG, auf den § 9 SchKG verweist, die Erteilung einer Beratungsbescheinigung nicht genannt wird. § 5 SchKG, der - wie bereits erwähnt - § 219 StGB ergänzt, umschreibt Ziel und Aufgabe der Schwangerschaftskonfliktberatung. Zwar dient danach die Schwangerschaftskonfliktberatung dem Schutz des ungeborenen Lebens (Abs. 1 Satz 3), doch ist die nach § 219 StGB notwendige Beratung ergebnisoffen zu führen. Sie geht von der Verantwortung der Frau aus, soll ermutigen und Verständnis wecken, nicht belehren oder bevormunden (Abs. 1 Sätze 2 u. 3). Diese Aussagen, die an die Vorgaben des Bundesverfassungsgerichts anknüpfen, respektieren trotz der auf den Schutz des ungeborenen Lebens ausgerichteten Zielsetzung der Schwangerschaftsberatung die Entscheidungsfreiheit der Schwangeren und überlassen damit ihr die

Letztverantwortung für oder gegen den Schwangerschaftsabbruch (vgl. Eser, aaO, § 218a Rn 3; Lackner/Kühl, aaO, § 219 Rn 2; Ellwanger, aaO, § 5 Rn 3 u. 5). Während § 5 Abs. 1 SchKG, der die Bezugnahme zu § 219 StGB insgesamt und nicht nur im Hinblick auf dessen Absatz 1 herstellt, Regelungen über die Aufgabe der Schwangerschaftskonfliktberatung trifft, bestimmt § 5 Abs. 2 SchKG den erforderlichen Inhalt der Beratung (vgl. Bericht des Ausschusses für Familie, Senioren, Frauen und Jugend, BT-Drs. 13/1850 S. 20).

Wenn aber die Beratung ergebnisoffen zu führen ist, um der Schwangeren eine eigene verantwortliche Entscheidung zu ermöglichen, ist sie, sollte sie sich für einen Schwangerschaftsabbruch entscheiden, auf die Erteilung einer Beratungsbescheinigung zur Vermeidung der Strafbarkeit zwingend angewiesen. Wegen dieser weitreichenden Folgen hat die Schwangere auch nach Abschluss der Beratung einen gerichtlich durchsetzbaren Anspruch auf Ausstellung der Beratungsbescheinigung (vgl. Ellwanger, aaO, § 7 Rn 5; Tröndle, NJW 1995, 3010 [3017]; Bericht des Ausschusses für Familie, Senioren, Frauen und Jugend, BT-Drs. 13/1850 S. 21). Lehnt die Beratungsstelle die Erteilung einer Bescheinigung ab, obwohl die Beratung nach den §§ 5 u. 6 SchKG stattgefunden hat, wird der Schwangeren die Möglichkeit genommen, der ihr obliegenden Verantwortung, welche eine Entscheidung für einen straffreien Schwangerschaftsabbruch einschließt, nachzukommen. Damit verlöre die durchgeführte Konfliktberatung ersichtlich ihren gesetzgeberischen Zweck (so auch VG Osnabrück, Beschluss v. 10.12.2001 - 6 B 26/01 u.a. - S. 8 d. BA und VG Lüneburg, Beschluss v. 8.1.2002 - 6 B 165/01 - S. 5 d. BA). Würde man anders entscheiden, liefe § 218a Abs. 1 Nr. 1 und Abs. 4 StGB leer, der die Straffreiheit des Schwangerschaftsabbruchs in formeller Hinsicht gerade an den Nachweis der Pflichtberatung knüpft.

Dass zu den unabdingbaren Aufgaben einer staatlich anerkannten Schwangerschaftsberatungsstelle die Ausstellung einer Beratungsbescheinigung nach Abschluss der Beratung gehört, zeigt auch ein Vergleich mit der Regelung der Beratung in § 2 SchKG. Während die Beratung nach § 5 SchKG eine der Voraussetzungen dafür ist, dass der Tatbestand des § 218 StGB nicht verwirklicht wird, räumt § 2 SchKG jeder Frau und jedem Mann ein subjektiv-öffentliches Recht auf Beratung in Fragen der Sexualaufklärung, Verhütung und Familienplanung sowie in allen eine Schwangerschaft berührenden Fragen ein. Von der wesentlichen Zielrichtung her dient die Beratung nach § 2 SchKG der Prävention, also insbesondere der Vermeidung von Schwangerschaftskonflikten, dagegen § 5 SchKG der Bewältigung eines (eingetretenen) Konflikts (vgl. Ellwanger, aaO, § 2 Rn 1). Die unterschiedliche Aufgabenstellung beider Beratungsangebote kommt auch darin zum Ausdruck, dass die Beratung nach § 2 SchKG von einer „hierfür vorgesehenen" Beratungsstelle, die Beratung nach § 5 SchKG nur von Einrichtungen mit „besonderer staatlicher Anerkennung" (§ 8 Satz 2 u. 9 SchKG) geleistet werden darf. Insbesondere das Erfordernis der staatlichen Anerkennung und das Ausstellung einer Bescheinigung darüber, dass eine Beratung stattgefunden hat (§ 7 SchKG), rechtfertigen sich daraus, dass der Staat für die Durchführung des Beratungsverfahrens die volle Verantwortung trägt. Beratungsstellen nach § 2 SchKG können zwar, auch soweit sie nicht anerkannt sind, Schwangerschaftskonfliktberatung leisten (Abs. 2 Nr. 7), Bescheinigungen nach § 7 SchKG dürfen sie aber nicht ausstellen, was zur Folge hat, dass die Inanspruchnahme einer (bloßen) Beratung nach § 2 SchKG nicht zur Straflosigkeit eines daraufhin vorgenommenen Schwangerschaftsabbruchs führt (vgl. Ellwanger, aaO, § 2 Rn 2). Ist deshalb eine staatlich anerkannte Schwangerschaftskonfliktberatungsstelle - wie die des Antragstellers - nicht mehr bereit, den für die Gewährung der Straffreiheit aus § 218a Abs. 1 Nr. 1 StGB erforderlichen Nachweis zu erteilen, dass eine den Anforderungen der §§ 5 u. 6 SchKG genügende Beratung stattgefunden hat, verstößt sie gegen die ihr gesetzlich auferlegten Pflichten, so dass die Voraussetzungen des § 9 SchKG nicht mehr erfüllt sind und die Anerkennung nach § 10 Abs. 3 SchKG zu widerrufen ist (vgl. dazu auch Bericht des Ausschusses für Familie, Senioren, Frauen und Jugend, BT-Drs. 13/1850 S. 21).

Da nach alledem § 10 Abs. 3 Satz 3 iVm § 9 SchKG eine tragfähige Rechtsgrundlage für den streitigen Widerruf der staatlichen Anerkennung der Beratungsstelle des Antragstellers als Konfliktberatungsstelle bildet, kommt es nicht darauf an, ob der Widerruf - wie die Antragsgegnerin angenommen hat - zusätzlich auch auf § 49 Abs. 2 Nr. 1 VwVfG iVm dem Widerrufsvorbehalt im Anerkennungsbescheid gestützt werden kann.

Aus den vorstehenden Erwägungen ergibt sich zugleich, dass der außerdem geltend gemachte Zulassungsgrund der grundsätzlichen Bedeutung, der ohnehin in vorläufigen Rechtsschutzverfahren nur ausnahmsweise in Betracht kommen kann, nicht vorliegt.

7

Die Erhebung eines Kirchgeldes bei glaubensverschiedenen Ehen im Bereich der Evangelischen Landeskirche in Württemberg verstößt nicht gegen höherrangiges Recht.

§ 5 Abs. 1 Satz 1 Nr. 5 BW.KiStG
BFH, Beschluss vom 22. Januar 2002 - I B 18/01[1] -

---

[1] BFH/NV 2002, 674. Die Verfassungsbeschwerde wurde als unzulässig nicht zur Entscheidung angenommen; BVerfG, Beschluss vom 5.8.2002 - 2 BvR 685/02 - n.v.

Die Klägerin wendet sich gegen ihre Heranziehung zur Leistung eines Kirchgelds. Der entscheidungserhebliche Sachverhalt ergibt sich aus dem klageabweisenden Urteil des Finanzgericht Baden-Württemberg vom 15.12.2000 (KirchE 38, 494). Auch die Nichtzulassungsbeschwerde blieb ohne Erfolg.

Aus den Gründen:

Die Beschwerde ist unbegründet, sie war zurückzuweisen. Der Rechtssache kommt keine grundsätzliche Bedeutung zu (§ 115 Abs. 2 Nr. 1 FGO).

An der grundsätzlichen Bedeutung einer Rechtsfrage fehlt es, wenn sie - wie im Streitfall - schon Gegenstand einer höchstrichterlichen Entscheidung war und von einer erneuten Entscheidung eine weitere Klärung nicht zu erwarten ist (stRspr., vgl. Beschlüsse des BFH vom 20.11.1969 - I B 34/69 - BFHE 97, 281, BStBl. II 1970, 133; vom 17.9.1974 - VII B 112/73 - BFHE 113, 409, BStBl. II 1975, 196; vom 16.12.1987 - I B 68/87 - n.v.).

Nach dem Beschluss des BVerfG vom 3.10.1986 - 2 BvL 7/84, 2 BvL 8/84 - BVerfGE 73, 388, KirchE 24, 267 kann der Landesgesetzgeber bei der Regelung des formellen und materiellen Kirchensteuerrechts (Art. 140 GG iVm Art. 137 Abs. 6 u. 8 WRV) die Einzelregelungen den steuerberechtigten Religionsgesellschaften innerhalb der Schranken des für alle geltenden Gesetzes überlassen. Die Kirchensteuer kann sich hinsichtlich des Steuersatzes an die Staatssteuern in Form von Zuschlägen anschließen oder auf einem anderen System, wie z.B. der Festsetzung nach Einheitssätzen oder Einschätzung, beruhen. Dem Grundsatz der Tatbestandsmäßigkeit der Besteuerung wird durch entsprechend detaillierte kirchliche Regelungen Genüge getan (BVerfG-Beschluss vom 4.12.1965 - 1 BvR 571/60 - BVerfGE 19, 253, 267, KirchE 7, 327).

Einerseits spricht die besonders enge Verzahnung der Kirchensteuer vom Einkommen mit dem staatlichen Einkommensteuerrecht zwar für eine eingehendere Regelung dieser Steuerart durch den Landesgesetzgeber. Andererseits soll aber ein gesetzlich daneben zugelassenes Kirchgeld den Kirchen selbst eine Besteuerung nach eigenen Kriterien ermöglichen, die nicht oder weniger an das staatliche Steuersystem anknüpfen. Dem entspricht § 7 Abs. 3 Satz 2 des Gesetzes über die Erhebung von Steuern durch öffentlich-rechtliche Religionsgemeinschaften in Baden-Württemberg (BW.KiStG) idF des Gesetzes zur Änderung des Kirchensteuergesetzes vom 21.7.1997 (BStBl. I 1998, 577), wonach das Kirchgeld auch in gestaffelten Sätzen nach Maßgabe der wirtschaftlichen Leistungsfähigkeit erhoben werden kann.

Die wirtschaftliche Leistungsfähigkeit als Gegenstand der Erhebung des besonderen Kirchgeldes bei glaubensverschiedenen Ehen (§ 5 Abs. 1 Satz 1 Nr. 5 BW.KiStG) kann auch nach dem Lebensführungsaufwand des kirchenangehörigen Ehegatten bemessen werden (vgl. BVerfG-Beschlüsse vom 14.12.1965 - 1 BvR 606/60 - BVerfGE 19, 268 [281], KirchE 7, 310; in BVerfGE 73, 388, KirchE 24, 267; BFH-Beschluss vom 14.12.1983 - II R 170/81 - BFHE 140, 338, BStBl. II 1984, 332, KirchE 21, 318; BFH-Urteil vom 21.3.1969 - VI 59/65 - BFHE 96, 209, BStBl. II 1969, 632, KirchE 10, 349; vgl. auch BFH-Beschluss vom 27.9.1996 - I B 23/96 - BFH/NV 1997, 299, mwN, KirchE 34, 367). Angesichts der Schwierigkeiten, den Lebensführungsaufwand des jeweiligen kirchenangehörigen Ehegatten zu ermitteln, ist es im Sinne einer Typisierung verfassungsrechtlich ebenfalls unbedenklich, die wirtschaftliche Leistungsfähigkeit des kirchenangehörigen Ehegatten - wie vorliegend - am Einkommen beider Ehegatten zu messen (BFHE 140, 338, BStBl. II 1984, 332, KirchE 21, 318). Wie das Finanzgericht zu Recht betont, bestehen zwischen der wirtschaftlichen Leistungsfähigkeit und dem Lebensführungsaufwand eines Ehegatten und dem Einkommen beider Ehegatten Abhängigkeiten. Das gemeinsame Einkommen stellt so betrachtet auch für die Erhebung des Kirchgeldes eine jedenfalls system- und sachgerechte Ausgangsgröße dar. Dabei ist nicht erforderlich, dass die kirchlichen Regelungen den Lebensführungsaufwand als Bemessungsgrundlage für das Kirchgeld ausdrücklich bezeichnen.

Der Zugrundelegung des gemeinsamen Einkommens steht im Streitfall auch nicht § 6 Abs. 3 Satz 3 BW.KiStG entgegen. Diese Bestimmung betrifft den Fall der Zugehörigkeit beider Ehegatten zur selben Religionsgemeinschaft und verneint, da die Einkommensteuer auch als Maßstabsteuer für das Kirchgeld „gilt" (§ 5 Abs. 1 Satz 2 BW.KiStG), insoweit die entsprechende Anwendbarkeit des bei der Einkommensteuer angewendeten Verfahrens der „gemeinsamen Heranziehung".

Bei der Zugrundelegung des gemeinsam zu versteuernden Einkommens der Ehegatten für die Bemessung des besonderen Kirchgeldes ist allerdings ausreichend zu berücksichtigen, dass die wirtschaftliche Leistungsfähigkeit des kirchenangehörigen Ehegatten bei geringerem Einkommen beider Ehegatten stark eingeschränkt ist, dass ein Teil des gemeinsamen Einkommens nicht zur Erhöhung dieses Lebensführungsaufwandes führt und von einer gewissen Einkommenshöhe an der Lebensführungsaufwand nicht mehr steigt (BFHE 140, 338, BStBl. II 1984, 332, KirchE 21, 318).

Dem entsprechen § 2 Abs. 2 Satz 2 des Kirchlichen Gesetzes über den landeskirchlichen Haushaltsplan für das Rechnungsjahr 1998 vom 26.11.1997 (Amtsblatt der Evangelischen Landeskirche in Württemberg 58, 47, 48) und die entsprechende Bekanntmachung über die Kirchensteuerbeschlüsse im Land Baden-Württemberg für das Kalenderjahr

1998 (BStBl. I 1998, 868, Nr. 3), indem sie einer in zehn Stufen gestaffelten Bemessungsgrundlage von 54.001 DM bis 400.000 und mehr DM jeweils ein sich progressiv erhöhendes Kirchgeld zwischen 216 und 4.500 DM zuordnen. Ist eine Rechtsfrage höchstrichterlich und im Einklang mit der Rechtsprechung des BVerfG entschieden, bedarf es für den Erfolg einer auf grundsätzliche Bedeutung gestützten Nichtzulassungsbeschwerde weiterer Gründe, aus denen sich ein zusätzlicher Klärungsbedarf ergibt (BFH/NV 1997, 299). Sie sind im Streitfall weder vorgetragen noch ersichtlich. Die Tatsache allein, dass zur Regelung des Kirchgeldes in Baden-Württemberg und insbesondere im Bereich der Evangelischen Landeskirche in Württemberg noch keine höchstrichterliche Entscheidung ergangen ist, vermag eine grundsätzliche Bedeutung des Streitfalles nicht zu begründen (BFH-Beschlüsse vom 4.12.1991 - II B 35/91 - BFH/NV 1992, 339; vom 7.10.1996 - VIII B 138/95 - BFH/NV 1997, 412). Auch ein Verstoß gegen das GG muss in der Beschwerdebegründung schlüssig und substantiiert dargestellt werden (BFH-Beschlüsse vom 13.6.1996 - XI B 153/95 - BFH/NV 1996, 775; vom 17.6.1997 - VIII B 59/96 - BFH/NV 1998, 171).

8

Stehen einem kath. Geistlichen in den von ihm betreuten Pfarreien ausreichende Räumlichkeiten für die anfallenden Verwaltungs- und seelsorgerischen Arbeiten zur Verfügung, können die Kosten seines häuslichen Arbeitszimmers nicht als Werbungskosten abgesetzt werden.

§ 4 Abs. 5 Nr. 6 Buchst. b EStG
FG München, Urteil vom 22. Januar 2002 - 6 K 3603/01[1] -

Der Kläger bezieht als kath. Geistlicher Einkünfte aus nichtselbständiger Arbeit. Sein Aufgabenbereich umfasst im Wesentlichen das Abhalten bzw. die Gestaltung von Gottesdiensten, Predigten, Meditationen, Andachten, Frühschichten, Kreuzwegen und religiösen Festakten. Ferner leitet er Bibelkreise, hält religiöse Vorträge und ist mit der Gestaltung und Durchführung von kirchlichen Veranstaltungen sowie Pfarrfahrten und -ausflügen betraut. Er hält Religionsunterricht in der

---

[1] Das Urteil ist rechtskräftig. Vgl. zur steuerlichen Absetzbarkeit eines Arbeitszimmers auch FG Köln, Urteil vom 25.1.2002 - 7 K 8000/00 - EFG 2002, 527; BFH, Urteil vom 22.7.2003 - VI R 20/02 - DStRE 2003, 1430 [Diakon]; FG München, Urteil vom 23.4.2002 - 6 K 4621/01 - EFG 2002, 1162 [Klinikseelsorger].

Schule und leitet unter anderem mehrere Gruppen (Jugend-, Kinder-, Ministranten-, Sing-, Firm- und Kommuniongruppe). Dazu gestaltet und erstellt er schriftliche Ausarbeitungen, wie z.b. Verlaufspläne, Arbeitsblätter, Folien, Textzettel, Konzepte, Programme, Anleitungen, Prospekte sowie Plakate, Bilder, Dekorationen und sonstige Gegenstände. Daneben führt er häufig Telefonate und ist für die Materialverwaltung zuständig. Bis Mitte September 1996 betreute er die kath. Kirchengemeinde in A. Seither ist er in der Gemeinde B. tätig.
Im Juli 2000 ließ der Beklagte (das Finanzamt) die Pfarrräume in B. besichtigen. Der Prüfer fertigte darüber einen Bericht, in dem u.a. ausgeführt wird:

„H. X. bestätigte, nach Erläuterung der Rechtslage ab 1996, dass er an sich seiner eigentlichen Tätigkeit als Pfarrer durchaus in dem ihm als Amtszimmer zur Verfügung gestellten Raum nachkommen könnte, sofern er seine täglich benötigte Fachliteratur, die er jetzt im Arbeitszimmer aufbewahrt, in diesem Zimmer greifbar hätte. An sich könne er in diesem Zimmer schon ungestört arbeiten, ihm fehlen aber die Unterlagen. Es ist einfach kein Platz vorhanden, diese zwingend benötigten Materialien dort unterzubringen. ... an sich liegt ‚nur' ein Platzproblem vor!"

In den Einkommensteuer-Erklärungen für die Streitjahre 1996 bis 1999 machte der Kläger jeweils Aufwendungen für ein „häusliches Arbeitszimmer" im Pfarrhaus in B., für 1996 zusätzlich für ein „häusliches Arbeitszimmer" in A., als Werbungskosten bei den Einkünften aus nichtselbständiger Arbeit geltend.
Der Beklagte versagte dem Kläger in den Einkommensteuer-Bescheiden 1996 bis 1999 jeweils u.a. den Abzug von Aufwendungen für ein „häusliches Arbeitszimmer". Hiergegen richtet sich die nach erfolglosem Einspruch erhobene Klage, mit der der Kläger erreichen will, dass bei seinen Einkünften aus nichtselbständiger
Arbeit Aufwendungen für ein „häusliches Arbeitszimmer" als weitere Werbungskosten berücksichtigt werden. Er hält daran fest, dass die von der Kirchenverwaltung zur Verfügung gestellten Diensträume für seine berufliche Tätigkeit, die einerseits die Verwaltungsgeschäfte und andererseits die seelsorgerische Arbeit umfasse, nicht ausreichend seien. Insbesondere fasse die in seinem eigentlichen Amtszimmer vorhandene und im Wesentlichen anders genutzte Aufbewahrungskapazität nicht die große Anzahl von Fachbüchern, die er für seine unterschiedlichen Aufgabengebiete benötige und die er deswegen in seinem „häuslichen Arbeitszimmer" aufbewahre. Dort finde er auch die Muße zur Vorbereitung seiner vielfältigen dienstlichen Verpflichtungen. In seinem „häuslichen Arbeitszimmer" erledige er etwa 40 vH seiner gesamten beruflichen Tätigkeit.

Das Finanzamt geht weiterhin davon aus, dass der Dienstherr des Klägers diesem ein geeignetes Amtszimmer zur beruflichen Nutzung überlassen habe. Dass dieses möglicherweise nicht für die Unterbringung sämtlicher Unterlagen geeignet sei, sei nicht entscheidungserheblich. Hierbei handele es sich lediglich um ein organisatorisches Problem. Der Kläger habe selbst eingeräumt, dass er in diesem Amtszimmer ungestört arbeiten könne. Dass andere Personen (z.b. die Pfarrsekretärin) gelegentlich diesen Raum betreten, sei nicht ungewöhnlich und könne keine entscheidende Bedeutung haben. Die persönlichen Erwägungen des Klägers zur Annehmbarkeit eines Arbeitsplatzes seien unbeachtlich. Das Finanzgericht weist die Klage ab.

Aus den Gründen:

Die Klage ist nicht begründet. Dem Kläger steht in den Streitjahren der steuerwirksame Abzug von Aufwendungen für ein „häusliches Arbeitszimmer" nicht zu.

1. Der Einkommensbesteuerung liegt das sog. Nettoprinzip zugrunde, nach dem nur das Nettoeinkommen, die Erwerbseinnahmen abzüglich der Erwerbsaufwendungen und der Existenz sichernden Aufwendungen, besteuert wird. Steuerliche Abzugsverbote sind am ehesten dort zulässig, wo die Erwerbsaufwendungen die Kosten der allgemeinen Lebensführung iSd § 12 EStG berühren und deshalb zur Klarstellung wie zur Vereinfachung in einem unwiderlegbaren Regeltatbestand erfasst werden. Dadurch können zugleich Ermittlungen im Privatbereich eingegrenzt werden (vgl. BVerfG, Urteil vom 10.11.1999 - 2 BvR 301/98 - BStBl. II 2000, 162).

Ein steuerliches Abzugsverbot ergibt sich seit dem Veranlagungszeitraum 1996 aus § 9 Abs. 5 iVm § 4 Abs. 5 Nr. 6b Satz 1 EStG. Danach dürfen bei einem Arbeitnehmer die Kosten für ein „häusliches Arbeitszimmer" sowie für dessen Ausstattung die Steuerbemessungsgrundlage grundsätzlich nicht mindern. Nur ausnahmsweise sind Aufwendungen eines Arbeitnehmers für sein „häusliches Arbeitszimmer" bis höchstens 2.400 DM als Werbungskosten zu berücksichtigen, wenn entweder die berufliche Nutzung mehr als 50 vH der gesamten beruflichen Tätigkeit ausmacht, was hier unstreitig nicht der Fall ist, oder aber ein „anderer Arbeitsplatz" nicht zur Verfügung steht. Die Begrenzung der Höhe nach gilt nicht, wenn das Arbeitszimmer den Mittelpunkt der gesamten beruflichen Betätigung bildet (§ 4 Abs. 5 Nr. 6b Sätze 2 u. 3 EStG). Wegen des Regel- / Ausnahmecharakters dieser Vorschriften ist bei der Prüfung, ob ein „anderer Arbeitsplatz" zur Verfügung steht, ein strenger Maßstab anzulegen (vgl. FG Bremen Urteil vom 20.10.1999 - 4 99 057 K 3 - EFG 2000, 115, Rev. Bundesfinanzhof VI R 16/01). Es steht kein „anderer

Arbeitsplatz" zur Verfügung, wenn für einen nicht nur unwesentlichen Teil der beruflichen Tätigkeit des Steuerpflichtigen an seiner Arbeitsstätte kein objektiv geeigneter Arbeitsplatz vorhanden ist. Das ist zu verneinen, wenn es bei objektiver Betrachtungsweise möglich erscheint, dass der Steuerpflichtige an seiner Arbeitsstätte die geforderten Aufgaben erfüllen kann, auch wenn dies an einem anderen Platz leichter, besser und angenehmer durchführbar sein sollte (vgl. Urteil des Thüringer FG vom 29.6.2000 - II 393/98 - EFG 2001, 13, rkr.).

2. Zur Überzeugung des erkennenden Senats steht fest, dass die vom Kläger in den Streitjahren 1996 bis 1999 betreuten Pfarreien mit ausreichenden Räumlichkeiten für die anfallenden Verwaltungs- und seelsorgerischen Arbeiten ausgestattet sind. In B. stehen hierfür neben dem „Amtszimmer" des Klägers noch das „Pfarrbüro" für die Sekretärin, der „Vorraum" als Technikraum und der im Sockelgeschoss ausgebaute „Versammlungsraum" zur Verfügung. Nach dem Vorbringen des Klägers waren die räumlichen Verhältnisse in A. vergleichbar. Der Kläger hat im Rahmen der vom Finanzamt durchgeführten Besichtigung selbst eingeräumt, dass er in diesem Amtszimmer im Wesentlichen ungestört arbeiten könne. Die eingereichten Skizzen unterstreichen diese Einschätzung. Danach ist das Amtszimmer - wie andere Arbeitszimmer auch - u.a. mit einem Schreibtisch und den entsprechenden Stühlen ausgestattet. Es mag sein, dass die im Amtszimmer derzeit vorhandenen Schränke nicht ausreichen, um alle Fachbücher und die mehr oder weniger häufig benötigten Arbeitsmaterialien zusammen unterzubringen. Der Senat teilt hierzu die Auffassung des Finanzamts, dass - die Richtigkeit dieser Annahme unterstellt - in diesem Punkt leicht durch organisatorische Maßnahmen Abhilfe geschaffen werden könnte. Genügend Stellfläche ist sowohl in dem Amtszimmer als auch in den übrigen Räumlichkeiten der Pfarrei, die nicht dem Privatbereich des Pfarrers zuzuordnen sind, vorhanden. So gibt es etwa an der Wand zum Wohnbereich weitere nutzbare Stellflächen, selbst wenn die dortige Tür weiterhin in Gebrauch bleiben sollte. Der Senat hält es aber auch für zumutbar, dass diese (dritte) Tür mit einem weiteren Schrank, einer Schrankwand oder einem Regal zugestellt würde, worin dann weitere Unterlagen und Fachbücher aufbewahrt werden könnten. Notfalls stünde aber auch Stauraum für selten benötigte Unterlagen und sonstige Materialien auf dem Dachboden zur Verfügung. Wie dargelegt, kommt es nicht darauf an, dass der Kläger seine Aufgaben in seinem „häuslichen Arbeitszimmer" besser und angenehmer durchführen kann als in dem vom Arbeitgeber zur Verfügung gestellten Amtszimmer. Entscheidend ist, dass er, was für den Senat im Streitfall nicht zweifelhaft ist, die ihm übertragenen Aufgaben in zumutbarer Weise an diesem Arbeitsplatz erfüllen kann.

9

Die Arbeitsvertraglichen Richtlinien des Deutschen Caritasverbandes (AVR) sind kein Tarifvertrag.

§ 72a Abs. 1 Nr. 2 ArbGG
BAG, Beschluss vom 23. Januar 2002 - 4 AZN 760/01[1] -

Der Kläger ist seit dem 1.8.1981 bei dem Beklagten beschäftigt. Auf das Arbeitsverhältnis der Parteien finden die „Arbeitsvertraglichen Richtlinien des Deutschen Caritasverbandes" (AVR) Anwendung. Der Kläger, der über therapeutische Zusatzausbildungen verfügt, wird seit 1993 in der Ambulanten Rehabilitation, Außenstelle G, als Mitarbeiter des Referats „Sucht" eingesetzt und seit 1991 nach Vergütungsgruppe 4a AVR vergütet.

Mit der Klage hat er die Feststellung der Verpflichtung des Beklagten begehrt, an ihn ab 1.10.1998 Vergütung nach Vergütungsgruppe 3 zu zahlen, weil sich seine Tätigkeit durch das Maß der Verantwortung erheblich aus der Vergütungsgruppe 4b heraushebe.

Das Arbeitsgericht hat die Klage abgewiesen. Das Landesarbeitsgericht hat die Berufung des Klägers zurückgewiesen; es sei nicht hinreichend dargelegt, dass und warum die den Kläger betreffenden Arbeitsvorgänge die Voraussetzungen der Vergütungsgruppe 4b erfüllten. Die Revision gegen sein Urteil hat das Landesarbeitsgericht nicht zugelassen.

Hiergegen wendet sich die auf grundsätzliche Bedeutung der Rechtssache gestützte Nichtzulassungsbeschwerde des Klägers. Sie wurde als unzulässig verworfen.

Aus den Gründen:

Die Nichtzulassungsbeschwerde ist unzulässig. Sie entspricht nicht den Anforderungen von § 72a Abs. 3 Satz 2 ArbGG. Nach dieser Vorschrift muss der Beschwerdeführer darlegen, dass die Rechtssache eine Tarifangelegenheit nach § 72a Abs. 1 Nr. 1 Abs. 3 ArbGG betrifft und grundsätzliche Bedeutung hat.

Der Kläger stützt sich für seine Nichtzulassungsbeschwerde auf die Auslegung der „Arbeitsvertraglichen Richtlinien des Deutschen Caritasverbandes" (AVR Caritasverband), die kein Tarifvertrag im Sinne von § 72a Abs. 1 Nr. 2 ArbGG sind. Auf falsche Auslegung dieser besonderen kirchlichen Regelung kann eine Nichtzulassungsbeschwerde nicht mit Erfolg gestützt werden (BAGE 34, 182; BAG, 7.9.1988 - 4 AZN 436/88 -

---

[1] ZMV 2002, 87.

AP ArbGG 1979 § 72a Grundsatz Nr. 36, EzA ArbGG 1979 § 72a Nr. 52, KirchE 26, 237; BAG, 5.1.1989 - 4 AZN 629/88 - BAGE 60, 344, KirchE 27, 5). Sie sind nicht von Tarifvertragsparteien ausgehandelt und nach Maßgabe des TVG zustande gekommen. Ihnen fehlt daher der Charakter von Tarifnormen, so dass sie auch nur - wie hier - kraft einzelarbeitsvertraglicher Vereinbarungen für das betreffende Arbeitsverhältnis Anwendung finden. Andererseits ist aus dem Wortlaut von § 72a Abs. 1 Nr. 2 ArbGG, dem Sinn und Zweck dieser Verfahrensnorm und dem Gesamtzusammenhang des § 72a ArbGG zu entnehmen, dass der Gesetzgeber unter „Tarifverträgen" hier nur solche versteht, die nach Maßgabe des TVG zustande gekommen sind und dem entsprechenden allgemeinen arbeitsrechtlichen Begriff entsprechen. Die Aufzählung der Fälle, in denen nach dem Willen des Gesetzgebers die Nichtzulassungsbeschwerde als besonderer Rechtsbehelf hat ermöglicht werden sollen (§ 72a Abs. 1 ArbGG), ist abschließend und gestattet es schon deswegen nicht, als „Tarifverträge" auch solche Bestimmungen anzusehen, die keine Tarifverträge im Sinne des materiellen Arbeitsrechts sind und insbesondere nicht nach den Erfordernissen des TVG zustande gekommen sind.

Abgesehen davon ist die vom Kläger eingelegte Nichtzulassungsbeschwerde auch deswegen unzulässig, weil der Kläger nicht dargelegt hat, inwiefern das Landesarbeitsgericht den Begriff des Arbeitsvorgangs verkannt oder bei der Subsumtion wieder aufgegeben hat. Das Landesarbeitsgericht ist von dem vom Senat entwickelten Begriff des Arbeitsvorgangs ausgegangen und bei Unterstellung eines einzigen Arbeitsvorganges und bei Unterstellung mehrerer Arbeitsvorgänge zu der Auffassung gelangt, der tatsächliche Vortrag des Klägers reiche nicht aus, die Merkmale der aufeinander aufbauenden Vergütungsgruppen als hinreichend schlüssig vorgetragen anzusehen. Hier hätte der Kläger im einzelnen darlegen müssen, dass den fallbezogenen Ausführungen des Landesarbeitsgerichts ein fallübergreifendes Fehlverständnis des Begriffs des Arbeitsvorgangs zugrunde liegt und/oder dass das Landesarbeitsgericht die von ihm vorangestellte zutreffende Auslegung des Begriffs des Arbeitsvorgangs bei der Subsumtion wieder aufgegeben hat. Das Landesarbeitsgericht hat entgegen der Auffassung des Klägers einen einzigen Arbeitsvorgang unterstellt, ist aber zu dem Ergebnis gelangt, die Voraussetzungen der vom Kläger begehrten Vergütungsgruppe 3 lägen nicht vor, weil der Kläger nicht vorgetragen habe, dass und inwiefern in rechtlich erheblichem Ausmaß sich seine Tätigkeit durch das Maß der Verantwortung aus der Vergütungsgruppe 4b herausheben solle.

Die Nichtzulassungsbeschwerde ist darüber hinaus auch unzulässig, weil die grundsätzliche Bedeutung nicht hinreichend dargelegt worden ist.

a) Eine grundsätzliche Bedeutung der Rechtssache ist nur dann zu bejahen, wenn die Entscheidung des Rechtsstreits von einer klärungsfähigen und klärungsbedürftigen Rechtsfrage abhängt und diese Klärung entweder von allgemeiner Bedeutung für die Rechtsordnung ist oder wegen ihrer tatsächlichen Auswirkungen die Interessen der Allgemeinheit oder eines größeren Teils der Allgemeinheit eng berührt (stRspr. seit BAG 5.12.1979 - 4 AZN 41/97 - BAGE 32, 203). Dementsprechend hat der Beschwerdeführer vorzutragen.

b) Der Kläger hat nicht dargelegt, inwiefern der vorliegende Rechtsstreit über den Einzelfall hinaus eine größere Anzahl vergleichbarer Fallkonstruktionen betrifft. Er hat sich mit dem Hinweis begnügt, durch die Entscheidung des Rechtsstreits seien zahlreiche vergleichbare Sachverhalte betroffen, weil der beklagte Verband bundesweit aktiv sei, insgesamt 320 Einrichtungen existierten, in denen ambulante Rehabilitation ausgeübt werde, die nach den Empfehlungsvereinbarungen über die Leistungen zur ambulanten Rehabilitation Alkohol-, Medikamenten- und Drogenabhängiger zwischen den Krankenkassen/Krankenkassenverbänden und dem Verband deutscher Rentenversicherungsträger anerkannt seien. Durch die Entscheidung des Rechtsstreits seien damit zahlreiche vergleichbare Arbeitnehmer, die wie der Kläger als Diplomsozialarbeiter in der ambulanten Rehabilitation tätig seien, hinsichtlich ihrer Eingruppierung betroffen. Das ist zu allgemein gehalten. Es hätte des Vortrags bedurft, dass und in welcher Anzahl andere Arbeitnehmer des beklagten Verbandes, die mit denen des Klägers vergleichbare Tätigkeiten auszuüben haben, Vergütung nach Vergütungsgruppe 3 geltend machen und ob, und wenn ja, welche Rechtsstreitigkeiten insoweit anhängig sind.

10

Religionsgemeinschaften sind im Klageerzwingungsverfahren wegen Vergehens gemäß § 130 StGB nicht als Verletzte antragsbefugt.

§ 172 StPO
OLG Stuttgart, Beschluss vom 23. Januar 2002 - 1 Ws 9/02[1] -

Der Antragsteller ist ein eingetragener Verein mit dem Namen „Universelles Leben" (U.), der den Status einer Religionsgesellschaft im Sinne von Art. 140 GG, 137 WRV besitzt. Einige dieser Glaubensgemeinschaft nahe stehende Personen arbeiten in der Markthalle in S. an einem Marktstand für ökologische Lebensmittel, der von der Fa. L.-GmbH betrieben wird. An dem Marktstand liegt ein Prospekt mit dem Titel „Der

---

[1] OLGSt StGB § 130 Nr. 7; OLGSt StPO § 172 Nr. 38(LS); Justiz 2002, 247; NJW 2002, 2893.

friedfertige Landbau" auf, in dem nicht nur über die Produkte des Marktstandes berichtet wird, sondern auch Buchanzeigen für Bücher religiösen Inhalts enthalten sind.
Dies veranlasste, wie der Antragsteller behauptet, die X.-Fraktion im Gemeinderat der Landeshauptstadt S. bzw. den Beschuldigten als deren Vorsitzenden, im Amtsblatt der Stadt vom 19.7.2001 einen Text abdrucken zu lassen, in dem es u.a. heißt:

„*X.: Stand von ‚U.' in der Markthalle auflösen.*
Die X.-Gemeinderatsfraktion geht nun konsequent gegen einen nicht mehr hinzunehmenden Missstand vor. Die Stadtverwaltung wird von ihr wegen dauernder Inaktivität gemaßregelt. Denn schon mehrfach kam im Marktausschuss der Stand einer nachweislichen Sekte in der Markthalle zur Sprache.
... Hinter der Sekte namens ‚U.' verbirgt sich eine skrupellose Organisation. Nach Meinung maßgeblicher Sektenexperten steht die Organisation für menschenverachtende Praktiken. Mittels manipulativer Psychomethoden vermittelt sie ihre totalitäre Weltanschauung. Ihre Struktur ist noch straffer ausgerichtet als die der ebenso verachtenswerten Scientology-Sekte. ...
Wünschenswert für die X. ist ein institutionen- und parteienübergreifendes Vorgehen bei der Ächtung totalitärer und menschenverachtender Systeme.
Ein in diesem Zusammenhang stehendes eindeutiges Zeichen bestünde in der sofortigen Aufkündigung des Marktstandes der Sekte, so F."

Der Antragsteller sieht durch diese Äußerung den Tatbestand der Volksverhetzung als erfüllt an. Die Staatsanwaltschaft hat die Anklageerhebung abgelehnt und die Generalstaatsanwaltschaft die Beschwerde des Antragstellers zurückgewiesen.
Der Senat lehnte den hiergegen gerichteten Antrag auf gerichtliche Entscheidung als unzulässig ab.

Aus den Gründen:

Der frist- und formgerecht (§ 172 Abs. 2 u. 3 StPO) angebrachte Antrag auf gerichtliche Entscheidung ist jedenfalls deswegen nicht zulässig, weil die Religionsgesellschaft „U. e.V." als juristische Person nicht Verletzte (§ 172 Abs. 1 Satz 1 StPO) des dem Beschuldigten zur Last gelegten Vergehens der Volksverhetzung nach § 130 Abs. 1 Nr. 1 u. 2 StGB wäre.
1. Als Verletzter nach § 172 Abs. 1 Satz 1 StPO wird heute allgemein (vgl. zuletzt OLG Stuttgart NJW 2001, 840; Kleinknecht/Meyer-Goßner, StPO, 45. Aufl., § 172 Rn 9; Karlsruher Kommentar, StPO, 4. Aufl., § 172 Rn 19, jeweils mit weiteren Nachweisen) derjenige angesehen, der durch die schädigende Handlung - ihre Begehung unterstellt - unmittelbar in seinen Rechten, Rechtsgütern oder rechtlich anerkannten Interessen beeinträchtigt ist. Diese Abgrenzung gibt zwar keine absolute Sicherheit,

lässt jedoch bei Orientierung an den Wertentscheidungen des geltenden Rechts häufig schon eine Abgrenzung zu. In Zweifelsfällen muss auf die Schutzzwecklehre zurückgegriffen werden; danach ist unmittelbar Verletzter nur derjenige, dessen Rechte durch die (angeblich) übertretene Norm - jedenfalls auch - geschützt werden sollen (vgl. OLG Stuttgart aaO; Karlsruher Kommentar aaO, unter Hinweis auf BGHSt 18, 283).

2. Das trifft auf die Religionsgesellschaft „U. e.V." als Anzeigeerstatterin und Antragstellerin im vorliegenden Klageerzwingungsverfahren nicht zu. § 130 Abs. 1 Nrn. 1 u. 2 StGB setzen voraus, dass in einer Weise, die geeignet ist, den öffentlichen Frieden zu stören, entweder zum Hass gegen Teile der Bevölkerung aufgestachelt wird (Nr. 1), oder dass die Menschenwürde anderer dadurch angegriffen wird, dass Teile der Bevölkerung beschimpft, böswillig verächtlich gemacht oder verleumdet werden (Nr. 2). Angriffsobjekt der Volksverhetzung sind sonach Teile der inländischen Bevölkerung, die sich aufgrund gemeinsamer innerer oder äußerer Merkmale (Rasse, Volkszugehörigkeit, Religion, politische oder weltanschauliche Überzeugung, soziale und wirtschaftliche Stellung) als eine von der übrigen Bevölkerung unterscheidbare Bevölkerungsgruppe darstellen und individuell nicht mehr überschaubar sind (vgl. BGH GA 1979, 391; BayObLG NJW 1994, 952; 1995, 145; OLG Frankfurt NJW 1989, 1369; Lenckner, in: Schönke/Schröder, StGB, 26. Aufl., § 130 Rn 3; Tröndle/Fischer, StGB, 50. Aufl., § 130 Rn 2a; Lackner/Kühl, StGB, 24. Aufl., § 130 Rn 2; von Bubnoff, in: LK, 11. Aufl., § 130 Rn 9). Unmittelbar Verletzte können daher nur eine oder mehrere Einzelpersonen sein, die zu dem angegriffenen Bevölkerungsteil gehören (vgl. Lenckner aaO; von Bubnoff aaO, Rn 9a, 10; Tröndle/Fischer aaO, Rn 7). Es ist anerkannt, dass zu den geschützten Teilen der Bevölkerung nicht institutionalisierte Personenmehrheiten zählen, soweit es um die Institution als solche geht und nicht um die hinter ihr stehenden Menschen (BGHSt 36, 83 [91] mwN). Kirchen als solche sind daher keine Teile der Bevölkerung im Sinne des § 130 StGB (Tröndle/Fischer, StGB, 50. Aufl., § 130 Rn 2; Lenckner, in: Schönke/Schröder, StGB, 26. Aufl., § 130 Rn 3).

Bei dem eingetragenen Verein „U." handelt es sich um eine institutionalisierte Personenmehrheit. Diese ist nach dem Antragsvorbringen auch Angriffsobjekt gewesen. Der Beschuldigte hat danach gegenüber Mitarbeitern des Amtsblattes von „U.", von einer „nachweislichen Sekte", und von einer „skrupellosen Organisation" gesprochen. Die nach seiner Meinung nicht hinnehmbaren Praktiken werden also der Organisation „U. e.V.", nicht jedoch einzelnen ihrer Mitglieder vorgeworfen. Der Beschuldigte war bei seinen Äußerungen offensichtlich gar nicht in der Lage, einzelne Mitglieder zu benennen, die sich nach seiner Auffassung der angeprangerten „manipulativen Psychomethoden" bedient hatten. Vergeblich versucht der Antragsteller, die Unterschiede zwischen der Organisation (eingetragener Verein als juristische Person) und ihren Mitglie-

dern mit dem Argument zu verwischen, dass jede rechtlich organisierte Personengruppe durch ihre Mitglieder, also durch Einzelpersonen handeln müsse und diese daher bei hetzerischen Angriffen unmittelbar Verletzte seien. Diese Argumentation widerspricht dem geltenden Recht. Mit ihr ließe sich die in zahlreichen Gesetzen vorgeschriebene unterschiedliche rechtliche Behandlung von juristischen Personen und deren Mitgliedern verhindern; so wäre beispielsweise auch die Unterscheidung zwischen einer GmbH und ihren Gesellschaftern im Klageerzwingungsverfahren nicht mehr möglich (vgl. dazu OLG Stuttgart NJW 2001, 840 mwN). Der Senat vermag dieser Argumentation daher nicht zu folgen.
3. Der Antragsteller übersieht im übrigen, dass nur derjenige das Klageerzwingungsverfahren zu betreiben befugt ist, der zugleich Anzeigeerstatter, Antragsteller und unmittelbar Verletzter ist (vgl. Kleinknecht/Meyer-Goßner, StPO, 45. Aufl., § 172 Rn 5a; Karlsruher Kommentar, StPO, 4. Aufl., § 172 Rn 3, jeweils mwN). Das trifft nach dem Vortrag des Antragstellers auf seine Mitglieder nicht zu, da diese weder Strafanzeige erstattet noch Antrag auf gerichtliche Entscheidung gestellt haben.
III. Der Senat musste den Klageerzwingungsantrag daher als unzulässig verwerfen.
Nicht zu entscheiden hatte der Senat die auch nach der Neufassung des § 130 StGB durch das Verbrechensbekämpfungsgesetz vom 28.10.1994 (BGBl. I S. 3186) umstrittene Frage, ob die Bestimmung neben dem öffentlichen Frieden auch die Menschenwürde von Einzelpersonen schützt (bejahend schon zum alten Recht: OLG Karlsruhe NJW 1986, 1276; verneinend: OLG München NJW 1985, 2430, KirchE 33, 54; OLG Stuttgart, Die Justiz 1992, 186). Ob der Senat an der letztgenannten Entscheidung festhält, kann derzeit offen bleiben (zum geltenden Recht für die Menschenwürde als weiteres Schutzgut: Lackner/Kühl, StGB, 24. Aufl., § 130 Rn 1; von Bubnoff in LK, StGB, 11. Aufl., § 130 Rn 11; Tröndle/Fischer, StGB, 50. Aufl., § 130 Rn 1a; Karlsruher Kommentar, StPO, 4. Aufl., § 172 Rn 23; verneinend weiterhin: Lenckner in Schönke/Schröder, StGB, 26. Aufl., § 130 Rn 1a; Kleinknecht/Meyer-Goßner, StPO, 45. Aufl., § 172 Rn 12).

11

Mutet ein Zeuge Jehovas einem nicht dieser Glaubensrichtung angehörenden Arzt zu, gegebenenfalls seine Behandlung zu übernehmen, und konfrontiert er ihn hierbei mit seiner eine Bluttransfusion verweigernden Patientenverfügung, kann er nicht davon ausgehen, auch wenn seine Erklärung eindeutig sein sollte, dass der Arzt sich in jedem denkbaren Fall unter Ausschaltung seines ärztlichen Gewissens gleichsam maschinenhaft daran halten und ihn gegebenenfalls auch sterben lassen würde.

Demjenigen Zeugen Jehovas, dem ohne jegliche Einschränkung ernsthaft daran gelegen ist, notfalls für seinen Glauben auch zu sterben, und der dies auch demonstrieren will, kann zugemutet werden, sich unter Inanspruchnahme und Mitverantwortung der für seine Glaubensgemeinschaft bestehenden sog. Krankenhausverbindungskomitees in die Obhut von Ärzten zu begeben, die sich ohne jeglichen Vorbehalt dem Glaubensimperativ der Zeugen Jehovas beugen und solche Patienten in einem solchen Falle auch sterben lassen.

Art. 2 Abs. 1, 4 Abs. 1 GG, §§ 823 Abs. 1, 847 BGB
OLG München, Urteil vom 31. Januar 2002 - 1 U 4705/98[1] -

Die Klägerin nimmt die Beklagten wegen behaupteter kunstfehlerhafter Behandlung und Aufklärungsverschuldens aus Arzthaftung sowie darüber hinaus wegen Eingriffs in ihr allgemeines Persönlichkeitsrecht auf Schmerzensgeld in Anspruch.

Die 1952 geborene Klägerin wurde 1992 mit unklaren Befunden hinsichtlich des rechten Eierstocks stationär in der Gynäkologischen Abteilung des Klinikums A., dessen Träger der Beklagte zu 1) ist, aufgenommen. Noch am 6.7.1992 unterzeichnete sie eine Einverständniserklärung für den in der Klinik beabsichtigten Eingriff einer Pelviskopie (diagnostische Bauchspiegelung), gegebenenfalls eines Bauchschnitts und der Entfernung des Eierstocks. Die Klägerin gab hierbei an, Zeugin Jehovas zu sein und deswegen Bluttransfusionen abzulehnen. Zu den Krankenakten hatte sie überdies ein von ihr am 6.7.1992 unterzeichnetes Formblatt, überschrieben mit „Verweigerung der Zustimmung zur Bluttransfusion", sowie eine so genannte Patientenverfügung und eine auf eine dritte Person lautende Vollmacht gereicht, wodurch die Anweisung der Klägerin „Kein Blut" sichergestellt sein sollte.

Am 7.7.1992 führte der Beklagte zu 2) zusammen mit dem Assistenzarzt B. und dem Arzt im Praktikum C. bei der Klägerin die Pelviskopie durch. Hierbei wurde eine breitflächige Adhäsion zwischen dem Darm und der rechten lateralen Beckenwand unter Koagulation gelöst. Am nächsten Tag hatte die Klägerin erhöhte Temperatur, Blähungen und Unterleibsbeschwerden. Am 9.7.1992 musste sie sich mehrfach erbrechen.

Am 10.7.1992 wurden bei einer Röntgenaufnahme zwei Spiegel im Dünndarmbereich sichtbar; bei einer nochmaligen Röntgenaufnahme am nächsten Tag waren bereits zahlreiche Dünndarmspiegel erkennbar.

---

[1] ArztR 2004, 66; MedR 2003, 174; NJW-RR 2002, 811; OLGR München 2002, 438; Rechtsmedizin 13 (2003), 170. Das Urteil ist rechtskräftig.

Am 11.7.1992 wurde die Klägerin auf die unter der Leitung des Beklagten zu 3), zugleich Leiter der Allgemeinen Chirurgischen Abteilung, stehende Intensivstation verlegt.
Am 12.7.1992 wurden bei einer notfallmäßigen Laparotomie eine Perforation im Darmbereich und eine ausgeprägte Bauchfellentzündung diagnostiziert. Die Perforation wurde genäht und sodann vorübergehend ein Reißverschluss in die Bauchwand eingenäht.
Vor Durchführung der Laparotomie hatte die Klägerin am 12.7.1992 eine Einverständniserklärung unterzeichnet, auf der vermerkt ist: „auf keinen Fall Bluttransfusion erwünscht!!"
Der Oberarzt der Chirurgieabteilung Dr. N. hatte der Klägerin und der Beklagte zu 2) ebenfalls am 12.7.1992 dem gegenüber dem Krankenhaus von der Klägerin als Bevollmächtigten angegebenen Herrn P. versichert, dass von chirurgischer Seite so operiert werde, dass eine Bluttransfusion intraoperativ mit an Sicherheit grenzender Wahrscheinlichkeit nicht notwendig werden muss. Bluttransfusionen wurden bei der Laparotomie nicht gegeben.
Am 13.7.1992 wurde die Klägerin bewusstlos. Ebenfalls am 13.7.1992 ergab sich für die Ärzte im Klinikum A. das Erfordernis, die Klägerin zur Rettung ihres Lebens mit Bluttransfusionen zu versorgen.
Mit Schreiben an das Vormundschaftsgericht vom 13.7.1992 bat der Beklagte zu 4), selbst wie auch die anderen Beklagten nicht dem Glauben der Klägerin angehörend, unter anderem mit dem Hinweis, dass die Klägerin als Zeugin Jehovas schriftlich eine Blutübertragung abgelehnt habe und eine neue Lagebesprechung mit ihr nicht möglich sei, um die Bestellung eines Vormundes für die Klägerin.
Durch sofort wirksamen Beschluss vom 13.7.1992 bestellte das Amtsgericht K. den Ehemann der Klägerin, Herrn R., zum vorläufigen Betreuer der Klägerin mit dem Aufgabenkreis „Sorge für die Gesundheit der Betroffenen". Der Betreuer willigte am 13.7.1992 in Bluttransfusionen ein.
Zwischen dem 13.7. und 23.7.1992 kam es bei der Klägerin zu mehreren so genannten Etappen-Lavagen (Spülungen des Bauchraums) und zur Transfusion von insgesamt 25 Blutkonserven, wovon am 22.7.1992 sieben die Blutgruppe 0-Rhesusfaktor-positiv enthielten, obwohl die Klägerin Blut der Gruppe 0-Rhesusfaktor-negativ besitzt.
Am 21.7.1992 führte der Beklagte zu 3) mit dem Beklagten zu 4) als Anästhesisten eine weitere Laparotomie durch, da der Darm der Klägerin an der genähten Stelle wieder aufgebrochen war und sich eine kotige Peritonitis eingestellt hatte.
Der betreffende Darmabschnitt mit der Perforationsstelle wurde entfernt. Gleichzeitig wurde der Klägerin ein künstlicher Darmausgang gelegt.

In der folgenden Nacht kam es bei der Klägerin zu Blutungen in den Bauchraum und zur Entwicklung eines hämorrhagischen Schocks.

Am 22.7.1992 wurde die Klägerin deshalb, nachdem sie mehr als einen Liter Blut verloren hatte, unter Gabe von Blutkonserven erneut laparotomiert. Ferner musste ein Luftröhrenschnitt durchgeführt werden, der am 10.8.1992 wieder durch Operation verschlossen wurde.

Am 7.8.1992 konnte die Klägerin die Intensivstation verlassen. Sie befand sich bis zu ihrer Entlassung am 31.8.1992 auf der Allgemeinstation.

Der künstliche Darmausgang wurde zwischen dem 21.1. und 9.2.1993 in einer anderen Klinik zurückverlegt.

Die Klägerin hat in erster Instanz vorgetragen lassen, vor der Pelviskopie mangelhaft aufgeklärt worden zu sein. Ferner hat sie behauptet, von den Beklagten am 7.7.1992 nicht lege artis operiert und nachbehandelt worden zu sein. Schließlich stelle auch die hauptsächlich im Verantwortungsbereich des Beklagten zu 4) liegende Gabe von Bluttransfusionen sowohl einen schwerwiegenden Behandlungsfehler als auch einen vorwerfbaren Eingriff in das allgemeine Persönlichkeitsrecht der Klägerin dar. Die Gabe von Blutkonserven sei nicht vital indiziert gewesen. Überdies habe die Klägerin von vornehrein ausdrücklich und eindeutig Bluttransfusionen in jeder erdenklichen Lage verweigert. Wenn die Beklagten sich nicht in der Lage gesehen haben sollten, die Klägerin unter Beachtung ihres Persönlichkeitsrechts zu behandeln, hätten sie die Behandlung ablehnen können und müssen. Die Einwilligung des Ehemannes in die Bluttransfusionen sei erschlichen worden.

Das Landgericht hat die Klage abgewiesen.

Auch die Berufung der Klägerin blieb ohne Erfolg.

Aus den Gründen:

Die Berufung der Klägerin ist zulässig, jedoch nicht begründet.

Der Klägerin stehen, wie das Landgericht mit weitgehend zutreffender Begründung bereits erkannt hat, wegen der streitgegenständlichen Behandlung gegen keinen der Beklagten (materielle oder) immaterielle, gegenwärtige oder künftige Ansprüche zu.

I. Die Klägerin ist vor der Pelviskopie vom 7.7.1992 ausreichend und wirksam aufgeklärt worden. (*wird ausgeführt*)

II. Der Vorwurf einer fehlerhaften Behandlung der Klägerin kann weder im Zusammenhang mit der Pelviskopie vom 7.7.1992 noch im Zusammenhang mit der sich anschließenden Nachbehandlung der Klägerin einschließlich weiterer Operationen erhoben werden. (*wird ausgeführt*)

Aus der Gabe von Bluttransfusionen, soweit sie bereits ab 13.7.1992 erfolgt sind, kann die Klägerin ebenfalls keine Ansprüche herleiten.

Schmerzensgeld 55

Hierbei war zunächst die Frage zu klären, ob die in der Gabe von Rhesuspositivem wie auch Rhesus-negativem Blut erfolgten Maßnahmen, da jedenfalls behauptetermaßen nicht indiziert und die Klägerin schädigend, behandlungsfehlerhaft erfolgt sind.

Die Beweisaufnahme vor dem Senat hat durch die schriftlichen Gutachten der Sachverständigen X. auch durch deren mündliche Anhörung in einer jeden Zweifel ausschließenden Weise ergeben, dass die Gabe von Blutkonserven bei der Klägerin zu jedem Zeitpunkt vital indiziert war. *(wird ausgeführt)*

Die Sachverständige hat zur Veranschaulichung auch noch folgendes in aller Deutlichkeit bemerkt:

„In der Akutphase wäre die Patientin gestorben, wenn sie nicht die 14 Konserven Blut bekommen hätte. Die Akutphase war am 21. und 22.7.1992. Allem Wissen nach wäre sie in dieser Zeit ohne Blut gestorben. Am 13. war die Patientin septisch. Ich glaube, dass man am 13., wo die Patientin am Morgen einen Hämoglobinwert von 7,9 g vH und am Abend von 6,8 g vH hatte, befürchten musste, dass sie akut gefährdet ist. Nach der Vergabe von 3 Konserven war der Wert auf 10,1 g vH gestiegen." Weiter äußerte die Sachverständige: *„Diese Patientin wäre ohne Blut gestorben, soweit man das heute sagen kann. Nach ärztlichem Ermessen muss man bei dem Verlauf davon ausgehen, dass die Patientin ohne Bluttransfusion die Komplikationen nicht überlebt hätte."*

Die vom Senat auch mit dem gebotenen Respekt nur als vermessen zu qualifizierende und die Gebote ärztlichen Handelns gründlich missverstehende Forderung der Klägerin, die Beklagten hätten vor jeder einzelnen ihr verabreichten Bluttransfusion, gewissermaßen vor jedem einzelnen Tropfen Blut, abklären müssen, dass diese Maßnahme wirklich vital indiziert war, hat die Sachverständige für die Zeit außerhalb der Akutphase am 21. und 22.7.1992 und orientiert am 13.7.1992 einfühlsam wie folgt beantwortet:

„Ob es wirklich lebensnotwendig war, ist nicht mit ja oder nein zu beantworten mit der Einschränkung auf diesen Tag. Man musste aber annehmen, dass sie höchst gefährdet ist. Sie war eine beatmete Patientin mit einer Sepsis. Die Situation war lebensgefährlich, weil sie in einem Zustand war, wo weitere Transfusionen nötig werden konnten, was sich dann auch gezeigt hat. Einen solchen Hb-Wert kann man nur belassen, wenn die Situation stabil ist. Das war sie nicht. Wenn man die Patientin so gelassen hätte und es wäre schief gegangen, hätte man das unter medizinischen Gesichtspunkten als absolut falsch angesehen. ... Die Patientin wäre ohne Blut gestorben. Wie ein Arzt bei der Situation handeln würde, kann man nur beantworten, wenn man selbst in der Situation steckt und handeln muss. Die ärztliche Kunst ist ein Umgang mit unsicherem Wissen. ... Hätte man die Blutkonserven zwischen dem 13. und 20.7. nicht gegeben, wäre die Patientin wahrscheinlich in die Akutphase mit einem so niedrigem Hämoglobinwert gegangen, dass wahrscheinlich nichts mehr zu machen gewesen wäre."

Soweit man diskutieren könne, so die Sachverständige, dass etwa ein bis zwei Konserven der 0-Rhesus-positiv-Serie nicht unbedingt erforderlich waren, müsse man berücksichtigen, dass in einer derartigen Notsituation die Abschätzung ob ein bis zwei Konserven noch benötigt werden oder nicht, fast unmöglich sei. Dem pflichtet der Senat in vollem Umfang bei mit der Überzeugung, dass danach die Gabe von Blut bei der Klägerin zu jedem Zeitpunkt vital indiziert war.

Stellte die Gabe von Blut bei der Klägerin danach bereits keinen Behandlungsfehler dar, wurde die Klägerin darüber hinaus - von der gesondert zu behandelnden religiös weltanschaulichen Problematik abgesehen - jedenfalls unter rein medizinischen Gesichtspunkten auch nicht geschädigt. (*wird ausgeführt*)

Soweit die Klägerin schließlich durch die Gabe von Blut sich bereits deshalb als geschädigt ansieht, weil sie dadurch allgemein dem Risiko ausgesetzt sei, bei Verwendung minderwertiger oder verseuchter Blutkonserven an AIDS oder anderen schweren Leiden zu erkranken, bewegt sie sich damit im Bereich völliger Spekulation. Zu konkreten, verifizierbaren Auswirkungen hat die Klägerin insoweit nicht das Geringste vorgetragen. Es dürfte sich nach Auffassung des Senats ohnedies nur um ein vorgeschobenes Argument handeln.

War danach die Blutbehandlung der Klägerin unter medizinischen Gesichtspunkten nicht fehlerhaft und überdies für die Klägerin ohne jegliche nachgewiesenen Beeinträchtigungen, begründet die Gabe von Blutkonserven auch unter dem Gesichtspunkt eines Eingriffs in das allgemeine Persönlichkeitsrecht der Klägerin als Zeugin Jehovas keinerlei Ersatzansprüche, weder auf vertraglicher noch auf deliktischer Grundlage (zu der Zeugen-Jehovas-Problematik vgl. auch eingehend Bender, Zeugen Jehovas und Bluttransfusionen, in: MedR 1999, S. 260 ff.)

Auszugehen ist von dem Grundsatz, dass eine Bluttransfusion gegen die ausdrückliche Weigerung des einwilligungsfähigen Patienten aus rechtlicher Sicht unzulässig ist. Diese Unzulässigkeit gründet sich zum einen auf Art. 2 GG, der das Selbstbestimmungsrecht des Patienten gewährleistet. Dieses Selbstbestimmungsrecht beinhaltet für den einzelnen, auch eine metaphysisch und durch irrationale Komponenten gestützte Entscheidung treffen zu können (so auch Schlund, Bluttransfusion bzw. Blutprodukte und Zeugen Jehovas aus der Sicht des Richters, in: Geburtshilfe und Frauenheilkunde, 1994, M 126 ff.). Da der Zeuge Jehovas seine Entscheidung gegen eine Bluttransfusion auch aus religiösen Gründen trifft, kommt zur freien Persönlichkeitsentfaltung des Art. 2 GG noch das Grundrecht des Art. 4 GG, das die Religionsfreiheit schützt. Hierzu hat das Bundesverfassungsgericht (BVerfG 32, 98 [106], KirchE 12, 294) ausdrücklich festgestellt, dass jeder einzelne das Recht habe „sein gesamtes Verhalten an den Lehren seines Glaubens auszurichten und seiner inneren Überzeugung gemäß zu handeln".

Dies bedeutet, dass dann, wenn der Zeuge Jehovas wirksam seine Einwilligung in eine Bluttransfusion verweigert, der Arzt sich grundsätzlich daran zu halten hat. Dies gilt auch dann, wenn die Verweigerung einer Bluttransfusion medizinisch völlig unvernünftig ist und der Patient und Zeuge Jehovas sich damit in Lebensgefahr oder die Gefahr des sicheren Todes begibt. Wer als Arzt abredewidrig oder unter Täuschung seines Patienten im beratenden Gespräch intraoperativ zur Blutkonserve greift und Fremdblut infundiert, verletzt damit in der Regel zum einen seine Vertragspflichten; darüber hinaus kann er damit zugleich eine unerlaubte Handlung im Sinne von § 823 BGB begehen, die eine Schadensersatzforderung in Form von Schmerzensgeld nach sich ziehen kann (so auch Schlund, aaO, M 128).

Die Klägerin steht auf dem Standpunkt, ihre entsprechend klare Anweisung habe zu jedem Zeitpunkt rechtsgültig fortbestanden und nehme die Beklagten ohne wenn und aber in die Pflicht, mit der Folge, dass jedwede Bluttransfusion danach rechtswidrig sei. Dem kann indessen nicht beigepflichtet werden.

Die oben dargestellten Grundsätze bedürfen in diesem Zusammenhang einer Korrektur und Ergänzung, wobei die Prüfung zeitlich gestaffelt auch unter dem Gesichtspunkt der vorverlagerten Verantwortlichkeit zu erfolgen hat.

Ein Arzt, der, seinem Eid und Berufsethos verpflichtet, in dem Bemühen Kranke zu heilen die Behandlung eines Menschen in Kenntnis einer Patientenverfügung übernimmt, wie sie von der Klägerin getroffen wurde, wird damit noch nicht zu einem willenlosen Spielball dieser Verfügung, bar jeden ärztlichen Gewissens.

Mutet ein Zeuge Jehovas einem nicht dieser Glaubensrichtung angehörenden Arzt zu, gegebenenfalls seine Behandlung zu übernehmen, und konfrontiert er ihn hierbei mit seiner eine Bluttransfusion verweigernden Patientenverfügung, kann er nicht davon ausgehen, auch wenn seine Erklärung eindeutig sein sollte, dass der Arzt sich in jedem denkbaren Fall unter Ausschaltung seines ärztlichen Gewissens gleichsam maschinenhaft daran halten und ihn im Falle des Falles auch sterben lassen würde.

Demjenigen Zeugen Jehovas, dem ohne jegliche Einschränkung ernsthaft daran gelegen ist, notfalls für seinen Glauben auch zu sterben, und der dies auch demonstrieren will, kann zugemutet werden, sich unter Inanspruchnahme und Mitverantwortung der für seine Glaubensgemeinschaft bestehenden so genannten Krankenhausverbindungskomitees (vgl. hierzu Bender, aaO, S. 261) in die Obhut von Ärzten zu begeben, die sich ohne jeglichen Vorbehalt dem Glaubensimperativ der Zeugen Jehovas beugen und solche Patienten gegebenenfalls auch sterben lassen. Auf die Beklagten traf dies unstreitig nicht zu.

Einem solchermaßen jedoch nicht im Sinne der Zeugen Jehovas nachweisbar vertrauenswürdigen, christlichen Grundsätzen verpflichteten Arzt kann indessen, was sich auch einem Zeugen Jehovas unter dem Gebot der Toleranz erschließen sollte, nicht die Pflicht auferlegt sein, sich bereits im Zeitpunkt der Aufnahme einer sich als unproblematisch darstellenden Behandlung mit dem Gedanken an einen bei Verwirklichung der schlimmsten drohenden, aber keineswegs erwarteten Risiken bei dann untersagter Bluttransfusion ohne Not eintretenden letalen Ausgang der Behandlung oder Operation abzufinden und später gegebenenfalls danach zu handeln. Dies musste auch der Klägerin bekannt sein.

Was ein Zeuge Jehovas dem mit Aufnahme seiner Behandlung bereits einigen Mut beweisenden Arzt in jedem Fall abverlangen kann, ist eine gewissenhafte Prüfung dahin, ob bei der beabsichtigten Behandlung die Gabe von Blutkonserven erforderlich werden könnte. Steht danach von vornherein fest, dass der Eingriff zwingend mit der absoluten Notwendigkeit einer Bluttransfusion verbunden ist, darf er von Seiten des Arztes auch nicht durchgeführt werden, will dieser sich nicht rechtswidrig verhalten.

Dieser Fall lag bei der Aufnahme der Behandlung der Klägerin am 6.7.1992 unzweifelhaft nicht vor. Dass im Rahmen der Pelviskopie eine Bluttransfusion erforderlich werden könnte, war so gut wie ausgeschlossen und ist in der Tat auch nicht erfolgt.

Kann bereits fraglich sein - und wird vom Senat abgelehnt -, ob die Ärzte im Klinikum des Beklagten zu 1) bei Behandlungsaufnahme im Hinblick darauf, dass eine Zeugin Jehovas sich ihnen anvertraute, sich auch darüber Gedanken machen mussten, ob im Fall des seltenen Eintritts des Perforationsrisikos eine Bluttransfusion erforderlich werden könnte und wie hoch diese Möglichkeit gegebenenfalls einzuschätzen sei, brauchten solche Überlegungen die Beklagten jedenfalls auch nicht von der Behandlung der Klägerin abzuhalten. Wie dem Senat, seit langen Jahren mit Arzthaftungssachen befasst, bekannt ist, ist keineswegs mit jeder Perforation auch das Erfordernis einer Bluttransfusion verbunden. Dass sich dies im Fall der Klägerin dahin entwickelt hat, lag jedenfalls zur Überzeugung des Senats bei Behandlungsaufnahme derart fern und ist durch die konkreten, nicht vorhersehbaren Komplikationen bedingt, dass die Beklagten dies bei Behandlungsaufnahme nicht ins Kalkül ziehen mussten und angesichts der Erklärung der Klägerin die Behandlungsaufnahme ablehnen hätten müssen. Am 6.7.1992 konnten die Ärzte im Klinikum der Beklagten guten Gewissens davon ausgehen, dass bei der Klägerin keine Bluttransfusionen erforderlich sein würde. Aus der Aufnahme der Behandlung der Klägerin kann ihnen damit kein Vorwurf erwachsen.

Zu einer Beurteilung im Sinne der Klägerin vermag auch nicht die am 12.7.1992 gegebene Situation zu führen.

An diesem Tag stellte es sich so dar, dass angesichts der bei der Klägerin gemessenen Werte und aufgetretenen Symptome die Laparotomie ein vital indizierter Eingriff sein würde, wie es sich anschließend auch bestätigte. Von der Klägerin, die sich möglicherweise keine Gedanken darüber machte, in welche Gewissenskonflikte sie die behandelnden Ärzte in dieser Situation bringen würde, vorgelegt war eine Erklärung, die in jedem Fall - auch bei Eintritt von Lebensgefahr und Bewusstlosigkeit der Klägerin - eine Bluttransfusion untersagte.

In diesem Augenblick waren die behandelnden Ärzte erneut mit der Frage konfrontiert, ob sie die Klägerin unter diesen Bedingungen operieren sollten. Dass sie sich bei Kenntnis aller Umstände dafür entschieden haben, kann einen Vorwurf gegen sie nicht begründen.

Die Alternative zum Operieren im Klinikum der Beklagten war, eine im dortigen Krankenhaus bereits am 7.7.1992 pelviskopierte, seitdem bei sich verschlechterndem Beschwerdebild dort ununterbrochen in intensiver ärztlicher Obhut stehende Patientin in kritischem Zustand auf die Schnelle in ein anderes Krankenhaus zu verlegen bzw. für sie einen operierenden Glaubensgenossen zu finden, der in eine laufende Behandlung eintreten hätte müssen.

Der Senat hält es für in keiner Hinsicht rechtens, den Beklagten in der konkreten Situation ein Handeln gemäß dieser Alternative vorzugeben. Dies insbesondere auch vor dem Hintergrund, dass bei dem vital indizierten Eingriff immerhin eine gewisse Chance bestand, dass eine Bluttransfusion vermieden werden konnte. Zum Zeitpunkt des 12.7.1992 war die Entscheidung zwischen Bluttransfusion und Tod der Klägerin noch rein hypothetischer Natur. Ärztlicherseits wurde davon ausgegangen und konnte davon ausgegangen werden, bei der Operation ohne die Vergabe von Bluttransfusionen auszukommen. Dem Arzt muss es in dieser Situation erlaubt sein, einen Patienten zu operieren, auch wenn er sich nicht mit dem Gedanken abfinden mag, sich gegebenenfalls der Gabe von Bluttransfusionen zu enthalten und den Patienten im Fall des Falles, scheinbar wie vereinbart sterben zu lassen.

Eine neue Sachlage war schließlich am 13.7.1992 gegeben. An diesem Tag wurde von den Ärzten der Beklagtenseite, wobei die Haupt- oder alleinige Verantwortlichkeit hierfür beim Beklagten zu 4) liegen dürfte, begonnen, der Klägerin Blut zu transfundieren.

Entgegen der Auffassung der Klägerin waren die Ärzte trotz der gegenteiligen Patientenverfügung der Klägerin hierzu jedoch berechtigt, da die Patientenverfügung der Klägerin wirksam außer Kraft gesetzt und ebenso wirksam durch eine Einwilligung des hierzu berechtigten Betreuers in die Bluttransfusion ersetzt wurde.

Selbst wenn dem Krankenhaus und den beklagten Ärzten eine Patientenverfügung der Klägerin und eine von dieser für einen nach Sachlage ebenfalls ihrem Glauben angehörenden Dritten ausgestellte Vollmacht vorlag, aus der sich ergab, dass auch im Fall der Bewusstlosigkeit der Klägerin ihre Willenserklärung, auf keinen Fall Bluttransfusionen zu erhalten, unverändert gültig sein sollte, ergab sich in der konkreten Situation am 13.7.1992 für die Beklagtenseite hieraus keine Bindung.

Die von der Klägerin zu den Krankenakten gereichten Schriftstücke bestanden hinsichtlich jeglicher darin enthaltener, auch weitreichender Erklärungen ausschließlich aus vorgedrucktem, beliebig vervielfältigbarem Text, der auch höchstpersönliche Glaubens- und Gewissensentscheidungen in apodiktisch vorgefertigter, keinerlei persönlichen Spielraum zulassenden Weise enthielt. Der einzige Bezug zur Klägerin war die Eintragung von deren Namen und Anschrift, Datum und Unterschrift, mit der sie sich, über Leben und Tod befindend, den Inhalt des Vorgedruckten zu Eigen machte.

Ob und gegebenenfalls in welchen Fällen einem Arzt, dem unter Beigabe dieser Patientenverfügung die erstmalige Behandlung einer bewusstlosen Patientin angesonnen wird, abverlangt werden kann, dass er sich, sofern er sich auf die Behandlung einlässt, daran auch hält, brauchte hier nicht geklärt zu werden.

Der vorliegende Fall ist dadurch gekennzeichnet, dass die Bewusstlosigkeit der Patientin erst im Verlauf einer bis dahin keinerlei Bluttransfusionen erfordernden und erwarten lassenden, rechtmäßig aufgenommenen und durchgeführten Behandlung eingetreten ist und sich sodann die Frage einer Bluttransfusion zur Lebensrettung stellt. Für diesen Fall vermag der Senat aus einer Erklärung der vorliegenden Art keine Bindungswirkung für den Arzt abzuleiten.

Diese völlig unwahrscheinliche Eventualität brauchten die Beklagten, wie ausgeführt, bei Behandlungsaufnahme bis zum 13.7.1992 nicht in ihre Überlegungen mit einzubeziehen. Die auch unter Kenntnis der von der Klägerin vorgelegten Dokumente abgegebene Erklärung, die Behandlung der Klägerin aufnehmen und weiter durchführen zu wollen, kann hier nicht so weitgehend interpretiert werden, der Klägerin im Falle des Falles lebenserhaltende Maßnahmen zu versagen.

Auch der Hinweis auf die in der Patientenverfügung der Klägerin enthaltene Freizeichnungsklausel für die Beklagten, wonach im Fall der unterlassenen Bluttransfusion und des Todes der Klägerin die Beklagten, von Selbstvorwürfen abgesehen, zumindest keinen Vorwürfen Dritter ausgesetzt zu sein schienen und auch anderen etwaigen Ermittlungen staatlicher Behörden möglicherweise gelassen entgegensehen hätten können, lässt die Angelegenheit in keinem anderen, den Beklagten ungünstigeren Licht erscheinen. Wie fragwürdig eine solche Freizeichnungsklausel sein kann, zeigt gerade der vorliegende Fall. Das Problem lässt sich nicht dergestalt simplifizieren. Die oftmals vielschichtige Komplexität ärztlicher Heilbehandlung, die, wie hier, mit mehreren operativen Eingriffen über einen Zeitraum von mehreren Wochen verbunden ist, bringt es mit sich, dass die Frage einer Bluttransfusion nur eine Frage von vielen zu klärende Fragen ist, die jedoch keineswegs zusammenhanglos nebeneinander stehen. Entscheidet sich der Arzt, dem Willen des Zeugen Jehovas entsprechend, gegen eine Bluttransfusion und stirbt der Patient danach, ist der Arzt damit noch keineswegs freigezeichnet. So kann er sich, wie hier, zahlreichen weitergehenden Vorwürfen ausgesetzt sehen, zum Beispiel dahingehend, den Patienten nicht ordnungsgemäß aufgeklärt und/oder behandlungsfehlerhaft in eine Lage gebracht zu haben, in der sich die Frage der Bluttransfusionen stellte, die ohne die weiter behaupteten Fehler gar nicht aufgetaucht wäre.

Eine Hilfestellung, wie der Arzt sich in einer solchen denkbaren Zwangslage verhalten soll und wie er die Gedanken, die sich ihm in solchen Augenblicken ganz nahe liegend stellen, in eine auch für ihn befriedigende Richtung lenken kann, erwächst jedenfalls nicht aus einer Freizeichnungsklausel, die, wie hier, ausdrücklich folgende Formulierung enthält: „Ich befreie hiermit die Ärzte, Anästhesisten, Krankenhäuser und deren Personal von jeglicher Verantwortung für Schäden, die bei kunstgerechter Versorgung auf meine Ablehnung von Bluttransfusionen zurückgeführt werden könnten". Eine unterlassene Bluttransfusion kann den Arzt damit sehr schnell dem Vorwurf einer fahrlässigen Tötung aussetzen.

In der am 13.7.1992 eingetretenen Situation war angesichts der geschilderten Umstände eine erneute Entscheidung und Antwort auf die zunächst noch im Raum stehende vormalige Willenserklärung der Klägerin zu treffen. Die Klägerin selbst konnte, da sie bewusstlos war, nicht mehr befragt werden.

In Betracht kam am 13.7.1992, den von der Klägerin in der Vollmacht benannten Herrn T. zu befragen. In Betracht kam aber auch, wie geschehen, sich an das Vormundschaftsgericht zu wenden.

Die Entscheidung des Krankenhauses und des Beklagten zu 4), an das Vormundschaftsgericht heranzutreten, ist nicht zu beanstanden. Zum einen ist keineswegs gesichert, dass der Bevollmächtigte tatsächlich sofort erreichbar war, als die Entscheidung lebensnotwendig anstand. Die vorgelegte Vollmacht für Herrn T. vom 27.6.1992 enthält den von ihm selbst original handschriftlich eingetragenen Zusatz „Bitte unbedingt den oben genannten Willen der Patientin respektieren und beachten!", wobei dieser Eintrag auf den 1.8.1992, 8.15 Uhr datiert.

Darüber hinaus sollte durch den Bevollmächtigten ausweislich des Vollmachtvordruckes lediglich die in der konkreten Situation gerade fragwürdig gewordene Erklärung der Klägerin, die es ja zu hinterfragen galt, ohne weitere Prüfung zementiert und wiederholt werden. Deshalb konnte eine Befragung dieser Vollmachtsperson keine befreiende Klarheit verschaffen. In dieser Situation war es deshalb, wenn nicht geboten, so jedenfalls in jeder Hinsicht vertretbar, eine Entscheidung des Vormundschaftsgerichts herbeizuführen.

Dies hat die Beklagtenseite in nicht zu beanstandender Weise getan. Dem Schreiben an das Vormundschaftsgericht vom 13.7.1992 kann der Senat nicht entnehmen, dass die Einwilligung erschlichen worden wäre. Der zugrunde liegende Sachverhalt wird in dem Schreiben wahrheitsgemäß dargestellt; es wird auch nichts Wesentliches weggelassen, vielmehr kommt hinreichend zum Ausdruck, dass die Klägerin als Zeugin Jehovas schriftlich eine Blutentnahme abgelehnt hat. Diese Aussage ist eindeutig.

Ebenso wird in dem Schreiben bemerkt, dass eine neue Lagebesprechung mit der Patientin gewünscht wird, diese jedoch, wie es auch den Tatsachen entsprach, nicht möglich sei.

Der Senat sieht nichts Anstößiges daran, dass in dem Schreiben nicht erwähnt wird, dass sich die Klägerin auch für den Fall ihrer Bewusstlosigkeit eine Bluttransfusion verbeten hatte. Durch diese Erklärung war ja gerade der berechtigt erscheinende Aufklärungs- und Hilfebedarf für das Krankenhaus nicht entfallen. Es stand auch nicht zu befürchten, dass das Vormundschaftsgericht, wenn ihm auch dieser Umstand, so möglicherweise nicht bekannt, mitgeteilt worden wäre, eine Betreuerbestellung abgelehnt hätte.

Die Bestellung des Ehemanns der Klägerin als zuvörderst hierzu berufenem und zu verantwortungsvollem Handeln im Sinne der Klägerin bereiten Betreuer ist danach rechtens gewesen. Der Ehemann als Betreuer hat wirksam in die Gabe von Bluttransfusionen eingewilligt, so dass diese in jeder Hinsicht rechtmäßig erscheinen.

Sofern man danach dem Verhalten der die Bluttransfusion verantwortenden Ärzte der Beklagtenseite nicht bereits den Charakter der Rechtswidrigkeit absprechen will, würde der erhobene Anspruch der Klägerin wegen Verletzung ihres Persönlichkeitsrechts zumindest auch am fehlenden Schuldvorwurf scheitern.

Ein Anspruch nach § 823 Abs. 1 BGB setzt ein Verschulden desjenigen voraus, der in ein fremdes Recht eingreift. Verschulden bedeutet hierbei vorsätzliches oder zumindest fahrlässiges Verhalten.

Vorsätzliches Verhalten im Zivilrecht erfordert grundsätzlich das Bewusstsein der Rechtswidrigkeit. Dieses kann den Beklagten und insbesondere dem Beklagten zu 4) durch eine Gabe von Bluttransfusionen, der eine Entscheidung des Vormundschaftsgerichts, eine Betreuerbestellung und eine Zustimmung des Betreuers zugrunde liegt, in keinem Fall unterstellt werden.

Aber auch fahrlässiges Verhalten scheidet aus.

Den hier Verantwortlichen kommt zumindest ein Schuldausschließungsgrund zugute. Zwar kennt das BGB insoweit keine Vorschriften. Entgegen der Auffassung der Beklagten haben die Entschuldigungsgründe des Strafrechts, vor allem § 35 StGB, für das bürgerliche Recht auch keine unmittelbare Bedeutung, insbesondere schließen sie das nach objektiven Maßstäben zu beurteilende zivilrechtliche Verschulden nicht ohne weiteres aus. Im BGB kann aber ausnahmsweise der Gesichtspunkt der Unzumutbarkeit den Schuldvorwurf entkräften (Palandt/Heinrichs, BGB, 61. Aufl., Rn 7 zu § 276 BGB mwN). Auch die Gewissensnot kann in Ausnahmefällen ein Entschuldigungsgrund sein.

Diese Grundsätze auf den vorliegenden Fall angewandt führen dazu, dass den Beklagten auch kein Vorwurf fahrlässigen Rechtsverstoßes zu machen ist. Die Gewissensfreiheit gehört zu den grundlegenden Rechtswerten, die auch auf das Privatrecht einwirken. Wenn auch ein allgemeiner Vorrang von Gewissensentscheidungen insbesondere gegenüber Vertragspflichten nicht anzuerkennen ist und derjenige, der den Konflikt z.B. bei Vertragsschluss (hier der Aufnahme der Klägerin in die Klinik der Beklagten) vorausgesehen hat, daraus grundsätzlich keine Rechte herleiten kann, ist die von den Beklagten vorliegend gelebte Gewissensentscheidung jedenfalls schuldausschließend.

Auf sämtliche Ausführungen des Senats zur Frage der Rechtswidrigkeit der konkreten Bluttransfusionen sei zunächst zur Vermeidung von Wiederholungen hingewiesen und wiederholt, dass weder zum Zeitpunkt der Behandlungsaufnahme noch zum Zeitpunkt der ersten Laparotomie vorhersehbar war, dass zu einem späteren Zeitpunkt eine Entscheidung zwischen Leben und Tod zu treffen wäre. Den Beklagten ist auch zuzugestehen, alles unternommen zu haben, um eine Bluttransfusion möglichst zu vermeiden.

Sich angesichts der oben erörterten Umstände unter möglicher Verletzung einer keineswegs als unumstößlich betrachteten Erklärung der Patientin dem eigenen ärztlichen Gewissen folgend bei vorliegender Zustimmung des Ehemannes für die Bluttransfusion und damit für das Leben der Patientin entschieden zu haben, entschuldigt zumindest das Verhalten der Beklagten. Aus rechtlicher Sicht kann ihnen weder aus der Verweigerung einer Transfusion noch aus der Durchführung einer solchen ein irgendwie gearteter Vorwurf gemacht werden. Bei der Vornahme einer Transfusion gegen den präoperativ eindeutig erklärten Willen des Patienten steht in der intraoperativen oder postoperativen Notsituation Leben oder Tod Gewissensentscheidung gegen Gewissensentscheidung. Hier ist dem Arzt die nämliche Gewissensentscheidung zuzubilligen, wie sie dem Patienten gewährt wird.

III. Mangels fehlerhaften Vorgehens der Beklagten brauchte weder der Frage eines möglichen Mitverschuldens der Klägerin noch Fragen im Zusammenhang mit den behaupteten Schäden der Klägerin weiter nachgegangen zu werden.

Im Hinblick auf die von der Klägerin als Verletzung ihres Selbstbestimmungsrechts gerügte Blutzufuhr und die daraus erfolgte Ableitung von Schmerzensgeldansprüchen sei jedoch vorsorglich weiter folgendes ausgeführt:

Selbst wenn man eine rechtswidrig schuldhafte Verletzung des Persönlichkeitsrechts der Klägerin annehmen wollte, wäre entsprechend § 254 BGB ganz entscheidend zu berücksichtigen, dass die Klägerin es war, die die Beklagten überhaupt erst in eine derart missliche Lage brachte, in der von Anfang an das Damoklesschwert des Schmerzensgeldsanspruches über ihnen hing, ohne dass ihnen jedoch im konkreten Fall ein Vorwurf daraus gemacht werden kann, dieses nicht erkannt zu haben und ihm nicht ausgewichen zu sein.

Die Klägerin hätte von vornherein darauf bedacht sein müssen, sich ausschließlich in die Hände von ihr gegebenenfalls durch Institutionen ihrer Glaubensgemeinschaft empfohlenen, zur bedingungslosen Befolgung ihrer Patientenverfügung bereiten Ärzten zu begeben und nicht andere, sich ausschließlich ihrem Eid verpflichtet fühlende Ärzte dem Risiko erheblicher Gewissensqualen auszusetzen. Dies war ihr ohne weiteres zumutbar, da die bei ihr vorzunehmende Pelviskopie kein sofort notwendiger Eingriff war.

Dass andernfalls in einer Situation, wie sie letztlich eingetreten war, der Arzt seinem Gewissen folgen könnte und es vorziehen würde, nicht sehenden Auges einen mit Bluttransfusionen ohne weiteres am Leben zu erhaltenden Patienten wie die Klägerin sterben zu lassen, konnte sich der Klägerin von Anfang an erschließen. Dadurch, dass sie sich gleichwohl den Ärzten der Beklagtenseite anvertraute, ging sie bewusst ein Risiko ein, wie es jedem verständigen, toleranten und nicht glaubensfanatischen Menschen bewusst sein musste. Sofern man überhaupt auf eine Verletzung des Persönlichkeitsrechts der Klägerin erkennen wollte, würde der den Beklagten zu machende, allenfalls geringst denkbare Vorwurf gegenüber dem Verhalten der Klägerin hier völlig zurücktreten.

Selbst wenn man schließlich von einer grundsätzlich einen Schmerzensgeldanspruch auslösenden, vorwerfbaren Beeinträchtigung des Selbstbestimmungsrechts bzw. allgemeinen Persönlichkeitsrechts der Klägerin durch einen Teil der Beklagten ausginge, würde der Klägerin auch aus einem weiteren Grund gleichwohl kein Schmerzensgeld zustehen. Die Klägerin konnte dem Senat nicht vermitteln, ob überhaupt und gegebenenfalls welche Beeinträchtigungen, Beschwerden und Schäden durch die Bluttransfusionen bei ihr hervorgerufen sein sollen sowie in welchem Ausmaß und für wie lange sich diese gegebenenfalls manifestiert haben.

Wird einem Zeugen Jehovas gegen seinen ausdrücklich erklärten Willen Blut transfundiert, kann dies, wie bereits ausgeführt, grundsätzlich Schmerzensgeldansprüche nach sich ziehen, muss dies aber nicht in jedem Fall. Das aus einer Bluttransfusion möglicherweise resultierende Schmerzensgeld ist keine feste, verallgemeinerbare Größe. Es setzt in jedem Fall den Nachweis eines konkreten Schadens voraus.

Dieser ist nicht bereits dadurch erwiesen, dass man ausführt, das Selbstbestimmungsrecht wäre durch die Blutzufuhr verletzt worden. Dies allein besagt noch nichts zum wirklich eingetretenen Schaden.

Es ist in diesem Zusammenhang auch wenig hilfreich, wenn man, wie es die Klägerin durch ihre Prozessbevollmächtigten unternehmen lässt, die Gabe von Blut gegen den Willen des Zeugen Jehovas mit der Vergewaltigung einer Frau vergleicht, die, auch wenn sie dadurch keine körperlichen Schäden davonträgt und auch nicht schwanger wird, gleichwohl infolge seelischer Verletzung schmerzensgeldberechtigt sei.

Der Senat vermag wenig Verständnis für diesen ihm verfehlt erscheinenden Vergleich aufzubringen. Selbst wenn man aber diesen Vergleich bemühen wollte, wäre damit dem Senat immer noch völlig unzureichend das konkrete Ausmaß des Verletztseins der Klägerin vermittelt und ihm nichts Entscheidendes an die Hand gegeben, wie er das Schmerzensgeld bemessen sollte.

Trotz ausdrücklicher Fragen des Senats konnte die Klageseite nicht darlegen, worin die konkreten Schäden der Klägerin bestehen sollten. So hat die Klägerin beispielsweise nicht im geringsten dargelegt, worin gegebenenfalls ihr emotionales Trauma konkret bestehen soll, ob und wie sich die Bluttransfusionen im Zusammenleben mit ihren Glaubensbrüdern und Glaubensschwestern oder im Familien- und sonstigem sozialen Leben ausgewirkt haben.

Für eine Schätzung des Schmerzensgeldes würde es dem Senat damit bereits an ausreichenden tatsächlichen Grundlagen fehlen.

Selbst wenn der Senat sich hierzu in der Lage sähe, müsste er sich darüber hinaus die Frage stellen, ob nicht eventuelle bei der Klägerin tatsächlich eingetretene Schäden durch Vorteile kompensiert werden, wie sie das Verhalten der Beklagten mit sich gebracht haben.

Abgesehen davon, dass es bei christlicher Denkweise schwer fallen würde, mit Respekt vor der anderen Glaubenslehre aber gleichwohl geboten wäre, der Klägerin im Ergebnis und auf den Punkt gebracht Schmerzensgeld dafür zu bewilligen, dass ihr Leben gerettet wurde, müsste bei einer solchen Entscheidung auch Berücksichtigung finden, dass die Klägerin Ehemann und Kind hat und auch zum Zeitpunkt der Behandlung durch die Beklagten bereits hatte.

Durch das Verhalten der Beklagten, so sehr die Klägerin dies auch beanstandet, wurde letztlich bewirkt, dass dem seinerzeit ca. 15 Jahre alten Sohn der Klägerin die Mutter erhalten blieb. Das Verantwortungsgefühl für und die Verpflichtung gegenüber zumindest dem eigenen, minderjährigen Kind, welches man jeweils der Klägerin nicht absprechen kann, gebietet es, dem Kind die Mutter zu erhalten. Dass die Klägerin am Leben blieb, wurde nur durch das Verhalten der Beklagten bewirkt. Ihnen hat die Klägerin ihr Leben zu verdanken.

Dies ist ein Umstand, der bei der Schadensdiskussion nicht außer Betracht bleiben dürfte und im Rahmen des Vorteilsausgleiches dergestalt in die Waagschale zu werfen wäre, dass die Nachteile bzw. Schäden der Klägerin damit zumindest ausgeglichen erscheinen.

12

Ein Verein, dessen Mitglieder auftragsgemäß und auf Grund vereinsinterner Anweisungen in Fußgängerbereichen und verkehrsberuhigten Bereichen Passanten geplant, regelmäßig wiederkehrend ansprechen und zu einem Informationsgespräch oder Persönlichkeitstest einladen und dabei Bücher und Broschüren verkaufen sowie in groß angelegten Aktionen kostenlos Zeitschriften und Zeitungen verteilen und damit für die Scientology-Lehre werben, überschreitet auch unter Berücksichtigung des Art. 4 Abs. 1 u. 2 GG sowie Art. 5 Abs. 1 GG den Gemeingebrauch an diesen Verkehrsflächen.

§§ 3, 13, 16 BW.StrG
VGH Baden-Württemberg, Urteil vom 31. Januar 2002 - 5 S 3057/99[1] -

Der Kläger ist ein zur sog. Scientology Kirche gehörender eingetragener Verein, der sich als Religionsgemeinschaft versteht. Seit 1992 sprachen Mitglieder und Mitarbeiter des Klägers in der Stuttgarter Innenstadt Passanten an, führten mit ihnen Informationsgespräche, luden sie zu einem Persönlichkeitstest ein, verteilten Handzettel und Broschüren und warben für den Erwerb von Büchern. Daraufhin untersagte die beklagte Stadt der Scientology Kirche Stuttgart, ihren Mitgliedern und den Mitarbeitern der Dianetik-Beratung Stuttgart mit drei auf das Polizeigesetz und das Straßengesetz gestützten Verfügungen ab sofort,

– *auf öffentlichen Verkehrsflächen in Stuttgart Passanten anzusprechen und zu einem Informations- oder Verkaufsgespräch oder zu einem Persönlichkeitstest in ihren Räumen einzuladen (Verfügung vom 19.1.1995);*
– *Handzettel, Broschüren, Prospekte oder sonstige Druckerzeugnisse, mit denen zum Kauf von Büchern, für Tests oder Beratungen gegen Entgelt in den Geschäftsräumen sowie für die Buchung von Seminaren oder Kursen geworben wird, zu verteilen; andere Druckerzeugnisse (z.B. die Publikation „Freiheit") in Verbindung mit einem Ansprechen und Einladen von Passanten zu einem*

---

[1] Amtl. Leitsatz (Auszug). ESVGH 52, 184. DÖV 2003, 213 (LS); DVBl 2002, 995 (LS); (LS); GewArch 2002, 288; NVwZ-RR 2003, 238; VBlBW 2002, 297. Die Nichtzulassungsbeschwerde wurde zurückgewiesen; BVerwG vom 30.7.2002 - 3 B 80/02 -.

Informations- oder Verkaufsgespräch oder zu einem Persönlichkeitstest zu verteilen; Bücher zum Kauf anzubieten (Verfügung vom 27.7.1995);
– *von ihnen oder anderen Scientology Kirchen in Deutschland oder Church of Scientology International herausgegebene Druckerzeugnisse, z.B. „Freiheit" zu verteilen oder das Verteilen von Druckerzeugnissen, die von der von Scientologen gegründeten Bürgerinitiative MUT herausgegeben werden, z.B. „Fakten aktuell" zu veranlassen oder zu unterstützen (Verfügung vom 30.10.1995).*

Die Verfügungen wurden nach § 80 Abs. 2 Nr. 4 VwGO für sofort vollziehbar erklärt. Gleichzeitig wurde in allen Verfügungen für jeden Fall der Zuwiderhandlung nach §§ 11, 20, 23 LVwVG ein Zwangsgeld von 3.000,-- DM angedroht. Zur Begründung wurde u.a. ausgeführt, die genannten Tätigkeiten seien gewerblicher Natur, die nicht mehr vom Gemeingebrauch an öffentlichen Straßen gedeckt seien, sondern erlaubnispflichtige Sondernutzung darstellten. Diese werbende kommerzielle Betätigung werde vom Schutzbereich des Art. 4 Abs. 1 GG nicht umfasst; letztlich stelle sich aber das Ansprechen von Passanten als religionsneutraler Vorgang dar, weil dabei zunächst jeder Bezug zur Religionsausübung fehle. Die verteilten Druckerzeugnisse enthielten zwar weitgehend Meinungsäußerungen, damit werde aber beabsichtigt, die Organisation des Klägers als verfolgte Religionsgemeinschaft darzustellen und die kommerziellen Absichten zu verschleiern, die in verstreuten Anzeigen und Angeboten, kostenloses Informationsmaterial anzufordern und Bücher zu erwerben, platziert seien. Die Werbung für Scientology stelle sich als Werbung für ein Wirtschaftsunternehmen dar und sei auch im Hinblick auf Art. 5 Abs. 1 GG nicht als Gemeingebrauch anzusehen.

Die hiergegen eingelegten Widersprüche wies die Beklagte zurück. Den Antrag des Klägers auf Wiederherstellung der aufschiebenden Wirkung seiner Widersprüche lehnte das VG Stuttgart mit Beschluss vom 9.1.1996 - 13 K 4602/95 - ab. Die dagegen eingelegte Beschwerde wies der VGH.BW mit Beschluss vom 12.7.1996 - 5 S 472/96 - VBlBW 1997, 64 zurück.

Mit der Klage erstrebt der Kläger die Aufhebung der genannten Verfügungen und des Widerspruchsbescheids und macht im Wesentlichen geltend:

Seine Mitglieder hätten die in den angefochtenen Verfügungen genannten Handlungen zum größten Teil nicht vorgenommen, insbesondere nicht Passanten angesprochen, um sie zu einem Informations- oder Verkaufsgespräch in seine Räumlichkeiten einzuladen; lediglich bei Interesse hätten sie teilweise das „Dianetik"-Buch zum Selbstkostenpreis von 19,80 DM und Auszüge aus dem „Scientology-Handbuch" im Textumfang kleiner Broschüren zum Abgabepreis in Höhe von 7,00 DM angeboten und dabei zugegebenermaßen das religiöse Element nicht herausgestellt sowie Passanten zu einer kostenlosen Testauswertung in die

Vereinsräume eingeladen. Im Übrigen seien Passanten nur zur Information über die Scientology Kirche angesprochen worden; dabei seien kostenlos Handzettel oder Testbögen und Broschüren verteilt worden. Für den Kauf von Büchern, für Tests oder Beratungen gegen Entgelt und für die Buchung von Seminaren oder Kursen sei mit Handzetteln oder sonstigen Druckwerken gegenüber Nichtmitgliedern so gut wie nicht geworben worden. Andere Druckerzeugnisse, z.b. die Publikation „Freiheit" hätten seine Straßenwerber unentgeltlich durch schlichtes Hinhalten verteilt und dabei Passanten in der Regel nicht angesprochen. Der Sachverhalt, der der Verfügung vom 30.10.1995 zugrunde liege, treffe zu. Die Straßenwerber hätten sich vom äußeren Erscheinungsbild her aber nicht von anderen Fußgängern unterschieden, weshalb rein gewerbliche Tätigkeiten nach der Rechtsprechung der Oberlandesgerichte in Baden-Württemberg straßenrechtlich Gemeingebrauch darstellten. Rechtlich liege auch dann Gemeingebrauch vor, wenn auf die zugrunde liegende Motivation abgestellt werde, da er - der Kläger - eine Religions- bzw. Weltanschauungsgemeinschaft sei, mit seinen Aktivitäten keine wirtschaftlichen oder gewerblichen Zwecke verfolge und seine Straßenwerber gegenüber angesprochenen Passanten stets zum Ausdruck gebracht hätten, dass sie von der Scientology Kirche seien und für ihre Gemeinschaft werben wollten. Abgesehen davon werde für die Abgabe von schriftlichem Material zur Werbung für eine Religionsgemeinschaft keine Sondernutzungserlaubnis benötigt, da diese Tätigkeit dem Schutzbereich der Art. 4 u. 5 GG unterfalle.

Das Verwaltungsgericht hat die die Klage abgewiesen und zur Begründung ausgeführt: Die tatbestandlichen Voraussetzungen des § 16 Abs. 8 StrG seien erfüllt, da die dem Kläger, seinen Mitgliedern und Mitarbeitern auf den öffentlichen Verkehrsflächen in Stuttgart untersagten Tätigkeiten nicht Gemeingebrauch, sondern erlaubnispflichtige Sondernutzung darstellten und eine Erlaubnis hierfür nicht vorliege. Die gemeingebräuchliche Nutzung der Straße durch Nichtanlieger sei nach dem Straßengesetz Baden-Württemberg grundsätzlich auf Verkehrszwecke beschränkt. Dazu gehörten die Benutzung der Straße zur Fortbewegung und zum Aufenthalt, wie das Umherstehen und Hin- und Hergehen, sowie in Fußgängerzonen auch kommunikative Aktivitäten, aber allenfalls als Nebenzweck, nicht aber als vom Verkehrsinteresse isolierter Hauptzweck. Deshalb fielen Betätigungen, bei denen ein Verkehrsinteresse nicht vorhanden oder allenfalls nebensächlich sei und die nicht auf individuelle Begegnung angelegt seien, sondern sich an die Allgemeinheit richteten, nicht mehr unter den Gemeingebrauch. Die insbesondere von den Oberlandesgerichten Stuttgart und Karlsruhe vertretene gegenteilige Auffassung, die nicht auf die Motivation des Wegebenutzers, sondern auf sein äußeres Erscheinungsbild abstelle, sei mit dem straßenrechtlichen Verkehrsbegriff in Baden-Württemberg nicht zu vereinbaren. Art. 4 Abs. 1 u. 2 und Art. 5 Abs. 1 GG erforderten keine Auslegung der Begriffe „Verkehr" und/oder „Gemeingebrauch", die die dem Kläger untersagten Aktivitäten einbeziehe. Die Glaubensfreiheit umfasse nicht das Recht, sich zu jeder Zeit und an jedem Ort in beliebiger Weise zu betätigen, und der Gebrauch der Straße zu dem vom Kläger beanspruchten Zweck könne überdies zu lösungsbedürftigen Konflikten mit den durch Art. 2 Abs. 1 und Art. 14 GG geschützten Positionen Dritter führen, weshalb eine behördliche Kontrolle in Form eines vorhergehenden Erlaubnisverfahrens gerechtfertigt sei. Die Notwendigkeit, vor Beginn der Sondernutzung eine Erlaubnis einzuholen, beeinträchtige die Glaubensfreiheit nur geringfügig, wenn es sich - wie bei der vorliegenden Fallgestaltung - um eine längerfristig geplante, sich in gleicher Weise wiederholende Betätigung handle, für die unter Umständen nur eine einmalige Erlaubnis erforderlich sei. Deshalb sei nicht entscheidungserheblich, ob sich der Kläger auf Art. 4 GG berufen könne. - Die von dem Kläger geforderte Auslegung bzw. die Freistellung von der Sondernutzungserlaubnis sei auch nicht im Hinblick darauf geboten, dass die dem Kläger untersagten Tätigkeiten möglicherweise (teilweise) vom Schutzbereich der durch Art. 5 Abs. 1 u. 2 GG nicht vorbehaltlos gewährleisteten Meinungsfreiheit umfasst seien, da hierbei die zur Glaubensfreiheit dargelegten Grundsätze gälten. den Erlass der angefochtenen Verfügungen hätten auch im Hinblick auf diejenigen Tätigkeiten vorgelegen, die nach dem Vorbringen des Klägers zu keinem Zeitpunkt vorgenommen worden seien. Sollten dennoch einzelne der in den angefochtenen Verfügungen untersagten Tätigkeiten nicht ausgeübt worden sein, so wäre deren Untersagung nach § 16 Abs. 8 StrG, einer Vorschrift des materiellen Polizeirechts, unter dem Gesichtspunkt der Gefahrenabwehr gleichwohl nicht zu beanstanden. Das vorbeugende Einschreiten sei bei der erforderlichen Ex-ante-Betrachtung gerechtfertigt gewesen. Die Beklagte habe auf Grund der von ihr festgestellten Aktivitäten der Straßenwerber davon ausgehen dürfen, dass sämtliche untersagten Aktivitäten mit hinreichender Wahrscheinlichkeit drohten, weil sie im Wesentlichen denjenigen sämtlicher vergleichbarer Untergliederungen der Scientology Kirche in Deutschland entsprächen. - Die Ermessensentscheidung sei, soweit sie gerichtlich überprüfbar sei, ebenso wenig zu beanstanden wie die Zwangsgeldfestsetzung. Die in der mündlichen Verhandlung gestellten 23 Beweisanträge seien abzulehnen gewesen, da die vom Kläger behaupteten Tatsachen bei der der Entscheidung zugrunde liegenden Rechtsauffassung rechtlich ohne Auswirkungen und damit unerheblich seien.

Mit der vom Senat zugelassenen Berufung verfolgt der Kläger das Klagebegehren in vollem Umfange weiter. In tatsächlicher Hinsicht vertieft er im Wesentlichen sein erstinstanzliches Vorbringen.

Das Rechtsmittel hatte teilweise Erfolg. Es führte zur Aufhebung der angefochtenen Verfügungen, soweit dem Kläger, seinen Mitgliedern und den Mitarbeitern der Dianetik-Beratung Stuttgart Tätigkeiten auf anderen öffentlichen Verkehrsflächen als Fußgängerbereichen und verkehrsberuhigten Bereichen im Stadtgebiet der Beklagten untersagt werden. Darüber hinaus wurden die Verfügungen vom 19.1.1995 und 27.7.1997 in dem aus den nachfolgenden Entscheidungsgründen ersichtlichen Umfange aufgehoben.

Aus den Gründen:

Die (...) Berufung ist teils begründet, teils unbegründet.

Die angefochtenen drei Verfügungen und der Widerspruchsbescheid der Beklagten sind in dem aus dem Tenor ersichtlichen Umfang rechtswidrig und daher aufzuheben. Im Übrigen sind sie rechtmäßig, weshalb das Verwaltungsgericht die Klage insoweit zu Recht abgewiesen hat.

Sämtliche Verfügungen sind zunächst insoweit rechtswidrig, als dem Kläger, seinen Mitgliedern und den Mitarbeitern der Dianetik-Beratung Stuttgart Tätigkeiten auf anderen öffentlichen Verkehrsflächen als Fußgängerbereichen und verkehrsberuhigten Bereichen im Stadtgebiet der Beklagten untersagt werden.

Als Rechtsgrundlage sind in der Begründung der Verfügungen §§ 1, 3 PolG und § 16 StrG angegeben. Im Widerspruchsbescheid der Beklagten vom 20.3.1997 wird als Rechtsgrundlage nur noch § 16 Abs. 8 Satz 1 und Abs. 1 StrG angeführt. Da die Beklagte selbst den Widerspruchsbescheid erlassen hat, ist auch vor diesem verfahrensrechtlichen Hintergrund davon auszugehen, dass die streitgegenständlichen Untersagungen nur straßenrechtlicher Natur sein sollen. Denn nur bei einer solchen Einordnung der Verfügung handelt die Beklagte als für die Erteilung einer Sondernutzungserlaubnis zuständige Straßenbaubehörde (§ 16 Abs. 8 Satz 1, Abs. 2 Satz 1, § 50 Abs. 3 Nr. 3 StrG) und nur in dieser Eigenschaft unterliegt die Beklagte gemäß § 48 Abs. 2 Satz 1 StrG allein der Rechtsaufsicht. Nur insoweit ist also eine weisungsfreie Pflichtaufgabe gegeben mit der Folge, dass die Beklagte gemäß § 73 Abs. 1 Nr. 3 VwGO selbst für den Erlass des Widerspruchsbescheids zuständig ist. Bei Annahme einer polizeirechtlichen Untersagungsverfügung wäre für den Erlass des Widerspruchsbescheids nach § 73 Abs. 1 Nr. 1 VwGO das Regierungspräsidium Stuttgart zuständig gewesen. Aus diesen rechtlichen Erwägungen hat das Regierungspräsidium Stuttgart die ihm vorgelegten Widersprüche mit Schreiben vom 29.1.1997 an die Beklagte wieder zurückgegeben mit der Bitte, darüber in eigener Zuständigkeit zu entscheiden. In Übereinstimmung mit den Beteiligten geht der Senat danach davon aus, dass es sich bei den angefochtenen Untersagungsverfügungen vom 19.1.1995, 27.7.1995 und 30.10.1995 in der Gestalt des Widerspruchsbescheids vom 20.3.1997ausschließlich um straßenrechtliche Entscheidungen handelt.

In räumlich-gegenständlicher Hinsicht beziehen sich die Untersagungsverfügungen „auf öffentliche Verkehrsflächen in Stuttgart". Damit sind - wie sich aus dem Kontext der Verfügungen ergibt - nur Verkehrsflächen gemeint, die ausschließlich oder privilegiert dem Fußgängerverkehr dienen. Denn nur im Bereich derartiger fußgängerverkehrsbezogener öffentlicher Verkehrsflächen, die von Passanten berechtigterweise benutzt bzw. in Anspruch genommen werden, machen die Aktivitäten des Klägers einen Sinn. Da sich die Untersagungsverfügungen nach ihrem Tenor auf alle öffentlichen Verkehrsflächen im Stadtgebiet der Beklagten in dem dargelegten Sinn (Fußgängerverkehr) beziehen - an diesem räumlich-gegenständlich umfassenden Regelungsgehalt hat die Beklagte in der mündlichen Verhandlung vor dem Senat ausdrücklich festgehalten -, werden nicht nur diejenigen Verkehrsflächen für Fußgänger erfasst, deren Existenz und Benutzung nach dem Straßengesetz des Landes Baden-Württemberg zu beurteilen sind, sondern auch Verkehrsflächen, die dem Regime des Bundesfernstraßengesetzes unterfallen. Im landesstraßenrechtlichen Bereich gehören dazu die unselbständigen Gehwege im Zuge von Gemeinde-, Kreis- und Landesstraßen (§ 3 Abs. 3 StrG) sowie die selbständigen Fußwege (§ 3 Abs. 2 Nr. 4d StrG) und die Fußgängerbereiche (§ 3 Abs. 2 Nr. 4c StrG) als beschränkt öffentliche Wege. Ferner zählen hierzu auch verkehrsberuhigte Bereiche; das sind öffentliche Straßen, die zwar nicht straßenrechtlich durch eine entsprechende Widmungs- bzw. (Teil-)Einziehungsverfügung auf eine Benutzung nur durch Fußgänger beschränkt sind, die aber straßenverkehrsrechtlich (§ 13 Abs. 1 Satz 1 StrG: ... im Rahmen der Straßenverkehrsvorschriften ...) durch Zeichen 325 und 326 zu § 42 Abs. 4a StVO eine Privilegierung des Fußgängerverkehrs bewirken, der hier auch in dem Bereich der öffentlichen Verkehrsfläche zulässig ist, der vom Fahrzeugverkehr - wenn auch nur mit Schrittgeschwindigkeit - benutzt werden darf. Im bundesfernstraßenrechtlichen Bereich werden die unselbständigen Gehwege im Zuge der Bundesstraßen bzw. deren Ortsdurchfahrten erfasst. Alle genannten öffentlichen Verkehrsflächen für Fußgänger fallen in die Baulast der Beklagten (§ 43 Abs. 3 u. 4, § 44 StrG sowie § 5 Abs. 2 u. 3 FStrG), die insoweit auch Straßenbaubehörde ist (§ 50 Abs. 3 Nr. 1b, Nr. 2b u. Nr. 3 StrG sowie § 21 FStrG, § 1 Abs. 2 Nr. 2b FStrG-Zuständigkeitsverordnung).

Für die dem Landesstraßenrecht unterfallenden öffentlichen Verkehrsflächen sind der Gemeingebrauch in § 13 Abs. 1 StrG und hierauf Bezug nehmend die Sondernutzung in § 16 Abs. 1 StrG geregelt; für die dem Bundesfernstraßengesetz unterfallenden öffentlichen Verkehrsflächen finden sich die entsprechenden Regelungen zum Gemeingebrauch in § 7

Abs. 1 FStrG und zur Sondernutzung in § 8 Abs. 1 FStrG. § 16 Abs. 8 Satz 1 StrG und § 8 Abs. 7a Satz 1 FStrG regeln insoweit übereinstimmend, dass dann, wenn eine (Bundesfern-)Straße ohne die erforderliche Erlaubnis benutzt wird, die für die Erteilung der Erlaubnis zuständige Behörde - hier also die beklagte Stadt - die erforderlichen Maßnahmen zur Beendigung der Benutzung anordnen kann. Beide Vorschriften eröffnen der Straßenbaubehörde nicht nur die Möglichkeit, eine aktuell noch andauernde, insbesondere stationäre, unerlaubte Sondernutzung zu beenden, etwa die Beseitigung einer unerlaubten, als Sondernutzung zu qualifizierenden Werbeeinrichtung anzuordnen. Vielmehr ermöglichen beide Vorschriften, auch gegen unerlaubte Sondernutzungen einzuschreiten, die zwar, weil sie ambulant ausgeübt werden, mehr oder weniger kurzfristig wieder beendet sind, deren regelmäßige Wiederholung jedoch geplant bzw. beabsichtigt ist. Hier käme die Straßenbaubehörde wegen der typischerweise kurzfristigen Erledigung der unerlaubten ambulanten Sondernutzung mit einer Anordnung zur „Beendigung" der Benutzung regelmäßig zu spät. Jedenfalls für eine Situation der vorliegenden Art., wenn die in Rede stehende ambulante Benutzung der Straße planvoll regelmäßig wiederkehrend vonstatten gehen soll, ist es möglich, auf Grund des § 16 Abs. 8 Satz 1 StrG bzw. § 8 Abs. 7a Satz 1 FStrG unter spezifisch straßenrechtlichen Gesichtspunkten eine „Beendigung" der Benutzung durch eine entsprechende Untersagungsverfügung herbeizuführen. Allerdings muss dann auch eine unerlaubte Benutzung der Straße als Anknüpfungspunkt für ein behördliches Einschreiten zu deren „Beendigung" iSd § 16 Abs. 8 Satz 1 StrG bzw. des § 8 Abs. 7a Satz 1 FStrG vorgelegen haben.

Ausgehend hiervon finden die angefochtenen Untersagungsverfügungen, soweit sie dem Bundesfernstraßengesetz unterfallende öffentliche Verkehrsflächen für Fußgänger im Stadtgebiet der Beklagten betreffen, in § 8 Abs. 7a Satz 1 FStrG schon deshalb keine Stütze, weil insoweit eine unerlaubte Straßenbenutzung durch den Kläger - unwidersprochen - nicht stattgefunden hat. In den angegriffenen Verfügungen finden sich auch keinerlei Ausführungen dazu, dass das Vorgehen gegen den Kläger auch auf § 8 Abs. 7a Satz 1 FStrG gestützt werde, weil mit den untersagten Aktivitäten kein erlaubnisfreier Gemeingebrauch iSd § 7 Abs. 1 Satz 1 FStrG mehr vorliege.

Soweit die angefochtenen Untersagungsverfügungen landesstraßenrechtlich zu beurteilende öffentliche Verkehrsflächen für Fußgänger betreffen, ist eine Straßenbenutzung iSd § 16 Abs. 8 Satz 1 StrG durch die Aktivitäten des Klägers nur für Fußgängerbereiche und verkehrsberuhigte Bereiche im Stadtgebiet der Beklagten festgestellt. Der Kläger hat im Verlauf des Verfahrens stets vorgetragen und in der mündlichen Verhandlung auf entsprechende Fragen des Senats bestätigt, dass die eingeräumten Aktivitäten ausschließlich in Fußgängerbereichen und (seltener) verkehrsberuhigten Bereichen erfolgt seien und künftig erfolgen sollen. Dem ist die Beklagte nicht entgegengetreten. Nur auf diesen öffentlichen Verkehrsflächen hat also erwiesenermaßen eine Straßenbenutzung durch den Kläger stattgefunden, die nach § 16 Abs. 8 Satz 1 StrG beendet werden soll. Es ist nichts dafür ersichtlich, dass er auf alle öffentlichen Verkehrsflächen für Fußgänger im Stadtgebiet der Beklagten ausweichen werde und dass einem solchen Verhalten vorgebeugt werden solle. Die von dem Kläger eingeräumten Verkaufs- und Werbetätigkeiten machen, zumal sie nach seinem Verständnis vor allem der Gewinnung von Mitgliedern und der Information über die Scientology-Lehre dienen, auch nur in Fußgängerbereichen und in verkehrsberuhigten Bereichen einen Sinn, wo Passanten sozusagen „auf breiter Front" anzutreffen sind.

Rechtswidrig sind des Weiteren die Verfügung vom 19.1.1995 insoweit, als untersagt wird, Passanten anzusprechen und zu einem Verkaufsgespräch in den eigenen Räumen einzuladen, und die Verfügung vom 27.7.1995 insoweit, als untersagt wird, Handzettel, Broschüren, Prospekte oder sonstige Druckerzeugnisse, mit denen zum Kauf von Büchern, für Tests oder Beratungen gegen Entgelt in den Geschäftsräumen sowie für die Buchung von Seminaren oder Kursen geworben wird, zu verteilen sowie andere Druckerzeugnisse (z.B. die Publikation „Freiheit") in Verbindung mit einem Ansprechen und Einladen von Passanten zu einem Informations- oder Verkaufsgespräch oder zu einem Persönlichkeitstest zu verteilen. Der Kläger hat sowohl im Widerspruchsverfahren als auch im gerichtlichen Verfahren stets bestritten, solche Tätigkeiten im Stadtgebiet der Beklagten entfaltet zu haben. Eingeräumt hat der Kläger lediglich die von ihm seit 1992 ausgeübten, ihm ebenfalls untersagten Tätigkeiten, nämlich Passanten anzusprechen und zu einem Informationsgespräch oder Persönlichkeitstest in seinen Räumen einzuladen (Verfügung v. 19.1.1995), Bücher zum Kauf anzubieten (Verfügung v. 27.7.1995) sowie von Scientology Kirchen in Deutschland oder der Church of Scientology International herausgegebene Druckerzeugnisse, z.B. „Freiheit", zu verteilen oder das Verteilen von Druckerzeugnissen, die von der von Scientologen gegründeten Bürgerinitiative MUT herausgegeben werden, z.B. „Fakten aktuell", zu veranlassen oder zu unterstützen. In den Akten der Beklagten gibt es keine Anhaltspunkte dafür, dass der Kläger durch seine Mitglieder oder Mitarbeiter die von ihm bestrittenen Tätigkeiten jemals in der konkret beschriebenen Weise vorgenommen und insoweit Anlass zur Untersagung gegeben hätte. (...)

Die Beklagte hat in Kenntnis ihrer Mitwirkungspflicht (§ 86 Abs. 1 2. Halbs. VwGO) in der mündlichen Verhandlung am 31.1.2002 erklärt, nichts dazu, insbesondere durch Angabe von Beweismitteln, beitragen zu können, dass der Kläger die von ihm bestrittenen Tätigkeiten auf öffentlichen Verkehrsflächen für Fußgänger in Stuttgart vorgenommen hat. Bei dieser Prozesslage ist eine weitere Aufklärung dieses streitigen und

entscheidungserheblichen Sachverhalts durch den Senat unmöglich. Es ist daher nicht erwiesen, dass der Kläger die von ihm bestrittenen Tätigkeiten in Stuttgart vorgenommen hat. (...)
Die angefochtenen Verfügungen sind, soweit unbestrittene und somit erwiesene Tätigkeiten in Fußgängerbereichen und verkehrsberuhigten Bereichen der Beklagten untersagt werden, rechtmäßig. Diese Tätigkeiten stellen sich als eine Straßenbenutzung ohne die erforderliche Erlaubnis dar, welche die Beklagte als zuständige Straßenbaubehörde gemäß § 16 Abs. 8 Satz 1 StrG ermessensfehlerfrei untersagt hat.

Nach § 16 Abs. 1 Satz 1 StrG bedarf die Benutzung einer Straße über den Gemeingebrauch hinaus (Sondernutzung) der Erlaubnis. Den Gemeingebrauch definiert § 13 Abs. 1 Satz 1 StrG dahin, dass der Gebrauch der öffentlichen Straßen jedermann im Rahmen der Widmung und der Straßenverkehrsvorschriften innerhalb der verkehrsüblichen Grenzen gestattet ist; nach § 13 Abs. 1 Satz 2 StrG liegt kein Gemeingebrauch vor, wenn durch die Benutzung einer öffentlichen Straße der Gemeingebrauch anderer unzumutbar beeinträchtigt wird. Im Gegensatz zur bundesrechtlichen Regelung des § 7 Abs. 1 FStrG, wonach der Gebrauch der Bundesfernstraßen jedermann im Rahmen der Widmung und der verkehrsbehördlichen Vorschriften „zum Verkehr" gestattet ist (Gemeingebrauch, Satz 1) und kein Gemeingebrauch vorliegt, wenn jemand die Straße nicht vorwiegend zum Verkehr, sondern zu anderen Zwecken benutzt (Satz 3), fehlt in § 13 Abs. 1 Satz 1 StrG bei der Legaldefinition des Gemeingebrauchs eine ausdrückliche Bezugnahme auf den Verkehrszweck. Gleichwohl bedeutet dies nicht, dass der Verkehrszweck aus dem Gemeingebrauchsbegriff des § 13 Abs. 1 Satz 1 StrG völlig ausgeklammert oder der Bezug dazu maßgebend gelockert wäre. Entscheidender Anknüpfungspunkt für den Gemeingebrauchsbegriff des § 13 Abs. 1 Satz 1 StrG ist - wie bei der fernstraßenrechtlichen Vorschrift des § 7 Abs. 1 Satz 1 FStrG - die Widmung der Straße. Nach der Grundregel des § 2 Abs. 1 StrG sind öffentliche Straßen nur Straßen, Wege und Plätze, die dem öffentlichen Verkehr gewidmet sind. Danach dient die Widmung dem Zweck, die betreffenden Straßen- bzw. Wegeflächen für den öffentlichen Verkehr bereitzustellen. Die Ausrichtung des Gemeingebrauchs an einer Straße auf den Verkehr erfolgt also grundlegend bereits durch die Widmung der Straße. Der Verkehrsbezug des Gemeingebrauchs wird auch dadurch dokumentiert, dass § 13 Abs. 1 Satz 1 StrG die Straßenbenutzung (nur) „im Rahmen der Straßenverkehrsvorschriften" und „innerhalb der verkehrsüblichen Grenzen" gewährleistet. Es wäre auch realitätsfern anzunehmen, dass mit der Definition des Gemeingebrauchs in § 13 Abs. 1 Satz 1 StrG die Verkehrsbezogenheit der Straßenbenutzung ganz oder auch nur teilweise hätte aufgegeben werden sollen. Unter „Verkehr" im klassischen Sinn ist die Benutzung der Straße zum Zwecke der Ortsveränderung bzw. der Fortbewegung von Menschen und Sachen

- unter Einschluss des „ruhenden Verkehrs" - zu verstehen. In Fußgängerbereichen, ebenso in verkehrsberuhigten Bereichen, zählen hierzu auch sonstige verkehrsbezogene Nutzungen wie etwa das Herumstehen oder das Sitzen/Ausruhen auf einer Bank. Darüber hinaus entspricht es dem modernen Funktionsbild vor allem von Fußgängerbereichen, aber auch verkehrsberuhigten Bereichen, dass hier auch andere Verhaltensweisen üblich sind, wie etwa das Betrachten von Schaufenstern oder sehenswerten Gebäuden sowie die Begegnung und Kommunikation mit anderen Passanten. Ein solch „kommunikativer Verkehr" ist in der Aufenthaltsfunktion eines Fußgängerbereichs wie auch eines verkehrsberuhigten Bereichs angelegt und wird vom Widmungszweck dieser Verkehrsflächen gefördert. Allerdings hält der Senat daran fest, dass der auf diese Weise erweiterte Verkehrsbegriff als das inhaltsbestimmende Kriterium des Gemeingebrauchs iSd § 13 Abs. 1 Satz 1 StrG kommunikative Aktivitäten nicht als vom Verkehrsinteresse isolierten Hauptzweck umfasst, sondern allenfalls als Nebenzweck der Straßenbenutzung, aber auch hier nicht mehr bei planvollen, regelmäßig wiederkehrenden Aktionen. Auch Fußgängerbereiche und verkehrsberuhigte Bereiche werden primär als Verkehrseinrichtungen für den ungehinderten oder zumindest privilegierten Fußgängerverkehr und nicht als eine Art „Kommunikationsmedium" geschaffen (vgl. Senatsbeschluss v. 12.7.1996 - 5 S 472/96 - NVwZ 1998, 91, VBlBW 1997, 64, KirchE 34, 55).

Eine dahingehende Öffnung des Gemeingebrauchs ist auch nicht deshalb anzunehmen, weil § 13 Abs. 1 Satz 1 StrG die Straßenbenutzung als Gemeingebrauch „innerhalb der verkehrsüblichen Grenzen" gestattet. Aus den Materialien (vgl. die amtliche Begründung zum Entwurf eines Straßengesetzes vom 31.7.1963, LT-Drs. 3/3285 S. 6499 f.) ergibt sich insoweit die Absicht des historischen Gesetzgebers, mit der gewählten Definition des Gemeingebrauchs - unter bewusstem und gewolltem Verzicht auf den Zusatz „zum Verkehr" - nur die Straßenanlieger bzw. bestimmte Anliegernutzungen zu begünstigen. Es lassen sich jedoch keine Anhaltspunkte dafür finden, dass mit der Normierung der Verkehrsüblichkeit in § 13 Abs. 1 Satz 1 StrG auch unter dem Aspekt der schlichten Straßenbenutzung eine Loslösung des Gemeingebrauchsbegriffs vom Verkehrszweck beabsichtigt gewesen wäre mit dem Ziel, die ohnehin erst später problematisierte Erscheinung der kommunikativen Straßenbenutzung jedenfalls in Fußgängerbereichen und in verkehrsberuhigten Bereichen dem Gemeingebrauch als hiervon erfasste eigenständige Nutzung zuzuordnen (vgl. auch Schnebelt/Sigel, Straßenrecht, 1. Aufl., S. 147).

Dieser Schluss ist auch nicht deshalb gerechtfertigt, weil Fußgängerbereiche in § 3 Abs. 2 Nr. 4c StrG idF vom 26.9.1987 (GBl. S. 477) ausdrücklich in den Katalog der als Gemeindestraßen einzustufenden Straßen und Wege aufgenommen worden sind. In der amtlichen Begründung des Entwurfs eines Gesetzes zur Änderung des Straßengesetzes vom

13.2.1987 (LT-Drs. 9/4134 S. 3) heißt es in diesem Zusammenhang nur, dass inzwischen Fußgängerzonen, Fußgängerstraßen und neuerdings verkehrsberuhigte Zonen große Bedeutung erlangt hätten; es sei deshalb notwendig, in den nicht abgeschlossenen Katalog der beschränkt öffentlichen Wege einen entsprechenden Begriff einzufügen; dafür biete sich das Wort „Fußgängerbereiche" an, da auch die Straßenverkehrsordnung diesen Begriff für die Fußgängerzone verwende. Eine - korrigierende - Erweiterung des Gemeingebrauchs nach § 13 Abs. 1 Satz 1 StrG jedenfalls für Fußgängerbereiche über das verkehrsbezogene Verständnis im dargelegten Sinn hinaus war mit der Gesetzesänderung 1987 danach nicht bezweckt.

Für verkehrsberuhigte Bereiche kommt hinzu, dass die Privilegierung des Fußgängerverkehrs - wie bereits erwähnt - nicht auf einer straßenrechtlichen Widmungsentscheidung beruht, sondern durch eine verkehrsrechtliche Anordnung (Zeichen 325 und 326 zu § 42 Abs. 4a StVO) bewirkt wird, die zu einer Beschränkung des Fahrzeugverkehrs auf Schrittgeschwindigkeit führt, verbunden mit der Berechtigung für Fußgänger, die Straße in ihrer ganzen Breite zu benutzen. Die Gestattung des Fußgängerverkehrs in verkehrsberuhigten Bereichen als Gemeingebrauch erfolgt also iSd § 13 Abs. 1 Satz 1 StrG „im Rahmen der Straßenverkehrsvorschriften".

Ausgehend von dem dargelegten Verständnis des landesstraßenrechtlichen Gemeingebrauchs halten sich zunächst die dem Kläger untersagten, von ihm eingeräumten Verkaufsaktivitäten (Verfügung v. 27.7.1995) nicht mehr im Rahmen des Gemeingebrauchs an Fußgängerbereichen und verkehrsberuhigten Bereichen. Das Verwaltungsgericht hat dies in Übereinstimmung mit der Beklagten damit begründet, dass es sich bei den umstrittenen Verkaufsaktivitäten um eine gewerbliche Tätigkeit des Klägers handele. Demgegenüber stellt der Kläger insbesondere mit dem Beweisantrag Nr. 19 die Behauptung auf, dass er durch den Buchverkauf an Nichtmitglieder keine Überschüsse oder Einnahmen über die Ausgaben hinaus erziele, dass dies auch nicht beabsichtigt sei und dass durch die Einnahmen lediglich die Kosten der Mitgliederwerbung reduziert werden sollten. Soweit der Kläger damit die zur gewerblichen Einordnung der Verkaufsaktivitäten angenommene Gewinnerzielungsabsicht in Frage stellen will, ist dies unerheblich. Die Absicht der Gewinnerzielung mag neben anderen Faktoren konstitutives Kriterium dafür sein, ob der Kläger ein Gewerbe im Sinne des Gewerberechts betreibt (vgl. hierzu BVerwG, Beschluss v. 16.2.1995 - 1 B 205.93 - NVwZ 1995, 473, KirchE 33, 10). Darauf kommt es für die straßenrechtliche Beurteilung im vorliegenden Zusammenhang jedoch nicht an. Auch wenn es dem Kläger mit dem Erlös aus dem Verkauf von Büchern/Broschüren nur um die Reduzierung der Kosten für die Mitgliederwerbung gehen sollte, bleibt es dabei, dass er sich infolge des Verkaufs wirtschaftlich günstiger stellt als im Falle einer kostenlosen (werbenden) Abgabe von Büchern/Broschüren. Der Verkauf insbesondere des Dianetik-Buchs stellt sich wegen des verlangten und erzielten Entgelts, auch wenn dieses im Einzelfall auf Grund von „Verhandlungen" mit einem interessierten Passanten unter dem grundsätzlichen Verkaufspreis von ca. 20,-- DM liegen sollte, jedenfalls als wirtschaftlicher Vorgang dar, ohne dass es in vorliegendem Zusammenhang unter dem Aspekt der Gewinnerzielung einer detaillierten betriebswirtschaftlichen Analyse bedürfte. Der Kläger selbst unterscheidet in der erstinstanzlichen Klagebegründung unwidersprochen zwischen unentgeltlicher und entgeltlicher Tätigkeit gegenüber Nichtmitgliedern und erwähnt dabei den Verkauf des „Dianetik-Buchs zum Selbstkostenpreis von 19,80 DM und von Auszügen aus dem Scientology-Handbuch im Textumfang kleiner Broschüren zum Abgabepreis in Höhe von 7,-- DM"; die gleiche Behauptung hat er in dem in der mündlichen Verhandlung gestellten Beweisantrag Nr. 18 und in dem zunächst gestellten, dann aber wieder, weil unstreitig, zurückgenommenen Beweisantrag Nr. 1 aufgestellt.

Als „entgeltliche Tätigkeit gegenüber Nichtmitgliedern" fallen die Verkaufsaktivitäten, wie sie dem Kläger mit der Verfügung vom 27.7.1995 untersagt worden sind, aber nicht mehr unter den in Fußgängerbereichen und verkehrsberuhigten Bereichen eröffneten Gemeingebrauch im beschriebenen Sinn. Bei der insoweit gebotenen typisierenden Betrachtungsweise wird der Verkauf von Büchern/Broschüren schon nach der Art. der Betätigung im öffentlichen Verkehrsraum auch von dem in Fußgängerbereichen und in verkehrsberuhigten Bereichen statthaften kommunikativen Verkehr nicht mehr erfasst. Hierfür spielt es keine Rolle, ob die untersagten Verkaufsaktivitäten nur „bei Gelegenheit" oder „als Nebensache" von im Vordergrund stehenden Missionierungs- bzw. Informationsgesprächen über die Scientology-Lehre entwickelt werden (vgl. die Beweisanträge Nr. 2, 3 u. 8). Gleiches gilt für den Umfang der Verkaufsaktivitäten, den der Kläger als gering bezeichnet (vgl. den Beweisantrag Nr. 8). Selbst wenn man nicht typisierend auf die Art der Betätigung abstellten wollte, kann von einem Verkauf von Büchern und Broschüren in nur geringem Umfang nicht mehr gesprochen werden, auch wenn die Missionierer des Klägers jeweils nur einige Exemplare zum Verkauf mit sich führen sollten. Denn damit würde nur der jeweils auftretende, einzelne Missionierer in der jeweiligen konkreten Verkaufssituation in den Blick genommen und die dahinter stehende Strategie vernachlässigt, in deren Rahmen es - unbestritten - sogar vereinsinterne Anweisungen an die Missionierer für ihr Werbe- bzw. Verkaufsverhalten gibt (vgl. die Beweisanträge Nr. 16 und Nr. 17). Zwar existieren - nach den Angaben des Klägers in der mündlichen Verhandlung - keine „Einsatzpläne" dergestalt, dass genau festgelegt würde, welche Missionierer an welchen (Wochen-)Tagen in den Fußgängerbereichen und in den verkehrsberuhigten Bereichen der Beklagten an welcher Stelle und wie lange tätig sind bzw. sein sollen; vielmehr hätten die Missionierer insoweit „freie Hand". Gleichwohl handelt es sich bei den Verkaufsaktivitäten, gerade weil sie sich aus der Sicht des Klägers als - wenn auch nebensächlicher -Bestandteil von Missionierungs- bzw. Informationsgesprächen über die Scientology-Lehre darstellen, nicht um mehr oder weniger zufällige oder augenblickliche Betätigungen, sondern um geplante, regelmäßig wiederkehrende Aktionen, selbst wenn der Verkauf nicht zwangsläufig bei jedem Gespräch mit einem Passanten, sondern nur bei bekundetem Interesse an der Scientology-Lehre erfolgen sollte.

Eine Einordnung der untersagten Verkaufsaktivitäten als Gemeingebrauch in Fußgängerbereichen und in verkehrsberuhigten Bereichen kann der Kläger auch nicht mit der Begründung verlangen, dass sich die Herstellung des Kontakts mit einem Passanten äußerlich von einer sonstigen kommunikativen Kontaktaufnahme nicht unterscheide und auch der Verkaufsvorgang als solcher nicht in dem Maße als nicht mehr verkehrlich in Erscheinung trete, wie dies etwa bei Verwendung eines Verkaufsstands der Fall sei; die Kontaktaufnahme erfolge gemeingebrauchsverträglich, nämlich unauffällig, unaufdringlich und sozusagen „aus der Bewegung heraus" (vgl. die Beweisanträge Nr. 7, 9 u. 11). Allerdings hat das OVG Hamburg (vgl. Urteil v. 14.12.1995 - Bf II 1/93 - NJW 1996, 2051, KirchE 33, 91) für das dortige Landesstraßenrecht erkannt, dass die Frage, ob eine Wegebenutzung dem kommunikativen Verkehr und damit dem Gemeingebrauch zuzuordnen sei oder ob sie als gewerbliche Betätigung zu den Sondernutzungen zähle, maßgebend anhand des äußeren Erscheinungsbilds der konkreten Wegebenutzung zu beurteilen sei; auf äußerlich nicht erkennbare Absichten und Motive des Wegebenutzers komme es nicht an; erfolge das Ansprechen von Passanten durch einzelne Werber ohne aggressive Verkaufsmethoden und sei der gelegentliche Buchverkauf von untergeordneter Bedeutung und als Verkaufsvorgang nach außen nicht besonders erkennbar, so stelle sich der Gesamtvorgang eher als gemeingebräuchliche Missionierung denn als wirtschaftlich orientierter Verkauf einer Ware dar; unterscheide sich die Verkaufstätigkeit nicht wesentlich vom Verhalten solcher Fußgänger, die sich mit anderen Personen im öffentlichen Verkehrsraum unterhielten, stehen blieben und gelegentlich Gegenstände austauschten, so liege eine kommunikative Wegebenutzung vor. Auch die Oberlandesgerichte des Landes Baden-Württemberg haben in freisprechenden Entscheidungen im Rahmen von Ordnungswidrigkeitenverfahren nach § 54 Abs. 1 Nr. 1 StrG darauf abgestellt, ob die nicht ortsgebundenen Flugblattverteiler, Zeitungsverkäufer oder Buchverkäufer den Straßenraum wie andere Benutzer der Fußgängerzonen beanspruchten oder ob die Benutzung nach Ort, Dauer und Intensität die Grenzen des Gemeingebrauchs überschreite, was sich maßgebend nach den Umständen des Einzelfalles

beurteile (vgl. etwa OLG Stuttgart, Beschluss v. 7.7.1995 - 1 Ss 218/95 - u. OLG Karlsruhe, Beschluss v. 20.11.1998 - 3 Ss 82/98 -).
Soweit der Kläger meint, dass der Senat in seinem Beschluss vom 12.7.1996 - 5 S 471/96 - (aaO) hiervon abweiche, weil und soweit er für die Einordnung einer Straßenbenutzung als Gemeingebrauch nicht auf das äußere Erscheinungsbild des Straßenbenutzers, sondern auf dessen Motivation abstelle, vermag der Senat dem nicht zu folgen. Zum einen ist festzuhalten, dass mit dem Abstellen auf die Verkaufsmotivation des Straßenbenutzers nicht eine im Innern verbleibende Motivation, sondern der Zweck der Straßeninanspruchnahme gemeint ist, wenn und soweit er sich nach außen dokumentiert. Der Nutzungszweck von Fußgängerbereichen und verkehrsberuhigten Bereichen wird aber - wie dargelegt - auch unter Berücksichtigung der Aufenthalts- und Kommunikationsfunktion dieser Verkehrsflächen überschritten, wenn die Missionierer des Klägers gegenüber Passanten die untersagten Verkaufsaktivitäten praktizieren. Zwar trifft es zu, dass für die straßenrechtliche Beurteilung bloße erwerbswirtschaftliche Motive, die in den konkreten Umständen der Straßenbenutzung gar nicht hervortreten, keine Rolle spielen (vgl. BVerwG, Beschluss v. 4.7.1996 - 11 B 23.96 - NJW 1997, 406). Dieser Bereich der nur inneren Motivation wird jedoch verlassen, wenn die öffentliche Straße nicht mehr zum - auch kommunikativen - Verkehr, sondern zweckgerichtet als „Verkaufsraum" genutzt und auf den Verkauf von Büchern/Broschüren gerichtete Aktivitäten entwickelt werden. Es gehört grundsätzlich nicht zur Funktion einer öffentlichen Straße, und zwar auch nicht eines Fußgängerbereichs oder eines verkehrsberuhigten Bereichs, als „Verkaufsraum" zur Verfügung zu stehen. Hierfür spielt es keine Rolle, wie geschickt oder „gemeingebrauchsverträglich" sich die Missionierer des Klägers den Passanten nähern und diese zum Verkauf ansprechen, auch wenn dies nicht von Anfang an, sondern erst im Laufe eines Missionierung- bzw. Informationsgesprächs gegenüber einem Interessenten erfolgen sollte. Maßgebend für die Einordnung als Gemeingebrauch iSd § 13 Abs. 1 Satz 1 StrG ist insoweit - wie bereits erwähnt - eine typisierende Betrachtung der Art der Straßenbenutzung. Dies ist durch Gründe der Rechtssicherheit und zur Vermeidung einer Auflösung der Gesetzessystematik in eine unüberschaubare Einzelkasuistik geboten (so zutreffend auch Schnebelt/Sigel, aaO, S. 186 unter Hinweis auf Papier, Recht der öffentlichen Sachen, 3. Aufl., S. 94). Darauf, dass je nach der Art der Tätigkeit eine erlaubnispflichtige Sondernutzung auch dann vorliegen kann, wenn bei einer Straßenwerbung die Passanten nicht bedrängt werden, hat auch das Bayerische Oberste Landesgericht (vgl. Beschluss v. 13.6.1997 - 3 ObOWi 21/97 - NVwZ 1998, 104, KirchE 35, 44) hingewiesen. Jedenfalls wenn es - wie im vorliegenden Fall - um geplante, regelmäßig wiederkehrende Verkaufsaktivitäten in Fußgängerbereichen und in verkehrsberuhigten Bereichen geht, wenn auch nur „bei Gelegen-

heit" oder „als Nebensache" von geplanten, regelmäßig wiederkehrenden Missionierungs- bzw. Informationsgesprächen über die Scientology-Lehre, werden diese Verkaufsaktivitäten nicht mehr von der Nutzungsfunktion dieser öffentlichen Verkehrsflächen erfasst. Insofern unterscheidet sich der vorliegende Sachverhalt auch von den Situationen, die die Oberlandesgerichte des Landes Baden-Württemberg im Rahmen von Ordnungswidrigkeitenverfahren zu beurteilen hatten; angeschuldigt war dort immer nur eine „Momentaufnahme" eines bestimmten festgestellten Verhaltens einer einzelnen Person, bei der die Oberlandesgerichte die Grenzen des Gemeingebrauchs iSd § 13 Abs. 1 Satz 1 a.E. und Satz 2 StrG noch nicht als überschritten angesehen haben.

Die dem Kläger des Weiteren untersagten, erwiesenen Aktivitäten, wie das Ansprechen und Einladen von Passanten zu einem Informationsgespräch oder zu einem Persönlichkeitstest in seinen Räumen (Verfügung v. 19.1.1995) und das Verteilen (einschließlich Veranlassen und Unterstützen) von bestimmten Druckerzeugnissen (Verfügung v. 30.10.1995), halten sich ebenfalls nicht mehr im Rahmen des Gemeingebrauchs an Fußgängerbereichen und verkehrsberuhigten Bereichen. Zwar handelt es sich dabei überwiegend um Maßnahmen der Mitgliederwerbung und nur in geringem Umfang um wirtschaftliche Betätigungen. Denn ein Ansprechen auf der Straße in Verbindung mit dem Einladen zu Verkaufsgesprächen und zu entgeltlichen Dienstleistungen in den Räumen des Klägers ist - wie dargelegt - gerade nicht erwiesen; vielmehr steht lediglich fest, dass im Zusammenhang mit der Mitgliederwerbung auf der Straße bei bekundetem Interesse von Passanten dann auch das Dianetik-Buch und die genannte Broschüre zum Kauf angeboten worden sind. Die kostenlos verteilten Druckerzeugnisse, wie z.B. „Freiheit" und „Fakten aktuell", haben, wie sich aus den dem Senat vorliegenden Exemplaren ergibt, neben dem redaktionellen Text und Literaturangaben in den Fußnoten sowie Angeboten über den Bezug von kostenlosem Informationsmaterial nur in Einzelfällen eine Anzeige über den entgeltlichen Erwerb von weiterführenden Scientology-Publikationen enthalten; insoweit bedarf es keines Beweises mehr (vgl. Beweisantrag Nr. 15). Gleichwohl gehört diese Art. der Straßenbenutzung nicht mehr zum kommunikativen Verkehr als Nebenzweck und ist damit nicht mehr Ausübung des Gemeingebrauchs an Straßen.

Beim Ansprechen und Einladen von Passanten (Verfügung v. 19.1.1995) benutzen die Werber des Klägers die Fußgängerbereiche und die verkehrsberuhigten Bereiche im Stadtgebiet der Beklagten nicht primär als Verkehrseinrichtungen zur Fortbewegung mit dem Ziel der Ortsveränderung und nebenbei auch der Begegnung und Kommunikation mit anderen Passanten. Vielmehr nutzen sie die belebten Straßen und Plätze, um als Missionierer möglichst viele Fußgänger anzusprechen, sie über die Scientology-Lehre zu informieren, Interesse daran zu wecken und neue

Mitglieder zu gewinnen, und wenden sich mit dem Ansprechen beliebiger Fußgänger an die Allgemeinheit. Diese Motivation wird augenfällig durch das Verhalten der Werber des Klägers dokumentiert. Sie halten, wie durch die Ordnungswidrigkeits-Anzeigen in den Akten der Beklagten und die nicht bestrittene Behauptung des Klägers in den Beweisanträgen Nr. 2 u. 4 belegt, ein „Clip-Board" der Größe DIN A 4 mit einem Blatt in den Händen, auf dem Lebensbereiche aufgeführt sind, in denen sich Menschen nach der Lehre von Scientology verbessern sollten, und sprechen Passanten an mit den Worten „Darf ich Ihnen etwas geben", „Wollen Sie sich persönlich verbessern", „Kennen Sie Dianetik?" Da sie dabei zwar den Zweck ihrer Tätigkeit erläutern, „naturgemäß aber erst, wenn sich auf Grund des Interesses der Person ein näheres Gespräch ergeben hat" (vgl. die nicht bestrittene Behauptung des Klägers im Beweisantrag Nr. 3), entsteht bei Passanten der auch objektiv gerechtfertigte Eindruck, sie nähmen an einer Umfrage teil; teilweise ist von dem Werber selbst gegenüber Passanten erklärt worden, er veranstalte eine Umfrage.

Die Werber des Klägers halten sich in den Fußgängerbereichen und verkehrsberuhigten Bereichen somit zu dem alleinigen Zweck auf, um dort Straßenwerbung für Scientology durchzuführen. Es handelt sich - ebenso wie bei dem Verkauf von Büchern und Broschüren - nicht um mehr oder weniger zufällige oder augenblickliche Betätigungen, sondern um geplante, regelmäßig wiederkehrende Werbeaktionen, deren äußerer Ablauf durch die erwähnten vereinsinternen, sanktionsbewehrten Anweisungen (vgl. die nicht bestrittene Behauptung im Beweisantrag Nr. 17) vorgeschrieben ist. Für die Zeit und den Ort dieser Werbung durch Ansprechen von Passanten gibt es zwar keine verbindlichen Vorgaben durch den Kläger. Seine Mitglieder sind aber, wie von ihm in der mündlichen Verhandlung dargelegt, in ihrer Freizeit zur Missionierung auf der Straße verpflichtet, weshalb täglich etwa 1 bis 2 Mitglieder für 1 bis 2 Stunden ihrer Missionierungsauftrag erfüllt haben. Dieser eigenständige Zweck der Straßenbenutzung auf Grund vereinsmitgliedschaftlicher Verpflichtung und vereinsinterner Anweisungen schließt die Annahme aus, der Aufenthalt auf der Straße diene als Nebenzweck der individuellen Begegnung und sei noch als Gemeingebrauch anzusehen.

Nichts anderes gilt für das unentgeltliche Verteilen von Druckerzeugnissen (vgl. Verfügung vom 30.10.1995). Dabei ist die Kontaktaufnahme mit Passanten sehr viel schwächer ausgeprägt als bei den oben dargestellten Verkaufs- und Werbeaktionen; denn nach den unbestrittenen Erläuterungen des Klägers in der mündlichen Verhandlung beschränken sich die Werber dabei auf eine Anrede in Form eines Grußes und/oder auf die Bemerkung „Darf ich Ihnen etwas mitgeben?". Auch diese Straßenbenutzung erfolgt nicht zum Zweck der Fortbewegung und dient nicht der individuellen Begegnung der einzelnen Werber mit Passanten, sondern ihr Hauptzweck ist die vom Kläger geplante Werbung für die Scientology-Lehre einschließlich der Verbreitung von Meinungen der Scientology Kirche. Die Druckerzeugnisse, insbesondere die Zeitschriften/Zeitungen „Freiheit" und „Fakten aktuell" mit einer Auflage von 200.000 bis 5 Mill., erscheinen, wie in der mündlichen Verhandlung unwidersprochen vorgetragen, teilweise aus aktuellem Anlass und werden aus diesem Grund in unmittelbarem zeitlichen Zusammenhang rasch verteilt. Dies erfolgt, was durch polizeiliche Erkenntnisse in den Akten der Beklagten belegt wird, mit einem höheren Organisationsaufwand und einem größeren Einsatz von Mitgliedern. Beispielsweise haben im Auftrag des Vereinsvorstands am 26.5.1995 um 8.15 Uhr sieben Personen und am 8.9.1995 von 7.00 bis 9.05 Uhr 26 Personen jeweils gleichzeitig im Stadtgebiet der Beklagten mehrere tausend Zeitungen (Fakten aktuell) verteilt. Es handelt sich hier folglich nicht um die gelegentliche Verbreitung von Meinungsäußerungen und die Werbung durch einzelne Personen, sondern um groß angelegte, von einer Organisation geplante und gesteuerte, regelmäßig wiederkehrend Werbe- und Aufklärungsaktionen, die der Nutzungsfunktion der Fußgängerbereiche und verkehrsberuhigten Bereiche widersprechen, weil ein Verkehrsbezug keine oder allenfalls eine nebensächliche Bedeutung hat. Darauf, ob sich die Zeitschriftenverteiler dabei „immer auch selbst bewegt und damit kein straßenrechtliches Hindernis dargestellt" und weisungsgemäß „nur unauffällig und unaufdringlich verhalten" haben (vgl. Beweisanträge Nr. 9 u. 16), kommt es nicht an.

Verfassungsrecht zwingt nach Ansicht des Senats nicht dazu, die in Rede stehenden Verkaufs- und Werbeaktivitäten des Klägers noch dem kommunikativen Verkehr in Fußgängerbereichen und in verkehrsberuhigten Bereichen zuzurechnen und damit als zulassungsfreien Gemeingebrauch iSd § 13 Abs. 1 Satz 1 StrG zu qualifizieren. Dies gilt sowohl mit Blick auf das primär in Anspruch genommene Grundrecht aus Art. 4 Abs. 1 GG wie auch mit Blick auf Art. 5 Abs. 1 GG.

Selbst wenn der Kläger (oder die Scientology-Bewegung insgesamt) als Religions- oder Weltanschauungsgemeinschaft iSv Art. 4 Abs. 1 GG anzuerkennen wäre (vgl. die Beweisanträge Nr. 21 bis 23) und alle untersagten Aktivitäten, soweit sie erwiesen sind, als Ausübung des vorbehaltlos gewährleisteten Grundrechts der Glaubensfreiheit zu werten wären, änderte dies nichts an ihrer Einordnung als Sondernutzung, die der Erlaubnispflicht unterliegt. Das behördliche Kontrollverfahren der Sondernutzungserlaubnis ist grundsätzlich mit Art. 4 Abs. 1 u. 2 GG vereinbar. Denn es dient dazu, die verschiedenen grundrechtlich geschützten Belange, die bei der Nutzung des „knappen Guts öffentliche Straße" miteinander in Konflikt geraten können, in Einklang zu bringen. Der Zwang, zu diesem Zweck eine Erlaubnis zu beantragen, stellt nur eine geringe und damit keine unverhältnismäßige Belastung für die Klägerin dar (vgl. BVerwG, Beschluss v. 4.7.1996 - 11 B 23.96 - aaO) Bei einer Straßenbenutzung der beschriebenen Art. begegnet es auch im Hinblick auf Art. 4 Abs. 1 u. 2 GG keinen Bedenken, dass der Kläger mit der Qualifizierung der erwiesenen Aktivitäten als Sondernutzung auf die Durchführung des Erlaubnisverfahrens verwiesen wird. Im vorliegenden Zusammenhang geht es nicht um die Ausübung des pflichtgemäßen Erteilungsermessens nach § 16 Abs. 2 Satz 1 StrG, sondern um die Verfassungsmäßigkeit des Erlaubnisvorbehalts selbst. Dieser stellt sich nicht als unverhältnismäßiges Hindernis bei der - unterstellten - Grundrechtsausübung dar. Das Erfordernis der vorgängigen Einholung einer Sondernutzungserlaubnis für geplante, regelmäßig wiederkehrende Verkaufs- und Werbeaktivitäten löst für den Kläger keine unzumutbaren organisatorischen Schwierigkeiten aus. Dem Kläger ist es ohne weiteres möglich, den Ort und den zeitlichen Umfang solcher Aktivitäten zu benennen, um die Beklagte im Rahmen der Kontroll- und Ausgleichsfunktion des mit einem Antrag eingeleiteten Erlaubnisverfahrens in die Lage zu versetzen, die straßenrechtliche Verträglichkeit der Aktivitäten einer alle betroffenen Interessen und Belange umfassenden Beurteilung und sachgerechten Entscheidung zuzuführen. Insoweit käme möglicherweise auch nur ein einmalig durchzuführendes Erlaubnisverfahren in Betracht. Dass ihm die Stellung eines Antrags auf Erteilung einer Sondernutzungserlaubnis grundsätzlich nicht zumutbar sei, macht der Kläger selbst nicht geltend. So hat sein Prozessbevollmächtigter in der mündlichen Verhandlung vor dem Senat von Städten berichtet, die Scientology-Organisationen Sondernutzungserlaubnisse für verschiedene Missionierungstätigkeiten im öffentlichen Verkehrsraum erteilt hätten. Gleiches lässt sich dem Beschluss des Bayerischen Obersten Landesgerichts vom 13.6.1997 - 3 ObOWi 21/97 - (aaO) entnehmen. Allerdings weist der Kläger darauf hin, dass die Beklagte in den Gründen der angefochtenen Verfügung vom 19.1.1995 die Ablehnung eines Antrags auf Erteilung einer Sondernutzungserlaubnis bereits angekündigt habe, so dass eine Antragstellung zwecklos erscheine und ihm damit im Ergebnis die Grundrechtsausübung nach Art. 4 Abs. 1 u. 2 GG verwehrt werde. Die Ankündigung der Ablehnung eines Erlaubnisantrags rechtfertigt jedoch nicht den Schluss, dass dann zur Ermöglichung der oben genannten Verkaufs- und Werbeaktivitäten als - unterstellte - Grundrechtsausübung nach Art. 4 Abs. 1 u. 2 GG der Erlaubnisvorbehalt selbst durch Qualifizierung der untersagten Tätigkeiten in dem erwiesenen Umfang als Gemeingebrauch „suspendiert" werden müsse.

Ob von der Regel, dass das behördliche Verfahren der Sondernutzungserlaubnis grundsätzlich keine unverhältnismäßige Belastung des Klägers darstellt, dann eine Ausnahme zu machen ist, wenn die konkrete Straßenbenutzung „nur wenig" stört (so wohl BVerwG, Beschluss v.

4.7.1996 - 11 B 23.96 - aaO), kann dahinstehen. Selbst wenn man hierfür die Maßstäbe heranzieht, die das Bundesverfassungsgericht im Beschluss vom 18.10.1991 - 1 BvR 1377/91 - NVwZ 1992, 53 im Rahmen des Art. 5 Abs. 1 Satz 1 GG zugrunde gelegt hat, ist der Störgrad der in Rede stehenden Verkaufs- und Werbeaktivitäten, d.h. die dadurch drohende Beeinträchtigung der Leichtigkeit des Fußgängerverkehrs, nicht als nur minimal anzusehen. Die Möglichkeit für uninteressierte Passanten, einem Missionierer der Klägerin aus dem Weg zu gehen, wie dies das Bundesverfassungsgericht bei einem Flugblattverteiler angenommen hat, besteht im vorliegenden Fall gerade nicht. Während der Flugblattverteiler schon in ausreichender Entfernung als solcher erkennbar ist, so dass ein rechtzeitiges Ausweichen ohne weiteres möglich ist, trifft dies auf die Missionierer der Klägerin nicht zu, die sich im Straßenraum - nach dem eigenen Vorbringen (vgl. den Beweisantrag Nr. 9) - „unauffällig" bewegen und hieraus Passanten gezielt ansprechen. Eine solche überraschende Ansprache kann ein Passant gar nicht verhindern. Beim Verteilen von Zeitungen und Zeitschriften, wobei die Werber Passanten üblicherweise ebenfalls kurz ansprechen, kommt folgendes hinzu. Wie oben dargelegt, werden diese Publikationen in Fußgängerbereichen und verkehrsberuhigten Bereichen nicht nur im Einzelfall von einer Person oder von wenigen Personen verteilt, sondern im Rahmen von groß angelegten, von einer Organisation geplanten und gesteuerten, regelmäßig wiederkehrenden Werbe- und Aufklärungsaktionen, wobei bis zu 26 Verteiler mehrere Stunden gleichzeitig mitwirken. Dass bei dieser Art der Straßenbenutzung das Störpotenzial nicht gering ist, liegt auf der Hand. Vor dem Hintergrund, dass es sich bei den erwiesenen Verkaufs- und Werbeaktivitäten um geplante, regelmäßig wiederkehrende, teils groß angelegte Aktionen handelt, steht das Erfordernis, vor Beginn der - unterstellten - Grundrechtsausübung aus Art. 4 Abs. 1 u. 2 GG eine Sondernutzungserlaubnis einholen zu müssen, nicht außer Verhältnis zu dem mit dem Erlaubnisverfahren primär verfolgten Zweck, vor allem die Leichtigkeit des Verkehrs in Fußgängerbereichen und in verkehrsberuhigten Bereichen zu gewährleisten.

Eine Einordnung der erwiesenen Aktivitäten noch als kommunikativer Verkehr und damit als Gemeingebrauch iSd § 13 Abs. 1 Satz 1 StrG jedenfalls in Fußgängerbereichen und in verkehrsberuhigten Bereichen ist auch nicht mit Blick auf Art. 5 Abs. 1 Satz 1 GG geboten. Dabei kann dahinstehen, ob sich der Kläger für die Verkaufs- und Werbeaktivitäten, weil diese hinsichtlich der Scientology-Lehre Missionierungs- bzw. Informationscharakter haben, auf das Grundrecht der Meinungsäußerungsfreiheit berufen kann oder ob Werbung - gleich ob Produktwerbung für das Dianetik-Buch und die Broschüre oder Mitgliederwerbung - dem Schutzbereich dieser Grundrechtsnorm nicht unterfällt. Denn die bei Annahme einer Sondernutzung durch § 16 Abs. 1 Satz 1 StrG statuierte

Erlaubnispflicht stellt keine unzulässige Zensur iSd Art. 5 Abs. 1 Satz 3 GG, sondern im Hinblick auf die Ausgleichs- und Verteilungsfunktion der Sondernutzungserlaubnis für die verschiedenen grundrechtlich geschützten Belange der Straßenbenutzer (vgl. hierzu BVerwG, Urteil v. 9.11.1989 - 7 C 81.88 - BVerwGE 84, 71) ein allgemeines (Schranken-) Gesetz iSv Art. 5 Abs. 2 GG dar.

Allerdings hat das Bundesverfassungsgericht im bereits erwähnten Beschluss vom 18.10.1991 - 1 BvR 1377/91 - aaO entschieden, dass die sachliche Reichweite des Grundrechts der Meinungsäußerungsfreiheit nicht jeder Relativierung durch einfaches Gesetz überlassen werden könne, vielmehr das grundrechtsbeschränkende Gesetz seinerseits im Lichte des beschränkten Grundrechts ausgelegt werden müsse; die Einschränkung des Grundrechts, Meinungen frei zu äußern und zu verbreiten, müsse geeignet sein, den mit dem Erlaubnisvorbehalt erstrebten Schutz zu bewirken, und der Erfolg, der damit erreicht werde, müsse im angemessenen Verhältnis zu den Einbußen stehen, welche die Beeinträchtigung der Meinungsfreiheit mit sich bringe; danach sei die Meinungsfreiheit mit dem Rechtsgut „Sicherheit und Leichtigkeit des Verkehrs" unter Berücksichtigung der konkreten Umstände abzuwägen; der Schutz der Sicherheit und Leichtigkeit des Verkehrs sei nicht generell geeignet, einen Erlaubnisvorbehalt zu rechtfertigen, unabhängig davon, ob es sich um eine Bundesfernstraße oder um innerörtliche Fußgängerzonen oder verkehrsberuhigte Bereiche handele; bei der gebotenen differenzierenden Betrachtungsweise könne es als nahezu ausgeschlossen gelten, dass die Sicherheit des Verkehrs in Fußgängerzonen und verkehrsberuhigten Bereichen durch einzelne oder mehrere Flugblattverteiler überhaupt beeinträchtigt oder gar gefährdet werden könnte; Beeinträchtigungen der Leichtigkeit des Fußgängerverkehrs seien demgegenüber zwar in Betracht zu ziehen; in aller Regel werde die Beeinträchtigung aber schon deshalb minimal sein, weil die Passanten, die an einem Flugblatt oder an einer Broschüre kein Interesse hätten, die Möglichkeit hätten, einem Flugblattverteiler aus dem Wege zu gehen; jedenfalls stehe die Behinderung der Ausübung der Meinungsäußerungsfreiheit und Meinungsverbreitungsfreiheit durch das Erfordernis, vor Beginn der Grundrechtsausübung eine Genehmigung einholen zu müssen, außer Verhältnis zu dem mit dem Erlaubnisvorbehalt erstrebten Zweck, die Leichtigkeit des Verkehrs in Fußgängerzonen und in verkehrsberuhigten Bereichen zu gewährleisten.

Auf diese Rechtsprechung des Bundesverfassungsgerichts beruft sich der Kläger jedoch zu Unrecht. Denn das Bundesverfassungsgericht hat die in Betracht zu ziehende Beeinträchtigung (nur) der Leichtigkeit des Fußgängerverkehrs in einer „Fußgängerzone" im dortigen Fall deshalb als minimal gewertet, weil die Passanten, die an einem Flugblatt oder an einer Broschüre kein Interesse hätten, dem Flugblattverteiler aus dem

Weg gehen könnten. Diese Annahme ist gerechtfertigt, weil ein Flugblattverteiler in der Regel so frühzeitig als solcher erkennbar ist, dass ein nicht interessierter Fußgänger ohne weitergehende Behinderung rechtzeitig ausweichen kann. Das ist - wie dargelegt - bei den nach dem Vortrag des Klägers „unauffällig" agierenden und sich ständig bewegenden Missionierern (vgl. die Beweisanträge Nr. 9 u. 11), die Passanten in einem Fußgängerbereich zwecks Verkaufs eines Buchs, des Missionierens oder des Verteilens von Zeitschriften und Zeitungen ansprechen, nicht mehr der Fall (vgl. auch BayObLG, Beschluss v. 13.6.1997 - 3 ObOWi 21/97 - aaO). Bei der zuletzt genannten Betätigung ist wiederum zusätzlich zu berücksichtigen, dass es sich um groß angelegte, organisierte, regelmäßig wiederkehrende Aktionen mit zahlreichen gleichzeitig agierenden Verteilern handelt; es verbietet sich deshalb die Annahme, die Beeinträchtigung der Leichtigkeit des Fußgängerverkehrs sei minimal.

Auch der Gedanke der Spontaneität einer kommunikativen Straßenbenutzung, der eventuell deren Erlaubnisfreiheit erzwingen könnte, „wenn der Gang zur Erlaubnisbehörde nicht nur eine Lästigkeit wäre", sondern die Ausübung des betreffenden Kommunikationsgrundrechts „praktisch unmöglich" machte (vgl. BVerwG, Urteil v. 9.11.1989 - 7 C 81.88 - aaO), rechtfertigt keine andere Betrachtungsweise. Denn der Kläger will die Fußgängerbereiche und verkehrsberuhigten Bereiche im Stadtgebiet der Beklagten geplant, regelmäßig wiederkehrend zum Zwecke der Mitgliederwerbung und Aufklärung benutzen und dabei das Dianetik-Buch und eine Broschüre verkaufen. Insoweit käme möglicherweise - wie bereits erwähnt - auch nur ein einmaliges Erlaubnisverfahren in Betracht.

Schließlich kann die Einordnung der untersagten Verkaufsaktivitäten (noch) als kommunikativer Verkehr und damit als Gemeingebrauch auch nicht damit begründet werden, dass das der Beklagten nach § 16 Abs. 2 Satz 1 StrG eingeräumte Ermessen bei der Entscheidung über eine beantragte Sondernutzungserlaubnis nicht weiter gesetzlich gesteuert und daher „zu frei" sei. Allerdings hat auch hierzu das Bundesverfassungsgericht im Beschluss vom 18.10.1991 - 1 BvR 1377/91 - aaO erkannt, dass die Auslegung und Anwendung eines Landesstraßengesetzes, die die Gestattung von Betätigungen der Meinungsäußerungsfreiheit in das freie Ermessen der Verwaltung stelle, mit Art. 5 Abs. 1 GG unvereinbar wäre. Von einem solchen „freien" Ermessen kann vor dem Hintergrund der Regelungen des § 16 Abs. 2 Satz 1 StrG, der von „pflichtgemäßem" Ermessen der Behörde bei der Entscheidung über einen Erlaubnisantrag spricht, und des § 40 LVwVfG keine Rede sein. Zu den zulässigen Aspekten bzw. Überlegungen einer sachgerechten Ermessensbetätigung nach diesen Vorschriften hat sich der Senat wiederholt geäußert und ist dabei mit der Forderung nach „straßengrundbezogenen" Erwägungen einer Ausuferung im Sinne eines - unzulässigen - „freien" Ermessens entgegengetreten (vgl. Urteil v. 1.8.1996 - 5 S 3300/95 - NVwZ-RR 1997, 677, Beschluss v. 14.10.1996 - 5 S 1775/96 - u. Urteil v. 9.12.1999 - 5 S 2051/98 - VBlBW 2000, 281).

Zu einer Einordnung der untersagten Verkaufsaktivitäten (noch) als kommunikativer Verkehr und damit als zulassungsfreier Gemeingebrauch zwingt auch nicht der Umstand, dass die Beklagte von der Ermächtigung des § 16 Abs. 7 Satz 1 StrG keinen Gebrauch gemacht und nicht durch Satzung festgelegt hat, dass Aktivitäten der in Rede stehenden Art. als bestimmte Sondernutzungen an Gemeindestraßen, zu denen nach § 3 StrG Fußgängerbereiche und verkehrsberuhigte Bereiche gehören, keiner Erlaubnis nach § 16 Abs. 1 Satz 1 StrG bedürfen. So wie die der Gemeinde durch § 16 Abs. 7 Satz 1 StrG eingeräumte Befugnis nicht bedeutet, dass die gesetzlichen Grenzen zwischen Gemeingebrauch und Sondernutzung durch eine Satzung geändert werden könnten, so wenig kann aus dem Unterlassen der satzungsmäßigen Festlegung einer erlaubnisfreien Sondernutzung geschlossen werden, dass die hierfür unter Umständen in Betracht zu ziehende Straßenbenutzung deshalb zulassungsfreier Gemeingebrauch sei bzw. sein müsse. Dies gilt jedenfalls für eine Straßenbenutzung der streitgegenständlichen Art., nämlich für geplante, regelmäßig wiederkehrende Verkaufs- und Werbeaktivitäten, auch wenn dabei Missionierungs- bzw. Informationsgespräche über die Scientology-Lehre im Vordergrund stehen. Bestimmte Sondernutzungen an Gemeindestraßen durch eine Satzung nach § 16 Abs. 7 Satz 1 StrG für erlaubnisfrei zu erklären, setzt im Übrigen voraus, dass die betreffenden Straßenbenutzungen einer typisierenden Betrachtung zugänglich sind, die es der Gemeinde ermöglicht, abstrakt-generell zu entscheiden, dass die Frage der Kollision dieser Straßenbenutzungen mit anderen (verfassungsrechtlich) geschützten Rechtsgütern nicht der Überprüfung - und einem eventuellen Ausgleich - in einem Erlaubnisverfahren bedarf.

Die Ermessensbetätigung der Beklagten unterliegt ebenfalls keinen rechtlichen Bedenken. Entsprechend der Ermächtigungsgrundlage des § 16 Abs. 8 Satz 1 StrG knüpft die Beklagte im Widerspruchsbescheid und in den Untersagungsverfügungen vor allem an den Umstand an, dass der Kläger für diese Straßenbenutzung keine Sondernutzungserlaubnis besitzt. Außerdem stellt sie darauf ab, dass die Aktivitäten des Klägers nicht geduldet werden könnten, weil der öffentliche Verkehrsraum hierfür nicht zur Verfügung gestellt werden solle und Fußgänger ihn unbehelligt begehen können sollten; hinter dieses überwiegende öffentliche Interesse trete das Interesse des Klägers zurück. Diese dem Zweck der Ermächtigung entsprechenden Ermessenserwägungen sind gerichtlich nicht zu beanstanden (vgl. § 114 VwGO). Die gewerberechtliche Argumentation der Beklagten bezieht sich entgegen der Auffassung des Klägers auf die tatbestandlichen Voraussetzungen des § 16 Abs. 8 StrG, jedoch nicht auf die Ermessensentscheidung selbst.

Aus dem Dargelegten folgt, dass die in der mündlichen Verhandlung gestellten Beweisanträge als für die Entscheidung unerheblich abzulehnen sind. Dies gilt auch für die bisher noch nicht erwähnten Beweisanträge Nr. 12 u. 20 zu dem nicht streitgegenständlichen Erwerb der Mitgliedschaft beim Kläger und zu den seinen Mitgliedern angebotenen Diensten und Materialien.
Rechtswidrig und daher aufzuheben sind schließlich die angefochtenen Verfügungen und der Widerspruchsbescheid der Beklagten insoweit, als dem Kläger für jeden Fall der Zuwiderhandlung ein Zwangsgeld von 3.000,-- DM angedroht wird. (*wird ausgeführt*)

13

Der Eintrag mit dem Zeichen „- -" in der Lohnsteuerkarte, aus dem ersichtlich wird, dass der Steuerpflichtige keiner kirchensteuererhebungsberechtigten Religionsgemeinschaft angehört, verletzt keine Grundrechte des Betroffenen.

Art. 4, 140 GG, 136 Abs. 3 WRV, §§ 30 Abs. 2 u. 5 AO, 39 Abs. 6 EStG
FG München, Urteil vom 5. Februar 2002 - 13 K 5064/01[1] -

Die zuständige Gemeinde stellte dem Kläger, der als Rechtsanwalt selbständig, aber als Cheflektor nichtselbständig tätig ist, im September 2001 die Lohnsteuer-Karte 2002 aus, auf der unter der Rubrik „Kirchensteuerabzug" vermerkt war: „- -". Mit den zwei Strichen wird dem Arbeitgeber des Klägers deutlich gemacht, dass eine Kirchenlohnsteuer nicht einzubehalten ist (s. Lohnsteuer-Handbuch 2002, Abschn. R 108 Abs. 4 Satz 4 und H 108 Abs. 1; ferner BMF-Schreiben vom 17.7.2001, BStBl. I 2001, 480 mit Muster S. 482).
Mit Schreiben vom 9.10.2001 beantragte der Kläger beim Beklagten (Finanzamt), ihm eine Lohnsteuer-Karte 2002 ohne Aufdruck zu Angaben über die Religionszugehörigkeit zuzusenden. Dieser Antrag wurde abgelehnt, der hiergegen erhobene Einspruch zurückgewiesen.
Bereits gegen die Lohnsteuer-Karte 1997 hatte sich der Kläger mit dem Antrag gewandt, ihm eine Lohnsteuer-Karte ohne jede Angabe der Zugehörigkeit zu einer Religionsgemeinschaft auszustellen, was das FA mit Verfügung vom 29.11.1996 ablehnte. Einspruch, Klage und Nichtzu-

---

[1] Die Nichtzulassungsbeschwerde des Klägers wurde im Wesentlichen unter Bezugnahme auf den Beschluss des BVerfG vom 25.5.2001 - 1 BvR 2253/00 - KirchE 39, 157, zurückgewiesen; BFH, Beschluss vom 31.7.2002 - VI B 25/02 - n.v. Die Verfassungsbeschwerde des Klägers wurde nicht zur Entscheidung angenommen; BVerfG-Beschluss vom 30.9.2002 - 1 BvR 1744/02 - n.v.

lassungsbeschwerde blieben erfolglos (Urteil des FG München vom 24.11.1998 - 13 K 4538/97 - EFG 1999, 299, KirchE 36, 525; Beschluss des BFH vom 9.8.2000 - VI B 23/99 -). Die Verfassungsbeschwerde wurde vom Bundesverfassungsgericht nicht zur Entscheidung angenommen (Beschluss vom 25.5.2001 - 1 BvR 2253/00 - KirchE 39, 157). Auch die gegen die Lohnsteuer-Karte 1998 gerichtete Fortsetzungsfeststellungsklage blieb erfolglos (Urteil vom 30.7.2001 - 13 K 1668/01 -)

Mit seiner Klage gegen die Lohnsteuer-Karte 2002 hält der Kläger daran fest, dass die Angabe „- -" gegen sein aus Art. 4 Abs. 1 GG ableitbares Recht auf negative Bekenntnisfreiheit sowie gegen sein Recht aus Art. 140 GG iVm Art. 136 Abs. 3 Satz 1 WRV verstoße. Er trägt insbesondere vor, dass die Religionsfreiheit nur durch förmliches Gesetz eingeschränkt werden könne. Es fehle sowohl an einer gesetzlichen Grundlage für die Pflicht, die Religionszugehörigkeit auf der Lohnsteuer-Karte anzugeben, als auch für das Recht, die Religionszugehörigkeit dem Arbeitgeber zugänglich zu machen. Des Weiteren macht er Ausführungen darüber, dass es für ihn als Homosexuellen nicht zumutbar sei, in ein hoheitliches Verfahren zwangsweise einbezogen zu werden, das es einzelnen gesellschaftlichen Gruppierungen erlaube, wesentlich problemloser als alle anderen gesellschaftlichen Gruppen ihre Mitgliedsbeiträge einzuziehen. Dies umso mehr, als die beiden Großkirchen nachdrücklich das Ziel verfechten, wesentliche Teile der Persönlichkeit des In-Pflicht-Genommenen in Frage zu stellen und mit ideologischen Vorurteilen und Abwertungen in den Schmutz zu ziehen.

Der Kläger beantragt, ihm eine neue Lohnsteuer-Karte 2002 ohne Aufdruck von Angaben zur Religionszugehörigkeit auszustellen.

Die Klage blieb ohne Erfolg.

Aus den Gründen:

Technisch lässt sich das Klagebegehren wohl nur so bewerkstelligen, dass dem Kläger eine Lohnsteuer-Karte ohne Aufdruck von Angaben zur Religionszugehörigkeit ausgestellt wird.

Die Klage ist aber nicht begründet.

1. Die zuständige Gemeinde ist befugt, auch die Lohnsteuer-Karte 2002 mit Angaben über die Religionszugehörigkeit auszustellen, die hier beanstandete Eintragung „- -" vorzunehmen und die so bearbeitete Lohnsteuer-Karte dem Arbeitgeber des Klägers zuzuleiten.

Zu unterscheiden ist zwischen der Kompetenz, Muster für den Ausdruck von Lohnsteuer-Karten zu erstellen sowie für die Eintragungen, die darauf vorzunehmen sind, und der Kompetenz, im Einzelfall auch Eintragungen zur Religionszugehörigkeit auf der Lohnsteuer-Karte vorzunehmen.

a) Das Recht und die Pflicht des Bundesministeriums der Finanzen, die jährlichen Lohnsteuer-Karten-Muster mit einer Rubrik über den Kirchenlohnsteuer-Abzug zu versehen und allgemeine Verwaltungsanweisungen über die darauf vorzunehmenden Eintragungen zu erlassen, folgt für den bayerischen Hoheitsbereich aus Art. 13 BayKiStG iVm §§ 39-42 f. EStG. Gem. Art. 13 Abs. 1 Satz 2 BayKiStG gelten nämlich die Vorschriften über den Lohnsteuer-Abzug und den Lohnsteuer-Ausgleich für die Kirchenlohnsteuer entsprechend. § 39 Abs. 1 Satz 1 EStG ordnet die Ausstellung und Übermittlung nach „amtlich vorgeschriebenem Muster" an. Bei einheitlichen Lebenssachverhalten und Rechtsvorgängen oder Rechtsverhältnissen, die sich gleichförmig wiederholen oder unverändert andauern (wie z.B. die Zugehörigkeit oder Nichtzugehörigkeit zu einer Religionsgemeinschaft), kann es den für die Kirchensteuer-Gesetzgebung zuständigen Ländern nicht verwehrt werden, die Kompetenz zur Erstellung bundeseinheitlicher Muster auf den Bund (die hierfür zuständige Bundesbehörde) zu übertragen; d.h. diesem den Entwurf eines einheitlichen Formulars für den Lohnsteuer-Abzug und den in engem sachlichen Zusammenhang damit stehenden Kirchenlohnsteuer-Abzug zu überlassen. Dies liegt auch im wohlverstandenen Interesse des mit der Durchführung des Lohnsteuer-Abzugs beauftragten Arbeitgebers und des einzelnen Arbeitnehmers, insbes. des kirchensteuerpflichtigen Arbeitnehmers.

Durch die finanzbehördlichen Maßnahmen auf dieser Ebene ist der einzelne Bürger noch nicht in seinen Rechten betroffen, sondern erst durch die Umsetzung im konkreten Einzelfall, die Vornahme einer Eintragung auf einer bestimmten Lohnsteuer-Karte.

b) Die Gemeinde als örtliche Finanzbehörde (Art. 13 Abs. 1 Satz 2 BayKiStG iVm § 39 Abs. 6 Satz 1 EStG) war auch zur Vornahme der hier strittigen Eintragung auf der Lohnsteuer-Karte 2002 des Klägers und zur Weiterleitung an dessen Arbeitgeber befugt.

Dabei ergibt sich das Recht zur Vornahme von Eintragungen über die (Nicht-)Zugehörigkeit zu einer Religionsgemeinschaft aus Art. 13 Abs. 1 Satz 2 BayKiStG iVm § 39 Abs. 1 Satz 1 EStG iVm Art. 140 GG, Art. 136 Abs. 3 Satz 2 WRV sowie für Bayern aus dem fortgeltenden Art. 107 Abs. 5 Satz 2 BV. Den zuletzt genannten Vorschriften der WRV und BV kommt in diesem Zusammenhang konstitutive Bedeutung zu: Denn das Recht, den für einen Lohnsteuer-Abzug in Frage kommenden Arbeitnehmer nach seiner Religionszugehörigkeit zu befragen, beinhaltet bei verständiger Auslegung auch das Recht, die daraus gewonnene Erkenntnis zu verwerten, d.h. die (Nicht-)Zugehörigkeit urkundlich festzuhalten und an den mit dem Lohnsteuer-Abzug beauftragten Arbeitgeber weiterzuleiten (s. Entscheidung des BayVerfGH vom 17.10.1967 - Vf. 134-VII-66 - KirchE 9, 245, Abschn. V C 2 d).

Außerdem ist die vom Kläger angegriffene Praxis in vollem Umfang durch die Abgabenordnung legitimiert, welche auch im kirchlichen Besteuerungsverfahren einschließlich des Lohnabzugsverfahrens - mit hier nicht einschlägigen Ausnahmen - Anwendung findet (Art. 18 Abs. 1 Satz 1, 17 Abs. 2 Satz 1 BayKiStG; § 39 Abs. 6 Satz 1 EStG). Hiernach ergibt sich das Fragerecht der Gemeinden aus § 88 Abs. 1 iVm § 92 Satz 2 Nr. 1 AO. Dem Auskunftsrecht korrespondiert die Auskunftspflicht des Klägers als Beteiligten nach § 78 Nr. 2 iVm § 93 Abs. 1 Satz 1 AO. Die Zulässigkeit der Weiterleitung der erhobenen Daten an den Arbeitgeber folgt aus § 30 Abs. 5 Nr. 1 iVm Abs. 2 Nr. 1 a AO.

Zu bedenken ist in diesem Zusammenhang noch Folgendes: Nach einmal erteilter Auskunft stellt die Gemeinde die Lohnsteuerkarte in den Folgejahren (so auch für das Streitjahr) jeweils ohne weitere Nachfrage mit der zutreffenden Eintragung aus. Dies bedeutet: Die Mitwirkung des Klägers beschränkt sich auf die bloße Duldung der Weiterleitung seiner mit dem Eintrag „- -" versehenen Lohnsteuer-Karte an den Arbeitgeber. Damit wird lediglich sichergestellt, dass er nicht in Anspruch genommen wird.

2. Wie aus Tz. 1 hervorgeht, ist die Grundrechtseinschränkung, die der Kläger im Interesse eines geordneten Kirchenlohnsteuer-Erhebungsverfahrens hinzunehmen hat, minimal. Sie ist für ihn auch unter dem Gesichtspunkt zumutbar, dass er Homosexueller ist.

Die „Amtskirchen" verstoßen nicht dadurch gegen das Verbot des „venire contra factum proprium", dass der Kläger als Homosexueller in das Kirchenlohnsteuer-Erhebungsverfahren in der beschriebenen Weise eingebunden ist.

Denn es trifft nicht zu, dass die Kirchen „mit Nachdruck" das Ziel verfolgen, wesentliche Teile der Persönlichkeit des Klägers in den Schmutz zu ziehen und seine Rechte gegenüber anderen Personen zu schmälern, wie er in Tz. 3 seines Schriftsatzes vom 23.11.2001 meint. Maßgebliche Dokumente der Kirchen, insbesondere die Katechismen, sprechen eine wesentlich andere Sprache: Der vom Vatikan herausgegebene Katechismus der katholischen Kirche (deutsche Ausgabe, München 1993) bewertet zwar im Anschluss an die scharfe Verurteilung der Homosexualität in der Bibel (Fundstellen in Anm. 1 auf S. 596) homosexuelle Handlungen als moralisch negativ (Tz. 2357). Der homosexuellen Veranlagung begegnet der Katechismus mit Verständnis; in Tz. 2358 heißt es: „Eine nicht geringe Anzahl von Männern und Frauen sind homosexuell veranlagt. Sie haben diese Veranlagung nicht selbst gewählt; für die meisten von ihnen stellt sie eine Prüfung dar. Ihnen ist mit Achtung, Mitleid und Takt zu begegnen. Man hüte sich, sie in irgendeiner Weise ungerecht zurückzusetzen."

Noch differenzierter argumentiert der von der Deutschen Bischofskonferenz herausgegebene Katholische Erwachsenenkatechismus (Bd. 2, Freiburg/Basel/Wien 1995). In Abschnitt „gleichgeschlechtliche Beziehungen" (S. 385-387) wird ausgeführt: „Unzureichende Kenntnis über die Ursachen der Homosexualität haben in der Vergangenheit zur Verfolgung und Verurteilung homosexueller Menschen geführt. Auf der Grundlage heutiger Einsicht über die Entstehung der homosexuellen Verfasstheit verbietet sich jede Diffamierung homosexuell veranlagter Menschen ... In der Gesellschaft ist es allen Menschen aufgegeben, homosexuell veranlagten Menschen Verständnis entgegenzubringen. Diffamierung und Herabsetzung treibt sie in eine unerträgliche Situation und erschwert die Kommunikation" (S. 387).

Der im Auftrag der Vereinigten Ev.-Luth. Kirche Deutschlands herausgegebene Evangelische Erwachsenenkatechismus (6. Aufl. Gütersloh 2000) relativiert in vorsichtiger Weise den „biblischen Befund", der es „im Grunde" ausschließt, „Homosexualität neben der Heterosexualität als gleichrangige Form menschlichen Sexualverhaltens anzusehen. Allerdings ist - wie in vielen anderen Punkten auch - davon auszugehen, dass die biblischen Zeugen geurteilt haben aufgrund der Kenntnisse, die damals zur Verfügung standen. Dem stehen heute oft gut gesicherte Einsichten über Zusammenhänge und Ursachen der Homosexualität gegenüber. An ihnen kann man nicht einfach vorbeigehen. Christen setzen sich immer wieder dafür ein, dass Homosexuelle unter uns nicht diskriminiert werden". Hingewiesen wird noch darauf, dass Einige eine „segnende Begleitung" homophiler Menschen befürworten. Eine positive Haltung gegenüber gleichgeschlechtlichen Partnerschaften wird damit ausdrücklich toleriert (S. 288 f.).

Die Ablehnung beider Kirchen, die Institution der Ehe auf gleichgeschlechtliche Partnerschaften auszudehnen, wird von vielen außerkirchlichen Gruppierungen geteilt. Auch das GG räumt der „Ehe", womit die dauerhafte Verbindung heterosexueller Partner gemeint ist, eine institutionelle Vorrangstellung ein. Es handelt sich somit um eine zulässige, durch die kollektive Religionsfreiheit gedeckte (Art. 4 GG gilt auch für Religionsgesellschaften; s. Schmid-Bleibtreu/Klein, Kommentar zum Grundgesetz, 8. Aufl., Art. 4 Rn 10) Meinungsäußerung, die den Kläger nicht berechtigt, den von ihm geforderten Minimalbeitrag zum Kirchenlohnsteuer-Erhebungsverfahren zu verweigern. Ist er doch in keiner Weise gehindert, sich für eine Änderung überlieferter Vorstellung und religiöser Anschauungen zu engagieren.

Im Übrigen verraten die Ausführungen auf S. 4/5 seines Schriftsatzes nur allzu deutlich die vom Kläger verfolgte Tendenz: Ihm geht es gar nicht so sehr um die Abwehr einer als unzumutbar empfundenen Grundrechtsbeeinträchtigung als vielmehr um die Verhinderung einer bestimmten Form der Beitragserhebung zugunsten ihm nicht genehmer „gesellschaftlicher Gruppierungen". Damit gerät er auf das Gebiet einer unzulässigen in der Finanzgerichtsordnung nicht vorgesehenen Popularklage, denn ihm wird durch das Kirchenlohnsteuer-Erhebungsverfahren finanziell nichts abverlangt.

14

Eine Regelung, die die Mitgliedschaft in einer jüdischen Kultusgemeinde allein von der jüdischen Abstammung und der Wohnsitznahme im Gemeindebezirk abhängig macht, kann als Anknüpfungstatbestand für die Steuerpflicht nur hingenommen werden, soweit zusätzlich ein ausdrücklich geäußertes, objektiv erkennbares Bekenntnis zur jüdischen Glaubensgemeinschaft feststellbar ist. Es ist nicht erforderlich, dass der Steuerpflichtige sich für jeden Veranlagungszeitraum gesondert zur Religionsgemeinschaft bekennt.

Art. 4 Abs. 1 GG, §§ 3 Abs. 1, 15 Abs. 1 NW.KiStG
FG Köln, Urteil vom 6. Februar 2002 - 11 K 3900/99[1] -

Die Klägerin wohnte mit ihrem am 19.4.1993 verstorbenen Ehemann im Streitjahr 1989 in Köln. Sie wurden 1989 zusammen zur Einkommensteuer veranlagt.

Nach § 4 der Satzung der Beklagten (jüdische Kultusgemeinde) waren Gemeindemitglieder alle in ihrem Gemeindegebiet wohnhaften Personen, die Juden sind. Das für die Einkommensteuerveranlagung der Eheleute zuständige Finanzamt setzte in dem an beide Ehegatten gerichteten Einkommensteuerbescheid für 1989 israelitische Kultussteuer fest. Der hiergegen eingelegte Einspruch hatte keinen Erfolg. Auf die Klage der Klägerin, zugleich als Rechtsnachfolgerin ihres Ehemannes, hob das Finanzgericht (FG Köln KirchE 35, 228) den Kultussteuerfestsetzungsbescheid auf. Die Revision der Beklagten führte zur Aufhebung der vorinstanzlichen Entscheidung und Zurückverweisung der Sache an das Finanzgericht (BFH KirchE 37, 63).

Aufgrund der Zurückverweisung der Sache haben sich die Beteiligten nach Aufforderung durch den Berichterstatter ergänzend geäußert.

Die Klägerin betont, dass ihr verstorbener Ehemann aufgrund seiner Herkunft und seiner Biographie ein areligiöser Mensch gewesen sei, der kein Bekenntnis zum jüdischen Glauben abgelegt habe. An ihm sei weder zu Lebzeiten noch in Zusammenhang mit der Bestattung eine rituelle Beschneidung vollzogen worden. Er habe weder durch „Mitgliedsanmeldung" der Beklagten vom 11.6.1992 noch vom 10.3.1993 ausdrücklich irgendetwas bestätigt und auch niemals behauptet, von seinen Eltern sei stellvertretend für ihn eine Bekenntniserklärung zum Judentum abgegeben worden. So könne er auch nicht behauptet haben, er sei niemals aus einer jüdischen Gemeinde oder aus dem Judentum ausgetreten, denn er sei sich nicht bewusst gewesen, jemals Mitglied einer jüdischen Gemeinde oder des Judentums gewesen zu sein. Daher habe er auch

---

[1] EFG 2002, 859; ZevKR 50 (2005), 117; StE 2002, 265 (LS).

selbstverständlich niemals eine Veranlassung gehabt, ein formelles Kirchenaustrittsverfahren einzuleiten. Aus dem Anmeldeformular vom 11.6.1992 und dem dort am 6.5.1993 von der Beklagten angebrachten Vermerk „Ehemann will noch kein Mitglied werden", ergebe sich, dass dieser ein Anmelde- und Aufnahmeverfahren nicht mit Erfolg durchlaufen habe.

Zudem sei der Verstorbene aufgrund einer schweren Erkrankung am 10.3.1993 und danach bewusstlos und nicht in der Lage gewesen, Erklärungen irgendeiner Art abzugeben. Weiterhin sei zu berücksichtigen, dass der verstorbene Ehemann der Klägerin bereits deshalb nicht Mitglied der beklagten Synagogengemeinde geworden sei, weil er seine Aufnahme zur Begründung der Mitgliedschaft bei der Beklagten nicht beantragt gehabt habe. Durch das Verlangen der Beklagten, ein formalisiertes Aufnahmeverfahren vor Begründung einer Mitgliedschaft zu durchlaufen, setze die Beklagte als Körperschaft des öffentlichen Rechts dem Einzelnen gegenüber einen Vertrauenstatbestand. Inhalt dieses Vertrauenstatbestandes sei, dass der Aufnahmesuchende davon ausgehen könne, erst mit Bewilligung des Aufnahmegesuches Mitglied bei der Beklagten zu werden. An dieser Voraussetzung fehle es im Streitfall, jedenfalls für das Jahr 1989. Dass ein Verfahren zur Mitgliedsanmeldung bei der Beklagten durchgeführt werde, werde bereits durch die Existenz der Mitgliedsanmeldeformulare belegt. Der Satz am Ende des Formulars: „Über die endgültige Aufnahme entscheidet der Vorstand" bringe eindeutig zum Ausdruck, dass man bei der Beklagten erst Mitglied werde nach Beantragung der Mitgliedschaft im Rahmen einer Mitgliedsanmeldung, nach Durchlaufen eines Beitrittsverfahrens und nach Entscheidung des Vorstandes über die endgültige Aufnahme.

Bezüglich der vom BFH für möglich gehaltenen Angaben in den „Einreiseanträgen o.ä." zur Aussage über die Zugehörigkeit zum Judentum hat die Klägerin Kopien des Originalausreisevisums für ihren verstorbenen Ehemann nebst Übersetzung aus dem Russischen vorgelegt und erklärt, ihre Familie sei seinerzeit von der Sowjetunion zunächst nach Österreich ausgereist und dann später nach Deutschland zugewandert. Schriftwechsel mit „im Inland agierenden jüdischen Organisationen" sei nicht mehr vorhanden. Im Hinblick auf die zunächst eher beschränkten Deutschkenntnisse der Familie unmittelbar nach dem Verlassen der Sowjetunion seien wohl entsprechende Kontakte im Wesentlichen mündlich erfolgt. Sie, die Klägerin, könne sich aber entsinnen, dass ihr seinerzeit Materialien, wie der vorsorglich auszugsweise in Kopie beigegebene „Leitfaden für jüdische Zuwanderer aus der ehemaligen Sowjetunion" zugänglich gewesen seien. Der vorgenannte Leitfaden der Zentralwohlfahrtsstelle der Juden in Deutschland e.V. lege ausdrücklich dar, dass der Eintritt in das Gemeindeleben auf freiwilliger Basis geschehe und dass man zunächst einmal freiwillig Mitglied einer jüdischen Gemeinde werden müsse.

Es werde nunmehr bestritten, dass der verstorbene Ehemann der Klägerin mütterlicherseits jüdischer Abstammung gewesen sei. Gemäß der Geburtsurkunde sei sein Vater „Lette" gewesen, während seine Mutter „Deutsche" gewesen sei. Hierbei werde auf die Kopie der beglaubigten Übersetzung der Geburtsurkunde Bezug genommen. In der ehemaligen UdSSR hätten Juden nicht nur als Religionsgemeinschaft, sondern als Volk gegolten.

Die Beklagte trägt vor, entgegen den bisherigen Aussagen der Klägerin habe es an einem Bekenntnisakt zum mosaischen Glauben nicht gefehlt. Nach mosaischem Ritus dürften männliche Juden nur dann auf einem jüdischen Friedhof bestattet werden, wenn bei ihnen die rituelle Beschneidung vorgenommen worden sei. Bestandteil des jüdischen Gemeindelebens sei es, dass beim Ableben eines männlichen Juden zwei eigens dafür vorgesehene Mitglieder der jüdischen Gemeinde den Verstorbenen zur Beerdigung waschen und vorbereiten. Bei dieser Gelegenheit werde auch überprüft, ob die rituelle Beschneidung beim Verstorbenen vorgenommen worden sei. Sollte dies nicht der Fall sein, werde symbolisch eine derartige Beschneidung ansatzweise nachvollzogen. Auch der Körper des verstorbenen Ehemannes der Klägerin sei in der beschriebenen Weise für die Beerdigung von den als Zeugen benannten Personen vorbereitet worden. Da der Ehemann der Klägerin beschnitten gewesen sei, sei eine nachträgliche Beschneidung am Leichnam nicht erforderlich gewesen. Dies könne durch die Zeugen X. und Y. bestätigt werden. Die rituelle Beschneidung sei im Streitfall stellvertretend von den Eltern des Ehemannes der Klägerin in dessen Kindesalter veranlasst worden. Nach diesem Bekenntnisakt habe der verstorbene Ehemann der Klägerin auf Seite 2 der sog. Mitgliedsanmeldung der Synagogengemeinde vom 10.3.1993 ausdrücklich bestätigt, dass weder er noch seine Ehefrau jemals aus einer jüdischen Gemeinde oder aus den Judentum ausgetreten seien. Diese Mitgliedsanmeldung sei auch von dem Ehemann der Klägerin - soweit erkennbar - persönlich unterschrieben worden.

Soweit sich die Klägerin hinsichtlich der Mitgliedsanmeldung vom 11.6.1992 auf einen Vermerk berufe, wonach der Ehemann noch kein Mitglied werden wolle, sei unklar, von wem unter Bemerkung des Vorstandes der entsprechende Klebezettel angebracht worden sei.

Soweit die Klägerin nunmehr in Abrede stelle, dass die Abstammung ihres verstorbenen Ehemannes auf eine jüdische Mutter zurückgehe, so könne dem nicht gefolgt werden. Jüdischer Abstammung sei man dann, wenn die leibliche Mutter Jüdin gewesen sei. Hierbei sei es völlig irrelevant, ob es sich um eine deutsche Jüdin, eine lettische Jüdin oder eine Jüdin irgendeiner anderen Nationalität gehandelt habe.

Zum Nachweis, dass die Eltern des verstorbenen Ehemannes der Klägerin jüdischen Glaubens gewesen seien, hat die Beklagte Kopien von Erklärungen der Zeugen A. und B. vorgelegt und erklärt, dass diese beiden Aussagen seinerzeit durch den Rabbiner herangezogen worden seien, um die Voraussetzung für die Mitgliedschaft in der Synagogengemeinde nachzuweisen.

Auf gerichtliches Ersuchen wurde eine Auskunft aus dem Melderegister über die Klägerin und ihren verstorbenen Ehemann erteilt; die archivierten Meldeunterlagen ergaben, dass die „Eheleute ... zur Anmeldung" gelangt sind und hierbei erklärten, „keiner kirchensteuerpflichtigen Religionsgemeinschaft anzugehören". Im Melderegister sei daher als Religionszugehörigkeit „vd" vermerkt worden.

Es wurde Zeugenbeweis erhoben über die Behauptung der Beklagten, der Ehemann der Klägerin sei vor seinem Tod beschnitten und seine Eltern seien jüdischen Glaubens gewesen.

Das Finanzgericht hält auch nach Zurückverweisung an der Begründetheit des Klagebegehrens fest.

Aus den Gründen:

Die zulässige Klage ist begründet.

Die Festsetzung der israelitischen Kultussteuer 1989 durch den Änderungsbescheid des Finanzamts vom 16.10.2000 sowie die vorangegangenen Steuerbescheide des zuvor zuständigen Finanzamtes ist bereits dem Grunde nach rechtswidrig (§ 100 Abs. 1 FGO). Auch die erneute Überprüfung des Streitfalles im II. Rechtszug aufgrund der Zurückverweisung durch BFH-Urteil vom 24.3.1999 - I R 124/97 - (BStBl. II 1999, 499, KirchE 37, 63) hat dem erkennenden Senat keine Veranlassung gegeben, von seinem erstinstanzlichen Urteil vom 25.6.1997 - 11 K 7468/94 - (EFG 1998, 230, KirchE 35, 228) im Ergebnis abzuweichen. Entgegen den Vermutungen des Bundesfinanzhofs im I. Rechtszug hat auch die von ihm für erforderlich gehaltene weitere Sachverhaltsaufklärung keine Anhaltspunkte dafür ergeben, dass die Klägerin oder ihr am 19.4.1993 verstorbener Ehemann ein auch für das Streitjahr 1989 wirksames Bekenntnis zum jüdischen Glauben zum Ausdruck gebracht hatten.

Gemäß § 3 Abs. 1 iVm § 15 Abs. 1 NW.KiStG sind kirchensteuerpflichtig alle Angehörigen von Religionsgemeinschaften, die die Rechte einer Körperschaft des öffentlichen Rechtes haben. Die Mitgliedschaft zu einer Religionsgemeinschaft bestimmt sich grundsätzlich nach innerkirchlichem Recht (vgl. BVerfG vom 31.3.1971 - 1 BvR 744/67 - BVerfG 30, 415 [422], KirchE 12, 17), im Streitfall demnach gemäß der Satzung der Beklagten, die eine Körperschaft des öffentlichen Rechts ist (§ 1 der Satzung der Beklagten). Nach § 4 Abs. 1 der Satzung sind Gemeindemitglieder, ohne Rücksicht auf ihre Staatsangehörigkeit, alle Personen, die im Gemeindegebiet wohnhaft und Juden sind. Da nach jüdischem Recht Jude/Jüdin ist, wer von einer jüdischen Mutter abstammt oder zum Judentum konvertiert ist (vgl. BFH-Urteil vom 6.10.1993 - I R 28/93 - BStBl. II 1994, 253 mwN, KirchE 31, 420), und die Klägerin sowie ihr verstorbener Mann im Gemeindegebiet der Beklagten wohnten, sind sie nach innerkirchlichem Recht mit ihrem Zuzug nach Köln Mitglied der Beklagten geworden.

Entgegen dem Vortrag der Kläger war zur Begründung der Gemeindemitgliedschaft nicht erforderlich, dass zusätzlich ein formalisiertes Aufnahmeverfahren durchlaufen werden musste. Für eine solche zusätzliche Voraussetzung haben sich aus der Satzung der Beklagten keine Anhaltspunkte ergeben. Es ist zwar zutreffend, dass zu den Gerichtsakten auch eine Mitgliedsanmeldung der Klägerin vom 11.6.1992 gereicht worden ist mit der „Bemerkung des Rabbiners" vom 12.3.1993, wonach die Tochter ... seit 1988 „Gemeindemitglied ist als Tochter einer jüdischen Mutter; folglich ist Frau ... Jüdin und kann mit ihrer jüngeren Tochter ... in die Gemeinde aufgenommen werden". Als Bemerkung des Vorstandes ist ein Hinweis vom 6.5.1993 beigefügt, wonach der Ehemann „noch kein Mitglied werden" will (vgl. Senatsurteil vom 23.11.1994 - 11 K 6580/93 - wegen Kultussteuer 1992 der Klägerin, KirchE 32, 419). Diese formalisierten Mitgliedsanmeldungen können jedoch nicht einem Aufnahmeverfahren gleichgesetzt werden, wie es für den Beitritt zu Vereinen oder sonstigen Personenzusammenschlüssen erforderlich sein kann. Es kann dahingestellt bleiben, ob und in welcher Weise ein förmliches Aufnahmeverfahren von der Beklagten in denjenigen Fällen durchgeführt wird, in denen eine nichtjüdische Person zum jüdischen Glauben konvertiert, weil in einem derartigen Fall die beantragte Aufnahme konstitutive Wirkung haben muss. Bei einem Juden/einer Jüdin durch Abstammung ist nach innerkirchlichem Recht die Mitgliedschaft bei der Beklagten bereits vorgeprägt, so dass es lediglich der (verbindlichen) Feststellung der Voraussetzungen der jüdischen Abstammung, ggf. auch des Bekenntnisses zum jüdischen Glauben bedarf. In diesem Sinne ist das ausgefüllte Mitgliedsanmeldeformular bzw. ein entsprechender Beitrittsantrag nicht als förmlicher Aufnahmeantrag, sondern als Gesuch um Feststellung der Tatbestandsvoraussetzungen für eine Gemeindezugehörigkeit zu werten. Allerdings ist, wie der erkennende Senat in seinem erstinstanzlichen Urteil (vom 25.6.1997 - 11 K 7468/94 - KirchE 35, 23) festgestellt hat, dem erklärten Glaubensbekenntnis grundsätzlich keine Rückwirkung beizulegen.

Da gemäß der durch Art. 4 Abs. 1 GG gewährleisteten Glaubens- und Bekenntnisfreiheit eine Zwangsmitgliedschaft verboten ist (vgl. hierzu das erstinstanzliche Senatsurteil in EFG 1998, 230 sowie das hierzu ergangene BFH-Urteil BStBl. II 1999, 499, KirchE 37, 63), muss sich der

Wille, einer Religionsgemeinschaft angehören zu wollen, dem gemäß in einem positiven Bekenntnis (hier) zum jüdischen Glauben manifestieren. Sieht das innerkirchliche Recht einen formalisierten Eintrittsakt nicht vor, wird dem verfassungsrechtlich garantierten Schutz der Glaubens- und Bekenntnisfreiheit dadurch hinreichend Rechnung getragen, dass der von einer jüdischen Mutter Abstammende in anderer Form seine Bekenntniszugehörigkeit willentlich dokumentiert.

Setzt - wie im Streitfall - die innerkirchliche Regelung ein formalisiertes Bekenntnis zur Begründung der Mitgliedschaft nicht voraus, so ist nach Auffassung des Bundesfinanzhofs der in den staatlichen Kirchensteuergesetzen verwandte Begriff „Kirchenangehöriger" verfassungskonform dahin zu interpretieren, dass als kirchensteuerpflichtiger Angehöriger einer Kirche bzw. Religionsgemeinschaft nur eine solche Person behandelt wird, die sich persönlich oder durch ihre gesetzlichen Vertreter mit einer nach außen hin erkennbaren und zurechenbaren Willensäußerung als der Religionsgemeinschaft zugehörig bekannt hat (vgl. BFH BStBl. II 1999, 499 [501]). Ob allerdings aus kirchensteuerlicher Sicht der Begriff des „Kirchenangehörigen" einer verfassungskonformen Auslegung bedarf oder ob etwa ein „Kirchenangehöriger" nur ein Kirchenmitglied ist, dessen Zugehörigkeit zur Kirche bzw. Religionsgemeinschaft unstreitig oder (staatlich) anerkannt ist, kann im Streitfall letztlich dahingestellt bleiben. Zwar ist das Recht der Religionsgemeinschaften, ihre inneren Angelegenheiten selbst zu regeln, auch staatlicherseits zu beachten. Dies bedeutet hinsichtlich der kirchlichen Mitgliedschaftsregelung, dass der Religionsgemeinschaft nicht Mitglieder staatlicherseits zugerechnet werden dürfen, die nach innerkirchlichem Recht der Religionsgemeinschaft nicht angehören; andererseits darf eine kirchliche Mitgliedschaftsregelung, die eine Person einseitig und ohne Rücksicht auf ihren Willen der Kirchengewalt unterwirft, als Grundlage für die Kirchensteuerpflicht nicht anerkannt werden (vgl. BVerfG, Urteil vom 31.3.1991 - 1 BvR 744/67 - BVerfGE 30, 415 [423]). Wenn aber der kirchensteuerrechtliche Begriff des „Kirchenangehörigen" nicht identisch mit dem Begriff des Mitglieds einer Kirche bzw. Religionsgemeinschaft nach innerkirchlichem Recht ist, so handelt es sich bezüglich der etwa erforderlichen staatlichen Anerkennung der Mitgliedschaft um eine verwaltungsrechtliche Vorfrage. Ist nämlich umstritten, ob sich eine Religionsgemeinschaft zu Recht der Mitgliedschaft einer Person berühmt, so ist für das entsprechende Feststellungsbegehren - auch in Bezug auf die bei dem Einwohnermeldeamt geführten Daten - grundsätzlich das Verwaltungsgerichtsverfahren vorgesehen (VG Aachen vom 19.1.1993 - 5 K 1081/90 - n.v.). Im kirchensteuerlichen Anfechtungsverfahren wird über diese verwaltungsrechtliche Vorfrage lediglich mitentschieden.

Für den Streitfall bedeutet dies, dass die innerkirchliche Regelung, die die Mitgliedschaft bei der Beklagten lediglich von der jüdischen Abstammung und der Wohnsitznahme im Gemeindebezirk der Beklagten abhängig macht, für die Klägerin nicht hingenommen werden kann, soweit nicht zusätzlich ein von der Klägerin und/oder ihrem verstorbenen Ehemann geäußertes ausdrückliches, objektiv erkennbares Bekenntnis zur jüdischen Glaubensgemeinschaft feststellbar ist.

Es ist nicht erforderlich, dass der Steuerpflichtige sich für jeden Veranlagungszeitraum gesondert zur Religionsgemeinschaft bekennt. Allerdings wirkt ein einmal in der Vergangenheit abgelegtes Bekenntnis als Erklärung auch in die Zukunft fort. Eine derartige, nach außen hin und als solche deutlich gewordene Bekenntniserklärung zur jüdischen Religionsgemeinschaft ist im Streitfall nicht festgestellt worden.

Bereits im ersten Rechtszug hatte der erkennende Senat die ältesten, noch vorhandenen Steuerakten (für die Jahre ab 1984) herangezogen, um aus den Angaben der Klägerin und ihres Ehemannes in ihren Steuererklärungen sowie aus den Angaben in den entsprechenden Lohnsteuerkarten Rückschlüsse auf deren Bekenntnis zu ziehen. Ein Bekenntnis der Klägerin und ihres Ehemannes zum jüdischen Glauben hat sich daraus jedoch nicht ergeben. Steuerakten, die bis zum Zeitpunkt der Einreise der Klägerin und ihres Ehemannes in die Bundesrepublik im Jahre 1978 zurückreichten, konnten von dem zuständigen Finanzamt nicht (auch nicht aus einem Archiv) vorgelegt werden und waren offenbar mit Rücksicht auf die lange zurückliegenden Veranlagungszeiträume turnusgemäß vernichtet worden.

Eine vom Bundesfinanzhof für erforderlich gehaltene Rückfrage bei der zuständigen Meldebehörde hat gemäß Auskunft aus dem Melderegister vom 16.5.2000 die erstinstanzliche Schlussfolgerung bestätigt, dass die Klägerin und ihr Ehemann kein Bekenntnis zum jüdischen Glauben zum Ausdruck gebracht hatten. Gemäß der Auskunft hatten sie vielmehr angegeben, „keiner kirchensteuerpflichtigen Religionsgemeinschaft anzugehören", so dass im Melderegister als Religionszugehörigkeit „vd" vermerkt worden war.

Auch die gerichtliche Aufforderung zur Vorlage des Schriftwechsels der Klägerin (und ihres verstorbenen Ehemannes) mit den „im Inland agierenden jüdischen Organisationen" im Zusammenhang mit der damaligen Einreise aus der ehemaligen Sowjetunion in die Bundesrepublik Deutschland sowie zur Vorlage von Kopien von „Einreiseanträgen o.ä." hat im Ergebnis kein Bekenntnis zum jüdischen Glauben ersichtlich gemacht. Die in Kopie von der Klägerin vorgelegten Einreiseunterlagen haben keine Angaben zu einem religiösen Bekenntnis enthalten. Im Übrigen war nach Angaben der Klägerin ein mit im Inland agierenden jüdischen Organisationen geführter Schriftwechsel nicht mehr vorhanden und es wurde von der Klägerin vermutet, dass wegen der „zunächst eher beschränkten Deutschkenntnisse der Familie" entsprechende Kontakte „im Wesentlichen mündlich erfolgten". Ergänzend hat sich die Klägerin auf den von der „Zentralwohlfahrtsstelle der Juden in Deutschland e.V." herausgebenden „Leitfaden für jüdische Zuwanderer aus der ehemaligen Sowjetunion" berufen, der - auch in seiner späteren Version - von den Beteiligten als unstreitig und maßgeblich angesehen wird. Aus dem „Leitfaden" ist nicht ersichtlich, dass nur solche Juden Betreuung erwarten durften, die sich zum jüdischen Glauben bekannt hatten. Vielmehr versteht sich die „Zentralwohlfahrtsstelle" als zentrale Instanz der jüdischen Wohlfahrtspflege, die über ein Netz von sozialen Einrichtungen verfügt. Aus der Kontaktaufnahme der Klägerin und ihres verstorbenen Ehemannes bei der Zentralwohlfahrtsstelle der Juden in Deutschland kann demnach nicht zugleich auf ein Bekenntnis zum jüdischen Glauben geschlossen werden. Allerdings hat die Beklagte gemeint, dass es auf von der Klägerin und ihrem verstorbenen Ehemann „willkürlich vorgenommene Angaben zur Religionszugehörigkeit in Steuerunterlagen, Meldeunterlagen oder Einreiseformularen" nicht ankommen könne, zumal sie ihr (Beklagte) „größtenteils nicht zugänglich" seien.

Soweit die Beklagte stattdessen - und erstmals im zweiten Rechtszug - geltend gemacht hat, ein Bekenntnis zum jüdischen Glauben ergebe sich im Streitfall daraus, dass der verstorbene Ehemann der Klägerin vor seiner Bestattung auf einem jüdischen Friedhof beschnitten gewesen sei, ist dies durch die daraufhin durchgeführte Beweisaufnahme nicht bestätigt worden. Demnach konnte es auf die von der Beklagten verlangte weitere Feststellung der „Gläubigkeit" der Eltern des Verstorbenen, die eine Beschneidung als rituell - statt als medizinisch indiziert - hätte erscheinen lassen, nicht mehr ankommen.

Die durchgeführte Beweisaufnahme durch Zeugenvernehmung hat eindeutig ergeben, dass der verstorbene Ehemann der Klägerin - entgegen der Behauptung der Beklagten - bis zu seinem Tode überhaupt nicht beschnitten war. *(wird ausgeführt)*

Da mit dem fehlenden Nachweis der Beschneidung zugleich auch der Nachweis eines Bekenntnisses des verstorbenen Ehemannes der Klägerin zum jüdischen Glauben nicht gelungen ist, geht dies zu Lasten der Beklagten, die insoweit die Feststellungslast trägt (vgl. erstinstanzliches Senatsurteil vom 25.6.1997 - 11 K 7468/94 - KirchE 35, 228, insoweit auch bestätigt durch BFH in BStBl. II 1999, 499 [502], KirchE 37, 63). Darüber hinaus hat die Beklagte weder substantiiert dargelegt, noch nachgewiesen, dass die Klägerin selbst im Streitjahr oder davor sich zum jüdischen Glauben bekannt habe. Ein Bekenntnis aus der sog. „Mitgliedsanmeldung" vom 11.6.1992 bzw. vom 10.3.1993 kann weder für die Klägerin noch für ihren verstorbenen Ehemann auf das Streitjahr zurückbezogen werden (vgl. Senatsurteil vom 25.6.1997 - 11 K 7468/94 - KirchE 35, 228). Deshalb konnte es auf die Klärung der zusätzlich umstrittenen Frage, ob auch der verstorbene Ehemann der Klägerin eine der Mitgliedsanmeldungen wirksam unterschrieben habe, nicht mehr ankommen.

15

1. Das Verhalten eines Arbeitnehmers als Mitglied der kirchlichen KODA kann nicht zur Grundlage einer wegen des Sonderkündigungsschutzes allein zulässigen außerordentlichen Kündigung gemacht werden, solange es an einer Verletzung von Pflichten aus dem Arbeitsverhältnis fehlt.
2. Bei der Wertung objektiv unrichtiger Äußerungen eines Arbeitnehmers, die von ihm im Rahmen eines Aufsatzes in einer Fachzeitschrift veröffentlicht werden und sich auf seine KODA-Funktion beziehen, sind die Meinungs- und Wissenschaftsfreiheit (Art. 5 Abs. 1 und Abs. 3 GG) zu beachten; nur eine Schmähkritik oder Formalbeleidigung, nicht bereits polemische oder verletzende Formulierungen scheiden aus dem Schutzbereich des Art. 5 GG aus.
3. Als mildere Sanktion unterhalb der außerordentliche Kündigung kommt auch die Anrufung der Schlichtungsstelle gemäß §§ 13c Nr. 5, 41 Abs. 1 Nr. 3 (Rahmen-)MAVO mit dem Ziel des Erlöschens des Amtes als Mitglied der Mitarbeitervertretung in Betracht.

LAG München, Urteil vom 7. Februar 2002 - 4 Sa 218/01[1] -

Die Klägerin macht die Rechtsunwirksamkeit einer außerordentlichen Kündigung ihres Arbeitsverhältnisses durch die Beklagte geltend.
Die Klägerin ist seit 1.9.1992 bei der Beklagten auf der Basis verschiedener Arbeitsverträge beschäftigt. Nach dem letzten Arbeitsvertrag vom 3.2.1998 war die Klägerin als Religionslehrerin i.K. und als Frauenbeauftragte der Erzdiözese M. tätig. Den letzten Arbeitsverträgen der Parteien lag das Arbeitsvertragsrecht der Bayerischen (Erz-)Diözesen (ABD) in seiner jeweiligen Fassung zugrunde. Die Klägerin erhielt zuletzt eine Vergütung gemäß Vergütungsgruppe IVa ABD. Sie war Mitglied der Ordinariats-Mitarbeitervertretung und der Regional-KODA, die als paritätisch aus Vertretern der Mitarbeiter- und der Dienstgeberseite zusammengesetztes Gremium die ABD beschließt.
Im Rahmen der 89. Vollversammlung der Regional-KODA am 11./12.5.1999 kam es im Zusammenhang mit der Beratung über die Übernahme der Tarifabschlüsse 1999 des Öffentlichen Dienstes zu einer Auseinandersetzung zwischen den Mitarbeiter- und den Dienstgebervertretern innerhalb der Regional-KODA. Dissens bestand insbesondere darüber, ob die im Rahmen des Tarifabschlusses 1999 für den Öffentlichen Dienst festgelegte Einmalzahlung aufgrund der sog. Vergütungsautomatik in § 26 ABD bereits ohne weiteres gelte - so die Ansicht der Mitarbeitervertreter - oder von der Vollversammlung der KODA noch

---
[1] Satz 2 u. 3 amtl. Leitsätze. ZMV 2002, 145. Das Urteil ist rechtskräftig.

beschlossen werden müsse - so die Meinung der Vertreter der Dienstgeberseite. Nachdem die Dienstgebervertreter zunächst intern die Übernahme der Tarifabschlüsse des öffentlichen Dienstes, insbesondere der Einmalzahlung, beschlossen hatten, fasste die 89. Vollversammlung der Regional-KODA schließlich folgenden Beschluss, der mit großer Mehrheit (28 Ja-Stimmen, 7 Nein-Stimmen bei einer Enthaltung) angenommen wurde:

„*Übernahme der Regelungen der Tarifabschlüsse des öffentlichen Dienstes vom 5.3. und vom 15.3.1999 ... In den ... (Erz-)Diözesen gelten die Regelungen der Tarifabschlüsse des öffentlichen Dienstes vom 5.3.1999 und vom 15.3.1999, soweit sie nicht schon gem. § 26 Abs. 3 und 4 ABD Teil A, 1./§ 22 ABD Teil B, 1. Bestandteil des Arbeitsvertragsrechts der ... (Erz-)Diözesen (ABD) sind, mit Wirkung zu den in den Änderungstarifverträgen genannten Zeitpunkten entsprechend*" (Protokollauszug).

Dieser Beschluss wurde sodann im Amtsblatt für das Erzbistum M. vom 27.7.1999 veröffentlicht und vom Erzbischof in Kraft gesetzt. Die Klägerin beantragte gegenüber der 90. Vollversammlung der Regional-KODA einen Beschluss zur Korrektur der Veröffentlichung über die Übernahme des Tarifabschlusses 1999 des Öffentlichen Dienstes im kirchlichen Amtsblatt, der in der 91. Sitzung der Vollversammlung der Regional-KODA am 5./6.10.1999 abgelehnt wurde.

Mit Schreiben an die Geschäftsstelle der Regional-KODA vom 7.10.1999 bat die Klägerin um Beantwortung der Frage, wie ein Nicht-KODA-Beschluss, d.h. ein einseitiger Dienstgeberbeschluss, die Einmalzahlung umzusetzen, zu einem KODA-Beschluss werden habe können, und wann ggf. dies korrigiert werde. Die Geschäftsführerin der Regional-KODA antwortete der Klägerin mit Schreiben vom 3.11.1999, dass veranlasst werde, dass Veröffentlichungen im Amtsblatt in Zukunft deutlicher gefasst werden sollten.

In einem Aufsatz, der im Heft 5/2000 der Zeitschrift NN, der Anfang Mai 2000 erschien, führte die Klägerin unter der Überschrift „Gesetzliche Manipulation" u.a. aus, dass der Erzbischof mit Veröffentlichung im Amtsblatt für das Erzbistum M. die lediglich einseitig aufgrund Dienstgeberbeschlusses zustande gekommene Regelung über die Einmalzahlung des Tarifabschlusses des Öffentlichen Dienstes 1999 als bischöfliches Gesetz in Kraft gesetzt habe, ohne dass ein hierfür erforderlicher KODA-Beschluss vorgelegen habe. Diese Promulgation (Inkraftsetzung) sei in der vorliegenden Form unwirksam, da sich die bayerischen Bischöfe durch einen Grundsatzbeschluss 1995 verpflichtet hätten, einem ABD-Inhalt nur auf Grundlage eines KODA-Beschlusses Gesetzeskraft zu verleihen. Dieses Verfahren untergrabe das Vertrauen der Angestellten und der Öffentlichkeit in das kirchliche Arbeitsvertragsrecht, wenn eine Diözesanverwaltung einen Bischof über das Zustandekommen einer Gesetzesvorlage täusche. Der Generalvikar der Diözese sei gleichzeitig Mitglied der KODA und habe von der Verwandlung des Nicht-Beschlusses in einen Beschluss gewusst.

Mit Schreiben vom 9.5.2000 übersandte die Klägerin dem Erzbischof ihren Aufsatz in der Zeitschrift NN, wobei sie „im Interesse der juristischen Redlichkeit und des christlichen Auftrages zur Wahrhaftigkeit" um Klarstellung im Amtsblatt bat, dass es sich beim Beschluss über die Einmalzahlung im Jahr 1999 nicht um einen KODA-Beschluss, sondern um eine einseitige Dienstgeberentscheidung gehandelt habe; gleichzeitig wies die Klägerin darauf hin, dass sie vorhabe, etwa im Herbst die Öffentlichkeit über die Reaktion des Erzbischofs zu informieren. Dieses Schreiben übersandte die Klägerin durchschriftlich u.a. an alle bayerischen Bischöfe, den Vorsitzenden der Bayerischen Bischofskonferenz sowie die Geschäftsstellen der Regional-KODA und Zentral-KODA.

Daraufhin kündigte die Beklagte das Arbeitsverhältnis mit der Klägerin mit Schreiben vom 24.5.2000, der Klägerin am selben Tag zugegangen, außerordentlich.

Das Arbeitsgericht hat der Feststellungsklage der Klägerin stattgegeben und hierzu ausgeführt, dass die Kündigung der Beklagten vom 24.5.2000 bereits deshalb rechtsunwirksam sei, weil die Beklagte das nach § 31 MAVO vorgeschriebene Anhörungsverfahren vor Ausspruch der Kündigung nicht ordnungsgemäß durchgeführt habe.

Die Berufung der Beklagten hatte im Ergebnis keinen Erfolg.

Aus den Gründen:

II. Die Berufung ist nicht begründet. Die außerordentliche Kündigung der Beklagten vom 24.5.2000 erweist sich schon mangels Vorliegens eines wichtigen Grundes gemäß § 626 Abs. 1 BGB als rechtsunwirksam.

1. a) Eine - hier aufgrund des Status der Klägerin als Mitglied der Mitarbeitervertretung allein mögliche (§ 31 Abs. 1 Satz 1 Rahmen-Diözesan-MAVO) - außerordentliche Kündigung setzt das Vorhandensein eines wichtigen Grundes und damit das Vorliegen von Tatsachen voraus, aufgrund deren dem - hier - kündigenden Arbeitgeber unter Berücksichtigung aller Umstände des Einzelfalles und unter Abwägung der beiderseitigen Interessen die Fortsetzung des Arbeitsverhältnisses bis zum Ablauf der Frist einer ordentlichen Kündigung nicht zugemutet werden kann (§ 626 Abs. 1 BGB), wobei eine solche Kündigung nur innerhalb von zwei Wochen, gerechnet ab positiver Kenntnis des Kündigungsberechtigten von den Kündigungstatsachen, erfolgen kann (§ 626 Abs. 2 BGB).

Hierbei ist näher zu prüfen, ob zunächst ein Sachverhalt vorliegt, der an sich geeignet ist, einen wichtigen Grund für außerordentliche Kündigung zu bilden, und ob dieser sodann auch bei Berücksichtigung der konkreten Umstände des Einzelfalles und unter Abwägung der beiderseitigen Interessen die außerordentliche Kündigung zu rechtfertigen vermag (ständige Rechtsprechung des BAG).

b) Im Rahmen des zeitlichen Abwägungsmaßstabes bei der Konkretisierung des wichtigen Grundes gemäß § 626 Abs. 1 BGB ist bei kollektivrechtlich geschützten Mitgliedern eines Vertretungsorgans - Betriebsratsmitgliedern, Personalratsmitgliedern oder Mitgliedern der Mitarbeitervertretung wie hier - nicht auf den Zeitraum des tatsächlichen Ausschlusses der ordentlichen Kündbarkeit des Arbeitsvertrages, also in der Regel die Amtszeit, sondern auf die fiktive Kündigungsfrist abzustellen, die gelten würde, wenn der Organstatus nicht bestehen würde (vgl. BAG, zuletzt Urteil v. 10.2.1999, NZA 1999, 708 mwN).

Es kommt deshalb hier darauf an, ob es der Beklagten im Rahmen der Konkretisierung des wichtigen Grundes zuzumuten gewesen wäre, zumindest eine Kündigungsfrist von drei Monaten zum Quartalsende (30.9.2000) gemäß § 53 Abs. 2 Teil A. ABD (entsprechend § 53 Abs. 2 BAT) einzuhalten.

2. Hieran gemessen hätte es nach Auffassung der Berufungskammer der Beklagten zumutbar sein müssen, auf das - als solches objektiv und wohl auch subjektiv unzweifelhafte - Fehlverhalten der Klägerin mit einer Sanktion unterhalb bereits einer außerordentlichen Kündigung zu reagieren, so dass es an einem wichtigem Grund gemäß § 626 Abs. 1 BGB fehlt.

a) Die von der Klägerin in einem Aufsatz im Heft 5/2000 der Zeitschrift NN erhobenen Vorwürfe gegenüber der Beklagten, insbesondere deren Diözesanverwaltung und hier maßgeblich gegenüber dem Generalvikar der Diözese, waren in der Sache im Kern unberechtet und in der Diktion wenig sachlich. Demgemäß war auch das Schreiben der Klägerin vom 9.5.2000 an den Erzbischof, mit dem sie diesem ihren Aufsatz übergab und gleichzeitig um Klarstellung der ihrer Ansicht nach bestehenden Fehleinschätzung hinsichtlich der Grundlagen für die Veröffentlichung eines KODA-Beschlusses im Amtsblatt bat - nebst durchschriftlicher Weitergabe dieses Schreibens in einem überregionalen Verteiler im kirchlichen Führungsbereich -, in der Sache ungerechtfertigt.

aa) Der in diesem Zeitschriftaufsatz, auf den die Klägerin auch im Schreiben an den Erzbischof am 9.5.2000 Bezug nimmt, veröffentliche Vorwurf geht dahin, dass das erzbischöfliche Ordinariat fälsch behauptet habe, der Übernahme des Tarifabschlusses 1999 im öffentlichen Dienst liege ein KODA-Beschluss zugrunde, während es sich in Wirklichkeit um einen einseitigen Beschluss nur der Vertreter der Dienstgeber in der 89. Vollversammlung der KODA vom 11./12.5.1999 gehandelt habe, so dass die Promulgation eines solchen Beschlusses im kirchlichen Amtsblatt unrichtig sei und auf einer Täuschung des Bischofs durch die Diözesan-

verwaltung, hier vor allem durch den Generalvikar, der auch KODA-Mitglied ist, beruhe; dieses Verfahren untergrabe das Vertrauen der Angestellten und der Öffentlichkeit in das kirchliche Arbeitsrecht ...
bb) Es lag jedoch, wie die Klägerin als Mitglied der KODA wissen musste, ein Beschluss dieses Gremiums insgesamt, unter Einbeziehung deren Mitglieder von Mitarbeiter- und Dienstgeberseite, vor:

Der lt. Protokoll der 89. Vollversammlung der KODA am 11./12.5.1999 von der Vollversammlung mit großer Mehrheit (28 Ja- zu 7 Nein-Stimmen bei einer Enthaltung) damit auch der Mitarbeitervertreter - nach einer entsprechenden internen Beschlussfassung nur der Dienstgebervertreter - gefasste Beschluss besagt in der Sache nichts anderes, als dass die Regelungen des aktuellen Tarifabschlusses des öffentlichen Dienstes (insbesondere die dort festgelegte Einmalzahlung) übernommen würden - insofern hätte der Beschluss im Sinn der Dienstgebervertreter konstitutive Wirkung -, soweit diese Übernahme (insbesondere die Einmalzahlung) nicht bereits aufgrund des sog. Vergütungsautomatik in § 26 ABD gelten sollte (wie dies die Mitarbeitervertreter in der KODA meinten) - insofern hätte der Beschluss lediglich deklaratorische, feststellende, Bedeutung -. Dieser Beschluss lässt also lediglich die zwischen Mitarbeitervertreter- und Dienstgebervertreterseite streitige Frage der Auslegung der Vergütungsautomatikregelung in den ABD offen, übernimmt aber als (nur) im Zweifel konstitutiver Beschluss der übernimmt aber als (nur) im Zweifel konstitutiver Beschluss der KODA-Vollversammlung die Regelungen der Tarifabschlüsse des öffentlichen Dienstes vom 5.3.1999 und vom 15.3.1999 in vollem Umfang.

Die Veröffentlichung dieses Beschlusses im Amtsblatt für das Erzbistum M. vom 27.7.1999 war damit korrekt. Die publizierten Vorwürfe der Klägerin hinsichtlich des Fehlens eines Beschlusses der KODA-Vollversammlung, des Vorliegens eines nur einseitigen Beschlusses der Dienstgebervertreter und des fehlerhaften Handelns des Generalvikars bei dessen Promulgation (durch „bewusste und gewollte" Irreführung des Kirchengesetzgebers und des Bischofs ...) waren deshalb in der Sache nicht gerechtfertigt. Aus welchem Grund die Klägerin dies nicht einsehen wollte/ggf. will, ist allerdings wiederum der Kammer nicht einsichtig.
b) Bei der Würdigung dieser ungerechtfertigten, von der Klägerin veröffentlichten, Vorwürfe am Maßstab eines wichtigen Grundes gemäß § 626 Abs. 1 BGB nach vorstehenden Grundsätzen ist nach Auffassung der Berufungskammer folgendes zu berücksichtigen:
aa) Zum einen bezog sich das Verhalten der Klägerin hierbei erkennbar nicht auf ihre Tätigkeit als Arbeitnehmerin - Religionslehrerin und Frauenbeauftragte - der Beklagten im unmittelbar vertragsbezogenen Sinn, sondern hatte seinen Grund und Ausgangspunkt in der Funktion der Klägerin als Mitglied der Regional-KODA, einer kollektivrechtlichen Kommission zur Erarbeitung der Arbeitsvertragsregelungen für die Mitarbeiter der (Erz-)Diözesaneinrichtungen, was im nichtkirchlichen Bereich vergleichbar wäre einer Tätigkeit eines Betriebsratsmitglieds oder

auch Gewerkschaftsfunktionärs im Rahmen einer Tarifkommission. Eine Verletzung unmittelbar arbeitsvertraglicher Pflichten der Klägerin im Dienstverhältnis als Religionslehrerin der Beklagten, eine konkrete Beeinträchtigung des arbeitsvertraglichen Austauschverhältnisses, liegen damit nicht vor.

Eine konkrete Störung des Betriebsfriedens durch das Handeln der Klägerin in der Einrichtung/den Einrichtungen, in der/in denen sie Religionsunterricht erteilt hat oder als Frauenbeauftragte tätig war, ist weder näher vorgetragen noch sonst erkennbar (vgl. auch KR-Fischermeier, 6. Aufl. 2002, § 626 BGB Rn 115 f.).

bb) Zum anderen erfolgten die (in der Sache allerdings objektiv verfehlten) Äußerungen der Klägerin hinsichtlich eines nicht-existenten KODA-Beschlusses und dessen Veröffentlichung im Amtsblatt der Beklagten zunächst im Rahmen eines im weiteren Sinne wissenschaftlichen Aufsatzes in einer wissenschaftlichen Zeitschrift, so dass bei der Wertung der dort niedergelegten Einschätzungen der Klägerin die Meinungs- und die Wissenschaftsfreiheit (Art. 5 Abs. 1 u. 3 GG) zu berücksichtigen sind.

Der Grundrechtsschutz aus Art. 5 Abs. 1 Satz 1 GG besteht jedoch unabhängig davon, ob eine Äußerung rational oder emotional, begründet oder grundlos ist, und bezieht sich nicht nur auf den Inhalt, sondern auch auf die Form einer Äußerung. Allein eine polemische oder verletzende Formulierung entzieht eine Äußerung noch nicht dem Schutz der Meinungsfreiheit. Nur eine Schmähkritik oder eine Formalbeleidigung scheiden von vornherein aus dem Schutzbereich des Grundrechts in Art. 5 GG aus (stRspr. des Bundesverfassungsgerichtes, vgl. nur Beschluss v. 16.10.1998 - 1 BvR 1685/92 - z.B. in AP Nr. 24 zu § 611 BGB Abmahnung).

Zwar findet die verfassungsrechtlich geschützte Meinungsfreiheit eine Schranke u.a. in den allgemeinen Gesetzen und im Recht der persönlichen Ehre (Art. 5 Abs. 2 GG). Allerdings müssen die Gerichte die grundrechtsbeschränkende Norm ihrerseits wieder im Licht der Meinungsfreiheit auslegen und anwenden, damit die wertsetzende Bedeutung des Grundrechts auch auf der Rechtsanwendungsebene gewahrt bleibt (BVerfG, Urteil v. 16.10.1998 aaO; BAG, Urteil v. 2.3.1982, AP Nr. 8 zu Art. 5 Abs. 1 GG Meinungsfreiheit).

Der unter dem Titel „Gesetzliche Manipulation" (soweit dieser der Klägerin zuzurechnen ist) erschienene Fachaufsatz der Klägerin und ihr im Ton deutlich, aber noch nicht unsachlich gehaltenes Schreiben an den Kardinal vom 9.5.2000 nebst dessen Verbreitung innerhalb eines weiter gezogenen kirchlichen Führungskreises überschreiten diese Grenzen nach Auffassung der Kammer noch nicht. Die Formulierungen der Klägerin im Aufsatz in der Zeitschrift NN sind in einzelnen Passagen polemisch, ggf. auch in Richtung des Generalvikars objektiv verletzend - weil

Außerordentliche Kündigung eines Mitglieds der Mitarbeitervertretung 107

von der Beschlusslage der 89. KODA-Vollversammlung nicht gedeckt -, aber keinesfalls bereits eine nicht entschuldbare Entgleisung mit dem Stellenwert einer Formalbeleidigung o.Ä. (§§ 185 f. StGB) oder auch einer Schmähkritik, und deshalb durch den Schutzbereich des Art. 5 Abs. 1 GG noch geschützt.

cc) Dies gilt auch unter Berücksichtigung der besonderen verfassungsrechtlichen Stellung der Beklagten als kirchlichen Rechtsträgers (Art. 140 GG). Auf Verstöße gegen kirchenspezifische Loyalitätspflichten (iSd Art. 4 GO) will die Beklagte die Kündigung ausdrücklich nicht stützen (s.u.).

c) Nach allem fehlt es nach Auffassung der Berufungskammer bereits an einem wichtigen Grund für eine außerordentliche Kündigung als solchen. Der Beklagten hätte es im Rahmen des zeitlichen Abwägungsmaßstabes gemäß § 626 Abs. 1 BGB insgesamt zumutbar sein müssen, zumindest die Frist für eine ordentliche Vertragsbeendigung durch fristgemäße Kündigung zum 30.9.2000 einzuhalten (s.o.).

Jedenfalls müsste sich eine solche Kündigung nach den Grundsätzen der Interessenabwägung als unwirksam erweisen, da eine konkrete Störung der betrieblichen Interessen der Beklagten im Rahmen der arbeits-(dienst-)vertraglich geschuldeten Tätigkeit der Klägerin als Religionslehrerin und Frauenbeauftragter nicht erkennbar ist.

Die Beklagte hätte auf das Verhalten der Klägerin durch eine Sanktion unterhalb der Schwelle der außerordentlichen fristlosen Kündigung reagieren müssen, wobei wiederum offen bleiben kann, ob hierfür ggf. eine Abmahnung ausgereicht hätte oder auch die Anrufung der Schlichtungsstelle gemäß §§ 13c Nr. 5, 41 Abs. 1 Nr. 3 MAVO mit dem Ziel des Erlöschens des Amtes der Klägerin als Mitglied der Mitarbeitervertretung, das offensichtlich Voraussetzung ihrer Tätigkeit als Mitglied der Bayerischen Regional-KODA ist, oder auch eine ordentliche Kündigung - ggf., allenfalls, eine außerordentliche Kündigung mit sozialer, der sonst geltenden ordentlichen Kündigungsfrist entsprechender Auslauffrist (wobei eine entsprechende Umdeutung der ausgesprochenen außerordentlichen fristlosen Kündigung in eine Kündigung mit notwendiger Auslauffrist hier daran hätte scheitern müssen, dass die MAV nach den für eine ordentliche Kündigung geltenden Grundsätzen gemäß § 20 MAVO angehört hätte werden müssen: BAG, zuletzt Urteil v. 18.1.2001, DB 2002, S. 100; Urteil v. 18.10.2000, AP Nr. 9 zu § 626 BGB Krankheit).

d) Auf die Frage der Einhaltung der besonderen Verfahrensvorschriften in Art. 5 der Grundordnung des kirchlichen Dienstes im Rahmen kirchlicher Arbeitsverhältnisse (GO) - die von der Beklagten in Kraft gesetzt wurde - kommt es damit nicht an (vgl. hierzu BAG, Urteil v. 16.9.1999, NZA 2000, 208, KirchE 37, 300). Die Beklagte stützt die streitgegenständliche außerordentliche Kündigung vom 24.5.2000, nach ihren schriftsätzlichen Ausführungen und zuletzt in der Berufungsverhandlung, ausdrücklich nicht auf die Verletzung kirchenspezifischer Loyalitätsobliegenheiten iSd Art. 4 GO.

Ob die Vorschrift des Art. 5 Abs. 1 Satz 1 GO, nach der der Dienstgeber bei Nichterfüllung von Beschäftigungsanforderungen zwingend zunächst deren Beseitigung durch Beratung versuchen muss, auch für nicht-kirchenspezifische Verstöße gegen Loyalitätsobliegenheiten gilt oder hier - so die Auffassung der Klägerin - wenigstens analog heranzuziehen ist, kann deshalb offen bleiben.

3. Da somit nicht mehr entscheidungserheblich, wird hinsichtlich der weiter streitigen Fragen im Hinblick auf die umfangreichen schriftsätzlichen Ausführungen der Parteien in der Berufungsinstanz und insbesondere die Erörterungen in der mündlichen Verhandlung vor dem Berufungsgericht hierzu lediglich ergänzend und der hiernach gebotenen Kürze auf folgendes hingewiesen:

a) Nach dem zuletzt offensichtlich nicht mehr bestrittenen Vorbringen der Beklagten ist davon auszugehen, dass sie erst mit Eingang des Schreibens der Klägerin vom 9.5.2000 am 10.5.2000 im Erzbischöflichen Sekretariat Kenntnis vom kurz zuvor erschienenen Artikel der Klägerin in der Zeitschrift NN erhalten hat, so dass die der Klägerin unstreitig noch am 24.5.2000 zugegangene Kündigung im übrigen die Kündigungserklärung-Ausschlussfrist des § 626 Abs. 2 BGB gewahrt hat.

b) Auch die Beteiligung der Mitarbeitervertretung gemäß § 31 MAVO war wohl, entgegen der Ansicht des Arbeitsgerichtes, ordnungsgemäß erfolgt. Auch wenn § 31 Abs. 1 MAVO, über seinen Wortlaut hinaus, die Mitteilung der Kündigungsgründe voraussetzt (§ 31 Abs. 2 MAVO dies, im Rahmen systematischer Auslegung im Zusammenhang mit Abs. 1 dieser Vorschrift, ggf. indiziert), so hätte die Beklagte die von ihr für maßgeblich angesehenen Kündigungsgründe (Fachaufsatz der Klägerin und Schreiben vom 9.5.2000 an den Erzbischof nebst dessen Verbreitung) unstreitig der MAV mit Schreiben vom 22.5.2000 und ergänzender mündlicher Erläuterung mitgeteilt (Grundsatz der subjektiven Determination), wobei der Personalreferent der Beklagten, nach den in der Berufungsinstanz vorgelegten Unterlagen hierbei vertretungsbefugter, ordnungsgemäß bestellter Mitarbeiter in leitender Stellung iSd § 2 Abs. 2 Satz 2, 3 Abs. 2 Unterabs. 2 MAVO war.

Im Übrigen würde sich die Übertragung der Grundsätze der neueren Rechtsprechung des Bundesarbeitsgerichts im Bereich des öffentlichen Dienstes aufdrängen, wonach dann, wenn das Verfahren zur Personalratsbeteiligung nicht durch den nach den Personalvertretungsgesetzen (§ 7 BPersVG und die entsprechenden Vorschriften in den Länderpersonalvertretungsgesetzen) zunächst allein vertretungsbefugten Dienststellenleiter, sondern durch einen personalvertretungsrechtlich nicht zuständigen Vertreter/Beauftragten des Dienststellenleiters eingeleitet wird, dieser Fehler nicht zur Unwirksamkeit der Kündigung führt, wenn der Personalrat den Fehler beim Beteiligungsverfahren nicht rügt, sondern - wie hier - zur beabsichtigten Kündigung Stellung nimmt (BAG, etwa Urteil v. 25.2.1998, AP Nr. 2 zu § 72a NW.LPVG; Urteile v. 26.10.1995 und v. 29.10.1998, AP Nrn. 8 u. 13 zu § 79 BPersVG).

16

Zur Frage der Abwägungskriterien für die Beurteilung von kritischen Äußerungen eines kirchlichen Sektenbeauftragten über gewerbliche Aktivitäten einer anderen Religionsgemeinschaft.

Art. 2, 4 Abs. 1 u. 2, 5 Abs. 1 GG, § 823 Abs. 1 BGB
OLG München, Urteil vom 8. Februar 2002 - 21 U 3532/01[1] -

Die Klägerin begehrt Schadensersatz wegen Äußerungen des Beauftragten der Beklagten für Sekten und Weltanschauungsfragen.
Die Klägerin ist ein Unternehmen, das sich mit EDV-Beratung und Programmierung sowie mit der Herstellung und dem Vertrieb von Daten und Textsystemen befasst. Zu ihrer Geschäftstätigkeit gehört unter anderem der Vertrieb des von der Medistar-Praxis Computer GmbH entwickelten Arztprogramms „Medistar" einschließlich Dokumentation und Verbindung dieses Programms mit dem Arzneimittelinformationssystem „PharmaStar". Die Klägerin beschäftigt 15 Mitarbeiter, die, wie auch die Gesellschafter und die beiden Geschäftsführer, der Glaubensgemeinschaft „Universelles Leben" angehören.
Am 16.5.1997 erschien in der Zeitschrift „Medical Tribune" ein Artikel, in dem die Klägerin als „Christusbetrieb" der Glaubensgemeinschaft „Universelles Leben" (U.) bezeichnet und die Frage aufgeworfen wurde, „Können Psycho-Sekten in der Praxis-EDV spionieren?". Unter anderem hieß es in dem Artikel, Experten hielten „U." für ebenso gefährlich wie die berüchtigte Scientology. Just diese Gruppe habe Zugriff auf einige hundert Praxis-EDV-Systeme niedergelassener Ärzte. In dem Artikel wird auch der Sektenbeauftragte der Beklagten mit negativen Aussagen über „Universelles Leben" zitiert.
Am 18.5.1997 gab der Sektenbeauftragte der Beklagten unter der Überschrift „Sicherheitslücke in ärztlicher Praxis-EDV" eine Pressemitteilung heraus. Zwischen der Überschrift und dem Text befand sich in kleinerer gegenüber dem übrigen Text herausgehobener Schrift die Aussage „Patientendaten im Zugriff der Psychosekte „Universelles Leben".
Zu diesem Thema gab der Sektenbeauftragte am 20.5.1997 ein Interview

---

[1] RuS 2004, 214; ZUM-RD 2002, 440. Die Revision der Klägerin wurde nicht zur Entscheidung angenommen; BGH, Beschluss vom 17.12.2002 - VI ZR 135/02 - n.v.

in einem bayernweit verbreiteten privaten Hörfunk-Programm, an dem auch der Klägervertreter teilnahm. Die Pressemitteilung wurde von mehreren Tageszeitungen aufgegriffen.

Mit Schreiben vom 29.5.1997 kündigte der Vertragspartner der Klägerin, dessen EDV-Programme sie vertrieb, die Geschäftsbeziehung unter Hinweis auf die Veröffentlichungen über die Klägerin.

Die Klägerin erhob Klage zum Verwaltungsgericht mit dem Antrag, der Beklagten die streitgegenständlichen Äußerungen zu untersagen; darüber hinaus beantragte die Klägerin die Feststellung, dass die Beklagte ihr den Schaden zu ersetzen habe, der dadurch entstehe, dass Vertragspartner der Klägerin mit Rücksicht auf Berichte über die betreffenden Äußerungen die Geschäftsbeziehung beendet hätten oder eine Geschäftsbeziehung nicht aufnehmen würden. Später beantragte die Klägerin anstelle des Feststellungsbegehrens die Beklagte zu verpflichten, an sie einen vom Gericht zu schätzenden Schadensersatzbetrag, mindestens jedoch 1 Million DM zu bezahlen.

Mit Beschluss vom 6.10.1998 hat das VG München den Rechtsstreit hinsichtlich des Leistungsantrages an das Landgericht München 1 verwiesen.

Die Klägerin hat im ersten Rechtszug vorgebracht, die Äußerungen des Sektenbeauftragten der Beklagten seien geeignet, ihre, der Klägerin, Seriosität in Zweifel zu ziehen und der Öffentlichkeit den Eindruck zu vermitteln, es drohe von Seiten der Klägerin die Gefahr eines schwer wiegenden Datenmissbrauches.

Sie habe zwischenzeitlich ihr Unternehmen stilllegen müssen, da der Wegfall der Geschäfte im Rahmen ihres Vertriebspartnervertrages mit der Firma Medistar nicht durch andere Geschäfte habe ersetzt werden können. Die Geschäftstätigkeit mit der Firma Medistar habe ca. 75 vH des Umsatzes und ca. 90 vH ihrer Kunden umfasst. Die Kooperation zwischen der Firma Medistar, den Kunden und ihr, der Klägerin, als Vertriebspartner sei auf eine langfristige geschäftliche Partnerschaft angelegt gewesen. Es sei so gut wie ausgeschlossen, dass die Kooperation in den nächsten zehn Jahren von irgendeiner Seite aufgegeben worden wäre. Bei Zugrundelegung eines durchschnittlichen Jahresgewinns von nur 200,000,00 DM ergebe sich ein Schadensersatzbetrag von DM 2 Millionen.

Die Klägerin hat in 1. Instanz beantragt, die Beklagte zu verpflichten, an die Klägerin einen vom Gericht zu schätzenden Schadensersatzbetrag, mindestens jedoch DM 1 Million, zu bezahlen.

Die Beklagte hat vorgebracht, der Schadensersatzanspruch bestehe nicht, da die Äußerungen ihres Sektenbeauftragten unter den Schutz von Art. 5 GG fielen. Der Sektenbeauftragte habe lediglich auf Äußerungen in der Zeitschrift Medical Tribune Bezug genommen und sich der dort geäußerten Sorge angeschlossen. Insbesondere habe er nicht unterstellt, dass bereits missbräuchlich mit Daten umgegangen worden wäre. Es sei keine Widerrechtlichkeit eines Eingriffes gegeben. Das in der Ärztezeitung angesprochene Thema und die im Anschluss daran geäußerte Sorge des Sektenbeauftragten betreffend den äußerst sensiblen Bereich der personenbezogenen Daten und das Recht auf informationelle Selbstbestimmung seien für die Öffentlichkeit von besonderem Interesse. Es lägen schutzwürdige Interessen der Allgemeinheit vor, sodass ein ernsthaftes Informationsbedürfnis der Öffentlichkeit bestehe.

Da die von ihrem Sektenbeauftragten im Rahmen der Meinungsäußerungsfreiheit abgegebenen Äußerungen weder das Recht am eingerichteten und ausgeübten Gewerbebetrieb noch das allgemeine Persönlichkeitsrecht der Klägerin verletzen würden, bestehe kein Schadensersatzanspruch. Vorsorglich werde der geltend gemachte Schaden auch der Höhe nach bestritten. Die Ausführungen hierzu seien unschlüssig und unsubstantiiert. Abgesehen davon fehle ein Ursachenzusammenhang zwischen den streitgegenständlichen Äußerungen und dem behaupteten Schaden.

Das Landgericht hat die Klage abgewiesen. Das allgemeine Persönlichkeitsrecht der Klägerin als juristischer Person sei nicht verletzt worden. So weit von der Beklagten Tatsachenbehauptungen aufgestellt worden seien, seien diese wahr. Die Klägerin sei unstreitig ein so genannter „Christusbetrieb". Einen tatsächlichen Missbrauch von Patientendaten durch die Klägerin habe die Beklagte nicht behauptet. Das Wort „Zugriff" in der Pressemitteilung vom 18.5.1997 sei im Sinne von Zugriff nehmen können, zu verstehen. Die in den Äußerungen des Sektenbeauftragten enthaltenen Wertungen und Meinungsäußerungen stellten keine Schmähkritik dar. Es sei lediglich von der „denkbaren Gefahr der Verletzung des Datenschutzes" die Rede; das Aufwerfen jener Frage sei keine Persönlichkeitsverletzung. Das gelte auch von der Bezeichnung „dubiose Organisation"; die Beklagte könne sich als Kirche auf Art. 4 Abs. 1 u. 2 GG berufen. Der Sektenbeauftragte der Beklagten habe eine Beziehung zwischen der Geschäftstätigkeit der Klägerin und ihrer Zugehörigkeit zu den „Christusbetrieben" herstellen dürfen. Eine Schadensersatzpflicht der Beklagten ergebe sich auch nicht aus dem Auffangtatbestand des Eingriffs in den ausgeübten und eingerichteten Gewerbebetrieb. Unstreitig bestünden Sicherheitslücken bei Arztpraxis-EDV-Systemen. Ein Zugriff auf Patientendaten sei Personen möglich, die durch ihre Sektenzugehörigkeit ideologisch gebunden seien. Die gebotene Abwägung ergebe keine Rechtswidrigkeit der Äußerungen der Beklagten.

Gegen dieses Urteil wendet sich die Klägerin mit ihrer Berufung. Sie macht im Wesentlichen geltend, es gehe um die Frage von grundsätzlicher Bedeutung, ob es den Kirchen erlaubt sei, ein Wirtschaftsunternehmen durch eine Pressekampagne in den Ruin zu treiben, weil es von Mitgliedern einer anderen Religionsgemeinschaft betrieben werde, die einem kirchlichen Beauftragten nicht gefalle. Das „U." sei eine Religionsgemeinschaft im Sinne des Grundgesetzes und der Weimarer Verfassung, an deren Gesetzes- und Verfassungstreue keine Zweifel bestünden. Die Äußerungen des kirchlichen Beauftragten, der sich zunächst in der Medical Tribune vom 16.5.1997 zitieren lasse, und die Pressemitteilung der Beklagten vom 18.5.1997, auf deren, Grundlage die Meldung der dpa vom 19.5.1997 erfolgt sei, hätten zu einer Reihe von Medienberichten geführt, in denen ihre, der Klägerin, Seriosität ins Zwielicht geraten sei. Auf all diese Medienberichte gehe die Kündigung ihres Hauptvertragspartners, der Medistar, vom 29.5.1997 zurück. Sie, die Klägerin, habe dadurch 75 vH ihres Umsatzes und 90 vH ihrer Kunden verloren. Ihr Unternehmen habe deshalb zum 31.12.1997 stillgelegt werden müssen. Ihr dadurch verursachter Schaden betrage schätzungsweise 1 Million DM.

Die zentrale Aussage der Pressekampagne sei eine unwahre und ehrenrührige Tatsachenbehauptung. Die herabwürdigende Bekanntgabe der Religionszugehörigkeit ihrer Mitarbeiter verstoße gegen ihr, der Klägerin, Persönlichkeitsrecht. Ihr Recht am eingerichteten und ausgeübten Gewerbebetrieb, ihre Unternehmensehre seien verletzt worden.

Wer „Zugriff" habe, verfüge bereits über etwas. Es gehe nicht darum, dass nur sie auf Patientendaten Zugriff nehmen könne, was selbstverständlich und bei jedem EDV-Unternehmen der Fall sei, sondern darum, dass durch die Tätigkeit auch die Glaubensgemeinschaft „U." als Organisation auf diese Daten Zugriff nehmen könne. Dies sei eine Tatsachenbehauptung. Die Behauptung verstehe sich im Sinne „einer zumindest denkbaren Gefahr". Diese Möglichkeit sei nur zu bejahen, wenn man ihren Mitarbeitern unterstelle, sie wären zu Straftaten bereit. Insoweit werde mit der Behauptung einer äußeren Möglichkeit die Behauptung einer inneren Tatsache verbunden. Für eine solche Behauptung bestehe kein Anhaltspunkt. Als Wertung, die dann tatsächliche Elemente einschließe, sei die Äußerung ebenfalls unzulässig. Die Beklagte könne sich vorliegend nicht auf Art. 4 GG berufen. Die Abwägung zwischen ihrer, der Klägerin, Belangen des Ehrenschutzes und der Äußerungsfreiheit der Beklagten führe zur Unzulässigkeit der Äußerung. Die Bewertung, dass sie aufgrund der Zugehörigkeit ihrer Mitarbeiter zu einer „Psychosekte" möglicherweise bereit sei, gegen den (strafbewehrten) Datenschutz zu verstoßen, sei eine schwere Rufschädigung. Sie liege nicht im Interesse ernst zu nehmender Datenschutzerwägungen. Dafür fehle jeder sachliche Anhaltspunkt. Die Äußerung sei nicht aus religiösen Gründen gerechtfertigt. Eine „Glaubenskonkurrenz" habe im Rahmen des Art. 4 GG allein auf dem Gebiet der so genannten „Glaubensdinge" zu erfolgen. Die eigentliche Motivation der Beklagten ergebe sich aus der Feststellung des Bayerischen Verwaltungsgerichtshofs in seiner Entscheidung vom 4.6.1999, wonach bei Abgabe der Presseerklärung absehbar, wenn nicht sogar beabsichtigt gewesen sei, dass diese die Geschäftstätigkeit der Klägerin erheblich beeinträchtigen würde. Die Beklagte habe daher keine öffentlichen, sondern ausschließlich ihre kirchlichen Interessen wahrgenommen. Art und Weise sowie Zielrichtung der Äußerung würden weder von § 193 StGB noch von Art. 5 oder Art. 4 GG geschützt. Für die Abwägung sei ferner die körperschaftlich-öffentlich-rechtliche Meinungsmacht der Kirchen, die Relevanz gesellschaftlicher Ungleichgewichte von Bedeutung. Kirchliche Meinungsäußerungen beeinträchtigten die Ehre des Betroffenen fast so stark wie (unwahre) Tatsachenbehauptungen.

Ihr allgemeines Persönlichkeitsrecht sei verletzt worden. Dieses schütze vor grundloser Bekanntgabe der Zugehörigkeit zu einer bestimmten religiösen oder weltanschaulichen Gruppierung. Die juristische Person sei in den Schutzbereich einbezogen. Sie, die Klägerin, werde mit einer Religionsgemeinschaft in Verbindung gebracht, welche die Beklagte als „Psychosekte" bezeichne. Sie werde infolge dieser Religionszugehörigkeit selbst als „dubiose Organisation" bezeichnet. Ihr allgemeines Persönlichkeitsrecht werde vor allem durch die zentrale Äußerung verletzt, wonach infolge ihrer Tätigkeit eine „Psychosekte" Zugriff zu Patientendaten habe. Dies scheide nicht dadurch aus, dass zugleich berichtet werde, in der Vergangenheit hätten sich keine Anhaltspunkte für einen Missbrauch ergeben. Ihr Recht am eingerichteten und ausgeübten Gewerbebetrieb sei verletzt worden. Es habe kein zwingender konkreter Anlass für die negative Bewertung der Zugehörigkeit der Klägerin und ihrer Mitarbeiter zu „U." bestanden. Die Beklagte habe nicht in zeitlicher Nähe der Betriebsaufnahme der „Gefahrenquelle", sondern nach 10 Jahren ihres, der Klägerin, ordnungsgemäßen und gesetzestreuen Handelns öffentlich gewarnt. Die Beklagte habe ihren Betrieb vernichten wollen.

Die Voraussetzungen einer vorsätzlichen sittenwidrigen Schädigung seien erfüllt.

Die Beklagte bringt im Wesentlichen vor, der Sektenbeauftragte habe, nachdem er über die Lehre des „U." in dem Artikel in der Medical Tribune vom 16.5.1997 zitiert worden sei, als fachlich Legitimierter Stellung nehmen dürfen. Er habe keine unwahren Tatsachenbehauptungen aufgestellt. Im Übrigen, seien die Äußerungen in der Pressemitteilung vom 18.5.1997 und in dem Interview bei „Antenne Bayern" zulässige Meinungsäußerungen. Darin sei nur von einer „denkbaren Gefahr der Verletzung des Datenschutzes" die Rede. Sie enthielten keine Ehrverletzung. Der Sektenbeauftragte habe der Klägerin kein missbräuchliches Umgehen mit Daten unterstellt. Für die Klägerin, die als „Christusbetrieb" in einer absoluten Bindung zum „U." stehe, gelte damit das Wort der „Prophetin" Gabriele W. gleichsam als Gesetz. Ihr Sektenbeauftragter sei daher berechtigt, eine Beziehung zwischen der Geschäftstätigkeit der Klägerin und deren Zugehörigkeit zu den „Christusbetrieben" herzustellen. Es habe ein Aufklärungsinteresse der Öffentlichkeit bestanden.

Zuhörer und Leser der Äußerungen seien berufen geblieben, sich ihr eigenes Urteil zu bilden. Der eingerichtete und ausgeübte Gewerbebetrieb der Klägerin sei nicht verletzt worden. Wegen der ideologischen Bindung von „Christusbetrieben" an „U.", wegen der Sektenproblematik in Verbindung mit der EDV-Sicherheitslücke und wegen der aktuellen Berichterstattung über dieses Thema überwögen bei der Abwägung ihre, der Beklagten, Grundrechte gemäß Art. 4 Abs. 1 u. 2 und Art. 5 Abs. 1 u. 2 GG. Die Äußerungen des Sektenbeauftragten richteten sich nicht spezifisch gegen den betrieblichen Organismus oder die unternehmerische Entscheidungsfreiheit der Klägerin. Es habe sich nicht um einen zielgerichteten Eingriff gehandelt. Der Sektenbeauftragte habe sich lediglich gegenüber der Öffentlichkeit der Sorge der „Medical Tribune" angeschlossen.
Die Berufung blieb ohne Erfolg.

Aus den Gründen:

Die Berufung der Klägerin ist nicht begründet.
Der von der Klägerin geltend gemachte Schadensersatzanspruch wegen Verletzung des allgemeinen Persönlichkeitsrechts (§ 823 Abs. 1 BGB), wegen Eingriffs in den eingerichteten und ausgeübten Gewerbebetrieb (§ 823 Abs. 1 BGB), wegen unerlaubter Handlung (§ 823 Abs. 2 BGB iVm §§ 185 f. StGB), wegen Kreditgefährdung (§ 824 BGB) oder wegen sittenwidriger vorsätzlicher Schädigung (§ 826 BGB) besteht nicht.
Das beanstandete Verhalten der Beklagten oder ihres Beauftragten für Sekten und Weltanschauungsfragen, insbesondere mit dem angegriffenen Text in der Pressemitteilung vom 18.5.1997, stellt sich nicht als rechtswidrig dar.
Der Senat folgt den tragenden Gründen des landgerichtlichen Urteils und nimmt auf sie Bezug (vgl. § 543 Abs. 1 ZPO).
Ergänzend wird im Hinblick auf den Berufungsvortrag ausgeführt:
I. Durch die angegriffenen Äußerungen wurde nicht in rechtswidriger Weise das auch der Klägerin als juristischer Person des Privatrechts zustehende allgemeine Persönlichkeitsrecht, insbesondere deren Geschäftsehre oder deren Ruf, verletzt.
1. Um unstreitig wahre Tatsachenbehauptungen handelt es sich bei den Äußerungen, dass die Klägerin ein der Glaubensgemeinschaft „Universelles Leben" zuzurechnender „Christusbetrieb" sei, dass sich sämtliche Mitarbeiter, Gesellschafter und Geschäftsführer der Klägerin zu der Glaubensgemeinschaft bekennten sowie dass die Klägerin das für Arztpraxen entwickelte EDV-Programm „Medistar" im süddeutschen Bereich an mehrere hundert Ärzte vertrieben habe und betreue.

2. Der Senat teilt vor allem auch das vom Erstgericht (sowie vom BayVGH, Beschluss vom 4.6.1999, S. 8 f. und vom Hanseatischen OLG, Urteil vom 21.4.1998, S. 7 f., 7 U 237/97) dargelegte Verständnis der Aussage „Patientendaten im Zugriff der Psychosekte U.", nämlich dass der Begriff des „Zugriffs" im Sinne eines „Zugriffnehmenkönnens" aufzufassen sei.

Diese in der Unter-Überschrift der Pressemitteilung vom 18.5.1997 enthaltene Äußerung ist nicht isoliert, sondern im Zusammenhang mit dem gesamten Aussagetext zu sehen, zumal da die Klägerin in den Überschriften der Pressemitteilung vom 18.5.1997 nicht genannt wird. Bereits aus dem ersten Satz des eigentlichen Textes der Presseerklärung, in dem von einer „zumindest denkbaren Gefahr" die Rede ist, folgt jener Sinngehalt als einer bloßen Möglichkeit des Zugriffs. Diese ist tatsächlich gegeben. Es ist allgemein bekannt, dass bei EDV-geführten Datenverwaltungen insofern eine „Sicherheitslücke" besteht, als Dritte, die mit der Betreuung des Systems beauftragt sind, Zugriff auf die gespeicherten Daten nehmen können. Aus der Sicht eines unvoreingenommenen Durchschnittslesers beinhaltet die beanstandete Aussage weder, dass sich Mitarbeiter der Klägerin tatsächlich Patientendaten verschafft haben, noch gar, dass sie diese an andere Bereiche des „U." weitergegeben hätten. Der Sektenbeauftragte der Beklagten hat auch sonst weder in seiner Pressemitteilung noch in seinen übrigen, von der Klägerin beanstandeten Erklärungen offen oder verdeckt - wahrheitswidrig - behauptet, dass Mitarbeiter der Klägerin Datenmissbrauch betrieben hätten.

3. Daneben enthalten die Pressemitteilung und das Interview des Sektenbeauftragten Wertungen und Meinungsäußerungen, durch welche die Glaubensgemeinschaft „U.", der sich die Klägerin zugehörig fühlt, und auch die Klägerin in negativer, möglicherweise herabsetzender Weise, dargestellt werden. Dies ist im angefochtenen Urteil berücksichtigt (siehe auch unten III. im Rahmen der Abwägung).

Zutreffend wird dort ferner darauf hingewiesen, dass die Grenze zur unzulässigen Schmähkritik durch die Äußerungen nicht überschritten werden (vgl. Soehring, Presserecht, 3. Aufl., Rn 20.9 mwN). Diese haben Sachnähe zu einem zu Grunde liegenden Tatbestand und zu dem vertretenen sachlichen Anliegen; die tatsächlichen Bezugspunkte, auf welche die Meinung gestützt wird, werden (sogar) in den Äußerungen genannt. Eine Schmähkritik, die auf eine vorsätzliche Ehrenkränkung hinausläuft und bei der die Diffamierung der Person im Vordergrund steht, liegt hier angesichts der Sachbezogenheit der Kritik in den Äußerungen der Beklagten nicht vor. Jene Grundsätze gelten auch für kritisierende Meinungsäußerungen im Bereich gewerblicher Leistungen (vgl. Wenzel, Das Recht der Wort- und Bildberichterstattung, 4. Aufl., Rn 5.83 ff. mwN).

II. Für den Eingriff in den eingerichteten und ausgeübten Gewerbebetrieb wird ein betriebsbezogener Eingriff verlangt. Der Eingriff muss sich spezifisch gegen den betrieblichen Organismus oder die unternehmerische Entscheidungsfreiheit richten und über eine bloße Belästigung oder sozial übliche Behinderung hinausgehen (Palandt/Thomas, BGB, 61. Aufl., § 823 Rn 21 mwN). Die Klägerin wird in der Pressemitteilung der Beklagten direkt genannt. Gemäß dem schlüssigen Sachvortrag der Klägerin, der insoweit zu Grunde gelegt wird, haben die Erklärungen des Sektenbeauftragten der Beklagten zumindest wesentlich dazu beigetragen, dass die Vertragspartnerin der Klägerin die Geschäftsbeziehungen aufgekündigt hat und die Klägerin als Folge dessen ihren Betrieb einstellen musste. Dadurch wurde in das Recht der Klägerin am eingerichteten und ausgeübten Gewerbebetrieb eingegriffen.

Der Senat teilt die im landgerichtlichen Urteil vertretene Auffassung, dass sich der Eingriff bei der vorzunehmenden Abwägung nicht als rechtswidrig erweist (siehe nachfolgend III.).

III. Aus der gebotenen Güter- und Interessenabwägung ergibt sich keine Widerrechtlichkeit des Eingriffs (oben I. und II.) durch die Behauptungen und Meinungsäußerungen der Beklagten. Vor allem die Abwägung der kollidierenden Rechtspositionen im Rahmen von Art. 5 Abs. 2 GG führt dazu, dass dem Interesse der Beklagten der Vorrang gegenüber dem Interesse der Klägerin einzuräumen ist. Das Landgericht hat zutreffend abgewogen. Hierauf wird Bezug genommen.

Selbst eine Meinungsäußerung, die eine Aufforderung zum Boykott enthält, verstößt nicht notwendig gegen die guten Sitten im Sinne des § 826 BGB; sie kann bei Abwägung aller Umstände durch die Freiheit der Meinungsäußerung gerechtfertigt sein (BVerfGE 7, 198 - Lüth, Leitsatz 7, aus verfassungsrechtlicher Sicht). Nichts anderes gilt für einen Eingriff in den eingerichteten und ausgeübten Gewerbebetrieb oder bei Beeinträchtigung des wirtschaftlichen Rufes und der Entfaltungsfreiheit eines Unternehmens durch solche Aufrufe. Es bedarf vielmehr einer Zuordnung und Abwägung der durch das Grundrecht und durch ein „allgemeines Gesetz" geschützten Rechtsgüter.

Wesentlich für Zuordnung und Abwägung sind zunächst die Motive und, damit zusammenhängend, das Ziel und der Zweck der beanstandeten Äußerungen. Finden diese ihren Grund nicht in eigenen Interessen wirtschaftlicher Art, sondern in der Sorge um politische, wirtschaftliche, soziale oder kulturelle Belange, dann spricht dies dafür, dass die Äußerungen durch Art. 5 Abs. 1 GG geschützt sind (vgl. BVerfGE 7, 198, [212, 215] - Lüth; 25, 256 [264] - Blinkfüer III), auch wenn dadurch private und namentlich wirtschaftliche Interessen beeinträchtigt werden (BVerfGE 7, 198 [219] - Lüth). Dies kann selbst dann gelten, wenn die Parteien in einem Konkurrenzverhältnis zueinander stehen (vgl. BVerfGE 25, 256 [264] - Blinkfüer III).

Dieser Gedanke spricht zu Gunsten der Beklagten. Das sich aus der Pressemitteilung selbst ergebende Motiv für die Äußerungen der Beklagten ist deren Sorge um den Schutz (gerade auch im psychischen Bereich) sensibler Patientendaten vor „der denkbaren Gefahr des Missbrauchs" durch eine von ihr für gefährlich gehaltene Sekte. Auch Ziel und Zweck der beanstandeten, öffentlichen Äußerungen werden bereits in der Pressemitteilung dargelegt, nämlich die Aufklärung der Ärzte und vor allem der Patienten über das mit der Betreuung der Praxis-EDV betraute Unternehmen und dessen Zuordnung sowie die Veranlassung geeigneter Maßnahmen für einen effektiven Patientenschutz.

Bei der Beklagten handelt es sich um eine Körperschaft des öffentlichen Rechts im Sinne des Art. 140 GG iVm Art. 137 Abs. 5 Satz 1 WRV Sie kann sich im vorliegenden Fall auf den Grundrechtsschutz des Art. 5 Abs. 1 GG berufen. Die öffentlich-rechtlich organisierten Religions- und Weltanschauungsgemeinschaften sind Grundrechtsträger, da sie nicht im staatlichen Bereich wurzeln, und zwar auch außerhalb der Rechte der Art. 4, 140 GG (Jarras/Pieroth, GG, 4. Aufl., Art. 19 Rn 18 mwN).

Ferner ist sie Trägerin der sich aus Art. 4 GG ergebenden so genannten kollektiven Glaubensfreiheit (Jarras/Pieroth, aaO, Art. 4 Rn 23 mwN). Umfasst werden auch hier Äußerungen ihres Beauftragten für Sekten und Weltanschauungen, der nach ihrem kirchlichen Selbstverständnis seiner Aufgabe entsprechend berufen ist, ein Stück des Auftrags der Kirche wahrzunehmen und zu erfüllen (vgl. Jarras/Pieroth, aaO, Art. 4 Rn 28 mwN). Bei öffentlichen Äußerungen über andere Religionsgemeinschaften machen Religionsgemeinschaften von ihrem aus Art. 4 Abs. 2 GG abzuleitenden Äußerungsrecht Gebrauch (BGH NJW 2001, 3537 [3538 mwN]). Art. 4 GG schließt die Freiheit ein, eine religiöse oder weltanschauliche Überzeugung abzulehnen (vgl. Jarras/Pieroth, aaO, Art. 4 Rn 8, 24).

Allerdings wird von den korporierten Religionsgemeinschaften auch außerhalb des ihnen übertragenen Bereichs hoheitlicher Befugnisse in weitergehendem Umfang als von jedem Bürger Rechtstreue verlangt. Angesichts der ihnen zur Verfügung stehenden besonderen Machtmittel und ihres erhöhten Einflusses in Staat und Gesellschaft liegen ihnen die besonderen Pflichten des Grundgesetzes zum Schutze Dritter, wozu auch die aus Art. 4 Abs. 1 u. 2 GG abzuleitende Pflicht gehört, den Einzelnen und religiöse Gemeinschaften vor Angriffen und Behinderungen von Anhängern konkurrierender Glaubensrichtungen zu schützen, näher als anderen Religionsgesellschaften (BVerfG NJW 2001, 429 [432]; BGH NJW 2001, 3537 [3538]).

Die besondere Bedeutung der öffentlichen Wirksamkeit der Kirchen sowohl für die Gesellschaft als auch für die staatliche Rechtsordnung hat aber nicht zur Folge, dass die Beklagte nicht ihr Wächteramt gegenüber Lehren wahrnehmen dürfte, die sie auf der Basis ihres Wertesystems als gefährlich oder bedenklich betrachtet (vgl. BGH NJW 2001, 3537 [3539]), und dass sie vor diesem Hintergrund hier von dem Schutz der Freiheit der Meinungsäußerung in einer die Öffentlichkeit wesentlich berührenden Frage ausgeschlossen wäre.

Im Streitfall ist die Klägerin und Betroffene eine GmbH und nicht unmittelbar eine andere Glaubensgemeinschaft. Angesichts der Zugehörigkeit sämtlicher Mitarbeiter, Geschäftsführer und Gesellschafter der Klägerin zu der Glaubensgemeinschaft und der engen Einbindung sowohl dieser Personen in geistiger, psychischer und materieller Hinsicht als auch des Unternehmens selbst als „Christusbetrieb" in die Strukturen des „U." lässt sich hier jedoch - in Übereinstimmung mit dem Ersturteil - keine strenge Trennungslinie zwischen Klägerin und Glaubensgemeinschaft ziehen. Die in der Pressemitteilung der Beklagten enthaltenen Behauptungen über das „U.", seine „Christusbetriebe" und seine Lehre, gerade auch im Medizinsektor, sind von der Berufungsklägerin im Wesentlichen nicht angegriffen oder bestritten worden. Die Frage einer Einordnung der Glaubensgemeinschaft „U." und im Streitfall vor allem die Frage einer Möglichkeit des Zugriffs auf sensible Patientendaten durch Mitglieder dieser Gemeinschaft berühren die Öffentlichkeit wesentlich. Hier spricht die Vermutung für die Zulässigkeit der freien Rede (vgl. BVerfGE 7, 198 - Lüth; BGHZ 45, 296, KirchE 8, 95 - Höllenfeuer). Auch dies erfordert allerdings die Abwägung; es ergibt sich hieraus kein absoluter Schutz.

Je sensibler der Bereich ist, zu dem aus Sorge um ausreichenden Schutz öffentlich Stellung genommen wird, desto eher wird die Äußerung zulässig sein. Anders als in dem der Entscheidung des OLG Frankfurt/Main vom 10.2.2000 (12 U 179/98) zu Grunde liegenden Sachverhalt geht es im Streitfall nicht lediglich um die Vermarktung landwirtschaftlicher Produkte, sondern um die Möglichkeit unberechtigten Zugriffs auf sensible Daten kranker, Hilfe suchender Menschen durch eine nach den Angaben der Pressemitteilung nicht unbedenkliche Vereinigung.

Es handelt sich hier um die Zuordnung der Betätigung der Klägerin in den Bereich einer die Öffentlichkeit wesentlich berührenden Frage, nicht um die im Rahmen der Abwägung unerhebliche Frage der Berechtigung von Kritik und der Richtigkeit des Werturteils.

Bezogen auf die Klägerin fällt dabei ferner deren konkrete Bedeutung in dem Geschäftsbereich und damit die Größenordnung der ihr zugänglichen Patientendaten ins Gewicht, was durch die Zusammenarbeit (bis 1995 in Nordbayern sogar alleiniges Vertriebs- und Servicerecht) mit dem führenden Arzt-Software-Unternehmen „Medistar" und durch die Betreuung der Praxis-EDV von über 400 niedergelassenen Ärzten gekennzeichnet wird.

So weit im Zusammenhang mit der Darstellung der geschäftlichen Aktivitäten der Klägerin, nämlich des Vertriebs und der Betreuung der

EDV von Arztpraxen und mit den damit verbundenen Zugriffsmöglichkeiten die Frage des effektiven Patientenschutzes wegen möglicher „EDV-Spionage" durch eine Psychosekte aufgeworfen wird, enthält die Pressemitteilung keinen ausdrücklichen Hinweis darauf, dass bisher in einem Zeitraum von etwa zehn Jahren Beanstandungen der klägerischen Geschäftstätigkeit in dieser Richtung nicht erhoben worden sind.

Aus der Pressemitteilung ergibt sich jedoch mit ausreichender Deutlichkeit, was auch im Rahmen der Abwägung ins Gewicht fällt, nämlich, dass bislang keine Anhaltspunkte für einen bei der Klägerin begangenen Datenmissbrauch vorliegen. Dies hat das Landgericht ebenfalls zutreffend dargelegt. Insofern fehlt ein konkreter Anlass für die angegriffenen negativen Äußerungen der Beklagten. Andererseits hat aus der Sicht der Beklagten gleichwohl die denkbare Gefahr der Verletzung des Datenschutzes von Patienten durch ideologisch an das „U." gebundene Personen bestanden, wie das Landgericht ebenfalls zutreffend ausgeführt hat.

Für die Pressemitteilung der Beklagten gibt es auch einen darin selbst genannten zeitnahen (äußeren) Anlass, nämlich den den gleichen Gegenstand behandelnden Bericht in der medizinischen Fachzeitung „Medical Tribune" vom 16.5.1997. Dieser Bericht war unwiderlegt auch nicht vom Sektenbeauftragten der Beklagten initiiert worden. Der von dem Sektenbeauftragten durch die Pressemitteilung vollzogene Schritt in die allgemeine Öffentlichkeit ist geeignet, einen größeren Personenkreis über die Leser einer Fachzeitung hinaus, insbesondere auch Patienten, gemäß Motiv und Ziel der Beklagten zu informieren.

Berücksichtigt man die nach der Rechtsprechung des Bundesverfassungsgerichts für einen zulässigen Boykottaufruf gezogenen Grenzen, dann darf anders als im Allgemeinen Äußerungsrecht die Verfolgung der Ziele des „Verrufers" das Maß der nach den Umständen notwendigen und angemessenen Beeinträchtigung des Betroffenen nicht überschreiten (BVerfGE 7, 198 [215] - Lüth), und zwar auch nicht im außerwettbewerblichen Bereich (vgl. Soehring aaO, Rn 22.43).

Einen ausdrücklichen, direkten Boykottaufruf stellen die Äußerungen der Beklagten nicht dar (vgl. auch Hanseatisches OLG, Urteil vom 21.4.1998, 7 U 237/98, S. 14). Durch diese soll Aufklärungsarbeit geleistet werden, welche die Ärzte und Patienten über das die Praxiscomputer betreuende Unternehmen und über eine nach Meinung der Beklagten damit verbundene Gefahr des Datenmissbrauchs unterrichtet und so die betroffenen Personen zu einer eigenverantwortlichen und sachgerechten Entscheidung darüber, wem Zugang zu sensiblen Patientendaten eröffnet werde, überhaupt erst in die Lage versetzt. Der Schritt der Beklagten in die Öffentlichkeit erscheint neben dem Zweck einer Sensibilisierung von Ärzteschaft und Patienten, aber auch für das Anliegen der Beklagten, dass geeignete „Schutzmaßnahmen" getroffen werden, trotz der damit verbundenen möglichen oder wahrscheinlichen Beeinträchtigung der Klägerin als erforderlich und zulässig. Das gilt auch hinsichtlich der nahe liegenden Folge, dass die Pressemitteilung der Beklagten Anlass für nachfolgende Presseberichte war.

Die Offenlegung der Betätigung der Klagepartei in der Pressemitteilung der Beklagten steht in einem angemessenen Verhältnis zur Bedeutung der Sache. Die Beklagte durfte wegen der fehlenden Offenlegung des Unternehmens der Klägerin als „Christusbetrieb" zumindest gegenüber Patienten ihre aufklärende Pressemitteilung für erforderlich halten. Die Aufdeckung der Möglichkeit eines Missbrauchs von sensiblen Patientendaten, an der ein schutzwürdiges Interesse der Öffentlichkeit besteht, bedingt die namentliche Nennung maßgeblich beteiligter Unternehmen, sonst bleibt die Darstellung im Ungewissen stehen. Der Sektenbeauftragte der Beklagten hat sich in seinen Äußerungen auf den Versuch geistiger Einflussnahme und Überzeugung, also auf Mittel beschränkt, die den geistigen Kampf der Meinungen gewährleisten (vgl. BVerfGE 7, 198 [221]; 25, 256 [266]). Es wird nicht verkannt, dass die Folgen der öffentlichen Äußerungen für die Klägerin wirtschaftlich äußerst negativ gewesen sind. Diese wurden jedoch seitens der Beklagten nicht durch die Anwendung wirtschaftlicher oder sonst sachfremder Druckmittel hervorgerufen, die für die Adressaten der Äußerungen des Sektenbeauftragten schwere Nachteile bewirkt und ihnen demgemäß die Möglichkeit genommen hätten, ihre Entscheidung in voller innerer Freiheit zu treffen (vgl. BVerfGE 25, 256 [264 ff.]; BVerfG NJW 1989, 381 [382]). Der Sektenbeauftragte hat auch nicht statt der Argumente die soziale Machtstellung der Beklagten als korporierte Religionsgemeinschaft eingesetzt (vgl. Löffler/Ricker, Handbuch des Presserechts, 4. Aufl., Kapitel 42 Rn 60; Löffler/Steffen, Presserecht, 4. Aufl., § 6 LPG Rn 149). Dies folgt aus dem argumentativen Inhalt der Äußerungen selbst, die auch eine inhaltliche, themenbezogene Auseinandersetzung mit „U.", enthalten. Von einer weitergehenden Einflussnahme durch die Beklagte ist auch nach dem Sachvortrag der Klägerin nicht auszugehen.

Die Art und Weise der Darstellung wird durch scharfe Kritik gegenüber der von „U." vertretenen Lehre, vor allem auf dem Gebiet der Medizin, gekennzeichnet. Wie erwähnt, wird die Grenze zu einer unzulässigen Schmähkritik von der Beklagten nicht überschritten. Die sachbezogenen Äußerungen richten sich in erster Linie gegen die Glaubensgemeinschaft „U." und nur mittelbar gegen die Klägerin, die jedoch angesichts der klaren Stoßrichtung der angegriffenen Äußerungen und der engen Verbindung zwischen Glaubensgemeinschaft und dem in der Pressemitteilung namentlich benannten Unternehmen ebenfalls erheblich betroffen ist. Dies liegt aber hier in der Natur der Sache und konnte zur Verfolgung des von der Beklagten erstrebten Ziels für erforderlich gehalten werden.

Im Rahmen der einzelfallbezogenen Abwägung der widerstreitenden grundrechtlich geschützten Werte und Interessen werden die Rechte der

Beklagten nicht durch das Grundrecht der Glaubensfreiheit (Art. 4 Abs. 1 u. 2 GG) zu Gunsten der Klägerin überlagert.
Von diesem Grundrecht wird die negative Glaubensfreiheit erfasst (vgl. Art. 140 GG iVm Art. 136 Abs. 3 WRV). Das nach dem Gesetz nicht unter einem Vorbehalt stehende, umfassend gewährte religiöse und weltanschauliche individuelle Freiheitsrecht des Art. 4 GG, dem dadurch besondere Bedeutung zukommt, umschließt das Recht, die eigene Überzeugung zu verschweigen (vgl. Jarras/Pieroth, aaO, Art. 4 Rn 8 mwN; vgl. auch Senat AfP 1993, 762). Obgleich die Freiheit der religiösen und weltanschaulichen Überzeugung und ihre Ausübung nicht durch die „Schrankentrias" des Art. 2 Abs. 1 GG eingeschränkt wird, bestehen verfassungsimmanente Schranken. Es muss sich innerhalb des Spannungsverhältnisses halten, in dem die kollidierenden Grundwerte als Teile eines einheitlichen Wertesystems enthalten sind. Im Streitfall bedingt gerade die enge, den geistigen, psychischen und materiellen Bereich umfassende Bindung der „Christusbetriebe" und ihrer Mitarbeiter an die Glaubensgemeinschaft den Ansatzpunkt für die Kritik der Beklagten. Ferner hat hier das Recht der negativen Bekenntnisfreiheit eine nur mittelbare Bedeutung, da nicht unmittelbar die Klägerin selbst als gewerblich tätige GmbH, sondern ihre Angestellten und Gesellschafter Träger dieses Rechts sind.

17

Die Arbeitsvertragsrichtlinien der Caritas (AVR-Caritas) sind weder Tarifvertrag noch Tarifvertragssurrogat. Sie werden auch nicht von Art. 3 Abs. 2 RL 77/187/EWG vom 14.2.1977 (Betriebsübergangsrichtlinie) erfasst.

LAG Bremen, Urteil vom 21. Februar 2002 - 3 Sa 17/02[1] -

Die Klägerin macht mit der Klage die Fortgeltung der Richtlinien für Arbeitsverträge des Deutschen Caritasverbandes (AVR) in der jeweils geltenden Fassung für ihr Arbeitsverhältnis geltend.
Die Klägerin ist seit dem 11.6.1998 als Raumpflegerin im Krankenhaus St. in B. mit z. Zt. 22 Wochenstunden beschäftigt. Das Arbeitsverhältnis wurde begründet zwischen dem Krankenhaus St. B., einer Ein-

---

[1] AP Nr. 1 zu § 1 AVR Caritasverband; AP Nr. 14 zu § 1 TVG Tarifverträge: Gebäudereinigung (LS); ArbuR 2005, 381; ARST 2002, 163 (LS); DB 2002, 849 (LS); EzA-SD 2002, Nr. 8, 14 (LS); FA 2002, 216 (LS); LAGReport 2002, 170; ZTR 2002, 279.

richtung der kath. Kirche, durch den Arbeitsvertrag vom 11.6.1998. In diesem Arbeitsvertrag heißt es u.a.:

„*Zwischen dem Krankenhaus St. B. und Frau R. ... wird folgender Dienst-/Arbeitsvertrag geschlossen, dem die Arbeitsvertragsrichtlinien des Deutschen Caritasverbandes zugrunde liegen.*
4. Arbeitszeit
Die Arbeitszeit richtet sich nach den jeweiligen tariflichen Bestimmungen und beträgt zur Zeit
20,0 Std. in der Woche.
5. Vergütung
Der/Die Mitarbeiterin wird in die Vergütungsgruppe AVR 11 Stufe 8 eingestuft. Die Vergütung beträgt brutto DM 1.887,36 (siehe Anlage ‚Berechnung der Dienstbezüge').
...8. Sonstiges
Der Arbeitnehmer ist gehalten, sich in den Rahmen der Haus- und Dienstgemeinschaft einzufügen und die für die Ordnung des Dienstes und des Zusammenlebens der Hausgemeinschaft erlassenen allgemeinen und besonderen Bestimmungen zu beachten.
...
Bei Änderungen der AVR gilt jeweils die in der ‚Caritas-Korrespondenz' veröffentlichte und in Kraft gesetzte Fassung, ohne dass es einer weiteren Vereinbarung bedarf.
..."

Im Januar 2001 wurde die Klägerin nach dem Tarif AVR Caritas West in Gruppe 11 Stufe 9 eingruppiert. Ihre durchschnittliche Bruttomonatsvergütung lag bei DM 1.982,76, was einem Stundenlohn von DM 20,87 pro Stunde brutto entspricht.

Bereits Ende 1999/Anfang 2000 war das Krankenhaus St. in eine GmbH umgewandelt worden, wobei allerdings die Zuordnung zur Kirche erhalten blieb und lediglich eine privatrechtliche Rechtsform gewählt wurde. Die weiterbestehende Zuordnung zur Kirche wurde u.a. durch die unveränderte Weitergeltung der AVR Caritas für die Arbeitsverträge mit den Beschäftigten dokumentiert.

Das Arbeitsverhältnis ging am 1.2.2001 durch Betriebsübergang auf die neu gegründete St. Dienstleistungs GmbH, die Beklagte, über. Sie ist in rein zivilrechtlicher Form organisiert. Durch die Neugründung der Beklagten und Übertragung des von der St. GmbH ausgegliederten Dienstleistungsbereichs wurde nach übereinstimmender Auffassung beider Parteien die Übertragung eines Betriebsteils im Sinne des § 613a Abs. 1 Satz 1 BGB vorgenommen. Die Beklagte nahm dann ihre Tätigkeit auch zum 1.2.2001 auf.

Mit der Neugründung der Beklagten, deren Gesellschaftsanteile zu 51 vH von der St. GmbH und zu 49 vH von der Firma C-Service GmbH gehalten werden, wurde der insbesondere für Glas- und Gebäudereinigung verantwortliche Betriebsteil der St. GmbH ausgegliedert und auf die Beklagte übertragen. Dementsprechend heißt es in der Satzung der Beklagten zu ihrem Unternehmensgegenstand:

„Der Gegenstand des Unternehmens ist die Erbringung von Dienstleistungen, insbesondere von Glas- und Gebäudereinigung, von Hol- und Bringediensten, von Pförtnerdiensten, von Hausmeisterdiensten, Müllentsorgung, die Bewachung, die Garten- und Grundpflege, das Betreiben der Bettenzentrale und der Zentralspüle, die Sicherung und Bewachung sowie die Grundstückspflege und Winterdienste, insbesondere für die Krankenhaus St. GmbH."

Auf einer Informationsveranstaltung am 26.1.2001 wurde die Klägerin u.a. darüber informiert, dass ab 1.2.2001 nicht mehr die AVR des Caritasverbandes, sondern die allgemeinverbindlichen Tarifverträge für das Gebäudereinigerhandwerk auf das Arbeitsverhältnis Anwendung finden würden.

Die Klägerin erhält seit dem 1.2.2001 einen um DM 6,25 niedrigeren Stundenlohn als bisher, die für allgemein verbindlich erklärten Tarifverträge des Gebäudereinigerhandwerkes werden auf ihr Arbeitsverhältnis von der Beklagten angewendet.

Mit Schreiben vom 13.2.2001 teilte die Beklagte mit, dass § 613a Abs. 1 Satz 2 BGB nicht einschlägig sei, da die AVR als Tarifsurrogat den Rechtsnormen eines Tarifvertrages gleich stünden. Deshalb sei der allgemeinverbindliche Tarifvertrag für das Gebäudereinigerhandwerk auf das Arbeitsverhältnis anzuwenden.

Mit der Klage begehrt die Klägerin die Feststellung, dass auf das Arbeitsverhältnis der Parteien auch nach dem 31.1.2001 die Richtlinien für Arbeitsverträge des Deutschen Caritas-Verbandes in der jeweils gültigen Fassung Anwendung finden.

Die Beklagte meint, die AVR stellten ein Tarifsurrogat dar, sie seien gemäß § 613a Abs. 1 Satz 3 BGB durch die allgemeinverbindlichen Tarifverträge für das Gebäudereinigerhandwerk abgelöst worden. Die Lohneinbußen seien Folge dieser Rechtslage.

Das Arbeitsgericht hat der Klage stattgegeben.
Die Berufung der Beklagten blieb ohne Erfolg.

Aus den Gründen:

II. In der Sache hatte die Berufung keinen Erfolg.
1. Die Klage ist zulässig. Insbesondere liegt das erforderliche Feststellungsinteresse vor.

Es können als feststellungsfähiges Rechtsverhältnis im Rahmen von § 256 ZPO auch einzelne Beziehungen oder Folgen eines einheitlichen Rechtsverhältnisses wie einzelne Rechte, Ansprüche und Pflichten Gegenstand einer Feststellungsklage sein. Die Anwendbarkeit eines bestimmten Tarifvertrages als Gegenstand einer Feststellungsklage wird anerkannt, obwohl es sich nicht um das Rechtsverhältnis der Parteien insgesamt, sondern nur um einen rechtlichen Aspekt dieses Rechtsverhältnisses handelt. Auch die Frage, ob die Tarifverträge des Gebäudereinigerhandwerkes gemäß § 613a Abs. 1 Satz 2 BGB Inhalt des Arbeitsverhältnisses geworden sind oder ob die AVR weiter gelten, ist eine Frage der Anwendbarkeit von Tarifverträgen bzw. von arbeitsvertraglichen Richtlinien.

Das nötige Feststellungsinteresse setzt voraus, dass durch die Entscheidung über die Anwendbarkeit der Tarifverträge eine sinnvolle und sachgemäße Erledigung der Streitpunkte herbeigeführt werden kann, d.h. dass eine Vielzahl von Einzelfragen dem Streit der Parteien endgültig entzogen und so weiter einzelne Leistungsklagen vermieden werden können (vgl. zum Ganzen: BAG SAE 1993, 74; BAG SAE 2002, 19).

Diese von der Rechtsprechung zu Recht aufgestellten Voraussetzungen sind erfüllt. Die Parteien streiten darüber, ob aufgrund des unstreitigen Betriebsübergangs des Arbeitsverhältnisses der Klägerin von der St. GmbH auf die Beklagte die im Arbeitsverhältnis zur St. GmbH geltenden AVR Caritas gemäß § 613 Abs. 1 Satz 2 BGB weiter gelten oder ob sie gemäß § 613 Abs. 1 Satz 3 BGB durch die für allgemeinverbindlich erklärten Tarifverträge des Gebäudereinigerhandwerks abgelöst worden sind. Sobald diese Frage, ob die AVR Caritas weiter gelten oder ob die Tarifverträge für das Gebäudereinigerhandwerk Geltung haben geklärt ist, ist der entscheidende Teil der Unsicherheiten über das Bestehen der Ansprüche der Klägerin entfallen.

2. Zu Recht hat das Arbeitsgericht festgestellt, dass die AVR Caritas weiter gelten, da die Voraussetzungen des § 613a Abs. 1 Satz 3 BGB nicht vorliegen.

a) Bei den AVR Caritas handelt es sich nach ständiger Rechtsprechung des Bundesarbeitsgerichts um kirchliche Arbeitsvertragsregelungen, die das einzelne Arbeitsverhältnis nur in dem zwischen den Parteien vereinbarten Umfange gestalten können (vgl. BAG NZA 1997, 1288). Kirchliche Arbeitsvertragsregelungen stellen nach dieser Rechtsprechung keinen Tarifvertrag im Sinne des § 1 TVG dar. Tarifverträge im Rechtssinne sind nur solche Vereinbarungen, die nach Maßgabe des Tarifvertragsgesetzes zustande gekommen sind und dem allgemeinen arbeitsrechtlichen Begriff des Tarifvertrages entsprechen. Es muss sich demnach um Vereinbarungen handeln, welche in Vollzug der durch Art. 9 Abs. 3 GG den Gewerkschaften und Arbeitgebern bzw. Arbeitgeberverbänden eingeräumten Rechtsetzungsautonomie von diesen nach den Grundsätzen des im Tarifvertragsgesetz näher geregelten staatlichen Tarifrechts aufgrund entsprechender Verhandlungen freier und voneinander unabhängiger Tarifvertragsparteien mit Normencharakter zustande gekommen sind (vgl. BAG AP Nr. 24 zu § 611 BGB Kirchendienst).

Arbeitsvertragsregelungen, auch die AVR Caritas, beruhen auf kirchenrechtlichen Bestimmungen und innerkirchlichen Vereinbarungen, die ohne Vereinbarung mit einer Gewerkschaft oder einem Zusammenschluss von Gewerkschaften als Tarifvertragsparteien im Sinne des § 2 TVG zustande gekommen sind. Deshalb stellen Arbeitsvertragsrichtlinien und Anstellungsordnungen der Kirchen keine Tarifverträge dar. Aus diesem Grunde können die Regelungen niemals ein Arbeitsverhältnis unmittelbar und zwingend wie ein Tarifvertrag gestalten. Es bedarf vielmehr stets der vertraglichen Transformation durch Einzelvertrag, Gesamtzusage oder Einheitsregelung, wenn die AVR in dem Arbeitsverhältnis gelten sollen (vgl. BAG NZA 1997, 659 [660]; BAG NZA 1991 S. 350; BAG AP Nr. 24 zu § 611 BGB Kirchendienst; BAG AP Nr. 7 u. 8 zu § 12 AVR Caritasverband; LAG Hamm Urt. v. 17.10.2000 - 7 Sa 1122/00).

b) Die Arbeitsvertragsrichtlinien sind auch nicht einem Tarifvertrag gleichgesetzt, sie sind nicht Tarifsurrogat.

Die beschließenden Organe der arbeitsrechtlichen Kommissionen haben nicht die unabhängige Stellung einer Tarifvertragspartei. Die arbeitsrechtliche Kommission ist vielmehr Dritter im Sinne des § 317 Abs. 1 BGB (vgl. BAG AP Nr. 24 zu § 611 BGB Kirchendienst; BAG AP Nr. 17 zu §§ 22, 23 BAT Zuwendungs-TV). Den arbeitsrechtlichen Kommissionen wurde durch Unterwerfung der Arbeitnehmer über den Einzelarbeitsvertrag das Leistungsbestimmungsrecht für ihre Arbeitsverhältnisse übertragen. Im Gegensatz zum Tarifbereich unterliegt dieses Recht der Billigkeitskontrolle des § 319 Abs. 1 Satz 1 BGB. Dieser Billigkeitskontrolle steht das Selbstordnungs- bzw. Selbstverwirklichungsrecht der Kirchen gemäß Art. 140 GG nicht entgegen. Die Gestaltungsfreiheit des kirchlichen Arbeitgebers steht für die auf der Vertragsebene begründeten Arbeitsverhältnisse unter dem Vorbehalt der für alle geltenden Gesetze. Die für Tarifverträge geltenden Maßstäbe können demzufolge nur eingeschränkt herangezogen werden. Dieses beschränkte Überprüfungsrecht ist auf Bestimmungen beschränkt, die Tarifvertragsregelungen des öffentlichen Dienstrechts gänzlich zumindest mit wesentlich gleichem Inhalt übernehmen (vgl. BAG AP Nr. 17 zu §§ 22, 23 BAT Zuwendungs-TV; BAG AP Nr. 11 zu § 12 AVR Caritas).

Richtig ist allerdings die Bemerkung der Beklagten, dass der Gesetzgeber in einzelnen Gesetzen in Öffnungsklauseln neben Tarifverträgen auch Kirchen und öffentliche Religionsgemeinschaften erwähnt. Diese Öffnungsklausel hat der Gesetzgeber allerdings bisher nur in Einzelfällen wie in § 7 Abs. 4 Arbeitszeitgesetz, § 3 Abs. 1 ATG, § 6 Abs. 3 BeschFG und § 21a Abs. 3 JArbeitsSchG angewandt. Andere wichtige Bereiche wie z.B. § 72a Abs. 1 Nr. 1 u. 2 ArbGG, § 13 Abs. 1 BUrlG, § 622 Abs. 4 BGB und § 613a Abs. 1 Satz 2 u. 3 BGB bleiben ausgenommen. Es kann deshalb nicht unterstellt werden, dass der Gesetzgeber generell die

Arbeitsvertragsrichtlinien der Kirchen als Tarifsurrogat anerkennt. Dies ist auch nicht erforderlich, zumal auch Kirchen Tarifverträge abschließen können (vgl. dazu Hammer, Die Rechtsqualität kirchlicher Arbeitsvertragsordnungen im Spiegel der BAG-Rechtsprechung, AuR 2002, 49 [57]).

c) Die Arbeitsvertragsrichtlinien werden entgegen der von der Beklagten vertretenen Rechtsansicht nicht von Art. 3 Abs. 2 RL 77/187/EWG vom 14.2.1977 erfasst. Die Betriebsübergangsrichtlinie, auf der § 613a BGB beruht, beabsichtigt den Schutz eines Kollektivvertrages beim Veräußerer und Erwerber. Der beim Veräußerer bestehende Kollektivvertrag wird in das Arbeitsverhältnis beim Erwerber übernommen, sofern nicht beim Erwerber schon ein anderer Kollektivvertrag besteht. Sinn und Zweck der Regelung besteht darin, die fortbestehenden Arbeitsverhältnisse inhaltlich durch beim Erwerber schon bestehende Kollektivvertragsregelungen bestimmen zu lassen, auch wenn diese im Vergleich zu den zuvor bestehenden Kollektivvertragsregelungen nachteilig sein sollten (vgl. Palandt-Putzo 60. Aufl. § 613a BGB Rn 24; LAG Hamm aaO). Kollektivverträge im Sinne der EG-Betriebsübergangsrichtlinie sind Tarifverträge und Betriebsvereinbarungen. Sie erfahren den gesetzlichen Schutz der §§ 3 u. 4 TVG bzw. des § 77 Abs. 1 und Abs. 4 BetrVG. Tarifverträge sind nur solche Vereinbarungen, die nach Maßgabe des Tarifvertragsgesetzes zustande gekommen sind und dem allgemeinen arbeitsrechtlichen Begriff des Tarifvertrages entsprechen. Gefordert sind, wie schon erwähnt, Vereinbarungen, die in Vollzug der durch Art. 9 Abs. 3 GG den Gewerkschaften und Arbeitgebern bzw. Arbeitgeberverbänden eingeräumten Rechtssetzungsautonomie von diesen nach den Grundsätzen des im Tarifvertragsgesetz näher geregelten staatlichen Tarifrechts aufgrund entsprechender Verhandlungen voneinander unabhängiger Tarifvertragsparteien mit Normencharakter zustande gekommen sind (vgl. BAG NZA 1989, 769).

Trotz der rechtlichen Unabhängigkeit der Mitglieder der arbeitsrechtlichen Kommissionen und trotz des ausgestalteten Rechtsschutzes der bestimmten Mitglieder sowie des Mehrheitsprinzips sind die Beschlüsse der arbeitsrechtlichen Kommission nicht mit Rechtssetzungsautonomie ausgestaltet. Die Arbeitsvertragsrichtlinien wirken deshalb nicht unmittelbar und zwingend wie ein Tarifvertrag auf die kirchlichen Arbeitsverhältnisse ein. Sie bedürfen zur inhaltlichen Vertragsgestaltung der ausdrücklichen vertraglichen Transformation.

d) Dadurch dass der Gesetzgeber in § 613a Abs. 1 Satz 2 u. 3 BGB nicht auch die Arbeitsvertragsrichtlinien erwähnt hat, ist diese gesetzliche Bestimmung nicht von Anfang an lückenhaft. Der Gesetzgeber hat sich bewusst dafür entschieden, nur die gesetzlich geschützten Tarifverträge und Betriebsvereinbarungen in § 613a BGB zu erwähnen. Eine Gleichstellung von Arbeitsvertragsrichtlinien mit Tarifverträgen scheidet aus, weil den beiden Vertretungsbereichen nicht die Unabhängigkeit

des Art. 9 Abs. 3 GG eingeräumt wird. Auch wenn es auf die Form des Kollektivvertrages nicht ankommen sollte, ist eine richtlinienkonforme Interpretation dergestalt ausgeschlossen, dass die Arbeitsvertragsrichtlinien Kollektivverträge im Sinne der EG-Betriebsübergangsrichtlinie sind. Die Unterschiede zwischen den Tarifverträgen und Betriebsvereinbarungen einerseits und den Arbeitsvertragsrichtlinien andererseits sind zu groß, die Interessenlage in den angesprochenen Bereichen ist zu unterschiedlich, so dass eine Gleichstellung nicht vertretbar ist (vgl. auch: LAG Hamm aaO).
3. Da die Voraussetzungen des § 613 Abs. 1 Satz 3 BGB mithin nicht gegeben sind, hatte die Feststellungsklage Erfolg. Die AVR gelten, solange sie nicht durch individualrechtliche Maßnahmen beseitigt werden, im Arbeitsverhältnis zwischen der Klägerin und der Beklagten gemäß § 613a Abs. 1 Satz 2 BGB weiter.

18

Das Recht der Ev.-Luth. Kirche in Bayern, von ihren Mitgliedern Kirchensteuer zu erheben, ist verfassungskonform und steht auch mit der Grundrechte-Charta der Europäischen Union in Einklang.

Art. 4 Abs. 1, 20 Abs. 2, 140 GG, 137 Abs. 6 WRV, 107, 143 Abs. 3 BayLV, 10 Abs. 1, 21 Abs. 1 GRCh, § 1 BayKiStG
FG München, Urteil vom 25. Februar 2002 - 13 K 341/01[1] -

Der Kläger gehört der Ev.-Luth. Kirche Bayerns an.
Mit dem angefochtenen Steuerbescheid wurde vom Beklagten (Ev.-Luth. Kirchensteueramt) die Kircheneinkommensteuer 1998 nach den Berechnungsgrundsätzen für konfessionsverschiedene Ehen festgesetzt. Gleichzeitig wurden die Kircheneinkommensteuer-Vorauszahlungen 1999 und 2000 festgesetzt.
Gegen diese Bescheide legte der Kläger mit der Begründung Einspruch ein, dass die Hebesätze für die Kirchensteuer in den einzelnen Bundesländern nicht einheitlich seien und es dort die Möglichkeit der Kappung gebe. Weiterhin trug er vor, dass das Grundgesetz (und auch die Bayerische Verfassung die Religionsfreiheit und die Ausübung der Religion zusicherten. Hinsichtlich der Zahlung der Kirchensteuer sei diese aber nicht gegeben, da es ihm nicht möglich sei, eine Kirchensteuer sowohl an die Röm.-kath. Kirche als auch an die Ev.-Luth. Kirche zu zahlen. Unter Hinweis auf das in Italien angewandte Verfahren sehe er sich durch die

---

[1] Die Nichtzulassungsbeschwerde blieb ohne Erfolg; BFH, Beschluss vom 5.2.2003 - I B 51/02 - ZevKR 49 (2004), 541.

Kirchensteuer-Gesetzgebung innerhalb der Bundesrepublik Deutschland benachteiligt und in seinem Grundrecht auf Religionsfreiheit (Art. 4 GG) beschnitten.

Mit seiner, nach Zurückweisung des Einspruchs erhobenen Klage macht der Kläger zusätzlich geltend, die Kirchensteuer-Festsetzung sei unzulässig, weil Art. 1 BayKiStG gegen Art. 10 Abs. 1 und 21 Abs.1 der Charta der Grundrechte der Europäischen Union (GRCh) verstoße.

Der Kläger beantragt Aufhebung der angefochtenen Bescheide, hilfsweise das Verfahren bis zur Vorabentscheidung des Europäischen Gerichtshofs über folgende Fragen auszusetzen:

1. Verstößt Art. 1 Abs. 1 KirchStG, wonach Kirchen und Religionsgemeinschaften sowie weltanschauliche Gemeinschaften, die Körperschaften des öffentlichen Rechts sind, berechtigt sind, Steuern (Kirchensteuern) zu erheben, gegen Art. 10 Abs. 1 GRCh?
2. Verstößt Art. 1 Abs. 1 KirchStG außerdem gegen Art. 21 Abs. 1 GRCh?

Weiterhin beantragt der Kläger hilfsweise, das Verfahren gem. Art. 100 Abs. 1 GG auszusetzen, bis über die Rüge entschieden ist, dass Art. 1 Abs.1 KirchStG gegen das Demokratiegebot des Art. 20 Abs. 2 GG verstößt.

Das Finanzgericht weist die Klage ab.

Aus den Gründen:

Die Klage ist unbegründet.

1. Zu Recht hat das Kirchensteueramt gegen den Kläger Kirchensteuer und Vorauszahlungen für die Streitjahre festgesetzt.

Das Besteuerungsrecht der Religionsgemeinschaften gegenüber ihren Mitgliedern gem. Art. 1 Abs. 1 KirchStG steht mit dem GG und der BV voll in Einklang. Dies folgt aus Art. 140 GG iVm Art. 136 ff. WRV (insbes. Art. 137 Abs. 6) und Art. 142 ff. BV (insbes. Art. 143 Abs. 3). Diese Vorschriften stellen eine zulässige Einschränkung des Grundrechts auf freie Religionsausübung in Art. 4 Abs. 1 GG bzw. Art. 107 Abs. 1 u. 2 BV dar. Es ist doch nur recht und billig, dass man an die Kirche, deren Mitglied man ist und deren religiöse Dienste man in Anspruch nehmen darf, auch etwas zahlen muss.

Der Bundesfinanzhof vertritt hierzu die Auffassung, dass nur die Steuererhebung bei den eigenen Mitgliedern den verfassungsrechtlichen Vorgaben entspricht (Urteil vom 8.5.1991 - I R 26/86 - BFHE 164, 573, KirchE 29, 123). Die Zahlung einer Kirchensteuer als Zwangsbeitrag ist demnach grundsätzlich nur an die Religionsgemeinschaft möglich und zulässig, welcher der Steuerpflichtige angehört.

Jedoch steht es diesem selbstverständlich frei, freiwillige Zahlungen in Form von Spenden an eine andere Religionsgemeinschaft zu leisten, z.B. an die Röm.-Kath. Kirche. Möglich ist auch ein Übertritt (Konversion) zu dieser Kirche, die bzw. deren örtlich zuständige Diözese dann Gläubigerin der vom Kläger zu zahlenden Kirchensteuer wäre.

Aus diesen Gründen kann auch von einem Verstoß gegen Art. 10 Abs. 1, 21 Abs. 1 der GRCh nicht die Rede sein. Den Mitgliedsstaaten bleibt es unbenommen, wie sie oder ihre regionalen Untergliederungen (in der Bundesrepublik Deutschland: die Bundesländer) die Beitragspflicht zu Religionsgemeinschaften unter Beachtung ihrer verfassungsrechtlichen Vorgaben und Traditionen regeln wollen. Die EU hat da nicht herein zu regieren. Eine Vorlage an den Europäischen Gerichtshof erübrigt sich somit.

Geradezu abwegig ist die in der mündlichen Verhandlung schriftsätzlich (...) vorgetragene Rüge, Art. 1 Abs. 1 BayKiStG verstoße gegen das Demokratiegebot des Art. 20 Abs. 2 GG. Zum einen ist weder geboten noch üblich, dass Steuergesetze als Einnahmegesetze über die vereinnahmten Geldmittel Aufschluss geben (siehe die Definition der Steuer in § 3 Abs. 1 AO). Dies ist Sache des Haushalts, dessen Aufstellung und Genehmigung demokratisch gewählten Organen obliegt, insbesondere der Landessynode und den Kirchenvorständen der Gemeinden (siehe die einschlägigen Bestimmungen der Kirchenverfassung der Ev.-Luth. Kirche in Bayern, insbesondere Art. 43 Abs. 2 Nr. 6, sowie der Kirchengemeindeordnung §§ 71 ff.). Selbstverständlich ist auch das Öffentlichkeitsprinzip bei diesen Gremien gewahrt (Art. 50 Kirchenverfassung, § 40 Abs. 1 Satz 1 Kirchengemeindeordnung).

19

Der gläubige Arbeitnehmer ist unter Berücksichtigung der betrieblichen Belange wegen seiner Grundrechte aus Art. 4 Abs. 1 und 2 GG grundsätzlich berechtigt, seinen Arbeitsplatz zur Abhaltung kurzzeitiger Gebete zu verlassen. Insoweit kann ein Leistungshindernis nach § 616 BGB bestehen.
Wegen der aus Art. 2 Abs. 1, 12 Abs. 1 und 14 Abs. 1 GG grundrechtlich geschützten Belange des Arbeitgebers darf der Arbeitnehmer seinen Arbeitsplatz nicht ohne Rücksprache mit seinem Vorgesetzten verlassen. Die Pflichtgebete des Islam sind nur innerhalb eines Zeitrahmens je nach Sonnenstand abzuhalten. Der Arbeitnehmer ist nicht berechtigt, den genauen Zeitpunkt seiner Arbeitsunterbrechung innerhalb des Zeitrahmens ohne Rücksprache mit seinem Vorgesetzten selbst zu bestimmen.

§§ 242, 616, 1004 BGB
LAG Hamm, Urteil vom 26. Februar 2002 - 5 Sa 1582/01[1] -

Die Parteien streiten über die Wirksamkeit einer von der Beklagten ausgesprochenen Abmahnung. Der Kläger ist türkischer Staatsangehöriger und Muslim. Er ist seit dem 4.10.1994, mit einer Unterbrechung vom 3.4. bis 4.7.1996 als gewerblicher Arbeitnehmer beschäftigt. Die Beklagte beschäftigte zum Zeitpunkt der streitgegenständlichen Abmahnung insgesamt 48 Muslime. Sie ist auf dem Gebiet der Oberflächenveredelung tätig. Dabei werden Stückbeschichtungen von Bauteilen vorgenommen.

Am 11.1.2001 verließ der Kläger gegen ca. 15.00 Uhr seinen Arbeitsplatz, begab sich ins Verpackungslager, um dort sein Gebet zu verrichten. Dabei handelte es sich um das Nachmittagsgebet (Asr-Gebet). Er begab sich dabei an eine Stelle, die mit Fließrollen umgeben war. Um die Lücke, durch die er diesen Bereich betrat, zu schließen, zog er eine Fließrolle zurück.

Die Beklagte erteilte dem Kläger am 15.1.2001 insgesamt drei Abmahnungen. Eine Abmahnung erfolgte wegen der Einlegung von Pausen zu nicht abgesprochenen festgelegten Zeiten. Eine weitere Abmahnung erfolgte wegen der Weigerung des Klägers, die leeren Haken abzunehmen und in die Behälter zu legen, eine weitere in der Berufungsinstanz noch streitige Abmahnung erfolgte wegen unentschuldigtem Fernbleiben vom Arbeitsplatz. In diesem Abmahnungsschreiben heißt es:

„Abmahnung - Unentschuldigtes Fernbleiben vom Arbeitsplatz
Sehr geehrter Herr N.,
am Donnerstag 22.1.2001 um 15.15 Uhr haben Herr A. und Frau B. Sie während Ihrer Arbeitszeit im Verpackungslager beim Beten angetroffen.
Aus 8 Rollen Fließfolie, 2 m hoch und 90 cm Durchmesser, haben Sie sich in der äußersten Ecke im Verpackungslager einen Gebetsraum gebaut. Den Boden bedeckten Sie mit einer Pappvorlage, die Ihnen auch gleichzeitig als Gebetsvorlage diente.
Wie Sie den o.G. einräumten, haben Sie die entsprechenden Waschungen vorgenommen, sich nach oben zurückgezogen, die Schuhe ausgezogen und Ihre Gebete verrichtet.
Als Frau B. und Herr A. die Rollen zur Seite nahmen um Sie zu finden, haben Sie ihre Gebete nicht unterbrochen, sondern fortgeführt.
Nach Beendigung waren Sie dann für die o.G. ansprechbar.

---

[1] Amtl. Leitsatz. AP Nr. 3 zu § 611 BGB Gewissensfreiheit; AP Nr. 4 zu Art. 4 GG Gewissensfreiheit (LS); AP Nr. 104 zu § 616 BGB (LS); ArbuR 2003, 72; ArbuR 2002, 317 (LS); AuA 2003, Nr. 4, 58; FA 2002, 391(LS); NZA 2002, 1090; LAGReport 2002, 343; RzK I 1 Nr. 126 (LS). Das Urteil ist rechtskräftig. Vgl. hierzu auch das Urteil des LAG Hamm vom 18.1.2002 in der Parallelsache 5 Sa 1782/01 KirchE 40, 25.

Auf Befragen räumten Sie ein, dass Sie täglich während Ihrer Arbeitszeit diese Gebetspausen einlegen.
Sie wurden bereits mündlich von Frau B. und Herrn A. auf das schärfste dagegen abgemahnt das diese Verhaltensweise für den Betrieb untragbar ist und nicht fortgeführt werden darf und kann.
Sie zeigten sich überhaupt nicht einsichtig und waren der Meinung, dass ihr Arbeitseinsatz diese Vorgehensweise zulässt.
Tatsächlich liegt ein unentschuldigtes Fernbleiben vom Arbeitsplatz vor.
Wir haben Sie daher ernsthaft abzumahnen und darauf hinzuweisen, im Wiederholungsfall eine Kündigung aussprechen zu müssen.
Wir bitten um Kenntnisnahme."

Mit der Klage hat der Kläger die Rücknahme und Entfernung der drei erteilten Abmahnungen aus der Personalakte geltend gemacht.

Er hat die Auffassung vertreten, sein Verhalten, während der Arbeitszeit seine Gebete zu verrichten und dabei seine Arbeitspflicht nicht zu erfüllen, sei gerechtfertigt. Dies ergebe sich aus der grundgesetzlich garantierten Freiheit des Glaubens und der Religionsausübung. Er habe den Arbeitsplatz nur für fünf Minuten verlassen, Waschungen habe er nicht vorgenommen. Er bete bereits sei etwa sechs Jahren während der Arbeitszeit. Zuvor habe er den ehemaligen Betriebsleiter D. und auch den Zeugen E. mehrmals um Erlaubnis für die Teilnahme an den Freitagsgebeten gebeten. Er sei aufgrund seines Glaubens verpflichtet fünfmal täglich seine Gebete zu verrichten. Der Kläger überreichte hierzu eine Stellungnahme des Zentralinstituts Islam-Archiv Deutschland vom 17.3.2001. In der Auskunft heißt es unter anderem:

„Angesichts dieser Unorganisiertheit kommt den Gebeten im Leben eines Moslems eine zentrale Bedeutung zu, wenn nicht gar die entscheidende.
Sie vermitteln dem Beter das Gefühl, Mitglied einer weltumspannenden Gesellschaft (umma) zu sein. Das trifft insbesondere für das Ritual- oder Pflichtgebet (al-salah) zu, das fünfmal am Tage zu verrichten ist.
Von den anderen Gebetsarten unterscheidet sich das Pflichtgebet dadurch, dass es
– zu bestimmten festen Zeiten verrichtet werden muss;
– in arabischer Sprache gesprochen werden muss;
– dass der Gebetstext kanonisiert ist;
– dass es an bestimmte Gebetshaltungen geknüpft ist;
– dass der Beter sich in eine bestimmte Himmelsrichtung orientieren muss;
– und dass dem Pflichtgebet eine rituelle Waschung vorausgehen muss.
...
Nun kennt der Koran zwar eine Reihe von Erleichterungen hinsichtlich der Einhaltung der vorgeschriebenen Gebetszeiten.
Die islamische Rechtsprechung geht aber grundsätzlich davon aus, dass jeder Mensch für seine Handlungen - und damit auch für die Handhabung seiner Religion - allein verantwortlich ist.
Verantwortung kann im Islam nicht delegiert werden.

Das hat immerhin dazu geführt, dass religiöse Dekrete (fatwa) stets nur Empfehlungscharakter besitzen, keinesfalls aber für alle Moslems gleichermaßen verbindlich sind.
Eine fatwa kann die individuelle Verantwortung und Entscheidung nicht aufheben ..."

Der Kläger hat erstinstanzlich beantragt, die Beklagte zu verurteilen, die dem Kläger mit Schreiben vom 15.1.2001 erteilten Abmahnungen (bezüglich der Nichtbeachtung der Pausenregelung, der säumigen Arbeitsleistungen, des Betens) zurückzunehmen und aus der Personalakte zu entfernen,

Die Beklagte hat die Auffassung vertreten, die Gebetspausen seien ihr nicht zuzumuten. Der Kläger habe im Verpackungslager einen Gebetsraum hergerichtet und seine Gebete verrichtet. Dies habe zu einer Abwesenheit vom Arbeitsplatz von 15 bis 20 Minuten geführt. Die Pausen des Klägers führten zu erheblichen betrieblichen Belastungen. Im Abnahmebereich müsse im Team gearbeitet werden. Falle jemand aus, müsse eine Ersatzmann aus der Vorbereitung einspringen. Da dort auch paarig gearbeitet werde, habe dies zur Folge, dass der nicht abgezogene Vorbereiter herumstehe, weil er allein die Arbeiten nicht ausführen könne.

Das Arbeitsgericht hat die Klage abgewiesen. Im Hinblick auf die Abmahnung wegen unerlaubtem Entfernen vom Arbeitsplatz hat es ausgeführt, es sei bereits fraglich, inwieweit die Religionsfreiheit dazu führen könne, dass Gebete während der Arbeitszeit hingenommen werden müssten. Zumindest habe aber der Kläger die Beklagte vor Aufnahme der Gebete nicht davon in Kenntnis gesetzt, dass er beabsichtigte, derartige Gebete auszuführen. Dies habe auch zu betrieblichen Störungen geführt, da der Kläger nicht im Ansatz habe erklären können, wie eine Vertretung hätte erfolgen sollen.

Im Rahmen der Berufung verfolgt der Kläger nur noch die Rücknahme und Entfernung der Abmahnung wegen Betens aus der Personalakte. Er ist nach wie vor der Auffassung, er habe sich berechtigt vom Arbeitsplatz entfernt. Im Hinblick Art. 4 GG überreicht er hierzu eine weitere Auskunft des Islam-Rates. Es heißt hier unter anderem:

„... Das Pflichtgebet unterscheidet sich von den anderen Gebetsarten dadurch, dass es zu bestimmten festen Zeiten verrichtet werden muss;
Die festen Gebetszeiten sind wie folgt festgesetzt:
(1) Fagr- bzw. Subh-Gebet (Morgengebet): vom Beginn der Morgendämmerung bis zum Sonnenaufgang, (2) Dhuhr-Gebet (Mittagsgebet): vom Beginn des Niedergangs der Sonne nach dem Überschreiten des Zenits bis zum Beginn der Zeit für das Asr-Gebet, (3) Asr-Gebet (Nachmittagsgebet): vom Zeitpunkt, indem der Schatten eines Objekts länger ist als es selbst - zuzüglich des Mittagsschattens - bis zum Sonnenuntergang, (4) Magrib-Gebet (Abendgebet): vom Sonnenuntergang bis zum Ende der Abenddämmerung und Eintritt der vollständigen Dun-

kelheit, (5) Ischa-Gebet (Nachtgebet): vom Eintritt der vollständigen Dunkelheit bis zum Anbruch der Morgendämmerung.
Es ist dabei wichtig festzustellen, dass diese Zeiten unbedingt eingehalten werden müssen. Grundsätzlich dürfen die Pflichtgebete nicht vorgezogen oder später verrichtet werden.
Wird ein Pflichtgebet vor Eintritt der dafür vorgesehenen Zeit verrichtet, so ist es ungültig. Daher müssen die Pflichtgebete zu Beginn der jeweiligen Gebetszeiten verrichtet werden.
In dem vorliegenden Fall handelt es sich um das Dhuhr-Gebet (Mittagsgebet), dessen Beginn je nach Länge des Tages bzw. der Jahreszeit ca. zwischen 12:30 und 13:40 Uhr variieren kann. Das Ende des Mittagsgebets kann je nach Länge des Tages bzw. der Jahreszeit ca. zwischen 14:00 und 18:00 Uhr betragen.
Innerhalb dieser Zeitspanne muss das Gebet verrichtet werden ..."

Der Kläger trägt weiter vor, sein Verlassen des Arbeitsplatzes führe auch nicht zu Störungen des Arbeitsablaufs. Es seien an seinem Arbeitsplatz vier Personen beschäftigt. Bei Ausfall eines Arbeitnehmers könne weitergearbeitet werden. Er habe auch keinen Gebetsraum gebaut. Schon deswegen sei die Abmahnung unrichtig.

Seinen am 30.10.2001 gestellten Antrag auf Erlass einer einstweiligen Verfügung, nämlich die Beklagte zu verurteilen, den Kläger zu gestatten, ab dem 12.11.2001 seinen religiösen Pflichten in Form eines sechsminütigen Gebetes, genaue zeitliche Lage nach Wahl des Klägers, während der Arbeitszeit, ohne Anrechnung auf diese, nachzugehen, bis zu einer einvernehmlichen Regelung der Parteien, längstens bis zum Ablauf der Winterzeit (Uhrenumstellung im Frühjahr 2002 (31.3.2002)), hat der Kläger am 6.11.2001 zurückgenommen.

Die Beklagte bestreitet, dass der Kläger aus religiösen Gründen verpflichtet sei, während der Arbeitszeit zu beten. Der Kläger habe sich auch nicht nur für fünf Minuten vom Arbeitsplatz entfernt. Er habe ca. 150 Meter gehen müssen, um seinen Gebetsplatz zu erreichen. Es könnten im Zuge des Arbeitsrhythmus auch keine Pausenzeiten herausgeholt werden. Das Band, durch das die Profile transportiert würden, laufe mit einer Geschwindigkeit von bis zu 1,4 Meter pro Minute. Im Durchschnitt betrage die Bandgeschwindigkeit 1,10 Meter pro Minute. Dies erfordere kontinuierliches Arbeiten.

Die Berufung blieb erfolglos.

Aus den Gründen:

Die zulässige Berufung des Klägers ist nicht begründet.
II. Die Berufung des Klägers ist unbegründet. Die streitgegenständliche Abmahnung ist nicht rechtswidrig.

1. Der Anspruch eines Arbeitnehmers auf Rücknahme und Entfernung einer Abmahnung aus der Personalakte ergibt sich aus einer entsprechenden Anwendung der §§ 242, 1004 BGB.

Nach ständiger Rechtsprechung des Bundesarbeitsgerichts ist ein Arbeitnehmer berechtigt, die Rücknahme einer missbilligenden Äußerung des Arbeitgebers zu verlangen, wenn diese Äußerung unrichtige Tatsachenbehauptungen enthält oder ihrer Form und ihrem Inhalt nach geeignet ist, ihn in seiner Rechtsstellung und seinem beruflichen Fortkommen zu beeinträchtigen (BAG, Urteil vom 31.3.1994 - 7 AZR 893/93 - NZA 1995, 225). Ist der erhobene Vorwurf objektiv nicht gerechtfertigt, kann der Arbeitnehmer in entsprechender Anwendung der §§ 242, 1004 BGB die Entfernung der zu unrecht erteilten Abmahnung aus der Personalakte verlangen (BAG, Urteil vom 30.5.1996 - 6 AZR 537/95 - NZA 1997, 145).

Bei der Abmahnung handelt es sich um die Ausübung eines Arbeitsvertraglichen Gläubigerrechts durch den Arbeitgeber. Als Gläubiger der Arbeitsleistung weist der Arbeitgeber den Arbeitnehmer als seinen Schuldner auf dessen vertragliche Pflichten hin und macht ihn auf die Verletzung dieser Pflichten aufmerksam. Zugleich fordert er ihn für die Zukunft zu einem vertragsgetreuen Verhalten auf und kündigt, wenn ihm das angebracht erscheint, ihm arbeitsrechtliche Konsequenzen für den Fall einer erneuten Pflichtverletzung an (BAG, Urteil vom 31.8.1994 - 7 AZR 893/93 - NZA 1995, 225). Eine solche missbilligende Äußerung des Arbeitgebers in Form einer Abmahnung ist geeignet, den Arbeitnehmer in seinem beruflichen Fortkommen und seinem Persönlichkeitsrecht zu beeinträchtigen. Aus diesem Grunde kann der Arbeitnehmer die Beseitigung dieser Beeinträchtigung verlangen, wenn die Abmahnung formell nicht ordnungsgemäß zustande gekommen ist, sie unrichtige Tatsachenbehauptungen enthält, der Grundsatz der Verhältnismäßigkeit verletzt wird oder ein schutzwürdiges Interesse des Arbeitgebers am Verbleib der Abmahnung in der Personalakte nicht mehr besteht (BAG, Urteil vom 30.5.1996 - 6 AZR 537/95 - NZA 1997, 145).

Soweit dem Arbeitnehmer eine Verletzung seiner arbeitsvertraglichen Pflichten vorgeworfen wird, kommt es nicht darauf an, ob dieser Pflichtenverstoß ihm subjektiv vorwerfbar ist. Es reicht aus, wenn der Arbeitgeber einen objektiven Verstoß des Arbeitnehmers gegen dessen arbeitsvertragliche Pflichten rügt. Eine solche Rüge ist nicht nur dann ungerechtfertigt, wenn sie unrichtige Tatsachenbehauptungen enthält, sondern auch dann, wenn sie auf einer unzutreffenden rechtlichen Bewertung des Verhaltens des Arbeitnehmers beruht (BAG, Urteil vom 30.5.1996 - 6 AZR 537/95 - NZA 1997, 145).

Ausgehend von vorstehenden Grundsätzen ist die noch in der Berufungsinstanz streitgegenständliche Abmahnung nicht zu beanstanden.

a) Der Kläger war nicht berechtigt, ohne weitere Absprachen mit einem Vorgesetzten den Arbeitsplatz zur Ausübung seines Nachmittagsgebetes zu verlassen. Die Abmahnung ist daher sachlich und rechtlich gerechtfertigt, als sie dem Kläger ein unentschuldigtes Fernbleiben vom Arbeitsplatz vorwirft.

aa) Aus § 616 BGB und aus § 242 BGB kann sich im bestehenden Arbeitsverhältnis grundsätzlich ein Anspruch auf Arbeitsbefreiung des Arbeitnehmers zur Ausübung seiner Religion ergeben. Insoweit kann dies Vorrang vor dem grundsätzlichen Direktionsrechts des Arbeitgebers haben. Das Direktionsrecht ermöglicht es dem Arbeitgeber, die im Arbeitsvertrag nur rahmenmäßig umschriebene Leistungspflicht im Einzelnen nach Zeit, Art und Ort zu bestimmen. Beschränkungen können sich nur aus Gesetz, Tarifvertrag, Betriebsvereinbarung oder Einzelarbeitsvertrag ergeben (BAG vom 7.12.2000 - 6 AZR 444/99 - AP Nr. 61 zu § 611 BGB Direktionsrecht). Der zwischen den Parteien unter dem 7.10.1994 geschlossene Arbeitsvertrag regelt gerade im Hinblick auf die Religionsausübung des Klägers keine Beschränkung des Direktionsrechts der Beklagten. Lediglich die Dauer der wöchentlichen Arbeitszeit von 40 Stunden ist vereinbart. Tarifliche Regelungen oder eine Betriebsvereinbarung über Arbeitspausen bestehen nicht.

Die Unterbrechung der Arbeit zur Religionsausübung ist ein subjektives Leistungshindernis im Sinne von § 616 BGB. Hierzu gehören auch die vorrangigen religiösen Verpflichtungen, da sie gemäß Artikel 4 Abs. 1 u. 2 GG unter Verfassungsschutz stehen (BAG, Urteil vom 27.4.1983 - 4 AZR 506/80 - AP Nr. 61 zu § 616 BGB, KirchE 21, 81). Eine tägliche nur mehrminütige Arbeitspause führt auch im Sinne von § 616 Abs. 1 Satz 1 BGB zu einer Arbeitsverhinderung nur für eine verhältnismäßig nicht erhebliche Zeit.

Darüber hinaus ergibt sich das Recht zur Arbeitspause zum Zwecke der Religionsausübung aus § 242 BGB in Verbindung mit dem bestehenden Arbeitsverhältnis. Die Arbeitsvertragsparteien begründen mit Abschluss des Arbeitsvertrages auch die Pflicht, zu gegenseitiger Rücksichtnahme. Durch verfassungskonforme Auslegung der Generalklausel des § 242 BGB können auch Grundrechte des Arbeitnehmers eine Pflicht des Arbeitgebers zur Rücksichtnahme begründen (ErfK/Dietrich, Art. 10 GG Rn 21). Dabei ist anerkannt, dass sich die Grundrechte auch über den Anwendungsbereich des Artikel 1 Abs. 3 GG ganz oder teilweise an Privatpersonen wenden können. Sie wirken vor allem auf dem Wege über die Auslegung wertausfüllungsfähiger und wertauffüllungsbedürftiger Generalklauseln auch im Privatrecht (Herzog, in: Maunz/Dürig, Kommentar zum GG, Art. 5 Abs. 1, 2 Rn 30).

Die vom Kläger wahrgenommene Gebetspause unterliegt dem Schutzbereich des Art. 4 Abs. 2 GG. Dabei kommt es nicht darauf an, ob daneben auch der Schutzbereich des Art. 4 Abs. 1 GG betroffen ist. Das

Grundrecht der ungestörten Religionsausübung ist nämlich bereits im Begriff der Glaubens- und Bekenntnisfreiheit des Art. 4 Abs. 1 GG enthalten (BVerfG vom 5.2.1991 - 2 BvR 263/86 - NJW 1991, 2623 [2624], KirchE 29, 9). Jedenfalls gehört zum Recht auf ungestörte Religionsausübung nach Art. 4 Abs. 2 GG auch das Beten (Starck, in: von Mangold/Klein/Starck, GG I Art. 4 Rn 53 mwN). Es kommt dabei nicht darauf an, ob die Religion das Beten während bestimmter Zeiten zwingend vorschreibt. Ausreichend ist, dass der Gläubige die religiöse Handlung nachvollziehbar als verbindlich ansehen kann und ansieht (Böckenförde, NJW 2001, 723 [724]). Selbst wenn ein zwingender Charakter des religiösen Gebots erforderlich wäre, steht dem nicht entgegen, dass die Religion in Ausnahmefällen auf die Gewissensnot von Gläubigen Rücksicht nimmt (BVerfG vom 15.1.2002 - 1 BvR 1783/99 - NJW 2002, 663 [666], KirchE 40, 1). Nach der Auffassung des Islamrates handelt es sich bei dem Nachmittagsgebet um ein Pflichtgebet. Grundsätzlich dürfen diese Gebete nicht vorgezogen oder später verrichtet werden. Nur in Ausnahmefällen ist es danach dem Gläubigen erlaubt, aufgrund einer Abwägung zwischen seinen religiösen Pflichten und objektiven Hinderungsgründen von dieser Gebetspflicht abzuweichen. Es ist daher als religiöse Gewissensentscheidung nachvollziehbar, wenn der Kläger die aus religiösen Gründen während der Arbeitszeit notwendigen Gebete auch zu diesen Zeiten erfüllen will. Die Entscheidung zur Abhaltung des Nachmittagsgebetes findet daher seine ausreichende Grundlage in den Regeln des Islams. Das Gericht hat sich einer Bewertung dieser religiösen Gewissensentscheidung des Gläubigen zu enthalten.

bb) Der Kläger hat allerdings nicht substantiiert vorgetragen, dass das religiöse Leistungshindernis am 11.1.2001 gerade während der Arbeitszeit bestanden hat.

Nach der Auskunft des Islamrates, welche sich der Kläger zu Eigen gemacht hat, beginnt die Zeit zur Abhaltung des Nachmittagsgebets (Asr-Gebet) mit dem Zeitpunkt, in dem der Schatten eines Objekts länger ist als es selbst - zuzüglich des Mittagsschattens - bis zum Sonnenuntergang. Der Kläger hat weder vorgetragen, in welchen Zeitraum diese Voraussetzungen am fraglichen Tag bestanden haben, und wann seine Arbeitszeit beendet war. Es ist für das Gericht deswegen nicht nachvollziehbar, dass er das Nachmittagsgebet nicht nach Arbeitsende noch hätte abhalten können. Falls dies der Fall wäre, kann nicht von einem Leistungshindernis im Sinne des § 616 BGB ausgegangen werden. Ebenso liegt keine Rücksichtnahmepflicht des Arbeitgebers gemäß § 242 BGB vor, da die berechtigten Belange des Arbeitnehmers eine solche Rücksichtnahme durch Befreiung von der Arbeitspflicht während der Arbeitszeit nicht erfordern.

cc) Selbst wenn während der Arbeitszeit des Klägers von einem Leistungshindernis zur Religionsausübung auszugehen wäre, war der Kläger jedoch nicht berechtigt, ohne Absprache mit seinem Vorgesetzten den Arbeitsplatz zu verlassen. Es liegt daher auch bereits deswegen ein unerlaubtes Fernbleiben vom Arbeitsplatz vor.

Das Recht des Klägers auf ungestörte Religionsausübung gemäß Art. 4 Abs. 1 u. 2 GG berechtigt ihn nicht, im Rahmen des § 616 BGB ohne Berücksichtigung der Belange des Arbeitgebers seinen Arbeitsplatz zu verlassen. Dabei ist der Arbeitnehmer allerdings nicht verpflichtet, beim Vorgesetzten eine Arbeitsbefreiung zu beantragen, die dann gewährt werden muss. § 616 BGB führt ohne weitere gestaltende Erklärung des Arbeitgebers bei bestehen des Leistungshindernisses zu einer Suspendierung der Arbeitspflicht für den Hinderungszeitraum (BAG, Urteil vom 20.5.1988 - 2 AZR 682/87 - AP Nr. 9 zu § 1 KSchG 1969 Personenbedingte Kündigung). Im Rahmen des § 616 BGB besteht nur eine Anzeigepflicht, der der Kläger zwar auch nicht nachgekommen ist, die in der Abmahnung aber nicht gerügt wurde.

Der sich aus der Drittwirkung des Grundrechts aus Art. 4 GG über § 616 BGB ergebende Anspruch auf Befreiung von der Arbeitspflicht unterliegt jedoch denselben Beschränkungen wie die entsprechende Grundrechtsnorm. Insbesondere sind hier die grundgesetzlich gewährleisteten Schutzrechte der Beklagten aus Art. 2 Abs. 1, Art. 12 Abs. 1 und Art. 14 Abs. 1 GG zu berücksichtigen. Die Beklagte ist als juristische Person im Rahmen der auch in Art. 2 Abs. 1 GG enthaltenen wirtschaftlichen Betätigungsrechte Grundrechtsträgerin. Das mit Art. 12 Abs. 1 GG gewährleistete Grundrecht der Berufsfreiheit und die Eigentumsgarantie des Art. 14 Abs. 1 GG schützten ebenfalls juristische Personen (BVerfG vom 14.2.1998 - 1 BvF 1/91 - NJW 1998, 1627). Hieraus ergibt sich eine Grundrechtskollision, da auch die Grundrechte aus Art. 4 Abs. 1 u. 2 GG ihre Grenzen an anderen grundrechtlich geschützten Interessen finden (Zippelius, in: Deutzer/Vogel [Hrsg.], BK Art. 4 Rn 46 u. 86). Bei einer solchen Grundrechtskollision von gleichermaßen verfassungsrechtlich geschützten Interessen muss eine Ausgleich der gegenläufigen Interessen mit dem Ziel ihrer Optimierung gefunden werden. Der Vertragstreue des Arbeitnehmer kommt insoweit eine besondere Bedeutung zu (Starck, aaO, Art. 4 Abs. 1, 2 GG Rn 116). Der Arbeitnehmer hat sich nämlich grundsätzlich mit Vertragsschluss dem Direktionsrecht des Arbeitgebers unterworfen. Damit ist er nicht berechtigt, ohne jede Rücksprache mit seinem Vorgesetzten seinen Arbeitsplatz zu jeden Zeitpunkt innerhalb des vom Islam vorgegebenen Zeitrahmens für das Nachmittagsgebet zu verlassen. Wie sich aus der Auskunft des Islamrates ergibt, muss das Nachmittagsgebet als Pflichtgebet nicht zu einem bestimmten Zeitpunkt, sondern nur innerhalb eines bestimmten Zeitrahmens, abhängig von Sonnenstand, ausgeübt werden. Der Kläger hat daher einen Beurteilungsspielraum, zu welchem Zeitpunkt er sein Nachmittagsgebet innerhalb dieses zeitlichen Rahmens vornimmt. Religiöse Kriterien zur Ausübung dieses Spielraums sind nicht vorgetragen. Der Arbeitnehmer ist daher verpflichtet, auch unter Berücksichtigung der grundgesetzlich geschützten Rechte des Arbeitgebers, diesem die Möglichkeit zu geben, innerhalb seines Direktionsrechtes selbst abzuwägen, zu welchem Zeitpunkt das Nachmittagsgebet stattfinden kann. Der Arbeitnehmer ist insbesondere nicht berechtigt, selbst anhand der betrieblichen Gegebenheiten zu entscheiden, zu welchem Zeitpunkt er seinen Arbeitsplatz verlassen will. Er greift damit unzulässigerweise in die dem Arbeitgeber obliegende Organisationsgewalt ein. Der Arbeitgeber muss die Möglichkeit haben, anhand der von ihm einzuschätzenden betrieblichen Erfordernisse den Zeitpunkt des Gebetes innerhalb des religiös vorgegebenen Rahmens selbst zu bestimmen. Berechtigte religiöse Belange des Arbeitnehmers stehen diesem nicht entgegen. Der notwendigen Abwägung der gegenseitigen Grundrechtsbelange der Parteien steht auch nicht entgegen, dass die Beklagte vorliegend grundsätzlich ein Recht des Klägers zu Unterbrechung der Arbeit wegen erforderlicher Gebete bestreitet. Durch das Verlassen des Arbeitsplatzes ohne irgendeine Rücksprache mit dem Vorgesetzten hat der Kläger der Beklagten die Möglichkeit genommen, unter Beibehaltung ihres Rechtsstandpunktes dem Kläger zumindest den für sie am wenigsten betriebsstörenden Zeitpunkt für das Gebet zu bestimmen. Allein hieraus ergibt sich schon ein unentschuldigtes Fernbleiben vom Arbeitsplatz. Dieselben Grundsätze gelten für den Anspruch aus § 242 BGB. Die gegenseitige Pflicht zur Rücksichtnahme verpflichtet auch den Arbeitnehmer auf die bereits dargestellten betrieblichen Belange des Arbeitgebers Rücksicht zu nehmen.

b) Die streitgegenständliche Abmahnung ist auch nicht deswegen objektiv unrichtig, weil dokumentiert wurde, der Kläger habe sich in der äußersten Ecke im Verpackungslager einen Gebetsraum gebaut. Hierbei handelt es sich nicht um den mit der Abmahnung gerügten Sachverhalt. Dies ergibt sich bereits aus der Überschrift des Abmahnungsschreibens, wo auf das unentschuldigte Fernbleiben vom Arbeitsplatz hingewiesen wird. Bei dem Bauen des Gebetsraums handelt es sich daher nur um eine ausführliche Sachverhaltsschilderung, ohne dass dieser konkrete Tatbestand auch gerügt werden sollte. So wiederholt die Beklagte im Satz vor der Androhung der Kündigung auch ihre Auffassung, dass ein unentschuldigtes Fernbleiben vom Arbeitsplatz vorliegt. Hieraus ergibt sich schon, dass nur dieses gerügt und abgemahnt werden sollte. Zudem ist es im Berufungsverfahren unstreitig geworden, dass der Kläger mit einer Fließrolle die Lücke der dort stehenden Fließrollen geschlossen hat, um so einen abgeschlossenen „Gebetsraum" zu erhalten. Dies kann durchaus auch als „Bauen" eines Gebetsraums angesehen werden.

c) Ein Recht des Klägers auf einseitiges Verlassen des Arbeitsplatzes ergibt sich auch nicht aus konkludenter Vertragsänderung oder Vertrauensschutzgesichtspunkten. Soweit er hierzu vorträgt, er habe sechs Jahre lang in Kenntnis von Betriebs- und Schichtleitern gebetet ist der Vortrag unsubstantiiert. Hieraus ergibt sich nicht, dass er genau außerhalb der ordnungsgemäßen Pausenzeiten und innerhalb der durch den Islam vorgegebenen Zeiten des Nachmittagsgebets arbeitsfreie Pausen in Anspruch genommen hat. Hierauf hat das Gericht in den Entscheidungsgründen aus dem Urteil vom 18.1.2002 - 5 Sa 1782/01 - KirchE 40, 129 bereits hingewiesen.

20

Die Bürgschaft ist nicht schon deshalb gemäß § 138 Abs. 1 BGB nichtig, weil der Bürge, der als Mönch das Armutsgelübde abgelegt hat, dadurch finanziell krass überfordert wurde. Sie ist jedoch in der Regel nichtig, wenn der Gläubiger das den Bürgen treffende Risiko schuldhaft verharmlost, insbesondere nicht darauf hingewiesen hat, dass die Ausfallbürgschaft die volle Haftung des Bürgen nicht einschränkt.

BGH, Urteil vom 28. Februar 2002 - IX ZR 153/00[1] -

Die Klägerin nimmt den Beklagten, der einer Ordensgemeinschaft mit Armutsgelübde angehört, aus einer von ihm übernommenen selbstschuldnerischen Bürgschaft für ein Darlehen mit einem Teilbetrag von 50.000,- DM in Anspruch. Die streiterheblichen Einzelheiten ergeben sich aus dem Urteil des Oberlandesgerichts des Landes Sachsen-Anhalt vom 21.3.2000 (KirchE 38, 146), durch das die Berufung gegen ein klageabweisendes Urteil des Landgerichts Stendal vom 16.2.1999 (21 O 256/98) zurückgewiesen wurde.

Die Revision der Klägerin wurde nicht zur Entscheidung angenommen.

Aus den Gründen:

Die Rechtssache hat keine grundsätzliche Bedeutung und die Revision im Ergebnis keine Aussicht auf Erfolg (§ 554b ZPO a.F.).
1. Die Bürgschaft ist nicht schon deshalb gemäß § 138 Abs. 1 BGB nichtig, weil der Beklagte, der als Mönch das Armutsgelübde abgelegt hat, dadurch finanziell krass überfordert wurde. Die für Gesellschafter-

---

[1] BKR 2002, 677; EWiR 2002, 791 (LS); EzFamR BGB § 765 Nr. 24; GmbH-Stpr 2003, 40; NJW-RR 2002, 1130; NZG 2002, 725; WM 2002, 923.

bürgschaften geltenden Grundsätze (BGHZ 137, 329; BGH, Urteil v. 18.9.2001 - IX ZR 183/00 - WM 2001, 2156 [2157]) kommen bei Krediten an gemeinnützige Gesellschaften mit beschränkter Haftung ebenfalls zur Anwendung. Auch dort darf der Gläubiger grundsätzlich annehmen, dem Gesellschafterbürgen sei es persönlich wichtig, dass die Gesellschaft ihre Aufgaben erfüllen kann und nicht insolvent wird. Darin ist das eigene wirtschaftliche Interesse des Gesellschafters zu sehen; auf eine Absicht, Gewinn zu erzielen, kommt es nicht an. Infolgedessen brauchte sich das Kreditinstitut mit der eigenen finanziellen Leistungsfähigkeit des Beklagten nicht zu befassen.

2. Das angefochtene Urteil hat jedoch Bestand, weil der Vertreter der Klägerin den Beklagten über das mit der Bürgschaft verbundene Risiko unzutreffend informiert, insbesondere nicht darauf hingewiesen hat, dass die Ausfallbürgschaft die volle Haftung des Beklagten nicht einschränkt (vgl. BGHZ 73, 94 [96 f.]; BGH, Urteil v. 18.10.1978 - VIII ZR 278/77, NJW 1979, 646). Nach der Rechtsprechung des IX. und des XI. Zivilsenats des Bundesgerichtshofs ist die Bürgschaft einer finanziell überforderten Person in der Regel gemäß § 138 Abs. 1 BGB nichtig, wenn der Gläubiger das den Bürgen treffende Risiko schuldhaft verharmlost hat; denn der Bürge wird dadurch in seiner Entschließungsfreiheit beeinträchtigt (vgl. BGHZ 120, 272 [277]; 125, 206 [218]; BGH, Urteil v. 24.2.1994 - IX ZR 227/93 - WM 1994, 680 [682]; Urteil v. 6.10.1998 - XI ZR 244/97 - WM 1998, 2366 [2367]). In diesem Punkt ist auch der finanziell überforderte Gesellschafterbürge schutzwürdig (vgl. BGH, Urteil v. 16.1.1997 - IX ZR 250/95 - WM 1997, 511 [513]).

21

Zum Umfang der dem Staat obliegenden Justizgewährungspflicht (Art. 20 Abs. 3 GG iVm Art. 92 GG) für den Fall, dass das anzuwendende staatliche Recht die Gewährung von Staatsleistungen von der Klärung einer Vorfrage abhängig macht, die an religiöse Inhalte anknüpft.

BVerwG, Urteil vom 28. Februar 2002 - 7 C 7/01[1] -

Die Klägerin beansprucht ihre Teilhabe an den finanziellen Leistungen, die das Land Sachsen-Anhalt aufgrund eines Vertrages mit der „Jüdischen Gemeinschaft" in Sachsen-Anhalt an den beklagten Landesverband erbringt.

---

[1] Amtl. Leitsatz. BVerwGE 116, 86; Buchholz 11 Art. 140 GG Nr. 67; DÖV 2002, 952; DVBl. 2002, 986; JZ 2002, 1102; NJW 2002, 2807 (LS); NVwZ 2002, 987.

Der Vertrag des Landes Sachsen-Anhalt mit der Jüdischen Gemeinschaft in Sachsen-Anhalt vom 23.3.1994 (Staatsvertrag), dem der Landtag von Sachsen- Anhalt mit Gesetz vom 5.7.1994 (GVBl. LSA S. 794) zugestimmt hat, dient nach seiner Präambel dem Ziel, den Jüdischen Gemeinden in Sachsen-Anhalt den Wiederaufbau eines Gemeindelebens zu erleichtern. Art. 13 Abs. 1 u. 4 des Staatsvertrages lautet:

„*Art. 13*
Staatsleistung
(1) Das Land zahlt an den Landesverband einen Gesamtzuschuss (Staatsleistung). Über diese Staatsleistung hinaus werden weitere Leistungen an die Jüdische Gemeinschaft in Sachsen-Anhalt nur erbracht, wenn sie in diesem Vertrag oder den allgemeinen Gesetzen vorgesehen sind.
...
(4) Die Staatsleistung wird mit einem Zwölftel des Jahresbetrages jeweils monatlich im Voraus an den Landesverband gezahlt."

In dem Schlussprotokoll zu Art. 13 Abs. 1 des Staatsvertrages ist ausgeführt:

„*Zu Art. 13 Abs. 1*
Die Staatsleistung ist ausschließlich für die Jüdische Gemeinschaft im Land Sachsen-Anhalt bestimmt. Es besteht Einvernehmen darüber, dass die Staatsleistung die Zuschüsse für neu entstehende Gemeinden mit umfasst und dass die Mittel anteilmäßig den Gemeinden unabhängig von ihrer Zugehörigkeit zum Landesverband zufließen sollen ..."

Die nach Auseinandersetzungen innerhalb der Jüdischen Gemeinde in Halle im Juli 1996 gegründete und im Februar 1997 in das Vereinsregister eingetragene Klägerin versteht sich ausweislich ihrer Satzung als „direkte Nachfolgerin der Synagogengemeinde zu Halle, die im Holocaust ausgelöscht worden ist", und will deren „traditionelle liberale Haltung" wieder aufnehmen. Als ihre Aufgabe sieht sie die Förderung der Ausübung des jüdischen Glaubens nach konservativ-liberalen Riten und die Durchführung entsprechender Gottesdienste an. Im August 1999 wurde sie als Mitglied in die Union progressiver Juden in Deutschland, Österreich und der Schweiz aufgenommen.

Die Klägerin ist nicht Mitglied des beklagten Landesverbandes Jüdischer Gemeinden Sachsen-Anhalt und gehört auch anders als der Beklagte nicht dem Zentralrat der Juden in Deutschland an. Ein bei dem Zentralrat eingerichtetes Schieds- und Verwaltungsgericht ist nach der Satzung des Zentralrats für interne und dienstrechtliche Streitigkeiten zuständig. Andere Streitigkeiten nicht satzungsrechtlicher Art können ihm unterbreitet werden, wenn der Rechtsstreit einen Bezug zu Angelegenheiten der Jüdischen Gemeinschaft aufweist und die Streitparteien rechtswirksame Unterwerfungserklärungen abgegeben haben.

Die Klägerin hat, nachdem ihre Aufforderungen an den Beklagten, sie bei der Verteilung der vom Land Sachsen- Anhalt für die Jüdische Gemeinschaft gezahlten Mittel zu berücksichtigen, ohne Erfolg geblieben waren, im Oktober 1997 Klage erhoben, mit der sie die Verpflichtung des Beklagten erstrebt, sie anteilig an den Staatsleistungen zu beteiligen. Das Verwaltungsgericht Magdeburg hat der Klage mit Urteil vom 21.7.1998 stattgegeben. Der Klägerin stehe nach dem Staatsvertrag ein Anspruch auf finanzielle Beteiligung zu, da es sich bei ihr um eine neu entstandene jüdische Gemeinde im Sinne des Schlussprotokolls zu Art. 13 Abs. 1 des Staatsvertrages handele.

Auf die Berufung des Beklagten gegen dieses Urteil hat das OVG des Landes Sachsen-Anhalt das Verfahren mit Beschluss vom 11.11.1999 zunächst ausgesetzt, um den Beteiligten die Möglichkeit zu geben, den Konflikt innerhalb der Jüdischen Gemeinschaft selbst zu regeln. Eine Einigung über eine anderweitige Streitbeilegung oder eine von beiden Beteiligten akzeptierte „innerjüdische" Instanz ist nicht zustande gekommen. Das Oberverwaltungsgericht hat daraufhin mit Urteil vom 3.3.2000 (KirchE 38, 115) die Klage unter Aufhebung des erstinstanzlichen Urteils abgewiesen.

Hiergegen richtet sich die Revision der Klägerin, mit der sie ihren Antrag weiterverfolgt. Zur Begründung macht sie geltend: Das Oberverwaltungsgericht habe die Voraussetzungen des Art. 140 GG iVm Art. 137 Abs. 3 WRV verkannt. Es sei von der unzutreffenden Annahme ausgegangen, dass sie, die Klägerin, und der Beklagte Mitglieder derselben Religionsgemeinschaft seien. Dies sei jedoch nicht der Fall; sie seien jeweils rechtlich selbständige Religionsgemeinschaften. Sie gehöre zur Glaubensrichtung der progressiven Juden, die in der „World Union for Progressive Judaism" organisiert sei. Der beklagte Landesverband sei dagegen Mitglied des Zusammenschlusses der orthodoxen Juden, also einer anderen Glaubensrichtung. Nach dem Staatsvertrag setze die finanzielle Beteiligung der Klägerin lediglich voraus, dass sie eine jüdische Gemeinde sei. Diese Voraussetzung erfülle sie. Sie verfüge über eine nach ihrem Glauben organisierte Struktur und ein nach den Regeln und Traditionen des Judentums geführtes religiöses Gemeindeleben. Sie sei von einem internationalen Rabbinerkonsortium geprüft, in die Union progressiver Juden in Deutschland, Österreich und der Schweiz - einer anerkannten Gemeinschaft Jüdischer Gemeinden - aufgenommen und damit durch ein hierzu berufenes Gremium als Teil der Jüdischen Gemeinschaft anerkannt worden.

Der Beklagte vertritt die Auffassung, dass ausschließlich durch binnenreligiöse Instanzen zu entscheiden sei, ob die Klägerin eine Gemeinde der „Jüdischen Gemeinschaft" sei. Staatliche Gerichte hätten allenfalls die Kompetenz, solche Entscheidungen darauf zu prüfen, ob sie willkürlich getroffen worden seien oder gegen fundamentale Rechtsprinzipien verstießen. Das Berufungsgericht habe zu Recht den Staatsvertrag dahin ausgelegt, dass durch den Landesverband zu entscheiden sei, ob ein Anspruchsteller als Gemeinde zur „Jüdischen Gemeinschaft" gehöre. Der Klägerin gehe es allein um eine finanzielle Partizipation an der Staatsleistung.

Die Revision der Klägerin führte zur Aufhebung des angefochtenen Urteils und Zurückverweisung der Sache an das Oberverwaltungsgericht.

Aus den Gründen:

Die Revision der Klägerin ist begründet. Zwar hat das Oberverwaltungsgericht zutreffend den Rechtsweg zu staatlichen Gerichten bejaht (1). Seine die Klageabweisung tragende Annahme, dass staatlichen Gerichten durch Art. 140 GG iVm Art. 137 Abs. 3 Satz 1 WRV die Beurteilung der Frage entzogen sei, ob die Klägerin eine jüdische Gemeinde im Sinne des Staatsvertrages ist, verletzt jedoch Bundesrecht; diese Frage ist vielmehr von den staatlichen Gerichten zu klären (2). Da das Oberverwaltungsgericht hierzu keine Tatsachenfeststellungen getroffen hat, muss das Urteil gemäß § 144 Abs. 3 Satz 1 Nr. 2 VwGO aufgehoben und die Sache zur erneuten Verhandlung und Entscheidung an das Berufungsgericht zurückverwiesen werden (3).

1. Für die Klage, mit der die Klägerin ihre finanzielle Beteiligung an den für die „Jüdische Gemeinschaft" bestimmten Staatsleistungen des Landes Sachsen-Anhalt erreichen will, ist der Rechtsweg zu staatlichen Gerichten eröffnet. Aus der dem Staat obliegenden Justizgewährungspflicht (Art. 20 Abs. 3 GG iVm Art. 92 GG) folgt, dass die staatlichen Gerichte grundsätzlich zur Entscheidung aller Rechtsfragen berufen sind, deren Beurteilung sich nach staatlichem Recht richtet (BGH JZ 2000, 1111 mit insoweit zust. Anm. Maurer, JZ 2000, 1113; auch BVerfGE 83, 341 [353]). Diese Voraussetzung ist erfüllt. Als Grundlage für den Anspruch der Klägerin kommt nur staatliches Recht in Betracht, nämlich der mit Zustimmungsgesetz vom 5.7.1994 (GVBl. LSA S. 794) in Landesrecht transformierte Staatsvertrag mit der „Jüdischen Gemeinschaft" in Sachsen-Anhalt. Der Staatsvertrag sieht in Art. 13 nicht nur die Verpflichtung des Landes zur Erbringung finanzieller Leistungen vor, sondern enthält in dem Schlussprotokoll als Bestandteil des Staatsvertrages auch die für den Rechtsstreit maßgebende Bestimmung über die Verteilung der vom Land erbrachten Mittel. Danach sollen neben den schon vorhandenen auch die neu entstehenden jüdischen Gemeinden in Sachsen-Anhalt bedacht werden und zwar unabhängig von ihrer Zugehörigkeit zum Landesverband (Schlussprotokoll zu Art. 13 Abs. 1 des Staatsvertrages).

2. Entgegen der Auffassung des Oberverwaltungsgerichts ist die Entscheidung, ob die Klägerin zur „Jüdischen Gemeinschaft" in Sachsen-Anhalt gehört, den staatlichen Gerichten nicht durch Art. 140 GG iVm Art. 137 Abs. 3 Satz 1 WRV entzogen; danach ordnet und verwaltet jede Religionsgemeinschaft ihre Angelegenheiten selbständig innerhalb der Schranken des für alle geltenden Gesetzes. Die Anwendung dieser Verfassungsbestimmung scheitert daran, dass die Beurteilung, ob die Klägerin zur „Jüdischen Gemeinschaft" in Sachsen-Anhalt gehört, nicht als eigene Angelegenheit des Beklagten anzusehen ist; Entsprechendes gilt für die Verteilung der Staatsleistungen an die begünstigten Jüdischen Gemeinden, mit der der Landesverband nur eine staatliche Aufgabe wahrnimmt, die ihm durch Landesgesetz zur selbständigen Erledigung übertragen worden ist.

Richtig ist zwar, dass die staatsvertraglichen Regelungen die finanzielle Beteiligung an den Landesmitteln von der Zugehörigkeit zur „Jüdischen Gemeinschaft" und damit von einer Voraussetzung abhängig macht, die an religiöse Inhalte anknüpft. Damit ist die Beurteilung, ob die Klägerin diese Voraussetzung erfüllt, jedoch nicht in einen Bereich verwiesen, der dem religionsgemeinschaftlichen Selbstbestimmungsrecht des Beklagten zugeordnet ist. Die Klägerin ist nicht Mitglied des beklagten Verbandes. Es besteht auch sonst keine Religionsgemeinschaft, der beide Beteiligte angehören, oder ein beide Beteiligte umfassender Verband, der über die Zugehörigkeit der Klägerin zur „Jüdischen Gemeinschaft" als eigene Angelegenheit entscheiden könnte. Dem Zentralrat der Juden als Spitzenorganisation der Jüdischen Gemeinden in Deutschland und ihrer Landesverbände gehört zwar der beklagte Landesverband, nicht aber die Klägerin an. Dementsprechend verweist die Bezeichnung „Jüdische Gemeinschaft" im Staatsvertrag auch nicht auf eine bestimmte jüdische Religionsrichtung in dem Sinne, dass die sich zu ihr bekennenden Jüdischen Gemeinden spezifische glaubensmäßige Anforderungen innerhalb der zum Judentum gehörenden religiösen Richtungen erfüllen müssten. Damit kommt es in der Tat, wie das Berufungsgericht es in seinem Beschluss vom 11.11.1999 ausgedrückt hat, auf einen bereits „vorgefundenen" Begriff an, der „dem Selbstverständnis des Judentums" entspricht. Allerdings verkennt das Berufungsgericht, dass „das Judentum" ebenso wenig eine Religionsgemeinschaft im staatskirchenrechtlichen Sinne darstellt, wie „das Christentum". Vielmehr fassen solche Gattungsbegriffe verschiedene Religionsgemeinschaften im Blick auf ihre zentralen Glaubensgehalte zusammen; sie beziehen sich dagegen weder auf eine die einzelnen Religionsgemeinschaften erfassende Organisation noch auf eine zentrale Lehrautorität.

Aus dem Vorstehenden ergibt sich, dass auch die weitere Annahme des Berufungsgerichts fehl geht, die Klägerin müsse sich in diesem Punkte einer Entscheidung durch das Schieds- und Verwaltungsgericht des Zentralrats der Juden unterwerfen (vgl. § 15 Abs. 1 Buchst. e und Abs. 2 der Satzung des Zentralrats der Juden). Eine solche Obliegenheit lässt sich aus dem Staatsvertrag nicht herleiten. Davon abgesehen würde durch eine Unterwerfungserklärung die Beurteilung, ob die Klägerin zu der „Jüdischen Gemeinschaft" gehört, nicht zu einer eigenen Angelegenheit des Beklagten oder des Zentralrats der Juden werden. Es mag sein, dass eine Unterwerfungserklärung der Klägerin, wäre sie abgegeben worden, für das staatliche Gericht die Verpflichtung begründen kann, die Entscheidung des Schieds- und Verwaltungsgerichts des Zentralrats abzuwarten und sie, wenn sie ergangen ist, der weiteren Beurteilung zugrunde zu legen (vgl. BGH JZ 2000, 1111 [1113]). Die Klägerin hat eine solche Unterwerfungserklärung jedoch nicht abgegeben.

3. Rechtlicher Maßstab ist danach allein der Staatsvertrag. Dieser verweist mit der Bezeichnung „Jüdische Gemeinschaft" nicht auf eine bestimmte jüdische Religionsrichtung. Vielmehr liegt ihm ein erweitertes, gewissermaßen „plurales" Verständnis zugrunde, das alle im Judentum vorhandenen Grundrichtungen einbezieht und das üblicherweise gemeint ist, wenn von „Jüdischer Gemeinschaft" die Rede ist. Anders lässt sich auch - schon wegen der Neutralitätspflicht des Staates - der Staatsvertrag nicht verstehen, der in seinem Art. 13 die dort näher bezeichnete Staatsleistung als „Gesamtzuschuss" an die „Jüdische Gemeinschaft" in Sachsen-Anhalt umschreibt und damit den abschließenden Charakter der Regelung zum Ausdruck bringt. Gegen die sich aus dem Gesamtkonzept des Vertrages ergebende Pflicht zur Umsetzung der darin getroffenen Regelungen innerhalb der „Jüdischen Gemeinschaft" verstößt der Beklagte, wenn er den auf diese Weise umschriebenen Kreis förderungswürdiger Jüdischer Gemeinden von einer auf der Grundlage seines eigenen Selbstverständnisses ausgesprochenen Anerkennung abhängig macht. Zur „Jüdischen Gemeinde" im Sinne des Staatsvertrages gehört vielmehr jede jüdische Vereinigung, die sich selbst als Jüdische Gemeinde versteht und unbeschadet der jeweiligen Art ihres Glaubensverständnisses innerhalb des Judentums Aufnahme und Anerkennung als Jüdische Gemeinde gefunden hat.

Die Klägerin behauptet von sich, dass sie nach ihrem Selbstverständnis eine Jüdische Gemeinde im Sinne des Staatsvertrages ist. Das Berufungsgericht ist - von seinem Ausgangspunkt her konsequent - dieser Behauptung nicht weiter nachgegangen, obwohl der Beklagte vorgetragen hat, die Klägerin stelle sich nur deshalb als Jüdische Gemeinde dar, um an den staatlichen Mitteln finanziell beteiligt zu werden. Diese Prüfung wird das Berufungsgericht nachzuholen haben.

Es wird des Weiteren dem Vortrag der Klägerin nachgehen müssen, sie habe innerhalb des Judentums Aufnahme und Anerkennung als Jüdische Gemeinde gefunden. Die Klägerin beruft sich dabei nicht darauf, eine vollständig neue Richtung des Judentums zu vertreten, sondern rechnet sich dem progressiven Judentum zu und bezeichnet sich als liberale jüdische Gemeinde; im August 1999 sei sie „nach erfolgter Visitation und Prüfung" als Mitglied in die Union progressiver Juden in Deutschland, Österreich und der Schweiz aufgenommen worden. Diese gehört ihrerseits der Weltunion für progressives Judentum und damit einer religiösen Richtung an, die nach der bislang unwidersprochen gebliebenen Behauptung der Klägerin die weltweit größte jüdische Religionsgemeinschaft darstellt. Wenn die in Rede stehende Vereinigung - wie die Klägerin geltend macht - nur Mitglieder aufnimmt, deren Ziele und Praxis („erfolgte Visitation") von ihr auf die Übereinstimmung mit denjenigen des progressiven Judentums überprüft worden sind, werden das gemeindliche Selbstverständnis und die Aufnahme in eine solche Vereinigung regelmäßig eine ausreichende Grundlage für die Annahme sein, dass ein solches Mitglied eine jüdische Gemeinde im Sinne des Staatsvertrages ist.

22

Nach § 5 Abs. 2 AVR-Caritas ist es einem in einem Krankenhaus beschäftigten Krankenpfleger nicht gestattet, eine Nebentätigkeit als Leichenbestatter auszuüben, weil dadurch berechtigte Interessen des Arbeitgebers erheblich beeinträchtigt werden.

Art. 12 Abs. 1 GG
BAG, Urteil vom 28. Februar 2002 - 6 AZR 357/01[1] -

Die Parteien streiten darüber, ob der Kläger berechtigt ist, eine Nebentätigkeit als Leichenbestatter im zeitlichen Umfang von fünf Stunden pro Woche auszuüben.
Der Kläger ist in der Klinik der Beklagten seit dem 5.1.1989 als Krankenpfleger im Funktionsbereich Anästhesie beschäftigt. Nach § 2 des Arbeitsvertrags vom 17.11.1988 finden auf das Arbeitsverhältnis die Richtlinien für Arbeitsverträge in den Einrichtungen des Deutschen Caritasverbandes (AVR) in der jeweils gültigen Fassung Anwendung. § 5 Abs. 2 AVR lautet:

---

[1] Amtl. Leitsatz. AiB Newsletter 2002, 56 (LS); AP Nr. 129 zu Art. 12 GG (LS); AP 2003, 49 (LS); AR-Blattei ES 1230 Nr. 22; ArbuR 2002, 356 (LS); AuA 2002, 472 (LS); AuA 2003, Nr. 4, 52 (LS); BAGReport 2002, 296 (LS); BB 2002, 1920 (LS); DB 2002, 1560; EBE/BAG Beilage 2002, Ls 135/02 (LS); EBE/BAG 2002, 124; EzBAT § 11 BAT Nr. 13; EzA § 611 BGB Kirchliche Arbeitnehmer Nr. 49 (LS); EzA § 611 BGB Nebentätigkeit Nr. 7 (LS); FA 2002, 284 (LS); KHuR 2002, 172; KRS 02.062; PersR 2003, 49 (LS); PERSONAL 2002, Nr. 9, 46 (LS); PflR 2002, 362; RiA 2003, 118 (KW); SAE 2003, 82 (LS); ZMV 2002, 141; ZTR 2002, 490.

„Die Ausübung einer Nebentätigkeit ist zulässig. Über die Aufnahme einer Nebentätigkeit ist der Dienstgeber zu unterrichten. Eine Nebentätigkeit ist unzulässig, wenn dadurch die Arbeitskraft der Mitarbeiter oder berechtigte Interessen des Dienstgebers erheblich beeinträchtigt werden. In diesem Fall kann der Dienstgeber eine Nebentätigkeit untersagen bzw. die Erlaubnis zur Nebentätigkeit einschränken."

Der Kläger ist seit mehreren Jahren Gesellschafter des Bestattungsunternehmens K. Dieses Unternehmen tritt im Rechtsverkehr gemeinsam mit anderen Bestattungsunternehmen, u.a. der Fa. P., auf. Im November 1999 unterzeichneten U. W. und der Kläger für die Fa. K. und die Fa. P. Einladungsschreiben zur Eröffnung eines neuen Bestattungshauses mit Trauerhalle und Aufbewahrungsräumen. Anlässlich der Eröffnung der Trauerhalle wurde der Kläger in einem Presseartikel der Hammer Tageszeitung als Geschäftsführer dieser Bestattungsunternehmen bezeichnet. In einem weiteren Zeitungsartikel, in dem der Kläger mit Foto vorgestellt wurde, heißt es:

„... Den individuellen Bedürfnissen der Angehörigen will das Bestattungshaus K., verbunden mit dem Bestattungshaus P., entgegenkommen. ...
Mit der privaten Trauerhalle an der N'straße in W. haben U. und N.W. sowie S. und D.J. den Bedürfnissen trauernder Angehöriger Raum geschaffen. ...
Da das Ehepaar J. im oberen Bereich des Gebäudes wohnt, ist Trauernden unkompliziert individueller Zugang zu ihren Verstorbenen möglich. ‚Auf Wunsch begleiten wir Sie auch dabei', sagt D.J.
U.W. und D.J. möchten aus ihrer früheren Erfahrung als OP-Fachkrankenschwester und Krankenpfleger die seelische Belastung von Angehörigen lindern. In ihren früheren Berufen wurden sie nicht nur mit entsprechenden Situationen konfrontiert, sondern auch zur Sterbebegleitung und Betreuung von Angehörigen ausgebildet. ..."

Als Reaktion auf diesen Zeitungsartikel forderte die Beklagte den Kläger mit Schreiben vom 15.12.1999 auf, Auskunft über seine Funktion und den Umfang seiner Tätigkeit für das Bestattungshaus K., P., sowie über die Rechtsverhältnisse dieser Unternehmen zu erteilen. Mit Schreiben vom 22.12.1999 teilte der Kläger der Beklagten mit, er sei seit 1991 Gesellschafter der Fa. K., jedoch nicht deren Geschäftsführer. Alleinige Geschäftsführerin sei Frau W. Die anders lautenden Zeitungsberichte seien rein redaktionelle Beiträge und somit seiner Einflussnahme nicht zugänglich gewesen.

Ob und wie der Kläger an der Fa. P. beteiligt ist und ob er für dieses Unternehmen tätig ist, ist ungeklärt. Eine Anzeige aus dem Jahr 1990 wies die geschiedene Ehefrau des Klägers, H.J., als Inhaberin aus. In einer Broschüre aus dem Jahre 1991 sind U. und N.W. sowie H. und D.J. als Ansprechpartner genannt. Einem Schreiben vom 29.2.2000 an die Beklagte zufolge ist der Kläger nicht Arbeitnehmer dieser Firma.

Im Hause der Beklagten ist es üblich, Nebentätigkeiten erst nach vorheriger Genehmigung durch die Beklagte auszuüben. Mit Schreiben vom 7.9.2000 teilte die Beklagte dem Kläger mit, es bleibe dabei, dass ihm „für die nunmehr eingeräumte Tätigkeit im Umfang von ca. fünf Wochenstunden für das Bestattungshaus K keine Nebentätigkeitserlaubnis erteilt wird". Gleichzeitig wurde der Kläger aufgefordert, jegliche unterstützende Diensttätigkeit für das Bestattungshaus ab sofort einzustellen. Mit Schreiben vom 18.9.2000 beantragte der Kläger die Genehmigung einer Nebentätigkeit als Bestatter für die Fa. K. im Umfang von fünf Wochenstunden. Diese Genehmigung wurde von der Beklagten nicht erteilt.

Der Kläger hat die Auffassung vertreten, die Beklagte sei verpflichtet, die Nebentätigkeit als Bestatter zu genehmigen. Von dieser Nebentätigkeit habe die Beklagte seit Jahren Kenntnis. Dienstliche Interessen würden dadurch nicht berührt. Zudem bedürften sowohl die Untersagung als auch der Widerruf einer Nebentätigkeitsgenehmigung der Zustimmung der Mitarbeitervertretung. Diese liege unstreitig nicht vor.

Im vorliegenden Verfahren begehrt der Kläger, 1. die Beklagte zu verurteilen, ihm folgende Nebentätigkeiten zu genehmigen: 5 Stunden je Woche Bestattertätigkeit (z.B. Trauergespräche, Einsargungen, Überführungen und/oder Bürotätigkeit); 2. hilfsweise festzustellen, dass sowohl die Aufforderung der Beklagten vom 7.9.2000, jegliche unterstützende Diensttätigkeit für das Bestattungshaus K. ab sofort einzustellen, als auch das ebenfalls am 7.9.2000 erklärte Verbot von Tätigkeiten für die Fa. K. unwirksam sind.

Die Beklagte hat Klageabweisung beantragt und geltend gemacht, der zeitliche Umfang der Bestattertätigkeit des Klägers betrage zwischenzeitlich mehr als 15 Stunden wöchentlich. Zudem sei die vom Kläger ausgeübte Nebentätigkeit als Bestatter mit der Tätigkeit als Krankenpfleger unvereinbar. Der Kläger sei bereits wiederholt von Patienten auf seine Bestattertätigkeit angesprochen worden. Aus diesem Grund trage er sein Mitarbeiterschild nicht mehr, um Rückschlüsse von Patienten auf seine Bestattertätigkeit zu vermeiden. Zu berücksichtigen sei außerdem, dass der Kläger jedenfalls in der Vergangenheit im Krankenhaus gezielt für das Bestattungsinstitut geworben habe.

Das Arbeitsgericht hat der Klage hinsichtlich des in erster Instanz ausschließlich gestellten Antrags zu 1) stattgegeben. Auf die Berufung der Beklagten hat das Landesarbeitsgericht das erstinstanzliche Urteil abgeändert, den Antrag zu 1) abgewiesen und dem Antrag zu 2) entsprochen. Mit der Revision verfolgt der Kläger den Antrag zu 1) weiter.

Das Rechtsmittel wurde zurückgewiesen.

Aus den Gründen:

Die Revision hat keinen Erfolg. Zu Recht hat das Landesarbeitsgericht den Antrag zu 1) als unbegründet abgewiesen.

I. Mit dem Antrag zu 1) verlangt der Kläger die Erteilung einer Genehmigung zur Ausübung einer Nebentätigkeit als Bestatter. Dieser Antrag ist entsprechend dem erkennbaren Klageziel dahingehend auszulegen, dass der Kläger die Feststellung begehrt, zur Ausübung einer Nebentätigkeit als Bestatter im Umfang von 5 Stunden wöchentlich berechtigt zu sein. Mit diesem Inhalt ist der Antrag zulässig.

1. Zwar begegnet die auf Genehmigung der Nebentätigkeit gerichtete Leistungsklage keinen Zulässigkeitsbedenken. Das erforderliche Rechtsschutzbedürfnis ergibt sich ohne weiteres aus dem behaupteten materiell-rechtlichen Leistungsanspruch (BAG 11.8.1998 - 9 AZR 155/97 - BAGE 89, 300, zu B I der Gründe). Diese Leistungsklage wäre jedoch nach § 5 Abs. 2 der gemäß § 2 des Arbeitsvertrags vom 17.11.1988 anwendbaren AVR von vornherein als unbegründet abzuweisen, ohne dass es auf die vom Kläger angestrebte Klärung der Frage, ob er berechtigt ist, einer Nebentätigkeit als Bestatter nachzugehen, ankäme. Denn nach § 5 Abs. 2 AVR ist zur Ausübung einer Nebentätigkeit eine Genehmigung des Arbeitgebers nicht erforderlich.

a) Nach § 5 Abs. 2 AVR ist die Ausübung einer Nebentätigkeit zulässig. Sie ist unzulässig, wenn dadurch berechtigte Interessen des Dienstgebers erheblich beeinträchtigt werden. In diesem Fall kann der Dienstgeber die Nebentätigkeit untersagen oder die Erlaubnis einschränken. Die Zulässigkeit einer Nebentätigkeit hängt daher nicht von der vorherigen Genehmigung des Arbeitgebers ab.

b) Anhaltspunkte dafür, dass die Parteien vertraglich eine Genehmigungspflicht für Nebentätigkeiten vereinbart haben, sind nicht ersichtlich. Allein daraus, dass im Hause der Beklagten nach den Feststellungen des Landesarbeitsgerichts die Erteilung von Nebentätigkeitsgenehmigungen üblich ist, ergibt sich nicht, dass die Bestimmung des § 5 Abs. 2 AVR einzelvertraglich oder durch betriebliche Übung abbedungen worden ist. Das Landesarbeitsgericht hat weder festgestellt, dass bei der Beklagten für die Ausübung von Nebentätigkeiten andere Voraussetzungen gelten als nach § 5 Abs. 2 AVR, noch haben die Parteien dies behauptet. Deshalb ist davon auszugehen, dass die Beklagte Nebentätigkeiten nach § 5 Abs. 2 AVR behandelt und sich lediglich im Falle der Anzeige einer Nebentätigkeit durch einen Mitarbeiter diesem gegenüber im Sinne des Einverständnisses oder der Ablehnung äußert. Dies ist jedoch keine Genehmigung in Form einer rechtsgestaltenden Erklärung, von der die Zulässigkeit einer Nebentätigkeit abhängt. Da die Ausübung der Nebentätigkeit somit keiner Genehmigung durch die Beklagte bedarf, wäre die auf Erteilung der Nebentätigkeitsgenehmigung gerichtete Leistungs-

klage abzuweisen, ohne dass die Frage geklärt würde, ob der Kläger berechtigt ist, diese Nebentätigkeit auszuüben. Eine solche Entscheidung würde dem erkennbaren Klagebegehren nicht gerecht.
2. Dem Feststellungsantrag steht die rechtskräftige Entscheidung des Landesarbeitsgerichts über den Antrag zu 2) nicht entgegen. Dieser Antrag betraf nicht denselben Streitgegenstand wie der Antrag zu 1). Der Antrag zu 2) richtete sich gegen die Wirksamkeit der Aufforderung der Beklagten vom 7.9.2000, Tätigkeiten für die K zu unterlassen. Mit der vom Landesarbeitsgericht getroffenen Feststellung, dass diese Aufforderung rechtsunwirksam war, ist keine Aussage dazu getroffen, ob der Kläger zu der Ausübung der Nebentätigkeit als Bestatter berechtigt ist. Da die Beklagte die Befugnis des Klägers, eine Nebentätigkeit als Bestatter auszuüben, in Abrede stellt, ist das nach § 256 Abs. 1 ZPO erforderliche Feststellungsinteresse gegeben.

II. Der Antrag zu 1) ist unbegründet. Der Kläger ist nach § 5 Abs. 2 AVR nicht berechtigt, eine Nebentätigkeit als Leichenbestatter auszuüben, weil dadurch berechtigte Interessen der Beklagten erheblich beeinträchtigt werden. Dass die Mitarbeitervertretung der Untersagung der Nebentätigkeit nicht zugestimmt hat, führt nicht dazu, dass der Kläger berechtigt wäre, dieser Nebentätigkeit nachzugehen.

1. Nach § 5 Abs. 2 Satz 3 AVR ist die Ausübung einer Nebentätigkeit nicht zulässig, wenn dadurch berechtigte Interessen des Dienstgebers erheblich beeinträchtigt werden. Der Begriff „berechtigte Interessen des Dienstgebers" ist im weitesten Sinne zu verstehen. Davon werden alle Umstände erfasst, die für den Bestand und die Verwirklichung der Ziele des Dienstgebers von Bedeutung sein können. Hierzu gehören nicht nur die dienstlichen Belange, die innerbetrieblich für einen störungsfreien Ablauf der zu erledigenden Arbeitsaufgaben erforderlich sind. Berechtigte Interessen des Dienstgebers sind auch beeinträchtigt, wenn sich Nebentätigkeiten seiner Mitarbeiter negativ auf die Wahrnehmung des Dienstgebers in der Öffentlichkeit auswirken (vgl. dazu BVerwG 30.6.1983 - 2 C 57.82 - BVerwGE 67, 287; 26.6.1980 - 2 C 37.78 - BVerwGE 60, 254). Ob solche Interessen des Dienstgebers gegenüber dem Interesse des Arbeitnehmers an der Ausübung der Nebentätigkeit den Vorrang genießen, ist nach den Umständen des Einzelfalls unter Berücksichtigung des Grundrechts der Berufsfreiheit zu entscheiden (BAG 24.6.1999 - 6 AZR 605/97 - AP BGB § 611 Nebentätigkeit Nr. 5, EzA BGB § 611 Nebentätigkeit Nr. 2, zu I 1 a der Gründe; 7.12.1989 - 6 AZR 241/88 - ZTR 1990, 379, zu II 2 b der Gründe). Dabei ist zu berücksichtigen, dass § 5 Abs. 2 Satz 3 AVR nicht nur eine Beeinträchtigung berechtigter Interessen des Dienstgebers verlangt, sondern die Beeinträchtigung erheblich, d.h. von besonderem Gewicht, sein muss.

Diese Voraussetzungen liegen hier vor. Die Nebentätigkeit des Klägers beeinträchtigt berechtigte Interessen der Beklagten erheblich.

a) Die Nebentätigkeit als Leichenbestatter ist mit der vom Kläger arbeitsvertraglich geschuldeten Tätigkeit als Krankenpfleger nicht vereinbar. Als Krankenpfleger hat der Kläger für die Erhaltung von Leben und Gesundheit der ihm anvertrauten Patienten Sorge zu tragen. Er hat - ebenso wie die Beklagte - alles zu tun, um die Genesung der Patienten zu fördern und alles zu unterlassen, was diesem Ziel abträglich sein könnte. Demgegenüber setzt die Tätigkeit als Leichenbestatter den Tod der Menschen voraus. Deshalb ist der Umstand, von einem Krankenpfleger versorgt zu werden, der sich nebenberuflich als Leichenbestatter betätigt, dazu geeignet, bei Patienten Irritationen hervorzurufen. Diese könnten den Eindruck gewinnen, von einem solchen Krankenpfleger nicht in der gebotenen Weise, das heißt, ohne eindeutige Lösung des durch Haupt- und Nebentätigkeit entstandenen Zielkonflikts im Sinne der Erhaltung von Leben und Gesundheit, behandelt zu werden. Entsprechende Befürchtungen könnten in der Öffentlichkeit entstehen. Dass eine solche Besorgnis im Falle des Klägers nach dem unstreitigen Vortrag beider Parteien tatsächlich nicht begründet ist, spielt dabei keine Rolle. Entscheidend ist allein die mögliche negative Wirkung der Nebentätigkeit des Klägers auf die Patienten und die Öffentlichkeit. Die dadurch eintretende Verunsicherung könnte nicht nur zu Störungen im Genesungsverlauf bei Patienten führen, sondern u.U. auch dazu, dass diese das Krankenhaus der Beklagten von vornherein meiden und sich anderswo behandeln lassen. Die Beklagte hat daher sowohl in ihrer Verantwortung für die Genesung der Patienten als auch aus wirtschaftlichen Gründen ein erhebliches Interesse daran, dass der Kläger die Nebentätigkeit als Bestatter unterlässt.

b) Außerdem hat das Landesarbeitsgericht zu Recht darauf verwiesen, dass die Beklagte als Trägerin eines Krankenhauses daran interessiert sein muss, jeden Anschein zu vermeiden, Mitarbeiter des Pflegedienstes verschafften sich durch ihre dienstliche Tätigkeit Vorteile gegenüber Mitbewerbern bei ihrer außerdienstlichen Nebentätigkeit. Hier ergibt sich der Anschein der Verquickung dienstlicher und privater Interessen bereits auf Grund der Zeitungsartikel, die anlässlich der Eröffnung der Trauerhalle erschienen sind. In beiden Beiträgen wurde der Kläger namentlich genannt, in einem sogar mit einem Foto seiner Person. In diesem Artikel wurde die Tätigkeit des Klägers als Krankenpfleger ausdrücklich angesprochen. Nach dem Zeitungsartikel hat der Kläger somit selbst eine Verbindung zwischen seiner haupt- und seiner nebenberuflichen Tätigkeit hergestellt und die Tätigkeit als Krankenpfleger als für die Bestattertätigkeit vorteilhaft hervorgehoben. Der Vorgang erhält nicht dadurch ein anderes Gewicht, dass die Angaben in den Zeitungsartikeln nach Behauptung des Klägers nicht in vollem Umfang zutreffend sind und möglicherweise nicht in allen Teilen auf Angaben des Klägers beruhen. Für die Untersagung der Nebentätigkeit ist allein maßgeblich, ob eine erhebliche Beeinträchtigung berechtigter Interessen des Arbeitgebers objektiv vorliegt. Dies ist hier der Fall. Auf Grund der Presseberichte ist es durchaus möglich, dass Patienten oder deren Angehörige den Kläger im Dienst wiedererkennen und den Bezug zu dem Bestattungsunternehmen herstellen. Dadurch könnte der Eindruck entstehen, dass das Bestattungsinstitut, für das der Kläger tätig ist, die Möglichkeit nutzt, sich von Angehörigen der im Krankenhaus der Beklagten Verstorbenen gezielt Aufträge und dadurch Wettbewerbsvorteile gegenüber anderen Bestattungsunternehmen zu verschaffen. Dies muss die Beklagte nicht hinnehmen.

c) Der Kläger wird dadurch, dass er die Nebentätigkeit als Leichenbestatter zu unterlassen hat, nicht unverhältnismäßig in seinem Recht auf freie Berufsausübung (Art. 12 Abs. 1 GG) beeinträchtigt. Der Beklagten ist ein erhebliches Interesse daran zuzubilligen, dass der Kläger von dieser Nebentätigkeit Abstand nimmt. Dies hindert ihn nicht daran, seine Arbeitskraft anderweitig einzusetzen und Nebenbeschäftigungen nachzugehen, die nicht im Widerspruch zu den Interessen der Beklagten stehen.

2. Zwar hat das Landesarbeitsgericht rechtskräftig festgestellt, dass die Aufforderung der Beklagten vom 7.9.2000, Tätigkeiten für die K. einzustellen und zu unterlassen, rechtsunwirksam ist, weil die Mitarbeitervertretung der Untersagung nicht zugestimmt hat. Dies hat jedoch nicht zur Folge, dass der Kläger berechtigt ist, die Nebentätigkeit als Leichenbestatter auszuüben, bis sie unter Beachtung des Mitbestimmungsrechts wirksam untersagt wird.

Nach § 5 Abs. 2 Satz 3 AVR ist eine Nebentätigkeit unzulässig, wenn berechtigte Belange des Dienstgebers dadurch erheblich beeinträchtigt werden. Dies bedeutet, dass der Arbeitnehmer eine Nebentätigkeit, die diese Voraussetzungen erfüllt, nicht ausüben darf. Zwar bestimmt § 5 Abs. 2 Satz 4 AVR, dass der Dienstgeber in diesem Fall die Nebentätigkeit untersagen bzw. die Erlaubnis zur Nebentätigkeit einschränken kann. Dies heißt jedoch nicht, dass der Arbeitnehmer eine Nebentätigkeit solange ausüben darf, bis sie der Arbeitgeber untersagt oder nur eingeschränkt erlaubt. Nach dem Wortlaut der Regelung „kann" der Arbeitgeber die Nebentätigkeit untersagen oder die Erlaubnis einschränken. Er muss es jedoch nicht. Untersagt er eine ihm nach § 5 Abs. 2 Satz 2 AVR angezeigte, nach § 5 Abs. 2 Satz 3 AVR unzulässige Nebentätigkeit nicht, wird diese dadurch nicht zulässig. Zwar kann der Arbeitgeber möglicherweise aus der Ausübung dieser Nebentätigkeit keine weiteren arbeitsrechtlichen Konsequenzen gegenüber dem Arbeitnehmer herleiten. Zulässig wird die Nebentätigkeit dadurch jedoch nicht. Sie bleibt vielmehr nach § 5 Abs. 2 Satz 2 AVR unzulässig und ist vom Arbeitnehmer deshalb zu unterlassen. Das gleiche gilt demzufolge, wenn der Arbeitgeber die Nebentätigkeit zwar untersagt hat, die Untersagung jedoch aus mitbestimmungsrechtlichen Gründen unwirksam war. Eine gerichtliche Feststellung der Zulässigkeit der Nebentätigkeit ist auch in diesem Fall nicht möglich.

3. Der Kläger ist nicht deshalb berechtigt, die Nebentätigkeit als Leichenbestatter auszuüben, weil der Beklagten diese Nebentätigkeit seit Jahren bekannt gewesen wäre und sich die Beklagte durch die Nichtgestattung dieser Nebentätigkeit nunmehr zu ihrem früheren Verhalten in Widerspruch setzen würde (§ 242 BGB). Dies ist nach den Feststellungen des Landesarbeitsgerichts nicht der Fall. (*wird ausgeführt*)

23

Allein die Zugehörigkeit zu den Zeugen Jehovas ist nicht geeignet, einen Vater vom Umgangsrecht mit seinem Kind auszuschließen.

§ 1684 Abs. 3 BGB
AG Göttingen, Beschluss vom 28. Februar 2002 - 44 F 156/00 UG[1] -

Aus der im Jahre 1999 geschiedenen Ehe der Parteien sind die Kinder L. und N. hervorgegangen, die bei der Mutter (Antragsgegnerin) leben. Beide Ehegatten gehörten zunächst der Glaubensgemeinschaft der Zeugen Jehovas an; hiervon hat sich die Antragsgegnerin nach der Ehescheidung gelöst.
Der Vater (Antragsteller) begehrt eine gerichtliche Umgangsregelung, wonach die Kinder an jedem zweiten Wochenende mit ihm zusammensein können. Hiergegen erhebt die Antragsgegnerin Einwände, weil sie durch die fortdauernde Mitgliedschaft des Antragstellers bei den Zeugen Jehovas das Kindeswohl beeinträchtigt sieht.
Das Gericht trifft eine Umgangsregelung nach § 1684 Abs. 3 BGB.

Aus den Gründen:

Eine Vereinbarung der Eltern über den Umgang des Vaters mit den Kindern konnte nicht erzielt werden. Das Gericht hat daher die Regelung getroffen, die unter Berücksichtigung des Zwecks des Umgangsrechts einerseits und der Berechtigten Belange des betreuenden Elternteils andererseits nach den gesamten Verhältnissen dem Wohle der Kinder am besten entspricht.
Einigkeit konnte zwischen den Eltern lediglich dahin erzielt werden, dass grundsätzlich dem Vater ein Umgangsrecht eingeräumt werden

---
[1] FamRZ 2003, 112. Der Beschluss ist rechtskräftig.

muss, da beide Elternteile grundsätzlich in gleicher Weise und gleichem Umfang in der Lage sind, die Betreuung und Erziehung der Kinder vorzunehmen bzw. zu gewährleisten.

Ein Ausschluss des Umgangsrechts kann nicht ausgesprochen werden, da eine solche Entscheidung zum Wohl der Kinder nicht erforderlich ist. Die Mitgliedschaft des Vaters zur Glaubensgemeinschaft der Zeugen Jehovas kann für sich allein nicht als Gefährdung des Kindeswohls angesehen werden. Entgegen der Auffassung der Mutter kann zumindest z. Zt. und bis auf weiteres nicht nachvollzogen werden, dass die Zugehörigkeit des Vaters zur Glaubensgemeinschaft der Zeugen Jehovas Einfluss auf die Entwicklung der Persönlichkeit der Kinder nimmt oder zu nehmen geeignet ist. Das Kindeswohl insoweit beeinträchtigende Faktoren und Umstände können nicht festgestellt werden. Insbesondere ist nicht dargelegt worden, dass der Vater die Kinder etwa zu einer unreflektierten und intoleranten Haltung gegenüber anderen Glaubensgemeinschaften erzieht oder auf andere dem Kindeswohl widersprechende Weise in eine starke Abhängigkeit von seiner Glaubensgemeinschaft bringen wird oder will. Das Gericht geht sogar so weit, dass der Vater abzunehmen ist, dass er sowohl in der Vergangenheit sich stets bemüht hat und auch in Zukunft bemühen wird, die Kinder in Bezug auf seine Glaubensgemeinschaft nicht beeinflussen zu wollen. Der Vater hat diese Absicht dadurch untermauert, dass er sich ausdrücklich bereit erklärt hat, die Kinder nicht mit zu den Gottesdiensten oder sonstigen Versammlungen der Zeugen Jehovas nehmen zu wollen. Diese ausdrückliche Bereitschaft zeigt, dass ihm in erster Linie daran gelegen ist, die persönlichen Beziehungen zu seinen Kindern nicht abreißen zu lassen.

Die Mutter, die bis zur Scheidung der Ehe ebenfalls Angehörige der Glaubensgemeinschaft der Zeugen Jehovas gewesen ist, wird ihre persönliche Einstellung in Bezug auf die Betreuung und Erziehung der Kinder darauf einstellen müssen, dass die Kinder einen Anspruch darauf haben, unabhängig von der Zugehörigkeit der Eltern zur jeweiligen Glaubensgemeinschaft weiterhin von beiden Elternteilen betreut und erzogen zu werden. Insbesondere ist die Mutter verpflichtet, den Kindern das Gefühl zu vermitteln, dass die Besuche beim Vater von ihr auch gewünscht werden.

Es ist für beide Kinder wichtig am Leben des Vaters teilzunehmen, weshalb auch ein längerer Aufenthalt in den Ferien unumgänglich ist. Die Mutter kann nicht für sich in Anspruch nehmen, dass der Vater sich von der ursprünglich gleichen Glaubensgemeinschaft lossagen muss. Vielmehr ist ihr zuzumuten, dass sie die religiöse Einstellung ihres ehemaligen Ehepartners akzeptiert.

Der darüber hinaus von der Mutter gestellte Antrag, den Vater zu verpflichten, sich jeglicher religiöser Unterrichtung der Kinder zu enthalten, konnte nicht positiv beschieden werden. Dieser Antrag ist zu unbestimmt, da andernfalls mit einer entsprechenden Auflage die Rechte und Pflichten des Vaters in unzulässiger Weise eingeschränkt würden. Darüber hinaus ist dem Vater durchaus beizupflichten, dass er in der Vergangenheit - in Bezug auf seine religiöse Einstellung - lediglich etwaige Fragen der Kinder versucht hat zu beantworten.

Ein Umgang zwischen dem Vater und den Kindern an den gesetzlichen Feiertagen zu Ostern und Weihnachten ist gerichtlicherseits nicht auszusprechen, da der Vater diese Feiertage aufgrund seiner religiösen Überzeugungen nicht feiert.

24

Zum Zwecke der Abwehr schädlicher Umwelteinwirkungen darf der Staat auch dem Läuten, das liturgischen Zwecken dient, Grenzen setzen. Dies geschieht durch die Einbeziehung des Glockengeläuts als sonstige ortsfeste Einrichtung im Sinn von § 3 Abs. 5 Nr. 1 BImSchG in den weiten immissionsschutzrechtlichen Anlagenbegriff und durch die Anwendung der immissionsschutzrechtlichen Grundpflichten des § 22 Abs. 1 Satz 1 BImSchG auf die Kirchen. Diese sind nach § 22 Abs. 1 Satz 1 Nr. 1 BImSchG grundsätzlich verpflichtet, ein liturgisches Glockengeläut so zu betreiben, dass schädliche Umwelteinwirkungen verhindert werden, die nach dem Stand der Technik vermeidbar sind.

BayVGH, Urteil vom 1. März 2002 - 22 B 99.338 W[1] -

Die Klägerin macht Immissionsabwehransprüche gegen Geräuscheinwirkungen durch liturgisches Glockengeläut auf ihre Eigentumswohnung geltend.

Die Klägerin erwarb 1993/1994 eine Eigentumswohnung im dritten Obergeschoss des Wohnhauses G-Platz 15 in A FlNr. 2411/28 der Gemarkung L. Das Wohnhaus war entsprechend einer Teilbaugenehmigung vom 27.10.1992 und einer endgültigen Baugenehmigung vom 1.7.1993 bis Mitte 1993 errichtet worden. Hinsichtlich der Überschreitung der Vollgeschosse um ein Geschoss auf jetzt drei Vollgeschosse sowie hinsichtlich der Überschreitung der Geschossflächenzahl waren Befreiungen erteilt worden; dasselbe gilt für die Verschiebung des Baukörpers um 1 m nach Westen. Hinter der nördlichen, dem genannten Platz zugewandten Außenfront der Wohnung befindet sich das Wohnzimmer. Es ist an der Nordwest- und der Nordostseite von zwei Dachterrassen flan-

---

[1] AkKR 171 (2002), 242. Das Urteil ist rechtskräftig nach Zurückweisung der Nichtzulassungsbeschwerde - BVerwG 14.10.2002 - 7 B 55.02.

kiert, die ebenfalls zur Wohnung gehören. Die Wohnung wird zur Vermietung genutzt, steht derzeit aber leer. Eine Neuvermietung kam nicht zustande, ebenso wenig eine Veräußerung.

Mit Bescheid vom 3.7.1995 erteilte die Stadt A. die Genehmigung zum Neubau eines ev.-luth. Gemeindezentrums am G.-Platz 12 in A. FlNr. 2413/13 der Gemarkung L., nördlich des klägerischen Wohnhauses. Die Genehmigung erstreckte sich auch auf eine Kirche und einen 15 m hohen, frei stehenden Glockenturm mit Geläute, das aus drei Glocken besteht, und mit Schallaustrittsöffnungen gerade in Höhe der nur 12 m entfernten klägerischen Wohnung. Für die Überschreitung der im einschlägigen Bebauungsplan festgesetzten Baulinie nach Süden (in Richtung des klägerischen Wohnhauses) um ca. einen Meter wurde eine Befreiung erteilt. Die Inbetriebnahme des Gemeindezentrums einschließlich des Geläutes erfolgte im Juni 1997. Auf den Widerspruch der Klägerin setzte die Regierung von Unterfranken mit Widerspruchsbescheid vom 28.9.1998 fest, dass das Gebetläuten um 12.00 Uhr und um 18.00 Uhr jeweils höchstens 140 Sekunden andauern darf und dass hierfür nicht mehr als zwei Glocken in Betrieb genommen werden dürfen. Im Übrigen wurde der Widerspruch der Klägerin zurückgewiesen. Die Klägerin und die Beklagte erhoben hiergegen Klagen zum VG Würzburg, über die noch nicht entschieden wurde.

Liturgisches Glockengeläut soll nach der derzeitigen Läuteordnung der Beklagten zu folgenden Zeiten stattfinden: Gebetläuten täglich um 12.00 Uhr und um 18.00 Uhr jeweils 140 Sekunden lang mit zwei Glocken, zusätzlich Vorläuten sonntags um 10.00 Uhr 140 Sekunden lang mit einer Glocke und Zusammenläuten sonntags um 10.30 Uhr 265 Sekunden lang mit allen drei Glocken. Ein Zeitschlagen findet aufgrund diesbezüglicher Gerichtsentscheidungen (zuletzt LG Aschaffenburg vom 26.8.1999, NVwZ 2000, 965 [966], KirchE 37, 282) derzeit nicht statt.

Der Bebauungsplan Nr. 8.6 der Stadt A. für das Gebiet zwischen Kleiner Schönbuschallee, östlicher Grenze, Rüsterweg, Fichtenweg, Ulmenweg, Zypressenweg und Hafenbahn erfasst sowohl das klägerische Grundstück als auch das Grundstück der Beklagten. Er ist am 1.3.1986 formell in Kraft getreten. Er setzt für das klägerische Grundstück eine Bebauung mit zwei Vollgeschossen und ein allgemeines Wohngebiet fest. Er weist auf dem Grundstück der Beklagten Gemeinbedarfsflächen, speziell Flächen für ein Kirchenzentrum, aus. In diesem Zusammenhang ist auch ein frei stehender Turm zeichnerisch dargestellt. Baugrenzen oder Baulinien sind für den Turm nicht festgesetzt worden. Nach den Angaben der Stadt A. verfolgt der Bebauungsplan das planerische Ziel, die Fläche des G-Platzes in zwei Bereiche zu gliedern. Im Westen soll ein kleinerer Platz entstehen, um den sich soziale und kulturelle Einrichtungen sowie Wohngebäude gruppieren. Im Osten liegt die größere Platzfläche, die insbesondere der Geschäftsnutzung in Verbindung mit der Wohnnutzung vorbehalten ist. Die Verknüpfung beider Bereiche soll durch ein in den Platzraum hineinragendes Kirchengebäude erreicht werden. Gemäß dem Bebauungsplan entstand ein verkehrsberuhigtes Neubaugebiet mit Fußgängerzone.

Die Klägerin erhob bezüglich des liturgischen Glockengeläuts vom Glockenturm der Beklagten eine Immissionsabwehrklage zum VG Würzburg. Die Klage wurde abgewiesen.

Mit der vom Verwaltungsgerichtshof zugelassenen Berufung beantragt die Klägerin, unter Abänderung des angefochtenen Urteils die Beklagte zu verpflichten, das liturgische Glockengeläut des Glockenturms G. Platz 12ab sofort bis zu dem Zeitpunkt einzustellen, in dem durch geeignete Schallschutzmaßnahmen sichergestellt ist, dass der Immissionsrichtwert für Beurteilungspegel in allgemeinen Wohngebieten von tagsüber 55 dB(A) nicht überschritten wird, und in dem ferner die Einhaltung dieses Werts durch ein Sachverständigengutachten gegenüber der Klägerin nachgewiesen ist.

Hilfsweise beantragt sie, die Beklagte zu verurteilen, an die Klägerin einen Betrag von 7.000 Euro zweckgebunden für ihre Eigentumswohnung G-Platz 15 für den Einbau neuer Schallschutzfenster mit 42 mm dicken Schallschutzscheiben, dB-Wert 38 und die Errichtung einer Schallschutzwand entlang der Nordseite der Balkone zu bezahlen.

Während des Berufungsverfahrens führte die Beklagte Maßnahmen des aktiven Schallschutzes an der Geräuschquelle durch. Mit Schreiben vom 23.6.1999 teilte sie mit, dass sie die südlichen Glockenschächte verkleidet habe.

Der Verwaltungsgerichtshof erhob Beweis durch Einholung eines Sachverständigengutachtens zum Zwecke der Messung und Beurteilung der durch das liturgische Glockengeläut der Beklagten bei der Eigentumswohnung der Klägerin hervorgerufenen Geräuschimmissionen. Nach den Feststellungen des Sachverständigen sind die beiden nach Süden zur klägerischen Wohnung weisenden Schallaustrittsöffnungen des Glockenturms von innen über ihre gesamte Höhe durch Schalldämmplatten aus faserigem Material dicht verschlossen. Die nach Norden weisenden Schallaustrittsöffnungen sind bis zur Hälfte ihrer Gesamthöhe mit Sperrholzplatten abgedeckt; die obere Hälfte ist lediglich mit Lamellen verkleidet. Der Sachverständige bescheinigte diesen Maßnahmen eine deutliche pegelreduzierende Wirkung. Jedoch treten bei der klägerischen Wohnung keine nennenswerten Fremdgeräusche auf, so dass die Maximalwerte des Glockengeräusches den Hintergrundpegel um mehr als 30 dB(A) überschreiten. Der Sachverständige ermittelte für das liturgische Glockengeläut Beurteilungspegel (mit Messabschlag nach Nr. 6.9 der TA Lärm) von werktags 58 dB(A) und sonntags 60 dB(A) sowie Spitzenpegel für kurzzeitige Geräuschereignisse (ohne Messabschlag nach Nr. 6.9 der TA Lärm) von 82 dB(A). Der Sachverständige bewertete das Glockengeräusch aufgrund des hohen Fremdgeräuschabstands (Differenz zwischen Maximalpegel und Hintergrundpegel), der Impulshaltigkeit und der Tonhaltigkeit als „auffällig".

Daraufhin erklärten die Beteiligten hinsichtlich des ursprünglich ebenfalls geltend gemachten Anspruchs auf Unterlassung des liturgischen Glockengeläuts bis zur Einhaltung des Maximalpegels für kurzzeitige Geräuschspitzen von 85 dB(A) die Hauptsache für erledigt.

Während des Berufungsverfahrens teilte die Beklagte mit Schreiben vom 31.5.2001 weiter mit, dass sie keine Möglichkeit sehe, durch weitere bauliche Maßnahmen am Kirchturm die Geräuscheinwirkungen auf die Eigentumswohnung der Klägerin weiter zu reduzieren. Bautechnisch noch in Betracht kommende Maßnahmen würden den Klang der Glocken auf für die Beklagte unzumutbare Weise verändern; der „Frohbotschaftscharakter" des Geläuts gehe verloren.

Der Verwaltungsgerichtshof erhob weiteren Beweis durch Einholung eines Sachverständigengutachtens zum Zwecke der Beurteilung der durch den Einbau von Schallschutzfenstern oder die Errichtung von Schallschutzwänden bei der Eigentumswohnung der Klägerin erzielbaren Immissionsminderungen. Hiernach kann durch die Kombination eines Schallschutzfensters an der Nordfassade des Gebäudes mit zwei gläsernen Schallschutzwänden mit einer Höhe von je 2,8 m an den Nordseiten der beiden Dachterrassen der Immissionsrichtwert für Beurteilungspegel in allgemeinen Wohngebieten von 55 dB(A) eingehalten werden.

Die Berufung hatte teilweise Erfolg. Der Verwaltungsgerichtshof stellt hinsichtlich des ursprünglich geltend gemachten Anspruchs auf Unterlassung des liturgischen Glockengeläuts bis zur Einhaltung des Maximalpegels für kurzzeitige Geräuschspitzen von 85 dB(A) das Verfahren ein. Die Beklagte wird für verpflichtet erklärt, das liturgische Glockengeläut des Glockenturms G- Platz in A. ab dem 1.1.2004 einzustellen, bis durch geeignete Schallschutzmaßnahmen sichergestellt ist, dass der Immissionsrichtwert für Beurteilungspegel in allgemeinen Wohngebieten von 55 dB(A) tagsüber bei der Eigentumswohnung der Klägerin im dritten Obergeschoss des Wohnhauses G-Platz 15 eingehalten wird und bis die Einhaltung dieses Werts durch eine Messung einer nach § 26 BImSchG bekannt gegebenen Stelle gegenüber der Klägerin nachgewiesen ist. Anstelle einer geeigneten Maßnahme des aktiven Schallschutzes an der Geräuschquelle und der diesbezüglichen Messung genügt es auch, wenn die Beklagte der Klägerin einen Geldausgleich für den Einbau eines Schallschutzfensters der Klasse 3 an der Nordfassade des Gebäudes und für die Errichtung von gläsernen Schallschutzwänden mit einer Höhe von je 2,8 m an den Nordseiten der beiden Dachterrassen in Höhe von 7.000 Euro verbindlich zusichert.

Glockenläuten 159

Aus den Gründen:

Die Berufung hat überwiegend Erfolg. Die Klage ist überwiegend begründet. Der Klägerin steht der noch zur Entscheidung stehende Anspruch auf Unterlassung des liturgischen Glockengeläuts, soweit und solange dessen Beurteilungspegel den Immissionsrichtwert für allgemeine Wohngebiete von 55 dB(A) tagsüber bei der Eigentumswohnung der Klägerin im dritten Obergeschoss des Wohnhauses G-Platz 15 überschreitet, mit den Einschränkungen zu, dass er erst ab dem 1.1.2004 greift und dass die Beklagte die Einhaltung des Immissionsrichtwerts von 55 dB(A) auch durch einen Geldausgleich für bestimmte Maßnahmen des passiven Schallschutzes sicherstellen darf.

Der Klägerin steht der geltend gemachte Unterlassungsanspruch nach Maßgabe dessen zu, was § 22 Abs. 1 Sätze 1 u. 3 BImSchG den Nachbarn nicht genehmigungsbedürftiger Anlagen an Schutz gewährt. Zum Zwecke der Abwehr schädlicher Umwelteinwirkungen darf der Staat auch dem Läuten, das liturgischen Zwecken dient, Grenzen setzen. Dies geschieht durch die Einbeziehung des Glockengeläuts als sonstige ortsfeste Einrichtung im Sinn von § 3 Abs. 5 Nr. 1 BImSchG in den weiten immissionsschutzrechtlichen Anlagenbegriff und durch die Anwendung der immissionsschutzrechtlichen Grundpflichten des § 22 Abs. 1 Satz 1 BImSchG auf die Kirchen. Diese sind nach § 22 Abs. 1 Satz 1 Nr. 1 BImSchG grundsätzlich verpflichtet, ein liturgisches Glockengeläut so zu betreiben, dass schädliche Umwelteinwirkungen verhindert werden, die nach dem Stand der Technik vermeidbar sind (vgl. dazu grundlegend BVerwG vom 7.10.1983, NJW 1984, 989 [990, KirchE 21, 251; BVerwG vom 30.4.1992, DVBl 1992, 1234 [1235], KirchE 30, 211). Für die Konkretisierung der Schädlichkeitsgrenze bei den hier zu beurteilenden Lärmimmissionen ist die TA Lärm vom 26.8.1998 (GMBl S. 503) maßgebend. Sie gilt auch für liturgisches Glockengeläut, weil sie grundsätzlich auch für immissionsschutzrechtlich nicht genehmigungsbedürftige Anlagen gilt und die hiervon vorgesehenen Ausnahmen das liturgische Glockengeläut nicht enthalten (Nr. 1 Abs. 2). Der Immissionsrichtwert für den Beurteilungspegel im hier gegebenen allgemeinen Wohngebiet beträgt für Immissionsorte außerhalb von Gebäuden tagsüber 55 dB(A). Einzelne kurzzeitige Geräuschspitzen dürfen die Immissionsrichtwerte am Tage um nicht mehr als 30 dB(A) überschreiten (Nr. 6.1 Satz 1 d und Satz 2); der Maximalpegel liegt hier also bei 85 dB(A).

Nach dem Ergebnis der vom Verwaltungsgerichtshof durchgeführten Beweisaufnahme wird der Maximalpegel für kurzzeitige Geräuschspitzen von 85 dB(A) zwar eingehalten (mit 82 dB(A)); der Immissionsrichtwert für den Beurteilungspegel von 55 dB(A) wird jedoch um 3 dB(A) werktags bzw. 5 dB(A) an Sonn- und Feiertagen überschritten. Dies braucht die Klägerin im vorliegenden Fall nicht auf die Dauer hinzunehmen. Beim Vorliegen besonderer Umstände des Einzelfalls, als da sind Herkömmlichkeit, soziale Adäquanz und allgemeine Akzeptanz der Geräuschimmission, ist zwar ergänzend zu prüfen, ob sich unter Berücksichtigung dieser Umstände des Einzelfalls eine vom Ergebnis der Regelfallprüfung abweichende Beurteilung ergibt (Nr. 3.2.2 d der TA Lärm). Diese Regelung gilt unmittelbar nur für genehmigungsbedürftige Anlagen, ist aber auf nicht genehmigungsbedürftige Anlagen entsprechend anzuwenden (Begründung der Bundesregierung zur TA Lärm [neu], BR-Drs. 254/98, S. 47). Das schematische, auf den Regelfall zugeschnittene Beurteilungsverfahren erfordert in atypischen Fällen Abweichungen sowohl zu Gunsten als auch zu Lasten der Betreiber (Kutscheidt, NVwZ 1999, 577 [580]). Nach der gesetzlichen Vorgabe des § 3 Abs. 1 BImSchG kann die Schädlichkeitsschwelle nur unter Beachtung wertender Elemente wie der Herkömmlichkeit, der sozialen Adäquanz und der allgemeinen Akzeptanz bestimmt werden (BVerwG vom 30.4.1992, DVBl 1992, 1234 [1235], Kirch 30, 211). Die TA Lärm enthält keine Vorschriften darüber, wie die besonderen Lärmumstände zu berücksichtigen sind. Da es sich um eine Einzelbeurteilung handelt, sind die Grundsätze anzuwenden, die der bisherigen Rechtsprechung hierzu zu entnehmen sind (Feldhaus, UPR 1999, 1 [6]). Daher besteht bei der Anwendung des § 22 Abs. 1 BImSchG und der TA Lärm auf das liturgische Glockengeläut Raum für die Beachtung der Wert setzenden Bedeutung des durch Art. 140 GG in Verbindung mit Art. 137 Abs. 3 Satz 1 WRV verfassungsrechtlich garantierten kirchlichen Selbstbestimmungsrechts. Dies führt zu einer Privilegierung des liturgischen Glockengeläuts gegenüber dem reinen Zeitläuten (vgl. dazu BVerwG vom 30.4.1992, DVBl 1992, 1234 [1235], KirchE 30, 211; LG Aschaffenburg vom 26.8.1999, NVwZ 2000, 965 [966], KirchE 37, 282). Dies gilt auch für neue Kirchenbauten. Für die Frage der Zumutbarkeit des liturgischen Glockengeläuts ist danach in erster Linie auf den - hier nunmehr eingehaltenen - Maximalpegel für kurzzeitige Geräuschspitzen abzustellen, während der - hier überschrittene - Immissionsrichtwert für den Beurteilungspegel an Bedeutung zurücktritt (BVerwG vom 2.9.1996, UPR 1997, 39, KirchE 34, 340). Eine Überschreitung des Immissionsrichtwerts für Beurteilungspegel in allgemeinen Wohngebieten von 55 dB(A) um 3 bzw. 5 dB(A) kann danach in vielen Fällen hingenommen werden. Die besondere Eigenart des vorliegenden Falls verbietet jedoch eine solche Betrachtungsweise.

Entscheidendes Kriterium für die Zumutbarkeit ist es nämlich, dass sich das liturgische Glockengeläut auch bei neuen Kirchenbauten nach Zeit, Dauer und Intensität als jahrhundertealte kirchliche Lebensäußerung im Rahmen des Herkömmlichen hält. Eine solche sich im Rahmen des Herkömmlichen haltende kirchliche Lebensäußerung ist vom verfassungsrechtlich garantierten Selbstbestimmungsrecht der Kirchen gedeckt und stellt zugleich einen vom Schutz des Art. 4 Abs. 2 GG erfassten Akt freier Religionsausübung dar. Sie überschreitet nicht die Grenzen des Angemessenen und muss daher von sich gestört fühlenden Einzelpersonen - auch unter dem Gebot gegenseitiger Toleranz - als sozial adäquat ertragen werden (BVerwG vom 7.10.1983, NJW 1984, 989 [990], KirchE 21, 251). Diese Betrachtungsweise ist hinsichtlich der Immissionsrichtwerte für den Beurteilungspegel auch deshalb gerechtfertigt, weil diese ungeachtet der prinzipiellen Eignung der TA Lärm für die Beurteilung der Zumutbarkeit von Glockengeläut für die Nachbarschaft (BVerwG vom 30.4.1992, DVBI 1992, 1234 [1235], KirchE 30, 211) lediglich die Funktion eines „groben Anhalts" haben (BVerwG vom 2.9.1996, UPR 1997, 39, KirchE 34, 340). Im vorliegenden Fall lassen sich die Beeinträchtigungen der klägerischen Wohnung aber nicht mit Kategorien wie Herkömmlichkeit, Angemessenheit und gegenseitiger Toleranz als zumutbar rechtfertigen.

Dass die Beklagte ihr Kirchenzentrum samt Kirche und Glockenturm erst errichtet hat, nachdem die meisten Häuser des Neubaugebiets und insbesondere auch das Wohnhaus der Klägerin bereits genehmigt und erbaut waren, schließt für sich genommen die Zumutbarkeit des liturgischen Glockengeläuts hinsichtlich der klägerischen Wohnung noch nicht aus. Zu beachten ist insofern, dass die Stadt A bei der Aufstellung des Bebauungsplans Nr. 8.6 das Kirchenzentrum einschließlich erläuternder Hinweise auf Kirche und Turm im Zusammenhang mit den es umgebenden Wohngebäuden in einem bestimmten Bereich geplant, beide Nutzungen also einander zugeordnet hat. Dadurch ist eine Art plangegebene Vorbelastung des klägerischen Grundstücks entstanden (vgl. VGH.BW vom 22.7.1997, BauR 1998, 756 [759]). Die Stadt A hat hierbei im Einklang mit § 4 Abs. 2 Nr. 3 BauNVO gehandelt; diese Rechtsnorm lässt Anlagen für kirchliche Zwecke in der Nachbarschaft von Wohnbebauung ausdrücklich zu. Die Eigentümer des Wohnhauses G-Platz 15 mussten von vornherein mit den mit dem Betrieb kirchlicher Anlagen in allgemeinen Wohngebieten üblicherweise verbundenen Beeinträchtigungen rechnen und diese hinnehmen. Wer sich im Grenzbereich von rechtmäßig geplanten Nutzungen verschiedener Qualität (hier Wohnnutzung und Nutzung für kirchliche Zwecke) als erster ansiedelt, muss mit der späteren emittierenden Nutzung im angrenzenden Bereich (hier dem liturgischen Glockengeläut) bereits rechnen und kann insofern keinen Vorrang beanspruchen; er ist für die voraussehbare spätere Konfliktlage gleichsam mitverantwortlich (vgl. BGH vom 6.7.2001, DVBI 2001, 1837 [1838]). Im vorliegenden Fall ist dieser Mitverantwortungsbeitrag noch dadurch erhöht, dass die strittige Eigentumswohnung nach den Festsetzungen des Bebauungsplans Nr. 8.6 im 3. Obergeschoss nicht hätte errichtet werden dürfen; die Baugenehmigung konnte insofern nur im Befreiungswege erteilt werden.

Für die Klägerin ist es jedoch unzumutbar, dass infolge eines Planungsfehlers, der auf mangelndem Problembewusstsein beruhte, die nach der vorgegebenen planungsrechtlichen Situation zu erwartende Rücksichtnahme auf die Nachbarschaft - wenn auch unabsichtlich - unterblieben ist (vgl. BVerwG vom 22.5.1987, DVBl 1987, 907 [910]). Wenn den Anwohnern schon im Interesse der Beklagten unvermeidbare Glockengeräusche zugemutet werden müssen, so brauchen sie doch keine derartigen Lärmimmissionen hinzunehmen, die bei rücksichtsvoller Standortauswahl und Gestaltung der Anlage zu vermeiden gewesen wären (vgl. VGH.BW vom 27.4.1990, NVwZ 1990, 988 f; OVG.RP vom 29.8.1989, NVwZ 1990, 279). Im vorliegenden Fall wäre der Beklagten eine rücksichtsvollere Standortauswahl und Gestaltung des Glockenturms (z.b. hinsichtlich seiner Höhe) gegenüber der ihr bekannten Eigentumswohnung der Klägerin möglich und zumutbar gewesen. Der Glockenturm wurde ca. 4 m näher am klägerischen Wohnhaus errichtet, als es der zeichnerischen Darstellung in dem Bebauungsplan Nr. 8.6 entspricht, die zwar keine rechtlich verbindliche Festsetzung, aber doch eine Art Bauvorschlag enthält. Der strittige Glockenturm wurde zudem nur 15 m hoch errichtet, mit entsprechend niedrig hängenden Glocken. Die Beklagte hat dadurch nachträglich eine vermeidbare Verschärfung der Immissionssituation herbeigeführt.

Die Immissionssituation wird zudem durch atypische Besonderheiten verschärft, die ihrer Zumutbarkeit für die Klägerin entgegenstehen. Eine atypische Besonderheit liegt darin, dass das klägerische Wohnhaus wegen seiner besonders ruhigen Lage durch Lärm in tatsächlicher Hinsicht wenig vorbelastet ist, so dass sich das liturgische Glockengeläut vom sonstigen Geräuschpegel besonders deutlich abhebt (vgl. zur Relevanz dieses Umstands BayVGH vom 21.4.1994, BayVBl. 1994, 721, KirchE 32, 139). Der gerichtliche Sachverständige hat dazu festgestellt, dass in dem verkehrsberuhigten Neubaugebiet am Rande der Fußgängerzone des G-Platzes keine nennenswerten Fremdgeräusche auftreten. Die Maximalwerte des Glockengeräusches überschreiten den Hintergrundpegel um mehr 30 dB(A). Aufgrund des hohen Fremdgeräuschabstands (Differenz zwischen Maximalpegel und Hintergrundpegel), zu dem noch die Impuls- und Tonhaltigkeit des Glockengeräusches hinzutritt, ist dieses Glockengeräusch „auffällig". Die Atypik ergibt sich weiter aus der engen Nachbarschaft des Glockenturms und des Wohnhauses der Kläger (vgl. zur Relevanz dieses Umstands ebenfalls BayVGH vom 21.4.1994, BayVBl. 1994, 721, KirchE 32, 139). Die nördliche Außenfront der klägerischen Wohnung ist dem nur 12 m entfernten Glockenturm zugewandt. Die südlichen Klangaustrittsschächte des Glockenturms finden sich etwa in Höhe der gegenüber liegenden Wohnung der Kläger. Der Schall wird nicht über den Wohnhäusern verbreitet, sondern bricht sich an den nächsten Nachbarhäusern.

Rechtsfolge kann gleichwohl nicht sein, dass die Beklagte das Glockengeläut ab sofort bis zur nachgewiesenen Einhaltung des Immissionsrichtwerts für Beurteilungspegel in allgemeinen Wohngebieten von 55 dB(A) einstellen muss. Dies wäre unangemessen und nicht sozial adäquat, weil es dazu führen würde, dass die dargelegte rechtlich privilegierte liturgische Funktion des Glockengeläuts völlig entfallen würde. Eine solche Konsequenz könnte allenfalls bei besonders gravierenden, akut gesundheitsgefährdenden Überschreitungen des Immissionsrichtwerts hingenommen werden, die hier nicht vorliegen. Eine solche Konsequenz wäre auch im Hinblick auf die dargelegte plangegebene Vorbelastung und unter dem Gesichtspunkt unangemessen, dass die Errichtung der klägerischen Wohnung im 3. Obergeschoss auf Grund einer Befreiung von den Festsetzungen des Bebauungsplans Nr. 8.6 einen der Klägerin zuzurechnenden Mitverantwortungsbeitrag für den Nachbarschaftskonflikt darstellt. Diese Gründe sprechen insgesamt dafür, der Beklagten eine Frist einzuräumen (vgl. dazu auch BayVGH vom 22.11.1994 - 22 B 93.3435 -). Dass der Unterlassungsanspruch erst ab dem 1.1.2004 zugesprochen wird, lässt der Beklagten die Zeit, die von ihr in der mündlichen Verhandlung angedeuteten überregionalen und interkonfessionellen Beratungsmöglichkeiten auszuschöpfen, um doch noch mit - von ihr selbst als eigentlich nicht mehr zumutbar angesehenen - Mitteln des aktiven Schallschutzes die Einhaltung des Immissionsrichtwerts für den Beurteilungspegel von 55 dB(A) zu erreichen. Der Klägerin kann dieser Aufschub zugemutet werden. Der Klägerin wird eine sichere Perspektive eröffnet; die Frist bis zum 1.1.2004 ist nicht unzumutbar lang, wenn zusätzlich einkalkuliert wird, dass es die Beklagte in der Hand hätte, den Eintritt der Rechtskraft durch die Einlegung eines Rechtsmittels hinauszuzögern (vgl. § 133 Abs. 4 VwGO).

Angesichts der dargelegten rechtlichen Privilegierung des liturgischen Glockengeläuts und in Anbetracht dessen, dass mit den bisher getroffenen Maßnahmen des aktiven Schallschutzes an der Geräuschquelle bereits die Grenze dessen erreicht ist, was ein staatliches Gericht der Beklagten ohne Verletzung des kirchlichen Selbstbestimmungsrechts in liturgischen Fragen (Art. 140 GG iVm Art. 137 Abs. 3 Satz 1 WRV) auferlegen kann, muss ein Geldausgleich für bestimmte Maßnahmen des passiven Schallschutzes in Betracht gezogen werden. Ein solcher wurde von der Rechtsprechung für Fälle entwickelt, in denen bei Einrichtungen im Interesse des Gemeinwohls Maßnahmen des aktiven Schallschutzes nicht möglich oder unangemessen aufwändig wären (BVerwG vom 29.4.1988, DVBI 1988, 967 [969], KirchE 26, 82). Diese Grundsätze gelten auch hier. Die dargelegte rechtliche Privilegierung des liturgischen Glockengeläuts rechtfertigt es, die Beklagte nicht allein auf die Unter-

164 Werbung für eine andere Religionsgemeinschaft im kirchl. Dienst

lassung des liturgischen Glockengeläuts zu verweisen, sondern ihr die Möglichkeit zu eröffnen, Geldausgleich für zur Erreichung des Immissionsschutzziels geeignete Maßnahmen des passiven Schallschutzes anzubieten. Eine Vergleichbarkeit mit Einrichtungen, die dem Allgemeinwohl dienen (vgl. BVerwG vom 29.4.1988, DVBl 1988, 967/969, KirchE 26, 82; BGH vom 7.4.2000, DVBl 2000, 1608 [1610]), ist insofern gegeben. An sich vorrangige Maßnahmen des aktiven Schallschutzes an der Geräuschquelle müssen hier außer Betracht bleiben, weil solche Maßnahmen von einem staatlichen Gericht ohne Verletzung des dargelegten kirchlichen Selbstbestimmungsrechts in liturgischen Fragen nicht mehr angeordnet werden könnten. Wenn nach dem Selbstverständnis der Beklagten bei weiteren bautechnisch möglichen Maßnahmen des aktiven Schallschutzes der „Frohbotschaftscharakter' des liturgischen Glockengeläuts verloren geht, dann muss der Verwaltungsgerichtshof dieses Selbstverständnis zugrunde legen. Die Ausgestaltung des geeigneten passiven Schallschutzes (Schallschutzfenster der Klasse 3 in der Nordfassade des klägerischen Wohngebäudes, gläserne Schallschutzwände in Höhe von je 2,8 m an den Nordseiten der beiden Dachterrassen) ergibt sich aus den Ausführungen des gerichtlichen Sachverständigen vom 13.2.2002, die zu erwartenden Kosten wurden von ihm in der mündlichen Verhandlung beziffert; die Beteiligten haben diesbezüglich keine Bedenken erhoben.

25

Zur Frage der Kündigung einer Kindergartenleiterin im kirchlichen Dienst wegen Werbung für eine andere Religionsgemeinschaft.
Die im Verfahren der Verfassungsbeschwerde gegen das Urteil des BAG vom 21.2.2001 - 2 AZR 139/00 - (KirchE 39, 63) angesprochenen verfassungsrechtlichen Fragen sind durch das Bundesverfassungsgericht geklärt. Die Annahme der Verfassungsbeschwerde ist auch nicht zur Durchsetzung der als verletzt gerügten Grundrechte angezeigt.

Art. 4 Abs. 1, 12 Abs. 1, 140 GG, 137 Abs. 3 WRV
BVerfG, Beschluss vom 7. März 2002 - 1 BvR 1962/01[1] -

Die Beschwerdeführerin, eine zuletzt bei einer ev. Kirchengemeinde beschäftigte Erzieherin, wendet sich gegen die arbeitsgerichtliche

---

[1] AkKR 171 (2002), 234; NJW 2002, 2771; NVwZ 2002, 1502; NZA 2002, 609; ZMV 2002, 196.

Abweisung ihrer Kündigungsschutzklage und die Bestätigung dieser Entscheidung im Revisionsverfahren (vgl. BAG KirchE 39, 63). Die außerordentliche Kündigung ist im Wesentlichen mit Aktivitäten der Beschwerdeführerin für die Universale Kirche, deren Mitglied sie bereits bei ihrer Einstellung als Erzieherin war, begründet und in den angegriffenen Entscheidungen vor allem im Hinblick auf das entsprechende außerdienstliche Verhalten der Beschwerdeführerin bestätigt worden. Unstreitig ist die Beschwerdeführerin, die zuletzt die Leitungsfunktion in einem Kindergarten ihrer Arbeitgeberin wahrgenommen hat, unter anderem auf einem Anmeldungsschreiben für „Grundkurse für höheres geistiges Lernen" der Universalen Kirche als Ansprechpartnerin benannt worden.

2. Die Beschwerdeführerin sieht sich durch die angegriffenen Entscheidungen in ihren Grundrechten aus Art. 4 Abs. 1 und Art. 12 Abs. 1 GG (Religions- und Glaubensfreiheit) verletzt.

Das Bundesverfassungsgericht nimmt die Verfassungsbeschwerde nicht zur Entscheidung an.

Aus den Gründen:

Die Voraussetzungen für eine Annahme der Verfassungsbeschwerde zur Entscheidung nach § 93a Abs. 2 BVerfGG (vgl. hierzu BVerfGE 90, 22 [24 f.]) liegen nicht vor.

1. Der Verfassungsbeschwerde kommt grundsätzliche verfassungsrechtliche Bedeutung nicht zu. Die darin angesprochenen verfassungsrechtlichen Fragen sind durch das Bundesverfassungsgericht bereits geklärt (vgl. BVerfGE 7, 198 [205 f.]; 70, 138).

a) Die angegriffenen Entscheidungen sind, was die Bedeutung des kirchlichen Selbstbestimmungsrechts nach Art. 140 GG in Verbindung mit Art. 137 Abs. 3 WRV für die Bewertung arbeitsvertraglicher Loyalitätspflichten kirchlicher Mitarbeiter angeht, ausdrücklich von der einschlägigen Rechtsprechung des Bundesverfassungsgerichts (vgl. BVerfGE 70, 138 [162 ff.], KirchE 23, 105) ausgegangen und dieser nahezu wörtlich gefolgt. Die Verfassungsbeschwerde wirft insoweit keine neuen grundsätzlichen verfassungsrechtlichen Fragen auf. Sie greift den Ausgangspunkt der angegriffenen Entscheidungen nicht ernstlich an. In der Beschwerdeschrift wird vielmehr ausdrücklich eingeräumt, dass das Bundesarbeitsgericht im Ansatz zutreffend auf das Selbstbestimmungsrecht der Kirchen abgestellt habe und dieses für Vorgaben, die den anerkannten Maßstäben der verfassten Kirchen entsprächen, weiten Raum lasse. Dies wird auch nicht in Frage gestellt, soweit die Verfassungsbeschwerde im Weiteren die Auffassung vertritt, dass das Verhalten der Beschwerdeführerin und insbesondere ihre Aktivitäten für die Universale

Kirche keine oder zumindest keine schwerwiegende Verletzung von Loyalitätspflichten gegenüber der Beklagten des Ausgangsverfahrens dargestellt hätten. Denn diese Einschätzung beruht nicht darauf, dass die Bedeutung des kirchlichen Selbstbestimmungsrechts für die Bewertung arbeitsvertraglicher Loyalitätspflichten gegenüber kirchlichen Arbeitgebern grundsätzlich in Zweifel gezogen wird. Sie hat ihren Grund vielmehr darin, dass nach Auffassung der Beschwerdeführerin in den angegriffenen Entscheidungen neben dem Selbstbestimmungsrecht der Kirchen Grundrechtspositionen der Beschwerdeführerin zu kurz gekommen seien.

b) Auch soweit die Beschwerdeführerin in diesem Zusammenhang die Auffassung vertritt, dass das Bundesverfassungsgericht bisher den Fall einer Kollision des kirchlichen Selbstbestimmungsrechts mit Grundrechtspositionen noch nicht entschieden habe, führt dies nicht zur grundsätzlichen verfassungsrechtlichen Bedeutung der Verfassungsbeschwerde. Es entspricht seit dem Lüth-Urteil des Bundesverfassungsgerichts (vgl. BVerfGE 7, 198 [205 f.]) gesicherter Erkenntnis, dass sich der Rechtsgehalt der Grundrechte als objektiver Normen im Privatrecht durch das Medium der dieses Rechtsgebiet beherrschenden Vorschriften entfaltet und für den Zivilrichter vor allem über die jeweiligen Generalklauseln realisierbar ist. Von daher kann es nicht zweifelhaft sein, dass im Rahmen der Beurteilung, ob die Kündigung eines kirchlichen Arbeitnehmers gerechtfertigt ist, neben dem Selbstbestimmungsrecht der betreffenden Kirche als Arbeitgeber auch hiermit kollidierende Grundrechtspositionen des Arbeitnehmers einschließlich derjenigen aus Art. 4 Abs. 1, 2 GG zu berücksichtigen sind. Von dieser Erkenntnis ist das Bundesverfassungsgericht auch in der Entscheidung BVerfGE 70, 138, KirchE 23, 105 ausgegangen (vgl. ebd., 172). An ihr hat sich bis in die jüngste Zeit nichts geändert (vgl. BVerfG, 1. Kammer des Ersten Senats, DVBl. 2001, 723, KirchE 39, 13).

2. Die Annahme der Verfassungsbeschwerde ist auch nicht zur Durchsetzung der als verletzt gerügten Grundrechte der Beschwerdeführerin angezeigt. Das Bundesarbeitsgericht hat in seiner das Ausgangsverfahren abschließenden Entscheidung bei der von ihm vorgenommenen Interessenabwägung auch die Glaubens-, Gewissens- und Bekenntnisfreiheit der Beschwerdeführerin nach Art. 4 Abs. 1 GG berücksichtigt (vgl. NZA 2001, 1136 [1141], KirchE 39, 63). Das Ergebnis dieser Abwägung ist nach den Maßstäben, die für die verfassungsgerichtliche Überprüfung fachgerichtlicher Entscheidungen entwickelt worden sind (vgl. dazu BVerfGE 18, 85 [92 f., 96]; 85, 248 [257 f.]; speziell zur Auslegung und Anwendung arbeitsrechtlicher Kündigungsvorschriften BVerfGE 89, 276 [286]; 92, 140 [153]; BVerfG, 2. Kammer des Ersten Senats, NJW 2001, 3474 [3475]) verfassungsrechtlich nicht zu beanstanden. Danach kommt auch ein Verstoß gegen Art. 12 Abs. 1 GG nicht in Betracht.

26

Zur Entscheidung im Streit gemeinsam personensorgeberechtigte Eltern über die religiöse Erziehung ihrer minderjährigen Kinder ist das Vormundschaftsgericht berufen.

AG Weilburg, Beschluss vom 8. März 2002 - 22 F 1642/01[1] -

Die Parteien sind Eheleute, die nicht nur vorübergehend voneinander getrennt leben. Die Antragstellerin ist Deutsche, der Antragsgegner besitzt die deutsche und die tunesische Staatsangehörigkeit. Der Antragsgegner hat im Januar 2001 die eheliche Wohnung verlassen. Die Mutter ist dort mit den drei gemeinsamen Kindern wohnhaft geblieben. Die Parteien waren von 1988 bis 1996 in Deutschland, anschließend von 1997 bis September 2000 in Tunesien, wo die Angehörigen des Vaters leben. Der Vater ist Eigentümer eines Hauses in Tunesien. Im September 2000 bezogen die Parteien die Mietwohnung in B. In der Zeit, während der sich die Mutter auf Grund eines Nervenzusammenbruchs in stationärer Behandlung befand, wurden die Kinder am Anfang im Wesentlichen von der Großmutter mütterlicherseits, zuletzt im Wesentlichen von dem Vater, der sich arbeitsfrei genommen hatte, versorgt.

Der Hauptstreitpunkt zwischen den Parteien besteht in der Frage, ob die Kinder - so die römisch-katholische Mutter - christlich oder - so der dem Islam angehörende Vater - moslemisch erzogen werden sollen.

Der Sorgerechtsantrag der Mutter hatte nur im Teilbereich „Aufenthaltsbestimmung" Erfolg.

Aus den Gründen:

Dem Antrag der Mutter konnte nur teilweise stattgegeben werden. Ihr war lediglich das Aufenthaltsbestimmungsrecht für die drei gemeinsamen Kinder zu übertragen. Im Übrigen hatte es unter Abweisung ihres weitergehenden Antrags bei der gemeinsamen elterlichen Sorge zu verbleiben.

1. Die Voraussetzungen für die Übertragung der elterlichen Sorge insgesamt allein auf die Mutter sind vorliegend nicht gegeben. Zwar hat die Mutter vorgetragen, sie wolle, wenn über eine wichtige Angelegenheit für ein Kind zu befinden sei, allein entscheiden und nicht die Zustimmung des Vaters einholen. In zahlreichen die Kinder betreffenden Angelegenheiten sei eine Übereinstimmung ihrer Vorstellungen mit denjenigen des Vaters nicht zu erzielen. Dieses Vorbringen der Mutter rechtfertigt je-

---

[1] FamRZ 2003, 1308; FPR 2003, 339.

doch nicht die von ihr begehrte Übertragung des alleinigen Sorgerechts für die drei gemeinsamen Kinder. Nach der herrschenden Rechtsprechung, der das erkennende Gericht folgt, kommt bei fehlender Zustimmung des anderen Elternteils die Übertragung der gesamten elterlichen Sorge auf den antragstellenden Elternteil nur in Betracht, wenn in den für die Erziehung und Entwicklung der Kinder wichtigen Fragen die erforderliche Kommunikationsbasis nicht besteht. Diese Voraussetzung ist vorliegend nicht gegeben.

In diesem Zusammenhang ist vorab festzuhalten, dass in den Angelegenheiten des täglichen Lebens die Mutter als Inhaberin des Aufenthaltsbestimmungsrechts allein die erforderlichen Maßnahmen für die drei gemeinsamen Kinder treffen kann. Es kommt deshalb allein darauf an, ob sich die Eltern in den die Kinder betreffenden wichtigen Angelegenheiten unter Berücksichtigung des jeweiligen Kindeswohls sachgerecht verständigen können. Zwar möchte die Mutter insoweit nicht die Zusammenarbeit mit dem Vater suchen, insbesondere nicht auf dessen Zustimmung angewiesen sein. Allein diese - auf Grund der Trennung menschlich nachvollziehbare - Haltung der Mutter vermag jedoch eine Entziehung des gesamten Mitsorgerechts des Vaters nicht zu begründen. Denn abgesehen von der Religionsausübung der drei Kinder wird sich der Vater in Zukunft ebenso, wie er es bereits in der Vergangenheit getan hat, hilfreich in die Erziehung und Versorgung der gemeinsamen Kinder einbringen. Das Wohlergehen seiner Kinder liegt ihm sehr am Herzen. Auch wenn die Kinder bei der Mutter leben wollen und diese für sie die Hauptbezugsperson ist, besteht zwischen ihnen und dem Vater eine gute, tragfähige Beziehung. Dieser ist bereit, in Notzeiten Verantwortung für die Kinder zu übernehmen und einzuspringen, was er gerade während des krankheitsbedingten stationären Aufenthalts der Mutter gezeigt hat: Er hat sich für die Kinder eingesetzt und zuletzt im Interesse der Kinder drei Wochen Urlaub genommen. Die Beratung und Unterstützung der Mutter durch den verständigen und intelligenten Vater wird sich bei wichtigen Entscheidungen für die Kinder positiv auswirken, und die Mutter muss dieses Angebot des Vaters nur annehmen. Sie ist dann bei der Entscheidungsfindung nicht auf sich allein gestellt. Abgesehen von der Frage der religiösen Erziehung der drei gemeinsamen Kinder - in diesen Punkt ist der Vater auf Grund seiner Herkunft und seines islamischen Glaubens festgelegt und zu keinem Kompromiss bereit - entspricht es dem Kindeswohl am besten, den Vater in wichtigen Angelegenheiten nicht außen vorzuhalten. Es entspricht insoweit dem Kindeswohl am besten, den Vater mitbestimmen zu lassen und es somit bei dem gemeinsamen Sorgerecht zu belassen, zumal abgesehen von der Frage der religiösen Erziehung eine Meinungsverschiedenheit in einer wichtigen Angelegenheit für ein Kind zwischen den Eltern derzeit nicht ersichtlich ist.

Gerichtszuständigkeit im Streit über relig. Kindererziehung 169

2. Der Hauptstreitpunkt, nämlich ob die Kinder im christlichen oder moslemischen Glauben erzogen werden sollen - hier bestehen unüberbrückbare Differenzen zwischen den Eltern - muss gerichtlich entschieden werden. Das Recht der religiösen Erziehung ist ein Ausfluss der Personensorge. Über diesen Teil der elterlichen Sorge kann gesondert entschieden werden, das heißt, das Bestimmungsrecht in Fragen der religiösen Erziehung kann einem Elternteil allein übertragen werden. Das erkennende Gericht als Familiengericht ist allerdings nicht befugt, bei der vorliegenden Fallgestaltung einem Elternteil das Recht zu übertragen, in der Frage der religiösen Erziehung eines oder aller drei Kinder allein zu bestimmen.

Insoweit ist einschlägig das Gesetz über die religiöse Kindererziehung vom 15.7.1921 - RKEG - (RGBl. 1921, 393, abgedr. bei Palandt/Diederichsen, BGB, 50. Aufl., Anhang zu § 1631 BGB). Nach § 1 RKEG kann die Einigung der Eltern über die religiöse Erziehung der Kinder von jedem Elternteil jederzeit widerrufen werden. Es gelten dann gem. § 2 Abs. 1 RKEG die materiell-rechtlichen Vorschriften des BGB. Derzeit sind die Parteien gemeinsam Inhaber der Personensorge, das heißt nach den Vorschriften des BGB kann derzeit kein Elternteil allein über die religiöse Erziehung eines der drei gemeinsamen Kinder bestimmen. Somit ergibt sich die Lösung der hier streitigen Frage, ob die Kinder nach christlichen oder nach moslemischen Grundsätzen erzogen werden sollen, nicht aus den Sorgerechtsvorschriften des BGB.

Die Frage, auf welcher religiösen Grundlage Kinder erzogen werden sollen, gehört nicht zu den so genannten Alltagsentscheidungen iSd § 1687 Abs. 1 Satz 2 BGB. Somit ist nach § 1687 Abs. 1 Satz 1 BGB in der vorliegenden wichtigen Angelegenheit das Einvernehmen der Eltern erforderlich. Fehlt es hieran, sieht § 1628 BGB vor, dass auf Antrag eines Elternteils das Familiengericht das Bestimmungsrecht in einer wichtigen Angelegenheit einem Elternteil allein übertragen kann. Diese generelle Zuständigkeitsregelung greift im vorliegenden Fall jedoch nicht ein. Denn § 7 RKEG legt fest, dass für Streitigkeiten aus dem Gesetz über die religiöse Kindererziehung vom 15.7.1921, das heißt, wenn der Streit der Eltern über die religiöse Erziehung nicht nach den materiellrechtlichen BGB-Vorschriften gelöst ist (z.B. wegen alleiniger Personensorge eines Elternteils), das Vormundschaftsgericht entscheidet - neben dem weiteren Sonderfall gem. § 2 Abs. 2 RKEG, für dessen Entscheidung § 2 Abs. 3 RKEG eine zusätzliche spezielle Zuständigkeit mit Verfahrensregeln des Vormundschaftsgerichts postuliert. Diese in § 7 RKEG festgeschriebene Spezialzuständigkeit des Vormundschaftsgerichts wurde weder bei der Einführung des Familiengerichts zum 1.7.1977 noch insbesondere im Zusammenhang mit dem am 1.7.1998 in Kraft getretenen Kindschaftsreformgesetz abgeschafft oder geändert. Die letzte Änderung des Gesetzes über die religiöse Kindererziehung erfolgte durch Gesetz vom 12.9.1990 - BGBl. I, 2002. Hierbei blieb die bestehende Zuständigkeit des Vormundschaftsgerichts zur Entscheidung über Streitfragen im Zusammenhang mit der religiösen Kindererziehung unangetastet.

Aus dem Gesagten ergibt sich, dass auf Grund der nach wie vor gültigen spezialgesetzlichen Regelung des § 7 RKEG - außerdem noch § 2 Abs. 3 Satz 1 RKEG - im Falle eines Streits von mitsorgeberechtigten Eltern über die religiöse Erziehung ihrer Kinder nicht die Zuständigkeit des Familiengerichts, sondern diejenige des Vormundschaftsgerichts gegeben ist (wie hier Schwab, FamRZ 1998, 345, und Palandt/Diederichsen, BGB, 59. Aufl., § 1626 Rn 16 a.e.; in der 60. Aufl. ist diese Passage allerdings nicht mehr enthalten). Somit konnte im vorliegenden Verfahren das Recht zur religiösen Erziehung der drei gemeinsamen Kinder der antragstellenden Mutter vom angerufenen Familiengericht mangels Zuständigkeit nicht gesondert übertragen werden.

Die Frage, ob es überhaupt sinnvoll und praktikabel ist, die Kinder, die sich bei der der römisch-katholischen Konfession angehörenden Mutter befinden, entsprechend den Vorstellungen des Vaters nach moslemischem Glauben zu erziehen, konnte somit vorliegend offen gelassen werden.

3. Dagegen bestanden keine Bedenken, der Mutter als „Minus" zum gestellten Antrag einen bedeutsamen Teil der elterlichen Sorge, nämlich das Aufenthaltsbestimmungsrecht zu übertragen. Die insoweit getroffene Entscheidung wird vom Antrag der Mutter mitumfasst. Der Vater hat eine Zustimmung zur Übertragung des Aufenthaltsbestimmungsrechts für die drei gemeinsamen Kinder auf die Mutter nicht ausdrücklich erklärt. Er hat während seiner Anhörung jedoch zu erkennen gegeben, dass die Kinder bei der Mutter leben sollen. Die insoweit getroffene Entscheidung entspricht dem Kindeswohl auch am besten. Die Mutter ist die Hauptbezugsperson der Kinder, ihr oblagen in der Vergangenheit und insbesondere nach der Trennung der Parteien die Erziehung und Versorgung der drei gemeinsamen Kinder. Das Aufenthaltsbestimmungsrecht war kein ausdrücklicher Streitpunkt zwischen den Eltern. Die Kinder S. und N. haben sich bei ihrer Anhörung eindeutig für ein Verbleiben bei der Mutter ausgesprochen. Auch geht das Kreisjugendamt in seiner Stellungnahme vom 18.1.2002 davon aus, dass die drei Kinder bei der Mutter bleiben. Die vorzunehmende Gesamtwürdigung ergibt, dass es dem Wohl der Kinder iSd § 1671 Abs. 2 Nr. 2 BGB am besten entspricht, wenn der Mutter das Aufenthaltsbestimmungsrecht übertragen wird.

27

Eine Hochschulausbildung, die in ihrem Kernbereich (auch) soziale Kompetenzen und zwischenmenschliche Kommunikationsfähigkeit vermittelt (hier: Theologiestudium), welche bei der Erfüllung von Betreuungsaufgaben von allgemeinem Vorteil sein können, ist geeignet, den höchsten Stundensatz nach § 1 Abs. 1 Satz 2 BVormVG zu begründen.

OLG Thüringen, Beschluss vom 11. März 2002 - 6 W 54/02[1] -

Der Beteiligte zu 1) ist gerichtlich bestellter Berufsbetreuer für die in den 23 angefochtenen Beschlüssen des Landgerichts jeweils bezeichneten Betroffenen.

Er hat in den Jahren 1968 bis 1973 in der damaligen DDR an der Universität J. Theologie mit dem Berufsziel Pfarrer studiert und das Studium mit dem akademischen Grad eines Diplom-Theologen abgeschlossen.

In den genannten 23 Verfahren die Festsetzung seiner Betreuervergütung für die Zeit von Januar bis einschließlich Mai 2001 gegenüber der Staatskasse beantragt. Dabei hat er für die Monate Januar und Februar 2001 die von ihm benötigte Zeit jeweils im Einzelnen dargelegt und eine Vergütung auf der Basis eines Stundensatzes von 54 DM zuzüglich Mehrwertsteuer begehrt.

Die Rechtspflegerin des Amtsgerichts hat bei der dem Beteiligten zu 1) zu gewährenden Vergütung nur einen Stundensatz von 31,50 DM zugrunde gelegt, weil das Theologiestudium im Kernbereich nicht auf die Vermittlung betreuungsrelevanter Kenntnisse gerichtet gewesen sei.

Das Landgericht hat die sofortigen Beschwerden zurückgewiesen. Die vom Landgericht zugelassenen, auf eine Reihe von Beschwerdepunkten gestützten weiteren sofortigen Beschwerden führten zur Aufhebung der angefochtenen Entscheidungen und zur Zurückverweisung an das Landgericht.

Aus den Gründen:

3. Auch bei der Ermittlung des dem Beteiligten zu 1) zustehenden Stundensatzes nach § 1 Abs. 1 Gesetz über die Vergütung von Berufsvormündern (BVormVG) sind dem Landgericht Rechtsfehler unterlaufen.

a) Die von dem Beteiligten zu 1) erstrebte Zuerkennung des höchsten Stundensatzes von - in den neuen Bundesländern - 54 DM nach § 1 Abs. 1 Satz 2 Nr. 2 BVormVG setzt voraus, dass der Berufsbetreuer über

---

[1] OLG-NL 2002, 189; FamRZ 2002, 1431; NJ 2002, 267 (LS); OLGR Jena 2003, 83.

Fachkenntnisse bzw. besondere Kenntnisse verfügt, die für die Führung der Betreuung nutzbar sind und die durch eine abgeschlossene Hochschulausbildung oder damit vergleichbare abgeschlossene Ausbildung erworben worden sind. Besondere Kenntnisse oder Fachkenntnisse sind solche, die über ein bestimmtes Grundwissen deutlich hinausgehen, wobei dieses Grundwissen je nach Bildungsstand oder Ausbildung unterschiedlich sein kann. Für die Führung der Betreuung nutzbar sind solche Fachkenntnisse dann, wenn sie den Betreuer befähigen, seine Aufgaben zum Wohle des Betreuten besser und effektiver zu erfüllen und somit eine erhöhte Leistung zu erbringen. Dabei ist es nicht nötig, dass die Kenntnisse das gesamte Anforderungsprofil der Betreuung abdecken, vielmehr reichen Kenntnisse zur Bewältigung eines bestimmten Aufgabenkreises aus (vgl. Senat, Beschluss vom 14.11.2001 - 6 W 488/01 -; Senat FGPrax 2000, 110; BayObLG FGPrax 2000, 22 [23] mwN). Nach der soweit ersichtlich einhelligen Rechtsprechung der Oberlandesgerichte lassen sich dem Wortlaut und dem Zweck des Gesetzes eine Beschränkung der gemäß § 1 Abs. 1 Satz 2 BVormVG erhöhten Vergütungsstufen auf bestimmte Berufsgruppen nicht entnehmen. Vielmehr ist auch eine Hochschulausbildung, die in ihrem Kernbereich (auch) soziale Kompetenzen und zwischenmenschliche Kommunikationsfähigkeit vermittelt, die bei der Erfüllung von Betreuungsaufgaben von allgemeinem Vorteil sein können, geeignet, den höchsten Stundensatz des § 1 Abs. 1 Satz 2 BVormVG zu begründen (vgl. OLG Zweibrücken FGPrax 2001, 21; OLG Dresden FamRZ 2000, 1310; Senat, Beschluss vom 14.11.2001, aaO). Von diesen Grundsätzen ist im Ansatz zutreffend auch das Landgericht ausgegangen.

b) Indessen hat das Landgericht den Amtsermittlungsgrundsatz des § 12 FGG dadurch verletzt, dass es keine hinreichenden Feststellungen dazu getroffen hat, ob das in der DDR mit einem entsprechenden Abschluss absolvierte Theologie-Studium des Beteiligten zu 1) darauf gerichtet war, diesem betreuungsrelevante Kenntnisse der beschriebenen Art zu vermitteln. Das Landgericht hat hierzu ausschließlich auf das Studienbuch des Beteiligten zu 1) abgestellt, dem eine Ausbildung in den Fächern Psychologie oder Pädagogik nicht entnommen werden könne. Weitergehende Feststellungen zum Inhalt der Ausbildung des Beteiligten zu 1), etwa im Fach Praktische Theologie, hat das Landgericht nicht getroffen. Hierzu hätte aber Anlass bestanden, weil der Beteiligte zu 1) im Erstbeschwerdeverfahren vorgebracht hat, dass zumindest dieses Fach auch auf die Vermittlung sozialer Kompetenzen und zwischenmenschlicher Kommunikationsfähigkeit ausgerichtet war. Das erscheint auch nicht von vornherein unwahrscheinlich, weil der Beteiligte zu 1) das Studium seinerzeit mit dem Berufsziel eines Pfarrers absolvierte, der in seiner täglichen Arbeit über entsprechende Fähigkeiten verfügen muss. Dafür spricht auch, dass die Rechtsprechung Berufsbetreuern, die ein Theologie-Studium in den alten Bundesländern absolviert haben, den höchsten Stundensatz des § 1 Abs. 1 Satz 2 Nr. 2 BVormVG zuerkannt hat (vgl. OLG Schleswig FamRZ 2000, 1532, KirchE 38, 329). Der Senat kann die entsprechenden Feststellungen im Rechtsbeschwerdeverfahren nicht selbst treffen, so dass die Sache auch aus diesem Grund an das Landgericht zurückverwiesen werden muss.

28

1. Die Schulverwaltung hält sich innerhalb ihres Beurteilungsspielraums, wenn sie eine Bewerberin für die Einstellung als Beamtin auf Probe in den staatlichen Schuldienst als ungeeignet für das Amt einer Grund- und Hauptschullehrerin ansieht, weil diese im Dienst aus religiösen Gründen ein Kopftuch tragen will.
2. Die Bewerberin kann ein Recht auf eine solche Bekleidung im Unterricht nicht aus dem religiöse Bezüge enthaltenden Bildungsauftrag des niedersächsischen Schulgesetzes ableiten.

Art. 4 Abs. 1, 6 Abs. 2, 33 Abs. 2 u. 3 GG,
§§ 6 Abs. 1, 7 Abs. 1, 8, 11, 61 NBG, 2, 3, 50 NSG
Niedersächsisches OVG, Urteil vom 13. März 2002 - 2 LB 2171/01[1] -

Die Klägerin begehrt die Einstellung als Beamtin auf Probe in den staatlichen Schuldienst.
Die 1958 geborene Klägerin ist gebürtige Deutsche. Sie bekannte sich nach Taufe und Konfirmation zunächst zum evangelisch-lutherischen Glauben. 1990 trat sie zum Islam über. Sie heiratete 1992 den Syrer A. und änderte 1993 ihren Vornamen von I. in I. S.
Die Klägerin bewarb sich nach dem in den 80er Jahren absolvierten Vorbereitungsdienst zum 1.9.1999 um die Einstellung in den niedersächsischen Schuldienst für das Lehramt an Grund- und Hauptschulen. In dem unter dem 3.5.1999 ausgefüllten Bewerbungsvordruck („Wiederbewerbungsbogen") gab sie u.a. an, sich um alle geeigneten Stellen in den Landkreisen/kreisfreien Städten O., H., Landkreis H., B. und L. zu bewerben. Ferner trug sie ein, sie bewerbe sich um insgesamt acht konkret benannte geeignete Stellen für ihre Fächerkombination Deutsch/Kunst. Unter anderem handelte es sich um die Grundschule W.-Schule in S. Zuvor hatte sich die Klägerin bereits zu verschiedenen Einstellungster-

---

[1] Amtl. Leitsätze. DÖD 2003, 58; DVBl 2002, 995 (LS); NdsRpfl 2002, 296; NdsVBl 2002, 212; NordÖR 2002, 259; NVwZ-RR 2002, 658; VR 2003, 245; ZevKR 48 (2003), 219. Beim Bundesverwaltungsgericht (2 C 18/02) wurde das Revisionsverfahren zum Ruhen gebracht.

minen und auch für andere Landkreise und kreisfreie Städte beworben. Nach dem September 1999 reichte sie weitere Wiederbewerbungsbögen ein. Ferner bewarb sie sich allgemein zum nächstmöglichen Zeitpunkt. Nach einem Vorstellungsgespräch in der Außenstelle S. der Beklagten am 18.8.1999 und der Vorlage eines amtsärztlichen Gesundheitszeugnisses erhielt die Klägerin von der Beklagten zunächst mit Schreiben vom 1.9.1999 eine Einstellungs-Absichtserklärung. Danach sollte sie nach abschließender Prüfung aller Einstellungsvoraussetzungen und der Zustimmung des Schulbezirkspersonalrates unter Berufung in das Beamtenverhältnis auf Probe als teilzeitbeschäftigte Lehrerin an der Grundschule W.-Schule in S. eingestellt werden.

In dem Vorstellungsgespräch hatte die Klägerin bereits erläutert, sie habe privat und bei Lehrtätigkeiten an privaten Schulen während und außerhalb des Unterrichts aus religiösen Gründen ein Kopftuch getragen und beabsichtige, dieses auch in Zukunft zu tun. Das bekräftigte sie in einem aus anderem Anlass geführten Telefongespräch mit der Beklagten am 2.9.1999.

Mit Schreiben vom 6.9.1999 teilte die Beklagte der Klägerin mit, sie habe vor, ihr Einstellungsangebot vom 1.9.1999 zurückzunehmen. Zur Begründung gab sie an, die Klägerin wolle als Ausdruck ihrer religiösen Überzeugung im Dienst ein Kopftuch tragen. Die verfassungsrechtlich geforderte Neutralität der Schule und das Erziehungsrecht der Eltern nach Art. 6 Abs. 2 GG forderten eine Bekleidung, mit der Schülerinnen und Schüler nicht einem ihrer Überzeugung widersprechenden religiösen oder weltanschaulichen Einfluss ausgesetzt seien. Insofern sei die verfassungsrechtlich garantierte Freiheit des religiösen und weltanschaulichen Bekenntnisses und der freien Religionsausübung nach einer Verbeamtung für die Klägerin beschränkt.

Nachdem der Schulbezirkspersonalrat der Einstellung der Klägerin zuvor bereits unter Hinweis auf die 3/4-Teilzeitbeamtenstelle widersprochen hatte, verweigerte er unter dem 8.9.1999 die Zustimmung wegen der Absicht, im Dienst ein Kopftuch zu tragen. Der Schulbezirkspersonalrat gab zur Begründung an, das Tragen des Kopftuches widerspreche dem Neutralitätsgebot, dem Mäßigungsgebot für Beamte und dem Recht auf negative Religionsfreiheit der Schülerinnen und Schüler. Eine Grundschullehrerin mit Kopftuch konterkariere, besonders für die muslimischen Schülerinnen, das durch das Grundgesetz festgeschriebene Bildungsziel der Gleichberechtigung der Geschlechter. Das Tragen des Kopftuches stelle in diesem Zusammenhang kein Bekenntnis zu einer religiösen Gemeinschaft dar, sondern das Symbol für eine fundamentalistische, religiös verbrämte politische Grundeinstellung.

Unter dem 20.9.1999 teilte die Beklagte der Klägerin mit, die Stelle an der W.-Schule in S. sei am 15.9.1999 mit einer anderen Lehrkraft besetzt worden. Gegen die Besetzung der Stelle in S. legte die Klägerin Widerspruch ein. Die Klägerin erhielt sodann eine Mitteilung der Beklagten, dass es nach eingehender Auswertung aller vorliegenden Bewerbungen nicht möglich gewesen sei, ihre Bewerbung um Einstellung als Lehrkraft auf eine Stelle zum 1.9.1999 zu berücksichtigen.

Zur Begründung ihrer nach erfolglosem Widerspruch erhobenen Klage trägt die Klägerin im Wesentlichen vor, das Tragen des Kopftuches sei eine sich unmittelbar aus ihrem Glauben ergebende, untrennbar damit verbundene und zur Verwirklichung ihrer Glaubensgrundsätze zwingend erforderliche Kleidungsgewohnheit, die ihrem sittlichen und moralischen Empfinden entspreche und auf die sie in aller Regel nicht verzichten könne. Anderenfalls könne sie den von ihrem Glauben an sie gestellten Anforderungen nicht gerecht werden und laufe so Gefahr, ihren religiösen Geboten als gläubige, sittsame und keusche Frau untreu zu werden. Sie sehe es deshalb als ihre individuelle religiöse Verpflichtung an, in der Öffentlichkeit ständig ein Kopftuch zur Bedeckung ihrer Reize bzw. Blöße, wozu auch das unbedeckte Haar gehöre, zu tragen. Dies gelte auch für die Zeit während des Dienstes als Lehrerin in der Schule. Die Klägerin hat eine „Chronologische Beschreibung ihrer religiösen Entwicklung, ihres religiösen Verständnisses und der Bedeutung des „Kopftuches" in meinem Leben" zu den Akten gereicht.

Es sei darüber hinaus zu berücksichtigen, dass eine Lehrerin oder ein Lehrer im Gegensatz zu Amtswaltern, die Verwaltungsakte erließen oder Entscheidungen fällten, auch als Person und mit ihren pädagogischen und sozialen Kompetenzen gefordert seien. Das Gebot der religiösen und weltanschaulichen Neutralität sei deshalb für diese Gruppe staatlicher Bediensteter anders zu verstehen. Der Charakter der Schule sei in religiösen Fragen nicht distanzierend. Es gehe darum, Bildungs- und Kulturwerte zu vermitteln. Dieses könne nicht unabhängig von der eigenen Persönlichkeit der Lehrperson geschehen. Die Beklagte propagiere aber im Kern eine vollständige Trennung der natürlichen Person mit ihren religiösen Vorstellungen von der Amtsausübung bzw. dem staatlichen Handeln. Dieses laufe auf ein laizistisches Staatsverständnis hinaus, welches dem Grundgesetz nicht entnommen werden könne. Die Religionsbetätigung dürfe nicht auf den internen Privatbereich zurückgedrängt und aus dem öffentlichen Bereich verbannt werden. Den Grundrechten der Schüler und der Eltern komme kein absoluter Vorrang gegenüber ihren Grundrechten zu. Das Kopftuch unterscheide sich ferner in verschiedener Hinsicht von anderen Formen religiöser Bekleidung, wie beispielsweise dem Tragen orange-roter Kleidungsstücke durch Bhagwan-Anhänger. Das Kopftuch sei auch nicht mit dem Tschador zu vergleichen. Der Beklagten gehe es allein oder zumindest hauptsächlich um die „Außenwirkung des Kopftuches". Das konkrete, religiös motivierte Verständnis des Kopftuchtragens scheine nicht zu interessieren. Darauf komme es jedoch an, weil das Kopftuch nur im Zusammenhang mit ihrer

Persönlichkeit eine bestimmte Wirkung auf Außenstehende ausübe. Sie habe nicht vor, ihre Mitmenschen und insbesondere die Schüler zu missionieren. Sie wolle im Unterricht nicht indoktrinieren oder für ihre Religion werben und wolle sich im Hinblick auf ihre Religion strikt neutral verhalten. Insbesondere die Grundschüler würden das Kopftuch, vor allem bei entsprechenden Erläuterungen, überhaupt nicht mit ihrer Religion und ihrem Glauben in Verbindung bringen. Etwaige Konflikte mit Schülern oder Eltern könnten durch einen Wechsel in eine andere Klasse gelöst werden. Notfalls könne sie als Lehrerin aus der Klasse herausgenommen oder sogar an eine andere Schule versetzt werden.

Das VG Lüneburg (KirchE 38, 406) hat unter Klageabweisung im Übrigen die Beklagte für verpflichtet erklärt, die Klägerin zum nächstmöglichen Zeitpunkt als Beamtin auf Probe einzustellen.

Die Berufung der Beklagten führte zur Aufhebung des angefochtenen Urteils und Klageabweisung.

Aus den Gründen:

Die zulässige Berufung ist begründet.

Der Bescheid der Beklagten vom 2.9.1999 in der Fassung des Widerspruchsbescheides der Beklagten vom 14.2.2000 ist rechtmäßig und verletzt die Klägerin nicht in ihren Rechten (§ 113 Abs. 5 Satz 1 VwGO). Die Klägerin hat keinen Anspruch auf Einstellung in den niedersächsischen Schuldienst als Beamtin auf Probe zum nächstmöglichen Zeitpunkt. Die Beklagte durfte im Rahmen des ihr bei der Entscheidung über die Einstellung zustehenden Ermessens annehmen, der Klägerin fehle auf Grund ihrer Absicht, im Dienst aus religiösen Gründen ein Kopftuch zu tragen, die erforderliche Eignung für die Tätigkeit als Lehrerin an Grund- und Hauptschulen.

Die von der Klägerin erstrebte Einstellung bedarf gemäß § 6 Abs. 1 Nr. 3 NBG iVm § 7 Abs. 1 Nr. 1 NBG der Ernennung. Nach § 8 Abs. 1 Satz 1 NBG sind die Auslese und die Ernennung der Bewerber und Beamten nach Eignung, Befähigung und fachlicher Leistung vorzunehmen. Die Entscheidung über die Einstellung eines Bewerbers und die Auswahl unter mehreren Bewerbern liegt im pflichtgemäßen Ermessen des Dienstherrn. Die im Rahmen der Ermessensentscheidung vorzunehmende Beurteilung von Eignung, Befähigung und fachlicher Leistung ist ein Akt wertender Erkenntnis, der vom Gericht nur beschränkt darauf zu überprüfen ist, ob die Verwaltung den anzuwendenden Begriff verkannt, der Beurteilung einen unrichtigen Sachverhalt zugrunde gelegt, allgemeingültige Wertmaßstäbe nicht beachtet oder sachwidrige Erwägungen angestellt hat. Die Auslegung des unbestimmten Rechtsbegriffes der Eignung erfordert eine Prognoseentscheidung, wobei der

Dienstherr die Gesamtheit der Eigenschaften, die das jeweilige Amt von seinem Inhaber fordert, umfassend zu bewerten hat (BVerfG, Beschluss v. 4.10.1955 - 1 BvR 103/52 - BVerfGE 4, 294; Urteil v. 8.7.1997 - 1 BvR 1243, 1247/95, 744/96 - BVerfGE 96, 152; BVerwG, Urteil v. 29.9.1960 - II C 79/59 - BVerwGE 11, 139 [141]). Dabei ist zu berücksichtigen, ob der Bewerber zukünftig seine Dienstpflichten als Beamter erfüllen wird. Auch die aus dem Grundgesetz (Art. 4 Abs. 1 GG) herzuleitende Verpflichtung zu einer religiös und weltanschaulich neutralen Amtsführung gehört zu den Dienstpflichten eines Beamten. Denn nach § 61 Abs. 1 Satz 2 u. Abs. 2 NBG hat der Beamte seine Aufgaben unparteiisch und gerecht zu erfüllen. Er muss sich durch sein gesamtes Verhalten zu der freiheitlichen demokratischen Grundordnung im Sinne des Grundgesetzes bekennen und für deren Erhaltung eintreten. Aus der Bindung an das Grundgesetz, verbunden mit der Verpflichtung, ‚unparteiisch' zu sein, folgt eine Dienstpflicht, die den Beamten, also auch eine Lehrerin verpflichtet, die Grundrechte anderer, hier die Religionsfreiheit von Eltern und Schülern, zu beachten. Nach § 50 Abs. 1 Satz 2 NSchG sind Lehrer in Erfüllung ihres Erziehungs- und Unterrichtsauftrages an Rechts- und Verwaltungsvorschriften, mithin wiederum an das Grundgesetz gebunden. Gleichzeitig ist bei der Auswahl gemäß § 8 Abs. 1 Satz 1 NBG aber auch zu beachten, dass nach Art. 33 Abs. 2 GG jeder Deutsche nach seiner Eignung, Befähigung und fachlichen Leistung gleichen Zugang zu jedem öffentlichen Amte hat und die Zulassung zu öffentlichen Ämtern nach Art. 33 Abs. 3 Satz 1 GG unabhängig von dem religiösen Bekenntnis zu erfolgen hat. Niemandem darf aus seiner Zugehörigkeit oder Nichtzugehörigkeit zu einem Bekenntnis oder einer Weltanschauung ein Nachteil erwachsen (Art. 33 Abs. 3 Satz 2 GG). Auch § 8 Abs. 1 Satz 2 NBG verbietet eine Benachteiligung der Bewerber wegen religiöser Anschauungen.

Die Diskriminierungsverbote des Art. 33 Abs. 2 u. 3 GG und des § 8 Abs. 1 Satz 2 NBG werden vorliegend berührt, weil das Verbot des Kopftuchtragens im Schuldienst in das Grundrecht der Klägerin auf Glaubensfreiheit gemäß Art. 4 Abs. 1 GG eingreift. Es handelt sich für die Klägerin um eine religiös geprägte Handlung, die von dem Grundrecht auf Glaubensfreiheit in Art. 4 Abs. 1 GG geschützt wird. Wie das Verwaltungsgericht richtig festgestellt hat, ist dem Staat eine Bewertung der sich in Bekleidungsvorschriften widerspiegelnden Glaubenshaltung sowie eine Prüfung ihrer theologischen Richtigkeit, insbesondere eine Interpretation der dafür angeführten Belegstellen verwehrt (S. 16 UA). Der Staat darf den individuell zwingenden Charakter einer religiösen Norm im Lichte des Art. 4 Abs. 1 GG auch nicht allein deshalb verneinen, weil die Glaubensregel von einigen Mitgliedern der Religionsgemeinschaft anders ausgelegt und dadurch eine Kollision mit den Grundrechten Anderer vermieden wird (vgl. BVerfG, Urteil v. 15.1.2002 - 1 BvR

11783/99 - „Schächten", KirchE 40, 1). Es kommt allein auf die Überzeugung der Klägerin an, aus religiösen Gründen zu handeln. Die Glaubensfreiheit darf eingeschränkt werden, wenn kollidierenden Grundrechten Dritter oder anderen verfassungsrechtlich geschützten Rechtsgütern nach einer Abwägung der Vorrang einzuräumen ist (BVerfG, Beschluss v. 16.10.1979 - 1 BvR 647/70 u. 7/74 - BVerfGE 52, 223 [246 ff.], KirchE 17, 325; BVerwG, Urteil v. 21.12.2000 - 3 C 20/00 - NJW 2001, 1365, KirchE 38, 519; Einschränkung auch durch einfaches Gesetz wegen Art. 140 GG iVm Art. 136 WRV: BVerwG, Urteil v. 23.11.2000 - 3 C 40/99 - DVBl. 2001, 485, KirchE 38, 471). Hier finden dann auch die Diskriminierungsverbote des Art. 33 Abs. 2 u. 3 GG (und des § 8 Abs. 1 Satz 2 NBG) ihre Grenze.

Nach Art. 7 Abs. 1 GG steht das gesamte Schulwesen unter der Aufsicht des Staates. Daraus ergibt sich ein staatlicher Bildungs- und Erziehungsauftrag, bei dessen Umsetzung dem Staat eine Organisationsbefugnis mit einer weitgehenden Gestaltungsfreiheit zusteht. Der Staat darf nicht nur das Schulwesen organisieren und selbst Schulen errichten, sondern auch die Erziehungsziele und die Ausbildungsgänge festlegen. Dabei ist er von den Eltern unabhängig. Deswegen können nicht nur schulische und familiäre Erziehung in Konflikt geraten. Es ist vielmehr auch unvermeidbar, dass in der Schule die unterschiedlichen religiösen und weltanschaulichen Überzeugungen der Schüler und ihrer Eltern sowie der Lehrer besonders intensiv aufeinander treffen. Dieser Konflikt zwischen verschiedenen Trägern eines vorbehaltlos gewährleisteten Grundrechts (Art. 4 Abs. 1 GG) sowie zwischen diesem Grundrecht und anderen verfassungsrechtlich geschützten Gütern ist nach dem Grundsatz praktischer Konkordanz zu lösen. Der Grundsatz fordert, dass nicht eine der widerstreitenden Rechtspositionen bevorzugt und maximal behauptet wird, sondern alle einen möglichst schonenden Ausgleich erfahren (BVerfG, Beschluss v. 26.5.1970 - 1 BvR 83, 244 u. 345/69 - BVerfGE 28, 243 [260]; BVerfG, Beschluss v. 16.5.1995 - 1 BvR 1087/91 - BVerfGE 93, 1 [21] „Kruzifix", KirchE 33, 191).

Indem die Beklagte angenommen hat, die Klägerin werde ihre Dienstpflichten verletzen, weil sie mit dem Tragen des Kopftuches im Unterricht gegen das Gebot der weltanschaulichen und religiösen Neutralität des Staates und damit gegen die negative Glaubensfreiheit der Schülerinnen und Schüler (Art. 4 Abs. 1 GG) verstoßen werde, bewegt sie sich im Rahmen des ihr nach oben genannten Grundsätzen eingeräumten Beurteilungsspielraums bei der Auslegung des unbestimmten Rechtsbegriffs der Eignung. Es ist rechtlich nicht zu beanstanden, der negativen Glaubensfreiheit sowie dem Erziehungsrecht der Eltern nach Art. 6 Abs. 2 Satz 1 GG iVm Art. 4 Abs. 1 GG den Vorrang vor dem Grundrecht der Klägerin auf positive Glaubensfreiheit aus Art. 4 Abs. 1 GG zu gewähren und einen „Ausgleich" der Rechtspositionen durch organisatorische Maßnahmen bei innerschulischen Konflikten oder durch eine Verlagerung der endgültigen Entscheidung über das Tragen des Kopftuches bis zur Einstellung als Beamtin auf Lebenszeit abzulehnen.

Das Gebot weltanschaulich-religiöser Neutralität bei der Wahrnehmung staatlicher Aufgaben wird durch das Tragen eines Kopftuches aus religiösen Gründen im Schulunterricht verletzt. Die Verpflichtung des Staates zur weltanschaulich-religiösen Neutralität (BVerfG, Beschluss v. 17.2.1965 - 1 BvR 732/64 - BVerfGE 18, 365 [386], KirchE 7, 172) ergibt sich aus der in Art. 4 Abs. 1 GG geschützten Glaubensfreiheit, aber auch aus der Verpflichtung in Art. 3 Abs. 3 Satz 1 GG, niemanden wegen seines Glaubens, seiner religiösen oder politischen Anschauungen zu benachteiligen oder zu bevorzugen sowie aus dem erwähnten Art. 33 Abs. 3 GG und Art. 136 Abs. 1 u. 4 WRV sowie Art. 137 Abs. 1 WRV iVm Art. 140 GG.

Das Gebot der weltanschaulich-religiösen Neutralität erfordert nicht eine strikte Trennung von Staat und Kirche bzw. Religion. Die Bundesrepublik Deutschland ist - wie das Verwaltungsgericht zutreffend ausführt - kein laizistischer Staat (vgl. die Präambel des Grundgesetzes sowie Art. 7 Abs. 3 u. 5 GG u. wiederum Art. 140 GG iVm Art. 137 Abs. 5 u. 6, 141 WRV, die jeweils religiöse Bezüge beinhalten). Die Pflicht zur Neutralität des Staates in Fragen der Religion und des Glaubens ist nicht als eine distanzierende, abweisende Neutralität im Sinne der laizistischen Nichtidentifikation mit Religionen und Weltanschauungen, sondern als eine respektierende, vorsorgende Neutralität zu verstehen (BVerfG, Beschluss v. 16.5.1995, aaO; BVerwG, Urteil v. 21.4.1999 - 6 C 18/98 - BVerwGE 109, 40 [46 ff.], KirchE 37, 83; VGH.BW, Urteil v. 26.6.2001 - 4 S 1439/00 - KirchE 39, 192). Dem Einzelnen oder auch einer Religions- und Weltanschauungsgemeinschaft soll mit staatlicher Hilfe ein Betätigungsraum gesichert werden, in dem sich die Persönlichkeit auf weltanschaulich-religiösem Gebiet entfalten kann. Auch bei der Durchführung des staatlichen Erziehungsauftrages in der Schule sind Religion und religiöse Betätigung daher nicht von vornherein auszuschließen. Der offene Austausch von Meinungen auch zu religiösen Fragen ist erwünscht und Bestandteil des Unterrichts (vgl. den Bildungsauftrag der Schule in § 2 NSchG).

Den Umgang mit der Religion in der Schule verdeutlicht in besonderem Maße § 3 NSchG. Die öffentlichen Schulen sind danach vorbehaltlich der Bekenntnisschulen nach §§ 129 ff. NSchG Schulen für Schülerinnen und Schüler aller Bekenntnisse und Weltanschauungen. Die Kinder sollen dort ohne Unterschied des Bekenntnisses und der Weltanschauung gemeinsam erzogen und unterrichtet werden. In Erziehung und Unterricht ist die Freiheit zum Bekennen religiöser und weltanschaulicher Überzeugungen zu achten und auf die Empfindungen Andersdenkender Rücksicht zu nehmen. Die danach geforderte gegenseitige

Toleranz kann nur erreicht werden, wenn die Lehrkräfte selbst eine weitreichende Neutralität in religiösen und weltanschaulichen Fragen wahren. Mehr noch als in anderen Bereichen hoheitlicher Tätigkeit sind dem Staat daher im Schulwesen nach dem Gebot weltanschaulicher und religiöser Neutralität hinsichtlich der religiösen Betätigung seiner Repräsentanten Grenzen gesetzt.

Diese Grenzen werden mit dem von der Klägerin beabsichtigten ständigen Tragen des Kopftuches aus religiösen Gründen überschritten. Denn dadurch wird die negative Glaubensfreiheit der Schülerinnen und Schüler verletzt. Nach der Rechtsprechung des Bundesverfassungsgerichtes zu dem Grundrecht der Glaubensfreiheit (Art. 4 Abs. 1 GG) ist die Entscheidung für oder gegen einen Glauben Sache des Einzelnen und nicht des Staates. Der Staat darf ihm einen Glauben oder eine Religion weder vorschreiben noch verbieten. Zur Glaubensfreiheit gehört aber nicht nur die Freiheit, einen Glauben zu haben, sondern auch die Freiheit, nach eigenen Glaubensüberzeugungen zu leben und zu handeln. Insbesondere gewährleistet die Glaubensfreiheit die Teilnahme an den kultischen Handlungen, die ein Glaube vorschreibt oder in denen er Ausdruck findet. Dem entspricht umgekehrt die Freiheit, kultischen Handlungen eines nicht geteilten Glaubens fern zu bleiben. Diese Freiheit bezieht sich auch auf die Symbole, in denen ein Glaube oder eine Religion sich darstellt. Art. 4 Abs. 1 GG überlässt es dem Einzelnen zu entscheiden, welche religiösen Symbole er anerkennt und verehrt und welche er ablehnt. Zwar hat er in einer Gesellschaft, die unterschiedlichen Glaubensüberzeugungen Raum gibt, kein Recht darauf, von fremden Glaubensbekundungen, kultischen Handlungen und religiösen Symbolen verschont zu bleiben. Davon zu unterscheiden ist aber eine vom Staat geschaffene Lage, in der der Einzelne ohne Ausweichmöglichkeiten dem Einfluss eines bestimmten Glaubens, den Handlungen, in denen dieser sich manifestiert und den Symbolen, in denen er sich darstellt, ausgesetzt ist. Damit wird die negative Glaubensfreiheit des Betroffenen verletzt. Insofern entfaltet Art. 4 Abs. 1 GG seine Freiheit sichernde Wirkung gerade in Lebensbereichen, die nicht der gesellschaftlichen Selbstorganisation überlassen, sondern vom Staat in Vorsorge genommen worden sind (BVerfG, Beschluss v. 16.5.1995, aaO). Durch das Tragen des Kopftuches werden die Schülerinnen und Schüler dieser Situation ausgesetzt. Auf Grund der allgemeinen Schulpflicht und der Verpflichtung, im Klassenverband dem Unterricht des von der Schulverwaltung eingesetzten Lehrers zu folgen, werden die Schulkinder auf Dauer und ohne Ausweichmöglichkeit dem Einfluss eines bestimmten Glaubens ausgesetzt.

Dem von einer Lehrerin im Unterricht getragenen Kopftuch wird von Außenstehenden eindeutig ein religiöser Gehalt beigemessen. Der religiöse Charakter ist vom Empfängerhorizont aus zu bewerten (so auch

VGH.BW, Urteil v. 26.6.01, aaO, S. 25 UA, OVG Hamburg, Beschluss v. 26.11.1984 - Bs I 171/84 - NVwZ 1986, 406 [408] „Bhagwan", KirchE 22, 243). Der Senat ist der Überzeugung, dass der Bezug des Kopftuchtragens zu der islamischen Religion in der Bevölkerung nahezu ausnahmslos bekannt ist. Auch Kinder wissen um die religiöse Bedeutung eines ständig, also auch in geschlossenen Räumen getragenen Kopftuches. Denn diese Form der Bekleidung bewegt sich nicht im Rahmen des Üblichen - auch nicht in Orten mit vielen islamischen Religionsangehörigen. Sofern Grundschülern, also Kindern im Alter von sechs bis zehn Jahren die Hintergründe noch nicht bewusst sind, werden sie davon alsbald, etwa durch ihre Eltern, erfahren. Es bedarf keiner Erläuterungen der Lehrerin. Dem Kopftuch kann deshalb der religiöse Charakter auch nicht durch den Hinweis im Unterricht auf das Tuch als eine modische Vorliebe genommen werden. Das Kopftuch wirkt als religiöses Zeichen losgelöst von der Persönlichkeit seiner Trägerin und unabhängig von deren Auftreten gegenüber den Schülerinnen und Schülern. Die Lehrerin kann die Wirkung des Kopftuches nicht ganz oder teilweise zurücknehmen.

Die so genannte Passfoto-Entscheidung des VGH München (Beschluss v. 23.3.2000 - 24 CS 00.12 - NVwZ 2000, 952, KirchE 38, 151) legt keinen anderen Ansatz zugrunde. Das Gericht nahm an, die religiöse Bedeutung des Kopftuches erschließe sich einem Beobachter erst durch einen nach außen erkennbaren weiteren Bekenntnissachverhalt, der in dem „Stuttgarter Kopftuchfall" bestehen könne. In der Münchener Entscheidung ging es um die Aufforderung, nur für ein Passfoto zur Vorbereitung der Ausreise in den Iran ein Kopftuch zu tragen, was die Antragsteller ablehnten. Die Wertung des VGH München, mit dieser Aufforderung werde nicht in das Grundrecht aus Art. 4 Abs. 1 GG eingegriffen, bezieht sich auf einen einmaligen Vorgang ohne Außenwirkung. Der „Bekenntnissachverhalt" besteht im Fall der Klägerin in der Kenntnis der Schülerinnen und Schüler sowie der Eltern von der religiösen Motivation des Kopftuchtragens.

Ob das Kopftuch von der Rechtsprechung als „deutlich sichtbares religiöses Symbol" (VGH.BW, Urteil v. 26.6.2001, aaO) oder sogar als „starkes religiöses Symbol" (Schweizerisches Bundesgericht, Urteil v. 12.11.1997, BGE 123 I, 296) bezeichnet wird, ist nicht entscheidend. Für die Feststellung, dass mit dem Kopftuch nach außen sichtbar ein religiöses Bekenntnis erfolgt und eine religiöse Handlung vorgenommen wird, ist auch ohne Bedeutung, dass das Kopftuch nach dem islamischen Verständnis kein religiöses „Symbol" wie das Kreuz für das Christentum darstellt. Es handelt sich nach allgemeiner Kenntnis um eine in der islamischen Religion verankerte Maßnahme zur Verhüllung bestimmter Körperteile, wobei die Motive hierfür wiederum unerheblich sind (vgl. die von Kästner in der Festschrift für Heckel, Tübingen 1999, S. 360, zitierten Suren des Koran, die „Chronologische Beschreibung" der Klägerin vom 8.10.1999 und das von der Klägerin in der mündlichen Verhandlung überreichte „Grundsatzpapier Kopftuch" des Zentralrates der Muslime in Deutschland e.V. vom 27.5.2001).

Die Intensität der Einflussnahme auf die Kinder ist nicht nur gering zu veranschlagen und deshalb auch nicht zu vernachlässigen. Die Lehrerin wirbt mit dem Kopftuch dauerhaft für ihre Religion, ohne dass insbesondere kleine Kinder damit verständig umgehen können. Schülerinnen und Schüler unterer Schulklassen haben noch nicht gefestigte Anschauungen und sind einer Einflussnahme daher besonders zugänglich. Die Kinder sehen in der Lehrerin zudem eine mit staatlicher (hier: schulischer) Autorität versehene Person. Vorwiegend in den unteren Schuljahren übt die Lehrerin als Bezugsperson, zu der oft eine elternähnliche Beziehung aufgebaut wird, einen großen Einfluss auf das Verhalten der Schülerinnen und Schüler aus. Die Schülerinnen und Schüler nehmen durch das Kopftuch eine einzelne Religion als durch die Institution Schule verkörpert wahr. Die Schülerinnen und Schüler werden durch eine Person mit Vorbildfunktion und Autorität mit nur einer Religion ständig konfrontiert und beschäftigen sich damit.

Allein diese Wirkung genügt. Der Einfluss muss nicht die Aufnahme konkreter Glaubensinhalte zur Folge haben. Diese sind den Kindern ohne näheren Hinweis auch nicht bekannt. Ein Nachahmen, das bei dem Kopftuchtragen nicht realistisch ist, oder gar eine weitere praktizierte Annäherung an die islamische Religion müssen nicht hinzukommen. Das Neutralitätsgebot bezweckt in der Schule auch, den Eindruck zu vermeiden, eine Religion sei präsenter als andere und werde womöglich „offiziell" bevorzugt.

Auf die „Gesamtpersönlichkeit" der Lehrerin ist zur Bestimmung der Wirkung ihrer Bekleidung nicht abzustellen. Denn einen das Neutralitätsgebot missachtenden Einfluss erzielt das Kopftuch auch, wenn dessen Trägerin versucht, die religiöse Wirkung abzuschwächen, und durch ihr Verhalten die Gewähr dafür bietet, nicht zu missionieren und zu indoktrinieren. Eine Lehrerin kann durch ihre Persönlichkeit nicht verhindern, dass in den Augen der Kinder dauerhaft und unausweichlich ein religiöses Zeichen in die Schule getragen wird.

Dass die Klägerin zunächst evangelisch-lutherischen Glaubens war und nach eigenen Angaben in diesem Sinn erzogen wurde, ist kein Beleg für einen behutsamen, nicht missionierenden Umgang mit ihrem heutigen Glauben. Es kommt darauf aber auch nicht an. Gerade der Klägerin ist allerdings abzunehmen, dass sie ihre Kopfbedeckung als reine Privatsache auffasst und keinen (aktiven) religiösen Einfluss auf die Schülerinnen und Schüler nehmen würde. Die Zeugnisse über ihre bisherige Lehrtätigkeit und ihre eigenen Schilderungen belegen dieses.

Wenn danach bereits das Kopftuch an sich für einen zu weitreichenden Einfluss der Religion in der Schule steht, ist die hier vorgenommene rechtliche Bewertung keineswegs abstrakt; sie bezieht sich konkret auf die Wirkung einer bestimmten Religionsausübung im heutigen Schulalltag (vgl. demgegenüber Böckenförde, NJW 2001, 723, zur „konkreten" Betrachtung des Verwaltungsgerichts als „innovativem Moment", s.a. Debus, NVwZ 2001, 1355 [1356]). Denn gerade der wachsende Anteil anderer Religionen bei abnehmender Bindung an die christlichen Kirchen spricht für eine besondere Zurückhaltung des Staates in Fragen der Religion. Der Lehrer als Teil des Staates kann seine Aufgabe zur Vermittlung unter Kindern verschiedener Herkunft und Religion nur überzeugend bewältigen, wenn er sich selbst nicht augenfällig auf eine Religion festlegt. Seine Position kann er im Unterrichtsgespräch verdeutlichen, er darf sie nicht undifferenziert und plakativ zu Schau tragen. Nur so schafft er es auch, das Vertrauen der Eltern in den staatlichen Teil der Kindererziehung zu erhalten. Erst die Trennung der Funktion von der individuellen Überzeugung sichert in deren Augen eine ordnungsgemäße Amtsführung (vgl. Goerlich, NJW 1999, 2929 [2931]). Aus dem - erwünschten (§ 2 Abs. 1 NSchG) - Einfluss auf die Schülerinnen und Schüler erwächst eine besondere Verantwortung, die in religiösen Fragen in einer strikten Selbstbeschränkung Ausdruck finden muss. Die Neutralität in weltanschaulich-religiöser Hinsicht bildet eine Parallele zu der Verpflichtung der Lehrerin bzw. des Lehrers, in politischen Fragen neutral zu bleiben. Insoweit wird das Vertrauen der Elternschaft in die Objektivität der Einrichtung Schule und die Verpflichtung des Dienstherrn zu vermeiden, dass ihm bestimmte Äußerungen zugerechnet werden, als Grund für die gebotene Zurückhaltung angeführt (BVerwG, Urteil v. 25.1.1990 - 2 C 50/88 - BVerwGE 89, 292 [298] „Anti-Atomkraft-Plakette").

Entgegen der Ansicht der Klägerin hat das Neutralitätsgebot auch nicht bei Lehrern mit einem pädagogischen Auftrag weniger Gewicht als bei anderen Berufsgruppen des öffentlichen Dienstes. Denn gerade das Wirken nach außen erfordert eine Mäßigung in religiösen Angelegenheiten. Die pädagogische Freiheit, auf die sich die Klägerin beruft, ist keine subjektive Rechtsposition, sondern ein Funktionsprinzip des Amtes (Bader, VBlBW 1998, 361, 362). Die in § 50 Abs. 1 Satz 1 NSchG hervorgehobene „eigene pädagogische Verantwortung" der Lehrkräfte wird durch die in Satz 2 des § 50 Abs. 1 NSchG geregelte Bindung der Lehrkräfte an Rechts- und Verwaltungsvorschriften beschränkt.

Die Klägerin kann für ihre Rechtsposition auch nichts aus den religiöse Bezüge enthaltenden Regelungen zum Bildungsauftrag der Schule in § 2 NSchG herleiten. Danach soll die Schule zwar die Persönlichkeit der Schülerinnen und Schüler auf der Grundlage u.a. des Christentums weiterentwickeln (§ 2 Abs. 1 Satz 1 NSchG). Die weltanschaulich-religiöse Neutralität der Schule wird dadurch aber nicht in Frage gestellt, denn das Christentum ist insoweit nur als prägender Kultur- und Bildungsfaktor (vgl. BVerfG, Beschluss v. 17.12.1975 - 1 BvR 63/68 - BVerfGE 41, 29 [52], KirchE 15, 128 zu christlichen Gemeinschaftsschulen in Baden-Württemberg) zu verstehen. Das Verständnis und die Stellung der Lehrerin oder des Lehrers in der Schule wird durch die Verwendung des Begriffs Christentum nicht geändert. Einen Freiraum zur dauerhaften Dokumentation des eigenen Glaubens gewähren ebenso wenig die Bildungsziele des § 2 Abs. 1 Satz 3 NSchG. Die Schüler sollen danach u.a. fähig werden, die Grundrechte für sich und jeden anderen wirksam werden zu lassen, religiöse Werte zu erkennen und zu achten, ihre Beziehungen zu anderen Menschen nach den Grundsätzen der Toleranz zu gestalten, mit Menschen anderer Nationen und Kulturkreise zusammen zu leben und Konflikte vernunftgemäß zu lösen, aber auch zu ertragen. Diese Ziele muss die Lehrerin oder der Lehrer unter Wahrung eigener religiöser Neutralität zu erreichen suchen. Die Lehrkraft selbst eignet sich als staatlicher Repräsentant gerade nicht dazu, Unterrichtsobjekt zum Erlernen von religiöser Toleranz und angemessener Konfliktlösung zu sein. Am Beispiel der Kopftuch tragenden Lehrerin ist das angestrebte Verhalten und Bewusstsein nicht einzuüben. Die Vorgaben in § 2 Abs. 1 Satz 3 NSchG zielen allein auf den von den Lehrkräften zu gestaltenden Unterricht und die Ziele ihrer Erziehung und vermitteln kein Recht auf religiöse Betätigung im Schuldienst. Dieses ergibt sich auch nicht aus § 2 Abs. 2 NSchG, der zwar einen Erfahrungsraum und eine Gestaltungsfreiheit für Lehrer und Schüler erwähnt, sich aber auf den Bildungsauftrag bezieht. Dieser ist nur zu verwirklichen, wenn sich die Lehrkräfte in religiöser Hinsicht zurücknehmen, was nicht bedeutet, dass sie eigene „religiöse Erfahrungen" nicht im Unterrichtsgespräch schildern dürfen.

§ 52 Abs. 5 NSchG, auf den die Klägerin ebenfalls verweist, enthält nur eine allgemeine Richtlinie für die Verteilung von Lehrkräften auf die Schulen (Seydermann/Nagel/Brockmann, NSchG, Kommentar, Stand: Januar 2002, § 52 Anm. 6). Nach dieser Vorschrift richtet sich die Besetzung der Stellen der Lehrkräfte an öffentlichen Grundschulen, Orientierungsstufen und Hauptschulen nach der bekenntnismäßigen Zusammensetzung der Schülerschaft. Die Regelung gilt nicht für Einstellung und Beförderung, was der ausdrückliche Verweis auf Art. 3 Abs. 3 GG und Art. 33 Abs. 2 u. 3 GG verdeutlicht. Auswirkungen auf die Bewertung der Eignung einer Lehrerin nach § 8 Abs. 1 Satz 1 NBG hat die auf die Personalbewirtschaftung zielende Bestimmung nicht.

Wie das Auftreten von Lehrern im Dienst mit äußeren Zeichen christlichen Glaubens im Vergleich mit dem hier streitigen Tragen eines Kopftuches zu beurteilen ist, muss vorliegend nicht entschieden werden. Das Neutralitätsgebot gilt jedenfalls für sämtliche Religionen. Die Tatsache, dass in einigen Städten viele muslimische Frauen mit Kopftuch im öffentlichen Leben zu sehen sind, gibt für die Lösung der grundrechtlichen

Kollisionslage in der Schule nichts her. Wenn Kinder den Anblick des Kopftuches gewöhnt sind, wissen sie um so eher um dessen religiöse Bedeutung. Anders als im privaten Bereich, sind sie in der Schule überdies mit dem Lehrer als Vorbild einer ganz anderen Situation ausgesetzt. Es führt auch nicht weiter, wenn behauptet wird, die Klägerin könne in bestimmten Situationen muslimischen Mädchen helfen. Das mag so sein. Umgekehrt besteht aber, wie die Beklagte zu Recht anführt, auch die Gefahr, dass Kinder aus einem muslimischen Elternhaus mit einem anderen Verständnis von religiösen Gewohnheiten in der Schule in eine Konfliktsituation geraten.

Das Gebot weltanschaulich-religiöser Neutralität ist nicht erst dann verletzt, wenn eine religiöse Handlung unterstützt wird, wie es in den so genannten Bhagwan-Fällen von der Rechtsprechung angenommen wurde (vgl. Meditation als religiöse Handlung BVerwG, Beschluss v. 8.3.1988 - 2 B 92/87 - NVwZ 1988, 937, KirchE 26, 37; BayVGH, Beschluss v. 9.9.1985 - 3 CS 85 A/1338 - NVwZ 1986, 405; OVG Hamburg, Beschluss v. 26.11.1984, - Bs I 171/84 - NVwZ 1986, 406, KirchE 22, 243). Da die Schwelle des nach dem Neutralitätsgebot nicht hinnehmbaren religiösen Einflusses niedriger liegt, ist nicht entscheidungserheblich, dass die Klägerin das Kopftuch nur zur Verhüllung bestimmter Körperteile trägt und in der Schule keine religiösen Handlungen vorzunehmen gedenkt. Dass mit dem Tschador oder der orange-roten Bhagwan-Kleidung noch deutlicher gegen die weltanschaulich-religiöse Neutralität verstoßen würde, ist vorliegend ohne Belang.

Durch das Kopftuchtragen im Rahmen der hoheitlichen Tätigkeit als Lehrerin wird auch das Recht der Eltern zur Kindererziehung in religiöser und weltanschaulicher Hinsicht verletzt (Art. 6 Abs. 2 Satz 1 GG iVm Art. 4 Abs. 1 GG). Es ist Sache der Eltern, ihren Kindern diejenigen Überzeugungen in Glaubens- und Weltanschauungsfragen zu vermitteln, die sie für richtig halten. Dem entspricht das Recht, die Kinder von Glaubensüberzeugungen fern zu halten, die den Eltern falsch oder schädlich erscheinen (BVerfG, Beschluss v. 16.5.1995, aaO, S. 17). Wenn der Einfluss der Religion nicht auf ein „unerlässliches Minimum an Zwangselementen" (BVerfG, Beschluss v. 16.5.1995, aaO, S. 23) beschränkt wird, verstößt der Lehrer bzw. die Lehrerin gegen dieses Elternrecht. So liegt es hier. Anders als beim Schulgebet können die Eltern ihre Kinder dem Kopftuch nicht entziehen (vgl. BVerfG, Beschluss v. 16.10.1979 - 1 BvR 647/70 u. 7/74 - BVerfGE 52, 223 [241], KirchE 17, 325).

Bei der Entscheidung über die Einstellung einer Lehrerin darf auch berücksichtigt werden, ob wegen zu erwartender Elternproteste und dadurch notwendiger organisatorischer Maßnahmen der religiöse Frieden und die friedliche Koexistenz unterschiedlicher Religionen und Weltanschauungen in der Schule gefährdet sind. Der religiöse Frieden bzw. die friedliche Koexistenz sind ein Schutzgut der weltanschaulich-religiösen Neutralität, die wiederum Ausfluss des Grundrechts auf Glaubensfreiheit nach Art. 4 Abs. 1 GG ist (s.o., vgl. BVerfG, Beschluss v. 16.5.1995, aaO, S. 16). Dem Staat obliegt es im Rahmen seines Bildungs- und Erziehungsauftrags nach Art. 7 Abs. 1 GG, optimale Lehr- und Lernbedingungen durch Wahrung des religiösen Friedens zu gewährleisten. Die besondere Bedeutung dieses staatlichen Auftrags rechtfertigt es, dessen Erfüllung den Vorrang vor der Religionsausübung durch das Tragen eines Kopftuches einzuräumen.

Nach der allgemeinen Lebenserfahrung ist nicht auszuschließen, dass es wegen des Kopftuchs zu innerschulischen Konflikten aufgrund elterlicher Beschwerden wegen einer ernsthaft befürchteten religiösen Beeinflussung ihrer Kinder kommt (vgl. VGH.BW, Urteil v. 26.6.2001, aaO). Jedenfalls kann diese Entwicklung im Rahmen der Prognoseentscheidung über die Eignung der Klägerin nicht als unwahrscheinlich vernachlässigt werden. Sie entbehrt nicht jeglicher Tatsachengrundlage, wie es das Verwaltungsgericht annimmt (vgl. wiederum die Erfahrungen in Baden-Württemberg, VGH Baden-Württemberg, Urteil v. 26.6.01, S. 27 UA: Suche einer geeigneten Schule in Referendarzeit). Dass es nach den Angaben der Klägerin während ihrer bisherigen Lehrtätigkeit nicht zu Protesten der Eltern gekommen ist, kann nicht als sicheres Indiz für die zukünftige Entwicklung angesehen werden. Denn eine Lehrerin, welche auf Dauer an einer Schule arbeitet, wird von den Eltern anders bewertet als eine nur zeitlich befristet arbeitende Kraft, insbesondere, wenn sie Klassenlehrerin ist. In diesem Fall werden sich einzelne Eltern umso eher im Zusammenhang mit dem Kopftuch engagieren. Außerdem hat die Klägerin mit dem Kopftuch bislang nicht im staatlichen Schuldienst, sondern in damit nicht vergleichbaren privaten Schulen (z.B. Waldorfschulen) unterrichtet. Die Erteilung von Förderunterricht für Aussiedlerkinder an der Grundschule IV in B. von August 1991 bis Juli 1992 erfolgte nicht im staatlichen Schuldienst (s. Bescheinigung v. 20.4.1995). Die Entscheidungsgrundlage stellt sich im Übrigen anders dar, wenn sich eine bereits ernannte Lehrerin nachträglich entschließt, fortan ein Kopftuch zu tragen. Hier kann bei der Entscheidung über das Untersagen des Kopftuches die bisherige Praxis, vor allem die Reaktion der Eltern auf die Verhüllung, beachtet werden. Aber auch bei einer Einstellung als Beamtin auf Probe darf die absehbare Gefährdung des religiösen Friedens in die Entscheidung einbezogen werden.

Rechtlich ist die Annahme der Beklagten nicht zu beanstanden, organisatorische Maßnahmen als Reaktion auf Elternproteste bildeten keinen geeigneten Ausgleich zwischen den unterschiedlichen Interessen von Lehrerin und Schülern sowie Eltern im Sinne der Grundsätze der praktischen Konkordanz und der „vorsorgenden" Neutralität des Staates. Gespräche mit den Eltern oder „Aufklärung" werden voraussichtlich in vielen Fällen keine Lösung herbeiführen. Die Herausnahme einer Schülerin oder eines Schülers aus dem Klassenverband oder auch der Wechsel der Klassenlehrerin wird sich jedenfalls für die Schule und die Schüler, zumal in der Grundschule, auch angesichts der Bedeutung der Religionsausübung für die Klägerin, in der Regel als unzumutbar erweisen. Eine kontinuierliche Vermittlung des Unterrichtsstoffes begegnete erheblichen Schwierigkeiten. Das Klassenlehrerprinzip wäre nicht durchzusetzen, was einen Verlust der pädagogischen Bezugsperson für die Schülerinnen und Schüler zur Folge hätte. Angesichts der aus Art. 7 Abs. 1 GG folgenden weiten Gestaltungsfreiheit bei der Organisation des Schulwesens ist die Beklagte auch nicht verpflichtet, mutmaßlich konfliktfreie Klassen oder Schulen für die Klägerin auszuwählen. Deren Ermittlung dürfte Unruhe auch dort provozieren, wo dem Thema Kopftuch bislang wenig oder keine Beachtung geschenkt wurde (vgl. VGH.BW, Urteil v. 26.6.01, aaO). Die Lehrerin ist wiederum nur eingeschränkt verwendbar, was ebenfalls Zweifel an ihrer beamtenrechtlichen Eignung zulässt. Einige Eltern werden zudem von einem Protest absehen, weil sie deswegen schulische Nachteile für das Kind befürchten. Diesem Resultat kann nur durch ein vorbeugendes Verbot des Kopftuches begegnet werden (vgl. kritisch zur „vorbeugenden Gefahrenabwehr", Debus, NVwZ 2001, 1355 [1356], andererseits Janz/Rademacher, JuS 2001, 440 [443]: gegen das Vertauschen von Ursache und Wirkung).

Ein „schonender Ausgleich" kann nicht dadurch erreicht werden, dass die Klägerin zunächst als Beamtin auf Probe das Kopftuch trägt und bei der Ernennung als Beamtin auf Lebenszeit eine endgültige Entscheidung über das Tragen des Kopftuches getroffen wird. Die weitere Entwicklung könnte zwar beobachtet werden, wenn sich die Beklagte im Rahmen ihres Ermessens entschlösse, die Klägerin mit Billigung des Kopftuchtragens einzustellen. Sachliche Gründe gibt es aber auch dafür, sich in dieser Frage anders zu entscheiden. Die Ernennung zum Beamten auf Lebenszeit setzt nach § 11 Abs. 1 Nr. 3 NBG u.a. voraus, dass sich der Beamte auf Probe in der Probezeit bewährt hat. Wird die Klägerin mit der „Erlaubnis", das Kopftuch tragen zu dürfen, in den Schuldienst eingestellt, so kann ihr allein deswegen die Ernennung zur Beamtin auf Lebenszeit nicht verweigert werden. Die Entscheidung darüber, wann die Klägerin sich bei innerschulischen Konflikten im Sinne der genannten Vorschrift nicht bewährt hat, weil sie gegen Dienstvorschriften verstoßen hat, ist unter Umständen sehr schwierig. So muss eine Dienstanweisung, nunmehr das Kopftuch nicht mehr im Unterricht zu tragen, tatsächlich fundiert und nach den Eingangs genannten Voraussetzungen (Grundrechts-/Rechtsgüterkollision) rechtmäßig sein. Komplizierte Fragen der Bewertung einzelner Elternproteste, die auch über das Ziel hinaus schießen mögen, sind zu erwarten. In diesem Zusammenhang wäre auch zu fragen, inwieweit organisatorische Maßnahmen wie das Versetzen einzelner Schüler oder der Lehrerin in andere Klassen oder Schulen den Missstand beheben können. Diesen Ungewissheiten musste sich die Beklagte nicht aussetzen.

Nach alledem erweist sich die Entscheidung der Beklagten auch als verhältnismäßig. Insoweit ist darauf zu verweisen, dass die Klägerin lediglich in der Schule auf die Verhüllung des Kopfes verzichten muss. Ihr ist es unbenommen, außerhalb der Schule das Kopftuch zu tragen. Auch wird sie nicht gezwungen, im Unterricht ihre Religionszugehörigkeit zu verschweigen oder gar zu verleugnen. Die Beklagte durfte den Anspruch der Klägerin auf Beachtung der Glaubensfreiheit auch dann zurücktreten lassen, wenn die hohe persönliche Bedeutung der religiösen Betätigung für die Klägerin berücksichtigt wird. Gegenüber den ebenfalls hohen Schutzgütern der Schülerinnen und Schüler bzw. ihrer Eltern vermag sich ihr Grundrecht in dieser speziellen Lebenssituation nicht durchzusetzen.

Die hilfsweise gestellten Beweisanträge auf Vernehmung von Zeugen (...) waren abzulehnen. Denn dass die Klägerin im Rahmen ihrer bisherigen Unterrichtstätigkeit nicht missioniert und konfliktfrei gearbeitet hat, unterstellt der Senat als wahr. Es kommt darauf indessen für die Entscheidung über die Rechtmäßigkeit der Weigerung der Beklagten, die Klägerin einzustellen, nicht an. Wie aufgezeigt, genügt die Wirkung des Kopftuches unabhängig von Auftreten und Persönlichkeit der Klägerin, um einen Verstoß gegen das Neutralitätsgebot und damit gegen Dienstpflichten anzunehmen. Es bedurfte auch nicht der Einholung eines Sachverständigengutachtens zur Ermittlung der psychologischen Wirkung des Kopftuchtragens auf die Schüler. Zu dieser Frage kann sich das Gericht aus eigener Sachkunde der allgemeinen Lebenserfahrung folgend ein Bild machen (vgl. ebenso zu einem erziehungswissenschaftlichen Gutachten bzgl. der Wirkung einer Anti-Atomkraft-Plakette auf die Schüler: BVerwG, Urteil v. 25.1.1990 - 2 C 50/88 - BVerwGE 89, 292 [296]).

Dass der Europäische Gerichtshof für Menschenrechte in der Entscheidung vom 15.2.2001 (KirchE 39, 38) in dem Verbot, bei der Ausübung der Lehrtätigkeit ein islamisches Kopftuch zu tragen, keinen Verstoß gegen die Religionsfreiheit nach Art. 9 EMRK gesehen hat, streitet für die hier gefundene verfassungsrechtliche Bewertung, bedarf aber keiner vertiefenden Betrachtung (zu einer Maßnahme in einem Schweizer Kanton, vgl. NJW 2001, 2871). Die Vorschrift verleiht der Klägerin keinen weitergehenden Schutz als ihr Grundrecht auf Glaubensfreiheit nach Art. 4 Abs. 1 GG.

Das Urteil des Bundesverfassungsgerichts zur Anwendung des Tierschutzgesetzes beim Schlachten ohne Betäubung (Urteil v. 15.1.2002 - 1 BvR 1783/99 - „Schächten", KirchE 40, 1) enthält keine Hinweise, die hier bei der Anwendung des unbestimmten Rechtsbegriffs der Eignung in § 8 Abs. 1 Satz 1 NBG eine andere Entscheidung gebieten. Das Bundesverfassungsgericht hat entschieden, § 4a Abs. 1 iVm Abs. 2 Nr. 2, 2. Alt. TSchG sei zum Schutz der Berufsfreiheit nichtdeutscher gläubiger muslimischer Metzger so auszulegen, dass diese eine Ausnahmegenehmigung zum Schächten erhalten können. Jener Fall ist mit dem vorliegenden Rechtsstreit schon deshalb nicht vergleichbar, weil die Klägerin nicht wie ein „muslimischer Metzger" einen religiös geprägten Beruf ausübt. Dass der Glaubensfreiheit einer Lehrerin ein größeres Gewicht als der Glaubensfreiheit der Eltern und Kinder zukommt, kann den Entscheidungsgründen des oben genannten Urteils nicht entnommen werden.

Ob die ablehnende Entscheidung der Beklagten auch auf die Verpflichtung des Staates zur Förderung der Gleichberechtigung von Frauen und Männern nach Art. 3 Abs. 2 GG gestützt werden kann, muss nicht entschieden werden.

29

Zur Frage, wann für die Gestaltung von Kirchenfenstern und sakralen Gegenständen der ermäßigte Steuersatz des § 12 Abs. 2 Nr. 1 Satz 1 UStG iVm Nr. 53 der zugehörigen Anlage von 7 vH anzuwenden ist.

FG Münster, Urteil vom 14. März 2002 - 5 K 7990/99 U[1] -

Der Kläger studierte von 1973 bis 1977an der Fachhochschule D. das Fach Design und errang den Abschluss eines Diplomdesigners. Von 1979 bis 1986 betätigte er sich als Kunsttherapeut in einem Krankenhaus und ist seither als Objektdesigner unternehmerisch tätig. Er nahm mit seinen Arbeiten an zahlreichen Ausstellungen in Museen und Galerien teil und erhielt 1989 den Preis des Landes für Glasgestaltung. In den Streitjahren (1996 und 1997) befasste er sich vorwiegend mit der Gestaltung von Kirchenfenstern und sakralen Gegenständen, wobei er teilweise nur die Entwürfe, teilweise auch die gestalteten Gegenstände gegen Entgelt veräußerte.

In seinen Umsatzsteuer-Erklärungen für die Streitjahre unterwarf der Kläger, der die Istversteuerung gewählt hatte, sämtliche Lieferungen und Leistungen dem ermäßigten Steuersatz von 7 vH. Diesen Erklärungen stimmte der Beklagte zunächst zu, vertrat jedoch nach einer Außenprüfung die Auffassung, dass für die Gestaltung der Fenster in vier Kir-

---

[1] EFG 2002, 1003 (LS); NJW 2003, 695; NVwZ 2003, 1416 (LS); UStB 2002, 250. Das Urteil ist rechtskräftig.

chen und anderen Sakralräumen, für die der Kläger in den Streitjahren An- und Schlusszahlungen erhalten hatte, der Regelsteuersatz von 15 vH gelte (Prüfungsbericht vom 2.9.1998), und erhöhte die Umsatzsteuern entsprechend (Umsatzsteuer-Bescheide 1996 vom 25.9.1998 und 1997 vom 20.7.1999). Der Einspruch des Klägers hatte keinen Erfolg.

Der Beklagte versteuerte nach vorheriger Ankündigung zusätzlich die Gestaltung eines Tabernakels durch den Kläger mit dem Regelsteuersatz und wies den Rechtsbehelf im Übrigen als unbegründet zurück.

Hiergegen hat der Kläger fristgerecht Klage erhoben, mit der er im Wesentlichen Folgendes vortragen lässt:

Auf die streitbefangenen Umsätze sei der ermäßigte Steuersatz von 7 vH anzuwenden. Bei der Veräußerung der gestalteten Gegenstände handele es sich um die nach § 12 Abs. 2 Nr. 1 Satz 1 UStG in Verbindung mit Nr. 53 der zugehörigen Anlage steuerbegünstigte Lieferung von Kunstwerken. Entgegen der Auffassung des Beklagten habe er - der Kläger - keine bloßen Kunstverglasungen für Kirchenfenster, sondern individuelle Kunstobjekte hergestellt, die teilweise als handgefertigte Glasmalereien mit den charakterbestimmenden Merkmalen von Gemälden der Zolltarifposition 97.01 und teilweise als Originalerzeugnisse der Bildhauerkunst der Zolltarifposition 97.03 zuzuordnen seien. Da er für die erst im Jahr 1998 abgeschlossene künstlerische Glasgestaltung der Kapelle der Stiftung in H. (Schlussrechnung vom 24.4.1998) im Streitjahr 1997 lediglich den Entwurf veräußert habe (Rechnung vom 1.6.1997), liege insoweit eine nach § 12 Abs. 2 Nr. 7 Buchst. c UStG steuerbegünstigte Einräumung eines Rechts nach dem Urheberrechtsgesetz vor. Insoweit habe er dem Auftraggeber mit Schreiben vom 24.4.1998 ausdrücklich eine entsprechende urheberrechtliche Rechtsstellung eingeräumt.

Der Beklagte ist der Auffassung, die streitbefangenen Umsätze seien nicht mit dem ermäßigten, sondern mit dem Regelsteuersatz zu versteuern. Die Steuerermäßigung nach § 12 Abs. 2 Nr. 1 Satz 1 UStG in Verbindung mit Nr. 53 der zugehörigen Anlage sei nicht auf die Lieferung aller Kunstgegenstände, sondern nur auf die Lieferung derjenigen Gegenstände anzuwenden, die in den Zolltarifpositionen 97.01 bis 97.03 genannt seien, wobei ihre künstlerische Qualität für die zolltarifliche Einordnung ohne Bedeutung sei. Diese Positionen erfassten nur solche Originalerzeugnisse, die in bestimmten überkommenen Techniken (Malen, Zeichnen, Drucken mit handgearbeiteten Platten oder Bildhauerei) gestaltet wurden. Demgegenüber seien zeitgenössische Kunstgegenstände, die wegen der andersartigen Herstellungstechnik oder der eingesetzten Ausdrucksmittel den genannten Zolltarifnummern nicht zugeordnet werden könnten, nach ihrer stofflichen Beschaffenheit zu tarifieren. Dies treffe nach dem Einreihungsgutachten der Zolllehranstalt Münster vom 20.8.1999 auf die vom Kläger geschaffenen Kunstverglasungen für Kirchenfenster zu. Danach könnten seine Werke auch nicht als Originaler-

zeugnisse der Bildhauerkunst eingestuft werden. Das vom Kläger geschaffene Tabernakel könne ebenfalls nicht ermäßigt versteuert werden, weil es einen eigenen Gebrauchswert besitze. Schließlich könne auf die bereits im Streitjahr 1997 abgerechneten Vorentwürfe des Kläger für die erst im Folgejahr fertig gestellten Werke (Rechnung vom 1.6.1997 an die Stiftung in H. für den Vorentwurf der Fenstergestaltung der Kapelle und Rechnung vom 17.6.1997 an U. + Partner in W. für den Vorentwurf der Glasgestaltung des Feierabendhauses in S.) auch nicht die Steuerermäßigung nach § 12 Abs. 2 Nr. 7 Buchst. c UStG angewandt werden, weil der wesentliche Inhalt dieser Umsätze nicht in der Einräumung oder Übertragung von Rechten nach dem Urheberrechtsgesetz, sondern in der Lieferung von Gegenständen bestehe. Vereinbarungen, aus denen sich die Einräumung eines Nutzungsrechts an den Entwürfen ergebe, habe der Kläger nicht vorgelegt. Der wirtschaftliche Gehalt der genannten Leistungen bestehe nach dem Willen der Vertragsparteien - wie sich auch aus der Schlussrechnung des Kläger vom 24.4.1998 an die NN-Stiftung ergebe - letztendlich in der Lieferung von Gegenständen.
Die Klage hatte Erfolg.

Aus den Gründen:

Die Klage ist begründet.
Der Kläger wird durch die angefochtenen Bescheide insoweit in seinen Rechten verletzt, als darin die streitbefangenen Lieferungen nicht mit dem ermäßigten Steuersatz, sondern mit dem Regelsteuersatz versteuert worden sind.
Nach § 12 Abs. 1 UStG 1996/1997 beträgt die Steuer für jeden steuerpflichtigen Umsatz 15 vH der Bemessungsgrundlage. Nach § 12 Abs. 2 Nr. 1 Satz 1 UStG 1996/1997 iVm Nr. 53 der zugehörigen Anlage ermäßigt sich die Steuer jedoch auf 7 vH für die Lieferung folgender Kunstgegenstände:

„a. Gemälde und Zeichnungen, vollständig mit der Hand geschaffen,
sowie Collagen und ähnliche dekorative Bildwerke"
der Position 97.01 des Zolltarifs,
b. „Originalstiche, -schnitte und -steindrucke"
der Position 97.02 des Zolltarifs,
c. „Originalerzeugnisse der Bildhauerkunst, aus Stoffen aller Art"
der Position 97.03 des Zolltarifs.

Bei den streitbefangenen Gegenständen handelt es sich um solche Kunstwerke. Die Glaswerke des Klägers stellen „Gemälde, Zeichnungen, Collagen und ähnliche dekorative Bildwerke" im Sinne der Zolltarifnummer 97.01 dar, und das von ihm geschaffene Tabernakel gehört zu den „Originalerzeugnisse(n) der Bildhauerkunst" im Sinne der Zolltarifnummer 97.03.

1. Die Fenstergestaltungen des Klägers sind als „Gemälde, Zeichnungen, Collagen und ähnliche dekorative Bildwerke" in die Position 97.01 des Zolltarifs einzureihen.

Nach dem Wortlaut der Position 97.01, der gemäß Satz 2 der Allgemeinen Vorschrift (AV) 1 der Kombinierten Nomenklatur (KN) für die Tarifierung einer Ware maßgebend ist, gehören hierzu „Gemälde (z.B. Ölgemälde, Aquarelle, Pastelle) und Zeichnungen, vollständig mit der Hand geschaffen, ausgenommen Zeichnungen der Position 4906 und handbemalte oder handverzierte gewerbliche Erzeugnisse; Collagen und ähnliche dekorative Bildwerke".

Die Position 97.01 umfasst vollständig mit der Hand geschaffene „Gemälde" und „Zeichnungen" ohne Rücksicht darauf, ob es sich um alte oder moderne Werke handelt (ebenso: Bundesfinanzverwaltung, vgl. Erläuterungen zum Harmonisierten System [HS] der KN zu Position 97.01, Randzahl 02.0 - Erl. KN Pos. 9701 [HS] RZ 02.0 -). Die Werke können sich auf Stoffen aller Art befinden (Erl. KN Pos. 9701 [HS] RZ 02.0). Nach dem Wortlaut der Position ist es auch unerheblich, ob die Erzeugnisse in einer bestimmten überkommenen Technik - wie Malen, Zeichnen oder Drucken mit handgearbeiteten Platten - oder in einer davon abweichenden, zeitgenössischen Technik hergestellt worden sind (ebenso: Urteil des Schlesw.-Holst. FG vom 12.8.1992 - IV 61/92 - EFG 1993, 110). Anderer Auffassung: Bundesfinanzverwaltung, vgl. Erl. KN Kap. 97, Nationale Entscheidungen und Hinweise [NEH], RZ 02.0), solange sie nur „vollständig mit der Hand geschaffen" worden sind. Für eine Unterscheidung nach der angewandten Technik ergibt sich aus dem Wortlaut der Vorschrift kein Anhaltspunkt. Zur Gruppe der „Collagen oder ähnlicher dekorativer Bildwerke" gehören zweidimensionale Werke, die aus Stücken und Stückchen verschiedener Stoffe so zusammengesetzt worden sind, dass ein Bild oder ein dekoratives Motiv entstanden ist, das auf eine Unterlage, z.B. aus Holz, Papier oder ein textiles Material geklebt oder auf andere Weise befestigt worden ist (Bundesfinanzverwaltung, Erl. KN Pos. 9701 (HS) RZ 11.0). Die Qualität der Collagen erstreckt sich von billig hergestellten Serienerzeugnissen, die zum Verkauf als Reiseandenken bestimmt sind, bis zu Waren, die große handwerkliche Fähigkeit erfordern und echte Kunstwerke sein können (Bundesfinanzverwaltung, Erl. KN Pos. 9701 (HS) RZ 11.0). Auf die Frage, ob das Objekt einen besonderen künstlerischen Wert hat, kommt es nicht an. Denn die Abgrenzung der Tarifpositionen stellt nicht auf Eigenschaften ab, die im Wesentlichen nach subjektiven und sich wandelnden Kriterien bestimmt werden (vgl. Urteil des EuGH vom 18.9.1990 Rechtssache - Rs. - C 228/89, Abs. 12, EuGHE 1990, I-3387, zum Gemeinsamen Zolltarif). Da die KN auf den Grundsätzen der Praktikabilität und Rechtssicherheit beruht, sind die Unterscheidungsmerkmale für die Tarifierung von Waren allgemein in deren objektiven Merkmalen und Eigenschaften zu suchen, wie sie im Wortlaut der Tarifnummern und in den Vorschriften zu den Abschnitten und Kapiteln festgelegt sind (EuGH Rs. 228/89, Abs. 12 u. 13, mwN). Die genannten Werke des Klägers erfüllen diese Tatbestandsmerkmale.

a) Die vier in Rede stehenden Fenstergestaltungen tragen sowohl die Merkmale von Gemälden oder Zeichnungen als auch die von Collagen oder ähnlichen dekorativen Bildwerken.

Nach den Herstellungsbeschreibungen des Klägers, die durch die vorgelegten Fotos und Zeichnungen bestätigt werden und deren Richtigkeit der Beklagte nicht bestreitet, handelt es sich bei diesen Werken zwar nicht um Gemälde oder Zeichnungen im herkömmlichen Sinne, die in bestimmten überkommenen Techniken - z.B. durch Auftragen von Linien und Farben auf Papier, Pappe oder Leinwand - gestaltet sind, sondern um Bildwerke anderer, zeitgenössischer Art, die insoweit Merkmale von Gemälden und Zeichnungen tragen, als Linien und Farben auf Glas aufgetragen bzw. in Glas eingeätzt wurden, und insoweit Züge von Collagen oder ähnlichen dekorativen Bildwerken aufweisen, als zumindest bei einem Teil der Erzeugnisse Metall als grafisches Element auf Glas aufgeklebt wurde. Der Kläger beschreibt die Herstellung der Fenstergestaltungen nämlich wie folgt:

aa) „Mehrschichtiges Glas, durch Bemalen und Ätzen verändert, Metall als grafisches Element, teilweise aufgeklebt, vor ein bereits vorhandenes ISO-Fenster gestellt" (Rechnung vom 26.5.1997 über die Verglasung der Evangelischen Kirche R.).
bb) „Mehrschichtiges Glas, durch Bemalen und Ätzen verändert, Metall als grafisches Element, teilweise aufgeklebt, vor ein bereits vorhandenes ISO-Fenster ins Licht gestellt" (Rechnung vom 1.6.1997 über die künstlerische Gestaltung der Kirche G.).
cc) „Tusche und Aquarell- und Acrylfarbe auf Papier und Holz" (Rechnung vom 1.6.1997 für den Vorentwurf über die Fenstergestaltung in der Kapelle der NN-Stiftung H.).
dd) „Tusche und Aquarellfarbe auf Papier" (Rechnung vom 17.6.1997 für den Vorentwurf über die Glasgestaltung des Feierabendhauses S.).

b) Die genannten Fenstergestaltungen sind vom Kläger auch unstreitig vollständig mit der Hand geschaffen worden. Anhaltspunkte dafür, dass sie ganz oder teilweise maschinell hergestellt wurden, gibt es nicht.

c) Bei den Werken handelt es sich offenkundig nicht um Zeichnungen der Position 49.06, d.h. um als Originale hergestellte Baupläne, technische Zeichnungen und gewerbliche Zeichnungen oder Originalentwürfe für Mode, Schmuckwaren, Tapeten, Gewebe, Tapisserien, Möbel usw.

d) Schließlich stellen sie auch keine handbemalten oder handverzierten gewerblichen Erzeugnisse dar.

Der Begriff der „gewerblichen Erzeugnisse" in Position 97.01 entspricht dem der „Handelsware" im Sinne der Anmerkung 3 zu Kapitel 97, nach der Bildhauerarbeiten mit dem Charakter einer Handelsware (Serienerzeugnisse, Abgüsse und handwerkliche Erzeugnisse) nicht zu Position 97.03 gehören. Denn der gesetzliche Zweck, gewerbliche Erzeugnisse von der Position 97.01 und Handelswaren von der Position 97.03 auszunehmen, ist derselbe. Er folgt aus dem Grund, aus dem der KN für bestimmte Kunstwerke Zollfreiheit vorsieht. Dieser besteht darin, nur solche Werke zu begünstigen, die wirtschaftlich weder untereinander noch mit anderen Gegenständen in Wettbewerb stehen, weil es sich bei ihnen um ganz persönliche Schöpfungen handelt, mit denen die Künstler einem ästhetischen Ideal Ausdruck verleihen (EuGH Rs. C 228/89 Abs. 18). Eine solche Zollfreiheit ist daher für Gegenstände, die sich in einer zumindest potenziellen wirtschaftlichen Wettbewerbsposition mit anderen ähnlichen Erzeugnissen industrieller oder handwerklicher Herstellung befinden, nicht gerechtfertigt (EuGH Rs. C 228/89 Abs. 19). Da sich die Zollbehörden bei der Tarifierung nur auf objektive Kriterien stützen können, die sich aus den äußeren Merkmalen der Waren ergeben, müssen diese Waren, auch wenn sie von Künstlern handgefertigt sind, immer dann als Handelswaren im Sinne der Anmerkung 3 zu Kapitel 97 angesehen werden, wenn sie nach ihrer äußeren Gestaltung vergleichbaren industriell oder handwerklich hergestellten Erzeugnissen ähneln (EuGH Rs. C 228/89 Abs. 20; Urteil des BFH vom 26.11.1996 -VII R 54/96- BFH/NV 1997, 724). Herrscht dagegen der künstlerische Eindruck der Werke vor und prägt ihr Erscheinungsbild in der Weise, dass ihre praktische Nutzungsmöglichkeit zweitrangig erscheint, dann stellen sie steuerbegünstigte Gegenstände dar (vgl. BFH - VII R 54/96 - zur Einreihung von Bildhauerarbeiten in die Position 97.03). Die zuletzt genannte Voraussetzung liegt im Streitfall vor.

Auf Grund des optischen Eindrucks, der sich aus den vorgelegten Farbfotos ergibt, ist der Senat davon überzeugt, dass die streitbefangenen Fenstergestaltungen vergleichbaren industriell oder handwerklich hergestellten Erzeugnissen nicht ähneln. Vielmehr herrscht ihr künstlerischer Eindruck vor und prägt ihr Erscheinungsbild in der Weise, dass eine praktische Nutzungsmöglichkeit nicht nur zweitrangig erscheint, sondern sogar ausscheidet. Es handelt sich um ganz persönliche Schöpfungen des Klägers, mit denen er erkennbar einem ästhetischen Ideal Ausdruck verleihen wollte.

aa) und bb) So hat der Kläger die Fenster der Evangelischen Kirche R. (Rechnung vom 26.5.1997) und der Kirche G. (Rechnung vom 1.6.1997) nicht mehr oder weniger kunstvoll verglast, sondern vor die Innenseiten der bereits mit Isolierglas versehenen Fenster zusätzlich mehrere ganz persönlich nach ästhetischen Gesichtspunkten gestaltete Bildwerke ins Licht gestellt, die aus mehrschichtigem, durch Bemalen und Ätzen verändertem Glas mit teilweise aufgeklebten Metallelementen bestehen (vgl. die Farbfotos in dem Album). Da verglaste Fenster schon vorhanden waren, konnte mit diesen Erzeugnissen der praktische Zweck von Fenstern, Räume gleichzeitig aufzuhellen und vor der Witterung zu schützen, nicht erreicht werden. Die Aufstellung der Werke vor dem Fenster diente erkennbar nur dem ästhetischen Zweck, die Wirkung des Bildes durch das einfallende Licht zu erhöhen. Die Überzeugung des Senats, dass bei diesen Erzeugnissen der künstlerische Eindruck vorherrscht, wird durch die Tatsache bestätigt, dass ein Foto des Werks „..." aus der Kirche G. Eingang in den Kalender „Neue Kunst im Bistum 1998" gefunden hat (vgl. das Farbfoto in dem Album).

cc) und dd) Wie sich aus den Vorentwürfen ergibt, hat der Kläger die Fenster der Kapelle der NN-Stiftung in H. (Rechnung vom 1.6.1997) und des Feierabendhauses S. (Rechnung vom 17.6.1997) in grundsätzlich gleicher Weise gestaltet wie in den Fällen aa) und bb) (vgl. die Farbfotos in dem Album). Auch hier hat er mehrere ganz persönlich nach ästhetischen Gesichtspunkten gestaltete Bildwerke aus Glas ins Licht gestellt, die keinem praktischen Zweck dienen.

Die Auffassung des Beklagten, dass die Glaswerke des Kläger nach ihrer stofflichen Beschaffenheit zu tarifieren und damit als „Kunstverglasung" in die Position 70.16 einzureihen seien, ist unrichtig. Die Position 70.16 wird durch die Position 97.01 verdrängt, da diese die genauere Warenbezeichnung enthält (vgl. KN AV Nr. 3 Buchst. a).

2. Das von dem Kläger geschaffene Tabernakel gehört zu den „Originalerzeugnissen der Bildhauerkunst" im Sinne der Zolltarifnummer 97.03.

Die Position 97.03 hat den Wortlaut „Originalerzeugnisse der Bildhauerkunst, aus Stoffen aller Art". Sie umfasst alle dreidimensionalen künstlerischen Produktionen, ungeachtet der angewendeten Technik und des verwendeten Materials (vgl. EuGH-Urteil vom 15.5.1985 Rs. 155/84, EuGHE 1985, 1454; ähnlich Bundesfinanzverwaltung, Erl. KN Pos. 9703 [HS] Rn 01.0 und 02.1). Allerdings gehören zu dieser Position nicht Bildhauerarbeiten, die den Charakter einer Handelsware haben (Serienerzeugnisse, Abgüsse und handwerkliche Erzeugnisse), selbst wenn diese Waren von Künstlern entworfen oder gestaltet wurden (KN Anmerkung Nr. 3 zu Kap. 97). Das streitbefangene Tabernakel ist ein dreidimensionales Kunstwerk und hat nicht den Charakter einer Handelsware.

a) Nach der Herstellungsbeschreibung des Kläger und den von ihm vorgelegten Fotos handelt es sich bei dem Tabernakel um einen dreidimensionalen, quaderförmigen, Hohlkörper mit gegliederter Oberfläche aus Metall, der geschweißt, geklebt, geschliffen und poliert worden ist.

b) Das Werk hat nicht den Charakter einer Handelsware. Erzeugnisse sind als Handelswaren im Sinne der Anmerkung 3 zu Kapitel 97 anzusehen, wenn sie nach ihrer äußeren Gestaltung vergleichbaren industriell oder handwerklich hergestellten Erzeugnissen ähneln (vgl. EuGH Rs. C

228/89 Abs. 20). Herrscht dagegen der künstlerische Eindruck der Werke vor und prägt ihr Erscheinungsbild in der Weise, dass ihre praktische Nutzungsmöglichkeit zweitrangig erscheint, dann stellen sie steuerbegünstigte Gegenstände dar (vgl. BFH - VII R 54/96 -). Die zuletzt genannte Voraussetzung liegt auch in Bezug auf das streitbefangene Tabernakel vor.

Auf Grund des äußeren Eindrucks, der sich aus den vorgelegten Farbfotos ergibt, ist der Senat davon überzeugt, dass das Tabernakel vergleichbaren industriell oder handwerklich hergestellten Erzeugnissen nicht ähnelt. Vielmehr herrscht sein künstlerischer Eindruck vor und prägt sein Erscheinungsbild in der Weise, dass eine praktische Nutzungsmöglichkeit zweitrangig erscheint. Es handelt sich um eine ganz persönliche Schöpfung des Klägers, mit der er erkennbar einem ästhetischen Ideal Ausdruck verleihen wollte. Er hat das Tabernakel nicht isoliert als mehr oder weniger dekorativen Behälter für Sakralgegenstände hergestellt, sondern in ganz persönlicher Form nach ästhetischen Gesichtspunkten gestaltet und als integrales Element in seine Fenstergestaltung „..." einbezogen (vgl. das Farbfoto in dem Album). Das Tabernakel bildet mit dem Glasbildwerk visuell ein einheitliches Ganzes, weil es mit diesem räumlich verbunden ist und weil die Stilelemente beider Werke - teilweise mit pfeilartigen Einkerbungen versehene Quadrate - erkennbar aufeinander abgestimmt sind (vgl. das Farbfoto in dem Album). Dadurch hebt sich sein Erscheinungsbild deutlich von dekorativen handwerklichen Arbeiten ab und wird der künstlerische Eindruck des Gesamtkunstwerks in einer Weise betont, dass der praktische Gebrauchszweck eines Tabernakels in den Hintergrund tritt.

Die Neuberechnung der Umsatzsteuern 1996 und 1997 wird nach § 100 Abs. 2 Satz 2 FGO dem Beklagten übertragen.

30

Allein die Hinwendung zur Glaubensgemeinschaft der Zeugen Jehovas lässt die sorgeberechtigte Mutter noch nicht ungeeignet erscheinen, die elterliche Sorge auszuüben. Vielmehr bedarf es einer konkreten Einzelfallprüfung, ob der Sorgerechtsinhaber die Grundsätze der Zeugen Jehovas so nachdrücklich anwendet, dass sie die Kindererziehung und damit das Kindeswohl negativ beeinflussen.

§ 1696 Abs. 1 BGB
OLG Karlsruhe, Beschluss vom 15. März 2002 - 2 (20) UF 106/01[1] -

---

[1] FPR 2002, 662

Die Ehe der Beteiligten ist durch Urteil des Amtsgerichts - Familiengericht - P. vom 2.12.1997 rechtskräftig geschieden worden. Im Rahmen des Scheidungsverbundes hat das Familiengericht die elterliche Sorge für die ehegemeinsamen Kinder A. und J. gem. § 1671 BGB (a.F.) aufgrund übereinstimmenden Vorschlags beider Elternteile auf die Antragsgegnerin übertragen. Bis heute leben die Kinder bei der halbtags als Notariatsangestellte beschäftigten Mutter und werden von ihr betreut. Der Antragsteller hat regelmäßigen Umgang mit den Kindern, zuletzt geregelt durch eine Umgangsvereinbarung vom 16.8.2001.

Mit Antrag vom 11.4.2000 beim Amtsgericht - Familiengericht - P. begehrte der Antragsteller zunächst die Wiederherstellung der gemeinsamen elterlichen Sorge beider Parteien und sodann im Laufe des Verfahrens die Übertragung der alleinigen elterlichen Sorge auf sich, hilfsweise die Einrichtung der gemeinsamen elterlichen Sorge.

Der Antragstellermacht im Wesentlichen geltend, die Antragsgegnerin habe sich im Jahre 1998 der Lehre der Religionsgemeinschaft der Zeugen Jehovas angenähert und schließlich Ende des Jahres 2000 sich als Zeugin Jehovas taufen lassen. Dies habe zu einer Ausgrenzung der Kinder im schulischen und vorschulischen Umfeld geführt, da sie an den üblichen Geburtstags- und Adventsfeiern sowie an Fastnachtsveranstaltungen nicht mehr hätten teilnehmen dürfen. Darüber hinaus seien sie gezwungen gewesen, an nicht kindgerecht ausgestalteten Gottesdiensten der Zeugen Jehovas freitags abends bis 22:00 Uhr und an Veranstaltungen während des gesamten Wochenendes teilzunehmen. Hierdurch und durch verbale Dämonisierungen des Vaters („Papa gehört zu den Dämonen, die nicht ins Paradies kommen") seien die Kinder in einen tiefen Loyalitätskonflikt gestürzt worden. Darüber hinaus blockiere die Antragsgegnerin die früher sehr guten Kontakte der Kinder zu den Großeltern väterlicherseits. Es bestehe die Gefahr, dass die Kinder durch die ihnen aufgezwungenen Verhaltensmaßregeln in eine gesellschaftliche Außenseiterrolle gedrängt und ihnen Welt- und Wertbilder vermittelt würden, die ihre gesunde Entwicklung hinderten. Er selbst sei in der Lage, die Betreuung und Erziehung der Kinder zu übernehmen. Auch könne während seiner Arbeitszeit die Betreuung der Kinder dadurch sichergestellt werden, dass seine Lebensgefährtin neben ihrer eigenen etwas jüngeren Tochter die beiden Mädchen außerhalb der Schulzeiten betreue. Hierzu sei diese auch gerne bereit.

Die Antragsgegnerin trat dem Antrag auf Sorgerechtsänderung entgegen. Auch eine gemeinsame elterliche Sorge käme für sie nicht in Betracht, da sie, seit sie sich bei den Zeugen Jehovas habe taufen lassen, mit dem Antragsteller in wichtigen Dingen nicht kooperieren könne.

Das Familiengericht hat am 13.7.2000 die Beteiligten und am 19.10.2000 die Kinder persönlich angehört. Die Kinder haben bei der Anhörung sich insbesondere dahingehend geäußert, den Vater öfter besuchen zu wollen und sich ansonsten bei der Mutter wohl zu fühlen. Zu den Zeugen Jehovas gingen sie nicht so gerne.

Mit dem angefochtenen Beschluss hat das Familiengericht den Abänderungsantrag des Antragstellers zurückgewiesen und zur Begründung ausgeführt, die Zugehörigkeit zur Religionsgemeinschaft der Zeugen Jehovas sei allein kein triftiger Grund, eine Sorgerechtsänderung vorzunehmen. Der Verhaltensweise der Antragsgegnerin sei bislang nicht zu entnehmen, dass sie den gesetzlichen Entscheidungsspielraum der beiden Kinder nach § 5 Satz 1 KErzG in nicht mehr zu vertretender Weise einschränke. Der Antragsteller sei nicht erheblich besser als die Antragsgegnerin für die Erziehung und Betreuung der Kinder geeignet, auch wenn der Vater im Hinblick auf die religiöse Erziehung der Kinder etwas bessere Möglichkeiten bieten könne.

Gegen diese Entscheidung richtet sich die Beschwerde des Antragstellers, mit der er weiterhin die Übertragung der elterlichen Sorge auf sich allein bzw. hilfsweise die Wiederherstellung der gemeinsamen elterlichen Sorge erstrebt.

Der Antragsteller trägt ergänzend vor, der Mangel an Erziehungseignung der Kindesmutter zeige sich auch in ihrer Reaktion auf den Beschluss des Familiengerichtes. Sie habe unmittelbar nach Bekanntwerden dieser Entscheidung ihm, dem Antragsteller, die Ausübung des Umgangsrechtes mit der Begründung untersagt, er unterzöge die Kinder einer von ihm entwickelten „Gehirnwäsche" und indoktriniere sie massiv. Daraufhin habe er beim Familiengericht ein Umgangsverfahren eingeleitet. Dieses habe daraufhin mit Beschluss vom 21.3.2001 im Wege der einstweiligen Anordnung den Umgang angeordnet.

Der Antragsgegner ist der Ansicht, das Familiengericht hätte die von ihm benannten Zeugen für die konkreten negativen Auswirkungen der Religionszugehörigkeit und des daraus resultierenden Erziehungsstils mit Auswirkungen auf das Kindeswohl anhören müssen. Des weiteren rügt der Antragsteller als verfahrensfehlerhaft, dass ein beantragtes kinderpsychologisches Sachverständigengutachten zu den Beweisthemen (a. dass die Sorgerechtsabänderung wegen des Kindeswohles geboten sei, b. dass der religiöse Erziehungsstil der Antragsgegnerin zur Entfremdung von Gleichaltrigen, zur Isolation und wachsenden Introvertiertheit und Freudlosigkeit der Kinder führe, c. dass die Antragsgegnerin die Kinder - hier vor allem J. - in einen Loyalitätskonflikt zum Antragsteller treibe) nicht eingeholt wurde.

Der Antragsteller ist der Ansicht, über die Neuregelung der elterlichen Sorge durch das Kindschaftsreformgesetz zum 1.7.1998 hinaus lägen triftige, das Wohl der Kinder nachhaltig berührende Gründe vor, die Sorgerechtsregelung zu ändern. Die Antragsgegnerin setze die Kinder als Instrument gegen ihn, den Antragsteller, ein, um von diesem die Anerkennung ihres neuen Lebensstils und ihre Zugehörigkeit zu den Zeugen Jehovas mit allen damit verbundenen Auswirkungen für sich selbst und für die Kinder zu erzwingen. Die Gefährdung des Kindeswohles sei auch dadurch zum Ausdruck gekommen, dass die Tochter J. mit psychosomatischen Beschwerden wie Durchfall und Erbrechen auf den Besuch eines Faschingsballes am 18.2.2001 mit dem Antragsteller reagiert habe, weil sie im Wissen, dass dies von der Mutter wegen der Glaubenszugehörigkeit nicht toleriert werden würde, solchermaßen in Druck geraten sei. Es könne auch nicht angehen, dass die Mädchen zu den Gottesdiensten bis abends spät gezwungen werden und dort einschlafen, oder weil sie nicht einmal zur Toilette dürften, sich verunreinigen müssten.

Die Antragsgegnerin trägt vor, es sei richtig, dass sie - allerdings bereits seit Ende 1997 - mit den Lehren der Religionsgemeinschaft der Zeugen Jehovas sympathisiere und seit Januar des Jahres 2000 getauft sei. Zu Schwierigkeiten mit dem Antragsteller sei es allerdings erst gekommen, als sie sich habe taufen lassen wollen. Der Kontakt zu den Großeltern sei vorübergehend eingestellt worden, weil sie den Kindern vermittelt hätten, nicht auf sie, die Antragsgegnerin, hören zu müssen. Trotz mehrfacher Aufforderung an die Mutter des Antragstellers, sie möge die Diffamierungen gegenüber den Kindern unterlassen, seien diese weiterhin aufgestachelt und in massive Loyalitätskonflikte gestürzt worden. A. sei in ihrer Klasse sehr beliebt und keinesfalls ausgegrenzt. Die Töchter hätten im Jahre 2000 mit dem Antragsteller an einer Adventsfeier teilgenommen. Sie gingen freiwillig zu den Gottesdiensten mit, die freitagabends gewöhnlich lediglich bis 21:15 Uhr dauerten und die Kinder müssten dabei keinesfalls nur stillsitzen. - Der Antragsteller habe seinerseits das Umgangsrecht missbraucht, indem er mit den Kindern spezielle Filme anschaue, die das religiöse Bekenntnis der Zeugen Jehovas verunglimpften, und die Kinder mit religiösen Gegnern zusammenbrächte. Daher sei die Aussetzung des Umgangsrechtes für einen Monat vorgeschlagen worden. Sie, die Antragsgegnerin, habe noch nie ein „Riesendonnerwetter" gegenüber den Kindern veranstaltet, wenn diese beim Antragsteller Feste gefeiert hätten, die sie aufgrund ihrer religiösen Überzeugung nicht feiere. Die Kinder seien, obwohl sie gelegentlich kein Interesse an den Festen gehabt hätten, vom Antragsteller wiederholt hierzu gezwungen worden. In völliger Verkennung des Kindeswohles habe der Antragsgegner auch den familienrichterlichen Beschluss im Umgangsverfahren vom 21.3.2001 mit voller Namensnennung ins Internet gestellt, so dass die Kinder hierdurch belastet würden.
Das Rechtsmittel blieb ohne Erfolg.

Aus den Gründen:

Die befristete Beschwerde ist gem. § 621e iVm § 621 Abs. 1 Nr. 1 ZPO zulässig, insbesondere form- und fristgerecht eingelegt, § 621e Abs. 3 iVm §§ 516, 519 ZPO. Sie ist jedoch nicht begründet, da die Entscheidung des Familiengerichtes im Ergebnis nicht zu beanstanden ist.

Es liegen derzeit keine triftigen Gründe dafür vor, die der Kindesmutter nach der Entscheidung des Familiengerichtes vom 2.12.1997 (5 F 141/97) allein zustehende elterliche Sorge für die gemeinsamen Kinder A. und J. gem. § 1696 Abs. 1 BGB neu zu regeln.

Nach § 1696 Abs. 1 BGB hat das Familiengericht seine Anordnungen zu ändern, wenn dies aus triftigen, das Wohl des Kindes nachhaltig berührenden Gründen angezeigt ist. Hierbei müssen die Vorteile der Neuregelung die mit der Änderung verbundenen Nachteile deutlich überwiegen (Palandt/Diederichsen, BGB, 61. Aufl., § 1696 Rn 21 mwN; OLG Karlsruhe FamRZ 2000, 1605). Diese über die Voraussetzungen des § 1671 BGB hinausgehenden strengeren Voraussetzungen entsprechen dem Grundsatz der Erziehungskontinuität. Eine einmal erfolgte Zuordnung der elterlichen Sorge soll nicht beliebig wieder aufgerollt werden (BT-Drs. 13/4899 S. 109). Eine Änderung kommt daher nur in Betracht, wenn sich die tatsächlichen Umstände seit der Entscheidung verändert haben oder später solche bekannt geworden sind. Jede Änderung muss am generellen Bedürfnis des Kindes nach Kontinuität und Stabilität seiner Lebens- und Erziehungsbedingungen gemessen werden (vgl. Schwab, Elterliche Sorge bei Trennung und Scheidung der Eltern, FamRZ 1998, 457 [471]; Huber, Die elterliche Sorge zwischen Veränderung und Kontinuität, FamRZ 1999, 1625 [1629]; FamRefK/Rogner, § 1696 BGB Rn 6; OLG Karlsruhe FamRZ 2000, 1605).

Es kann vorliegend dahinstehen, ob bei übereinstimmendem Wunsch der Eltern auf Einrichtung der gemeinsamen elterlichen Sorge ein anderer Prüfungsmaßstab gilt (vgl. Schwab, aaO, S. 471; zum geänderten Willen: Palandt/Diederichsen, aaO, § 1696, Rn 26 mwN), da sich die Parteien hierauf nicht verständigen konnten.

Der Antragsteller begehrt die Sorgerechtsänderung im Hinblick auf die Auswirkungen der inzwischen erfolgten Hinwendung der Antragsgegnerin zur Glaubensgemeinschaft der Zeugen Jehovas und die geänderten Sorgerechtsregelungen des Kindschaftsreformgesetzes vom 1.7.1998.

a) Zwar ermöglicht die Regelung des § 1696 BGB die Anpassung einer Sorgerechtsregelung auch an geänderte Gesetze und damit an die Neuregelung der elterlichen Sorge durch das KindRG zum 1.7.1998 (vgl. Palandt/Diederichsen, aaO, Rn 25, Huber, aaO, S. 1626 mit Hinweis auf die sog. Rückwegproblematik). Unter Beachtung der strengen Abwägungskriterien des § 1696 BGB kann jedoch die Anpassung an eine Gesetzesänderung für sich allein keine Abänderung rechtfertigen. Der Gesetzgeber hat die Förderung der gemeinsamen elterlichen Sorge auch nach Trennung der Eltern beabsichtigt, so dass nicht von Amts wegen im Falle einer Scheidung über das Sorgerecht entschieden werden muss. Ein Regel-Ausnahme-Verhältnis mit Vorrang der gemeinsamen elterlichen Sorge war allerdings nicht beabsichtigt. Es besteht auch keine gesetzliche Vermutung dafür, dass ein gemeinsames Sorgerecht im Zweifel für die Kinder die beste Form der Wahrnehmung elterlicher Verantwortung ist (BGH FamRZ 1999, 1646).

b) Hinzu kommen muss ein triftiger Abänderungsgrund, um eine Änderung der mit der Scheidung 1997 getroffenen Sorgerechtsregelung gegen den ausdrücklich erklärten Willen der Mutter vorzunehmen.

Allein die Hinwendung der Antragsgegnerin zur Glaubensgemeinschaft der Zeugen Jehovas lässt sie noch nicht ungeeignet erscheinen, die elterliche Sorge für die beiden inzwischen 10 Jahre und knapp 8 Jahre alten Töchter auszuüben (überwiegende Meinung in der Rspr.: OLG Köln FamRZ 2000, 1390, KirchE 37, 71; OLG Hamburg FamRZ 1996, 684 m. Anm. Garbe, KirchE 33, 231; OLG Stuttgart FamRZ 1995, 1290, KirchE 32, 231; OLG Oldenburg, Beschluss v. 22.1.1999 - 4 UF 135/98 -).

Vielmehr bedarf es einer konkreten Einzelfallprüfung, ob der Sorgerechtsinhaber die Grundsätze der Zeugen Jehovas so nachdrücklich anwendet, dass sie die Kindererziehung und damit das Kindeswohl negativ beeinflussen (vgl. OLG Köln FamRZ 2000, 1390, KirchE 37, 71; OLG Koblenz FamRZ 2000, 1391, KirchE 38, 58; vgl. im Ergebnis auch: Johannsen/Henrich/Jaeger, Eherecht, 3. Aufl., § 1671 Rn 59; Schwab/Motzer, Handbuch des Scheidungsrechts, 4. Aufl., Teil III Rn 151; enger: Gerhardt/v. Heintschel-Heinegg/Oelkers, Handbuch des Fachanwaltes Familienrecht, 3. Aufl., 4. Kapitel Rn 196).

Für die Kinder A. und J. konnte dies nicht festgestellt werden. Die Mädchen hinterließen, jeweils einzeln vom Senat angehört, den Eindruck, durchaus altersgemäß entwickelt und gefördert zu sein. A wird im nächsten Schuljahr auf die Hauptschule wechseln und J. hat ebenfalls keine Schulprobleme. Beide erhalten außerschulischen Musik- und Sportunterricht. Die Mädchen freuen sich darüber, dass sie beim Vater ausführlich auch mit ihren Freundinnen Kindergeburtstag feiern können. Sie bedauern, dass sie ihrerseits, wegen des Verbotes der Mutter, Kindergeburtstagseinladungen nicht wahrnehmen könnten. Sie besuchen nicht nur mit der Mutter die wöchentlichen Versammlungen der Zeugen Jehovas, die ihnen manchmal zuviel seien, sondern auch gelegentlich mit dem Vater einen evangelischen Kindergottesdienst. Zwischenzeitlich findet wieder ein Umgang mit den Großeltern väterlicherseits statt

Die Kinder leben seit Trennung der Eltern bei der Mutter und werden von ihr unstreitig gut betreut und versorgt. Sie ist ihre Hauptbezugsperson und bietet durch die persönliche Betreuung im vertrauten Umfeld der Kinder die größere Kontinuität (kein Umzug, Schulwechsel usw.). Auch ihre Bindungstoleranz steht nicht mehr in Frage, nachdem die Eltern eine Umgangsvereinbarung getroffen haben, die bislang eingehalten wird, so dass es bei der einmaligen Umgangsverweigerung geblieben ist.

c) Allein fraglich ist die Förderungsmöglichkeit der Kinder durch die Mutter infolge ihrer Hinwendung zur Glaubensgemeinschaft der Zeugen Jehovas. Vorliegend war daher zu prüfen, ob die tatsächliche konkrete Auswirkung der Religionslehre auf die Kinder zu einer Einschränkung ihrer Entfaltungsmöglichkeiten geführt hat oder hierfür eine Gefahr besteht. Bislang konnte jedoch nicht festgestellt werden, dass die Einbindung der beiden Mädchen in die Religionsgemeinschaft der Zeugen Jehovas diese völlig vereinnahmt und jeder Entscheidungsmöglichkeit beraubt hätte.

Dabei wird nicht verkannt, dass die Kinder durch die Hinführung zur Glaubensgemeinschaft der Zeugen Jehovas sich gewissen gesellschaftlichen Ausgrenzungen ausgesetzt sehen und auch, soweit der Kindesvater eine andere Weltanschauung oder Religion lebt und praktiziert, in einen Loyalitätskonflikt geraten können. Durch den zwischenzeitlich über längere Zeit praktizierten Umgang mit dem Vater, auch an traditionellen christlichen Feiertagen, haben die Kinder aber die Möglichkeit erhalten, unterschiedliche Weltanschauungen kennen und bewerten zu lernen. Dass sich die Kinder in der Schule in einer Außenseiterrolle befänden oder sonst Entwicklungs- oder Eingliederungsschwierigkeiten hätten, konnte nicht festgestellt werden und wurde zuletzt nicht mehr vorgetragen.

Dies zeigt insgesamt, dass die Mädchen im mütterlichen Haushalt angemessen betreut, erzogen und auch gefördert werden.

d) Beide Eltern lieben ihre Kinder und sind in der Lage, sie zu betreuen. Allerdings ist der persönlichen Betreuung durch die Kindesmutter gegenüber einer teilweisen Fremdbetreuung beim Vater der Vorzug zu geben (Gerhardt/v. Heintschel-Heinegg/Oelkers, aaO, 4. Kapitel Rn 192 ff.).

Die Übertragung der elterlichen Alleinsorge auf den Vater würde durch den damit verknüpften Aufenthaltswechsel zum Vater für die Kinder den Verlust ihrer gewohnten Umgebung, den Verlust der Alltäglichkeit mit der Mutter und zusätzlich einen Schulwechsel bewirken. Der hierdurch erzielbare Vorteil einer geringeren religiösen Einengung der Kinder überwiegt derzeit die damit verbundenen Belastungen nicht deutlich, zumal zumindest der Loyalitätskonflikt bestehen bliebe.

Auch ein gemeinsames Sorgerecht (Hilfsantrag) kommt bei der aktuellen Lage und gegen den Willen der Kindesmutter nicht in Betracht, da ein entscheidender Vorteil im Sinne des § 1696 BGB für die Kinder nicht bewirkt würde. Die Eltern regeln zwar, mit Ausnahme der Religionsausübung, sämtliche Angelegenheiten der Kinder in nahezu mustergültiger Weise und nähern sich so faktisch einer gemeinsamen elterlichen Sorge.

Dies wird auch vom Kreisjugendamt und dem vom Senat angehörten Sachbearbeiter vollumfänglich bestätigt.

Unabhängig von der Ausgestaltung im Einzelnen, insbesondere in Bezug auf den Aufenthalt, bliebe aber der Elternkonflikt bei der Religionsausübung bestehen. Gem. § 1 KErzG bestimmt die freie Einigung der Eltern bei gemeinsamer Sorge über die religiöse Erziehung des Kindes. Eine Einigung ist aber gerade nicht zu erzielen, so dass wiederum eine gerichtliche Regelung erforderlich werden würde, § 2 KErzG.

Es sollte den Parteien weiterhin, und nicht nur unter dem Eindruck des anhängigen Verfahrens, gelingen, die Kinder beim jeweiligen Elternteil an dessen Leben und Religionsausübung teilnehmen zu lassen, ohne sie in Loyalitätskonflikte zu bringen. Hierbei kann nicht außer Acht gelassen werden, dass diese Toleranz von der Kindesmutter eine erhebliche Anstrengung im Rahmen ihrer Anbindung in die Glaubensgemeinschaft der Zeugen Jehovas bedeutet. Es ist allerdings nachdrücklich darauf hin zu weisen, dass eine Sorgerechtsänderung gem. § 1696 BGB angezeigt sein wird, wenn die Kinder in ihrer persönlichen Entfaltung durch die Religionsausübung stärker eingeschränkt würden oder gar die Beziehung oder der Umgang zum Kindesvater vereitelt würde.

Nach alledem war derzeit eine Sorgerechtsänderung gem. § 1696 BGB nicht vorzunehmen.

31

Art. 140 GG iVm Art. 137 Abs. 3 WRV begründet ohne entsprechende kirchengesetzliche Regelung keine unmittelbare und zwingende (normative) Geltung einer kirchlichen Arbeitsrechtsregelung des Dritten Weges für Arbeitsverhältnisse mit kirchlichen Arbeitgebern.

Ohne eine einschlägige kirchengesetzliche Regelung bestand kein Anlass darüber zu entscheiden, ob und inwieweit eine solche normative Geltung durch Kirchengesetz herbeigeführt werden kann.

§ 613a BGB
BAG, Urteil vom 20. März 2002 - 4 AZR 101/01[1] -

---

[1] Amtl. Leitsätze. BAGE 101, 9; AP Nr. 2 zu § 1 AVR Diakonisches Werk (LS); AP Nr. 34 zu § 611 BGB Kirchendienst (LS); AP Nr. 53 zu Art. 140 GG; AP Nr. 75 zu § 256 ZPO 1977 (LS); AP Nr. 238 zu § 613a BGB (LS); AR-Blattei ES 960 Nr. 67; ArbuR 2002, 398 (LS); ARST 2003, 88 (LS); BB 2003, 264 (LS); DB 2003, 104 (LS); EBE/BAG Beilage 2002, Ls 183/02 (LS); EzA-SD 2002, Nr. 21, 8 (LS); EzA § 611 BGB Kirchliche Arbeitnehmer Nr. 51 (LS); EzA § 613a BGB Nr. 208; FA 2002, 390 (LS); NJW 2003, 989 (LS); NZA 2002, 1402; PersR 2002, 489 (LS);

Die Parteien streiten darüber, ob die Beklagte verpflichtet ist, auf das Arbeitsverhältnis der Parteien weiterhin die Regelungen des Bundesangestellten-Tarifvertrages für die Angestellten im Bereich der Ev. Kirche von Westfalen (BAT-KF) nebst Anlagen anzuwenden oder ob sie mit Wirkung zum 1.10.1999 berechtigt ist, die Arbeitsvertragsrichtlinien des Diakonischen Werkes der EKD (AVR-EKD) zugrunde zu legen.

Die Klägerin ist seit 1991 bei der Rechtsvorgängerin der Beklagten, dem Kirchenkreis S., als Krankenschwester in den ambulanten diakonischen Diensten im Bereich der häuslichen Krankenpflege im Umfang von zuletzt 19,25 Arbeitsstunden wöchentlich tätig. Der Kirchenkreis S. betrieb bis zum 1.10.1998 insgesamt drei Sozialstationen im Stadtgebiet S. und eine Sozialstation in F. Kraft einzelvertraglicher Abrede hat der Kirchenkreis S. auf dieses Arbeitsverhältnis die Bestimmungen des BAT-KF angewandt. Der Kirchenkreis S. hat diese ambulanten diakonischen Dienste zum 1.10.1998 ausgegliedert und in eine eigenständige gemeinnützige GmbH, die Beklagte, überführt.

Mit ihrer Klage wehrt sich die Klägerin gegen die von der Beklagten vollzogene Anwendung der AVR-DW/EKD auf das Arbeitsverhältnis. Sie hat die Auffassung vertreten, die Beklagte sei verpflichtet, auch nach dem Betriebsübergang die Bestimmungen des BAT-KF anzuwenden. Die arbeitsvertragliche Bezugnahme auf den BAT-KF könne nur mit individualrechtlichen Mitteln verändert werden. Das Feststellungsbegehren der Klägerin geht dahin, dass auf das bestehende Arbeitsverhältnis zwischen den Parteien über den 1.10.1999 hinaus der BAT-KF anzuwenden ist.

Der streiterhebliche Sachverhalt ergibt sich im Übrigen aus dem vorinstanzlichen Urteil des LAG Hamm vom 17.10.2000 (KirchE 38, 416).

Das Arbeitsgericht hat der Klage stattgegeben. Das LAG Hamm hat die Berufung der Beklagten zurückgewiesen.

Die vom Landesarbeitsgericht zugelassene Revision der Beklagten blieb erfolglos.

Aus den Gründen:

Die Revision der Beklagten ist nicht begründet. Die Vorinstanzen haben auf den Hauptantrag im Ergebnis zutreffend erkannt, dass auf das Arbeitsverhältnis der Parteien über den 1.10.1999 hinaus der BAT-KF anwendbar ist.

PflR 2003, 29; RiA 2003, 118 (LS); SAE 2003, 83 (LS); ZMV 2002, 299; ZTR 2003, 296. Vgl. hierzu auch LAG Niedersachsen, Urteil vom 15.11.2002 - 10 Sa 2077/99 E - ZTR 2003, 300.

III. Die Klage ist begründet. Auf das Arbeitsverhältnis der Parteien findet auf Grund der arbeitsvertraglichen Bezugnahme auch über den 1.10.1999 hinaus der BAT-KF Anwendung. Entgegen der Ansicht der Beklagten ergibt sich weder im Wege der Auslegung der Bezugnahmeklausel im Arbeitsvertrag noch infolge der von ihr postulierten normativen Wirkung kirchlicher Arbeitsrechtsregelungen noch auf Grund einer von ihr angenommenen analogen Anwendbarkeit des § 613a Abs. 1 Satz 3 BGB, dass an die Stelle des BAT-KF die Regelungen der AVR-DW/EKD getreten wären.

1. Die Anwendbarkeit des BAT-KF in der jeweiligen Fassung über den 1.10.1999 hinaus folgt aus § 613a Abs. 1 Satz 1 BGB iVm. § 2 des Arbeitsvertrages vom 17.2.1998.

a) Die Ausgliederung der Ambulanten Diakonischen Dienste aus dem Kirchenkreis S. und deren Überführung in die Beklagte zum 1.10.1998 ist ein Betriebs(teil)übergang gem. § 613a BGB. Davon ist auch das Landesarbeitsgericht in Übereinstimmung mit der Auffassung der Parteien ausgegangen.

b) Auf Grund des Betriebsteilübergangs zum 1.10.1998 ist das Arbeitsverhältnis gem. § 613a Abs. 1 Satz 1 BGB mit den im Zeitpunkt des Übergangs bestehenden Rechten und Pflichten auf die Beklagte übergegangen.

c) Zum Inhalt des Arbeitsverhältnisses zählt auch die Bezugnahme auf den BAT-KF in § 2 des Arbeitsvertrages. Aus ihr ergibt sich entgegen der Auffassung der Beklagten nicht, dass auf Grund der Mitgliedschaft der Beklagten im Diakonischen Werk die Anwendbarkeit des BAT-KF durch die der AVR-DW/EKD abgelöst worden ist.

aa) Nach § 2 des Arbeitsvertrages vom 17.2.1998 bestimmt sich das Arbeitsverhältnis „nach dem Bundes-Angestelltentarifvertrag in der für die Angestellten im Bereich der Evangelischen Kirche von Westfalen jeweils geltenden Fassung (BAT-KF) und den diesen ergänzenden, ändernden oder ersetzenden Tarifverträgen in der für den Arbeitgeber geltenden Fassung ...".

bb) Der BAT-KF ist eine kirchliche, von der Rheinisch-Westfälisch-Lippischen Arbeitsrechtlichen Kommission (ARK-RWL) für den Bereich der Ev. Kirche im Rheinland, der Ev. Kirche von Westfalen und der Lippischen Landeskirche sowie ihrer Diakonischen Werke beschlossene Arbeitsrechtsregelung. Nach § 2 Abs. 2 des Gesetzes für die Ev. Kirche von Westfalen über das Verfahren zur Regelung der Arbeitsverhältnisse der Mitarbeiter im kirchlichen Dienst (Arbeitsrechts-Regelungsgesetz; ARRG) ebenso wie nach der gleichlautenden Bestimmung in den ARRG der Evangelischen Kirche im Rheinland und der Lippischen Landeskirche hat die ARK-RWL die Aufgabe, Regelungen zu erarbeiten, die den Inhalt, die Begründung und die Beendigung von Arbeitsverhältnissen betreffen. In § 1 der von der ARK-RWL beschlossenen Ordnung über die

Anwendung des Bundes-Angestelltentarifvertrages vom 26.6.1986 (BAT-AO) ist bestimmt, dass im Geltungsbereich für die Arbeitsverhältnisse der Angestellten grundsätzlich der Bundes-Angestelltentarifvertrag vom 23.2.1961 anzuwenden ist. In § 2 BAT-AO sind die den BAT ändernden besonderen kirchlichen Bestimmungen zusammengestellt. Nach § 3 BAT-AO ergibt sich daraus der Wortlaut des BAT-KF, der dem BAT-AO als Anhang 1 beigefügt ist.

cc) Aus der arbeitsvertraglichen Formulierung „und den diesen ergänzenden, ändernden oder ersetzenden Tarifverträgen in der für den Arbeitgeber geltenden Fassung" kann nicht abgeleitet werden, dass mit der Mitgliedschaft der Beklagten im Diakonischen Werk Westfalen die AVR-DW/EKD Anwendung finden sollen. Diese Regelung beinhaltet vielmehr, dass die Bezugnahme sich nicht nur auf Änderungen des BAT-KF selbst beziehen soll, sondern auch auf sonstige kirchliche Arbeitsrechtsregelungen (nicht „Tarifverträge" im rechtstechnischen Sinn des Wortes), soweit sie den BAT-KF ergänzen, ändern oder ersetzen.

Die AVR-DW/EKD sind keine den BAT-KF ergänzende, ändernde oder ersetzende Regelung im Sinne dieser Klausel, sondern eine andere eigenständige kirchliche Arbeitsrechtsregelung. Für das Diakonische Werk der EKD besteht eine eigene Arbeitsrechtliche Kommission. Deren Aufgabe ist nach § 2 des ARRG-EKD die Ordnung der Arbeitsbedingungen und deren Fortentwicklung für die Mitarbeiter und Mitarbeiterinnen im Bereich des Diakonischen Werkes der EKD, soweit für sie nicht die Arbeitsrechtsregelung der jeweiligen Gliedkirche bzw. Freikirche oder des gliedkirchlichen Diakonischen Werkes gilt.

dd) Entgegen der Auffassung der Revision kann die Bezugnahmeklausel in § 2 des Arbeitsvertrags nicht als sog. große dynamische Bezugnahmeklausel bzw. Tarifwechselklausel in dem Sinne verstanden werden, dass jeweils die kirchliche Regelung gelten soll, zu deren Anwendung die jeweilige Arbeitgeberin auf Grund kirchlichen Rechts oder Satzungsrechts verpflichtet ist.

Die Revision meint, die Bezugnahmeklausel diene im Hinblick auf die bislang durch die Rechtsprechung nicht anerkannte unmittelbare normative Geltung der Regelungen des Dritten Weges nur dem Zweck, die Anwendbarkeit der jeweils einschlägigen Regelung durch die individualrechtliche Bezugnahme sicherzustellen. Die Bezugnahmeklausel beziehe sich nicht allein auf den BAT-KF. Sobald ein anderes Vertragswerk für den Arbeitgeber gelte, solle dieses in Bezug genommen sein. Für die Beklagte gölten im Sinne der arbeitsvertraglichen Bezugnahme die AVR-DW/EKD. Denn die Beklagte sei gegenüber dem Diakonischen Werk, dem sie angeschlossen sei, zu deren Anwendung verpflichtet.

Dem kann nicht gefolgt werden. Für diese Auslegung geben die Bezugnahmeklausel und die sonstigen bei der Vertragsauslegung zu berücksichtigenden Umstände keine Grundlage. Wie dargelegt, bezieht sich die Bezugnahme nur auf den BAT-KF und die den BAT-KF ändernden, ergänzenden oder ersetzenden Regelungen. Der Annahme der Beklagten steht auch entgegen, dass für sie ein Zwang zur Anwendung der AVR-DW/EKD nicht besteht. Sie ist nicht auf Grund ihrer Mitgliedschaft im Diakonischen Werk der Evangelischen Kirche von Westfalen verpflichtet, die AVR-DW/EKD anzuwenden. Als Mitglied des Diakonischen Werkes der Evangelischen Kirche von Westfalen muss sie kirchenrechtliche Arbeitsrechtsregelungen anwenden. Nach § 4 Abs. 2 Ziff. 7a der Satzung des Diakonischen Werkes der Evangelischen Kirche von Westfalen kann sie aber wählen, ob sie den für dieses Diakonische Werk geschaffenen BAT-KF anwendet oder die für das Diakonische Werk des EKD geschaffenen AVR-DW/EKD.

2. An der durch die arbeitsvertragliche Bezugnahme begründeten Anwendbarkeit des BAT-KF in seiner jeweiligen Fassung ändert die von der Beklagten behauptete normative Geltung der kirchlichen Arbeitsrechtsregelungen des Dritten Weges nichts.

a) Die Beklagte vertritt die Auffassung, dass den kirchlichen Arbeitsrechtsregelungen des Dritten Weges normative Wirkung zukomme. Dies werde zunehmend auch im Schrifttum vertreten. Die normative Wirkung könne zum einen verfassungsrechtlich mit dem kirchlichen Selbstbestimmungsrecht gem. Art. 140 GG iVm. Art. 137 Abs. 3 WRV und zum anderen privatrechtlich im Sinne der mitgliedschaftlichen Legitimation begründet werden. Die fehlende gesetzliche Anordnung der normativen Wirkung kirchlicher Arbeitsrechtsregelungen sei kein Grund, die unmittelbare und zwingende Wirkung zu verneinen. Die Gerichte seien vielmehr verpflichtet, dieses Rechtsinstitut systemkonform zu entfalten. Entscheidend seien die intendierte Drittwirkung der kirchlichen Arbeitsrechtsregelungen und die funktionale Repräsentation der normativ erfassten Dritten bei der Aufstellung dieser Regelungen. Für die Anerkennung der normativen Wirkung spreche auch die neuere Entwicklung bei der Ausgestaltung des „Dritten Weges", wobei teilweise die normative Wirkung der Arbeitsrechtsregelungen ausdrücklich bestimmt worden sei. Auch ohne entsprechende ausdrückliche Regelung gelte die normative Wirkung nach dem Selbstverständnis des Diakonischen Werks Westfalen für seine Mitglieder. Deshalb könne sich der einzelne Arbeitnehmer unmittelbar auf die kirchliche Arbeitsrechtsregelung berufen, zu deren Anwendung der Dienstgeber (Arbeitgeber) verpflichtet sei. Die arbeitsvertragliche Bezugnahme habe nur deklaratorische Bedeutung. Mit dem Beitritt der Beklagten zum Diakonischen Werk Westfalen hätten die AVR-DW/EKD für das Arbeitsverhältnis der Parteien normative Geltung.

b) Dem kann schon deshalb nicht gefolgt werden, weil weder dem BAT-KF zum Zeitpunkt des Vertragsschlusses noch den AVR-DW/EKD nach dem Beitritt der Beklagten zum Diakonischen Werk Westfalen normative Wirkung zukommen.

aa) Das säkulare Recht ordnet für kirchliche Arbeitsrechtsregelungen keine unmittelbare und zwingende Geltung, d.h. normative Wirkung an. Nach der ständigen Rechtsprechung des Bundesarbeitsgerichts können kirchliche Arbeitsrechtsregelungen die Arbeitsverhältnisse nicht unmittelbar und zwingend gestalten, sondern bedürfen stets der vertraglichen Transformation durch Einzelvertrag, Gesamtzusage oder Einheitsregelung (u.a. 6.12.1990 - 6 AZR 159/89 - BAGE 66, 314 [320] mwN, KirchE 28, 365; 17.4.1996 - 10 AZR 558/95 - AP BGB § 611 Kirchendienst Nr. 24, EzA BGB § 611 Gratifikation, Prämie Nr. 140, KirchE 34, 146; 24.9.1997 - 4 AZR 452/96 - AP AVR Caritasverband § 12 Nr. 10; 15.11.2001 - 6 AZR 88/01 - KirchE 39, 374; vgl. auch 28.1.1998 - 4 AZR 491/96 - AP AVR Caritasverband § 12 Nr. 11, EzA BGB § 611 Kirchliche Arbeitnehmer Nr. 44, KirchE 36, 47 und 6.11.1996 - 5 AZR 334/95 - BAGE 84, 282, KirchE 34, 410 wo die Frage nicht eindeutig beantwortet wird).

Aus dem Selbstbestimmungsrecht der Religionsgesellschaften (Art. 140 GG, Art. 137 Abs. 3 WRV), hier der Kirchen, lässt sich keine normative Geltung kirchlicher Arbeitsrechtsregelungen herleiten. Zwar ermöglicht das kirchliche Selbstbestimmungsrecht, auf dem Dritten Weg Arbeitsrechtsregelungen herbeizuführen. Indessen enthält das säkulare Recht keine Bestimmung, die die normative Wirkung kirchlicher Arbeitsrechtsregelungen anordnet. Insbesondere kann insoweit nicht auf das Tarifvertragsgesetz - TVG -, dort vor allem auf § 4 Abs. 1, zurückgegriffen werden. Eine unmittelbare Anwendung dieses Gesetzes scheidet schon deshalb aus, weil es sich bei den kirchlichen Arbeitsrechtsregelungen nicht um Tarifverträge handelt. Die Bezeichnung „BAT-KF" macht nur deutlich, an welchem Tarifwerk sich die derart bezeichneten Arbeitsrechtsregelungen orientieren. Eine analoge Anwendung des TVG scheidet ebenfalls aus. Denn die Grundvoraussetzungen für Tarifverträge einerseits und Arbeitsrechtsregelungen andererseits sind zu unterschiedlich, um einer analogen Anwendung des TVG näher treten zu können. Die unmittelbare und zwingende Geltung von Tarifverträgen ist auf das Grundrecht des Art. 9 Abs. 3 Satz 1 GG zurückzuführen, die Schaffung kirchlicher Arbeitsrechtsregelungen auf dem Dritten Weg dagegen auf das kirchliche Selbstbestimmungsrecht.

bb) Ob das kirchliche Recht eine normative Wirkung kirchlicher Arbeitsrechtsregelungen für alle mit einem kirchlichen Arbeitgeber abgeschlossenen Arbeitsverhältnisse anordnen kann, bedarf vorliegend keiner Entscheidung.

Die Frage der Anerkennung der normativen Wirkung von kirchlichen Arbeitsrechtsregelungen im Sinne der unmittelbaren und zwingenden Wirkung stellt sich nur, wenn eine Arbeitsrechtsregelung die normative Wirkung überhaupt beansprucht. Auf Grund ihres Selbstbestimmungsrechts entscheiden die Kirchen über das „Ob" und das „Wie" der Einbeziehung der Arbeitsrechtsregelungen des „Dritten Weges" in die Arbeitsverträge. Will die Kirche sich dabei nicht auf die anerkannten vertraglichen Instrumentarien der Einbeziehung der Arbeitsrechtsregelungen in die Arbeitsverhältnisse (siehe oben unter aa) beschränken, sondern einen normativen Geltungsanspruch erheben, so muss sie einen solchen Geltungsbefehl kirchengesetzlich anordnen. Dabei müssen der Inhalt und die Reichweite des normativen Geltungsanspruchs in der einschlägigen kirchenrechtlichen Regelung enthalten sein, u.a. für wen die unmittelbare und zwingende Wirkung gelten soll (kirchlicher Dienst- oder Arbeitgeber, verfasste Kirche, Diakonie, Caritas, Mitglieder der Kirche oder auch kirchlich gebundene Mitarbeiter bzw. Mitglieder anderer Kirchen). Nur wenn entsprechende kirchenrechtliche Regelungen vorliegen, wird zu entscheiden sein, ob und inwieweit diese von dem kirchlichen Selbstbestimmungsrecht gedeckt sind.

cc) Vorliegend ergibt sich aus den einschlägigen kirchlichen Regelungen der normative Geltungsanspruch weder für den BAT-KF in dem ursprünglichen Arbeitsverhältnis zwischen der Klägerin und dem Kirchenkreis S. noch für die AVR-DW/EKD in dem auf die Beklagte übergegangenen Arbeitsverhältnis.

(1) Zum Zeitpunkt des Vertragsschlusses gab es für die normative Geltung des BAT-KF für das Arbeitsverhältnis der Klägerin mit dem Kirchenkreis S. in den einschlägigen kirchlichen Regelungen keine Grundlage. Zwar bestimmt § 3 des Arbeitsrechtsregelungsgesetzes für die Ev. Kirche Westfalen, dass die von der ARK-RWL beschlossenen Arbeitsrechtsregelungen verbindlich sind und „normativ wirken". Indessen erfasst diese Regelung, die im übrigen erst seit dem 1.4.2000 in Kraft ist, nur die nach dem ARRG-RWL geschaffenen Arbeitsrechtsregelungen, d.h. den BAT-KF. Schon deshalb gibt es keine Grundlage für die Auffassung der Beklagten, dass der Bezugnahmeklausel im Arbeitsvertrag lediglich deklaratorische Wirkung zukomme.

(2) Auch für das auf die Beklagte übergegangene Arbeitsverhältnis besteht auf Grund deren Beitritt zum Diakonischen Werk Westfalen kein normativer Geltungsanspruch der AVR-DW/EKD. Die AVR-DW/EKD werden auf der Grundlage des für die Ev. Kirche in Deutschland geltenden ARRG-EKD geschaffen. Dort ist eine normative Geltung nicht angeordnet. Zudem scheitert die Ansicht der Beklagten, die AVR-DW/EKD gölten hier normativ, auch daran, dass sie - wie oben dargelegt - zur Anwendung dieses Regelungswerkes nicht gezwungen ist. § 4 Abs. 2 Nr. 7a der Satzung des Diakonischen Werkes der Ev. Kirche von Westfalen (DW-W) lässt zu, dass Mitglieder des DW-W frei wählen dürfen, ob sie den auf Grund des ARRG-RWL geschaffenen BAT-KF oder die auf Grund des ARRG-DW/EKD geschaffenen AVR-DW/EKD anwenden wollen. Eine solche einseitige Auswahlmöglichkeit steht dem Postulat der normativen Geltung kirchlicher Arbeitsrechtsregelungen entgegen und erinnert, wenn auch in Grenzen, an den Ersten Weg, dessen Kennzei-

chen darin liegt, dass der kirchliche Dienstgeber die Arbeitsbedingungen festsetzte.

Somit gibt es schon nach den einschlägigen kirchenrechtlichen Regelungen keine Grundlage für die normative Geltung der AVR-DW/EKD für das Arbeitsverhältnis der Parteien nach dem Beitritt der Beklagten zu dem Diakonischen Werk Westfalen.

3. Entgegen der Auffassung der Beklagten ergibt sich die Anwendbarkeit der AVR-DW/EKD auf das Arbeitsverhältnis der Parteien nach dem Betriebsübergang auch nicht aus der analogen Anwendbarkeit des § 613a Abs. 1 Satz 3 BGB.

a) Die Revision begründet ihre Auffassung damit, dass der BAT-KF und die AVR-DW/EKD wie Tarifverträge und damit analog § 613a Abs. 1 Satz 2 u. 3 BGB zu behandeln seien. In Bezug auf die kollektiven Arbeitsrechtsregelungen des kirchlichen und diakonischen Dienstes liege eine Regelungslücke vor, denn diese kirchlichen Arbeitsrechtsregelungen würden in § 613a BGB nicht erwähnt. Es liege auch eine vergleichbare Interessenlage wie bei Tarifverträgen vor. Die Regelungen des Dritten Weges seien Tarifsurrogate, die grundsätzlich wie Tarifverträge zu behandeln seien. Dafür spreche insbesondere das kirchliche Selbstbestimmungsrecht gem. Art. 137 Abs. 3 WRV iVm. Art. 140 GG. Die Notwendigkeit der Gleichbehandlung ergebe sich auch aus den europarechtlichen Vorgaben in Art. 3 Abs. 3 der Betriebsübergangsrichtlinie (RL 2001/23/EG, vormals 98/50/EG, früher 77/187/EWG), weil kirchliche Arbeitsrechtsregelungen Kollektivverträge im Sinne dieser Richtlinie seien. Für die Anwendbarkeit des § 613a Abs. 1 Satz 3 BGB auf kirchliche Arbeitsrechtsregelungen spreche auch die Tendenz zur Gleichbehandlung von Tarifverträgen und kirchlichen Arbeitsvertragsregelungen durch den Gesetzgeber und durch die neuere Rechtsprechung des Bundesarbeitsgerichts. Bei der analogen Anwendung des § 613a Abs. 1 Satz 2 u. 3 BGB trete in Vordergrund, dass eine kollektive Ordnung durch eine andere ersetzt werde, zu der der kirchliche Arbeitgeber schon nach dem eigenen Selbstverständnis verpflichtet sei. Auf die Frage der beiderseitigen Tarifgebundenheit, die nach der Rechtsprechung für die Ablösung der bisherigen tariflichen Regelungen gem. § 613a Abs. 1 Satz 3 BGB erforderlich sei, komme es nicht an.

b) Dem kann nicht gefolgt werden. Die Annahme der Beklagten setzt voraus, dass zumindest die AVR-DW/EKD für das Arbeitsverhältnis wie ein Tarifvertrag normativ gelten. Daran fehlt es aber. Es kann deshalb dahinstehen, inwieweit bei normativer Geltung von kirchlichen Arbeitsrechtsregelungen die Bestimmungen des § 613a Abs. 1 Satz 2 u. 3 BGB einer analogen Anwendung zugänglich sind oder Europäisches Recht (RL 2001/23/EG, vormals 98/50/EG, früher 77/187 EWG) eine entsprechende Regelung erfordert. Zur Wahrung der Arbeitsbedingungen bei einem Betriebsübergang genügt die Regelung in § 613a Abs. 1 Satz 1 BGB, wenn -

wie hier - im Arbeitsvertrag vereinbart ist, dass und welche kirchlichen Arbeitsrechtsregelungen anzuwenden sind. Hier ist lediglich die Anwendbarkeit des BAT-KF im Vertrag mit dem früheren Arbeitgeber, dem Kirchenkreis S, vereinbart worden; der BAT-KF galt nicht normativ. Schon deshalb scheidet die analoge Anwendung des § 613a Abs. 1 Satz 3 BGB aus. Im Übrigen liegen die Voraussetzungen nicht vor, weil auch die AVR-DW/EKD für das Arbeitsverhältnis nicht normativ gelten. Daran hat der Betriebsübergang nichts geändert.

32

Bei der Bemessung von Arbeitslosenhilfe darf Kirchensteuer als gewöhnlich anfallender, das Arbeitsentgelt vermindernder gesetzlicher Abzug auch bei einem nicht der Kirche angehörenden Berechtigten berücksichtigt werden.

Art. 3 Abs. 1, 4 Abs. 1 GG, §§ 111 Abs. 2 AFG 1993,
2 Abs. 1 SGB I, 136 Abs. 2 SGB III 1997
BSG, Urteil vom 21. März 2002 - B 7 AL 18/01 R[1] -

Im Streit ist die Zahlung höherer Arbeitslosenhilfe ab 1.4.1996.
Der 1949 geborene, keiner Kirche angehörende Kläger bezog von der Beklagten Anschluss-Arbeitslosenhilfe. Auf einen Fortzahlungsantrag des Klägers bewilligte die Beklagte Arbeitslosenhilfe ab 1.4.1996, bei deren Bemessung die Kirchensteuer als gewöhnlich anfallender, das Arbeitsentgelt vermindernder gesetzlicher Abzug berücksichtigt wurde.
Die Klage auf höhere Arbeitslosenhilfe ohne Berücksichtigung der Kirchensteuer als gewöhnlich anfallendem Abzug blieb erst- und zweitinstanzlich erfolglos (Urteil des Sozialgerichts vom 13.1.1999; Urteil des Landessozialgerichts vom 24.3.2000, KirchE 38, 157).
Mit der Revision rügt der Kläger einen Verstoß der Regelungen des AFG und des SGB III gegen Art. 3 Abs. 1 GG und Art. 4 Abs. 1 GG sowie gegen das in § 2 Abs. 2 SGB I enthaltene Günstigkeitsprinzip.
Das Rechtsmittel führte zur Aufhebung des Berufungsurteils und Zurückverweisung der Sache an das Landessozialgericht.

---

[1] AuR 2002, 279 (LS); NZA 2002, 1026; SGb 2002, 446. Im Ergebnis gleichlautend BSG, Urteil vom 25.6.2002 - B 11 AL 55/01 - R SozR 3-4300 § 136 Nr. 1; SozSich 2003, 34, NZS 2003, 439; LSG Thüringen, Urteil vom 10.10.2002 - L 3 AL 165/02 - n.v.

Aus den Gründen:

Die Revision ist im Sinne der Aufhebung der zweitinstanzlichen Entscheidung und Zurückverweisung der Sache an das Landessozialgericht (LSG) begründet (§ 170 Abs. 2 Satz 2 SGG). Zwar kann der Argumentation des Klägers nicht gefolgt werden, die gesetzliche Regelung über die Berücksichtigung der Kirchensteuer als gewöhnlich anfallendem Abzug vom Arbeitsentgelt sei verfassungswidrig; jedoch fehlt es in der Entscheidung des LSG an jeglichen Feststellungen zur Höhe der zu zahlenden Arbeitslosenhilfe. Insoweit genügt nicht der Hinweis, die angefochtenen Bescheide seien rechtsfehlerfrei. Bei seiner erneuten Entscheidung wird das LSG im Übrigen genau zu ermitteln haben, welche Bescheide im streitigen Zeitraum ergangen sind. Nach Aktenlage sind dies nämlich nicht nur die Bescheide vom 2.5.1997 und 27.4.1998.

Die gesetzlichen Regelungen des SGB III und des AFG (siehe im Folgenden) verlangen ausdrücklich, dass bei der Bemessung der Arbeitslosenhilfe die Kirchensteuer als gewöhnlich anfallender Abzug vom Arbeitsentgelt berücksichtigt wird; für die vom Kläger begehrte Auslegung nach dem Günstigkeitsprinzip (§ 2 Abs. 2 SGB I) ist deshalb kein Raum. Die Verfassungswidrigkeit der Bemessung der Arbeitslosenhilfe lässt sich entgegen der Ansicht des Klägers ebenfalls nicht feststellen. Dass nach § 111 Abs. 2 Satz 2 Nr. 2 AFG (anwendbar über § 136 Abs. 3 Satz 2 AFG) bei der Ermittlung des (pauschalierten) Nettolohns, der Ausgangspunkt für die prozentuale Berechnung der Arbeitslosenhilfe ist, als ein das Arbeitsentgelt vermindernder gesetzlicher Abzug, der bei Arbeitnehmern üblicherweise anfällt (§ 111 Abs. 1 AFG), der niedrigste in den Ländern geltende Kirchensteuer-Hebesatz zu berücksichtigen ist, verstößt nicht gegen Art. 3 Abs. 1 oder Art. 4 Abs. 1 GG. Dies hat bereits der 11. Senat (für die Jahre bis 1999) in seiner Entscheidung vom 8.11.2001 (- B 11 AL 43/01 R - n.v.) dargelegt; der erkennende Senat schließt sich dieser Entscheidung in Fortführung der bisherigen Rechtsprechung (BSGE 73, 195 ff., SozR 3-4100 § 249e Nr. 3; BSG SozR 3-4100 § 249e Nr. 5 u. 10; BSG, Urteil vom 26.7.1994 - 11 RAr 103/93 - DBlR Nr. 4167a zu § 249c AFG; Urteil vom 26.10.1994 - 11 RAr 87/93 - DBlR Nr. 4187a zu § 249e AFG, AuB 1995, 379 ff.; Urteil vom 27.6.1996 - 11 RAr 1/96 - DBlR Nr. 4326 zu § 111 AFG - betreffend die Jahre 1991 bis 1996) ausdrücklich an.

Diese Rechtsprechung basiert auf der Entscheidung des BVerfG vom 23.3.1994 (BVerfGE 90, 226 ff., SozR 3-4100 § 111 Nr. 6, KirchE 32, 103). Zwar hat das BVerfG darin dem Gesetzgeber aufgetragen, die weitere Entwicklung zu beobachten, um die verfassungsrechtlichen Grenzen der gesetzlichen Typisierung zu wahren (BVerfGE 90, 226 [236 ff.], SozR 3-4100 § 111 Nr. 6, KirchE 32, 103). Wie der 11. Senat kann sich der erkennende Senat jedoch auf Grund des verfügbaren Zahlenmaterials nicht die Überzeugung bilden, dass es sich bei der Kirchensteuer inzwischen nicht mehr um einen „gewöhnlich anfallenden" Abzug vom Arbeitsentgelt handelt. Das BMA hat auf Anfrage unter dem 6.11.2001 mitgeteilt, der genaue Anteil der Arbeitnehmer, die Kirchensteuer zahlten, lasse sich nur über die Lohn- und Einkommensteuerstatistik ermitteln. Diese Sonderauswertung werde in einem dreijährigem Turnus erstellt. Im Sommer 1999 sei die Statistik für das Jahr 1995 erstellt worden; mit dem Ergebnis für 1998 werde erst im Sommer 2002 gerechnet. Der Anteil Kirchensteuer zahlender Arbeitnehmer sei für die Zeit nach 1995 bis zur Sonderauswertung in Anlehnung an den Anteil der Kirchenmitglieder an der Gesamtbevölkerung (letzter Stand 31.12.1999) ermittelt worden; dieser Unterschied werde als annähernd konstant betrachtet. Die Lohn- und Einkommensteuerstatistik hat nach der letzten Sonderauswertung der Lohn- und Einkommensteuerstatistik 1995 30,9 Millionen lohnsteuerpflichtige Arbeitnehmer ausgewiesen, von denen 18,4 Millionen Kirchenlohnsteuer entrichteten. Nach Mitteilungen der Ev. Kirche in Deutschland und des Verbands der Diözesen Deutschlands bzw. der Deutschen Bischofskonferenz waren 1995 68 vH und 1999 65,6 vH der Bevölkerung Deutschlands Mitglieder einer zur Erhebung von Kirchensteuer ermächtigten Kirche. Der Anteil der Kirchenlohnsteuerzahler lag 1995 8 vH unter dem Anteil der Kirchenmitglieder der Bevölkerung insgesamt. 1999 dürfte damit der entsprechende Anteil der Arbeitnehmer, die Kirchensteuer zu zahlen hatten, noch etwa 57 vH (= 65,6 vH - 8 vH) betragen haben, der Anteil der Arbeitnehmer, die nicht kirchensteuerpflichtig waren, dagegen etwa 43 vH. Für die Zeit bis zum Außerkrafttreten des AFG (31.12.1997) kann der Senat sich deshalb nicht die Überzeugung bilden, dass die überwiegende Mehrheit der Arbeitnehmer keiner zur Erhebung von Kirchensteuer ermächtigten Kirche mehr angehört.

Auch für den Bezugszeitraum ab 1.1.1998 ergibt sich keine für den Kläger günstigere Rechtslage. Nach § 195 des mit dem Arbeitsförderungs-Reformgesetz vom 24.3.1997 (BGBl. I 594) erlassenen SGB III bestimmt sich die Höhe der Arbeitslosenhilfe weiterhin prozentual nach dem pauschalierten Nettoentgelt (Leistungsentgelt), das sich seinerseits aus dem Bruttoentgelt ergibt, das der Arbeitslose im Bemessungszeitraum erzielt hat (Bemessungsentgelt). Dabei ist weiterhin gemäß § 136 Abs. 1 SGB III - anwendbar über § 198 Satz 2 Nr. 4 SGB III - bestimmt, dass das Leistungsentgelt das um die gesetzlichen Entgeltabzüge, die bei Arbeitnehmern gewöhnlich anfallen, verminderte Bemessungsentgelt ist; zu diesen Abzügen zählt die Kirchensteuer, wie sich aus der Regelung zu deren Höhe (§ 136 Abs. 2 Satz 2 Nr. 2 SGB III) ergibt. Auch diese Vorschrift ist noch verfassungsgemäß. Wie der 11. Senat ist der erkennende Senat auf Grund der erörterten Zahlen auch für die Zeit nach 1998 nicht davon überzeugt, dass die überwiegende Mehrheit der Arbeitnehmer keiner zur Erhebung von Kirchensteuer ermächtigten Kirche mehr angehört. Angesichts der noch nicht vorliegenden genauen Zahlen für die Jahre bis 1998 bzw. der ebenfalls nicht vorliegenden Näherungswerte für die Zeit nach 1999 könnte sich jedoch für den Gesetzgeber künftig die Notwendigkeit zum Handeln ergeben, weil sich das Verhältnis der Kirchenlohnsteuer entrichtenden Arbeitnehmer zu denjenigen, die keine Kirchenlohnsteuer entrichten, auf einen Grenzwert zubewegt, der das vom BVerfG geforderte Gebot der Normenklarheit künftig beeinträchtigen könnte.

Unter diesen Umständen hat der Senat keine Veranlassung, das Verfahren auszusetzen und dem BVerfG die Sache zur verfassungsrechtlichen Überprüfung des § 111 Abs. 2 Satz 2 Nr. 2 AFG oder des § 136 Abs. 2 Satz 2 Nr. 2 SGB III vorzulegen. Im Übrigen hat das LSG ohnedies nach der Zurückverweisung die Höhe der dem Kläger zustehenden Leistung in vollem Umfang zu überprüfen.

33

Der Beschluss eines städtischen Bauausschusses, der den Bau einer Moschee mit Minarett befürwortet, kann Gegenstand eines auf Aufhebung gerichteten Bürgerbegehrens sein.

Eine in der Fragestellung enthaltene strikte Maßgabe, dass ein aufzustellender Bebauungsplan in seinem Geltungsbereich Nutzungen für kirchliche Zwecke ausnahmslos ausschließen soll, verstößt gegen das Gebot planerischer Abwägung und kann daher nicht im Wege eines Bürgerbegehrens erreicht werden.

Art. 18a Abs. 1, 4 BayGO
VG Augsburg, Urteil vom 21. März 2002 - Au 8 K 01.1408[1] -

Gegenstand des Verfahrens ist die Zulässigkeit eines Bürgerbegehrens zur Bauleitplanung der Stadt W. im Bereich B'gasse/T'straße sowie zu dem Beschluss des Bauausschusses der Stadt W. vom 11.12.2000, mit dem der Bau einer Moschee mit Minarett befürwortet worden war.

Der Kläger zu 2) reichte am 10.9.2001 bei der Beklagten (Stadt W.) unter Vorlage von 44 Listen mit 942 Unterschriften und Benennung der Kläger zu 1) bis 3) als Vertretungsberechtigte einen Antrag auf Durchführung eines Bürgerentscheids (Bürgerbegehren) mit folgender Fragestellung ein:

---

[1] Das Urteil ist rechtskräftig.

„Sind Sie dafür, dass bei Aufstellung eines Bebauungsplanes für das Gebiet östlich der T'straße (bzw. der B'gasse) die Nutzung für kirchliche Zwecke ausgeschlossen wird und dass der Beschluss des Bauausschusses des Stadtrates von W. vom 11.12.2000, der den Bau einer Moschee mit Minarett befürwortet, aufgehoben wird? (Ja/Nein)"

Der Stadtrat der Stadt W. hat dieses Bürgerbegehren mit Beschluss vom 4.10.2001 für unzulässig erklärt. Mit Bescheid der Beklagten vom 10.10.2001 wurde sodann festgestellt:

1. Das am 10.9.2001 eingereichte Bürgerbegehren „Gegen den Neubau einer islamischen Moschee mit Minarett in der Stadt W." wird als unzulässig zurückgewiesen.
2. Der beantragte Bürgerentscheid wird nicht durchgeführt.
3. ... (Kostenfreiheit) ...

Zur Begründung wurde dargelegt, der erste Teil der zur Entscheidung gestellten Fragestellung enthalte eine komplexe bauleitplanerische Abwägungsentscheidung, die einer Beantwortung mit „Ja" oder „Nein" nicht zugänglich sei. Ein auf Grund eines solchen Bürgerentscheids gegebenenfalls zu Stande kommender Bebauungsplan sei abwägungsfehlerhaft und damit rechtswidrig. Der den Gegenstand des zweiten Teils der Fragestellung bildende Beschluss des Bauausschusses der Stadt W. sei als Erteilung des gemeindlichen Einvernehmens zu qualifizieren, der nach der Rechtsprechung des Bundesverwaltungsgerichts nicht widerrufen werden könne. Im Übrigen zeige die rechtsstaatliche Grundsätze nicht erfüllende Begründung des Bürgerbegehrens, dass der Bebauungsplan als Vorwand genommen werde, um einen Moscheebau in W. grundsätzlich zu verhindern. Dadurch werde jedoch die grundrechtlich geschützte Religionsfreiheit eingeschränkt.

Mit ihrer Verpflichtungsklage beantragen die Kläger, die Beklagte unter Aufhebung des Bescheids vom 10.10.2001 zu verpflichten, das Bürgerbegehren „Gegen den Neubau einer islamischen Moschee mit Minarett in der Stadt W." zuzulassen. Zur Begründung wurde ausgeführt, die „Türkisch-islamische Union der Anstalt für Religion", Köln, die Trägerverein von über 700 Moscheen in Deutschland sei, habe am 22.12.2000 ein näher bezeichnetes Grundstück in der Gemarkung W. erworben, um eine Moschee mit 17 m hohem Minarett sowie ein Kultur- und Jugendhaus zu errichten. Vorab habe der Vorsitzende des islamischen Kulturvereins W. e.V. bei der Beklagten um Auskunft gebeten, ob dieses Grundstück mit einer Moschee bebaut werden könne. Nach mündlicher Auskunft des Landratsamtes D. vom 7.8.2001 habe es sich dabei aber nicht um einen Antrag auf Erteilung eines Vorbescheids gehandelt. Mit Beschluss vom 11.12.2000 habe der Bauausschuss der Stadt W. die Bebaubarkeit des oben genannten Grundstückes in der beabsichtigten

Form grundsätzlich bejaht. Da sich der für die Bebauung vorgesehene Bereich aber im Außenbereich befinde, beabsichtige die Beklagte, den Bereich zwischen T'straße und B'gasse zur Ermöglichung der Bebauung als Mischgebiet zu überplanen. Hiergegen richte sich das Bürgerbegehren, da sich die geplante Bebauung städtebaulich nicht einfüge und kein Bedarf für eine der Integration eher hinderliche Moschee bestehe. Rechtlich sei die Zurückweisung des Bürgerbegehrens nicht haltbar, da es sich zum einen bei dem Beschluss des Bauausschusses vom 11.12.2000 keinesfalls um eine - unwiderrufliche - Erteilung des gemeindlichen Einvernehmens gehandelt habe, allein bereits deswegen, weil. diese auf Grund der Außenbereichssituation bauplanungsrechtlich nicht in Betracht gekommen wäre. Zum anderen erfülle das Bürgerbegehren die formellen und inhaltlichen Voraussetzungen für eine Zulassung, da es sich nicht gegen jegliche Bauleitplanung in dem Bereich der B'gasse/ T'straße richte, sondern dort nur auf den Ausschluss kirchlicher Einrichtungen abziele. Des Weiteren sei auch keine entsprechende Planungserforderlichkeit im Sinn von § 1 Abs. 3 BauGB erkennbar. Es solle letztlich nur die Planung der Beklagten insoweit gestoppt werden, als diese sich darauf richte, den Bau einer Moschee zu ermöglichen.

Die Beklagte macht geltend, der - beschließende - Bauausschuss der Stadt W. habe mit Beschluss vom 11.12.2000 einer formlosen Bauvoranfrage des Islamischen Kulturvereins W. e.V. zugestimmt. Das Landratsamt D. habe mit Schreiben vom 24.1.2001 mitgeteilt, dass gegen das geplante Vorhaben keine bauplanungsrechtlichen Bedenken bestehen. Die Beklagte befasse sich zwar mit planerischen Überlegungen, im Bereich der T'straße/B'gasse ein Baugebiet mit gemischten Nutzungsarten auszuweisen, jedoch sei ein Aufstellungsbeschluss bisher nicht gefasst worden. Das Bürgerbegehren werde zwar den formellen rechtlichen Anforderungen gerecht, widerspreche aber materiell-rechtlich der Gesetzeslage, da es das planerische Ermessen der Gemeinde unzulässig einschränke. Die Kläger würden die Durchführung eines Bürgerentscheids wünschen, mit dem nicht lediglich ein Bauleitplanverfahren gestcppt, sondern der materielle Inhalt der Satzung vorgegeben werden solle. Der Ausschluss einzelner gebietstypischer Nutzungen obliege einem komplexen dynamischen Abwägungsprozess und könne nicht durch einen Bürgerentscheid vorab bestimmt werden.

Die Klage hatte teilweise Erfolg. Die Kammer hebt den Bescheid der Beklagten vom 10.10.2001 in Ziffer 1 u. 2 insoweit auf, als er den Teil des Bürgerbegehrens „Gegen den Neubau einer islamischen Moschee mit Minarett in W.", der die Aufhebung des Beschlusses des Bauausschusses vom 11.12.2000 zum Gegenstand hat, als unzulässig zurückweist und die Durchführung des beantragten Bürgerentscheids ablehnt. Die Beklagte wird für verpflichtet erklärt, das Bürgerbegehren „Gegen den Neubau einer islamischen Moschee mit Minarett in W." mit einer bestimmten, unten näher ausgeführten Fragestellung zuzulassen.

Aus den Gründen:

Die zulässige Klage ist teilweise begründet
I. Die Kläger haben gegenüber der Beklagten einen Anspruch auf Verpflichtung zur Zulassung des Bürgerbegehrens „Gegen den Neubau einer islamischen Moschee mit Minarett in W." mit der Fragestellung, „Sind Sie dafür, dass der Beschluss des Bauausschusses des Stadtrates von W. vom 11.12.2000, der den Bau einer Moschee mit Minarett befürwortet, aufgehoben wird?".
Soweit der Bescheid der Beklagten vom 10.10.2001 diesen Teil des Bürgerbegehrens als unzulässig zurückweist und die Durchführung des beantragten Bürgerentscheids ablehnt, ist er rechtswidrig und verletzt die Kläger in ihren Rechten (§ 113 Abs. 5 Satz 1 VwGO).
Das Bürgerbegehren „Gegen den Neubau einer islamischen Moschee mit Minarett in W." ist teilweise zulässig (Art. 18a Abs. 1, 4 BayGO).
Die im vorliegenden Bürgerbegehren vorgenommene Kopplung zweier thematisch verschiedener Verfahrensgegenstände (Inhalt eines beabsichtigten Bebauungsplanes und Aufhebung eines Beschlusses des Bauausschusses) steht der Zulassung nicht entgegen, da ein enger sachlicher Zusammenhang zwischen den verbundenen Sachfragen besteht (bauplanungsrechtliche Zulässigkeit einer Moschee mit Minarett) und die Möglichkeit einer einheitlichen Entscheidung gegeben ist (vgl. BayVGH v. 10.12.1997 - 4 B 97.89-93 -; Thum, Bürgerbegehren und Bürgerentscheid in Bayern, Art. 18a Abs. 4 Anm. 4 mwN).
Nur die im zweiten Teil des Bürgerbegehrens zur Entscheidung gestellte Frage, ob der Beschluss des Bauausschusses der Stadt W. vom 11.12.2000, der den Bau einer Moschee mit Minarett befürwortet, aufgehoben werden soll, kann jedoch statthafter Gegenstand des Bürgerbegehrens sein.
Es handelt sich inhaltlich um eine der gemeindlichen Planungshoheit zuzurechnende Materie und damit um eine Angelegenheit des eigenen Wirkungskreises (Art. 18a Abs. 1, 7, 57 BayGO, Art. 83 Abs. 1 BayLV).
Der Beschluss des Bauausschusses vom 11.12.2000 hat die Beurteilung der baurechtlichen Zulässigkeit der Errichtung einer islamischen Moschee mit Minarett auf dem Grundstück Fl. Nr. 564 der Gemarkung W. aus der Sicht dieses Gremiums zum Gegenstand. Die Beschlussfassung erfolgte entgegen dessen Wortlaut nicht im Rahmen eines förmlichen Vorbescheidsverfahrens in der Gestalt der Erteilung des gemeindlichen Einvernehmens gemäß § 36 BauGB, sondern ist als (unverbindliche) Äußerung zur bauplanungsrechtlichen Situation anzusehen. Der Aufhebung dieses Beschlusses stehen damit verfahrensrechtliche Hindernisse, allgemeine Rechtsgrundsätze bzw. die Geltung einer die Wiederaufhebung ausschließende Bindungswirkung nicht entgegen. Insbesondere die bei Erteilung des gemeindlichen Einvernehmens gemäß § 36 BauGB

unter Umständen eingetretene Unwiderruflichkeit (vgl. hierzu BVerwG v. 12.12.1996. BayVBl 1997, 376; BayVGH v. 26.3.1999, NVwZ-RR 2000, 84) kann dem Bürgerbegehren nicht entgegengehalten werden, da der Beschluss des Bauausschusses vom 11.12.2000 die erforderliche Rechtsqualität nicht besitzt. Ein auf die Erteilung eines Bauvorbescheides im Sinn von Art. 75 Abs. 1 Satz 1 BayBO gerichtetes Verwaltungsverfahren, in dem eine förmliche Entscheidung der Beklagten über die Erteilung des gemeindlichen Einvernehmens notwendig gewesen wäre, hat nicht stattgefunden. Es fehlt bereits an dem gemäß Art. 75 Abs. 1 Satz 1 BayBO hierfür notwendigen schriftlichen Antrag. Die bei der Gemeinde am 4.12.2000 ohne Anschreiben vorgelegten Skizzen zum Aussehen und zur Größe des Moscheebaues (...) sind weder Bestandteil bzw. Anlage eines gemäß § 126 Abs. 1 BGB eigenhändig unterschriebenen Antrags, noch tragen sie selbst eine Unterschrift. Andere, der Form des § 126 Abs. 1 BGB genügende Schriftstücke, die in diesem Zusammenhang als Antrag auf Erteilung eines Vorbescheids angesehen werden könnten, liegen - soweit ersichtlich - ebenfalls nicht vor. Gegen die Durchführung eines Vorbescheidsverfahrens spricht des Weiteren, dass die Einhaltung der Anforderungen des § 8 BauVorlV nicht beachtet wurde, - ohne dass ein Antrag nach Art. 75 Abs. 2 2. Halbsatz BayBO gestellt wurde - eine Nachbarbeteiligung nicht stattgefunden hat und von der Baugenehmigungsbehörde kein Vorbescheid erlassen, sondern lediglich eine Rechtsauskunft mit im Vergleich zum Bauvorbescheid entsprechend reduziertem Gebührenansatz erteilt wurde. Dass die Beklagte ihre mit Beschluss des Bauausschusses vom 11.12.2000 erfolgte Äußerung zu dem Moscheebauvorhaben tatsächlich als Einvernehmen gemäß § 36 BauGB bezeichnet und das entsprechende Formblatt verwendet hat, vermag der Stellungnahme nicht die damit verknüpfte rechtliche Qualität zu verschaffen. Die Entscheidung über die Erteilung des gemeindlichen Einvernehmens mit den dann eintretenden rechtlichen Konsequenzen und Bindungen setzt objektiv die Einleitung und Durchführung eines Verfahrens mit dem Ziel voraus, dass zu einzelnen in der Baugenehmigung zu entscheidenden Fragen vorweg ein schriftlicher Bescheid mit verbindlichem Inhalt ergeht. Nur dann ist es gerechtfertigt, die gemeindliche Entscheidung aus Gründen der Rechtssicherheit und/oder des Vertrauensschutzes besonderen rechtlichen Bindungen zu unterwerfen. Liegt dieser formale verfahrensrechtliche Rahmen tatsächlich nicht vor, besteht kein Bedürfnis für eine nach § 36 BauGB zu treffende qualifizierte Entscheidung der Gemeinde. Eine von dieser gleichwohl als Einvernehmenserteilung bezeichnete Entscheidung kann in diesem Fall jedoch nicht deren Rechtswirkungen auslösen. Bei dem Beschluss des Bauausschusses vom 11.12.2000 handelte es sich also nicht um eine Erteilung des gemeindlichen Einvernehmens im Sinn von § 36 BauGB, sondern - wie oben bereits dargelegt - um eine im Beschlusswege erfolgte

Auskunft über die aus der bauplanungsrechtlichen Sicht des Bauausschusses beurteilte Genehmigungsfähigkeit des Vorhabens. Dieser Beschluss kann ohne Verletzung zwingender rechtlicher Vorgaben wieder aufgehoben und damit statthafter Weise zum Gegenstand eines Bürgerbegehrens gemacht werden.

Der Bescheid der Beklagten vom 10.10.2001 war insoweit also rechtswidrig und unter Verpflichtung zur Zulassung dieses Teils des Bürgerbegehrens aufzuheben.

II. Der Bescheid der Beklagten vom 10.10.2001 ist im Übrigen rechtmäßig.

Die Kläger haben keinen Anspruch auf die Zulassung des Teils des Bürgerbegehrens, der die vorgesehene Entscheidung über den bei Aufstellung eines Bebauungsplans festzusetzenden Ausschluss einer Nutzung für kirchliche Zwecke zum Gegenstand hat. Sie werden durch die diesbezügliche Ablehnungsentscheidung der Beklagten nicht in ihren Rechten verletzt (§§ 113 Abs. 5 Satz 1, Abs. 1 Satz 1 VWGO).

Das Bürgerbegehren ist insoweit unzulässig (Art. 18a Abs. 4 BayGO).

Es sieht nach seinem eindeutigen Wortlaut eine abschließende materielle Entscheidung im Bauleitplanaufstellungsverfahren vor, die jedoch nach § 1 Abs. 6 BauGB zwingend als Abwägungsentscheidung zu erfolgen hat. Durch die in der Fragestellung enthaltene strikte Maßgabe, dass ein aufzustellender Bebauungsplan in seinem Geltungsbereich Nutzungen für kirchliche Zwecke ausnahmslos ausschließen soll, ist bereits eine maßgebliche Festsetzung ohne Möglichkeit zur planerischen Abwägung zwingend vorgegeben. Dies gilt im Übrigen auch, wenn die planerische Vorgabe - wie von Klägerseite vorgetragen - nur den gemäß § 2 Abs. 1 Satz 2 BauGB zu fassenden Aufstellungsbeschluss, nicht aber den Satzungsbeschluss selbst betreffen soll, da auch dann bereits der Inhalt des Bebauungsplans endgültig vorgezeichnet und die Entscheidung für eine andere als die bereits im Aufstellungsbeschluss vorab entschiedene Festsetzung ausgeschlossen wäre. Da eine den Anforderungen des Baugesetzbuchs entsprechende Abwägung jedoch bei einer Entscheidung durch den vorgesehenen Bürgerentscheid nicht erfolgen kann, würde sich der vorgabengemäß in Kraft gesetzte Bebauungsplan als rechtsfehlerhaft erweisen. Für ein Bürgerbegehren, das auf ein mit der Rechtsordnung nicht in Einklang stehendes Ziel gerichtet ist, besteht jedoch kein Zulassungsanspruch (vgl. BayVGH v. 10.6.1998 - 4 ZE 98.1596; BayVGH v. 24.7.1998 - 4 ZE 98.1889; Thum, Bürgerbegehren und Bürgerentscheid in Bayern, Art. 18a Abs. 1 in GO Anm. 2 e) bb; Wittmann/Grasser/Glaser/Hermann, GO, Art. 18a Rn 2).

Eine zur möglichen Zulässigkeit dieses Teils der Fragestellung führende Auslegung des Bürgerbegehrens scheidet nach Auffassung des Gerichts auf Grund des keine Zweifel aufwerfenden Wortlauts und des eindeutig formulierten Ziels im Übrigen aus (vgl. BayVGH vom 19.2.1997 - 4 B

96.2928; Thum, Bürgerbegehren und Bürgerentscheid in Bayern, Art. 18a Abs. 4 Anm. 7c). Damit besteht hinsichtlich dieses Teils des Bürgerbegehrens kein Anspruch auf Zulassung. Die vom Gericht ausgesprochene Verpflichtung zur teilweisen Zulassung des Bürgerbegehrens war im vorliegenden Fall möglich, da dessen statthafter Teil einer isolierten Entscheidung zugänglich ist, d.h. eigenständigen Charakter hat und auch ohne den unzulässigen Teil sinnvoller Gegenstand eines Bürgerbegehrens sein kann (vgl. BayVGH v. 14.10.1998 - 4 B 98.505, S. 12 AU).

Die in der mündlichen Verhandlung von Klägerseite vorsorglich beantragte Beweiserhebung konnte unterbleiben, da diese als unbehelflich anzusehen war. Die unter Beweis gestellten Fragen waren nicht entscheidungserheblich, da es weder auf die bauplanungsrechtliche Zulässigkeit des Moscheebauvorhabens auf dem Grundstück N.N. der Gemarkung W., noch auf die Förderung des Moscheebaus in L. durch die Beklagte bei der Entscheidungsfindung ankam.

34

Es ist verfassungsrechtlich nicht zu beanstanden, dass die Entscheidung eines Parteigerichts, das den Ausschluss wegen Scientology-Mitgliedschaft zum Gegenstand hat, keiner umfassenden zivilgerichtlichen Kontrolle unterzogen, sondern nur eingeschränkt überprüft werden kann.
Der verfassungsrechtlich gebotene Prüfungsmaßstab wird im Urteil des OLG Köln vom 21.4.1998 - 22 U 190/97 - (KirchE 36, 155) beachtet.

Art. 1 Abs. 1, 2 Abs. 1, 4 Abs. 1, 5 Abs. 1, 21 GG
BVerfG, Beschluss vom 28. März 2002 - 2 BvR 307/01[1] -

Die Beschwerdeführer waren Mitglieder der CDU und zugleich Mitglieder der als rechtsfähige Vereine konstituierten örtlichen Scientology Kirche F. und D. Sie wenden sich mit der Verfassungsbeschwerde gegen die Versagung von Rechtsschutz nach dem Ausschluss aus der CDU. Die CDU hatte auf ihrem Bundesparteitag am 17.12.1991 (Beschluss C 47) beschlossen, die Mitgliedschaft in der „Scientology Church (Sekte)" sei mit der CDU-Mitgliedschaft unvereinbar. Die daraufhin erfolgten Parteiausschlüsse der Beschwerdeführer wurden von den Parteischiedsgerichten jeweils bestätigt.

---

[1] NJW 2002, 2227.

Die hiergegen gerichteten Klagen der Beschwerdeführer wiesen Landgericht Bonn und Oberlandesgericht Köln (KirchE 36, 155) als unbegründet zurück. Mit der Verfassungsbeschwerde rügen die Beschwerdeführer die Verletzung ihrer Rechte aus Art. 1 Abs. 1, Art. 2 Abs. 1, Art. 3 Abs. 1 und Abs. 3, Art. 4 Abs. 1, Art. 5 Abs. 1 Satz 1 Halbsatz 1 und Art. 9 Abs. 1 GG und lassen im Wesentlichen folgendes vortragen:

Auch dann, wenn man eine nur begrenzte Überprüfung der Entscheidungen der Parteigerichte für angezeigt halte, sei die Umsetzung dieser Willkürkontrolle in den angegriffenen Entscheidungen fehlerhaft. Ihr Ausschluss aus der Partei knüpfe an personengebundene Merkmale - die Zugehörigkeit zur Scientology Kirche - an, sodass ein strenger Prüfungsmaßstab hätte angewandt werden müssen. - Die Gerichte hätten zudem bei Auslegung und Anwendung des § 10 Abs. 4 PartG Tragweite und Bedeutung der Meinungsfreiheit nach Art. 5 Abs. 1 Satz 1 GG und Art. 10 EMRK verkannt. Der Parteiausschluss stelle eine Sanktion für eine durch die Mitgliedschaft in der Scientology Kirche manifestierte Meinung der Beschwerdeführer dar. Dieser Eingriff lasse sich nicht rechtfertigen. Die Meinungsfreiheit der Beschwerdeführer müsse nicht hinter der Funktionsfähigkeit und der Autonomie der Partei zurücktreten. - Die angegriffenen Entscheidungen verletzten die Rechte darüber hinaus die Rechte der Beschwerdeführer aus Art. 4 Abs. 1 u. 2 GG. Die Scientology Kirche sei eine Religionsgemeinschaft. Die Grundrechtsausübung, die in der Mitgliedschaft in dieser Gemeinschaft liege, sei auch gegen Störungen durch Dritte zu schützen. Die Beschwerdeführer würden allein wegen Glaubens benachteiligt, damit werde zugleich gegen demokratische Grundsätze verstoßen. Art. 3 Abs. 3 Satz 1 GG enthalte ein absolutes Diskriminierungsverbot, gegen das durch den Parteiausschluss verstoßen worden sei.

Das BVerfG nimmt die Verfassungsbeschwerde nicht zur Entscheidung an.

Aus den Gründen:

Die Verfassungsbeschwerde war nicht zur Entscheidung anzunehmen, weil die Annahmevoraussetzungen nicht vorliegen (§ 93a Abs. 2 BVerfGG). Sie hat weder grundsätzliche verfassungsrechtliche Bedeutung noch ist ihre Annahme zur Durchsetzung der als verletzt gerügten Rechte angezeigt (vgl. BVerfGE 90, 22 [24 ff.]; 96, 245 [248 ff.]). Die für die Beurteilung der Verfassungsbeschwerde maßgeblichen Fragen hat das Bundesverfassungsgericht bereits entschieden (vgl. Beschluss der 4. Kammer des Zweiten Senats des Bundesverfassungsgerichts vom 22.5.2001 - 2 BvE 1, 2, 3/99 - DVBl. 2001, S. 1665 ff. - Wahlkreiseinteilung Krefeld -; BVerfGE 97, 391 ff.; 86, 122 ff.; 85, 264 ff.; 74, 358 ff.; 52,

223 ff.; 20, 56 ff.; 7, 198 ff.). Den Beschwerdeführern entsteht durch die Nichtannahme kein besonders schwerer Nachteil, weil die Verfassungsbeschwerde in der Sache ohne Aussicht auf Erfolg ist.

1. Es ist verfassungsrechtlich nicht zu beanstanden, dass Landgericht und Oberlandesgericht den Beschluss des Bundesparteigerichts keiner umfassenden zivilgerichtlichen Kontrolle unterzogen, sondern nur eingeschränkt überprüft haben. Diese Entscheidungen verletzen die Beschwerdeführer nicht in ihren Rechten aus Art. 2 Abs. 1 GG in Verbindung mit dem Rechtsstaatsprinzip.

a) Das Rechtsstaatsprinzip verlangt einen wirkungsvollen Rechtsschutz in bürgerlich-rechtlichen Streitigkeiten (allgemeiner Justizgewährungsanspruch; vgl. BVerfGE 80, 103 [107]; 85, 337 [345]; 97, 169 [185]). Dieser umfasst das Recht auf Zugang zu den Gerichten und eine grundsätzlich umfassende tatsächliche und rechtliche Prüfung des Streitgegenstandes sowie eine verbindliche Entscheidung durch den Richter (BVerfGE 85, 337 [345]). Der Justizgewährungsanspruch bedarf der gesetzlichen Ausgestaltung (vgl. BVerfGE 85, 337 [345 f.]; 88, 118 [123]; 93, 99 [107 f.]); daraus können sich im Einzelfall auch Begrenzungen des Rechtsschutzes ergeben. Diese Einschränkungen müssen aber mit den Belangen einer rechtsstaatlichen Verfahrensordnung vereinbar sein und dürfen den einzelnen Rechtssuchenden nicht unverhältnismäßig belasten (vgl. BVerfGE 88, 118 [124]). Diesen Anforderungen ist vorliegend Genüge getan.

b) Bei der Überprüfung von Entscheidungen der Parteischiedsgerichte durch staatliche Gerichte sind der Grundsatz der Parteienfreiheit des Art. 21 Abs. 1 GG und die verfassungsrechtlich verbürgten Rechte der von der Maßnahme betroffenen Parteimitglieder jeweils angemessen zur Geltung zu bringen. Die vom Grundgesetz vorausgesetzte Staatsfreiheit der Parteien erfordert nicht nur die Gewährleistung ihrer Unabhängigkeit vom Staat sondern auch, dass die Parteien sich ihren Charakter als frei gebildete, im gesellschaftlichpolitischen Bereich wurzelnde Gruppen bewahren können. Der Prozess der Meinungs- und Willensbildung des Volkes muss grundsätzlich „staatsfrei" bleiben (vgl. BVerfGE 20, 56 [99 ff.]; 85, 264 [287]). Die Parteienfreiheit umfasst die freie Wahl der Rechtsform, der inneren Organisation sowie der Zielsetzung einschließlich Name, Satzung und Programm, die Teilnahme an Wahlen sowie die Verfügung über Einnahmen und Vermögen. In personeller Hinsicht verbürgt sie die freie Entscheidung über Aufnahme und Ausschluss von Mitgliedern bis hin zur Selbstauflösung der Partei und der Vereinigung mit anderen Parteien (vgl. Beschluss der 4. Kammer des Zweiten Senats des Bundesverfassungsgerichts vom 22.5.2001 - 2 BvE 1, 2, 3/99 - DVBl. 2001, 1665 [1666] - Wahlkreiseinteilung Krefeld -; Pieroth, in: Jarass/Pieroth, Grundgesetz für die Bundesrepublik Deutschland: Kommentar, 6. Aufl., 2000, Art. 21 Rn 15).

c) Hieraus folgt eine eingeschränkte Kontrolldichte der staatlichen Gerichte, wie sie die Rechtsprechung (vgl. BGHZ 75, 158 [159]; BGH NJW 1994, 2610 [2611]) bejaht. Es ist nicht Sache der staatlichen Gerichte, über die Auslegung der Satzung und der bestimmenden Parteibeschlüsse zu entscheiden. Die Einschätzung, ob ein bestimmtes Verhalten einen vorsätzlichen Verstoß gegen die Satzung oder einen erheblichen Verstoß gegen Grundsätze oder Ordnung der Partei bedeutet und der Partei damit schweren Schaden zufügt (§ 10 Abs. 4 PartG), ist den Parteien vorbehalten.

d) Andererseits steht auch dem einzelnen Mitglied die Betätigungsfreiheit des Art. 21 Abs. 1 Satz 2 GG zu, daher bleiben die staatlichen Gerichte zur Missbrauchs- und Evidenzkontrolle verpflichtet, soweit der Gesetzgeber privatautonome Streitbereinigung durch Schlichtungsgremien zulässt (vgl. Herzog, in: Maunz-Dürig, Kommentar zum GG, Art. 92 Rn 145 ff.; insbes. Rn 165 ff.; Schmidt-Aßmann, in: Maunz-Dürig, Art. 19 Abs. 4 Rn 17; Schulze-Fielitz, in: H. Dreier [Hrsg.], Grundgesetz-Kommentar, Bd. 2, 1998, Art. 20 [Rechtsstaat] Rn 198). Diese eingeschränkte Kontrolldichte genügt dem Justizgewährungsanspruch.

Die eingeschränkte, insbesondere auf eine Willkürprüfung beschränkte Kontrolldichte der Zivilgerichtsbarkeit stellt die Mitglieder der Parteien jedoch nicht rechtlos. Zum einen ist ein Ausschluss nach § 10 Abs. 4 PartG nur möglich, wenn ein Mitglied vorsätzlich gegen die Satzung oder erheblich gegen Grundsätze oder Ordnung der Partei verstößt und ihr dabei schweren Schaden zufügt. Zum anderen entscheiden über den Ausschluss Schiedsgerichte in einem zumindest zweizügigen Instanzenzug durch schriftlich begründete Entscheidungen (§ 10 Abs. 5 Sätze 1-3 PartG). § 14 Abs. 2 PartG verhindert eine zu enge Bindung der Mitglieder der Schiedsgerichte an die Partei und sichert ihre Unabhängigkeit. In § 14 Abs. 4 PartG sind rechtsstaatliche Standards für das Verfahren vor den Schiedsgerichten vorgeschrieben. Damit sind Parteimitglieder, die sich gegen ihren Ausschluss aus der Partei wehren, zuvörderst durch die Parteischiedsgerichte geschützt. Die staatlichen Gerichte können sich daher auf eine beschränkte Überprüfung zurückziehen, ohne hierdurch den Justizgewährungsanspruch des Einzelnen zu verletzen.

2. Die angegriffenen Entscheidungen beachten diesen Prüfungsmaßstab. Sie prüfen entsprechend der ständigen Rechtsprechung des Bundesgerichtshofs, ob die verhängte Maßnahme eine Stütze im Gesetz oder in der Satzung findet, das satzungsmäßig vorgeschriebene Verfahren beachtet, sonst kein Gesetzes- oder Satzungsverstoß vorgekommen und die Maßnahme nicht grob unbillig oder willkürlich ist. Darüber hinaus kontrollieren sie, ob die der Entscheidung zu Grunde liegenden Tatsachen ordnungsgemäß festgestellt sind.

Im Rahmen der Überprüfung, ob die Ausschließungsentscheidung der Parteigerichte nicht grob unbillig oder willkürlich ist, haben die staatlichen Gerichte sich auch mit den grundgesetzlichen Rechten der Beschwerdeführer in verfassungsrechtlich tragfähiger Weise auseinander gesetzt.

a) Damit haben sie die Bedeutung der Parteienfreiheit sowie das innerparteiliche Demokratieprinzip und den Minderheitenschutz berücksichtigt und so den Rechten der Beschwerdeführer aus Art. 21 Abs. 1 GG Genüge getan.

Die Fachgerichte setzen sich mit dem Unvereinbarkeitsbeschluss des Bundesparteitags als Konkretisierung der Grundsätze der Partei im Sinne des § 10 Abs. 4 PartG auseinander. Sie erkennen das verfassungsimmanente Spannungsverhältnis zwischen dem Prinzip der Parteienfreiheit und der daraus folgenden Selbstbestimmung der Parteien bei der Ausgestaltung ihrer inneren Ordnung einerseits und dem andererseits aus der Stellung der Partei als Institution des Verfassungslebens folgenden Erfordernis einer Einbindung in die Strukturen demokratischer politischer Willensbildung. In diesem Zusammenhang prüfen sie die Rechte der Beschwerdeführer auf Mitwirkung, freie Meinungsäußerung (auch ihrer religiösen Auffassung) und innerparteiliche Opposition.

b) Die angegriffenen Entscheidungen sind des Weiteren mit Art. 4 Abs. 1 GG vereinbar. Dies gilt auch, wenn man zu Gunsten der Beschwerdeführer davon ausgeht, dass die Scientology Kirche jedenfalls eine Weltanschauungsgemeinschaft ist (vgl. auch BVerwGE 90, 112 [115], KirchE 30, 151, hinsichtlich der Osho-Bewegung [„Bhagwan"]). Soweit es sich bei der Bestätigung der Beschlüsse der Parteischiedsgerichte durch die angegriffenen zivilgerichtlichen Entscheidungen um einen Eingriff in den Schutzbereich des Art. 4 Abs. 1 GG handeln sollte, wäre dieser jedenfalls gerechtfertigt.

Art. 4 GG enthält zwar keinen Gesetzesvorbehalt, der Eingriffe rechtfertigen kann. Gleichwohl gilt die Glaubensfreiheit nicht schrankenlos. Ihre Grenzen werden jedoch allein durch andere Rechtsgüter von Verfassungsrang bestimmt (vgl. Beschluss der 1. Kammer des Ersten Senats des Bundesverfassungsgerichts vom 15.8.1989 - 1 BvR 881/89 - NJW 1989, 3269 [3270] mwN, KirchE 27, 211).

Bei Konflikten zwischen der Glaubensfreiheit und anderen Verfassungsrechtsgütern ist eine Abwägung vorzunehmen. Unter Berücksichtigung aller Gesichtspunkte und Heranziehung des Toleranzgebots ist bei Kollisionen verfassungsrechtlich geschützter Rechtspositionen ein schonender Ausgleich zu suchen (vgl. BVerfGE 52, 223 [247, 251], KirchE 17, 325; BVerfGE 94, 82 [89]; vgl. Bergmann, in: Seifert/Hömig, Grundgesetz für die Bundesrepublik Deutschland, 5. Aufl., 1995, Art. 4 Rn 12).

Es ist nicht ersichtlich, dass die Gerichte in den angegriffenen Entscheidungen die Bedeutung der Rechte der Beschwerdeführer aus Art. 4 GG verkannt hätten. Dass sie im Rahmen der erfolgten Abwägung der jeweiligen verfassungsrechtlich geschützten Positionen der Parteiautonomie aus Art. 21 Abs. 1 GG höhere Bedeutung als der Glaubensfreiheit der Beschwerdeführer beigemessen haben, ist nicht willkürlich und damit verfassungsrechtlich nicht zu beanstanden.

c) Die angegriffenen Entscheidungen verkennen auch nicht die Bedeutung der Meinungsfreiheit (Art. 5 Abs. 1 Satz 1 GG) der Beschwerdeführer.

Es kann offen bleiben, ob durch die Bestätigung des Parteiausschlusses der Beschwerdeführer in den Schutzbereich des Grundrechts eingegriffen wurde, denn der Eingriff wäre nach Art. 5 Abs. 2 GG gerechtfertigt. Der Ausschluss erfolgte nach § 10 Abs. 4 PartG. Diese Vorschrift ist ein allgemeines Gesetz im Sinne des Art. 5 Abs. 2 GG, denn die Regelung richtet sich nicht gegen eine bestimmte Meinung als solche, sondern dient dem Schutz eines schlechthin ohne Rücksicht auf eine bestimmte Meinung zu schützenden Rechtsgutes (vgl. BVerfGE 97, 125 [146]; stRspr).

Die aus allgemeinen Gesetzen sich ergebenden Grenzen der Grundrechte des Art. 5 Abs. 1 GG müssen ihrerseits im Lichte dieser Grundrechte gesehen werden; dies gilt auch für Zivilgerichtsurteile (vgl. BVerfGE 86, 1 [10 f.]). Die Gerichte haben in den angegriffenen Entscheidungen - ausgehend von einer durch das Bundesverfassungsgericht nicht zu beanstandenden Deutung der Meinungsäußerung der Beschwerdeführer - diese Wechselwirkung erkannt und die Parteienfreiheit der CDU aus Art. 21 Abs. 1 GG gegen die Meinungsfreiheit der Beschwerdeführer aus Art. 5 Abs. 1 GG abgewogen. Die gefundene Abwägung zu Gunsten der Rechte der Partei beruht nicht auf einer grundsätzlich unrichtigen Anschauung von der Bedeutung der Meinungsfreiheit, insbesondere vom Umfang ihres Schutzbereichs.

d) Soweit die Beschwerdeführer Rechte aus Art. 10 Abs. 1 EMRK herleiten wollen, gewährleistet diese Vorschrift im vorliegenden Fall keinen weiter gehenden Schutz als Art. 5 Abs. 1 GG (vgl. Bethge, in: Sachs, GG, Kommentar, 2. Aufl., Art. 5 Rn 7a mwN).

e) Die Gerichte haben auch die Bedeutung des Art. 3 Abs. 3 Satz 1 GG nicht verkannt.

35

Ein kirchliches Gericht kann nicht beanspruchen, dass sein Kostenfestsetzungsbeschluss von einem staatlichen Gericht für vollstreckbar erklärt und mit einer Vollstreckungsklausel versehen wird.

Art. 2 Abs. 1, 35 Abs. 1, 92 GG, § 14 VwGO
OVG Nordrhein-Westfalen, Beschluss vom 28. März 2002 - 5 E 286/01[1] -

---

[1] Amtl. Leitsatz. DVBl 2002, 1056; ZevKR 48 (2003), 342.

Nachdem das kirchliche Verwaltungsgericht die Klage des Vollstreckungsschuldners gegen seine Entlassung aus dem Presbyteramt auf seine Kosten abgewiesen hatte, ergingen zu Gunsten des in jenem Verfahren beklagten Vollstreckungsgläubigers, eines ev. Kirchenkreises, zwei kirchengerichtliche Kostenfestsetzungsbeschlüsse. Der Vollstreckungsschuldner verweigerte die Zahlung.

Das VG Gelsenkirchen (NVwZ 2002, 1023) hat Antrag des Vollstreckungsgläubigers, die Kostenfestsetzungsbeschlüsse für vollstreckbar zu erklären, zurückgewiesen.

Auch seine Beschwerde hatte keinen Erfolg.

Aus den Gründen:

Der Vollstreckungsgläubiger kann nicht beanspruchen, dass die im Antrag bezeichneten Kostenfestsetzungsbeschlüsse für vollstreckbar erklärt und mit einer Vollstreckungsklausel versehen werden. Zur Vermeidung von Wiederholungen nimmt der Senat gemäß § 122 Abs. 2 Satz 3 VwGO Bezug auf die Gründe des angefochtenen Beschlusses. Darin hat das Verwaltungsgericht zutreffend ausgeführt, dass weder die Vollstreckungsbestimmungen der Verwaltungsgerichtsordnung noch staatskirchenvertragliche oder verfassungsrechtliche Regelungen eine Grundlage für seine Inanspruchnahme zur Vollstreckung der gegen den Vollstreckungsschuldner ergangenen kirchengerichtlichen Kostenfestsetzungsbeschlüsse bilden. Diese Ausführungen werden durch das Beschwerdevorbringen, mit dem der Vollstreckungsgläubiger sein Begehren auf den Gedanken der Rechtshilfe und die allgemeine Justizgewährungspflicht des Staates stützt, nicht erschüttert.

Auch über die hier nicht einschlägigen Rechtshilferegelungen in Art. 35 Abs. 1 GG und in Staatskirchenverträgen hinaus gibt es keine Vorschriften, die einen Anspruch auf staatliche Rechtshilfe zur Vollstreckung von Entscheidungen kirchlicher Verwaltungsgerichte begründen könnten. Für § 14 VwGO gilt dies schon deshalb, weil diese Bestimmung nur die Rechtshilfe zwischen staatlichen Gerichten betrifft (vgl. Ehlers, in: HdbStKirchR, § 74 II.1). Allgemeine Direktiven wie ein Gebot kirchenfreundlichen Verhaltens mögen als Auslegungsmaximen Bedeutung haben, sind aber keine konkreten Anspruchsnormen und können dem Begehren des Vollstreckungsgläubigers mithin gleichfalls nicht zum Erfolg verhelfen (vgl. Ehlers, aaO, § 74 IV.1. mwN)

Ob die staatliche Übertragung von Hoheitsbefugnissen auf die Kirchen zur Erfüllung nichtstaatlicher Zwecke Ansprüche der Kirchen auf Rechtshilfe im Zusammenhang mit diesen Befugnissen nach sich zieht (so Rüfner, in: Friesenhahn/Scheuner/Listl (Hrsg.), HdbStKirchR, 1. Aufl. 1975, § 44, 2.; kritisch: Ehlers, aaO, § 74 IV.1), kann offen bleiben, weil

die Kirchengerichtsbarkeit nicht auf staatlicher Verleihung, sondern auf dem kirchlichen Selbstbestimmungsrecht (Art. 140 GG iVm Art. 137 Abs. 3 WRV) beruht.
Ebenso wenig wie die Bestimmungen über Rechtshilfe bildet die Pflicht zur Justizgewährung (Art. 2 Abs. 1 GG iVm dem Rechtsstaatsprinzip, Art. 92 GG) eine Grundlage für das Vollstreckungsbegehren. Sie richtet sich darauf, den Zugang zu den staatlichen Gerichten und eine grundsätzlich umfassende tatsächliche und rechtliche Prüfung des Streitgegenstandes sowie eine verbindliche Entscheidung durch den Richter zu gewährleisten (vgl. BVerfG, Beschluss vom 11.6.1980 - 1 PBvU 1/79 - BVerfGE 54, 277 [291]; Beschluss vom 12.2.1992 - 1 BvL 1/89 - BVerfGE 85, 337 [345]; Kammerbeschluss vom 18.9.1998 - 2 BvR 1476/94 - NJW 1999, 349, KirchE 36, 409).
Es muss also ein effektiver staatlicher Rechtsschutz sichergestellt sein. Dagegen trifft den Staat keine Garantenstellung für einen wirkungsvollen kirchengerichtlichen Rechtsschutz. Kraft ihres verfassungsrechtlich verbürgten Selbstbestimmungsrechts können die Kirchen zwar für ihre Angelegenheiten eine eigene Gerichtsbarkeit einrichten. Der Staat hat dies zu respektieren und darauf bei seiner eigenen Justizgewährung Rücksicht zu nehmen (vgl. BVerfG, Kammerbeschluss vom 18.9.1998 - 2 BvR 1476/94 - NJW 1999, 349, KirchE 36, 409; OVG.NW, Beschluss vom 25.7.2001 - 5 A 1516/00 - KirchE 39, 250).
Er ist aber nicht verpflichtet, seinerseits den kirchlichen Rechtsschutz zu effektuieren, indem er für die Durchsetzung kirchengerichtlicher Entscheidungen sorgt. Die Justizgewährungspflicht könnte mithin nur Bedeutung erlangen, wenn der Vollstreckungsgläubiger, anstatt aus kirchengerichtlichen Kostenfestsetzungsbeschlüssen vorzugehen, einen materiell-rechtlichen Kostenerstattungsanspruch gegen den Vollstreckungsschuldner vor einem staatlichen Gericht einklagte (vgl. Nds.OVG, Beschluss vom 20.10.1998 - 13 O 3662/98 - 6 D 4677/98 - NJW 1999, 1882 [1883], KirchE 36, 452; gegen einen allgemeinen Anspruch auf Vollstreckbarerklärung kirchengerichtlicher Entscheidungen durch staatliche Gerichte auch Maurer, Grundprobleme der kirchlichen Gerichtsbarkeit, ZevKR 17 [1972], 48 [70]; Pahlke, in: Bericht über den Arbeitskreis II (Staatliche und kirchliche Gerichtsbarkeit) des 9. Deutschen Verwaltungsrichtertags, Dokumentationsband, S. 90; von Tiling, Anm. zu LG Berlin, Urteil vom 21.10.1986 - 63 S. 70/86 - ZevKR 33 [1988], 71 [72]; Uibel, Anm. zu VGH.BW, Urteil vom 20.5.1980 - IV 1140/77 - DVBl. 1981, 37 [38]).

36

Kosten für die Kommunionfeier eines unterhaltsberechtigten Kindes aus geschiedener Ehe können Sonderbedarf gemäß § 1613 Abs. 2 Nr. 1 BGB sein, wenn sie weder aus dem (geringen) laufenden Unterhalt bestritten oder hieraus angespart werden können. Entscheidend für die Annahme eines Sonderbedarfs ist nicht eine formale Betrachtungsweise, sondern die Frage, wie entstehende Lebenshaltungskosten zwischen Unterhaltsberechtigtem und Verpflichteten zumutbar aufgeteilt werden können.

OLG Köln, Beschluss vom 5. April 2002 - 27 WF 61/02[1] -

Die Antragstellerin begehrt Prozesskostenhilfe für die Geltendmachung von unterhaltsrechtlichem Sonderbedarf, entstanden durch den Kostenaufwand ihrer Kommunionfeier.

Das Familiengericht hat den Antrag abgelehnt. Die Beschwerde der Antragstellerin führte zur Aufhebung des angefochtenen Beschlusses. Der Senat weist das Amtsgericht an, über das Prozesskostenhilfegesuch der Antragstellerin nach Maßgabe der folgenden Gründe erneut zu entscheiden.

Aus den Gründen:

Die zulässige sofortige Beschwerde hat in der Sache vorläufig Erfolg.

Nach der Legaldefinition in § 1613 Abs. 2 Nr. 1 BGB ist unter Sonderbedarf ein unregelmäßiger außergewöhnlich hoher Bedarf zu verstehen. Von einem unregelmäßigen Bedarf ist auszugehen, wenn dieser plötzlich auftritt, nicht als wahrscheinlich vorherzusehen war und demgemäß bei der Bemessung des laufenden Unterhalts nicht berücksichtigt werden konnte (BGH FamRZ 1982, 145 [147]). Entscheidend ist hierbei, ob die Ausgaben objektiv betrachtet hätten einkalkuliert werden können (OLG Köln FamRZ 1986, 593). Bei dieser Beurteilung ist insbesondere auch die Höhe des laufenden Unterhalts maßgebend, weil bei geringerem Unterhalt, mit dem allenfalls die vorhandenen Lebenshaltungskosten gedeckt werden können, eine Bildung von Rücklagen kaum möglich ist, während andererseits bei höheren Unterhaltsbeträgen Vorsorgemaßnahmen für einen plötzlich auftretenden Bedarf eher getroffen werden können. Nach dem nicht bestrittenen Vortrag der Antragstellerin hat der Antragsgegner in der Vergangenheit einen monatlichen Unterhalt von 249,00 DM gezahlt und zahlte bei Einreichung der Klage im Dezember 2001 den

---

[1] FF 2002, 170; EzFamR aktuell 2002, 343 (LS);

Mindestunterhalt nach der Einkommensgruppe 1 Altersstufe 2 der Düsseldorfer Tabelle von 444,00 DM. Bei einer derart geringen Unterhaltszahlung konnten die Kommunionskosten nicht durch Rücklagenbildung finanziert werden, da der Barunterhalt nach der Einkommensgruppe 1 der Düsseldorfer Tabelle nur für den Grundbedarf ausreicht, so dass schon relativ kleine Zusatzausgaben nicht mehr durch Rücklagen gedeckt werden können.

Weiter Voraussetzung ist ein außergewöhnlich hoher Bedarf. Wann ein solcher vorliegt, kann nicht generell beantwortet werden; dies hängt davon ab, ob der Berechtigte in der Lage ist, auftretende Mehrbelastungen für den Lebensbedarf aus dem laufenden Unterhalt selbst zu tragen. Entscheidend für die Annahme eines Sonderbedarfs ist nach diesen Kriterien also nicht eine formale Betrachtungsweise, sondern die Frage, wie entstehende Lebenshaltungskosten zwischen Unterhaltsberechtigtem und Verpflichteten zumutbar aufgeteilt werden können, d.h. in einer Weise, dass es nicht zu einer unbilligen Lastenverteilung zwischen dem Berechtigten und dem Verpflichteten kommt (BGH FamRZ 1982, 145 [147]; Schwab, Hdb. des Scheidungsrechts, 4. Aufl., IV Rn 131; Kalthoener/Büttner/Niepmann, Die Rechtsprechung zur Höhe des Unterhalts, 7. Aufl., Rn 284, 285). Ob und gegebenenfalls in welchem Verhältnis eine Aufteilung der Kosten vorzunehmen ist, hängt von den Umständen des Einzelfalls ab, insbesondere davon, über welches Einkommen und über welches Vermögen der Antragsgegner und die Mutter der Antragstellerin verfügen und inwieweit die aufgewandten Kosten, auch unter Berücksichtigung des Umstandes, dass die Antragstellerin, vertreten durch ihre Mutter, zweckmäßiger vor Aufwendung der Kosten eine Abstimmung mit dem Antragsgegner hätte versuchen sollen und dass der Antragsgegner mit seiner Ehefrau an der Kommunionfeier teilgenommen hat, angemessen waren.

37

In Bayern ermöglichten die Vorläufigen Förderrichtlinien zur Schaffung von Wohnungen und zur Errichtung von Kinderbetreuungseinrichtungen für Krankenpflegekräfte (1992/1994) keine Leistungen zugunsten von Ordensschwestern.
Zur Frage des Widerruf einer Förderung wegen Zweckverfehlung.

BayVGH, Urteil vom 9. April 2002 - 24 B 00.2744[1] -

---

[1] Das Urteil ist rechtskräftig.

Der Klägerin, einer kath. Ordenskongregation und Körperschaft des öffentlichen Rechts, sind als Trägerin des Krankenhauses N. in M. staatliche Fördermittel zur Schaffung von 28 Wohnungen für Krankenpflegekräfte bewilligt worden. Mit dem angefochtenen Änderungsbescheid setzte die Regierung von Oberbayern den Baukostenzuschuss unter Zugrundelegung von nur vier geförderten Wohnungen herab, weil nach Auskunft der Klägerin 24 Wohnungen ausschließlich zur Unterbringung von Ordensschwestern in Anspruch genommen werden.

Die Klage, mit der die Klägerin Aufhebung des Änderungsbescheides und Auszahlung des ursprünglichen Förderbetrages begehrt, blieb erstinstanzlich erfolglos (VG München KirchE 38, 333)

Mit der Berufung lässt die Klägerin im Wesentlichen folgendes vortragen:

Ziel der Förderprogramme sei es gewesen, dem zu Beginn der neunziger Jahre bestehenden Mangel an Krankenpflegekräften entgegenzuwirken. Dieses Ziel sollte auch durch die Schaffung preiswerten Wohnraums erreicht werden, Die Förderung habe sich beschränkt auf Pflegekräfte die nach dem Krankenhausgesetz (KHG) gefördert werden, tätig sind. In der Bekanntmachung der Staatsministerien vom 15.4.1992 sei demnach der begünstigte Personenkreis nach dem Beschäftigungsort unterschieden worden. Nicht unterschieden werde der begünstigte Personenkreis danach, ob er entgeltlich oder unentgeltlich, aus finanziellen oder caritativen Erwägungen, aus schlichter Notwendigkeit oder höherer Berufung in der Krankenpflege tätig sei. Nicht erforderlich sei gewesen, dass die geförderten Wohnungen nur an neu eingestellte Pflegekräfte oder an Pflegekräfte, die bisher keine Wohnung gehabt hätten, vergeben würden Es sei förderrechtlich unschädlich, wenn die Wohnung an langjährige Mitarbeiter, die bereits eine andere, teurere Wohnung hätten, aus rein wirtschaftlichen Überlegungen vergeben würde. Der Ansicht des Beklagten, die Wohnungsbauförderung setze zwingend eine entgeltliche Tätigkeit in der Krankenpflege voraus, habe paradoxe Folgen. So könne ein Krankenhaus einer ehrenamtlichen Krankenpflegekraft nicht mal eine günstige Wohnung anbieten, weil sich die unentgeltliche Tätigkeit schädlich auf die Fördergelder auswirken würde. Es sei widerspruchsfrei mit der Zielsetzung der Wohnungsbauförderung in Einklang zu bringen wenn entgeltlich tätige Pflegekräfte, umso mehr aber unentgeltlich tätige Pflegekräfte, die geförderten Wohnungen beziehen dürften. Der Ansicht des Beklagten, aus dem Zusammenhang der Förderrichtlinien, insbesondere aus den Worten „beschäftigt sein" und der zwingenden Vorlage eines Miet- und Arbeitsvertrages ließe sich eine entgeltliche Tätigkeit als Voraussetzung für die Wohnungsbauförderung herleiten, könne nicht gefolgt werden. Der Begriff der Beschäftigung setze keine Vergütungspflicht voraus. Auch der Umstand, dass ein Arbeitsvertrag zum Nachweis der ordnungsgemäßen Belegung vorgelegt werden solle, rechtfertige nicht den Rückschluss darauf, dass die Beschäftigung entgeltlich zu erfolgen habe. Der Arbeitsvertrag sei vielmehr der Nachweis dafür, dass ein Beschäftigter des Krankenhauses die Wohnung beziehe, die Beschäftigung im Krankenhaus eine pflegerische Tätigkeit, keine Verwaltungstätigkeit sei und eine gewisse Einkommenshöchstgrenze nicht überschritten werde. Diese drei Voraussetzungen seien bei den Ordnensschwestern gegeben. Deren Tätigkeit im Krankenhaus werde vom Orden dem Krankenhaus gegenüber entsprechend den Tarifbestimmungen des AVR monatlich abgerechnet. Als Miete werde der Sachbezugswert „Unterkunft" in Höhe von zurzeit 395 DM monatlich rückvergütet. Ein schriftlicher Arbeitsvertrag sei nicht die Voraussetzung für den Erhalt der Fördermittel, sondern diene nur dem Nachweis für den Bestand und die Vergütungshöhe eines entsprechenden Beschäftigungsverhältnisses. Es spiele auch keine Rolle, ob der Orden gegenüber seinen Mitgliedern verpflichtet sei, für deren Unterkunft zu sorgen. Da der Orden für die krankenpflegerische Tätigkeit seiner Schwestern vergütet werde wie bei einer freien Krankenpflegekraft, müsse ihm auch das Recht zustehen, für die Unterbringung der Schwestern vergünstigte Wohnungen in Anspruch zu nehmen.

Der Beklagte macht geltend, es treffe nicht zu, dass jedes nach dem KHG geförderte Krankenhaus habe gefördert werden sollen. Der Beschäftigungsort sei nicht das alleinige Unterscheidungskriterium gewesen. Beabsichtigt sei gewesen, bei weltlichem Pflegepersonal einen größeren finanziellen Anreiz für die Aufnahme einer Krankenpflegetätigkeit zu schaffen, nicht jedoch Wohnraum für solche ordensangehörige Schwestern zu schaffen, die im Rahmen ihrer mildtätigen Berufung pflegerische Tätigkeiten für den Orden unentgeltlich übernähmen. Es sei nicht der Zweck der staatlichen Förderung, indirekt kirchliche Orden zu subventionieren. Daher stelle die Förderrichtlinie nicht nur darauf ab, dass Personal in KHG-geförderten Krankenhäusern begünstigt werde, sondern darauf, dass durch den billigeren Wohnraum ein zusätzlicher finanzieller Anreiz für das Pflegepersonal geschaffen werde. Ein solcher Anreiz sei aber nur bei entgeltlich beschäftigtem Personal üblich. Das von der Klägerin erwähnte Umziehen vorhandener Pflegekräfte aus der bisherigen Wohnung in eine geförderte billigere Dienstwohnung sei ebenfalls vom Förderungszweck gedeckt. Auch unentgeltlich arbeitende Personen hätten theoretisch einen noch größeren Förderbedarf. Solche Personen gebe es aber nicht. Ordensschwestern fielen in eine ganz andere Kategorie. Sie könnten nur deshalb unentgeltlich arbeiten, weil sie den notwendigen Lebensunterhalt von ihrem Orden bekämen. Ihr Engagement erfolge nicht, um damit ein ausreichendes Einkommen zu erzielen. Werde die Pflegetätigkeit nicht ehrenamtlich, sondern als Beruf ausgeübt, müsse das Entgelt auch zur Sicherung des eigenen Lebensunterhalts ausreichen. Daher könne die Förderung sinnvollerweise nur auf die entgeltlich beschäftigten Pflegekräfte im Krankenhaus abzielen. Der Begriff des „Beschäftigtseins" sei nicht nur aus arbeitsrechtlicher Sicht zu interpretieren, sondern müsse aus der Gesamtschau der Förderrichtlinien heraus ausgelegt werden. Der Arbeitsvertrag diene dem Nachweis dafür, dass der Wohnraum einer entgeltlich beschäftigten Pflegekraft zur Verfügung gestellt worden sei. Auch steuerrechtliche Bewertungen und Verrechnungen zwischen dem Orden und dem Krankenhaus hätten für die Frage der Zweckbestimmung der Förderrichtlinie keine Relevanz. Das Rechtsmittel blieb ohne Erfolg.

Aus den Gründen:

Die (...) Berufung ist unbegründet. Das Verwaltungsgericht hat zutreffend entschieden, dass der angefochtene Änderungsbescheid der Regierung von Oberbayern vom 30.11.1999 rechtmäßig ist und die Klägerin nicht in ihren Rechten verletzt.

Die Klägerin besitzt keinen Anspruch auf Aufhebung des Bescheids der Regierung von Oberbayern vom 30.11.1999 und auf Auszahlung eines Förderbetrages in Höhe von 227.472 DM.

Rechtsgrundlage für den angefochtenen Widerrufsbescheid ist Art. 49 Abs. 2a Satz 1 Nr. 1 und Nr. 2 BayVwVfG - beide Widerrufsgründe liegen vor -, da der Bewilligungsbescheid die Voraussetzung für eine einmalige Geldleistung, rechtmäßig und begünstigend war und der Zuschuss nicht für den in der Bewilligung bestimmten Zweck verwendet wurde und die Klägerin die mit der Bewilligung verbundenen Auflagen nicht erfüllte.

Grundlage des Bewilligungsbescheids der Regierung von Oberbayern vom 20.12.1994 war die Gemeinsame Bekanntmachung der Staatsministerien für Arbeit, Familie und Sozialordnung und der Finanzen vom 15.4.1994 (AllMBl. S. 439) („Vorläufige Förderrichtlinien zur Schaffung von Wohnungen und zur Errichtung von Kinderbetreuungseinrichtungen für Krankenpflegekräfte") und Anlage I dazu, nach der die Wohnungsbauförderung ohne Rechtsanspruch im Rahmen der verfügbaren Haushaltsmittel geschieht.

Aus den von der Klägerin mit dem Förderantrag vorgelegten Unterlagen ergab sich, dass die Fördervoraussetzungen gegeben waren. Insbesondere nach dem Inhalt des Schreibens der Klägerin an das Staatsministerium für Arbeit und Sozialordnung vom 10.4.1991 und des Schreibens vom 25.10.1993 musste die Bewilligungsbehörde davon ausgehen, dass die Klägerin die Wohnungen für Pflegekräfte im Sinne der Förderrichtlinie errichten wollte. Dass Ordensangehörige die geförderten Wohnungen beziehen würden, war zum Zeitpunkt der Bewilligung nicht erkennbar. Die beantragte Förderung war daher nach dem damaligen Kenntnisstand der Regierung von Oberbayern rechtmäßig.

Der mit der Förderung verfolgte Zweck wurde verfehlt, da die Wohnungen (endgültig) nicht dem von den Förderrichtlinien begünstigten Personenkreis zur Verfügung gestellt wurden. Der Förderungszweck ist in Nr. 1.1. der Förderrichtlinien bezeichnet. Es sollten mit dem Förderprogramm zur Verbesserung der Attraktivität der Pflegeberufe Wohnungen geschaffen werden für Pflegekräfte, die an Krankenhäusern, die nach dem KHG gefördert werden, beschäftigt sind. Anlass und Hintergrund der Fördermaßnahme ist die auch von der Klägerin im Schreiben vom 10.4.1991 an das Bayerische Staatsministerium für Arbeit und Sozialordnung geschilderte Situation, dass es für die Krankenhäuser in Ballungsräumen Anfang der neunziger Jahre schwierig war, ohne Bereitstellung von Wohnungen dringend benötigtes Pflegepersonal zu gewinnen. Mit einer durch die Subventionierung verbilligten Wohnung sollten Pflegekräfte für eine Beschäftigung im Krankenhaus angeworben werden.

Der Förderzweck wird noch durch die nähere Ausgestaltung des Förderprogramms und durch die vorgesehenen Auflagen verdeutlicht. Antragsberechtigt und Zuwendungsempfänger ist nach Nr. 1.3. der Förderrichtlinien der Krankenhausträger, der die Fördermittel ungekürzt an den Bauherrn weiterzuleiten hat (Nr. 1.4.5 Satz 1 der Förderrichtlinien). Begünstigt werden sollten mit der Förderung also nicht der Zuwendungsempfänger oder der Bauherr, sondern die Pflegekräfte, deren Einkommen die in Nr. 1.6.1 Satz 1 der Förderrichtlinien bestimmte Grenze nicht überschreitet.

Auf die Anlage I („Vorläufige Förderrichtlinien zur Schaffung von Wohnungen für Krankenpflegekräfte") wurde im Bewilligungsbescheid Bezug genommen und diese damit zum Gegenstand der Bewilligung gemacht. Damit steht fest, dass nur entgeltlich beschäftigte Pflegekräfte in den Genuss der Förderung kommen sollten. Der Förderungszweck schloss damit - im Gegensatz zur Auffassung der Klägerin - nicht die Förderung von Personalwohnanlagen für Pflegekräfte allgemein und ohne Rücksicht auf eine entgeltliche oder unentgeltliche Tätigkeit ein.

Der Förderzweck wurde mit der Belegung von 24 Wohnungen durch Ordensschwestern verfehlt. Ordenskrankenschwestern gehören nicht zu dem vom Richtliniengeber begünstigten Personenkreis. Ordenskrankenschwestern sind nicht „Beschäftigte" im Sinne der Nr. 1.1. der Förderrichtlinien. Das ergibt sich bereits aus dem dargelegten Förderzweck. Ordensangehörige können hiernach praktisch nicht in den Genuss der Subvention kommen, weil sie für die Wohnkosten als Ordensangehörige nicht selbst aufkommen müssen. Hieran ändert auch der Umstand nichts, dass bei den Ordensschwestern der Sachbezug ‚Unterkunft' rückvergütet wird. Für die Unterbringung der Ordensangehörigen hat der

Orden zu sorgen (vgl. zum Verhältnis der Ordensangehörigen zum Orden: Voll, HdbBayStKirchR 1985, S. 398 ff.). Der Orden und nicht die Wohnungsinhaber wäre somit Nutznießer der Subvention, was mit dem Sinn und Zweck der Förderrichtlinien nicht vereinbar wäre und dem ausdrücklichen Gebot, die Fördermittel ungekürzt weiterzugeben, widersprechen würde. Der Richtliniengeber will nur dem Krankenhausträger Fördermittel zukommen lassen, der Pflegekräfte beschäftigt, die mit ihrem Einkommen aus dem Beschäftigungsverhältnis die Wohnungen selbst bezahlen müssen.

Im Gegensatz zu dem Vorbringen der Klägerin hängt von der Konstruktion des Beschäftigungsverhältnisses die Förderfähigkeit der Wohnungsbauinvestition ab. Bei der caritativen (weltlichen) Tätigkeit der Ordensangehörigen im Krankenhaus handelt es sich nicht um ein persönliches Dienst- oder Arbeitsverhältnis. Ihr Einsatz beruht vielmehr auf einem Gestellungsvertrag, der zwischen dem Orden und dem Dienstempfänger (Krankenhaus) abgeschlossen wird. Ein Gestellungsverhältnis schließt ein Beschäftigungsverhältnis der einzelnen Ordensangehörigen mit dem Dienstempfänger aus. Die arbeitsleistende Ordensschwester ist nicht Vereinbarungspartner, sondern wird dem Krankenhausträger zur Dienstleistung zur Verfügung gestellt (vgl. dazu BSGE 53, 278, KirchE 20, 45; HdbStKirchR, Bd. 1, 2. Aufl., S. 858).

Im Bewilligungsbescheid wird hinsichtlich des begünstigten Personenkreises in der Auflage Nr. 5.4 auf Nr. 1.1. der Förderrichtlinien Bezug genommen und zudem darauf hingewiesen, dass die Belegung der Wohnungen mit Pflegeschülern nicht möglich ist. Damit wird in der Form eines verbindlichen Verwaltungsakts der begünstigte Personenkreis festgelegt. Da die Förderrichtlinien in Nr. 1.1 Satz 2 eine genaue Definition des begünstigten Personenkreises geben, ist eine darüber hinausgehende weite Auslegung der Förderrichtlinien im Sinne der Ansicht der Klägerin, dass ganz allgemein „Personal des Krankenhauses", zu dem die Klägerin die Ordensschwestern rechnet, dazu gehört, ausgeschlossen. Die Auslegung, wie sie von der Klägerin vertreten wird, ist auch nicht vereinbar mit der Auflage in Nr. 1.6.4 der Förderrichtlinien, dass zum Nachweis der sachgerechten Belegung jeweils ein Abdruck des Miet- und Arbeitsvertrages vorzulegen ist. Diese Auflage ist im Fall von Ordensangehörigen nicht etwa als gegenstandslos zu betrachten; sie gibt vielmehr einen eindeutigen weiteren Hinweis auf den Subventionszweck.

In anderen Rechtsvorschriften kann der Begriff der Beschäftigung anders zu verstehen sein; maßgeblich ist aber der Zweck der Förderung und der Zusammenhang, in dem der Begriff verwendet wird. Dabei kann - wie von der Klägerin zutreffend ausgeführt wurde - unterstellt werden, dass dem Richtliniengeber die Strukturen in einem Krankenhaus bekannt waren. Die Praxis des Ordens, die Beschäftigungsstellen für ihre Ordensangehörigen nach den bestehenden Bedingungen, also auch nach dem vorhandenen Wohnungsangebot für die Schwestern, auszusuchen, worauf die Klägerin in der mündlichen Verhandlung hingewiesen hat, ist in den Förderrichtlinien und im Bewilligungsbescheid nicht als förderfähig anerkannt worden.

Der Widerruf der Förderbewilligung ist auch wegen der bis heute nicht erfüllten Auflage, Miet- und Arbeitsverträge (Nr. 1.6.4 der Förderrichtlinie) vorzulegen, gerechtfertigt. Der Einwand der Klägerin, die Förderfähigkeit sei nicht an den Nachweis durch schriftliche Verträge gebunden, weil Mietverträge und Arbeitsverträge nicht der Schriftform bedürften, greift schon deshalb nicht durch, weil unstreitig zwischen der Klägerin und den Ordensschwestern überhaupt keine derartigen Verträge abgeschlossen wurden. Im Übrigen sind schriftliche Miet- und Arbeitsverträge schon zur Erfüllung der Nachweispflicht über die ordnungsgemäße Belegung der Wohnungen unabdingbar. Das gilt insbesondere auch im Hinblick darauf, dass nach 1.7. der Förderrichtlinien und der Auflage Nr. 5.6 im Bewilligungsbescheid die Mietverhältnisse unter der auflösenden Bedingung des Bestehens des Beschäftigungsverhältnisses am Krankenhaus abzuschließen sind. Die Förderrichtlinie setzt daher bei vernünftiger Betrachtungsweise den Abschluss schriftlicher Verträge voraus.

Das in diesem Zusammenhang vorgebrachte Argument, es sei unstreitig, dass im vorliegenden Fall die Mietpreis- und die Einkommensgrenze eingehalten werden, geht am Kern der Sache vorbei, da die Ordensangehörigen mit ihrem Orden keinen Miet- und keinen Arbeitsvertrag schließen und somit Mietpreis- und Einkommensgrenzen auch nicht eingehalten werden können.

Der Widerruf des Bewilligungsbescheids stand nach Art. 49 Abs. 2a Satz 1 BayVwVfG im Ermessen der Behörde. Die in dem angefochtenen Bescheid fehlende Begründung führt jedoch nicht zur Rechtswidrigkeit des Änderungsbescheids, weil hier die vom Bundesverwaltungsgericht (BVerwGE 105, 55) entwickelten Grundsätze über das gelenkte bzw. tendierte Ermessen zur Anwendung kommen. Ist eine ermesseneinräumende Vorschrift dahin auszulegen, dass sie für den Regelfall von einer Ermessensausübung in einem bestimmten Sinne ausgeht, so müssen besondere Gründe vorliegen, um eine gegenteilige Entscheidung zu rechtfertigen. Liegt ein vom Regelfall abweichender Sachverhalt nicht vor, versteht sich das Ergebnis der Abwägung von selbst. Versteht sich aber das Ergebnis von selbst, so bedarf es insoweit auch keiner das Selbstverständliche darstellenden Begründung. Als eine ermessenslenkende Norm in diesem Sinne wurde z.B. § 48 Abs. 2 Satz 1 VwVfG angesehen, wonach Verwaltungsakte bei Vorliegen bestimmter, in der Person des von ihnen Begünstigten liegender Umstände „in der Regel mit Wirkung für die Vergangenheit" zurückzunehmen sind (BVerwG vom 23.5.1996 - 3 C 13.94). Nur dann, wenn der Behörde außergewöhnliche

Umstände des Falles bekannt geworden oder erkennbar sind, die eine andere Entscheidung möglich erscheinen lassen, liegt ein rechtsfehlerhafter Gebrauch des Ermessens vor, wenn diese Umstände von der Behörde nicht erwogen worden sind.

Ermessenslenkende Vorgaben im dargelegten Sinne sind im vorliegenden Fall den Vorschriften des Landeshaushaltsrecht zu entnehmen, auf die die Förderrichtlinien im Einleitungssatz ausdrücklich Bezug nehmen. Dem gesetzlichen Gebot, bei der Aufstellung und Ausführung des Haushaltsplans die Grundsätze der Wirtschaftlichkeit und Sparsamkeit zu beachten (§ 7 Abs. 1 BayHO, § 6 Abs. 1 HGrG), ist zu entnehmen, dass bei Verfehlung des mit der Gewährung von öffentlichen Zuschüssen verfolgten Zweckes im Regelfall das Ermessen nur durch eine Entscheidung für den Widerruf fehlerfrei ausgeübt werden kann. Diese Haushaltsgrundsätze überwiegen im Allgemeinen das Interesse des Begünstigten, den Zuschuss behalten zu dürfen, und verbieten einen großzügigen Verzicht auf den Widerruf von Subventionen. In vielen Subventionsgesetzen ist der Widerruf sogar zwingend vorgeschrieben, wenn Voraussetzungen für den Erlass des Bescheides nachträglich entfallen sind, Auflagen nicht eingehalten und eingegangene Verpflichtungen nicht erfüllt wurden.

Im Falle der Klägerin lagen im Zeitpunkt des Widerrufs der Bewilligung die Voraussetzungen vor, die eine solche Verwaltungsentscheidung ohne weitere Abwägung des Für und Wider ermöglichten. Dabei ist davon auszugehen, dass es nicht als ungewöhnlich und atypisch anzusehen ist, wenn die Klägerin durch den Wegfall der zugesagten Förderung eine Neuberechnung der Finanzierung des Bauvorhabens vornehmen muss. Diese Tatsache war der Widerrufsbehörde bekannt. Denn die Förderung einer Sicherung von Belegungsrechten setzt nach Nr. 1.4.5 der Förderrichtlinien eine Beteiligung des Krankenhausträgers an der Finanzierung der Wohnungen voraus. Weder bei der Anhörung im Verwaltungsverfahren noch im gerichtlichen Verfahren sind Tatsachen vorgetragen worden, wonach der Wegfall der Förderung bei der Klägerin zu schweren und auch mit Rücksicht auf das Interesse der Allgemeinheit an einer sparsamen Verwendung öffentlicher Mittel ihr nicht zumutbaren Nachteilen führen würde. Das Vorbringen, die Baumaßnahme wäre ohne die zugesagten Fördermittel nicht oder nur in geringerem Umfang durchgeführt worden, wurde nicht näher erläutert. Darüber hinaus würde das eine andere Entscheidung schon deshalb nicht rechtfertigen, weil das Förderprogramm gerade auf die Bedürfnisse der Klägerin abgestimmt war, die somit den Förderzweck kannte und wissen musste, dass die Belegung der Wohnung mit Ordensangehörigen nicht förderfähig war. Da im Übrigen die zu Unrecht bewilligten Fördermittel noch gar nicht ausbezahlt waren, stellen sich insoweit auch keine besonderen Gesichtspunkte des Vertrauensschutzes.

38

Die polizeiliche Zwangsräumung einer besetzten Kirche ist auch dann zulässig, wenn der zuständige Pfarrer ein Einschreiten gegen die Besetzer ablehnt.

Art. 11 EMRK
EGMR, Entscheidung (judgment) vom 9. April 2002
- Appl.No. 51346/99 (Cisse ./. Frankreich)[1] -

E. Facts
I. The circumstances of the case

1. The applicant was a member of (and a spokeswoman for) a group of aliens without residence permits who in 1996 decided to take collective action to draw attention to the difficulties they were having in obtaining a review of their immigration status in France.

2. Their campaign, which received widespread coverage in the press, culminated with the occupation of St Bernard's Church in Paris on 28 June 1996 by a group of some two hundred illegal immigrants, most of whom were of African origin. Ten men within the group decided to go on hunger strike. The applicant's daughter joined her mother as one of the occupiers of the church. The movement, known as the „St Bernard *sans papiers*" movement, was supported by several human-rights organisations, some of whose activists decided to sleep on the premises in a show of solidarity with their predicament.

3. On 22 August 1996 the Paris Commissioner of Police signed an order for the total evacuation of the premises. It was made on the grounds that the occupation of the premises was unrelated to religious worship, there had been a marked deterioration in the already unsatisfactory sanitary conditions, padlocks had been placed on the church exits and there were serious sanitary, health, peace, security and public-order risks.

4. More specifically, the order read as follows:

„*the director of the Paris Mobile Emergency Medical Service (SAMU) was given responsibility on 17 July 1996 for ensuring day to day care of the hunger strikers and the parish priest has been reminded of the health hazards to which the occupants were exposed by the precarious living conditions as also of the need to allow unrestricted access to the emergency services.*
The World Doctors (Médecins du Monde) *organisation, which offers continuous medical assistance in the church, has made public alarming information on the very serious consequences of this hunger strike for the health of those concerned at the expiration of the medically critical period of forty days.*

---

[1] CEDH/ECHR, Reports of Judgments and Decisions 2002-III (extracts).

On the basis of the provisions of Article 223-6 of the Code of Criminal Procedure, the ten hunger strikers were evacuated on 12 August 1996, solely in order for the men to be given appropriate medical check-ups in hospitals in Paris.
The men returned to the aforementioned church of their own accord and immediately declared their intention to pursue their action. Since 28 June 1996 there has been a marked deterioration in the already unsatisfactory sanitary conditions, the available sanitary equipment being totally inadequate for the longterm use of the premises as a collective shelter.
The number of people present on the premises has grown considerably during the last few days, and this has led to incidents in the immediate vicinity and notably on the public highway.
Such incidents create a risk of behaviour that may result in public order disturbances.
The various movements concerned have erected barriers on the public highway, across rue Saint-Bruno at the junctions with rue Saint-Luc and rue Jérôme l'Ermite. The barriers obstruct the highway, hindering the passage of ordinary traffic and of emergency vehicles.
The church doors and various exits are kept closed, and in some cases padlocked, to enable a filter system to be operated at the only remaining entrance that is permanently accessible, and a barricade formed of barriers chained together has even been placed between the enclosure railings and the north entrance to the church chancel. These installations constitute a major hazard should an emergency evacuation of the persons present inside the building become necessary.
These activities and movements are totally unrelated to religious worship, which is the exclusive use to which this public building may be put under the law of 9 December 1995.
It follows from the matters noted above that the current situation represents a serious sanitary, health, peace, public-security and public-order risk ..."

5. The following morning the police carried out the evacuation. The police officers arrived at the scene at 6.30 a.m. and set up a checkpoint at the church exit to verify, on the basis of Article 78-2, subparagraphs 1 and 3, of the Code of Criminal Procedure and Article 8, subparagraphs 2 and 3, of the Ordinance of 2 November 1945, whether the aliens evacuated from the church had documentation authorising them to stay and circulate in the territory. The police entered the church at 7.56 a.m.

6. All the occupants of the church were stopped and questioned. Whites were immediately released while the police assembled all the darkskinned occupants, apart from those on hunger strike, and sent them by coach to an aliens' detention centre at Vincennes. Orders were made for the detention and deportation of almost all of those concerned. More than a hundred were subsequently released by the courts on account of certain irregularities on the part of the police, which even extended to making false reports regarding the stopping and questioning procedure.

7. At 8.20 a.m. a police officer asked the applicant as she was leaving the church for documentary evidence that she had leave to stay in France, but she was unable to produce any. The applicant had attended

the Paris Police Commissioner's Office on 5 June 1996 but on 17 July 1996 had been refused leave to remain in France on the ground that she did not satisfy any of the conditions laid down by the Ordinance of 2 November 1945 for the issue of a residence permit and that there were no personal or family reasons justifying her being granted leave to remain on humanitarian grounds. She had been invited to leave French territory within one month after receipt of notification of the Commissioner of Police's decision.

8. At 9.55 a.m. the applicant was taken into custody and informed of her rights pursuant to Articles 63-2 and 63-4 of the Code of Criminal Procedure. The measure was deemed to have taken effect at 7.56 a.m., when she was stopped. The applicant refused to speak throughout her period in custody. At 8.15 p.m. on 23 August the Senior Deputy Public Prosecutor at the Eighth Division of the Paris Public Prosecutor's Office instructed the police officers to bring the applicant before him, with the case file as it stood.

9. At 1.30 p.m. on 24 August 1996 the applicant appeared before the Paris Criminal Court under the „immediate summary trial" procedure. She was accused of having „entered and stayed in France without being in possession of the documents or visas required by the rules" and was sentenced to two-months' imprisonment, suspended. The Criminal Court held:

„*The occupation of a place of worship ... over a period of several weeks, ... in order to contest their immigration status and create a movement in their favour, in itself constitutes an emergency justifying the administrative authority's decision to expel them.*
The presence in St Bernard's Church of several hundred people for a period of several weeks claiming, through public statements made by individuals or through spokespersons representing them, status as, in their own words, aliens without residence permits or papers, constituted grounds for suspecting that those concerned had committed offences under the immigration rules such that the verification of their identity pursuant to Article 78-2 was justified.
However, since a large number of people were stopped at the same time and refused to disclose their identities, the police were not able to carry out an immediate identity check. The fact that the identity check was not carried out when they were first stopped, but within what, given the practical contingencies inherent in an operation of that size, was a reasonable period thereafter, does not render the proceedings defective.
Regard being had to the large number of persons stopped and the circumstances in which the operation was conducted, the defendant was notified of her rights within a reasonable time ..."

10. On 23 January 1997 the Paris Court of Appeal, on appeal by the applicant, upheld the sentence and added an order excluding her from French territory for three years. In addition, it held in its judgment:

„*The occupation of a place of worship by approximately three hundred individuals over several weeks, in order to create a movement in their favour and to contest their immigration status, constitutes an emergency that justified the administrative authority making an expulsion order without making a prior application to the courts.*

The occupiers of the premises continued their hunger strike for almost forty days and the living conditions of those concerned continued to deteriorate.

The scale of the demonstrations over several weeks, with barriers being used to obstruct the highway and hinder the passage of vehicles, constituted a risk for security, sanitation, the health of the hunger strikers and public order that justified urgent measures being taken to put an end to the disturbances."

11. On 4 June 1998 the Court of Cassation dismissed the applicant's appeal on points of law on the following grounds:

„*In the proceedings before the courts below, in which Madjiguène Ndourit, a Senegalese national, was accused of illegally entering and staying in France, the accused duly challenged the lawfulness of the order issued by the commissioner of police, without a prior court order, for the evacuation of the church occupied by the accused and several other persons, which evacuation was followed by police identity checks that revealed that the demonstrators were illegal immigrants.*

In these circumstances, the reasons which the courts below relied on - unnecessarily - in dismissing her objection cannot serve as a basis for complaint by the appellant, since, even if she had proved that the administrative act referred to above was unlawful, it would have had no bearing on the outcome of the criminal proceedings."

B. Relevant domestic law

12. Article 111-5 of the Criminal Code provides:

„*The criminal courts shall have jurisdiction to interpret general or individual administrative decisions or regulations and to determine their lawfulness if the outcome of criminal proceedings pending before them depends on their so doing.*"

13. Article 78-2, subparagraph 1, of the Code of Criminal Procedure reads as follows:

„*Senior police officers and ordinary police officers acting on the orders of senior police officers who are accountable for their actions,... may invite any person to prove his or her identity by any means if there are grounds for suspecting that he or she:*

(i) has committed or attempted to commit an offence;

(ii) is preparing to commit a serious crime (crime) or other major offence (délit), may be able to provide information that will assist in the investigation of a serious crime or other major offence, or is wanted by a judicial authority."

14. Article L. 2512-13 of the General Code of the Territorial Authorities reads as follows:

„*In the City of Paris the Commissioner of Police shall have the powers and prerogatives conferred on him by the Ordinance of the Consuls of 12 Messidor, Year VIII, determining the functions of the Paris Commissioner of Police, by the amendments that have been made thereto, and by Articles L. 2512-7, L. 2512-14and L. 2512-17.*
However, in the circumstances set out in this Code and the Public Health Code, the Mayor of Paris shall be responsible for ensuring that public highways in the city are kept clean and tidy, for maintaining order at fairs and markets and, subject to the opinion of the Commissioner of Police, for all grants of parking permits to small traders and of permits or licences for erecting stalls on the public highway.
Further, in the circumstances set out in Article L. 2215-1, sub-paragraph 3°, and Articles L. 3221-4and L. 3221-5 of this Code, the Mayor shall be responsible for ensuring the preservation of State property incorporated into the public property of the City of Paris. For the purposes of the application of these provisions, the power of substitution conferred on the State in the département shall be exercised, in Paris, by the Commissioner of Police."

15. The relevant provisions of the Ordinance of the Consuls of 12 Messidor, Year VIII, which determines the functions of the Commissioner of Police of Paris, read as follows:

Section I - General provisions
„*1. The Commissioner of Police shall perform the functions set out hereafter, under the immediate authority of the ministers. He shall communicate directly with them about the matters for which their departments have responsibility.*
2. The Commissioner of Police may republish the administrative rules and regulations and issue orders to ensure that they are complied with."
Section III - Maintaining law and order in the city
21. The Commissioner of Police shall have responsibility for all matters concerning minor highways, save that an appeal will lie against his or her decisions to the Minister of the Interior.
22. The Commissioner of Police shall secure liberty and security on the public highway and to that end shall have responsibility for preventing criminal damage to the public highway, for lighting, for ensuring that residents comply with their obligation to keep the area in front of their houses swept, and for arranging for squares and the perimeters of public gardens and buildings to be swept at the city's expense ..."

16. The relevant provisions of the Law of 30 June 1881 on Public Meetings provides:

„*1. Anyone may attend public meetings.*
Public meetings may be held without prior permission subject to compliance with the conditions laid down in the following Articles ...

6. Meetings may not be held on the public highway; ...
8. Every meeting shall have a board of at least three people. The board shall be responsible for maintaining order, preventing any breach of the law, ensuring that the meeting retains the character ascribed to it in the declaration, prohibiting any speech that is contrary to public order or morals or containing any incitement to commit an act constituting a serious crime (crime) or other major offence (délit)...
9. ... the right to terminate a meeting shall not be exercised by the authority's representative unless he or she is called upon to do so by the board or unless clashes or patently illegal acts occur.
10. Any breach of the provisions of this Law shall be punishable by the penalties laid down for summary offences, without prejudice to any proceedings that may be instituted in respect of any serious crime or other major offence that may have been committed at the meetings."

17. Sections 25, 26, 32 and 35 of the Law of 9 December 1905 on the Separation of Church and State read as follows:

Section 25
„*Assemblies for the purposes of worship in premises belonging to or placed at the disposal of a religious association shall be open to the public. They shall be exempted from the requirements of section 8 of the Law of 30 June 1881, but shall remain under the supervision of the authorities in the interests of public order. Such assemblies may not take place until a declaration has been made, in the form required by section 2 of that Law, identifying the premises where they will be held ..."*
Section 26
„*It is prohibited to hold a public meeting in premises habitually used as a place of worship."*
Section 32
„*Anyone who prevents, delays or interrupts religious ceremonies by causing disturbances or disorder in the premises used for such ceremonies shall be liable to the same penalties.*
Section 35
„*A minister of religion guilty of making a speech or posting or distributing notices publicly in a place of worship that contain direct incitement to resist compliance with the law or the lawful acts of public authorities or are aimed at stirring up or rousing one group of citizens against the others shall be liable to two years' imprisonment, without prejudice to the penalties for complicity if the incitement is followed by sedition, revolt or civil war."*

The Law

...

II. Alleged violation of Article 11 of the Convention
34. The applicant alleged a breach of her right to freedom of peaceful assembly with other aliens for the purposes of denouncing their treatment. The interference with that right was not prescribed by law (as the evacuation order was illegal), and was neither justified by a legitimate

aim, nor proportionate. She alleged a violation of Article 11 of the Convention, the relevant parts of which provide:

„*1. Everyone has the right to freedom of peaceful assembly and to freedom of association with others ...*
2. No restrictions shall be placed on the exercise of these rights other than such as are prescribed by law and are necessary in a democratic society in the interests of national security or public safety, for the prevention of disorder or crime, for the protection of health or morals or for the protection of the rights and freedoms of others ..."

A. *Whether there has been an interference*
35. The Government maintained that the evacuation order made by the Commissioner of Police had not infringed the applicant's right of peaceful assembly. Relying on decisions of the European Commission of Human Rights, the Government said that the right of peaceful assembly did not extend to events intended by the organisers and participants to disturb public order or which, irrespective of the purpose for which they had been organised, unreasonably curtailed the right of others to assemble freely. The aim of the assembly in which the applicant had taken part conflicted with public order considerations, as St Bernard's Church had been occupied with a view to defending and legitimising a deliberate breach of the French immigration rules that rendered those responsible liable to prosecution. The unlawfulness of the assembly was therefore particularly flagrant and the very purpose of that assembly in itself entailed a breach of public order. It could not therefore be regarded as „peaceful" as that term was construed by the Court in its case-law. Nor, in view of its duration - several months - could the occupation constitute an „assembly".
36. Furthermore, the fact that the church had been occupied for a period of several months had indisputably hindered the local congregation in the performance of acts of worship, which under French law were a form of freedom of assembly that enjoyed the protection of the law. The fact that the occupied building was a place of worship, whose use was regulated by the Law of 9 December 1905 on the Separation of Church and State, meant that the assembly could not be classed as peaceful. Contending that the parish priest's refusal to intervene sufficed to establish that the assembly was peaceful in nature would be tantamount to saying that he was the sole person qualified to determine the extent of the harm done to public order and freedom of religion. Responsibility for implementing the Law of 9 December 1905 lay with the ordinary law-enforcement authorities, who were under a duty to maintain public order and to ensure that the premises were reserved for worship, in the interest of the congregation. The Court of Cassation had already ruled that the ecclesiastical authorities had no obligations of a material nature,

such as ensuring safety. It was for the administrative authorities to protect the safety of people inside the building, even in cases where the disturbance had originated outside.

37. The applicant submitted that it was not possible to contend that an assembly such as that in the instant case which had gathered to call for the immigration status of the „sans papiers" to be put in order was not peaceful, simply because its purpose did not meet with the approval of the government of the day. The Commission decisions cited by the Government did not have the scope attributed to them by the Government. In practice, the only type of events that did not qualify as „peaceful assemblies" were those in which the organisers and participants intended to use violence. In the instant case, neither the occupants of the church nor the applicant had at any stage been accused of violent conduct. In any event, the legality or otherwise of the assembly under domestic law was under no circumstances to be used as a criterion for determining whether it was peaceful.

38. As to the Government's argument that the assembly had interfered with the freedom of assembly of others, the applicant stressed that she and her fellow occupants had been supported throughout by the priest and his parish council and that all the ceremonies had taken place at the appointed time without the slightest incident. She maintained that, contrary to what had been asserted by the Government, there was no legal rule or authority in the case-law that allowed a public authority to decide what was in the church's best interests in place of the religious authority. Rather than showing how the assembly was supposed to have interfered with freedom of worship, the Government had relied instead on a so-called disturbance of public order that had allegedly occurred outside the church.

39. The Court notes that the applicant was a member of a group of aliens without valid residence permits who decided to take collective action to draw attention to the difficulties they were having in obtaining a review of their immigration status in France. Their campaign culminated on 28 June 1996 with a decision to occupy St Bernard's Church, in which the group took up residence for approximately two months. Neither the priest nor the parish council of the church objected to their presence and the religious services and various ceremonies proceeded as planned and without incident.

40. Consequently, the Court finds that the evacuation of the church amounted to an interference in the exercise of the applicant's right to freedom of peaceful assembly.

B. Whether the interference was justified

1. „Prescribed by law"

41. The Government submitted that the evacuation order that had brought the assembly to an end was prescribed by law. The Ordinance of

12 Messidor, Year VIII, and Article L. 2512-13 of the Code of the Territorial Authorities conferred on the Paris Commissioner of Police full powers to maintain public order. The Commissioner of Police had therefore possessed the necessary power to make the order of 22 August 1996 for the eviction of the occupants of St Bernard's Church.

42. The applicant maintained that there was nothing in the aforementioned provisions to show that the Commission of Police's powers included the protection of religious worship or that he was entitled to deploy the armed forces to defeat the right of asylum through forcible eviction of people who had, as a last resort, taken refuge in a place of worship.

43. The Court finds that the interference in issue was prescribed by law: in particular, under the Law of 9 December 1905 it is the local authorities, not the parish priest, who are responsible for supervising religious ceremonies and they are empowered to act either at the priest's request or on their own initiative.

2. Legitimate aim

44. The Government said that the evacuation order was made as a result of a number of public-order considerations. Its primary purpose had been to protect the health and safety of, first and foremost, those present in the church, all of whom were at serious risk, both because of the living conditions and in some cases because they were on hunger strike. A bailiff who had been instructed to inspect the premises by the Commissioner of Police had noted in his formal report a deterioration in the hunger-strikers' health and a serious lack of adequate sanitary facilities. The order had also been necessary to maintain public order and to prevent the commission of offences: the occupants of the church had admitted contravening the immigration rules; the installations that had been set up outside the church obstructed the free flow of traffic and the occupation of the church attracted a number of onlookers giving rise to fears that the situation would get out of hand. Lastly, the measure had been taken to ensure compliance with the religious vocation of the building.

45. The applicant argued that all the stated reasons were just a pretext. The truth, as was widely reported in the press without being contested, was that the Commissioner of Police had merely implemented a decision taken by the President of the Republic and the Prime Minister in an attempt to avoid giving the public the impression that they had been weakened by the challenge to the Government posed by the „sans papiers" in their pursuit of a review of their immigration status.

46. The Court notes that the evacuation was ordered to put an end to the continuing occupation of a place of worship by persons, including the applicant, who had broken French law. The interference therefore pursued a legitimate aim, namely the prevention of disorder.

3. „Necessary in a democratic society"

47. The Government maintained that the applicant and several hundred people had remained for approximately two months in a public building that was exclusively used as a place of worship and was manifestly unsuited for such an occupation. During the two months that had preceded the evacuation, the applicant had had an opportunity to set out her demands. Accordingly, the need for the measure complained of had been all the more acute in the instant case. The Government repeated that the applicant was in breach of the immigration rules and had publicly admitted the offence, even though she had earlier received an invitation to leave the territory, and had contravened by her conduct the provisions of the Law of 1881 governing freedom of assembly and the provisions of the Law of 1905 governing the user of places of worship.

48. The applicants said that there had been ten hunger-strikers out of the approximately three hundred people occupying the church and they had received constant medical attention there, including assistance from the authorities as, a few days before the evacuation, the police had taken the hunger-strikers to various hospitals so that their condition could be examined. The hunger-strikers had returned to the church immediately afterwards by their own devices. The occupation of the church had been peaceful and had taken place with the consent of the religious authorities and the parishioners. Illegal immigrants were not prohibited from assembling. Moreover, the Government had undertaken to review all the files of all the church occupants, such that the latter were thus entitled to remain in France at least until that review and any subsequent proceedings instituted to secure their departure had ended.

49. The applicant added that no incidents had in fact been witnessed in the vicinity of the church or on the public highway and had there been any the police could have intervened to restore order without having to evacuate the church. That was why the only concrete example that had been given concerned metal barriers that had allegedly been set up on the road, blocking traffic. Apart from the fact that there were eye witnesses to refute that allegation, a situation like that could have been remedied without any need to evacuate the church. Lastly, the allegation that the church entrances had been blocked was quite untrue and both the church leaders and the occupants had at all times been very careful to comply with the safety regulations.

50. The Court does not share the Government's view that the fact that the applicant was an illegal immigrant sufficed to justify a breach of her right to freedom of assembly, as that freedom had already been exercised for two months without intervention on the part of the authorities and peaceful protest against legislation which has been contravened does not constitute a legitimate aim for a restriction on liberty within the meaning of Article 11 § 2.

51. However, the Court notes that even though it was peaceful and did not in itself entail any disturbance of public order or prevent churchgoers from attending services, after two months the continued occupation of the church by illegal immigrants, including the applicant, had developed into a situation - described in a report drawn up by a bailiff on the instructions of the Commissioner of Police - in which the hunger-strikers' health had deteriorated and sanitary conditions become wholly inadequate.

52. In these circumstances, the Court accepts that restrictions on the exercise of the applicant's right to assembly may have become necessary. Admittedly, the parish priest did not request the police to intervene and the methods used by the police in an intervention that came without warning and was indiscriminate, went beyond what it was reasonable to expect the authorities to do when curtailing the freedom of assembly. The Court regrets that such methods were employed. However, it notes that the police could quite lawfully intervene under domestic law without a request from the parish priest and that the authorities' fear that the situation might deteriorate rapidly and could not be allowed to continue much longer was not unreasonable. In any event, the symbolic and testimonial value of the applicant's and other immigrants' presence had been tolerated sufficiently long enough in the instant case for the interference not to appear, after such a lengthy period, unreasonable.

53. In these conditions and having regard to the wide margin of appreciation left to the States in this sphere (*Plattform „Ärzte für das Leben" v. Austria*, 21 June 1988, Series A no. 139, p. 12, § 34), the Court holds that the interference with the applicant's right to freedom of assembly was not, in the light of all the circumstances of the case, disproportionate for the purposes of Article 11 § 2.

54. Consequently, there has been no violation of Article 11 of the Convention.

For these reasons, the Court unanimously 1. Dismisses the Government's preliminary objection; 2. Holds that there has been no violation of Article 11 of the Convention.

39

Die Kündigung eines kirchlichen Arbeitsverhältnisses ist nicht wegen fehlender Beteiligung der Mitarbeitervertretung unwirksam, wenn die Mitarbeitervertretung im Zeitpunkt der Kündigung zurückgetreten und das Mandat des Wahlvorstands abgelaufen war.

Der kirchliche Arbeitgeber handelt nicht treuwidrig, wenn er sich in diesem Falle auf die fehlende Pflicht zur Durchführung eines Beteiligungsverfahrens beruft. Treuwidrigkeit könnte allenfalls dann

angenommen werden, wenn die die Bildung einer Mitarbeitervertretung behindert oder nicht pflichtgemäß gefördert hätte. Im Erfordernis kirchenaufsichtlicher Genehmigung liegt keine Beschränkung der Vertretungsmacht des kirchlichen Arbeitgebers für den Ausspruch der Kündigung.

§§ 1 Abs. 2 KSchG, 162, 180 BGB
BAG, Urteil vom 12. April 2002 - 2 AZR 148/01[1] -

Die Parteien streiten über die Wirksamkeit einer ordentlichen Kündigung.

Die Klägerin trat im Februar 1986 als Kinderpflegerin in die Dienste der beklagten Kirchengemeinde, die etwa 50 Arbeitnehmer beschäftigt. Die Klägerin war in dem von der Beklagten betriebenen Kindergarten tätig. Im Arbeitsvertrag der Parteien ist die Geltung des Bundes-Angestelltentarifvertrages in der für die Angestellten im Bereich der Ev. Kirche von Westfalen jeweils geltenden Fassung (BAT-KF) sowie des Kirchengesetzes über das Verfahren zur Regelung der Arbeitsverhältnisse der Mitarbeiter im Kirchlichen Dienst (ARRG) vom 25.10.1979 (KABl. S. 230) vereinbart.

Am 21.6.2000 fasste das Presbyterium der Beklagten den Beschluss, das Arbeitsverhältnis der Klägerin wegen lang anhaltender Krankheit der Klägerin „vorbehaltlich der kirchenaufsichtlichen Genehmigung" zum 31.12.2000 zu kündigen. Ausweislich eines von der Beklagten vorgelegten Schreibens des Landeskirchenamtes vom 23.6.2000 erteilte dieses die kirchenaufsichtliche Genehmigung. Mit Schreiben vom 28.6.2000, das der Klägerin am Tage darauf zuging, erklärte die Beklagte die ordentliche Kündigung des Arbeitsverhältnisses zum 31.12.2000.

Ein Beteiligungsverfahren nach dem Mitarbeitervertretungsgesetz (MVG) ging der Kündigung nicht voraus. Die frühere Mitarbeitervertretung (MAV) hatte am 27.9.1999 ihren Rücktritt beschlossen. Am 28.10.1999 fand eine Mitarbeiterversammlung statt, auf der ein Wahlvorstand für die Neuwahl einer MAV gewählt wurde. Zur Neuwahl kam es dann jedoch nicht, weil sich keine Kandidaten zur Verfügung stellten.

Die Klägerin hält die Kündigung vom 28.6.2000 für unwirksam. Die Kündigung scheitere schon deshalb, weil das Presbyterium den Kündigungsbeschluss zu einem Zeitpunkt gefasst habe, als die kirchenaufsichtliche Genehmigung noch nicht vorgelegen habe. Ferner habe die Beklagte ein Beteiligungsverfahren nach dem MVG durchführen müssen.

---

[1] BAGE 101, 39; AP Nr. 65 zu § 1 KSchG 1969; BAGReport 2003, 5; BB 2002, 2675; BuW 2003, 307; DB 2002, 1943; EBE/BAG 2002, 138; EzA-SD 2002, Nr. 18, 12; EzBAT § 53 BAT Krankheit Nr. 39; MDR 2002, 1255; NJW 2002, 3271; NZA 2002, 1081; SAE 2004, 7; USK 2002-15; ZBVR 2002, 198; ZTR 2002, 547.

Die Beklagte hat um Abweisung der Klage gebeten. Es reiche aus, dass die kirchenaufsichtliche Genehmigung bei Ausspruch der Kündigung vorgelegen habe. Die MAV habe seit ihrem Rücktritt nicht mehr existiert. Der am 28.10.1999 gebildete Wahlvorstand nehme die Aufgaben der MAV nach dem MVG längstens für einen Zeitraum von sechs Monaten wahr. Nach Ablauf dieses Zeitraums bestehe keine Möglichkeit zur Durchführung eines Beteiligungsverfahrens. Im Zeitpunkt des Kündigungszugangs sei mit einer Wiederherstellung der Gesundheit der Klägerin auf absehbare Zeit - zumindest für die folgenden 24 Monate - nicht zu rechnen gewesen. Objektive Anhaltspunkte für eine Besserung habe die Klägerin nicht benannt.

Das Arbeitsgericht hat die Kündigungsschutzklage abgewiesen. Das Landesarbeitsgericht hat die Berufung der Klägerin nach Beweisaufnahme zurückgewiesen. Mit der vom Landesarbeitsgericht zugelassenen Revision verfolgt die Klägerin ihr Begehren weiter.

Das Rechtsmittel hatte Erfolg und führte zur Aufhebung des Berufungsurteils und zur Zurückverweisung der Sache an das Landesarbeitsgericht.

Aus den Gründen:

I. Das Landesarbeitsgericht hat angenommen, die Kündigung sei weder formell zu beanstanden noch als Wiederholungskündigung unwirksam. Sie sei durch Gründe in der Person der Klägerin bedingt und deshalb nicht sozialwidrig iSd § 1 Abs. 2 KSchG. Die für die Wirksamkeit einer Kündigung aus Anlass einer Langzeiterkrankung gegebenen drei Voraussetzungen seien erfüllt. (*wird ausgeführt*)
II. Dem folgt der Senat nur in Teilen der Begründung.
1. (...)
2. Die Kündigung ist nicht wegen fehlender Beteiligung der MAV unwirksam.
a) Das Kirchengesetz über Mitarbeitervertretungen in der Ev. Kirche in Deutschland (Mitarbeitervertretungsgesetz - MVG) vom 6.11.1992 (ABl. EKD 1992, S. 445), zuletzt geändert durch Kirchengesetz vom 5.11.1998 (ABl. EKD 1998, S. 478), trifft, soweit von Interesse, folgende Regelungen:

„*§ 7 MVG Neubildung von Mitarbeitervertretungen*
Sofern keine Mitarbeitervertretung besteht, hat die Dienststellenleitung ... unverzüglich eine Mitarbeiterversammlung zur Bildung eines Wahlvorstandes einzuberufen. Kommt die Bildung einer Mitarbeitervertretung nicht zustande, so ist auf Antrag von mindestens drei Wahlberechtigten und spätestens nach Ablauf einer Frist von jeweils längstens einem Jahr erneut eine Mitarbeiterversammlung einzuberufen, um einen Wahlvorstand zu bilden.

§ 16 Neuwahl der Mitarbeitervertretung vor Ablauf der Amtszeit
(1) Die Mitarbeitervertretung ist vor Ablauf ihrer Amtszeit unverzüglich neu zu wählen, wenn
a) ...
b) die Mitarbeitervertretung mit den Stimmen der Mehrheit der Mitglieder ihren Rücktritt beschlossen hat,
c) ...
(2) In den Fällen des Absatzes 1 ist unverzüglich das Verfahren für die Neu- oder Nachwahl einzuleiten. Bis zum Abschluss der Neuwahl nehmen im Falle des Absatzes 1 Buchstabe a die verbliebenen Mitglieder der Mitarbeitervertretung deren Aufgaben wahr ...; in den übrigen Fällen nimmt der Wahlvorstand die Aufgaben der Mitarbeitervertretung bis zum Abschluss der Neuwahl, längstens aber für einen Zeitraum von sechs Monaten wahr ..."

Gem. § 42b, § 41 Abs. 3, § 38 MVG darf eine ordentliche Kündigung erst ausgesprochen werden, wenn die MAV zugestimmt hat oder die Zustimmung durch die Schlichtungsstelle ersetzt worden ist.

b) Nach den für den Senat bindenden und auch von der Klägerin nicht mehr bestrittenen Feststellungen des Landesarbeitsgerichts war die zuständige Mitarbeitervertretung am 30.9.1999 zurückgetreten. Am 28.10.1999 wurde in einer Mitarbeiterversammlung ein Wahlvorstand gewählt. Zur Wahl einer Mitarbeitervertretung kam es dann jedoch nicht. Das Landesarbeitsgericht hat also zu Recht angenommen, dass bei Ausspruch der Kündigung im Juni 2000 eine MAV nicht bestand. Wie das Landesarbeitsgericht ebenfalls zutreffend angenommen hat, konnte die Beklagte den am 28.10.1999 gewählten Wahlvorstand nicht beteiligen, weil dessen Mandat gem. § 16 Abs. 2 Satz 2 MVG am 28.4.2000 abgelaufen war (vgl. Fey-Rehren, Kirchengesetz über Mitarbeitervertretungen in der Ev. Kirche in Deutschland. Praxiskommentar Stand Januar 2000 § 16 MVG Rn 7).

c) Ohne Erfolg rügt die Revision, die Beklagte habe es treuwidrig (§ 242 BGB) unterlassen, die Mitarbeiter darüber zu unterrichten, dass ohne Neuwahl einer Mitarbeitervertretung die Kündigungsmöglichkeiten der Beklagten erweitert würden.

aa) Anders als das Betriebsverfassungsgesetz sieht § 7 MVG allerdings eine Initiativpflicht des Arbeitgebers zur Wahl einer Mitarbeitervertretung vor. Dieser Verpflichtung ist die Beklagte jedoch nachgekommen, indem sie am 28.10.1999 eine Mitarbeiterversammlung einberief. Nunmehr war es Sache des Wahlvorstandes und der Mitarbeiter, eine Mitarbeitervertretung zu wählen. Darüber hinausgehende Unterrichtungspflichten sieht das MVG nicht vor. Erst nach Ablauf eines Jahres musste die Beklagte erneut eine Mitarbeiterversammlung einberufen. Ob sie dieser Verpflichtung nachgekommen ist, kann dahinstehen, weil die Kündigung vor Ablauf dieser Jahresfrist ausgesprochen wurde.

bb) Die Beklagte handelt nicht treuwidrig, wenn sie sich auf die fehlende Pflicht zur Durchführung eines Beteiligungsverfahrens beruft.

Treuwidrigkeit könnte allenfalls dann angenommen werden - unter dem Gesichtspunkt der Vereitelung von Rechten der Gegenpartei (vgl. auch §§ 162 Abs. 1 BGB, 815 BGB) -, wenn die Beklagte die Bildung einer Mitarbeitervertretung behindert oder nicht pflichtgemäß gefördert hätte. Die Beklagte hat aber ihre Pflichten nach dem MVG erfüllt. Dass sich kein Mitarbeiter zur Kandidatur bereit fand, ist ihr nicht anzulasten.
3. (...)
4. Ebenfalls zu Unrecht macht die Revision eine Verletzung von § 180 BGB geltend. Diese Vorschrift regelt das Schicksal einseitiger Rechtsgeschäfte des vollmachtlosen Vertreters. Die Kündigung ist jedoch nicht von einem vollmachtlosen Vertreter ausgesprochen worden, sondern von der Beklagten selbst. Arbeitgeberin und damit Vertragspartnerin der Klägerin ist allein die als Körperschaft des öffentlichen Rechts verfasste beklagte Kirchengemeinde.

Allerdings bedarf nach § 3 Nr. 3, § 5 Abs. 2 Nr. 7 der Verordnung über die kirchenaufsichtliche Genehmigung dienst- und arbeitsrechtlicher Maßnahmen (Genehmigungsverordnung - GenVO) vom 29.11.1995 (KABl. 1996 S. 5 ff.) die Kündigung eines Arbeitsverhältnisses der vorherigen Genehmigung durch das Landeskirchenamt. Darin liegt indes keine Beschränkung der Vertretungsmacht. Die genannten Vorschriften beinhalten vielmehr das Zustimmungserfordernis eines Dritten, das in §§ 182 bis 184 BGB geregelt ist. Als zustimmungsbedürftiges Rechtsgeschäft ist in § 3 Nr. 3 GenVO die Kündigung eines Arbeitsverhältnisses bezeichnet. Wie sich aus § 182 Abs. 3 BGB ergibt, muss, wenn die Wirksamkeit eines einseitigen Rechtsgeschäfts von einer vorherigen Zustimmung (= Einwilligung) abhängt, die Einwilligung erst bei Vornahme des Rechtsgeschäfts vorliegen. Erst in diesem Zeitpunkt kann nämlich der Erklärungsempfänger die Vorlage der schriftlichen Einwilligung verlangen (§ 182 Abs. 3 BGB iVm § 111 Satz 2, 3 BGB). Dem ist hier Genüge getan. Das Landesarbeitsgericht hat bindend und ohne dass die Revision hiergegen Verfahrensrügen erhoben hätte, festgestellt, bei Ausspruch der Kündigung habe die kirchenaufsichtliche Genehmigung vorgelegen. Dass die Genehmigung im Zeitpunkt, als das Presbyterium den Kündigungsentschluss fasste, noch nicht vorlag, ist unerheblich. Das nach § 3 Nr. 3 GenVO genehmigungsbedürftige Rechtsgeschäft ist nicht der Beschluss des Presbyteriums, sondern die Kündigung selbst.

5. Zutreffend rügt dagegen die Revision eine fehlerhafte Anwendung des § 1 Abs. 2 KSchG durch das Berufungsgericht. (*wird ausgeführt*)

40

Für die Entscheidung über den von einem evangelischen Pfarrer geltend gemachten Anspruch auf Zahlung regulärer Dienstbezüge ist im Bereich der Evangelischen Kirche im Rheinland der Rechtsweg zur kirchlichen Verwaltungsgerichtsbarkeit eröffnet.

Art. 2 Abs. 1 iVm Art. 1 Abs. 1, 12, 33 Abs. 5, 140 GG, 137 Abs. 3 WRV
VG Düsseldorf, Urteil vom 19. April 2002 - 1 K 8559/99[1] -

Der Kläger war bis zu seiner Beurlaubung zum 1.9.1992 als Pfarrer in der ev. Kirchengemeinde N. tätig.

Mit Bescheid des Landeskirchenamtes der Beklagten (Ev. Kirche im Rheinland) vom 24.11.1992 (Verfügungen vom 24.11.und 16.12.1992) wurde er zum 1.7.1993 aus der Kirchengemeinde abberufen. Nach erfolglosem Widerspruchsverfahren lehnte die Verwaltungskammer der Beklagten seinen Antrag auf Aufhebung des Abberufungsbescheides mit Urteil vom 7.3.1994 (VK 4/1993)ab. Am 13.6.1995 beschloss das Landeskirchenamt, den Kläger zum 1.8.1995 in den Wartestand zu versetzen, und teilte ihm dies mit Bescheid vom 19.6.1995 mit. Nachdem sein dagegen erhobener Widerspruch erfolglos geblieben war, beantragte der Kläger die Entscheidung der Verwaltungskammer der Beklagten, die seinen Antrag auf Aufhebung des Bescheides vom 19.6.1995 mit Urteil vom 22.4.1996 (VK 3/1996) zurückwies. Zugleich abgelehnt wurde der hilfsweise gestellte Antrag, die Beklagte zu verpflichten, mit der Versetzung in den Wartestand keine Minderung des Diensteinkommens des Klägers vorzunehmen. - Die gegen das Urteil der Verwaltungskammer erhobene Verfassungsbeschwerde nahm das Bundesverfassungsgericht mit Beschluss vom 6.4.1999 (2 BvR 1635/96)nicht zur Entscheidung an. Zur Begründung führte es aus, die Verfassungsbeschwerde sei unzulässig, da der Kläger den Rechtsweg zu den staatlichen Fachgerichten nicht erschöpft habe. - Im Hinblick auf die Versetzung in den Wartestand erhielt der Kläger mit Wirkung zum 1.8.1995 um 25 vH gekürzte Dienstbezüge (Wartegeld). Nachdem ihm für 1996 und 1997 kein Urlaubsgeld ausgezahlt worden war, beantragte er mit Schreiben vom 29.9.1997 dessen Nachzahlung bei der Gemeinsamen Versorgungskasse für Pfarrer und Kirchenbeamte der Beklagten, der Ev. Kirche von Westfalen und der Lippischen Landeskirche. Gegen den ablehnenden Bescheid vom 30.9.1997 erhob er nach erfolglosem Widerspruchsverfahren Zahlungsklage bei der Verwaltungskammer der Beklagten, die mit Urteil vom

---

[1] NVwZ-RR 2003, 807; NWVBl 2003, 69. Die Nichtzulassungsbeschwerde des Klägers wurde zurückgewiesen; OVG.NW, Beschluss vom 3.7.2003 - 5 A 2781/02 - n.v.

24.8.1998 (VK 9/1998)abgewiesen wurde. Die dagegen zum Verwaltungsgerichtshof der Ev. Kirche der Union eingelegte Berufung wurde mit Beschluss vom 2.11.1999 zurückgewiesen.

Der Kläger, der zum 1.9.1998 in den Ruhestand versetzt worden ist, hat im vorliegenden Verfahren Klage beim Verwaltungsgericht Düsseldorf erhoben, mit der er von der Beklagten die Zahlung des Differenzbetrages zwischen den regulären Dienstbezügen und den gekürzten Wartestands- bzw. Ruhestandsbezügen verlangt; hilfsweise begehrt er die Zahlung von Urlaubsgeld für 1996 und 1997.

Er ist der Auffassung, es handele sich um eine Rechtsstreitigkeit, für die der Rechtsweg zu den staatlichen Gerichten gegeben sei. Zwar sei das kirchliche Amts- und Dienstrecht einschließlich der Besoldungs- und Versorgungsregelungen grundsätzlich dem innerkirchlichen Bereich zuzuordnen mit der Folge, dass die Kirchen insoweit keine öffentliche Gewalt im Sinne von Art. 19 Abs. 4 GG ausübten. Die Versetzung eines Pfarrers in den Wartestand nach § 49 Abs. 1 b) iVm § 53 Abs. 3 des Pfarrerdienstgesetzes (PfDG) a.F. sei aber eine Maßnahme, die in den staatlichen Bereich hineinwirke. Bereits der Umstand, dass die Versetzung in den Wartestand erfolge, ohne dass ein Verschulden des Pfarrers überprüft und nachgewiesen werde, lasse es zweifelhaft erscheinen, eine Bindung der Beklagten an die für alle geltenden Gesetze im Sinne von Art. 140 GG iVm Art. 137 Abs. 3 WRV zu verneinen. Würden jedoch zu der schuldlosen Versetzung in den Wartestand noch weitere nachteilige Folge wie Gehaltskürzung, Verlust der Dienstwohnung, Verhinderung der Berufsausübung etc. hinzutreten, werde der innerkirchliche Rechtskreis verlassen. Angesichts dieser weit reichenden und für den Betroffenen schwer wiegenden, ihn wie einen „Jedermann" treffenden Konsequenzen unterliege das in Art. 140 GG iVm Art. 137 Abs. 3 WRV verankerte Selbstbestimmungsrecht der Beklagten den Beschränkungen, die sich aus der Bindung an die für alle geltenden Gesetze ergäben. Die mithin zulässige Klage habe auch in der Sache Erfolg. Durch die Verbindung von In-Wartestand-Versetzung mit einer Kürzung der Dienstbezüge werde der Kläger in Art. 2 Abs. 1 iVm Art. 1 Abs. 1 GG, Art. 12 GG sowie Art. 33 Abs. 5 GG verletzt. Ohne dass er die Möglichkeit habe, in einem Verfahren sein Nichtverschulden nachzuweisen, sehe er sich gleichsam einer „Bestrafung" ausgesetzt. Mit der Versetzung in den Ruhestand bestehe faktisch ein Berufsverbot: Er unterstehe nach wie vor der Dienstaufsicht und dem Disziplinarrecht der Beklagten, er unterliege weiterhin denselben Beschränkungen wie im Wartestand, und mit dem drohenden Verlust der Versorgungsansprüche für den Fall des Ausscheidens aus dem Dienst werde die weitere Berufsausübung unterbunden.

Der geltend gemachte Urlaubsgeldanspruch ergebe sich aus § 18 der Pfarrbesoldungs- und -versorgungsordnung (PfBVO) iVm § 2 Abs. 1 des

Urlaubsgeldgesetzes (UrlGG): Nach § 2 Abs. 1 Nr. 1 UrlGG entfalle der Urlaubsgeldanspruch lediglich, wenn der Berechtigte für den gesamten Monat Juli ohne Bezüge beurlaubt sei. Dies treffe auf ihn nicht zu. Als Pfarrer im Wartestand erhalte er Wartestandsbezüge und sei damit nicht ohne Bezüge. Jedenfalls sei § 18 PfBVO verfassungskonform dahingehend auszulegen, dass er Anspruch auf Urlaubsgeld habe. Ein Pfarrer im Wartestand sei eher einem Pfarrer mit Pfarrstelle vergleichbar als einem Pfarrer im Ruhestand. Demgemäß sei er auch hinsichtlich des Urlaubsgeldes wie ein Pfarrer mit Pfarrstelle zu behandeln. Die Nichtzahlung von Urlaubsgeld verstoße im Übrigen auch gegen den Alimentationsgrundsatz.

Die Beklagte hält die Klage bereits für unzulässig, da der Rechtsweg zu den staatlichen Verwaltungsgerichten nicht eröffnet sei. Zu den von staatlichen Gerichten nicht überprüfbaren kirchlichen Angelegenheiten gehörten neben dem Bereich der Seelsorge auch das kirchliche Amtsrecht und das damit untrennbar verbundene Dienst- und Versorgungsrecht der Geistlichen. Darüber hinaus sei die Klage auch unbegründet. Die geltend gemachte Grundrechtsverletzung sei nicht erkennbar. Abgesehen davon, dass die Kirchen an Art. 33 Abs. 5 GG nicht gebunden seien, sei der Wartestand auch ein hergebrachtes beamtenrechtliches Institut, das nicht von einem Verschulden abhänge. Im Übrigen stellten die staatlichen beamtenrechtlichen Regelungen und Grundsätze keinen Prüfungsmaßstab für die kirchenrechtlichen Bestimmungen dar, weil sie nicht zu den für alle geltenden Gesetzen im Sinne von Art. 140 GG iVm Art. 137 Abs. 3 WRV zählten.

Ein Anspruch auf Zahlung von Urlaubsgeld für 1996 und 1997 bestehe nicht, da der Kläger zum maßgeblichen Zeitpunkt nicht in einem Dienstverhältnis mit Besoldung gestanden habe. Auch die Heranziehung des Gleichbehandlungsgrundsatzes verlange nicht, den Kläger entsprechend einem Pfarrer im Pfarrdienst zu behandeln. Denn mit diesem sei ein Pfarrer im Wartestand nicht vergleichbar, da für ihn die Verpflichtung zur Verrichtung des Pfarrdienstes entfalle.

Die Kammer weist die Klage ab.

Aus den Gründen:

Die Klage hat keinen Erfolg. Sie ist hinsichtlich Haupt- und Hilfsantrag unzulässig, da der Rechtsweg zu den staatlichen Verwaltungsgerichten nicht gegeben ist.

Die vermögensrechtliche Streitigkeit, ob dem Kläger ein Anspruch auf Nachzahlung der Differenzbezüge zwischen den Wartestands- bzw. Ruhestandsbezügen und den regulären Pfarrerdienstbezügen sowie Urlaubsgeld für 1996 und 1997 zusteht, unterliegt nicht der Überprüfung durch staatliche Gerichte. Der Rechtsstreit ist der Verwaltungsgerichtsbarkeit nicht auf Grund der - § 40 Abs. 1 VwGO verdrängenden - Bestimmung des § 126 Abs. 1 iVm § 135 Satz 2 BRRG zur Entscheidung zugewiesen. Gemäß § 135 Satz 2 BRRG bleibt es öffentlich-rechtlichen Religionsgesellschaften und ihren Verbänden überlassen, die Rechtsverhältnisse ihrer Beamten und Seelsorger dem Beamtenrechtsrahmengesetz entsprechend zu regeln und die Vorschriften des Kapitels II Abschnitt II (§§ 126 ff. BRRG) für anwendbar zu erklären. Die Bestimmung ist Ausdruck der verfassungsrechtlich anerkannten Eigenständigkeit der öffentlich-rechtlichen Religionsgesellschaften. Nach Art. 140 GG iVm Art. 137 Abs. 3 Satz 1 WRV ordnet und verwaltet jede Religionsgesellschaft ihre Angelegenheiten selbstständig innerhalb der Schranken des für alle geltenden Gesetzes. Sie verleiht ihre Ämter ohne Mitwirkung des Staates oder der bürgerlichen Gemeinde (Satz 2). Auf Grund dieses verfassungsrechtlich verankerten Selbstbestimmungsrechts ist es Sache der Religionsgesellschaften, ihr Dienstrecht einschließlich des Besoldungsrechts nach ihren eigenen Vorstellungen selbst zu regeln. Dementsprechend nimmt § 135 BRRG die öffentlich-rechtlichen Religionsgesellschaften vom Geltungsbereich dieses Gesetzes aus (Satz 1) und überlässt es ihrer Entscheidung, die Regelungen des Rahmengesetzes entsprechend heranzuziehen (Satz 2). Ebenso ist es danach ihre Sache, eine eigene Gerichtsbarkeit zu schaffen; es steht der jeweiligen Religionsgesellschaft aber auch frei, die Rechtswegzuweisung des Beamtenrechtsrahmengesetzes für anwendbar zu erklären (vgl. BVerwG, Urteil vom 15.12.1967 - 6 C 68/67 - BVerwGE 28, 345 [346 f.], KirchE 9, 306; vgl. auch schon Urteil vom 27.10.1966 - 2 C 98/64 - BVerwGE 25, 226 [228 ff.], KirchE 8, 213; ferner z.B. Urteile vom 25.11.1982 - 2 C 38/81 - NJW 1983, 2582 f., KirchE 20, 208 und - 2 C 21/78 - NJW 1983, 2580 [2581], KirchE 20, 217; Urteil vom 17.11.1992 - 2 B 160/92 - Buchholz 230 § 135 BRRG Nr. 5; Urteil vom 28.4.1994 - 2 C 23/92 - NJW 1994, 3367 [BVerwGE 95, 379], KirchE 32, 148); siehe dazu auch Urteil des erkennenden Gerichts vom 13.2.1998 - 1 K 10671/95 - VBl.NW 1998, 454 ff., KirchE 36, 73.

Die Beklagte, als (Glied-)Kirche eine (öffentlich-rechtliche) Religionsgesellschaft im Sinne von Art. 140 GG iVm Art. 137 WRV, § 135 BRRG, hat die Rechtswegregelung gemäß § 135 Satz 2 BRRG weder ausdrücklich noch stillschweigend für anwendbar erklärt. Vielmehr hat sie eine eigene, innerkirchliche Verwaltungsgerichtsbarkeit eingerichtet. Gemäß §§ 2 u. 3 des Kirchengesetzes über die kirchliche Verwaltungsgerichtsbarkeit in der Ev. Kirche im Rheinland (Verwaltungskammergesetz - VwKG) vom 9.1.1997 sind kirchliche Verwaltungsgerichte die Verwaltungskammer der Ev. Kirche im Rheinland sowie der Verwaltungsgerichtshof der Ev. Kirche der Union. Vgl. zu der früheren Ausgestaltung der innerkirchlichen Verwaltungsgerichtsbarkeit § 1 VwKG vom 16.1.1976, wonach mit der Verwaltungskammer lediglich ein Instanzenzug bestand. Die kirchlichen Verwaltungsgerichte sind u.a. zuständig für die Entscheidung von Streitigkeiten aus öffentlich-rechtlichen Dienstverhältnissen zur Kirche, vgl. (§ 1 VwKG iVm) § 19 Abs. 2 des Kirchengesetzes über die kirchliche Verwaltungsgerichtsbarkeit - Verwaltungsgerichtsgesetz (VwGG) - vom 16.6.1996. Für die Zeit vor Inkrafttreten des geltenden Verwaltungskammergesetzes vgl. die § 19 Abs. 2 VwGG entsprechende Regelung in § 2 Abs. 2 VwKG a.F. Damit erstreckt sich die Verwaltungsgerichtsbarkeit der Beklagten auch auf die Prüfung des klägerischen Begehrens, denn es handelt sich um eine Streitigkeit im Sinne von § 19 Abs. 2 VwGG. Der Begriff des öffentlich-rechtlichen Dienstverhältnisses umfasst alle Angelegenheiten im Zusammenhang mit der Begründung, dem Inhalt und der Beendigung des kirchlichen Amtsverhältnisses (vgl. BVerwG, Urteil vom 25.11.1982 - 2 C 21/78 - NJW 1983, 2580 [2582], KirchE 20, 208, zu einer vergleichbaren kirchengesetzlichen Bestimmung; siehe auch OVG.NW, Urteil vom 23.9.1997 - 5 A 3031/95 - KirchE 35, 388).

Soweit das Bestehen bzw. die inhaltliche Ausgestaltung des Dienstverhältnisses maßgeblich sind für vermögensrechtliche Ansprüche, unterliegen auch darauf bezogene Streitigkeiten der Gerichtsbarkeit der Beklagten. Denn die Formulierung „Streitigkeiten aus öffentlich-rechtlichen Dienstverhältnissen" in § 19 Abs. 2 VwGG verweist mangels inhaltlicher Einschränkung darauf, dass alle Streitigkeiten erfasst werden sollen, die sich aus der Anwendung von Dienstverhältnisse betreffenden Kirchengesetzen, hier des Pfarrerdienstgesetzes (vgl. § 2 Abs. 1 PfDG vom 15.6.1996), ergeben. Das Pfarrerdienstgesetz regelt indes auch vermögensrechtliche Aspekte, vgl. z.B. §§ 45, 89 Abs. 2, 94 Abs. 2 PfDG iVm den Vorschriften der Pfarrbesoldungs- und -versorgungsordnung (PfBVO) idF vom 1.6.1992 (vgl. allgemein auch BVerwG, Urteil vom 25.11.1982 - 2 C 21/78 - NJW 1983, 2580 [2582], KirchE 20, 208. Mithin ist auch für die Entscheidung über den vom Kläger geltend gemachten Anspruch auf Zahlung regulärer Pfarrerdienstbezüge einschließlich Urlaubsgeld der Rechtsweg zur kirchlichen Verwaltungsgerichtsbarkeit eröffnet. Dies schließt eine Deutung im Ansatz aus, die Beklagte habe - wenn auch nicht ausdrücklich - so doch stillschweigend die §§ 126 ff. BRRG für anwendbar erklärt.

Räumt § 135 BRRG den öffentlich-rechtlichen Religionsgesellschaften das Recht ein, über die Anwendbarkeit des § 126 BRRG zu disponieren und hat sich eine Religionsgesellschaft gegen den Verwaltungsrechtsweg entschieden, kann dies durch Heranziehung der Generalklausel von § 40 Abs. 1 VwGO nicht überspielt werden. § 135 Satz 2 BRRG ist auch für den Fall, dass von der Verweisungsmöglichkeit an die staatlichen Gerichte kein Gebrauch gemacht wird, lex specialis und schließt einen Rückgriff auf die allgemeine Zuweisungsregelung in § 40 VwGO aus (vgl.

auch bereits Urteil des erkennenden Gerichts vom 13.2.1998 - 1 K 10671/95 - VBl.NW 1998, 455, KirchE 36, 73).
Der Rechtsweg zu den staatlichen Gerichten ist schon nach der Gesetzessystematik nur im Rahmen von § 135 BRRG gegeben. Dieses Verständnis von § 135 Satz 2 BRRG folgt zwingend auch aus Art. 140 GG iVm Art. 137 WRV. Denn die „Angebots"-Konzeption des § 135 BRRG (vgl. BVerwG, Urteil vom 27.10.1966 - 2 C 98/64 - BVerwGE 25, 226 [233], KirchE 8, 213; BGH, Urteil vom 19.9.1966 - 3 ZR 199/64 - BGHZ 46, 96 [102], KirchE 8, 159 - ist Ausdruck des den Religionsgesellschaften verfassungsrechtlich zukommenden Selbstbestimmungsrechts. Hat der Gesetzgeber aber bei der Regelung des § 135 BRRG die besondere Stellung der Religionsgesellschaften mit im Blick gehabt, entspricht dem auch mit Blick auf höherrangiges Recht eine Auslegung der Bestimmung, wonach der staatliche Rechtsweg (nur) nach Maßgabe der Entscheidung der Religionsgesellschaft zur Verfügung gestellt wird. Diese normative Wertung würde jedoch unterlaufen, wenn für den Fall des Fehlens einer kirchenrechtlichen Regelung im Sinne von § 135 Satz 2 BRRG ein Rückgriff auf die Generalklausel des § 40 Abs. 1 VwGO möglich wäre. Denn dann wäre hinsichtlich des Regelungsbereiches, auf den § 135 BRRG verweist, der staatliche Verwaltungsrechtsweg regelmäßig gegeben und beschränkte sich die Ausübung des Selbstbestimmungsrechts der Religionsgesellschaft allein auf die Entscheidung, zusätzlich eine kirchliche Verwaltungsgerichtsbarkeit einzurichten. Der Auslegung von § 135 Satz 2 BRRG als § 40 Abs. 1 VwGO verdrängende Spezialnorm steht der in Art. 19 Abs. 4 GG gewährleistete Justizgewährungsanspruch nicht entgegen.

Gemäß Art. 19 Abs. 4 Satz 1 GG steht demjenigen, der durch die öffentliche Gewalt in seinen Rechten verletzt wird, der staatliche Rechtsweg offen. Öffentliche Gewalt im Sinne dieser Norm meint die Ausübung öffentlicher staatlicher Gewalt (vgl. z.B. BVerfG, Beschluss vom 17.2.1965 - 1 BvR 732/64 - BVerfGE 18, 385 [386 f.], KirchE 7, 172; Beschluss vom 12.2.1981 - 1 BvR 567/77 -NJW 1983, 2570, KirchE 18, 390; BVerwG, Urteil vom 25.11.1982 - 2 C 21/78 - NJW 1983, 2580, KirchE 20, 208; Schmidt-Aßmann, in: Maunz/Dürig, GG-Kommentar, Stand: Juli 2001, Art. 19 Anm. 114; Krebs, in: v. Münch/Kunig, GG- Kommentar, Bd. 1, 5. Aufl., Art. 19 Anm. 52, 54). Daran fehlt es hier. Die Beklagte hat mit den vom Kläger beanstandeten Maßnahmen ihm gegenüber keine öffentliche, staatliche Gewalt im Sinne von Art. 19 Abs. 4 GG ausgeübt. Mit dem durch Art. 140 GG iVm Art. 137 Abs. 3 WRV gewährleisteten Selbstbestimmungsrecht in eigenen Angelegenheiten erkennt der Staat (u.a.) die Kirchen als Institutionen an, die ihrem Wesen nach vom Staat unabhängig sind und ihre Gewalt nicht von ihm herleiten. Die Garantie des Art. 140 GG iVm Art. 137 Abs. 3 WRV ergänzt in organisatorischer Hinsicht die grundrechtlichen Gewährleistungen der Glaubens-

und Bekenntnisfreiheit (Art. 4 Abs. 1 GG) sowie der freien Religionsausübung (Art. 4 Abs. 2 GG). Der verfassungsrechtliche Schutz der Ordnung und Verwaltung der eigenen Angelegenheiten ist notwendig, damit die Kirchen durch die freie Bestimmung ihrer Organisation, Normsetzung und Verwaltung in den Stand gesetzt werden, ihr religiöses Leben und Wirken entsprechend ihrem durch das jeweilige Selbstverständnis geprägten Auftrag frei gestalten zu können (vgl. z.B. BVerfG, Beschluss vom 17.2.1965 - 1 BvR 732/64, BVerfGE 18, 385 [386], KirchE 7, 172; Beschluss vom 25.3.1980 - 2 BvR 208/76 - BVerfGE 53, S. 366 [400 f.], KirchE 18, 69; Beschluss vom 13.12.1983 - 2 BvL 13, 14, 15/81 -, BVerfGE 66, 1 [19 f.], KirchE 21, 307; Beschluss vom 4.6.1985 - 2 BvR 1703, 1718/83 u. 856/84 - BVerfGE 70, 138 [164 f.], KirchE 23, 105; BVerwG, Urteil vom 27.10.1966 - 2 C 98/64, - BVerwGE 25, 226 [229], KirchE 8, 213; OVG.NW, Urteil vom 22.3.1994 - 5 A 2378/93 - NJW 1994, 3368 [3369], KirchE 32, 97).

Folge dieses kirchenpolitischen Systems des Grundgesetzes ist, dass der Staat in die inneren Verhältnisse der Kirchen und Religionsgemeinschaften nicht eingreifen darf. Ist die Kirche im Bereich ihrer innerkirchlichen Angelegenheiten tätig geworden, liegt kein Akt öffentlicher staatlicher Gewalt vor, gegen den der Rechtsweg zu den staatlichen Gerichten eröffnet ist (vgl. z.B. BVerfG, Beschluss vom 17.2.1965 - 1 BvR 732/64 -, BVerfGE 18, S. 385 [386 f.], KirchE 7, 172; Beschluss vom 1.6.1983 - 2 BvR 453/83 - NJW 1983, 2569, KirchE 21, 132; Beschluss vom 18.9.1998 - 2 BvR 69/93 - NJW 1999, 350, KirchE 36, 406; BVerwG, Urteil vom 25.11.1982 - 2 C 21/78 - NJW 1983, 2580, KirchE 20, 208; Beschluss vom 17.11.1992 - 2 B 160/92 - Buchholz 230 § 135 BRRG Nr. 5; siehe auch BGH, Urteil vom 11.2.2000 - 5 ZR 271/99 - NJW 2000, 1555, KirchE 38, 60).

Dieser Eigenständigkeit und Unabhängigkeit der Kirchen steht ihr Charakter als Körperschaften des öffentlichen Rechts (vgl. Art. 140 GG iVm Art. 137 Abs. 5 WRV) nicht entgegen. Mit Blick auf die verfassungsrechtlich vorgegebene religiöse und konfessionelle Neutralität des Staates bedeutet diese Kennzeichnung der Rechtsstellung der Kirchen keine Gleichstellung mit öffentlich-rechtlichen Körperschaften, die in den Staat organisch eingegliederte Verbände sind. Vielmehr wird den Kirchen nur ein öffentlicher Status zuerkannt, der sie zwar von den Religionsgesellschaften des Privatrechts unterscheidet, sie aber keiner besonderen Kirchenhoheit des Staates oder gesteigerten Staatsaufsicht unterwirft. Infolge dieser Rechtsstellung der Kirchen, die sie aus ihrem besonderen Auftrag herleiten, ist kirchliche Gewalt auch dann im Bereich ihrer innerkirchlichen Angelegenheiten keine staatliche Gewalt (vgl. BVerfG, Beschluss vom 17.2.1965 - 1 BvR 732/64 - BVerfGE 18, 385 [386 f.], KirchE 7, 172; Beschluss vom 25.11.1980 - 2 BvL 7, 8, 9/76 -

BVerfGE 55, 207 [230]; Beschluss vom 13.12.1983 - 2 BvL 13, 14, 15/81 - BVerfGE 66, 1 [19 f.], KirchE 21, 307).

Nur soweit die Kirchen vom Staat verliehene Befugnisse ausüben oder soweit ihre Maßnahmen den innerkirchlichen Bereich überschreiten und in den staatlichen Bereich dergestalt hineinragen, dass sie im Zuständigkeitsbereich des Staates unmittelbare Rechtswirkungen entfalten, üben sie öffentliche staatliche Gewalt aus, die der Überprüfbarkeit durch staatliche Gerichte unterliegt (vgl. BVerfG, Beschluss vom 17.2.1965 - 1 BvR 732/64 - BVerfGE 18, 385 [387], KirchE 7, 172; Beschluss vom 12.2.1981 - 1 BvR 567/77 - NJW 1983, 2570, KirchE 18, 390; BVerwG, Urteil vom 25.11.1982 - 2 C 21/78 -, NJW 1983, 2580 m.w.N, KirchE 20, 208).

Welche Angelegenheiten der Kirchen dem innerkirchlichen Bereich zuzuordnen sind und damit in Abgrenzung zu den in den staatlichen Bereich hineinragenden kirchlichen Maßnahmen keine Ausübung öffentlicher staatlicher Gewalt darstellen, beurteilt sich u.a. nach Art. 140 GG iVm Art. 137 Abs. 3 WRV. Danach ist die Verleihung kirchlicher Ämter dem staatlichen Einfluss ausdrücklich entzogen. Auf der anderen Seite findet gemäß Art. 137 Abs. 3 Satz 1 WRV das Selbstbestimmungsrecht der Kirchen in eigenen Angelegenheiten eine Beschränkung durch die „Schranken des für alle geltenden Gesetzes". Verfassungsrechtlich vorgegeben ist mithin, dass auch unter den kirchlichen Angelegenheiten ein Bereich verbleibt, in dem kirchliche Maßnahmen der Bindung an die allgemeinen Gesetze und damit auch der Überprüfung durch staatliche Gerichte unterliegen. Bei der Bestimmung dieses Bereiches ist die besondere Stellung, die den Kirchen nach dem Grundgesetz zukommt, zu berücksichtigen (vgl. zu dem in Art. 140 GG iVm Art. 137 WRV niedergelegten Verhältnis von Staat und Kirchen auch BVerfG, Beschluss vom 21.9.1976 - 2 BvR 350/75 - BVerfGE 42, 312 [330 ff.], KirchE 15, 320).

Art. 140 GG iVm Art. 137 Abs. 3 Satz 1 WRV gewährleistet sowohl das selbstständige Ordnen und Verwalten der eigenen Angelegenheiten durch die Kirchen als auch den staatlichen Schutz anderer für das Gemeinwesen bedeutsamer Rechtsgüter. Kirchliches Selbstverwaltungsrecht einerseits und allgemeine Gesetze sowie der damit verbundene Justizgewährungsanspruch aus Art. 19 Abs. 4 GG bzw. Art. 2 Abs. 1 GG iVm dem Rechtsstaatsprinzip (Art. 20 Abs. 3, Art. 28 Abs. 1 Satz 1 GG), Art. 92 GG (allgemeiner Justizgewährungsanspruch) andererseits stehen in einem Wechselwirkungsverhältnis, dem durch entsprechende Güterabwägung Rechnung zu tragen ist. Dabei ist dem Selbstverständnis der Kirchen besonderes Gewicht beizumessen (vgl. BVerfG, Beschluss vom 18.9.1998 - 2 BvR 1476/94 - NJW 1999, 349 f. m.w.N, KirchE 36, 406.; dem folgend auch BGH, Urteil vom 11.2.2000 - 5 ZR 271/99 - NJW 2000, 1555 [1556], KirchE 38, 60).

Dem entspricht eine Auslegung der Formel „innerhalb der Schranken des für alle geltenden Gesetzes", wonach zu den für alle geltenden

Rechtssätzen nur solche Gesetze rechnen, die für die Kirche dieselbe Bedeutung haben wie für jedermann (vgl. BVerfG, Beschluss vom 21.9.1976 - 2 BvR 350/75 - BVerfGE 42, 312 [334], KirchE 15, 320). Dazu zählen beispielsweise staatliche Vorschriften, die weltliche Rechtsfragen wie schuldrechtliche Beziehungen, Eigentumsverhältnisse, Straf- und Ordnungswidrigkeiten-Tatbestände regeln (vgl. Urteil der Kammer vom 13.2.1998 - 1 K 10671/95 - VBl.NW 1998, 454 ff, KirchE 36, 68.). Ein Gesetz hat demgegenüber für die Kirche nicht dieselbe Bedeutung wie für jedermann, wenn es die Kirche in einer ihr Selbstverständnis beschränkenden Weise betrifft. Dadurch wird sie „in ihrer Besonderheit als Kirche härter" und damit „anders als der normale Adressat" getroffen (vgl. BVerfG, Beschluss vom 21.9.1976 - 2 BvR 350/75 - BVerfGE 42, 312 [334], KirchE 15, 320).

Ein Eingriff in den Bereich der kirchlichen Angelegenheiten, der Ausdruck des kirchlichen Selbstverständnisses ist, also von ihm geprägt wird (innerkirchlicher Bereich), und ein „für alle geltendes staatliches Gesetz" schließen sich damit aus. Ein Gesetz, das eine solche Rechtsfolge hätte, gehörte nicht zu den Rechtsnormen, die auch nach Art. 140 GG iVm Art. 137 Abs. 3 WRV Geltung beanspruchen (vgl. BVerfG, Beschluss vom 17.2.1965 - 1 BvR 732/64 - BVerfGE 18, 385 [387 f.], KirchE 7, 172: „Deshalb sind insoweit die Kirchen im Rahmen ihrer Selbstbestimmung an „das für alle geltende Gesetz" im Sinne des Art. 140 GG iVm Art. 137 Abs. 3 WRV nicht gebunden"; ebenso Beschluss vom 21.9.1976 - 2 BvR 350/75 - BVerfGE 42, 312 [334], KirchE 15, 320; Beschluss vom 14.5.1986 - 2 BvL 19/84 -, BVerfGE 72, 278 [289], KirchE 24, 119: „Bei rein inneren kirchlichen Angelegenheiten kann ein staatliches Gesetz für die Kirche überhaupt keine Schranke ihres Handelns bilden"; ebenso Beschluss vom 18.9.1998 - 2 BvR 69/93 - NJW 1999, 350, KirchE 36, 406; vgl. ferner z.B. BVerwG, Urteil vom 25.11.1982 - 2 C 21/78 - NJW 1983, 2580, KirchE 20, 208; Hess.VGH, Beschluss vom 11.11.1998 - 24 DH 2230/98 - NJW 1999, 377, KirchE 36, 492).

Ob eine kirchliche Maßnahme diesem innerkirchlichen Bereich zuzuordnen ist, entscheidet sich danach, was materiell, der Natur der Sache oder Zweckbeziehung nach als eigene, das kirchliche Selbstverständnis betreffende Angelegenheit anzusehen ist. Eine in diesem Sinne innerkirchliche Maßnahme ist dadurch gekennzeichnet, dass sie im staatlichen, weltlichen Zuständigkeitsbereich keine unmittelbaren Rechtswirkungen entfaltet (vgl. zu diesem Kriterium BVerfG, Beschluss vom 17.2.1965 - 1 BvR 732/64 -BVerfGE 18, 385 [387/388], Kirch 7, 172; Beschluss vom 21.9.1976 - 2 BvR 350/75 - BVerfGE 42, 312 [334], KirchE 15, 320; Beschluss vom 28.11.1978 - 2 BvR 316/78 - NJW 1980, 1041, KirchE 17, 120; Beschluss vom 6.4.1979 - 2 BvR 356/79 - NJW 1980, 1041, KirchE 17, 209; Beschluss vom 30.3.1983 - 2 BvR 1994/83 - NVwZ 1985, 105).

Zu dem so beschriebenen Bereich der innerkirchlichen Angelegenheiten gehören zunächst Maßnahmen, die Fragen der Verfassung oder der inneren, den bürgerlichen Rechtskreis nicht berührenden Organisation der Kirchen betreffen (vgl. BVerfG, Beschluss vom 17.2.1965 - 1 BvR 732/64 - BVerfGE 18, 385 [388], Kirch 7, 172; Beschluss vom 18.9.1998 - 2 BvR 69/93 - NJW 1999, 350, KirchE 36, 406), sowie ihren geistig-religiösen Aufgabenkreis berührende Angelegenheiten wie Gottesdienst, Glaubenslehre und Sakramentenlehre (vgl. BVerfG, Beschluss vom 21.9.1976 - 2 BvR 350/75 - BVerfGE 42, 312 [334 f.], KirchE 15, 320; Beschluss vom 6.4.1979 - 2 BvR 356/79 - NJW 1980, 1041, KirchE 17, 209; zu weiteren Beispielen vgl. auch die Übersicht bei Kissel, Kommentar zum Gerichtsverfassungsgesetz, 3. Aufl., § 13 Anm. 183). Dazu zählen weiterhin nicht nur das nach Art. 137 Abs. 3 Satz 2 WRV dem staatlichen Bereich ausdrücklich entzogene kirchliche Amtsrecht einschließlich der Ämterhoheit, sondern auch das mit dem Amtsrecht untrennbar verbundene Dienstrecht der Geistlichen (vgl. BVerfG, Beschluss vom 28.11.1978 - 2 BvR 316/78 - NJW 1980, 1041, KirchE 17, 120; Beschluss vom 12.2.1981 - 1 BvR 567/77 - NJW 1983, 2570, KirchE 18, 390; Beschluss vom 1.6.1983 - 2 BvR 453/83 - NJW 1983, 2569, KirchE 21, 132; zum kirchlichen Disziplinarrecht als Teil des kirchlichen Amtsrechts vgl. Beschluss vom 30.3.1984 - 2 BvR 1994/83 - NVwZ 1985, 105, KirchE 22, 64; BVerwG, Urteil vom 28.4.1994 - 2 C 23/92 - NJW 1994, 3367, KirchE 32, 148; Urteil vom 25.11.1982 - 2 C 21/78 - NJW 1983, 2580, KirchE 20, 208). Dies findet seine Rechtfertigung darin, dass die dienstrechtlichen Regelungen die äußeren Voraussetzungen für die ungestörte Ausübung des geistlichen Amtes schaffen und nach Auffassung der Kirchen vom geistlichen Amt „gefordert" sind (vgl. BVerfG, Beschluss vom 21.9.1976 - 2 BvR 350/75 - BVerfGE 42, 312 [335 f.], KirchE 15, 320; Beschluss vom 5.7.1983 - 2 BvR 514/83 - NJW 1983, 2569, KirchE 21, 171 ; BVerwG, Urteil vom 25.11.1982 - 2 C 21/78 - NJW 1983, 2580, KirchE 20, 208).Die Kirchen dürfen danach frei bestimmen, welche Anforderungen an die Amtsinhaber zu stellen sind und welche Rechte und Pflichten sie im Einzelnen haben (vgl. BVerwG, Urteil vom 25.11.1982 - 2 C 21/78 - NJW 1983, 2580, KirchE 20, 208).

Ausgehend davon unterfällt auch das Versorgungsrecht der Geistlichen dem innerkirchlichen Bereich. Denn auch diese Regelungen stellen äußere Rahmenbedingungen dar, die eine ungestörte Ausübung des geistlichen Amtes gewährleisten und mithin vom geistlichen Amt „gefordert" sind (vgl. BVerfG, Beschluss vom 5.7.1983 - 2 BvR 514/83 - NJW 1983, 2569; siehe auch BVerfG, Beschluss vom 1.6.1983 - 2 BvR 453/83 - NJW 1983, 2569, wonach die - den dienstrechtlichen Status berührende, vermögensrechtlich bedeutsame - Wahl der Verfahrensart [zwischen Versetzungsverfahren und Lehrbeanstandungsverfahren] als rein innerkirchliche Angelegenheit der Nachprüfung durch staatliche Gerichte entzogen ist; BVerwG, Urteil vom 28.4.1994 - 2 C 23/92 - NJW 1994, 3367, KirchE 32, 148; Beschluss vom 17.11.1992 - 2 B 160/92 - Buchholz 230 § 135 BRRG Nr. 5; Urteil vom 25.11.1982 - 2 C 38/81 - NJW 1983, S. 2582, KirchE 20, 217; Urteil vom 25.10.1968 - 6 C 1/65 - BVerwGE 30, 326 [330/331], KirchE 10, 194); auch das OVG. NW rechnet besoldungsrechtliche Regelungen dem kirchlichen Amtsrecht zu (vgl. Beschluss vom 25.7.2001 - 5 A 1516/00 - VBl.NW 2002, 149, KirchE 39, 250; sowie Urteil vom 22.3.1994 - 5 A 2378/93 - NJW 1994, 3368 f., KirchE 32, 97; dazu, dass das Besoldungs- und Versorgungsrecht notwendiger Bestandteil des Dienstrechts ist, siehe auch VGH.BW, Urteil vom 20.5.1980 - DVBl. 1981, 32 [34], KirchE 18, 165).

Als besoldungs- bzw. versorgungsrechtliche Angelegenheit unterfällt mithin auch die hier im Streit befindliche vermögensrechtliche Streitigkeit dem innerkirchlichen Bereich und ist daher - mangels ausdrücklicher oder konkludenter Zuweisung an die staatliche Gerichtsbarkeit durch die Beklagte - der Überprüfung durch staatliche Gerichte entzogen (vgl. BVerwG, Urteil vom 28.4.1994 - 2 C 23/92 - NJW 1994, 3367, KirchE 32, 148; Beschluss vom 17.11.1992 - 2 B 160/92 - Buchholz 230 § 135 BRRG Nr. 5; Urteil vom 27.10.1966 - 2 C 98/64 - BVerwGE 25, S. 226 (231), KirchE 8, 213; BGH, Urteil vom 19.9.1966 - 3 ZR 199/64 - BGHZ 46, (98 ff.), KirchE 8, 159; Urteil vom 16.3.1961 - 3 ZR 17/60 - JZ 1961, 449, KirchE 5, 291; OVG Lüneburg, Urteil vom 16.1.1991 - OVG A 108/88 - DVBl. 1991, 647 [648], KirchE 29, 1; Urteile des erkennenden Gerichts vom 10.3.1995 - 1 K 12769/93 - S. 7 UA und vom 13.2.1998 - 1 K 10671/95 - VBl.NW 1998, 454 ff., KirchE 36, 68; die Frage der Zulässigkeit des staatlichen Rechtsweges offen lassend BVerfG, Beschluss vom 25.2.1999 - 2 BvR 548/96 - NVwZ 1999, 758, KirchE 37, 40; Beschluss vom 18.9.1998 - 2 BvR 1476/94 - NJW 1999, 349, KirchE 36, 406; Beschluss vom 30.3.1984 - 2 BvR 1994/83 - NVwZ 1985, 105, KirchE 22, 64; Beschluss vom 1.6.1983 - 2 BvR 453/83 - NJW 1983, 2569, KirchE 21, 132; Beschluss vom 5.7.1983 - 2 BvR 514/83 - NJW 1983, 2569 [2570], KirchE 21, 171; BVerwG, Urteile vom 25.11.1982 - 2 C 21/78 und 2 C 38/81 - NJW 1983, 2580 [2582], KirchE 20, 208 bzw. 2582 [2583], KirchE 20, 217; Urteil vom 25.10.1968 - 6 C 1/65 - BVerwGE 30, 326 [327], KirchE 10, 194); Urteil vom 15.12.1967 - 6 C 68/67 - BVerwGE 28, 345 [348], KirchE 9, 306; OVG.NW, Urteil vom 23.9.1997 - 5 A 3031/95 - DÖV 1998, 393, KirchE 35, 388; die Zulässigkeit des staatlichen Rechtsweges in einer vermögensrechtlichen Streitigkeit bejahend OVG.NW, Urteil vom 22.3.1994 - 5 A 2378/93 - NJW 1994, 3368, KirchE 32, 97, wobei der Entscheidung allerdings ein anderer, mit dem vorliegenden nicht vergleichbarer Sachverhalt zugrunde lag, vgl. auch Urteil des erkennenden Gerichts vom 13.2.1998 - 1 K 10671/95 - VBl.NW 1998, 454 [455], KirchE 36, 68; dem OVG.NW folgend OVG.RhldPf., Urteil vom 5.7.1996 - 2 A 12622/95 - NVwZ 1997, 802, KirchE 34, 237, dem aber ebenfalls ein abweichender Sachverhalt zugrunde lag [Besoldungsstreitigkeit einer Professorin, die an einer in kirchlicher Trägerschaft stehenden Fachhochschule tätig war]).

Soweit der Kläger darauf verwiesen hat, dass die ihm gegenüber ausgesprochenen Maßnahmen der Beklagten angesichts der sich daran anknüpfenden weit reichenden, insbesondere vermögensrechtlichen Folgen in den staatlichen Bereich hineinwirkten, vermag dies nicht auf eine andere rechtliche Bewertung zu führen. Es gibt kaum eine Angelegenheit, die die Kirchen nach ihrem Selbstverständnis eigenständig zu ordnen berufen sind, die nicht auch einen gesellschaftspolitischen Aspekt hätte und demnach in ihren Auswirkungen in den Bereich des Öffentlichen hinübergreift, innerhalb dessen der Staat ordnen kann (vgl. BVerfG, Beschluss vom 21.9.1976 - 2 BvR 350/75 - BVerfGE 42, 313 [334], KirchE 15, 320; Beschluss vom 18.9.1998 - 2 BvR 1476/94 - NJW 1999, 349, KirchE 36, 406). Diese allein mittelbare Berührung mit dem staatlichen Rechtskreis führt indes nicht dazu, dass eine innerkirchliche Angelegenheit dem staatlichen Bereich zuzuordnen ist (vgl. BVerfG, Beschluss vom 21.9.1976 - 2 BvR 350/75, KirchE 15, 320; vorsichtiger BVerfG, Beschluss vom 18.9.1998 - 2 BvR 1476/94 -, NJW 1999, 349, KirchE 36, 406: Soweit eine innerkirchliche Angelegenheit in den staatlichen Bereich hinübergreift, ist damit noch nicht gesagt, „dass die staatlichen Regelungen in jedem Fall dem Selbstbestimmungsrecht der Religionsgemeinschaften vorgehen müssen"; siehe auch z.B. OVG Lüneburg, Urteil vom 16.1.1991 - OVG A 108/88 - DVBl. 1991, S. 647 [648], KirchE 29, 1).

Die vom Kläger angeführten Folgewirkungen der kirchenrechtlichen Maßnahmen der Beklagten stellen indes lediglich den staatlichen Rechtskreis mittelbar berührende Auswirkungen dar. Die zugrunde liegenden versorgungsrechtlichen Regelungen der Beklagten bleiben dem innerkirchlichen Bereich verhaftet, da sie, wie ausgeführt, die äußeren Voraussetzungen für die ungestörte Ausübung des Pfarramtes schaffen. Darüber hinaus sind die Maßnahmen auch deshalb den innerkirchlichen Bereich zuzuordnen, weil die Ausgestaltung der Besoldung und Versorgung der Geistlichen unmittelbar Auswirkungen auf den kirchlichen Haushalt hat. In den dem innerkirchlichen Bereich unterfallenden Haushaltsangelegenheiten (vgl. auch Morlok, in: Dreier, GG-Kommentar, Art. 140 GG/Art. 137 WRV Anm. 47) schließt die von Verfassung wegen gewährleistete Eigenständigkeit und Unabhängigkeit indes jede staatliche Einmischung aus. Dies gilt umso mehr, als versorgungsrechtliche Folgen von innerkirchlichen statusrechtlichen Maßnahmen Einfluss auf die Entscheidung haben können, welche Maßnahme im Einzelfall getroffen wird. Würden derartige vermögensrechtliche Angelegenheiten der Überprüfung durch staatliche Gerichte unterliegen, wäre die Unabhängigkeit der Kirchen in statusrechtlichen Fragen beschränkt. Der Auslegung von § 135 Satz 2 iVm § 126 BRRG als § 40 Abs. 1 VwGO verdrängende Spezialnorm steht schließlich auch der aus Art. 2 Abs. 1 GG i.V.m. dem Rechtsstaatsprinzip und Art. 92 GG folgende allgemeine Justizgewährungsanspruch nicht entgegen. Ungeachtet der Frage seines Verhältnisses zu Art. 19 Abs. 4 GG ergibt sich dies jedenfalls daraus, dass auch die Reichweite des allgemeinen Justizgewährungsanspruches ihre Grenze in der speziellen Maßgabe des Art. 140 GG i.V.m. Art. 137 Abs. 3 WRV findet (vgl. BVerfG, Beschluss vom 18.9.1998 - 2 BvR 1476/94 - NJW 1999, 349, KirchE 36, 406).

41

Für Veräußerung, Erwerb oder Belastung von Grundstücken durch den bischöflichen Stuhl bedarf es nach katholischem Kirchenrecht keiner höherrangigen, auch im Grundbuchverfahren zu beachtenden kirchenaufsichtlichen Genehmigung.

§ 29 GBO
LG Schwerin, Beschluss vom 22. April 2002 - 5 T 152/02[1] -

Der Beteiligte zu 1), der Bischöfliche Stuhl zu N., ist Eigentümer von zwei Grundstücken, die im verfahrensgegenständlichen Grundbuch gebucht sind. Die Beteiligten haben im August 2000 einen vom Verfahrensbevollmächtigten beurkundeten Erbbaurechtsvertrag über beide Grundstücke geschlossen. Auf die entsprechenden Eintragungsanträge hat das Grundbuchamt mit den angefochtenen Zwischenverfügungen u.a. als Eintragungshindernis das Fehlen einer kirchenaufsichtlichen Genehmigung zur Belastung der Grundstücke beanstandet.
Auf die Beschwerden der Beteiligten hebt die Kammer den Beschluss des Amtsgerichts - Grundbuchamt - auf, soweit mit ihm die Beibringung einer kirchenaufsichtlichen Genehmigung verlangt wird.

Aus den Gründen:

Die Beschwerden sind zulässig (§ 71 GBO) und haben auch in der Sache Erfolg.
Es ist zwar zutreffend, dass für die Veräußerung, den Erwerb und die Belastung von Grundstücken oder grundstücksgleichen Rechten der Kirchen und für die Verfügung über der Kirche zustehende Rechte an Grundstücken allgemein ein mehr oder weniger umfassendes Erfordernis einer Genehmigung der Kirchenaufsichtsbehörde gilt. Die Erfüllung

---
[1] NotBZ 2002, 425.

sich aus dem Kirchenrecht ergebender kirchenaufsichtlicher Genehmigungspflichten ist Wirksamkeitsvoraussetzung für kirchliche Rechtsgeschäfte auch nach staatlichem Recht. Im Einzelfall kann es daher für das Grundbuchamt notwendig werden, in Betracht kommende Genehmigungsvorbehalte bei der kirchlichen Aufsichtsbehörde zu erfragen oder ein von dieser ausgestelltes Negativattest zu verlangen (vgl. Demharter, 24. Aufl., § 19 Rn 139 mwN aus der Rechtsprechung).

Dies ist hier aber nicht erforderlich. Denn bei der katholischen Kirche ist in der Regel der Bischof Kirchenaufsichtsbehörde (vgl. Meikel/Böhringer, § 19 Rn b 264). Der Erzbischof, für den die Beteiligte zu 1) auftritt, bedarf daher für seine Geschäfte keine weitere Genehmigung. Dabei ist davon auszugehen, dass der Umfang der bischöflichen Amtsgewalt offenkundig im Sinne von § 29 GBO ist (vgl. BayObLGZ 1973, 328 ff. KirchE 13, 405, wo der Rechtsstatus des Bischofs im hierarchischen Aufbau der katholischen Kirche näher dargestellt wird).

42

Nationales Recht, das Selbsttötung zulässt, aber Beihilfe zur Selbsttötung (*assisted suicide*) verbietet, ist u.a. mit Art. 9 EMRK vereinbar.

EGMR, Urteil (judgment) vom 29. April 2002 - Appl.No. 2346/02
(Pretty ./. Vereinigtes Königreich)[1] -

The facts
I. The circumstances of the case
(7.) The applicant is a 43-year-old woman. She resides with her husband of twenty-five years, their daughter and granddaughter. The applicant suffers from motor neurone disease (MND). This is a progressive neuro-degenerative disease of motor cells within the central nervous system. The disease is associated with progressive muscle weakness affecting the voluntary muscles of the body. As a result of the progression of the disease, severe weakness of the arms and legs and the muscles involved in the control of breathing are affected. Death usually occurs as a result of weakness of the breathing muscles, in association with weakness of the muscles controlling speaking and swallowing, leading to respiratory failure and pneumonia. No treatment can prevent the progression of the disease.

(8.) The applicant's condition has deteriorated rapidly since MND was diagnosed in November 1999. The disease is now at an advanced stage.

---

[1] CEDH/ECHR, Reports of Judgments and Decisions 2002-III.

She is essentially paralysed from the neck down, has virtually no decipherable speech and is fed through a tube. Her life expectancy is very poor, measurable only in weeks or months. However, her intellect and capacity to make decisions are unimpaired. The final stages of the disease are exceedingly distressing and undignified. As she is frightened and distressed at the suffering and indignity that she will endure if the disease runs its course, she very strongly wishes to be able to control how and when she dies and thereby be spared that suffering and indignity.

(9.) Although it is not a crime to commit suicide under English law, the applicant is prevented by her disease from taking such a step without assistance. It is however a crime to assist another to commit suicide (section 2 [1] of the Suicide Act 1961).

10. Intending that she might commit suicide with the assistance of her husband, the applicant's solicitor asked the Director of Public Prosecutions (DPP), in a letter dated 27 July 2001 written on her behalf, to give an undertaking not to prosecute the applicant's husband should he assist her to commit suicide in accordance with her wishes.

11. In a letter dated 8 August 2001, the DPP refused to give the undertaking:

„*Successive Directors - and Attorneys General - have explained that they will not grant immunities that condone, require, or purport to authorise or permit the future commission of any criminal offence, no matter how exceptional the circumstances. ...*"

12. On 20 August 2001 the applicant applied for judicial review of the DPP's decision and the following relief:

- *an order quashing the DPP's decision of 8 August 2001;*
- *a declaration that the decision was unlawful or that the DPP would not be acting unlawfully in giving the undertaking sought;*
- *a mandatory order requiring the DPP to give the undertaking sought; or alternatively*
- *a declaration that section 2 of the Suicide Act 1961 was incompatible with Art. 2, 3, 8, 9 and 14 of the Convention.*

13. On 17 October 2001 the Divisional Court refused the application, holding that the DPP did not have the power to give the undertaking not to prosecute and that section 2(1) of the Suicide Act 1961 was not incompatible with the Convention.

14. The applicant appealed to the House of Lords. They dismissed her appeal on 29 November 2001 and upheld the judgment of the Divisional Court. In giving the leading judgment in *The Queen on the Application of Mrs Dianne Pretty (Appellant) v. Director of Public Prosecutions (Re-*

spondent) and Secretary of State for the Home Department (Interested Party), Lord Bingham of Cornhill held:

„1. No one of ordinary sensitivity could be unmoved by the frightening ordeal which faces Mrs Dianne Pretty, the appellant. She suffers from motor neurone disease, a progressive degenerative illness from which she has no hope of recovery. She has only a short time to live and faces the prospect of a humiliating and distressing death. She is mentally alert and would like to be able to take steps to bring her life to a peaceful end at a time of her choosing. But her physical incapacity is now such that she can no longer, without help, take her own life. With the support of her family, she wishes to enlist the help of her husband to that end. He himself is willing to give such help, but only if he can be sure that he will not be prosecuted under section 2(1) of the Suicide Act 1961 for aiding and abetting her suicide. Asked to undertake that he would not under section 2(4) of the Act consent to the prosecution of Mr Pretty under section 2(1) if Mr Pretty were to assist his wife to commit suicide, the Director of Public Prosecutions has refused to give such an undertaking. On Mrs Pretty's application for judicial review of that refusal, the Queen's Bench Divisional Court upheld the Director's decision and refused relief. Mrs Pretty claims that she has a right to her husband's assistance in committing suicide and that section 2 of the 1961 Act, if it prohibits his helping and prevents the Director undertaking not to prosecute if he does, is incompatible with the European Convention on Human Rights. It is on the Convention, brought into force in this country by the Human Rights Act 1998, that Mrs Pretty's claim to relief depends. It is accepted by her counsel on her behalf that under the common law of England she could not have hoped to succeed.
2. In discharging the judicial functions of the House, the appellate committee has the duty of resolving issues of law properly brought before it, as the issues in this case have been. The committee is not a legislative body. Nor is it entitled or fitted to act as a moral or ethical arbiter. It is important to emphasise the nature and limits of the committee's role, since the wider issues raised by this appeal are the subject of profound and fully justified concern to very many people. The questions whether the terminally ill, or others, should be free to seek assistance in taking their own lives, and if so in what circumstances and subject to what safeguards, are of great social, ethical and religious significance and are questions on which widely differing beliefs and views are held, often strongly. Materials laid before the committee (with its leave) express some of those views; many others have been expressed in the news media, professional journals and elsewhere. The task of the committee in this appeal is not to weigh or evaluate or reflect those beliefs and views or give effect to its own but to ascertain and apply the law of the land as it is now understood to be.
...
Art. 9 of the Convention
31. It is unnecessary to recite the terms of Art. 9 of the Convention, to which very little argument was addressed. It is an Art. which protects freedom of thought, conscience and religion and the manifestation of religion or belief in worship, teaching, practice or observance. One may accept that Mrs Pretty has a sincere belief in the virtue of assisted suicide. She is free to hold and express that belief. But her belief cannot found a requirement that her husband should be absolved from the consequences of conduct which, although it would be consistent with

her belief, is proscribed by the criminal law. And if she were able to establish an infringement of her right, the justification shown by the State in relation to Art. 8 would still defeat it.
...

II. Relevant domestic law and practice
A. Suicide, assisted suicide and consensual killing

16. Suicide ceased to be a crime in England and Wales by virtue of the Suicide Act 1961. However, section 2(1) of the Act provides:

„A person who aids, abets, counsels or procures the suicide of another, or an attempt by another to commit suicide, shall be liable on conviction on indictment to imprisonment for a term not exceeding fourteen years."

Section 2(4) provides:

„No proceedings shall be instituted for an offence under this section except by or with the consent of the Director of Public Prosecutions."

17. Case-law has established that an individual may refuse to accept life-prolonging or life-preserving treatment:

„First it is established that the principle of self-determination requires that respect must be given to the wishes of the patient, so that if an adult patient of sound mind refuses, however unreasonably, to consent to treatment or care by which his life would or might be prolonged, the doctors responsible for his care must give effect to his wishes, even though they do not consider it to be in his best interests to do so ... To this extent, the principle of the sanctity of human life must yield to the principle of self-determination ..." (Lord Goff in Airedale NHS Trust v. Bland [1993] AC 789, at p. 864)

18. This principle has been most recently affirmed in *Ms B. v. an NHS Hospital*, Court of Appeal judgment of 22 March 2002. It has also been recognised that „dual effect" treatment can be lawfully administered, that is treatment calculated to ease a patient's pain and suffering which might also, as a side-effect, shorten their life expectancy (see, for example, *Re J* [1991] Fam 3).

B. Domestic review of the legislative position

19. In March 1980 the Criminal Law Revision Committee issued its fourteenth report, „Offences against the Person" (Cmnd 7844), in which it reviewed, *inter alia*, the law relating to the various forms of homicide and the applicable penalties. In Section F, the situation known as mercy killing was discussed. The previous suggestion of a new offence applying to a person who from compassion unlawfully killed another person permanently subject, for example, to great bodily pain and suffering and for which a two-year maximum sentence was applicable, was unanimously

withdrawn. It was noted that the vast majority of the persons and bodies consulted were against the proposal on principle and on pragmatic grounds. Reference was made also to the difficulties of definition and the possibility that the „suggestion would not prevent suffering but would cause suffering, since the weak and handicapped would receive less effective protection from the law than the fit and well".

20. It did however recommend that the penalty for assisting suicide be reduced to seven years, as being sufficiently substantial to protect helpless persons open to persuasion by the unscrupulous.

21. On 31 January 1994 the report of the House of Lords Select Committee on Medical Ethics (HL Paper 21-I) was published following its inquiry into the ethical, legal and clinical implications of a person's right to withhold consent to life-prolonging treatment, the position of persons unable to give or withhold consent and whether and in what circumstances the shortening of another person's life might be justified on the grounds that it accorded with that person's wishes or best interests. The Committee had heard oral evidence from a variety of government, medical, legal and non-governmental sources and received written submissions from numerous interested parties who addressed the ethical, philosophical, religious, moral, clinical, legal and public-policy aspects.

22. It concluded, as regards voluntary euthanasia:

„236. The right to refuse medical treatment is far removed from the right to request assistance in dying. We spent a long time considering the very strongly held and sincerely expressed views of those witnesses who advocated voluntary euthanasia. Many of us have had experience of relatives or friends whose dying days or weeks were less than peaceful or uplifting, or whose final stages of life were so disfigured that the loved one seemed already lost to us, or who were simply weary of life ... Our thinking must also be coloured by the wish of every individual for a peaceful and easy death, without prolonged suffering, and by a reluctance to contemplate the possibility of severe dementia or dependence. We gave much thought too to Professor Dworkin's opinion that, for those without religious belief, the individual is best able to decide what manner of death is fitting to the life that has been lived.

237. Ultimately, however, we do not believe that these arguments are sufficient reason to weaken society's prohibition of intentional killing. That prohibition is the cornerstone of law and of social relationships. It protects each one of us impartially, embodying the belief that all are equal. We do not wish that protection to be diminished and we therefore recommend that there should be no change in the law to permit euthanasia. We acknowledge that there are individual cases in which euthanasia may be seen by some to be appropriate. But individual cases cannot reasonably establish the foundation of a policy which would have such serious and widespread repercussions. Moreover, dying is not only a personal or individual affair. The death of a person affects the lives of others, often in ways and to an extent which cannot be foreseen. We believe that the issue of euthanasia is one in which the interest of the individual cannot be separated from the interest of society as a whole.

238. One reason for this conclusion is that we do not think it possible to set secure limits on voluntary euthanasia ...
239. We are also concerned that vulnerable people - the elderly, sick or distressed - would feel pressure, whether real or imagined, to request early death. We accept that, for the most part, requests resulting from such pressure or from remediable depressive illness would be identified as such by doctors and managed appropriately. Nevertheless we believe that the message which society sends to vulnerable and disadvantaged people should not, however obliquely, encourage them to seek death, but should assure them of our care and support in life ..."

23. In light of the above, the Select Committee on Medical Ethics also recommended no change to the legislation concerning assisted suicide (paragraph 262).

III. Relevant international materials

24. Recommendation 1418 (1999) of the Parliamentary Assembly of the Council of Europe recommended, *inter alia*, as follows (paragraph 9):

„... *that the Committee of Ministers encourage the member States of the Council of Europe to respect and protect the dignity of terminally ill or dying persons in all respects:*
...
c. by upholding the prohibition against intentionally taking the life of terminally ill or dying persons, while:
i. recognising that the right to life, especially with regard to a terminally ill or dying person, is guaranteed by the member States, in accordance with Art. 2 of the European Convention on Human Rights which states that 'no one shall be deprived of his life intentionally';
ii. recognising that a terminally ill or dying person's wish to die never constitutes any legal claim to die at the hand of another person;
iii. recognising that a terminally ill or dying person's wish to die cannot of itself constitute a legal justification to carry out actions intended to bring about death."

IV. Third-Party interventions
A. Voluntary Euthanasia Society

25. The Voluntary Euthanasia Society, established in 1935 and being a leading research organisation in the United Kingdom on issues related to assisted dying, submitted that as a general proposition individuals should have the opportunity to die with dignity and that an inflexible legal regime that had the effect of forcing an individual, who was suffering unbearably from a terminal illness, to die a painful protracted death with indignity, contrary to his or her express wishes, was in breach of Art. 3 of the Convention. They referred to the reasons why persons requested assisted deaths (for example unrelieved and severe pain, weariness of the dying process, loss of autonomy). Palliative care could not meet the needs of all patients and did not address concerns of loss of autonomy and loss of control of bodily functions.

26. They submitted that in comparison with other countries in Europe the regime in England and Wales, which prohibited assisted dying in absolute terms, was the most restrictive and inflexible in Europe. Only Ireland compared. Other countries (for example Belgium, Switzerland, Germany, France, Finland, Sweden and the Netherlands, where assistance must be sought from a medical practitioner) had abolished the specific offence of assisting suicide. In other countries, the penalties for such offences had been downgraded - in no country, save Spain, did the maximum penalty exceed five years' imprisonment - and criminal proceedings were rarely brought.

27. As regarded public-policy issues, they submitted that whatever the legal position, voluntary euthanasia and assisted dying took place. It was well known in England and Wales that patients asked for assistance to die and that members of the medical profession and relatives provided that assistance, notwithstanding that it might be against the criminal law and in the absence of any regulation. As recognised by the Netherlands government, therefore, the criminal law did not prevent voluntary euthanasia or assisted dying. The situation in the Netherlands indicated that in the absence of regulation slightly less than 1 vH of deaths were due to doctors having ended the life of a patient without the latter explicitly requesting this (non-voluntary euthanasia). Similar studies indicated a figure of 3.1 vH in Belgium and 3.5 vH in Australia. It might therefore be the case that less attention was given to the requirements of a careful end-of-life practice in a society with a restrictive legal approach than in one with an open approach that tolerated and regulated euthanasia. The data did not support the assertion that, in institutionalising voluntary euthanasia/physician-assisted suicide, society put the vulnerable at risk. At least with a regulated system, there was the possibility of far greater consultation and a reporting mechanism to prevent abuse, along with other safeguards, such as waiting periods.

B. Catholic Bishops' Conference of England and Wales

28. This organisation put forward principles and arguments which it stated were consonant with those expressed by other Catholic bishops' conferences in other member States.

29. They emphasised that it was a fundamental tenet of the Catholic faith that human life was a gift from God received in trust. Actions with the purpose of killing oneself or another, even with consent, reflected a damaging misunderstanding of the human worth. Suicide and euthanasia were therefore outside the range of morally acceptable options in dealing with human suffering and dying. These fundamental truths were also recognised by other faiths and by modern pluralist and secular societies, as shown by Art. 1 of the Universal Declaration of Human Rights (December 1948) and the provisions of the European Convention on Human Rights, in particular in Art. 2 and 3 thereof.

30. They pointed out that those who attempted suicide often suffered from depression or other psychiatric illness. The 1994 report of the New York State Task Force on Life and Law concluded on that basis that the legalising of any form of assisted suicide or any form of euthanasia would be a mistake of historic proportions, with catastrophic consequences for the vulnerable and an intolerable corruption of the medical profession. Other research indicated that many people who requested physician-assisted suicide withdrew that request if their depression and pain were treated. In their experience, palliative care could in virtually every case succeed in substantially relieving a patient of physical and psychosomatic suffering.

31. The House of Lords Select Committee on Medical Ethics (1993-94) had solid reasons for concluding, after consideration of the evidence (on a scale vastly exceeding that available in these proceedings), that any legal permission for assistance in suicide would result in massive erosion of the rights of the vulnerable, flowing from the pressure of legal principle and consistency and the psychological and financial conditions of medical practice and health-care provision in general. There was compelling evidence to suggest that once a limited form of euthanasia was permitted under the law it was virtually impossible to confine its practice within the necessary limits to protect the vulnerable (see, for example, the Netherlands government's study of deaths in 1990, recording cases of euthanasia without the patients' explicit request).

The law
...

79. Art. 9 of the Convention provides:

„*1. Everyone has the right to freedom of thought, conscience and religion; this right includes freedom to change his religion or belief and freedom, either alone or in community with others and in public or private, to manifest his religion or belief, in worship, teaching, practice and observance.*
2. Freedom to manifest one's religion or beliefs shall be subject only to such limitations as are prescribed by law and are necessary in a democratic society in the interests of public safety, for the protection of public order, health or morals, or for the protection of the rights and freedoms of others."

A. Submissions of the parties
1. The applicant

80. The applicant submitted that Art. 9 protected the right to freedom of thought, which has hitherto included beliefs such as veganism and pacifism. In seeking the assistance of her husband to commit suicide, the applicant believed in and supported the notion of assisted suicide for herself. In refusing to give the undertaking not to prosecute her husband, the DPP had interfered with this right as had the United Kingdom in imposing a blanket ban which allowed no consideration of the appli-

cant's individual circumstances. For the same reasons as applied under Art. 8 of the Convention, that interference had not been justified under Art. 9 § 2.

2. The Government
81. The Government disputed that any issue arose within the scope of this provision. Art. 9 protected freedom of thought, conscience and religion and the manifestation of those beliefs and did not confer any general right on individuals to engage in any activities of their choosing in pursuance of whatever beliefs they may hold. Alternatively, even if there was any restriction in terms of Art. 9 § 1 of the Convention, such was justifiable under the second paragraph for the same reasons as set out in relation to Art. 3 and 8 of the Convention.

B. The Court's assessment
82. The Court does not doubt the firmness of the applicant's views concerning assisted suicide but would observe that not all opinions or convictions constitute beliefs in the sense protected by Art. 9 § 1 of the Convention. Her claims do not involve a form of manifestation of a religion or belief, through worship, teaching, practice or observance as described in the second sentence of the first paragraph. As found by the Commission, the term „practice" as employed in Art. 9 § 1 does not cover each act which is motivated or influenced by a religion or belief (see *Arrowsmith v. the United Kingdom*, no. 7050/77, Commission's report of 12 October 1978, DR 19, p. 19, § 71). To the extent that the applicant's views reflect her commitment to the principle of personal autonomy, her claim is a restatement of the complaint raised under Art. 8 of the Convention.
83. The Court concludes that there has been no violation of Art. 9 of the Convention.
...

43

Zur Frage der steuerlichen Behandlung von Vermittlungsleistungen für die Scientology Kirche e.V. und von Aufwendungen für die Teilnahme an deren Bildungsmaßnahmen.

§§ 12 Nr. 1, 15 EStG
FG München, Urteil vom 7. Mai 2002 - 12 K 5320/99[1] -

Streitig ist die Abzugsfähigkeit von Aufwendungen für Reisen zu und für die Teilnahme an Veranstaltungen der Scientology Kirche e.V.

---
[1] Das Urteil ist rechtskräftig.

Der Kläger hat in seiner Einkommensteuererklärung für das Streitjahr als Beruf „beratender Dipl. Volksw." eingetragen. Für diese selbständig ausgeübte Tätigkeit hat der Kläger seinen Gewinn nach § 4 Abs. 3 EStG durch Gegenüberstellung von Betriebseinnahmen und Betriebsausgaben ermittelt. Bei den Betriebseinnahmen (insgesamt 56.771,63 DM) sind dabei u.a. Einnahmen aus Beratungen mit 10.774,99 DM, Einnahmen aus Provisionen mit 18.933,50 DM und Erlöse Schulungen mit 21.800,- DM aufgeführt.

Von den geltend gemachten Betriebsausgaben erkannte der Beklagte (Finanzamt) die (in der geänderten Gewinnermittlung vom 24.8.1998) mit 18.790,71 DM aufgeführten Ausbildungskosten insgesamt nicht und von den Kosten für Dienstreisen (lt. Gewinnermittlung vom 24.8.1998 10.752,88 DM) lediglich 1.519,- DM an. Es ergab sich so anstelle eines erklärten Verlustes von (zuletzt) 18.278,66 DM ein Gewinn von 9.745,- DM. Zur Begründung ist im Einkommensteuerbescheid für 1996 vom 23.7.1998 ausgeführt, dass Aufwendungen (Reisekosten und Ausbildungskosten) für Kurse der Scientology nicht abzugsfähig seien. Zusammen mit unstrittig gebliebenen ausländischen Einkünften (2.353,- DM) ergab sich der Gesamtbetrag der Einkünfte mit 12.098,- DM und das Einkommen 1996 unter Verrechnung eines Verlustvortrags aus 1995 in Höhe von 5.977,- DM mit 0,- DM. Dementsprechend ermäßigte sich der verbleibende Verlustabzugsbetrag von 29.424,- DM (zum 31.12.1995) um 5.977,- DM auf 23.447,- DM (zum 31.12.1996).

Während des Einspruchsverfahrens erkannte das Finanzamt aufgrund nunmehr vorgelegter Unterlagen Spenden mit 322,- DM an. Der Verlustabzug verminderte sich dadurch um 322,- DM - 108,- DM bisher angesetzte Pauschale nach § 10c Abs. 1 EStG = 214,- DM auf 5977,- DM - 214,- DM = 5.763,- DM. Als Folge hiervon erhöhte sich der zum 31.12.1996 verbleibende Verlustabzugsbetrag auf 23.447,- DM + 214,- DM = 23.661,- DM.

Der Einspruch blieb im Streitpunkt erfolglos.

Zur Begründung der hierauf erhobenen Klage wird im Wesentlichen geltend gemacht: Bei den Einnahmen aus der Unternehmensberatung (10.774,99 DM) handle es sich um die Schulung von Mitarbeitern (promovierte Akademiker) der X-GmbH durch den Kläger als beratenden Dipl. Volkswirt. Den Einnahmen aus Kursen (21.800,- DM) lägen dagegen Einzel- und Gruppenausbildungen in Lerntechniken zur Vorbereitung auf Staatsexamina, Diplomexamen, Prüfungen zur Erlangung akademischer Grade usw. zugrunde. Die Einnahmen aus Vermittlungsprovisionen (18.933,50 DM) schließlich beträfen Provisionen aus der Vermittlung von Einzelpersonen zu Diensten der Scientology Kirche Bayern e.V. in München. Das Finanzamt habe die Einkünfte zu Unrecht als solche aus Gewerbebetrieb angesetzt. Es handle sich vielmehr um Einkünfte aus selbständiger Arbeit. Außerdem sei der Kläger seit 1996 als Scientology-

Seelsorger tätig. Einnahmen daraus seien aber erst ab dem Jahr 1997 realisiert worden.

Im Zusammenhang mit den Einnahmen aus Vermittlungsprovisionen seien Kosten für Kursteilnahme und Unterlagen in Höhe von 4.058,05 DM angefallen. Für den Bereich seelsorgerische Tätigkeit seien 1996 insgesamt 13.120,36 DM für Kursgebühren, Seminarunterlagen etc. bezahlt worden. Die Reisekosten, die im Zusammenhang mit den Fortbildungsveranstaltungen in den U.S.A., in England und auf dem Schiff „Freewinds" angefallen seien, beliefen sich auf 12.638,78 DM. Nicht unmittelbar den vorgenannten Positionen zugeordnet werden könnten allgemeine Fortbildungskosten in Höhe von 56,25 DM für ein Internet Seminar, das der Kläger für die Werbung über das Internet benötigt habe (Seminar in M./ England am Sonntag, 21.4.1996). Bei Anerkennung der genannten Ausgaben (4.058,05 DM + 13.120,36 DM + 12.638,78 DM + 56,25 DM = 29.873,44 DM) ergebe sich für 1996 ein negativer Gesamtbetrag der Einkünfte von (bisher lt. Bescheid vom 5.10.1998: positiv 12.098,- DM abzüglich 29.873,44 DM = 17.775,44 DM). Dementsprechend sei der zum 31.12.1996 verbleibende Verlustabzugsbetrag auf 29.424,- DM zum 31.12.1995 zuzüglich 17.775,44 DM = 47.199,44 DM festzustellen.

Der Kläger beantragt, in Änderung des Bescheides über die gesonderte Feststellung des verbleibenden Verlustabzugs zur Einkommensteuer zum 31.12.1996 den verbleibenden Verlust auf 47.199,44 DM festzustellen.

Das Finanzamt vertritt den Standpunkt, dass Aufwendungen für das Studium und Training der Scientology wegen der philosophischen Ansprüche, die Scientology erhebe, der Persönlichkeitsentwicklung dienten und daher nicht abzugsfähig seien. Aufwendungen im Zusammenhang mit dem Eintreten für eine privatkirchliche Organisation, wie sie die Scientology Kirche darstelle, seien der persönlichen Lebensüberzeugung und damit dem privaten Lebensbereich zuzuordnen.

Mit gerichtlicher Anordnung wurde der Kläger u.a. aufgefordert, zu verschiedenen Positionen der Gewinnermittlung Unterlagen und Berechnungsgrundlagen einzureichen, Unterlagen zur Berechtigung der Teilnahme am Provisionssystem der Scientology Kirche und zur Berechnung der Höhe der Provisionen vorzulegen und darzulegen, welche persönlichen Voraussetzungen für eine Betätigung als selbständiger Seelsorger der Scientology Kirche erfüllt werden müssen, mit wie hohen Aufwendungen dies mindestens verbunden ist und aus welchen Entgelten und Anspruchsgrundlagen die Tätigkeit als selbständiger Seelsorger entlohnt wird. Außerdem wurde ihm aufgegeben, beweiskräftige Unterlagen zum Inhalt und zum Teilnehmerkreis der vom Kläger 1996 besuchten Veranstaltungen, für die Aufwendungen geltend gemacht werden, zur Vorlage bereit zu halten.

Das Finanzgericht weist die Klage ab.

Aus den Gründen:

Die Klage ist unbegründet.
1. Zu Recht rügt der Kläger allerdings, dass das Finanzamt seine gesamte Tätigkeit den Einkünften aus Gewerbebetrieb zugeordnet hat. Soweit der Kläger im Bereich der Unternehmerberatung Schulungen abhält und soweit er in Einzel- und Gruppenausbildungen Lerntechniken vermittelt, wird er unterrichtend tätig und erzielt Einkünfte aus selbständiger Arbeit (§ 2 Abs. 1 Nr. 3 iVm § 18 Abs. 1 Nr. 1 EStG). Bei der davon klar abgrenzbaren Einkunftserzielung aus Vermittlungsprovisionen erfüllt der Kläger dagegen keines der in § 18 EStG aufgeführten Merkmale oder Berufsbilder. Es liegen jedoch ebenfalls die Grundmerkmale der Gewinneinkünfte vor (§ 15 Abs. 2 EStG); insbesondere wird der Kläger bei der Erwirtschaftung der Vermittlungsprovisionen - wie sich aus der Häufigkeit der Gutschriften, der Anzahl der vermittelten Personen und der Höhe der erzielten Einnahmen ergibt - nachhaltig tätig. Daher erwirtschaftet der Kläger insoweit gewerbliche Einkünfte (§ 2 Abs. 1 Nr. 2 iVm § 15 Abs. 1 Nr. 1 EStG). Die Unterscheidung der Tätigkeiten im einzelnen kann jedoch ebenso wie eine Vertiefung der Frage, welcher Einkunftsart die künftigen Erlöse aus der missionierenden Tätigkeit zuzurechnen sind, dahinstehen, weil für alle Tätigkeitsbereiche vom Kläger zulässigerweise die Gewinnermittlung nach § 4 Abs. 3 EStG gewählt wurde. Dies gilt nicht nur für die unterrichtende Tätigkeit, für die keine Bilanzierungspflicht besteht (§§ 140, 141 AO), sondern insbesondere auch für die Einkünfte aus Vermittlungsprovisionen (und ggf. auch aus der missionierenden Betätigung), weil insoweit kein in kaufmännischer Weise eingerichteter Geschäftsbetrieb erforderlich ist (§ 140 AO iVm § 1 Abs. 2 HGB) und die Grenzen von § 141 Abs. 1 AO bisher nicht überschritten wurden. Ist danach für alle Tätigkeitsbereiche des Klägers die Gewinnermittlung nach § 4 Abs. 3 EStG zulässig, bleibt es für die im Streitfall maßgebliche Frage, wie hoch der Gesamtbetrag der Einkünfte ist und welche Folge sich daraus für den zum 31.12.1996 verbleibenden Verlustabzugsbetrag ableitet, letztlich ohne Bedeutung, welcher Einkunftsart das Betriebsergebnis jeweils zuzurechnen ist.
2. Die vom Kläger streitig gestellten Aufwendungen für Kursgebühren und Seminarunterlagen (4.058,05 DM und 13.120,36 DM) sowie für Reisekosten (12.638,78 DM) sind nicht als Betriebsausgaben abzugsfähig.
2.1 Betriebsausgaben sind nach § 4 Abs. 4 EStG Aufwendungen, die durch den Betrieb veranlasst sind. Auch wenn Aufwendungen in einem betrieblichen Zusammenhang stehen, unterliegen sie jedoch nach § 12 Nr. 1 Satz 2 EStG in Gänze einem Abzugsverbot, wenn sie zugleich der Lebensführung des Steuerbürgers dienen. Aufwendungen, die sowohl der Lebensführung dienen als auch den Beruf fördern und die nicht nach einem objektiven Kriterium in ihren beruflichen und in den privaten An-

teil aufgegliedert werden können, sind daher nur dann abziehbar, wenn die berufliche Verursachung bei weitem überwiegt, private Gesichtspunkte also keine oder nur eine ganz untergeordnete Rolle spielen (BFH-Beschluss vom 27.11.1978 - GrS 8/77 - BStBl. II 1979, 213; BFH-Urteil vom 19.10.1989 - VI R 155/88 - BStBl. II 1990, 134).

Von untergeordneter Bedeutung ist es z.b., dass die von einem Arzt, Rechtsanwalt, Steuerberater oder Dolmetscher für den beruflichen Bereich gewonnenen Erkenntnisse stets auch für eigene Zwecke im persönlichen Bereich angewandt werden können. Auch bei psychologisch orientierten Unterrichtungen und Übungen ergeben sich zwangsläufig persönlichkeitsbezogene Auswirkungen. Diese sind dann von untergeordneter Bedeutung, wenn die Selbsterfahrung wie die Durchführung einer Psychoanalyse bei einer Dipl. Psychologin aufgrund der Arbeitsplatzanforderungen erforderlich ist (BFH-Urteil vom 17.7.1992 - VI R 12/91 - BStBl. II 1992, 1036). Dagegen kann der private Aspekt nicht mehr vernachlässigt werden, wenn Supervisionen vorrangig der Persönlichkeitsbildung dienen. Davon ist insbesondere dann auszugehen, wenn nach dem Lehrinhalt, dem Ablauf des Lehrgangs und nach der Zusammensetzung der teilnehmenden Personen keine berufsspezifischen Erkenntnisse vermittelt werden (BFH-Urteile vom 6.3.1995 - VI R 76/94 - BStBl. II 1995, 393 und vom 24.8.2001 - VI R 40/94 - BFH/NV 2002, 182).

2.2 Nach diesen Grundsätzen sind die genannten Aufwendungen des Klägers nicht abzugsfähig. Wie sich aus dem vom Kläger vorgelegten Buch „Was ist Scientology?", das von aktiven Mitgliedern der „Church of Scientology International" zusammengestellt wurde und mit einem Vorwort der „Church of Scientology International" versehen ist - mithin als authentische Interpretation angesehen werden kann -, ergibt, dient Scientology dem Menschen, um „ein glücklicheres und erfüllteres Leben zu führen" (S. 2), „Lösungen für die Probleme des Lebens" bereitzustellen (S. 4), Methoden anzubieten, „mit deren Hilfe sie den Menschen in einen höheren Seinszustand versetzen kann" (S. 61), Prinzipien vorzustellen, „die einem eine neue und umfassendere Sicht des Lebens vermitteln" (S. 81), mit dem Ziel, „die spirituelle Erlösung, Vervollkommnung und Befreiung des Menschen ... und damit verbunden die Rückkehr zu seinem ursprünglichen spirituellen Bewusstseinszustand" (S. 159) zu erreichen, wobei sich die Person „schrittweise nach oben" bewegt auf „zunehmend höhere Ebenen des Bewusstseins" (S. 159) bis zum erstrebten Zustand des Clear, d.h. der „völligen Auslöschung des eigenen reaktiven Verstands einer Person" (S. 165). Nach ihrem eigenen Verständnis ist Scientology daher in erster Linie eine Lehre der persönlichen Erlösung. Ungeachtet einer möglichen Verwertbarkeit einzelner Erkenntnisse auch im beruflichen Bereich stellt sich Scientology somit vornehmlich als persönlichkeitsbezogene Befreiungstheologie dar. Schon aus diesem Grund sind Kosten, die anlässlich der Teilnahme an Veranstaltungen der Scientology Kirche entstehen, in einem nicht vernachlässigbaren Umfang der persönlichen, außerberuflichen Sphäre zuzuordnen. Dem entspricht, dass das vorgenannte Buch keinerlei Hinweise darauf enthält, wie mit Hilfe des erworbenen Wissens Einkunftsquellen erschlossen werden könnten, und dass nach dem glaubhaften Vortrag im Termin zur mündlichen Verhandlung die Teilnehmer der Kurse keiner bestimmten Berufsgruppe angehören, sondern offenbar Zutritt nach dem bisher erreichten Grad des Erlösungszustands erhalten.

2.3 Etwas anderes ergibt sich auch nicht daraus, dass der Kläger - wie sich aus seiner Stellungnahme zur gerichtlichen Aufklärungsanordnung vom 3.4.2001 und aus den vorgelegten Unterlagen ergibt - bestimmte Kurse durchlaufen haben musste, bis er berechtigt war, Provisionsansprüche zu begründen bzw. missionarisch tätig zu werden. Zwar bildet die Absolvierung der hierfür erforderlichen Kurse eine notwendige Voraussetzung für die Einkunftserzielung aus Provisionen und Honoraren. Dies beseitigt jedoch nicht ihre Bedeutsamkeit für die Persönlichkeitsbildung des Klägers. Das Gericht schließt sich damit der einheitlichen Rechtsprechung anderer deutscher Finanzgerichte an, die ebenfalls die Kosten für den Besuch von Scientology - Kursen der Lebensführung zugeordnet und nicht zum steuerlichen Abzug zugelassen haben (vgl. die Nachweise bei Schmidt, EStG, Komm., 20. Aufl., § 10 Rn 140, Stichwort „Liebhaberei", und § 12 Rn 25, Stichwort „Persönlichkeitsentfaltung").

2.4 Ob die mit den Seminarbesuchen verbundenen Kosten als Berufsausbildungskosten nach § 10 Abs. 1 Nr. 7 EStG (mit 1.800,- DM) abzugsfähig sind - wie dies offenbar nach Ansicht der Verwaltung möglich erscheint (vgl. OFD Frankfurt, in: FR 1996, 648 Tz 2) - kann dahinstehen. Einem denkbaren Abzug als Sonderausgabe steht im Streitfall entgegen, dass das Finanzamt zu Unrecht die Kosten für das Arbeitszimmer des Klägers in vollem Umfang (6.982,20 DM) anerkannt hat. Nach § 4 Abs. 5 Nr. 6b EStG sind Aufwendungen für ein häusliches Arbeitszimmer seit 1996 nur noch dann in vollem Umfang abzugsfähig, wenn es den Mittelpunkt der gesamten betrieblichen und beruflichen Betätigung bildet. Dies ist beim Kläger aber nicht der Fall; denn er hat, wie der Aufschlüsselung der Mietaufwendungen und Belegen über die Gestellung von Getränken und Obst anlässlich von Seminaren zu entnehmen ist, auch Räume außerhalb seiner Wohnung für Schulungszwecke (z.B. mehrtägige Seminare) benutzt.

Ob die Voraussetzungen dafür erfüllt sind, dass der Kläger zumindest 2.400,- DM seiner Aufwendungen für das Arbeitszimmer als Betriebsausgaben abziehen kann (§ 4 Abs. 5 Nr. 6b S. 2, 3 EStG), braucht nicht entschieden zu werden. Die Differenz zu den zu Unrecht anerkannten Kosten (6.982,20 DM - 2.400,- DM = 4.582,20 DM) übersteigt bei weitem einen möglichen Abzug der Ausbildungskosten als Sonderausgaben (1.800,- DM). Aus demselben Grund kann unentschieden bleiben, ob die

Kosten für die Teilnahme am Internet Seminar (56,25 DM) und die Gebühren für die Teilnahme an zwei Kursen („Staff Status I und II") zum Thema kirchliche Organisation und innere Verwaltung (1.700,- DM ggf. als Vermittlung von Kenntnissen zum Abrechnungssystem der Organisation) als abzugsfähige Betriebsausgaben anzuerkennen sind. An einer insgesamt gebotenen Herabsetzung des zum 31.12.1996 verbleibenden Verlustabzugsbetrags ist das Gericht durch das im finanzgerichtlichen Verfahren zu beachtende Verböserungsverbot (Gräber, FGO, Komm., 4. Aufl., § 96 Rn 5 mwN) gehindert.

44

Die in Afghanistan der hergebrachten islamischen Ordnung entsprechende Verpflichtung, in bestimmten Lebenssituationen einen Schleier zu tragen, verletzt nicht die Menschenwürde muslimischer Frauen. Ihnen ist daher zumutbar, diese Bekleidungsvorschrift zur Vermeidung einer Bestrafung nach dem religiösen islamischen Recht (Scharia) zu beachten.

Art. 16a Abs. 1 GG, § 51 Abs. 1 AuslG
OVG Rheinland-Pfalz, Urteil vom 17. Mai 2002 - 6 A 10217/02[1] -

Die 1969 in Kabul geborene Klägerin ist afghanische Staatsangehörige. Sie reiste im April 2000 mit ihren beiden Kindern nach Deutschland ein und beantragte hier die Gewährung von Asyl. Bei ihrer Anhörung vor dem Bundesamt für die Anerkennung ausländischer Flüchtlinge gab sie im Wesentlichen an, ihr Ehemann habe Afghanistan verlassen, weil er dort in Gefahr gewesen. Da die ganze Familie sich dort nicht sicher gefühlt habe, dass sie mit den Kindern nach Deutschland gehe. In Kabul habe für sie und die Kinder die Gefahr bestanden, als Geiseln genommen zu werden.

Mit dem angefochtenen Bescheid hat das Bundesamt den Asylantrag abgelehnt. In dem auf die Klageerhebung anberaumten Termin zur mündlichen Verhandlung vor dem Verwaltungsgericht hat die Klägerin u.a. erklärt, sie lehne es ab, unter einem islamistisch geprägten Regime zu leben und den Schleier zu tragen. Das Verwaltungsgericht hat die Klage abgewiesen. In der Begründung wird u.a. ausgeführt, die Verpflichtung, einen Schleier zu tragen, belaste nach den in Afghanistan herrschenden Verhältnissen die Klägerin nicht mehr als die übrige weibliche Bevölkerung. Eine Verfolgung wegen asylerheblicher Merkmale sei

---

[1] Amtl. Leitsätze. AuAS 2002, 189; NVwZ 2002, Beilage Nr. I 9, 100; JuS 2003, 88 (LS).

hierdurch nicht nahe gelegt. Die Klägerin habe nichts dafür vorgetragen, dass ihr im Falle einer Rückkehr nach Afghanistan individuell eine menschenrechtswidrige Behandlung drohe. Auch der Antrag auf Zulassung der Berufung wurde zurückgewiesen.

Aus den Gründen:

Der Antrag der Kläger, die Berufung zuzulassen, bleibt ohne Erfolg. Aus dem Zulassungsantrag ergibt sich weder der geltend gemachte Zulassungsgrund der grundsätzlichen Bedeutung der Rechtssache im Sinne des § 78 Abs. 3 Nr. 1 AsylVfG noch ein Verfahrensfehler im Sinne des § 78 Abs. 3 Nr. 3 AsylVfG.

Die erhobene Rüge, das angefochtene Urteil gebe keine Begründung dafür an, „warum die von der Klägerin befürchteten Einschränkungen keine Verfolgung wegen asylerheblicher Maßnahmen sein sollen", greift nicht durch, selbst wenn man dem Zusammenhang des Zulassungsantrags entnimmt, dass die Kläger damit den Verfahrensfehler des § 78 Abs. 3 Nr. 3 AsylVfG iVm § 138 Nr. 6 VwGO geltend machen. Ein solcher Verfahrensfehler liegt nur vor, wenn die Gründe gänzlich fehlen oder inhaltlich völlig unzureichend sind. Dies ist der Fall bei rational nicht nachvollziehbaren, widersprüchlichen oder sachlich inhaltslosen Entscheidungsgründen (vgl. BVerwG, Urteil vom 30.6.1992, DVBl. 1993, 47). Diese Voraussetzungen sind hier nicht erfüllt. Die Begründung des Verwaltungsgerichts, die Klägerin zu 1) berufe sich lediglich auf die allgemein in Afghanistan herrschenden Verhältnisse, denen sie in gleicher Weise wie die übrige Bevölkerung unterworfen sei, ist zwar knapp gehalten, jedoch nicht völlig unzureichend.

Der Zulassungsantrag lässt aber auch die geltend gemachte grundsätzliche Bedeutung der Rechtssache nicht deutlich werden. Zur Darlegung der Grundsatzbedeutung einer Sache muss eine tatsächliche oder rechtliche Frage aufgeworfen werden, die entscheidungserheblich ist und über den Einzelfall hinaus im Interesse der Einheitlichkeit der Rechtsprechung oder der Fortentwicklung des Rechts einer Klärung bedarf (BVerwG, Urteil vom 31.7.1984, BVerwGE 70, 24; Beschluss vom 12.8.1993, NJW 1994, 144).

Daran fehlt es der von den Klägern gestellten Frage, ob eine asylrelevante Gefährdung afghanischer Frauen besteht, die nicht bereit sind, Beschränkungen ihrer persönlichen Freiheit hinzunehmen und den Schleier zu tragen. Ebenso wenig ist klärungsbedürftig, ob eine nach den Vorschriften der Scharia erfolgende Ahndung der Weigerung, einen Schleier zu tragen, eine geschlechtsspezifische Verfolgung darstellt. Nach der Rechtsprechung des Bundesverfassungsgerichts (Beschluss vom 10.7.1989, BVerfGE 80, 315 [333 ff.]) bilden Verfolgungsmaßnahmen, die nicht mit einer Gefahr unmittelbar für Leib und Leben oder Beschränkungen der persönlichen Freiheit verbunden sind, nur dann einen asylrelevanten Verfolgungstatbestand, wenn sie nach Intensität und Schwere die Menschenwürde verletzen und über das hinaus gehen, was die Bewohner des Verfolgerstaates aufgrund des dort herrschenden Systems allgemein hinzunehmen haben. Zwar sind Körperstrafen (Auspeitschungen), die nach dem religiösen islamischen Recht im Falle der Weigerung einer Frau, den Schleier zu tragen, verhängt werden können, menschenunwürdig. Ob solche in Afghanistan (auch) unter der Interimsregierung Hamid Karsais ausgesprochen und vollstreckt werden, kann jedoch offen bleiben. Denn es ist einer Muslimin in Afghanistan zumutbar, die dort allgemein geltenden Bekleidungsvorschriften zu beachten, und zwar unabhängig davon, ob sie früher in Afghanistan oder nach ihrer Flucht in Deutschland von westlichen Idealen geprägt gelebt und diese verinnerlicht hat. Maßgeblich ist nämlich nicht die subjektive Sicht der einzelnen Frau. Vielmehr muss hier ein objektiver Maßstab angelegt werden, der sich daran orientiert, was im Heimatland der Betroffenen als das herrschende Wertesystem anzusehen ist. Bei der asylrechtlichen Beurteilung einer fremden Rechtsordnung kann diese nicht am weltanschaulichen Neutralitäts- und Toleranzgebot des Grundgesetzes gemessen werden, denn es ist nicht Aufgabe des Asylrechts, die Grundrechtsordnung der Bundesrepublik Deutschland in anderen Staaten durchzusetzen (BVerwG, Urteil vom 18.2.1996, BVerwGE 74, 31 [37]). Da der Islam seit jeher die in Afghanistan vorherrschende Religion ist, deren Wertesystem insbesondere in den weitreichenden ländlichen Gebieten galt, entspricht es der hergebrachten islamischen Ordnung, dass Frauen sich „ihr Gewand ein Stück weit über den Kopf herunterziehen", wenn sie Fremden gegenüber treten, wie es in der 33. Sure des Koran heißt. Eine Verletzung der Menschenwürde von Frauen, die sich dieser islamischen Verpflichtung unterwerfen müssen, ist darin nicht zu erkennen.

Für ein Abschiebungsverbot gemäß § 51 Abs. 1 AuslG gilt nichts anderes, weil dessen Voraussetzungen und diejenigen des Asylgrundrechts deckungsgleich sind, soweit sie die Verfolgungshandlung, das geschützte Rechtsgut und den politischen Charakter der Verfolgung betreffen (BVerwG, Urteil vom 18.2.1992, EZAR 231 Nr. 3). Auch ein Schutzbedürfnis nach § 51 Abs. 1 AuslG liegt nicht vor, wenn eine durch die Rückkehr ins Heimatland entstehende Gefahr durch eigenes zumutbares Verhalten abgewendet werden kann (BVerwG, Urteil vom 3.11.1992, BVerwGE 91, 150 [155]). Deshalb bedarf es einer Klärung der von den Klägern gestellten Fragen auch unter dem Gesichtspunkt von Abschiebungshindernissen iSd § 53 AuslG nicht.

45

Betriebe von Weltanschauungsgemeinschaften genießen keinen absoluten Tendenzschutzes iSv § 118 Abs. 2 BetrVG. In einem von einer Weltanschauungsgemeinschaft betriebenen Krankenhaus schränkt der relative Tendenzschutz iSv § 118 Abs. 1 BetrV das Mitbestimmungsrecht des Betriebsrats bei der Anordnung von Überstunden für ärztliche Mitarbeiter nicht ein.

LAG Hamm, Beschluss vom 17. Mai 2002 - 10 TaBV 140/01[1] -

Im vorliegenden Verfahren nimmt der Betriebsrat den Arbeitgeber auf Unterlassung der Anordnung, Duldung und Entgegennahme von Mehrarbeit und Überstunden im Bereich der Mitarbeiter des ärztlichen Dienstes in Anspruch.

Der Antragsgegner ist der Trägerverein des Gemeinschaftskrankenhauses A., in dem derzeit ca. 1200 Mitarbeiter, davon ca. 110 Ärzte, beschäftigt sind. Zurzeit sind im Gemeinschaftskrankenhaus 11 leitende Ärzte - Chefärzte - tätig.

Der Trägerverein ist ein eingetragener Verein. In § 2 Nr. 1 der Satzung des Trägervereins heißt es wie folgt:

"Der Verein dient der Entwicklung und dem Betrieb des Gemeinschaftskrankenhauses A. und verwandter Einrichtungen zum Wohle kranker und hilfsbedürftiger Menschen. Sein Ziel ist, durch die anthroposophische Welt- und Menschenerkenntnis zu einer Erweiterung der Medizin, Pflege und künstlerischen Therapie sowie deren Sozialgestalt beizutragen. Er fördert die Aus- und Weiterbildung sowie Wissenschaft und Forschung in allen Bereichen der Einrichtungen."

Der Trägerverein wurde am 15.11.1960 gegründet; Gründer waren im Wesentlichen anthroposophische Ärzte, Pharmazeuten und ein Architekt.

Derzeit hat der Verein 128 Mitglieder. Dabei handelt es sich zu über 90 vH um Mitarbeiter und ehemalige Mitarbeiter. Vereinsmitglieder wählen entsprechend den vereinsrechtlichen Bestimmungen einen Vorstand, der die Geschäfte satzungsgemäß wahrnimmt. Mitglied kann werden, wer die Satzungsziele unterstützt.

Der Vereinsvorstand hat für das Gemeinschaftskrankenhaus einen Geschäftsführer eingesetzt, der für den operativen Betrieb und die strategische Ausrichtung verantwortlich ist. Grundlegende Entscheidungen werden mit dem Vorstand abgestimmt und bedürfen seiner Zustimmung.

---

[1] LAGReport 2003, 63; NZA-RR 2002, 625. Das Verfahren wurde in der Rechtsmittelinstanz (1 ABR 31/02 BAG) durch Erledigungserklärung beendet.

Außerdem ist für das Gemeinschaftskrankenhaus eine Betriebsleitung gebildet, die aus dem ärztlichen Direktor, der Pflegedirektorin, dem Leiter der Verwaltung, dem Leiter der Materialwirtschaft und dem Leiter der Technik besteht.
Das Gemeinschaftskrankenhaus, dessen Planung und Errichtung bis in die 50er Jahre zurückgeht, wurde im November 1969 eröffnet.
Seit 1971 gab es im Gemeinschaftskrankenhaus einen so genannten „Vertrauenskreis", der vom Arbeitgeber eingesetzt wurde und der im Sinne einer Mitarbeitervertretung und Schlichtungsstelle bei Streitfragen beteiligt wurde. Dieser Vertrauenskreis war zunächst mit sieben Mitgliedern besetzt. In einem Strukturpapier vom 15.11.1975 war festgehalten, dass der Vertrauenskreis in Anlehnung an das Betriebsverfassungsgesetz gewählt wird. Er entsendet ein Mitglied in die Geschäftsführung zur konstruktiven Unterstützung der Führungsaufgaben. Seit dem Jahre 1993 führte der Vertrauenskreis parallel den Namen Betriebsrat.
Dieser Betriebsrat, der inzwischen das vierte Mal infolge - zuletzt Anfang des Jahres 2002 - nach den Bestimmungen des Betriebsverfassungsgesetzes gewählt worden ist, führte seit der Betriebsratswahl von 1998 den Namen „Vertrauenskreis" nicht mehr. Derzeit besteht der Betriebsrat, der Antragsteller, aus 15 Mitgliedern.
Im März 1993 gab das Gemeinschaftskrankenhaus eine Schrift über „Auftrag und Leitlinien" heraus, in denen die Ziele und Grundsätze des Gemeinschaftskrankenhauses niedergelegt waren. Hiernach ist die ideelle Grundlage für das ärztliche, pflegerische und therapeutische sowie für das betriebliche und wirtschaftliche Handeln die Entwicklung des Menschen zu einer freien, sich selbst bestimmenden und der sozialen Verantwortung bewussten Persönlichkeit. Quelle des Handelns sind die vom Einzelnen selbst erarbeitenden Erkenntnisse der anthroposophischen Geisteswissenschaft.
Die Standardarbeitsverträge für die im Gemeinschaftskrankenhaus tätigen Ärzte enthalten jeweils eine Präambel, in der es wie folgt heißt:

„Das gemeinsame Ziel aller im Krankenhaus tätigen Mitarbeiter ist die Hilfeleistung für den kranken und leidenden Menschen. Jede Arbeit soll dieser Aufgabe dienen. Die hierzu notwendigen gemeinsamen Anstrengungen der Mitarbeiter orientieren sich an der Idee der freien, sich selbst bestimmenden Persönlichkeit sowie dem Anliegen, die Individualität des Patienten in seinen geistigen, seelischen und physischen Dimensionen zu erfassen. An dieser Idee sollen sich auch die Formen der sozialen Zusammenarbeit orientieren.
Dem medizinischen Handeln möge der Leitsatz dienen:
Unterstütze den kranken Menschen darin, seine individuellen Möglichkeiten zu verwirklichen und in der Auseinandersetzung mit seinem kranken Leiden, seinem Schicksal und der Umwelt neue Verwirklichungsmöglichkeiten zu veranlagen."

Der Arbeitgeber ist nicht tarifgebunden. Die wöchentliche Arbeitszeit beträgt im Gemeinschaftskrankenhaus 38,5 Stunden. Der Bereitschaftsdienst für Assistenzärzte ist seit Jahren im Gemeinschaftskrankenhaus in einer Betriebsvereinbarung vom 31.10.1991 geregelt.

Im Januar 2001 ordnete der Arbeitgeber ohne Beteiligung des Betriebsrats Mehrarbeit für ärztliche Mitarbeiter an bzw. nahm diese entgegen. Betroffen waren Mitarbeiter des ärztlichen Dienstes aus den Abteilungen Neurologie, Chirurgie/Urologie/Gynäkologie/Entbindung. Bei den angeordneten bzw. geduldeten Überstunden handelt es sich jeweils nicht um Notfälle. Für diese besteht jeweils eine Zuständigkeit der nach dem Dienstplan eigens dafür in Ruf- oder Anwesenheitsbereitschaft versetzten ärztlichen Mitarbeiter.

Der Betriebsrat nimmt im Hinblick auf die von den ärztlichen Mitarbeitern geleisteten Überstunden ein Mitbestimmungsrecht für sich in Anspruch und machte mit dem beim Arbeitsgericht eingeleiteten Beschlussverfahren einen Unterlassungsanspruch geltend. Dem Antragsgegner soll unter gleichzeitiger Androhung eines Ordnungsgeldes aufgegeben werden, die Anordnung, Duldung und Entgegennahme von Mehrarbeit und Überstunden im Bereich der Mitarbeiter des ärztlichen Dienstes zu unterlassen, soweit diese nicht durch Notfälle bedingt sind, der Antragsteller nicht zugestimmt oder die Einigungsstelle die Zustimmung ersetzt hat.

Der Betriebsrat hat die Auffassung vertreten, ihm stehe ein solches Mitbestimmungsrecht nach § 87 Abs. 1 Nr. 3 BetrVG zu. Die wiederholte Verletzung seines Mitbestimmungsrechtes durch den Arbeitgeber bei der Anordnung bzw. Entgegennahme von Überstunden stelle einen groben Verstoß im Sinne des § 23 Abs. 3 BetrVG dar. In diversen Verfahren habe der Betriebsrat sein Mitbestimmungsrecht einfordern müssen. Der Arbeitgeber könne sich weder auf den absoluten Tendenzschutz nach § 118 Abs. 2 BetrVG noch auf den relativen Tendenzschutz nach § 118 Abs. 1 Nr. 1 BetrVG berufen. Weltanschauungsgemeinschaften seien nicht generell den Religionsgemeinschaften gleichzustellen. Jede Behandlung von Patienten durch ärztliche Mitarbeiter orientiere sich an schulmedizinischen Grundsätzen. Das Gemeinschaftskrankenhaus unterscheide sich nicht von anderen Krankenhäusern oder Kliniken. Auch bei der Einstellung von Ärzten sei eine anthroposophische Grundanschauung nicht maßgeblich, es zählten Qualifikation und Erfahrungen im medizinischen Bereich.

Ferner erfordere auch die Eigenart des Gemeinschaftskrankenhauses den Ausschluss des Mitbestimmungsrechtes bei der Anordnung bzw. Entgegennahme von Überstunden im Bereich des ärztlichen Dienstes nicht. In diesem Zusammenhang hat der Betriebsrat gemeint, die im Einzelnen genannten ärztlichen Mitarbeiter seien vergleichbar und austauschbar. Auch im Verhältnis der Ärzte im Praktikum zu den Assistenzärzten sei eine Austausch- und Vergleichbarkeit bezogen auf die einzelnen Fachbereiche gegeben, da sie in tatsächlicher Hinsicht inhaltlich die gleiche Tätigkeit mit denselben Anforderungen, wie etwa die selbständige Übernahme des Nachtdienstes, verrichteten.

Das Mitbestimmungsrecht des Betriebsrates bei der Anordnung von Mehrarbeit betreffe die vom Arbeitgeber vertretene Tendenz nicht; es gehe insoweit lediglich um die gerechte Verteilung der Überstunden, um den wertneutralen Arbeitsablauf des Betriebes. Wann welcher Arzt seinen Dienst verrichtete, sei für die Verwirklichung einer etwaigen Tendenz nicht prägend.

Der Arbeitgeber meint, dem Betriebsrat stehe der geltend gemachte Unterlassungsanspruch nicht zu. Für ihn als Weltanschauungsgemeinschaft greife der absolute Tendenzschutz des § 118 Abs. 2 BetrVG ein. Auch Weltanschauungsgemeinschaften fielen unter den absoluten Tendenzschutz des § 118 Abs. 2 BetrVG. Dies ergebe sich aus Art. 140 GG iVm Art. 137 Abs. 7 WRV, wonach Weltanschauungsvereinigungen den Religionsgesellschaften gleichzustellen seien. Er sei eine derartige Weltanschauungsgemeinschaft. Dies ergebe sich im Einzelnen aus § 2 der Satzung und aus den 1993 herausgegebenen „Auftrag und Leitlinien", wonach Quelle des Handelns sämtlicher Beschäftigten die Erkenntnisse der anthroposophischen Geisteswissenschaft sei.

Mindestens unterliege der Arbeitgeber dem relativen Tendenzschutz des § 118 Abs. 1 Nr. 1 BetrVG. Der Arbeitgeber unterhalte eine karitative Einrichtung, er sei ohne Gewinnerzielungsabsicht tätig. Die ärztlichen Mitarbeiter nähmen tendenzbezogene Aufgaben wahr und seien damit an der Tendenzverwirklichung des Unternehmens maßgeblich beteiligt. Ihre Tätigkeit sei für die geistig-ideelle Zielsetzung des Unternehmens prägend. Insoweit seien die vom Betriebsrat im Einzelnen aufgelisteten ärztlichen Mitarbeiter jeweils nicht miteinander vergleichbar und auch nicht austauschbar. Dies gelte insbesondere für die Chef- und Oberärzte, wie auch für die weiteren Ärzte, auch für die Assistenzärzte und die Ärzte im Praktikum. Alle im Gemeinschaftskrankenhaus beschäftigten Ärzte seien Tendenzträger, die für die karitative Zielsetzung des Krankenhauses prägend tätig seien. Schließlich liege auch kein grober Verstoß im Sinne des § 23 Abs. 3 BetrVG gegen betriebsverfassungsrechtliche Bestimmungen vor, da die Berufung des Arbeitgebers auf den Tendenzschutz aus § 118 BetrVG insbesondere hinsichtlich der Frage der Mehrarbeit im ärztlichen Bereich rechtlich nicht geklärt sei.

Durch den angefochtenen Beschluss hat das Arbeitsgericht dem geltend gemachten Unterlassungsanspruch stattgegeben und zur Begründung ausgeführt, gegenüber dem Mitbestimmungsrecht des Betriebsrates aus § 87 Abs. 1 Nr. 3 BetrVG könne sich der Arbeitgeber weder auf den absoluten Tendenzschutz des § 118 Abs. 2 BetrVG noch auf den relativen Tendenzschutz des § 118 Abs. 1 Nr. 1 BetrVG berufen. § 118 Abs. 2

BetrVG finde auf Weltanschauungsgemeinschaften weder aufgrund einer ausdehnenden Auslegung noch aufgrund einer Gesetzesanalogie Anwendung. Allein die Tatsache, dass der Arbeitgeber einer bestimmten Weltanschauung nahe stehe und deren Verwirklichung zum Ziele habe, lasse nicht erkennen, weshalb er mit einer Religionsgemeinschaft gleichzustellen sein solle. Ferner stehe auch die Eigenart des Unternehmens des Arbeitgebers der Anwendung der Mitbestimmungsrechte nach § 118 Abs. 1 Nr. 1 BetrVG nicht entgegen. Dies gelte insbesondere in sozialen Angelegenheiten, in denen es um den wertneutralen Arbeitsablauf des Betriebes gehe. Bei der Dienstplaneinteilung in Krankenhäusern, auch bei der Anordnung von Überstunden sei ein Tendenzbezug nicht ersichtlich. Insoweit gehe es lediglich um die gleichmäßige Arbeitseinteilung unter Berücksichtigung der Freizeitwünsche der einzelnen Mitarbeiter. Wann welcher Arzt Dienst habe bzw. über den üblichen Dienst hinausgehende Überstunden oder Mehrarbeit ableiste, sei für die karitative Zielsetzung des Arbeitgebers nicht prägend.

Die Beschwerde des Arbeitgebers blieb ohne Erfolg.

Aus den Gründen:

Die zulässige Beschwerde des Arbeitgebers ist unbegründet.

I. Der Antrag des Betriebsrates ist zulässig.

1. Der Betriebsrat verfolgt sein Unterlassungsbegehren zutreffend im Beschlussverfahren nach den §§ 2a, 80 Abs. 1, 81 ArbGG. Zwischen den Beteiligten ist eine betriebsverfassungsrechtliche Angelegenheit, nämlich das Mitbestimmungsrecht des Betriebsrates bei der Anordnung, Duldung und Entgegennahme von Überstunden im Bereich des ärztlichen Dienstes nach § 87 Abs. 1 Nr. 3 BetrVG streitig. Hierfür ist das Beschlussverfahren die zulässige Verfahrensart.

2. Die Antrags- und Beteiligungsbefugnis des Betriebsrates und des Arbeitgebers ergeben sich aus den §§ 10, 83 Abs. 3 ArbGG.

3. Auch das Rechtsschutzbedürfnis des Betriebsrates für das vorliegende Verfahren hat das Arbeitsgericht zutreffend bejaht. Darauf kann Bezug genommen werden.

II. Der Antrag des Betriebsrates ist auch begründet.

Das Arbeitsgericht hat in dem sorgfältig begründeten Beschluss zu Recht dem Unterlassungsanspruch des Betriebsrates stattgegeben.

1. Der Unterlassungsantrag des Betriebsrates war nicht schon deshalb als unbegründet zurückzuweisen, weil der im Gemeinschaftskrankenhaus des Arbeitgebers gebildete Betriebsrat nicht ordnungsgemäß zustandegekommen ist. Zwar ist nach Eröffnung des Krankenhauses zunächst ein sog. Vertrauenskreis gebildet worden. In der Folgezeit ist jedoch ein Betriebsrat nach den Bestimmungen des Betriebsverfas-

sungsgesetzes gewählt worden, zuletzt im Jahr 1998 und im Jahr 2002. Ein Wahlanfechtungsverfahren, etwa mit der Begründung, ein Betriebsrat hätte gar nicht gewählt werden dürfen oder sei nicht ordnungsgemäß gewählt worden, ist unstreitig nicht eingeleitet worden. Damit ist der Betriebsrat legitimiert, einen Unterlassungsanspruch nach den Bestimmungen des Betriebsverfassungsgesetzes für sich in Anspruch zu nehmen.

2. Zwischen den Beteiligten ist unstreitig, dass der Arbeitgeber im Januar 2001 für zahlreiche Mitarbeiter des ärztlichen Dienstes Mehrarbeit und Überstunden angeordnet, geduldet und bzw. entgegengenommen hat, ohne dass der Betriebsrat hieran beteiligt worden ist. Bereits hieraus ergibt sich der geltend gemachte Unterlassungsanspruch.

Die Beschwerdekammer hat offen gelassen, ob es sich bei dieser Anordnung, Duldung und Entgegennahme von Überstunden der ärztlichen Mitarbeiter um einen groben Verstoß im Sinne des § 23 Abs. 3 BetrVG gehandelt hat. Dem Betriebsrat steht nämlich grundsätzlich ein Anspruch auf Unterlassung von mitbestimmungswidrigen Maßnahmen zu, wenn der Arbeitgeber Mitbestimmungsrechte des Betriebsrates aus § 87 BetrVG verletzt. (wird weiter ausgeführt)

3. Dieses grundsätzlich gegebene Mitbestimmungsrecht des Betriebsrates bei der Anordnung von Überstunden im Bereich der ärztlichen Mitarbeiter nach § 87 Abs. 1 Nr. 3 BetrVG ist nicht durch den absoluten Tendenzschutz des § 118 Abs. 2 BetrVG ausgeschlossen.

Nach § 118 Abs. 2 BetrVG finden die Bestimmungen des Betriebsverfassungsgesetzes keine Anwendung auf Religionsgemeinschaften und ihre karitativen und erzieherischen Einrichtungen unbeschadet deren Rechtsform.

a) Der Arbeitgeber ist keine Religionsgemeinschaft im Sinne des § 118 Abs. 2 BetrVG, das von ihm betriebene Gemeinschaftskrankenhaus ist keine karitative Einrichtung einer Religionsgemeinschaft.

Zwar ist der Begriff der Religionsgemeinschaft in § 118 Abs. 2 BetrVG ebenso zu verstehen wie der Begriff der Religionsgesellschaft im Sinne des Art. 137 Abs. 3 WRV (BAG, Beschluss vom 24.7.1991 - AP Nr. 48 zu § 118 BetrVG 1972, unter B.II.1. der Gründe, KirchE 29, 255); Fitting, aaO, § 118 Rn 54; Däubler/Kittner/Klebe/Wedde, aaO, § 118 Rn 106; Richardi/Thüsing, BetrVG, 8. Aufl., § 118 Rn 189; Hanau/Kania, ErfK, 2. Aufl., § 118 BetrVG Rn 30 mwN).

Unter einer Religionsgemeinschaft, deren Begriff regelmäßig weit auszulegen ist (BAG, Beschluss vom 6.12.1977 - AP Nr. 10 zu § 118 BetrVG 1972, KirchE 16, 254), wird allgemein ein Zusammenschluss einer Organisation verstanden, die in glaubensbezogener Übereinstimmung ihrer Mitglieder äußerlich erkennbar ein Glaubensbekenntnis leben. Die Herausnahme der Kirchen und ihrer karitativen und erzieherischen Einrichtungen aus dem Geltungsbereich des Betriebsverfassungsgesetzes beruht auf dem den Religionsgemeinschaften durch Art. 140 GG iVm Art. 137 Abs. 3 WRV gewährleisteten Recht, ihre Angelegenheiten innerhalb der Schranken der für alle geltenden Gesetze zu ordnen und zu verwalten (BVerfGE 46, 73 [95], AP Nr. 1 zu Art. 140 GG, unter B.II.4. der Gründe, KirchE 16, 189). Das verfassungsrechtlich garantierte Selbstbestimmungsrecht steht den Kirchen nicht nur hinsichtlich ihrer körperschaftlichen Organisation oder ihrer Ämter zu. Es erstreckt sich auch auf rechtlich selbständige Vereinigungen und deren Einrichtungen, die sich nur die partielle Pflege des religiösen oder weltanschaulichen Lebens ihrer Mitglieder zum Ziel gesetzt haben, soweit sie nach kirchlichem Selbstverständnis entsprechend ihrem Zweck oder ihrer Aufgabenstellung dazu berufen sind, den weltbezogenen Auftrag der Kirchen wahrzunehmen und zu erfüllen (BVerfGE 46, 73 [85], KirchE 16, 189; BVerfGE 53, 366 [391], KirchE 18, 69).

Für die Zuordnung einer rechtlich selbständigen Einrichtung zur Kirche ist nicht ausreichend, dass die Einrichtung ihrem Zweck nach auf die Verwirklichung eines kirchlichen Auftrags gerichtet ist. Hinzu kommen muss ein Mindestmaß an Einflussmöglichkeiten der Kirche, um auf Dauer eine Übereinstimmung der religiösen Betätigung der Einrichtung mit kirchlichen Vorstellungen gewährleisten zu können. Der ordnende Einfluss der Kirche bedarf allerdings keiner satzungsmäßigen Absicherung. Die Kirche muss jedoch in der Lage sein, einen etwaigen Dissens in religiösen Angelegenheiten zwischen ihr und der Einrichtung unterbinden zu können (BAG, Beschluss vom 14.4.1988 - AP Nr. 36 zu § 118 BetrVG 1972, KirchE 26, 55; BAG, Beschluss vom 24.7.1991 - AP Nr. 48 zu § 118 BetrVG 1972, KirchE 29, 255; BAG, Beschluss vom 30.4.1997 - AP Nr. 60 zu § 118 BetrVG 1972, KirchE 35, 153).

Gemessen an diesen Grundsätzen ist das vom Arbeitgeber geführte Gemeinschaftskrankenhaus keine Einrichtung einer Religionsgemeinschaft im Sinne des § 118 Abs. 2 BetrVG. Das Gemeinschaftskrankenhaus, das vom Arbeitgeber betrieben wird, ist nicht Teil der katholischen oder evangelischen Kirche, für die das Betriebsverfassungsgesetz keine Anwendung findet. Eine hinreichende kirchliche Zuordnung des Arbeitgebers, zu welcher Glaubensgemeinschaft auch immer, ist nicht ersichtlich.

b) Der Arbeitgeber fällt auch als sog. Weltanschauungsgemeinschaft nicht unter § 118 Abs. 2 BetrVG.

aa) Unter Religion oder Weltanschauung versteht die Rechtsprechung eine mit der Person des Menschen verbundene Gewissheit über bestimmte Aussagen zum Weltganzen sowie zur Herkunft und zum Ziel des menschlichen Lebens. Die Religion legt eine den Menschen überschreitende und umgreifende („transzendente") Wirklichkeit zu Grunde, während sich die Weltanschauung auf innerweltliche („immanente") Bezüge beschränkt (BVerfGE 32, 98 [107], KirchE 12, 294; BVerwGE 37,

344 [363], KirchE 12, 64; BVerwGE 61, 152 [156], KirchE 18, 311; BVerwGE 90, 112 [115], KirchE 30, 151). Eine Vereinigung ist dann als Religions- oder Weltanschauungsgemeinschaft im Sinne des Grundgesetzes anzusehen, wenn ihre Mitglieder oder Anhänger auf der Grundlage gemeinsamer religiöser oder weltanschaulicher Überzeugungen eine unter ihnen bestehende Übereinstimmung über Sinn und Bewältigung des menschlichen Lebens bezeugen (BAG, Beschluss vom 23.3.1995 - AP Nr. 21 zu § 5 ArbGG 1979; ähnlich: Obermayer, BK, GG, Art. 140 Rn 39 ff., 43; von Campenhausen, in: von Mangoldt/Klein/Starck, Bonner Grundgesetz, 4. Aufl., Art. 137 WRV Rn 300; Maunz/Dürig, GG, Art. 140 Rn 20 mwN). Nach Auffassung der Beschwerdekammer handelt es sich bei dem Trägerverein des Gemeinschaftskrankenhauses um eine Weltanschauungsgemeinschaft in diesem Sinne.

Zwar ist der Zweck des Trägervereins in erster Linie der Betrieb des Gemeinschaftskrankenhauses A. und verwandter Einrichtungen. Dies ergibt sich aus § 2 Nr. 1 Satz 1 der Satzung des Arbeitgebers. Auch wenn Grundlage des Betriebes des Gemeinschaftskrankenhauses die anthroposophische Welt- und Menschenerkenntnis ist, ist die Zielsetzung des Arbeitgebers dennoch auf den Betrieb des Gemeinschaftskrankenhauses A. und seiner Einrichtungen begrenzt. Insoweit könnte es sich bei dem Trägerverein lediglich um eine weltanschauliche Vereinigung - im Gegensatz zu einer Weltanschauungsgemeinschaft im Sinne des Grundgesetzes - handeln, weil der Trägerverein lediglich der gemeinsamen Pflege partieller weltanschaulicher Aufgaben - und nicht der umfassenden Bezeugung eines auf die Frage nach dem Sinn des Lebens bezogenen Konsenses - dient (zur Abgrenzung: Obermayer, aaO, Rn 48 ff., 55; von Campenhausen, aaO, Rn 300).

Bei dem Trägerverein des Gemeinschaftskrankenhauses A. handelt es sich jedoch nach Auffassung der Beschwerdekammer nicht um eine bloße weltanschauliche Vereinigung. Neben dem Betrieb des Gemeinschaftskrankenhauses ist das Ziel des Arbeitgebers, durch die anthroposophische Welt- und Menschenerkenntnis zu einer Erweiterung der Medizin, Pflege und künstlerischen Therapie sowie deren Sozialgestalt beizutragen. Der Arbeitgeber fördert die Aus- und Weiterbildung sowie Wissenschaft und Forschung in allen bereichen der Einrichtungen. Dies ergibt sich aus den weiteren Bestimmungen des § 2 Nr. 1 (der Satzung des Arbeitgebers). Die Mitglieder des Arbeitgebers bezeugen danach auf der Grundlage gemeinsamer weltanschaulicher Überzeugungen eine unter ihnen bestehende Übereinstimmung über Sinn und Bewältigung des menschlichen Lebens. § 2 der Satzung enthält eine umfassende Zielsetzung im Sinne der Verwirklichung der anthroposophischen Geisteswissenschaft.

bb) Auch wenn der Trägerverein des Gemeinschaftskrankenhauses als Weltanschauungsgemeinschaft im Sinne der Bestimmungen des Art. 140

GG, Art. 137 WRV angesehen wird, hat das Arbeitsgericht zu Recht erkannt, dass der Trägerverein nicht den absoluten Tendenzschutz des § 118 Abs. 2 BetrVG für sich in Anspruch nehmen kann.

Die Frage, ob aus Art. 137 Abs. 7 WRV gefolgert werden muss, dass Weltanschauungsgemeinschaften ebenso wie Religionsgemeinschaften vom Geltungsbereich des Betriebsverfassungsgesetzes ausgeschlossen sind, ist von der arbeitsgerichtlichen Rechtsprechung - soweit ersichtlich - bislang nicht entschieden und wird in der Literatur unterschiedlich beantwortet.

Insoweit wird vertreten, dass der Begriff der Religionsgemeinschaft nach § 118 Abs. 2 BetrVG ebenso zu verstehen sei wie der des Art. 137 Abs. 3 WRV. Er soll daher nicht die allgemeinen anerkannten christlichen Bekenntnisse, sondern auch Glaubensgemeinschaften weltanschaulicher Art umfassen (Däubler/Kittner/Klebe/Wedde, aaO, § 118 Rn 106; Fitting, aaO, § 118 Rn 54; Galperin-Löwisch, BetrVG, 6. Aufl., § 118 Rn 88; Hess/Schlochauer/Glaubitz, BetrVG, 5. Aufl., § 118 Rn 68).

Demgegenüber wird auch vertreten, dass Weltanschauungsgemeinschaften nicht zu den Religionsgemeinschaften im Sinne des § 118 Abs. 2 BetrVG gehören. Nach Art. 140 GG iVm Art. 137 Abs. 7 WRV seien zwar Weltanschauungsgemeinschaften den Religionsgemeinschaften gleichgestellt. Diese Gleichstellung fordere aber keineswegs, § 118 Abs. 2 BetrVG auch auf Weltanschauungsgemeinschaften anzuwenden (Richardi/Thüsing, aaO, § 118 Rn 210; Fabricius, GK-BetrVG, 6. Aufl., § 118 Rn 753 ff., 767; Hanau/Kania, aaO, § 118 BetrVG Rn 30; Marhold, AR-Blattei, SD 1570 Rn 183; Noll, Arbeitsrecht im Tendenzbetrieb, 2001, S. 105 mwN).

Ebenso wie das Arbeitsgericht ist auch die Beschwerdekammer der Auffassung, dass die Gleichstellung von Weltanschauungsgemeinschaften mit Religionsgemeinschaften in Art. 137 Abs. 7 WRV nicht fordert, sie von der Geltung des staatlichen Betriebsverfassungsrechtes freizustellen. Die vom Arbeitgeber für zutreffend gehaltene Auffassung führt schon keine ausdrücklichen Gründe an. Darüber hinaus beschränkt bereits der Wortlaut des § 118 Abs. 2 BetrVG den Ausschluss der Bestimmungen des Betriebsverfassungsgesetzes auf Religionsgemeinschaften. Der Gesetzgeber hat in § 118 Abs. 2 BetrVG den Ausschluss des Betriebsverfassungsgesetzes lediglich für Religionsgemeinschaften, nicht auch für Weltanschauungsgemeinschaften, angeordnet. Die Gleichstellung von Weltanschauungsgemeinschaften mit Religionsgemeinschaften in Art. 137 Abs. 7 WRV bezieht sich nur auf den gegebenen staatskirchenrechtlichen Rahmen. Auch andere Normen des einfachen Rechts sprechen dagegen, dass Religionsgemeinschaften und Weltanschauungsgemeinschaften in allen Bereichen automatisch gleichzustellen sind. So ist beispielsweise in § 2 Abs. 3 Nr. 3 des Vereinsgesetzes vom Gesetzgeber ausdrücklich normiert worden, die Weltanschauungsgemeinschaften den Religionsgemeinschaften gleichzustellen. Da es hier um den Schutz

von staatlicher Verfolgung geht, ist diese Gleichstellung auch sachlogisch. Dagegen wird § 11 Abs. 1 Wehrpflichtgesetz so ausgelegt, dass davon nur die Religionsgemeinschaften, nicht jedoch die Weltanschauungsgemeinschaften geschützt werden (BVerwG, Urteil vom 14.11.1980, NJW 1981, 1460, KirchE 18, 311; GK-Fabricius, aaO, § 118 Rn 768).
Eine ausdehnende Anwendung des § 118 Abs. 2 BetrVG auch auf Weltanschauungsgemeinschaften ist nach Auffassung der Berufungskammer auch deshalb nicht erforderlich, weil die Weltanschauung - hier diejenige des Arbeitgebers - nicht auf einem bestimmten Offenbarungsglauben beruht (Richardi/Thüsing, aaO, § 118 Rn 210; GK-Fabricius, aaO, § 118 Rn 767).
Die auch von der Beschwerdekammer zutreffend gehaltene Auffassung begegnet auch keinen verfassungsrechtlichen Bedenken. Weltanschauungsgemeinschaften - wie die des Arbeitgebers - sind durch Art. 4 u. 5 GG ausreichend geschützt. Die Beschränkung der gesetzlichen Regelung auf religiöse Bekenntnisse hält sich im Rahmen des Zulässigen. Nach dem staatskirchenrechtlichen System des Grundgesetzes steht der Staat den verschiedenen Religionen und Weltanschauungen im Interesse der Glaubens- und Bekenntnisfreiheit aller Bürger grundsätzlich neutral gegenüber. Das Grundgesetz gebietet aber schon für Religionsgesellschaften keine schematische Gleichbehandlung. Vielmehr sind hier - ebenso wie im Verhältnis zur Weltanschauungsgemeinschaften - Differenzierungen zulässig, die durch tatsächliche Verschiedenheiten der einzelnen Gesellschaften bedingt und daher sachlich vertretbar sind.
4. Der Arbeitgeber kann sich, wie das Arbeitsgericht ferner zutreffend ausgeführt hat, auch nicht auf den relativen Tendenzschutz des § 118 Abs. 1 Nr. 1 BetrVG berufen.
Nach § 118 Abs. 1 Nr. 1 BetrVG finden die Vorschriften des Betriebsverfassungsgesetzes auf Unternehmen und Betriebe, die unmittelbar und überwiegend politischen, koalitionspolitischen, konfessionellen, karitativen, erzieherischen, wissenschaftlichen oder künstlerischen Bestimmungen dienen keine Anwendung, soweit die Eigenart des Unternehmens oder des Betriebs dem entgegensteht.
a) In Übereinstimmung mit der Beurteilung durch die Beteiligten und das Arbeitsgericht geht auch die Beschwerdekammer davon aus, dass das vom Arbeitgeber betriebene Gemeinschaftskrankenhaus karitativen Zwecken dient.
Ein Unternehmen dient dann karitativen Bestimmungen im Sinne des § 118 Abs. 1 Nr. 1 BetrVG, wenn es sich den sozialen Dienst am körperlich oder seelisch leidenden Menschen zum Ziel gesetzt hat, wenn es auf Heilung oder Milderung innerer oder äußerer Nöte des Einzelnen gerichtet ist, sofern diese Betätigung ohne die Absicht der Gewinnerzielung erfolgt und das Unternehmen selbst nicht von Gesetzes wegen unmittelbar zu derartiger Hilfeleistung verpflichtet ist. Unerheblich ist in diesem

Zusammenhang, wer rechtlich oder wirtschaftlich an dem privatwirtschaftlich organisierten Unternehmen beteiligt ist oder darauf einen beherrschenden Einfluss ausübt (BAG, Beschluss vom 29.6.1988 - AP Nr. 37 zu § 118 BetrVG 1972; BAG, Beschluss vom 8.11.1988 - AP Nr. 38 zu § 118 BetrVG 1972; BAG, Beschluss vom 31.1.1995 - AP Nr. 56 zu § 118 BetrVG 1972; BAG, Beschluss vom 24.5.1995 - AP Nr. 57 zu § 118 BetrVG 1972; BAG, Beschluss vom 22.11.1995 - AP Nr. 58 zu § 118 BetrVG 1972; BAG, Beschluss vom 5.10.2000 - AP Nr. 69 zu § 118 BetrVG 1972; Fitting, aaO, § 118 Rn 18; Richardi/Thüsing, aaO, § 118 Rn 58 f.; Hanau/Kania, aaO, § 118 BetrVG Rn 11; Matthes, MünchArbR, 2. Aufl., § 356 Rn 15; Oldenburg, NZA 1989, 412 f.; Weber, NZA 1989, Beil. 3, S. 2 f.; weitergehend: Kohte, BlStSozArbR 1983, 129; Däubler/Kittner/Klebe/Wedde, aaO, Rn 27; GK-Fabricius, aaO, § 118 Rn 197, 205).

In der Rechtsprechung des Bundesarbeitsgerichts ist auch anerkannt, dass Krankenhäuser, die nicht in der Absicht der Gewinnerzielung betrieben werden, karitativen Bestimmungen im Sinne des § 118 Abs. 1 Satz 1 Nr. 1 BetrVG dienen (BAG, Beschluss vom 24.5.1995 - AP Nr. 57 zu § 118 BetrVG 1972; BAG, Beschluss vom 22.11.1995 - AP Nr. 58 zu § 118 BetrVG 1972; BAG, Beschluss vom 27.10.1998 - AP Nr. 65 zu § 118 BetrVG 1972).

Um einen solchen Betrieb handelt es sich bei dem vom Arbeitgeber betriebenen Gemeinschaftskrankenhaus. Das Gemeinschaftskrankenhaus hat sich den sozialen Dienst an körperlich und seelisch leidenden Menschen zum Ziel gesetzt. In dem Gemeinschaftskrankenhaus werden Tätigkeiten im Dienste Hilfsbedürftiger, insbesondere körperlich, geistig und seelisch Kranker, erbracht. Auch die Beschwerdekammer geht davon aus, dass das Gemeinschaftskrankenhaus nicht in der Absicht der Gewinnerzielung betrieben wird; es ist als gemeinnützig anerkannt.

Darüber hinaus dient das Gemeinschaftskrankenhaus auch konfessionellen Zwecken im Sinne des § 118 Abs. 1 Satz 1 Nr. 1 BetrVG.

Konfessionellen Bestimmungen dienen Unternehmen, deren Zwecksetzung Ausdruck einer bestimmten religiösen Überzeugung ist, soweit sie nicht ohnehin unter § 118 Abs. 2 BetrVG fallen. Erfasst werden alle Einrichtungen, deren Aufgaben und Ziele durch eine bestimmte religiöse oder weltanschauliche Überzeugung geprägt sind, wie z.B. Freidenkerverbände oder anthroposophische Vereinigungen. Dies ergibt eine erforderliche weite Auslegung des Begriffes „konfessionelle Bestimmungen" (GK-Fabricius, aaO, § 118 Rn 183, 185; Hanau/Kania, aaO, § 118 Rn 10; Däubler/Kittner/Klebe/Wedde, aaO, § 118 Rn 26; Fitting, aaO, § 118 Rn 17; Hess/Schlochauer/Glaubitz, aaO, § 118 Rn 16; Matthes, aaO, § 364 Rn 12; Galperin/Löwisch, aaO, § 118 Rn 15; Marhold, aaO, Rn 86; ebenso, wenn auch eine Analogie befürwortend: Richardi/Thüsing, aaO, § 118 Rn 57; Mayer-Maly, AR-Blattei „Tendenzschutz" D III).

b) Die Eigenart des vom Arbeitgeber betriebenen Gemeinschaftskrankenhauses steht aber der Anwendung der Bestimmungen des Betriebsverfassungsgesetzes bei der Anordnung von Überstunden für Mitarbeiter des ärztlichen Dienstes nicht entgegen. Die Tendenz des Arbeitgebers erfordert einen Ausschluss des Mitbestimmungsrechtes bei Überstunden auch von ärztlichen Mitarbeitern nicht. Ob die Eigenart des Unternehmens eine Einschränkung von Beteiligungsrechten des Betriebsrates erfordert, richtet sich einmal nach der Tendenznähe der Maßnahme, andererseits ist maßgeblich, inwieweit die von der Maßnahme betroffene Person den Tendenzcharakter des Unternehmens mit verwirklicht (Fitting, aaO, § 118 BetrVG Rn 30 mwN).

In sozialen Angelegenheiten nach den §§ 87 ff. BetrVG wird im allgemeinen eine Einschränkung der Mitbestimmungsrechte nicht in Betracht kommen, wenn es um den wertneutralen Arbeitsablauf des Betriebes geht (BAG, Beschluss vom 30.1.1990 - AP Nr. 44 zu § 118 BetrVG 1972 - unter II. 3. b] aa] der Gründe; BAG, Beschluss vom 14.1.1992 - AP Nr. 49 zu § 118 BetrVG 1972 - unter II. 2. c] der Gründe; Fitting, aaO, § 118 Rn 32; Richardi/Thüsing, aaO, § 118 Rn 142; Marhold, aaO, Rn 153 mwN). Nur wenn es sich um eine tendenzbezogene Maßnahme handelt, bei der die Beteiligung des Betriebsrates an der Entscheidung die Tendenzverwirklichung ernsthaft beeinträchtigt werden kann, scheidet ein Mitbestimmungsrecht des Betriebsrates nach § 118 Abs. 1 BetrVG aus (BAG, Beschluss vom 30.1.1990 - AP Nr. 44 zu § 118 BetrVG 1972; BAG, Beschluss vom 11.2.1992 - AP Nr. 50 zu § 118 BetrVG 1972; Fitting, aaO, § 118 Rn 29; Däubler/Kittner/Klebe/Wedde, aaO, § 118 Rn 75 mwN).

Diese Grundsätze gelten auch bei der vorübergehenden Verlängerung der betriebsüblichen Arbeitszeit nach § 87 Abs. 1 Nr. 3 BetrVG. Auch bei der vorübergehenden Verlängerung der betriebsüblichen Arbeitszeit geht es um den wertneutralen Arbeitsablauf des Betriebes. Insoweit kommt eine Einschränkung des Mitbestimmungsrechtes wie bei anderen sozialen Angelegenheiten nur in Ausnahmefällen in Betracht.

So hat das Bundesarbeitsgericht bereits entschieden, dass der Tendenzcharakter das Mitbestimmungsrecht des Betriebsrates bei der Arbeitszeit von Pflegekräften in einer karitativen Einrichtung nicht ausschließt (BAG, Beschluss vom 18.4.1989 - AP Nr. 4 zu § 87 BetrVG 1972 Arbeitszeit; BAG, Beschluss vom 6.11.1990 - AP Nr. 8 zu § 3 AZO; BAG, Beschluss vom 4.12.1990 - 1 ABR 3/90 -). Auch für Redakteure an Tageszeitungen ist das Mitbestimmungsrecht des Betriebsrates bei Beginn und Ende der täglichen Arbeitszeit sowie die Verteilung der Arbeitszeit auf die einzelnen Wochentage nicht ausgeschlossen (BAG, Beschluss vom 30.1.1990 - AP Nr. 40 zu § 118 BetrVG 1972; BAG, Beschluss vom 14.1.1992 - AP Nr. 49 zu § 118 BetrVG 1972; BAG, Beschluss vom 11.2.1992 - AP Nr. 50 zu § 118 BetrVG 1972; vgl. auch: BVerfG, Beschlüsse vom 15.12.1999 - AP Nrn. 67, 68 zu § 118 BetrVG 1972; Fitting, aaO, § 118 Rn 32; Richardi/Thüsing, aaO, § 118 Rn 144; Hanau/Kania, aaO, § 118 Rn 23 mwN).

Nach der Rechtsprechung des Bundesarbeitsgerichts hat der Betriebsrat ein Mitbestimmungsrecht auch für Lehrer an Privatschulen bei der Festlegung von Höchstgrenzen für Vertretungsstunden (BAG, Beschluss vom 13.6.1989 - AP Nr. 36 zu § 87 BetrVG 1972 Arbeitszeit).

Nichts anderes gilt für das ärztliche Personal im Gemeinschaftskrankenhaus des Arbeitgebers. Die Frage, ob im ärztlichen Bereich die Anordnung von Überstunden erforderlich ist, ist nicht tendenzspezifisch, sondern stellt sich in jedem Betrieb. Nur dort, wo tendenzbedingte Gründe für die Anordnung von Überstunden ausschlaggebend sind, kann das Mitbestimmungsrecht entfallen. Die Verwirklichung der geistig-ideellen Zielsetzung des Gemeinschaftskrankenhauses wird durch das Mitbestimmungsrecht des Betriebsrates bei Überstunden auch im ärztlichen Bereich nicht ernsthaft beeinträchtigt.

Auch das besondere Arzt-Patienten-Verhältnis erfordert eine Einschränkung des Mitbestimmungsrechtes bei Überstunden nicht.

Soweit der Arbeitgeber darauf hinweist, dass der im Gemeinschaftskrankenhaus arbeitende Arzt seinen Patienten in seiner Individualität und in seinem Krankheitsbild umfassend kennen müsse, er kenne die seelische und geistige Gesamtkonstitution des Patienten und bemühe sich, in Diagnose und Therapie individuell auf diese Gegebenheiten einzugehen und diese konkret zu berücksichtigen, gilt dies für das Verhältnis eines jeden Arztes zu seinem Patienten, nicht nur für das Arzt-Patienten-Verhältnis im Gemeinschaftskrankenhaus des Arbeitgebers. Der weiteren Auffassung des Arbeitgebers, der Arzt der anthroposophisch erweiterten Medizin könne die weitere Behandlung nicht einem dienstplanmäßig nachfolgenden Arzt überlassen, der eine bestimmte Beziehung zu einem Patienten nicht aufgebaut habe, vermag die Beschwerdekammer ebenso wenig zu folgen. Selbst im Gemeinschaftskrankenhaus des Arbeitgebers endet die tägliche Arbeitszeit eines Arztes zu einem bestimmten Zeitpunkt, auch wenn er Überstunden geleistet hat. Zu Recht weist der Betriebsrat darauf hin, dass auch der Arzt der anthroposophisch erweiterten Medizin keinem Patienten rund um die Uhr zur Verfügung steht und auch nicht zur Verfügung stehen kann. Die Regelung von Überstunden des ärztlichen Personals im Gemeinschaftskrankenhaus des Arbeitgebers, etwa durch eine Betriebsvereinbarung, beeinträchtigt nicht die Freiheit zur Tendenzbestimmung und zur Tendenzverwirklichung. Insoweit können sich allenfalls Schranken in der Ausübung des Mitbestimmungsrechtes des Betriebsrates ergeben. Der Arbeitgeber, der letztlich die Beweislast dafür trägt, dass die Ausübung der Mitbestimmungsrechte der Eigenart des Betriebes entgegensteht (Fitting, aaO, § 118 BetrVG Rn 29; Däubler/Kittner/Klebe/Wedde, aaO, § 118 Rn 115; Hanau/Kania, aaO, § 118 Rn 27; GK-Fabricius, aaO, § 118

Rn 794), hat vorliegend auch nicht in ausreichender Weise dargelegt, dass tendenzbedingte Gründe für die jeweilige Anordnung von Überstunden ausschlaggebend gewesen seien. Bestimmte Einzelfälle, in denen tendenzbedingte Gründe für die Anordnung von Überstunden ausschlaggebend gewesen sind, sind vom Arbeitgeber nicht dargelegt worden. Der Ausschluss des Mitbestimmungsrechtes ist vielmehr allgemein mit dem Tendenzcharakter des Betriebes und der Tendenzträgerschaft aller Ärzte abstrakt begründet worden. Eine Einschränkung des Mitbestimmungsrechtes in sozialen Angelegenheiten kommt aber nur in Ausnahmefällen in Betracht, da es insoweit lediglich um den wertneutralen Arbeitsablauf des Betriebes geht. Das Mitbestimmungsrecht bei der Regelung von Arbeitszeitfragen und bei der Anordnung von Überstunden ist regelmäßig nicht tendenzspezifisch, sondern stellt sich in jedem Betrieb. Allenfalls können sich Schranken in der Ausübung des Mitbestimmungsrechtes bei der Anordnung von Überstunden ergeben. Derartige Schranken können in Ausübung des Mitbestimmungsrechtes gemeinsam festgelegt werden.

Nach alledem beeinträchtigt das Mitbestimmungsrecht des Betriebsrates bei der Anordnung und Duldung von Überstunden im ärztlichen Bereich nicht die Freiheit des Arbeitgebers zur Tendenzbestimmung und Tendenzverwirklichung. Ob im Einzelfall bei der Einstellung oder Entlassung von ärztlichem Personal etwas anderes gilt (vgl. BAG, Beschluss vom 18.4.1989 - AP Nr. 65 zu § 99 BetrVG 1972 - unter II.5. der Gründe), konnte offen bleiben, da im vorliegenden Fall lediglich das Mitbestimmungsrecht des Betriebsrates bei der Anordnung und Duldung von Überstunden im Bereich der Mitarbeiter des ärztlichen Dienstes im Streit steht.

5. Zu Recht hat das Arbeitsgericht dem Unterlassungsantrag des Betriebsrates auch in vollem Umfange stattgegeben. Der Betriebsrat hat bei der Anhörung vor der Beschwerdekammer ausdrücklich klargestellt, dass er kein Mitbestimmungsrecht für den in § 5 Abs. 3, 4 BetrVG genannten Personenkreis, für die leitenden Ärzte, Chefärzte, für sich in Anspruch nimmt. Der vom Arbeitsgericht ausgeurteilte Unterlassungsanspruch bezieht sich danach lediglich auf die weisungsgebundenen Mitarbeiter des ärztlichen Dienstes. *(wird ausgeführt)*

6. Auch dem Antrag des Betriebsrates, dem Arbeitgeber für den Fall der Zuwiderhandlung ein Ordnungsgeld anzudrohen, hat das Arbeitsgericht zu Recht entsprochen. *(wird ausgeführt)*

46

Sind gemeinsam sorgeberechtigte Eltern nach Ehescheidung über die Taufe eines Kindes einig, so darf der Tauftermin gleichwohl nicht einseitig von demjenigen Elternteil bestimmt werden, in dessen Haushalt das Kind lebt. Eine vormundschaftsgerichtliche Anordnung ist erst geboten, wenn die Eltern einen Terminstreit nicht beizulegen vermögen.

§ 1628 BGB
AG Lübeck, Beschluss vom 23. Mai 2002 - 129 F 116/02[1] -

Aus der seit 1998 geschiedenen Ehe der Parteien sind zwei Kinder hervorgegangen, der 1993 geborene Sohn A. und die 1996 geborene Tochter B. Beide Kinder leben im Haushalt der Antragstellerin in L., während der Antragsgegner, wie auch schon während der Ehezeit, in B. lebt. Die elterliche Sorge über diese Kinder steht beiden Parteien gemeinsam zu. Die Antragstellerin ist seit 1999 erneut verheiratet; mit ihrem jetzigen Ehemann hat sie zwei Kinder. Auch der Antragsgegner ist seit kurzem erneut verheiratet. Aus dieser Ehe sind bisher keine Kinder hervorgegangen.

Die Antragstellerin beabsichtigt, die Tochter B. taufen zu lassen. Sie hat als Tauftermin den 1.6.2002 vorgesehen. An diesem Tag wird ihr neuer Ehemann 36 Jahre alt. Die Antragstellerin beabsichtigt, das Kind im Dom zu L. durch Pastor N. taufen zu lassen. Sie hat etwa 15 Kinder und 30 Erwachsene bereits eingeladen. Einladungskarten fertigte sie bereits Anfang April 2002. Hierdurch erfuhr der Antragsgegner erstmals von dem konkret von der Antragstellerin beabsichtigten Tauftermin. Auch seine als Taufpatin noch von beiden während der gemeinsamen Ehe ausgewählte Schwester erfuhr durch die Einladung zur Taufe erstmals hiervon.

Zuvor hatte es allerdings zwischen den Parteien mehrfach Gespräche über die Taufe ihrer Tochter gegeben. Sie war ursprünglich für den Sommer 1997 geplant gewesen; in dieser Zeit verschlechterten sich aber die Beziehungen der damaligen Eheleute. Im Jahre 1998 erkrankte das Mädchen an einer schweren Form der Meningitis. Die Erkrankung war derart bedrohlich, dass der Krankenhauspastor an die Antragstellerin mit dem Vorschlag einer Nottaufe herantrat, die diese allerdings ablehnte, da sie sich gerade sehr von Gott verlassen fühlte.

Nach der Geburt der Halbgeschwister der Tochter B. trug die Antragstellerin an den Antragsgegner den Wunsch heran, eine gemeinsame Taufe aller drei stattfinden zu lassen. Der Antragsgegner lehnte dies ab.

---

[1] FamRZ 2003, 549. Der Beschluss ist rechtskräftig.

Im Termin erklärte er, er könne sich nicht vorstellen, mit zwei Vätern gleichzeitig am Taufbecken zu stehen.
Im November 2001 sprachen die Parteien erneut über dieses Thema. Der Antragsgegner erklärte, er wolle sich seine bisher ablehnende Haltung noch einmal überlegen. Zu weiteren Gesprächen kam es in der Folgezeit nicht mehr; der Antragsgegner hat sich weder positiv noch negativ zur Tauffrage erklärt.
Nunmehr beantragt die Antragstellerin, ihr die Entscheidung darüber, ob, wann und wo das gemeinsame minderjährige Kind B., geboren 1996, getauft wird, zu übertragen.
Der Antragsgegner hat sich ursprünglich gegen eine Taufe des Kindes im Alter von knapp sechs Jahren gewendet und eine Taufe im Vorfeld der Konfirmation befürwortet. Von dieser Position ist er ebenso abgekommen wie von seiner Idee, das Kind in B. taufen zu lassen. Er hat im Termin vor dem Amtsgericht erklärt, er könne sich auch eine Taufe in L. etwa im zeitlichen Zusammenhang mit dem 6. Geburtstag oder der Einschulung des Kindes am Ende der diesjährigen Sommerferien vorstellen. Er wende sich vor allem gegen die Art, wie der Tauftermin zustande gekommen sei und dass dieser mit dem 36. Geburtstag des neuen Ehemannes der Antragstellerin zusammenfalle.
Das betroffene Kind B. wurde gehört. Sie erklärte, dass sie getauft werden wolle, weil ihre kleinen Geschwister auch getauft worden seien. Sie hätte es damit allerdings nicht eilig. Sie höre im Übrigen gerne die Jesus-Geschichten, die der Pastor gelegentlich im Kindergarten erzähle.
Das Amtsgericht weist den Antrag zurück.

Aus den Gründen:

Der Antrag ist unbegründet.
Das Gericht hat die Entscheidung nach Maßgabe des § 1628 Satz 1 BGB zu treffen. Das Gericht hat in der über 1 1/2-stündigen Verhandlung, zu der noch eine 1/2-stündige Unterbrechung, die die Parteien für persönliche Gespräche nutzten, hinzutritt, versucht, im Streit zwischen den Parteien zu vermitteln. Als Ergebnis der Vermittlung ist u.a. festzustellen, dass der Antragsgegner sich nunmehr nicht mehr gegen eine Taufe in dem jetzigen Alter seiner Tochter wendet, sondern mit einer Taufe des Kindes in absehbarer Zeit in L. einverstanden ist. Überdies wünscht er, dass seine Tochter diesen bedeutenden Tag als gemeinsam von ihren Eltern gestaltet erlebt. Uneinigkeit bestand am Ende der gerichtlichen Vermittlungsbemühungen nur noch über die Frage, ob die Taufe, wie von der Antragstellerin geplant, am 1.6.2002 stattfinden soll oder lieber an einem etwas späteren Zeitpunkt.

Diese Streitfrage zwischen den Eltern, ob das Kind am 1.6.2002 oder kurze Zeit danach getauft werden soll, ist für das Kind nicht mehr von erheblicher Bedeutung, so dass das Gericht die Eltern mit ihrem Dissens über eine für das Kind nicht mehr sehr bedeutende Frage allein lassen muss mit der Folge, dass ein Veto des Antragsgegners gegen die Taufe am 1.6.2002 diese an diesem Tag verhindert.

Wenn die Überlegung, dass das ob der Taufe zwar erheblich ist, die Frage, ob diese gerade am 1.6.2002 stattfinden soll, aber für das Kind nicht erheblich ist, nicht geteilt werden sollte, sondern insgesamt eine Taufe am 1.6.2002 als für das Kind erheblich angesehen werden würde, wäre die Durchführung dieser von der Antragstellerin gewünschten Taufe nicht die für das Kind beste Lösung.

Der Antragsgegner wendet sich gegen diesen Tauftermin, da er vorher nicht mit ihm abgestimmt wurde und überdies sein Nachfolger an der Seite der Antragstellerin zugleich seinen 36. Geburtstag begeht. Angesichts dessen hätte der Antragsgegner aus nachvollziehbaren Gründen Probleme an der Taufe in einer Art und Weise teilzunehmen, wie er es könnte, wenn der Termin mit ihm abgestimmt wäre, er jedenfalls aber nicht zugleich der Geburtstag des neuen Ehemannes der Antragstellerin wäre. Angesichts dieser Belastungssituation für den Antragsgegner ist der von der Antragstellerin gewählte Tauftermin auch nicht der für das Kind optimale.

Die Spannungen in der durch neue Partner der Eltern erweiterte Nach-Scheidungsfamilie, mit denen die Beteiligten zwar angemessen umgehen, die gleichwohl vorhanden sind, werden sich angesichts der Gleichzeitigkeit der Ereignisse verstärken, was dem Kind nicht verborgen bleiben wird. Einen weniger belasteten Termin zu wählen wäre für das Kind besser.

Die Vorstellungen des Antragsgegners, die er zum Schluss der Verhandlung als Position formuliert hat, dass nämlich in näherer Zeit ein gemeinsamer Tauftermin in L. gefunden werden solle, dienen eher den kindlichen Bedürfnissen. Das Gericht verkennt hierbei nicht, dass die Enttäuschung der Mutter, dass die Feier am 1.6.2002 wird ausfallen müssen, auch ein das Kindeswohl berührender Aspekt ist. Dieser Gesichtspunkt muss aber zurücktreten, da die Mutter mit ihrer Terminierung und den Einladungen zu dem von ihr gewählten Termin, ohne sich vorher der Zustimmung des mitsorgeberechtigten Antragsgegners zu vergewissern, sich selbst in diese Situation gebracht hat.

Die Eltern werden sich somit gemeinsam um einen neuen Termin bemühen müssen. Sollte dies aus Gründen, die der Antragsgegner zu vertreten hat, in angemessener Zeit nicht erfolgen oder der Antragsgegner gar von seinen Positionen, die er zum Schluss der Verhandlung gefunden hat, wieder abrücken, würde das Gericht einem erneuten Antrag der Mutter entsprechen.

47

Die von der Bundesrepublik Deutschland veranlasste Einreiseverweigerung betreffend die Eheleute Mun gemäß dem Schengener Durchführungsübereinkommen ist gegenüber der Vereinigungskirche (Mun-Bewegung) nicht rechtswidrig.
Der Vereinigungskirche steht kein subjektives Recht auf angemessene Berücksichtigung ihrer Interessen an der Begegnung mit ihrem geistigen Oberhaupt zur Seite.

Art. 4 Abs. 1 u. 2 GG, § 60 Abs. 3 AuslG
OVG Rheinland-Pfalz, Urteil vom 7. Juni 2002 - 12 A 10349/99[1] -

Der Kläger, ein eingetragener Verein, in dem sich die deutschen Mitglieder der weltweiten „Vereinigungskirche" zusammengeschlossen haben, begehrt die Feststellung der Rechtswidrigkeit der Ausschreibung zur Einreiseverweigerung der Eheleute Mun.
Herr Mun ist Gründer und weltweites Oberhaupt der Vereinigungskirche. Er und seine Frau sind Staatsangehörige der Republik Korea mit Wohnsitz in den USA. Anlässlich einer Veranstaltung in F. am 12.11.1995, auf der Herr Mun einen Vortrag halten sollte, schrieb die Grenzschutzdirektion K. Herrn und Frau Mun für die Dauer von zunächst drei Jahren gemäß Art. 96 Abs. 2 des Schengener Durchführungsübereinkommens (SDÜ) zur Einreiseverweigerung aus. Die Ausschreibung wurde mehrfach verlängert, zuletzt bis zum 2.8.2002. Zur Begründung wurde mitgeteilt, dass Herr Mun der Führer der Mun-Bewegung sei und neben ihm seine Frau eine führende Rolle einnehme. Die Mun-Bewegung zähle nach Einschätzung der Bundesregierung zu den sog. Jugendsekten und Psychogruppen, von deren Aktivitäten mögliche Gefährdungen für die sozialen Bezüge und die Persönlichkeitsentwicklung junger Menschen ausgehen könnten. Ein öffentliches Auftreten der Eheleute Mun würde der Verbreitung dieser Bewegung Vorschub leisten und zu heftigen Reaktionen in der Öffentlichkeit führen.
Die hiergegen gerichtete Klage hat das Verwaltungsgericht als unzulässig abgewiesen. Auf die Berufung des Klägers hat OVG Rheinland-Pfalz durch Zwischenurteil vom 13.9.2000 (KirchE 38, 378) entschieden, dass die Berufung und die Feststellungsklage zulässig seien. Mit Urteil vom 10.7.2001 hat das Bundesverwaltungsgericht (KirchE 39, 217) die Revision der Beklagten gegen das Zwischenurteil zurückgewiesen.

---

[1] Amtl. Leitsätze. AuAS 2002, 244; DVBl 2002, 1227 (LS); InfAuslR 2002, 402. Die Nichtzulassungsbeschwerde wurde als unzulässig zurückgewiesen; BVerwG, Beschluss vom 4.9.2003 - 1 B 288/02 - NVwZ 2004, 240.

Zur Begründetheit seiner Klage trägt der Kläger im Wesentlichen vor, dass Herrn und Frau Mun als Religionsgründern eine besondere Rolle zukomme, die nicht durch andere Kirchenälteste ersetzt werden könne. Die besondere Bedeutung der Eheleute Mun habe in der Theologie der Vereinigungskirche ihren Niederschlag gefunden. Die Vereinigungskirche betone die Bedeutung der Auferstehung in der heutigen Zeit. Diese werde am besten in der persönlichen Begegnung mit den Eheleuten Mun erreicht, die das Rollenmodell einer „wahren Elternschaft" verkörperten. Die besondere Bedeutung der Eheleute Mun komme auch in den Ritualen der Vereinigungskirche zum Ausdruck. Nur Herr und Frau Mun könnten Gebäude und Einrichtungen der Vereinigungskirche durch eine besondere Segnung dem Gottesdienst widmen. Darüber hinaus könnten auch sog. Heilige Gründe nur von Herrn und Frau Mun gesegnet werden. Die Theologie der Vereinigungskirche sehe vor, dass in jedem Land oder größerer Stadt ein Stück Erde als „Heiliger Grund" gewidmet werde. Dort träfen sich die Mitglieder der Vereinigungskirche zum Gebet und zur Kommunikation mit Gott. Nur Herr Mun könne durch seine persönliche Segnung vor Ort an dieser Stelle die „Tür zum geistlichen Königreich" öffnen. Schließlich werde das zentrale Sakrament der Vereinigungskirche, die Ehesegnung, allein von den Eheleuten Mun gespendet. Zwar sei die Ehesegnung auch durch Telekonferenz möglich, werde aber von den Betroffenen als völlig unzureichend empfunden. Die zu Segnenden wünschten die persönliche Anwesenheit der Eheleute Mun. Da die Eheleute Mun die Vereinigungskirche in Deutschland nicht besuchen könnten, fehle ihnen die Möglichkeit, das Kirchenleben unmittelbar zu erleben und mit ihrem Rat zu begleiten. Dies sei für die deutschen Mitglieder der Vereinigungskirche ein erhebliches Defizit. Die Beklagte habe diese Gesichtspunkte nicht in die Entscheidung über die Ausschreibung zur Einreiseverweigerung eingestellt.

Die Beklagte vertritt die Auffassung, dass es an einer spezifischen Bedeutsamkeit der körperlichen Anwesenheit der Eheleute Mun für das Glaubensleben fehle. Selbst wenn man ihrer körperlichen Anwesenheit eine wesentliche Bedeutung für die gemeinsame Glaubensausübung der Mitglieder des Klägers beimessen wolle, führe dies zu keiner anderen Entscheidung. Es liege nicht im Interesse der Bundesrepublik Deutschland, den Eheleuten Mun die Einreise zu gestatten.

Die Berufung hat keinen Erfolg.

Aus den Gründen:

Die von dem Kläger erhobene Feststellungsklage ist unbegründet. Die Ausschreibung der Eheleute Mun zur Einreiseverweigerung ist in der hier allein zu beurteilenden Rechtsbeziehung zu dem Kläger nicht rechtswidrig, insbesondere nicht ermessensfehlerhaft. Dem Kläger steht schon kein subjektives Recht auf angemessene Berücksichtigung seiner Interessen an der Begegnung mit seinem geistigen Oberhaupt zur Seite. Dessen beabsichtigter Besuch überschreitet nämlich nicht die Schwelle des üblichen Charakters einer gemeinsamen Begegnung von Mitgliedern einer Religionsgemeinschaft mit ihrem kirchlichen Oberhaupt.

Eine aus dem Grundrecht der Religionsausübungsfreiheit folgende Pflicht des Staates, die schützenswerten Interessen einer Religionsgemeinschaft in dem durch das Ausländerrecht bestimmten Rechtsverhältnis zwischen dem Staat und ihrem ausländischen Oberhaupt zu berücksichtigen, besteht nämlich nur, sofern durch die jeweilige ausländerrechtliche Maßnahme (hier die Ausschreibung zur Einreiseverweigerung nach den §§ 60 Abs. 3 und 7 Abs. 1 u. 2 in Verbindung mit Art. 96 Abs. 2 SDÜ) religiöse Belange der Gemeinschaft - und zwar nach ihrem eigenen Glaubensverständnis - nicht unerheblich beeinträchtigt werden. Nur in diesem Fall wird der Schutzbereich des Art. 4 Abs. 1 u. 2 GG in rechtlich bedeutsamer Weise berührt und den maßgeblichen Bestimmungen des Ausländerrechts zu Gunsten der Religionsgemeinschaft subjektiv-rechtlicher Charakter verliehen. In Bezug auf den Besuch eines Oberhaupts einer Glaubensgemeinschaft in der Bundesrepublik Deutschland setzt dies voraus, dass dieser Besuch nach der jeweiligen Glaubenslehre eine wesentliche Bedeutung für die gemeinschaftliche Ausübung der Religion hat, die über den üblichen Charakter einer gemeinsamen Begegnung hinausgeht (vgl. BVerwG, Urteil vom 10.7.2001 - BVerwG 1 C 35.00 - KirchE 39, 217).

Nach diesem rechtlichen Maßstab kommt dem Besuch der Eheleute Mun für die gemeinschaftliche Religionsausübung nach der Theologie der Vereinigungskirche keine besondere Bedeutung zu. Vielmehr geht ein solcher nicht über die Bedeutung hinaus, die ein Zusammentreffen von Kirchenoberhäuptern und gläubigen Kirchenmitgliedern üblicherweise hat. Zur Überzeugung des Senats, die er insbesondere auch aufgrund der Angaben der Vertreter des Klägers in der mündlichen Verhandlung und des darauf beruhenden Eindrucks gewonnen hat, steht fest, dass ein Besuch der Eheleute Mun in der Bundesrepublik Deutschland in erster Linie für die Mitglieder des Klägers ein von der Persönlichkeit und der Ausstrahlung Herrn Mun geprägtes außerordentliches Erlebnis gemeinschaftlicher Begegnung darstellen würde. Eine darüber hinausgehende wesentliche Bedeutung für die gemeinschaftliche Religionsausübung besteht hingegen nicht. Die gemeinsame Religionsausübung ist auch ohne die (zeitweise) Anwesenheit der Eheleute Mun uneingeschränkt möglich.

Das gilt zunächst mit Blick auf die Segnung sog. Heiliger Gründe. Ungeachtet der Frage, ob eine solche Segnung nach der Glaubenslehre der Vereinigungskirche tatsächlich nur durch Herrn und Frau Mun vorgenommen werden kann, lässt sich eine besondere Bedeutung der „Heiligen Gründe" für die Glaubensausübung der Mitglieder des Klägers nicht feststellen. Insbesondere ist nicht ersichtlich, dass das Gebet und die Meditation den Mitgliedern der Vereinigungskirche ausschließlich an „Heiligen Gründen" möglich wäre. Dagegen spricht bereits, dass nach dem eigenen Vortrag des Klägers lediglich „in jedem Land oder größerer Stadt" ein Stück Erde als „Heiliger Grund" gewidmet wird. Eine flächendeckende, größere Anzahl „Heiliger Gründe" ist also weder vorgesehen noch zur Religionsausübung notwendig. In B., E. und F. stehen den Gläubigen von Herrn Mun selbst besonders gesegnete Bäume in öffentlichen Parks zum Gebet und zur Meditation zur Verfügung. Die Notwendigkeit, weitere Orte zu „Heiligen Gründen" zu widmen, sah Herr Mun offenbar selbst nicht. Obwohl er sich bislang insgesamt fünfmal in der Bundesrepublik Deutschland aufhielt, hat er die Gelegenheit hierzu nicht wahrgenommen.

Eine durch die Verweigerung der Einreise nicht mögliche Widmung von Gebäuden und Einrichtungen zum Gottesdienst durch das Ehepaar Mun beeinträchtigt religiöse Belange des Klägers nach dem eigenen Glaubensverständnis der Vereinigungskirche ebenfalls nicht erheblich. Zwar gibt es nach den Angaben der Vertreter des Klägers in der mündlichen Verhandlung in der Bundesrepublik Deutschland kein Gebäude (mehr), das von Herrn oder Frau Mun durch eine besondere Segnung dem Gottesdienst gewidmet worden ist. Von daher ist der Wunsch, wieder über eine solche Einrichtung verfügen zu können, verständlich. Eine diesen Wunsch übersteigende wesentliche Bedeutung für die gemeinschaftliche Ausübung der Religion kommt der besonderen Segnung von Einrichtungen und Gebäuden der Vereinigungskirche durch die Eheleute Mun aber nicht zu. Dies wird insbesondere vor dem Hintergrund deutlich, dass es in F ein solches, mit einer besonderen Segnung versehenes Gebäude im Eigentum des Klägers gab. Von diesem Gebäude trennte sich der Kläger letztlich aus finanziellen Erwägungen. Dabei wurde der Veräußerung des gesegneten Gebäudes der Vorzug gegeben, obwohl eine weitere und zwar ungesegnete Immobilie, nämlich das Seminarzentrum des Klägers in Bad C., hierfür ebenfalls zur Verfügung gestanden hätte. Für diese Entscheidung des Klägers gaben nicht etwa religiöse, von der Theologie der Vereinigungskirche geprägte Beweggründe den Ausschlag. Vielmehr waren mit dem Seminarzentrum in Bad C. für die Mitglieder des Klägers die - für eine gemeinsame Religionsausübung unerheblichen - meisten Erinnerungen an Herrn Mun verbunden. Hinzu kommt, dass Herr Mun seine bisherigen Besuche in der Bundesrepublik Deutschland nicht zum Anlass genommen hat, weitere Gebäude einzusegnen. Das gilt insbesondere auch für das Seminarzentrum in Bad C., in dem Herr Mun zu Gast war.

Die Einreiseverweigerung führt auch in Bezug auf das nach der Theologie der Vereinigungskirche zentrale Sakrament der „Ehesegnung" (sog. blessings), das nur von Herrn oder Frau Mun gespendet werden kann, nicht zu erheblichen Beeinträchtigung erheblicher Belange der Glaubensgemeinschaft des Klägers. Eine persönliche Anwesenheit der Eheleute Mun ist zum Empfang der Ehesegnung nicht erforderlich. Vielmehr sieht die Vereinigungskirche selbst eine weltweite Teilnahme an der Zeremonie der Ehesegnung via Satellit und Internet vor. So nahmen anlässlich einer Ehesegnung durch das Ehepaar Mun in Washington Ende April 2002 etwa 140 Personen an einer gleichzeitigen Veranstaltung in S. teil, bei der die Hauptveranstaltung aus W. über Internet übertragen wurde. Das Sakrament entfaltet seine Wirkung auch bei einer Übertragung auf technischem Wege. Einer persönlichen, unmittelbaren Segnung durch das Ehepaar Mun bedarf es nicht. Dass die zu Segnenden die persönliche Anwesenheit der den Ehesegen spendenden Eheleute Mun wünschen, ist zwar vor dem Hintergrund eines von den Gläubigen der Vereinigungskirche empfundenen besonderen spirituellen Erlebnisses verständlich. Eine wesentliche Bedeutung für die gemeinschaftliche Ausübung der Religion, die über den bei Besuchen religiöser Oberhäupter regelmäßig vorhandenen besonderen Charakter der Begegnung hinausgeht, ist damit aber nicht aufgezeigt.

Schließlich ist auch auf Grund der Stellung der Eheleute Mun als Religionsgründer und ihrer Bedeutung in der Theologie der Vereinigungskirche keine abweichende Beurteilung geboten. Zwar sind die Eheleute Mun nach der Glaubenslehre der Vereinigungskirche das Modell der für alle Kirchenmitglieder erstrebenswerten „wahren Elternschaft" und somit Leitbild der Mitglieder des Klägers. Vor diesem Hintergrund ist auch nachvollziehbar, dass dem persönlichen Zusammentreffen mit dem Ehepaar Mun ein besonders hoher Stellenwert beigemessen wird. Ein persönlicher Kontakt wirkt nach den Beschreibungen der Vertreter des Klägers in der mündlichen Verhandlung inspirierend auf die Kirchenmitglieder, entfacht Begeisterung für die Idee der wahren Elternschaft und verbreitet Optimismus. Eine entsprechende Wirkung sei durch die Medien nicht vermittelbar. Hiermit ist aber (lediglich) der für eine Begegnung mit einem geistigen Oberhaupt einer Religionsgemeinschaft regelmäßig typische Charakter umschrieben. Ein darüber hinausgehendes, übersinnliches besonderes religiöses Element, etwa dergestalt, dass die bloße Anwesenheit der Eheleute Mun für die Gläubigen der Vereinigungskirche eine göttliche Offenbarung bedeuten würde, ist damit jedoch nicht verbunden.

48

Nach § 2 Abs. 1 NVwKostG sind nur solche Amtshandlungen als gebührenfrei anzusehen, die von kirchlichen Verbänden, Anstalten und Stiftungen veranlasst worden sind, welche öffentlich-rechtlichen Status haben.

Niedersächsisches OVG, Beschluss vom 12. Juni 2002 - 1 LA 1134/01[1] -

Die Klägerin, eine Stiftung der evangelischen Landeskirche Niedersachsen, meint, wegen § 2 Abs. 1 Nr. 3 NVwKostG eine Baugebühr von 200,-- DM nicht zahlen zu müssen, welche die Beklagte für die Erteilung einer Befreiung von den festgesetzten Gebäudehöhen im Rahmen des Umbaus eines von der Klägerin betriebenen Krankenhauses festgesetzt hatte.

Das Verwaltungsgericht hat die Klage mit der angegriffenen Entscheidung im Wesentlichen aus folgenden Gründen abgewiesen: Schon der Wortlaut des § 2 Abs. 1 Nr. 3 NVwKostG belege, dass nur öffentlich-rechtliche Stiftungen Anspruch auf Gebührenbefreiung hätten; dazu zähle die Klägerin nicht. Dasselbe Ergebnis folge aus der Gesetzesgeschichte. Mit der Vorschrift habe lediglich Art. 15 des Loccumer Vertrages vom 19.3.1955 (s. Anlage zum Gesetz v. 18.4.1955, GVBl. S. 159) Rechnung getragen werden sollen.

Der Antrag auf Zulassung der Berufung blieb ebenfalls ohne Erfolg.

Aus den Gründen:

Besondere Schwierigkeiten tatsächlicher oder rechtlicher Art im Sinne des § 124 Abs. 2 Nr. 2 VwGO sind erst dann gegeben, wenn das Zulassungsantragsvorbringen Fragen aufwirft, welche sich im Zulassungsverfahren nicht ohne weiteres beantworten lassen (Senatsbeschluss v. 31.8.1998 - 1 L 3914/98 - NdsRpfl. 1999, 44). Das ist hier nicht der Fall.

Keiner eingehenderen Darlegung bedarf zunächst, dass die Klägerin nicht als „Kirche" im Sinne der zitierten Ausnahmevorschrift anzusehen ist. Das Verwaltungsgericht hat zutreffend erkannt, dass der Ausschuss für Haushalt und Finanzen (LT-Drs. IV/812) - wie der übereinstimmende Wortlaut belegt - § 2 Abs. 1 Nr. 3 NVwKostG mit dem Ziel in den Regierungsentwurf für das Verwaltungskostengesetz (LT-Drs. IV/222) eingefügt hat, Art. 15 des Loccumer Vertrages Rechnung zu tragen. Dieser differenziert, wie namentlich Art. 12 u. 18 zeigen, deutlich zwischen der „Kirche" einerseits und ihren Verbänden, Anstalten und Stiftungen an-

---

[1] NdsRpfl 2002, 377; Nds.VBl. 2002, 332; NVwZ-RR 2003, 61.

dererseits. Als „Kirchen" im Sinne des § 2 Abs. 1 Nr. 3 NVwKostG sind daher nur die Körperschaften öffentlichen Rechts im Sinne von Art. 140 GG iVm Art. 137 Abs. 5 WRV anzusehen. Dazu zählt die Klägerin ersichtlich nicht. In welcher Weise sie - wie sie auf Seite 3 ihres Zulassungsantrages darzulegen versucht - in die Organisation eingegliedert ist, welche die evangelische Landeskirche Niedersachen errichtet hat, ist demgegenüber ohne rechtlichen Belang.

Das Verwaltungsgericht hat des Weiteren zutreffend schon dem Wortlaut des § 2 Abs. 1 Nr. 3 NVwKostG entnommen, dass nur solche kirchlichen Verbände, Anstalten und Stiftungen Anspruch auf Gebührenbefreiung haben, welche öffentlich-rechtlichen Charakter haben. Denn es entspricht allgemeinem juristischen Sprachgebrauch, ein adjektivisches Attribut „vor die Klammer" zu ziehen und damit auf alle nachfolgenden Substantive zu beziehen. Hätte der Landesgesetzgeber die Gebührenfreiheit wirklich nur im Hinblick auf kirchliche Verbände, nicht aber auch im Hinblick auf kirchliche Anstalten und Stiftungen auf öffentlichrechtlich organisierte beschränken wollen, hätte er formuliert, Amtshandlungen sollten gebührenfrei bleiben, wenn zu ihnen - außer Kirchen - Anlass gegeben haben ihre Verbände, soweit sie öffentlich-rechtlich organisiert sind, sowie ihre Anstalten und Stiftungen. So ist diese Vorschrift indes nicht formuliert.

Es gibt im Übrigen auch keinen einleuchtenden Grund, wie von der Klägerin favorisiert, kirchliche Verbände nur dann gebührenrechtlich zu privilegieren, wenn sie öffentlich-rechtlich sind, hingegen kirchliche Anstalten und Stiftungen unabhängig von ihrer Organisationsform gebührenrechtlich zu bevorzugen. Die in der Zulassungsantragsschrift angebotene Erklärung, die Nähe zur Kirche sei bei Anstalten und Stiftungen im Gegensatz zu Verbänden besonders stark ausgeprägt, überzeugt nicht. Eine solche Differenzierung wird auch durch den Sinn der Gebührenbefreiungsvorschrift nicht getragen. Dieser besteht- ebenso wie dies bei § 4 Abs. 2 lit. b NKAG der Fall ist (vgl. dazu OVG Lüneburg, Urteil v. 27.4.1994 - 9 L 4357/92 - OVGE 44, 495, KirchE 32, 145) - nicht darin, jedwede Tätigkeit der Kirchen gebührenrechtlich zu privilegieren. Das war nicht einmal in der Fassung des NVwKostG beabsichtigt gewesen, welche der Regierungsentwurf (LT-Drs. IV/222) vorgeschlagen hatte. Danach sollten nicht schlechthin solche Amtshandlungen gebührenfrei bleiben, welche in Wahrnehmung kirchlicher Aufgaben veranlasst worden waren, sondern nur solche, welche dazu von einer „anderen Behörde" veranlasst worden waren.

Auch die Gesetzesgeschichte belegt, dass ein einleuchtender Grund, nur hinsichtlich kirchlicher Verbände die Gebührenfreiheit an den öffentlich-rechtlichen Status zu knüpfen, hinsichtlich der Anstalten und Stiftungen auf dieses Zusatzerfordernis indes zu verzichten, nicht existiert. Der Ausschuss für Haushalt und Finanzen hat diesen Gebührenbefreiungstatbestand aus den Gründen § 2 Abs. 1 NVwKostG angefügt, welche der Regierungsentwurf (LT-Drs. IV/222, S. 1074 f.) für die Schaffung der Nr. 2 dieser Vorschrift angeführt hatte. Danach sollte mit der Gebührenbefreiung nicht nur verhindert werden, dass Gläubiger und Schuldner derselben Landeskasse angehören und durch eine Gebührenzahlung daher nur eine Umschichtung innerhalb ein und derselben Kasse stattfindet. Vielmehr sollte auch dann keine Gebühr geschuldet sein, wenn die Gebühren durch eine Tätigkeit auf dem Gebiet des öffentlichen Rechts entstanden und ein Dritter, in dessen Interesse die Amtshandlung getätigt wurde, nicht existierte. Auf dem Gebiet des öffentlichen Rechts ist die Kirche ebenso wie ihre Verbände, Stiftungen und Anstalten aber nicht schlechthin tätig. Das Bundesverwaltungsgericht hat ihre Tätigkeit nur dann und insoweit dem öffentlichen Recht zugeordnet, wenn sie (zwar keine staatliche, wohl aber) deshalb öffentliche Gewalt ausübt, weil sie als Körperschaft handelt, die wegen Art. 137 Abs. 5 WRV iVm Art. 140 GG dem öffentlichen Recht angehört (vgl. dazu insbesondere BVerwG, Urteil v. 7.10.1983 - 7 C 44.81 - BVerwGE 68, 62, NVwZ 1984, 306, DVBl. 1084, 186, KirchE 21, 251). Dementsprechend entspricht es dem Sinn der Gebührenbefreiungsvorschrift des § 2 Abs. 1 NVwKostG, nur solche Amtshandlungen für gebührenfrei anzusehen, die von kirchlichen Verbänden, Anstalten und Stiftungen veranlasst worden sind, welche öffentlich-rechtlich sind.

Die von der Klägerin entgegen dem Wortlaut für richtig gehaltene Differenzierung zwischen kirchlichen Verbänden einerseits und kirchlichen Anstalten und Stiftungen andererseits wird auch durch den Loccumer Vertrag nicht nahe gelegt. Dieser differenziert zwar u.a. in seinem Art. 11 zwischen öffentlich-rechtlichen Verbänden und kirchlichen Anstalten und Stiftungen mit eigener Rechtspersönlichkeit. Das geschieht indes nur im Hinblick auf das Maß, in dem der Staat bei diesen soll Einfluss nehmen dürfen. Dementsprechend wird als maßgebliches Differenzierungsmerkmal darauf abgestellt, ob/dass Anstalten und Stiftungen eigene Rechtspersönlichkeit haben. In Art. 18 des Loccumer Vertrages wird dann beispielsweise - ebenso wie in Art. 15 - nicht mehr zwischen diesen drei Arten kirchlichen Handelns differenziert, sondern alle drei Arten unterkirchlicher Betätigung in einem Atemzug genannt, soweit sie - insgesamt - öffentlich-rechtlicher Natur seien.

Für eine vollständige Freistellung von der Gebührenpflicht für jedwede Handlung, welche „im Zusammenhang" mit der Wahrnehmung kirchlicher Aufgaben veranlasst worden ist, bietet § 2 Abs. 1 Nr. 3 NVwKostG schon seinem Wortlaut nach keine Grundlage. Dafür besteht auch angesichts Art. 140 GG iVm Art. 138 Abs. 1 WRV kein sachlicher Anlass (vgl. BVerwG, Beschluss v. 10.6.1977 - VII B 153.75 - Buchholz 401.8 Nr. 5, KirchE 16, 140.).

Fragen grundsätzlicher Bedeutsamkeit stellen sich nach den vorstehenden Ausführungen nicht. Entgegen dem Eindruck, den die Zulassungsantragsschrift zu erwecken versucht, entspricht es auch keineswegs allgemeiner Verwaltungspraxis, nachgerade jedwede Verwaltungstätigkeit, welche Kirchen veranlasst haben, gebührenfrei bleiben zu lassen. Das hat das Niedersächsische Oberverwaltungsgericht in mehreren Entscheidungen bereits ausgesprochen (vgl. z.B. Urteil v. 27.4.1994 - 9 L 4357/92 - OVGE 44, 495 zu § 4 Abs. 2 lit. b NKAG, KirchE 32, 145; Beschluss v. 12.6.1996 - 8 O 7472/96 - ZevKR 45 (1999), 427 zu § 2 Abs. 3 Satz 1 GKG; Urteil v. 14.9.1993 1 L 334/91 - OVGE 44, 357, KirchE 31, 364 zur Gebührenschuld des Allgemeinen Klosterfonds im Zusammenhang mit § 2 Abs. 1 Nr. 2 NVwKostG). Es ist nicht ersichtlich, welchen Beitrag zu einheitlicher Rechtsanwendung oder Rechtsfortbildung ein Berufungsverfahren über die zitierte höchstrichterliche Rechtsprechung hinaus sollte leisten können.

49

Maßgeblich für die Begrenzung des Abzugs von Kirchenbeiträgen als Sonderausgaben ist die endgültig für das Veranlagungsjahr festgesetzte Einkommensteuer.

§§ 10 Abs. 1 Nr. 4 EStG 1990, 163 AO 1977,
Abschn. 101 Abs. 2 EStR 1990, R 101 Abs. 1 EStR 1993
BFH, Urteil vom 12. Juni 2002 - XI R 96/97[1] -

Streitig ist die Höhe des Abzugs von Kirchenbeiträgen. Die Kläger werden zusammen zur Einkommensteuer veranlagt. Sie sind Mitglieder einer Freikirche, die Körperschaft des öffentlichen Rechts ist, aber keine Kirchensteuer erhebt. Im Streitjahr 1991 erbrachten die Kläger freiwillige Zahlungen an diese Religionsgemeinschaft in Höhe von insgesamt 9.000 DM. In der Einkommensteuererklärung beantragten die Kläger, von diesen Zahlungen einen Betrag von 2.783 DM (= 9 vH der im Lohnsteuer-Abzugsverfahren einbehaltenen Lohnsteuer in Höhe von 31.813,67 DM abzüglich der Kinderermäßigung von 900 DM nach § 51a EStG) wie gezahlte Kirchensteuer als Sonderausgabe abzuziehen. Für den übersteigenden Betrag von 6.217 DM beantragten sie den Sonderausgabenabzug nach § 10b EStG als Spende.

---

[1] Amtl. Leitsatz. BFHE 199, 340; BB 2002, 2112 (LS); BFH/NV 2002, 1515; BFH-PR 2002, 446; BStBl II 2003, 281; DStRE 2002, 1235; HFR 2002, 1083; NJW 2003, 694; NVwZ 2003, 1152 (LS); StE 2002, 594 (LS); StRK EStG 1975 § 10 Abs. 1 Nr. 4 R. 6.

Der Beklagte (Finanzamt) berücksichtigte im Einkommensteuerbescheid 1991 lediglich einen Betrag von 254 DM wie gezahlte Kirchensteuer als Sonderausgaben; die entsprechende Erhöhung des Spendenabzugs wirkte sich wegen der Begrenzung nach § 10b Abs. 1 EStG nicht aus. Auf die Beschwerde der Kläger hin erhöhte die Oberfinanzdirektion (OFD) im Beschwerdebescheid den wie Kirchensteuer zu berücksichtigenden Sonderausgabenabzug auf 1.151 DM, der wie folgt berechnet wurde:

Einbehaltene Lohnsteuer	*31.813,67 DM*
./. Einkommensteuer-Erstattung für 1991	*18.905,00 DM*
./. Einkommensteuer-Erstattung für 1990	*560,00 DM*
	= 12.348,67 DM
./. Kinderermäßigung	*900,00 DM*
	= 11.448,67 DM
davon 9 vH	*1.030,38 DM*
zuzüglich Ortsgeld	*120,00 DM*
	= 1.150,38 DM
gerundet	*1.151,00 DM*

Die gegen den Beschwerdebescheid eingelegte Klage hatte keinen Erfolg. Das Finanzgericht folgte der Auffassung der OFD, dass - wie bei Kirchensteuer - auch bei der Berechnung der wie Kirchensteuer im Billigkeitswege zu berücksichtigenden Kirchenbeiträge fiktive Einkommensteuererstattungen berücksichtigt werden müssten.

Mit der Revision machen die Kläger geltend: Sinn und Zweck der Billigkeitsregelung in Abschn. 101 Abs. 2 (bzw. jetzt R 101) der Einkommensteuer-Richtlinien sei es, die Mitglieder der Freikirchen im Rahmen des Sonderausgabenabzugs den Mitgliedern der kirchensteuererhebenden Kirchen gleichzustellen. Dies schließe eine Kürzung um fiktive Erstattungen aus. Für den Sonderausgabenabzug sei die wirtschaftliche Belastung eines Steuerpflichtigen maßgebend. Deshalb seien auch gezahlte Kirchensteuern nur um erhaltene Kirchensteuererstattungen zu kürzen.

Die Kläger beantragen sinngemäß, das finanzgerichtliche Urteil aufzuheben und bei der Einkommensteuerveranlagung 1991 einen Betrag von 2.783 DM wie Kirchensteuer als Sonderausgabe zu berücksichtigen.

Das Finanzamt macht im Wesentlichen folgendes geltend:

Wenn die gezahlten Kirchenbeiträge nicht mehr aufgrund späterer Steuererstattungen korrigiert werden dürften, würde dies zu einer Besserstellung derjenigen führen, die nicht einer kirchensteuererhebenden Religionsgemeinschaft angehören. Die Billigkeitsmaßnahme in Abschn. 101 EStR würde dann ins Gegenteil verkehrt.

Während des Revisionsverfahrens hat das FA mit Änderungsbescheid vom 20.5.1998 die Einkommensteuer 1991 der Kläger auf 8.600 DM festgesetzt, wobei Kirchenbeiträge in Höhe von 1.151 DM beim Sonderausgabenabzug berücksichtigt sind. Den geänderten Bescheid haben die Kläger zum Gegenstand des Revisionsverfahrens gemacht. Die Revision blieb ohne Erfolg.

Aus den Gründen:

II. 1. Die Revision ist unbegründet; sie ist zurückzuweisen (§ 126 Abs. 2 FGO). Einen höheren als den vom FG gewährten Sonderausgabenabzug für die wie Kirchensteuer zu berücksichtigen Kirchenbeiträge können die Kläger nicht erreichen.

Wie der erkennende Senat im Urteil vom 10.10.2001 - XI R 52/00 - (BFHE 196, 572, BStBl. II 2002, 201, KirchE 39, 308) dargelegt hat, sieht er in der Regelung R 101 Abs. 1 EStR (vor 1993 Abschn. 101 Abs. 2 EStR) - insbesondere unter dem Gesichtspunkt der steuerlichen Gleichbehandlung - eine Ermessensreduzierung auf Null, soweit es um die Frage geht, ob die Einkommensteuer nach § 163 Satz 1 1. Alt. AO 1977 aus Billigkeitsgründen niedriger festzusetzen ist. Bei Vorliegen der Voraussetzungen der Anweisung Abschn. 101 Abs. 2 EStR bzw. R 101 Abs. 1 EStR muss deshalb eine Billigkeitsmaßnahme zwingend vorgenommen werden.

Gemäß Abschn. 101 Abs. 2 Satz 3 EStR 1990 ist der Abzug von Kirchenbeiträgen bis zur Höhe der in dem jeweiligen Bundesland erhobenen Kirchensteuer - unter Berücksichtigung der Kinderermäßigung - zulässig. Da Kirchenbeiträge im Unterschied zur Kirchensteuer nicht festgesetzt werden, gilt für ihren Abzug ausschließlich das Zahlungsprinzip; maßgeblich sind somit die tatsächlich gezahlten Kirchenbeiträge (vgl. BFHE 196, 572, BStBl. II 2002, 201, KirchE 39, 308). Dabei ist die steuerliche Berücksichtigung der insgesamt gezahlten Beiträge im Streitfall begrenzt auf 9 vH der für das Veranlagungsjahr endgültig festgesetzten Einkommensteuer. Denn im Gegensatz zur Kirchensteuer kann mangels Erstattungsverfahrens beim Sonderausgabenabzug von Kirchenbeiträgen nicht auf die im Kalenderjahr gezahlte Einkommensteuer abgestellt werden.

Nachdem die Einkommensteuer der Kläger auf 8.600 DM festgesetzt worden ist, OFD und Finanzgericht bei ihrer Berechnung der abziehbaren Kirchenbeiträge aber einen Steuerbetrag von 12.348,67 DM zugrunde gelegt haben, ist den Klägern bereits ein höherer Sonderausgabenabzug als 9 vH von 8.600 DM gewährt worden. Eine Änderung des angefochtenen Bescheids zuungunsten der Kläger kommt im Revisionsverfahren jedoch nicht in Betracht.

50

Heimunterricht an Stelle des Besuchs der Grundschule kann nur gestattet werden, wenn der Besuch einer Schule gerade als solcher im konkreten Einzelfall unmöglich oder nur mit unvertretbarem Aufwand möglich ist. Das Schulgesetz erlaubt hingegen keine Ausnahme, wenn die öffentlichen (und die privaten) Schulen, so wie sie ausgestaltet sind und bestehen, lediglich wegen ihrer Unterrichtsinhalte und Erziehungsziele abgelehnt werden oder wenn die Eltern ihr Kind vor den Einflüssen von Mitschülern bewahren wollen, die sie als schädlich erachten. Das gilt auch dann, wenn dies aus religiösen oder weltanschaulichen Gründen geschieht.

Art. 4, 6 Abs. 2, 7 GG, §§ 72, 76 BW.SchG
VGH Baden-Württemberg, Urteil vom 18. Juni 2002 - 9 S. 2441/01[1] -

Die Kläger zu 1) und 2) sind Eheleute, die Kläger zu 3) und 4) sind ihre gemeinschaftlichen Kinder. Sie begehren die Verpflichtung des beklagten Landes, den Klägern zu 3) und 4) die Erfüllung ihrer Schulpflicht durch Heimunterricht seitens ihrer Eltern zu gestatten.
Die 1992 geborene Klägerin zu 3) ist seit August 1999, der 1993 geborene Kläger zu 4) seit August 2000 schulpflichtig. Beide besuchen jedoch weder eine öffentliche Grundschule noch eine private Ersatzschule, sondern werden daheim von ihrer Mutter unterrichtet. Das wird von den Behörden mit Blick auf den vorliegenden Rechtsstreit geduldet; eine Verfügung der Polizeibehörde zur Durchsetzung der Schulpflicht der Klägerin zu 3) wurde auf Widerspruch hin aufgehoben, Bußgeldverfahren gegen die Kläger zu 1) und 2) wurden eingestellt.
Mit Schreiben vom 3.3.2000 beantragten die Kläger zu 1) und 2), die Kläger zu 3) und 4) von der Pflicht zur Teilnahme am öffentlichen Schulunterricht zu befreien. Zur Begründung trugen sie im Antragsschreiben sowie mit ihrem späteren Widerspruch vor, sie könnten ihre Kinder der öffentlichen Schule nicht aussetzen. Sie hätten eine christlich geprägte Schule erwartet, wie es die Landesverfassung gebiete. Jedoch habe sich die öffentliche Schule unter dem Einfluss der sog. Frankfurter Schule seit Ende der 1960er Jahre vom Christentum abgewendet. Die seither befolgte Pädagogik habe dazu geführt, die Kinder ihren Eltern zu entfremden und sie zu entwurzeln; sie ziele letztlich auf Anarchie. Namentlich verhindere eine durchgängige Sexualisierung jede individuelle, gesunde Geschlechtsentwicklung und jedes verantwortliche Sozial-

---

[1] Auszug aus den amtl. Leitsätzen. DVBl 2003, 347 (LS); ESVGH 52, 255 (LS); JA 2003, 121 (LS); NVwZ-RR 2003, 561. Die Verfassungsbeschwerde der Kläger wurde nicht zur Entscheidung angenommen; BVerfG, Beschluss vom 29.4.2003 - 1 BvR 436/03 - BayVBl 2004, 49; DVBl 2003, 999; NVwZ 2003, 1113; ZfJ 2004, 34.

verhalten. Hinzu komme, dass die Schule als Stillübungen zu Konzentrationszwecken okkulte und magische Methoden anwende: Das Mandala-Malen sei eine okkulte religiöse Übung, und „Phantasiereisen" seien eine Grundübung der magischen Imagination; beides lehnten sie als überzeugte Christen ab. Ihren Kindern drohe aber nicht nur Schaden durch den Schulunterricht selbst, sondern auch von Seiten der Mitschüler. Der Schulalltag sei geprägt von physischer und psychischer Gewalt, vom Mobbing und Prügeleien über die üblich gewordene Fäkaliensprache bis hin zu Alkohol und Rauschgift. All dem könnten sie ihre Kinder in zartem Alter noch nicht aussetzen; sie müssten sie auf die Gesellschaft erst im Schonraum der familiären Geborgenheit vorbereiten. Das gebiete ihnen ihr Glaube; Gott habe ihnen ihre Kinder anvertraut und aufgetragen, sie vor Schäden zu bewahren. Eine christliche Privatschule sei keine Alternative; weil dort ebenfalls jeder Schüler aufgenommen werde, seien die Verhältnisse dort kaum anders. Sie begehrten daher die Befreiung von der Schulpflicht und die Gestattung von Heimunterricht. Das sehe das Schulgesetz für Ausnahmefälle vor, sofern der Heimunterricht dem Schulunterricht vergleichbar sei. Das könnten sie gewährleisten: Sie unterrichteten ihre Kinder nach Maßgabe der baden-württembergischen Lehrpläne und im Rahmen der „Philadelphia-Schule", einer privaten Organisation mit Sitz in Siegen, welche die Erziehung und Unterrichtung durch die Eltern oder durch Vertrauenspersonen in Heim- oder in Gemeindeschulen nach biblischen Grundsätzen konzipiere, anleite und betreue. Im Übrigen sei das „Home-schooling" in den USA und in anderen west- und nordeuropäischen Ländern anerkannt und habe sich bewährt; es garantiere auch in Deutschland gute Erfolge, die dem öffentlichen Schulwesen mindestens ebenbürtig seien. Auch im Schweizer Kanton Bern, aus dem die Klägerin zu 2) stamme und wohin sie mit ihrer Familie möglicherweise einmal zurückkehre, werde Heimunterricht unter staatlicher Aufsicht anerkannt.

Das Staatliche Schulamt Offenburg lehnte die Anträge mit Bescheid vom 28.8.2000 ab, das Oberschulamt Freiburg wies die Widersprüche mit Widerspruchsbescheid vom 30.10.2000 zurück. Zur Begründung des Widerspruchsbescheides hieß es, durch den geplanten Heimunterricht werde für ihre Erziehung und Unterrichtung der Kinder nicht ausreichend gesorgt, weil er nicht durch ausgebildete Lehrkräfte erteilt werde; daran vermöge auch die Anleitung und Kontrolle durch die „Philadelphia-Schule" nichts zu ändern, die im übrigen keine Schule im Sinne des Schul- oder des Privatschulgesetzes sei. Auf die Erfüllung der Schulpflicht könne nicht verzichtet werden. Die Schule diene nicht nur der Unterrichtung, sondern auch der Einübung sozialen Verhaltens in der Gruppe, was in der behüteten familiären Situation nicht geleistet werden könne. Es sei auch kein besonderer Ausnahmefall gegeben. Eine Gefährdung des Kindeswohls durch den Besuch der öffentlichen Grundschule sei nicht erkennbar. Eine „Sexualisierung" der Kinder, durch die diese ihren Eltern entfremdet würden, sei weder Ziel noch Folge der durch § 100b SchG gebotenen Familien- und Geschlechtserziehung, die im Gegenteil kindgerecht, zurückhaltend und in Achtung der kindlichen Intimsphäre sowie in Abstimmung mit dem Elternhaus erfolge. Auch die Furcht vor Gewalt an den Schulen rechtfertige nicht den individuellen Rückzug in einen „Schonraum". Das von den Klägern gezeichnete Szenario entspreche keineswegs der Realität, sondern übertreibe und pauschaliere; der tatsächlich an Schulen auftretenden Gewalt aber werde mit präventiven wie repressiven Mitteln begegnet. Schließlich lasse sich auch der Vorwurf des verkappten Okkultismus oder der Magie nicht nachvollziehen. Zwar wendeten einige Lehrer Entspannungs- und Konzentrationsübungen durch Ausmalen von Mandalas oder sog. Phantasiereisen an, doch geschehe dies stets kompetent und verantwortungsbewusst; negative Auswirkungen seien nicht bekannt, und jede unsachgemäße Verwendung werde verhindert. Müsse es nach allem bei der Schulpflicht der Kläger verbleiben, so werde hierdurch deren Glaubens- oder Gewissensfreiheit nicht verletzt. Das gesamte System staatlicher Beschulung vermeide jegliche religiöse Vereinseitigung, Missionierung oder Indoktrination. Die Gefahr einer Kollision mit religiösen Anschauungen des familiären Lebenskreises der Schüler bestehe damit nicht. Im Übrigen verfolge die öffentliche Schule Erziehungsziele auf der Grundlage christlicher und abendländischer Bildungs- und Kulturwerte. Genüge dies christlichen Eltern nicht, so stehe es ihnen frei, ihre Kinder auf eine anerkannte Privatschule zu schicken und/oder die schulische Erziehung durch ihre eigene Erziehung zu ergänzen, wozu außerhalb des Unterrichts genügend freie Zeit verbleibe.

Hiergegen wenden sich die Kläger mit der Anfechtungs- und Verpflichtungklage. Sie berufen sich auf ihr Grundrecht der Glaubens- und Bekenntnisfreiheit, die Kläger zu 1) und 2) zusätzlich auf ihr Elternrecht. Die meisten westeuropäischen Länder und die USA kennten lediglich eine Unterrichts-, aber keine Schulbesuchspflicht und ermöglichten damit den Heimunterricht, Irland und Dänemark sogar mit dahingehendem Verfassungsanspruch. Die ursprünglich vergleichbare Rechtslage in Deutschland sei durch die Weimarer Reichsverfassung unter kollektivistischen Vorzeichen zurückgedrängt und vom Nationalsozialismus beseitigt, unter dem Grundgesetz aber wieder ermöglicht worden. Auch Baden-Württemberg gestatte Ausnahmen von der grundsätzlichen Schulbesuchspflicht. Es sei anerkannt, dass solche Ausnahmen aus Krankheitsgründen sowie aus beruflichen Gründen der Eltern zu gewähren seien. Dem Grundrecht der Berufsfreiheit sei aber das Grundrecht der Glaubensfreiheit wenigstens gleichzuerachten. Daher sei eine Befreiung von der Schulbesuchspflicht möglich und sogar geboten, wenn der Besuch öffentlicher Schulen mit den religiösen Überzeugungen der Schüler und/oder ihrer Eltern unvereinbar und eine gleichwertige anderweitige Erziehung und Unterrichtung gesichert sei. Das nähmen sie, die Kläger, für sich in Anspruch. Sie gehörten einer freien christlichen Gemeinschaft bibelgläubiger Christen in der Gruppe der evangelikalen Konfessionen an und sähen sich in der Tradition der Pietisten. Gott sei für sie oberste Autorität und die Bibel als sein geoffenbartes Wort die einzig anzuerkennende Wahrheit. Alles Handeln müsse für sie daran ausgerichtet werden. Damit sei das öffentliche Schulwesen schon im Grundsatz unvereinbar. Dessen humanistisches Erziehungskonzept stelle nicht Gott, sondern den Menschen als Individuum und als Gesellschaft in den Mittelpunkt und suche seine Wertvorstellungen aus ihm zu begründen. Die grundsätzliche Unvereinbarkeit spiegele sich in zahlreichen Einzelpunkten wieder: Die öffentliche Schule stelle die Autorität Gottes und der von ihm eingesetzten Institutionen - der Eltern, des Staates usw. - in Frage. Nahezu sämtliche Schulbücher verwendeten Bilder und Symbole aus dem Umfeld von Magie und Zauberei wie Hexen, Zauberer, Zwerge usw.; das sei widergöttlich und „Gott ein Greuel" (5 Mose 18). Hinzu kämen die bereits im Widerspruchsverfahren angesprochenen Stillübungen wie Mandala-Malen und Phantasiereisen, die eine Verletzung des Ersten Gebots darstellten. Im schulischen Unterricht werde den Schulkindern die Welt nicht als geoffenbarte Schöpfung Gottes nahe gebracht, sondern als Ergebnis weltimmanenter Evolution. Ferner durchkreuze der schulische Sexualkundeunterricht jede Möglichkeit der Eltern zu einer gerade auf ihre Kinder zugeschnittenen individuellen Sexualerziehung, sei aber auch nach seinem Inhalt mit dem Sechsten Gebot, demzufolge ein freier Umgang mit der Sexualität allein der Ehe vorbehalten ist, unvereinbar. Eine Erziehung zur Keuschheit und zum Verzicht auf einen Einsatz sexueller Reize im sozialen Kontakt werde in der öffentlichen Schule durch eine allseitige Sexualisierung unterlaufen; im Gegenteil würden Kinder und Jugendliche zu frühen sexuellen Erfahrungen bis hin zum Geschlechtsverkehr ermuntert und auf ein Recht zur Abtreibung hingewiesen, das es nicht geben könne. Des Weiteren räume das beklagte Land zwar die Existenz von Gewalt an den öffentlichen Schulen ein, verharmlose das Phänomen jedoch und beraube gerade sensible Kinder ihrer Würde, wenn es sie zwinge, sich dem auszusetzen. Der beschriebenen Konfliktlage könne durch einzelne Unterrichtsbefreiungen nicht Rechnung getragen werden; sie sei grundsätzlicher Natur. Eine konkrete Möglichkeit, auf eine anerkannte Privatschule auszuweichen, bestehe für die Kläger nicht. Liege damit ein Befreiungsgrund vor, so sei durch den Heimunterricht seitens der Eltern auch für eine ausreichende anderweitige Erziehung und Unterrichtung gesorgt. Die Unterrichtung erfolge im Rahmen der „Philadelphia-Schule". Diese lege die baden-württembergischen Lehrpläne einschließlich der einzelnen Fächer und des jeweiligen Unterrichtsstoffs zugrunde. Der Unterricht entspreche nach Einschulalter, Schulstufen und täglicher Unterrichtszeit demjenigen an öffentlichen Schulen. Er werde von lehrfähigen Familienangehörigen oder anderen Personen mit gleicher Glaubensüberzeugung erbracht, die von einem ausgebildeten Lehrer betreut, angeleitet und beaufsichtigt würden. Die Eltern erhielten vorbereitete Stunden- und Arbeitsblätter und verwendeten Schulbücher und -materialien anerkannter Fernschulorganisationen. Regelmäßige Klassenarbeiten würden durch Fachlehrer benotet und kommentiert. Der Unterricht und der Unterrichtserfolg könnten im Übrigen staatlich überprüft werden. Damit sei eine gleichwertige Bildung und Erziehung gewährleistet. Dementsprechend habe der Beklagte einer anderen Familie im Bereich des Staatlichen Schulamts Heilbronn die Heimunterrichtung ihrer Kinder unter staatlicher Lernerfolgskontrolle gestattet. Hilfsweise werde beantragt, den Heimunterricht unter Teilnahme an der „Deutschen Fernschule e.V." zuzulassen. Diese entspreche zwar nicht den inhaltlichen Vorstellungen der Kläger und sei auch deutlich teurer, entschärfe aber die beschriebene Kollisionslage immer noch zureichend. Weiter hilfsweise seien die Kläger bereit, die Kinder bei einer öffentlichen oder privaten Ersatzschule anzumelden und dort regelmäßig prüfen zu lassen, solange nur der Unterricht selbst daheim durch die Eltern erfolgen könne.

Der Beklagte macht im Wesentlichen geltend: Der von den Klägern genannte Fall im Schulamtsbezirk Heilbronn sei anders gelagert; dort liege eine faktische Schule vor, die einen - aussichtsreichen - Antrag auf Anerkennung als Privatschule gestellt habe, und der Unterricht werde durch zumindest einen ausgebildeten Lehrer erteilt. Zum Hilfsantrag hat der Beklagte vorgebracht, dass auch der Fernunterricht nach dem Konzept der „Deutschen Fernschule" keine der öffentlichen Schule vergleichbare Erziehung und Unterrichtung gewährleiste; die „Deutsche Fernschule" betreue daher, von wenigen Ausnahmefällen (z.B. erkrankte Kinder) abgesehen, nur deutsche Kinder im Ausland, für die eine deutschsprachige Schule nicht erreichbar sei.

Das Verwaltungsgericht hat die Klage abgewiesen

Die Berufung der Kläger blieb ohne Erfolg.

Aus den Gründen:

Die Kläger begehren die Befreiung von der Pflicht zum Besuch einer Grundschule. Hierauf beschränkt sich der Streitgegenstand. Die Frage, ob sie Befreiung von der Pflicht zum Besuch einer auf dieser aufbauenden Schule - der Hauptschule, der Realschule oder des Gymnasiums - verlangen können, ist nicht Gegenstand des Rechtsstreits.

Die Berufungen bleiben ohne Erfolg. Das Verwaltungsgericht hat die Klagen mit Recht abgewiesen. Zwar sind sowohl die Kinder (Kläger zu 3] und 4]) als auch die Eltern (Kläger zu 1] und 2]) aus jeweils eigenem Recht klagebefugt (§ 42 Abs. 2 VwGO); denn die Kinder begehren Befreiung von der Schulpflicht (§ 72 SchG) und die Eltern Befreiung von der sie persönlich treffenden Pflicht, für die Erfüllung der Schulpflicht durch ihre Kinder Sorge zu tragen (§ 85 Abs. 1 SchG). Die Klagen sind jedoch nicht begründet. Die Kläger zu 3) und 4) unterliegen der Schulpflicht (I.). Die Voraussetzungen für die Gestattung von Heimunterricht liegen nicht vor (II.). Durch diese Gesetzeslage werden Grundrechte der Kläger nicht verletzt (III.).

I. Die Kläger zu 3) und 4) unterliegen der Schulpflicht. Das ergibt sich aus Art. 14 Abs. 1 der Verfassung für das Land Baden-Württemberg - BW.LV - vom 11.11.1953 (GBl. S. 173, m. späteren Änderungen) und aus § 72 Abs. 1 Satz 1 des Schulgesetzes für Baden-Württemberg - SchG - idF vom 1.8.1983 (GBl. S. 397, m.sp.Änd.). Diese Schulpflicht gilt innerhalb des durch die §§ 73 ff. SchG gezogenen zeitlichen Rahmens ausnahmslos. Sie ist in diesem Sinne, wie Art. 14 Abs. 1 BW.LV ausdrücklich hervorhebt, „allgemein".

Die Schulpflicht muss durch den Besuch einer Schule erfüllt werden; Heimunterricht genügt nicht. Das ergibt sich schon aus dem Begriff der „Schul"-Pflicht. Schule in diesem Sinne ist eine organisierte, auf Dauer angelegte Einrichtung, in der eine im Laufe der Zeit wechselnde Mehrzahl von Schülern zur Erreichung allgemein festgelegter Erziehungs- und Bildungsziele planmäßig durch hierzu ausgebildete Lehrkräfte gemeinsam unterrichtet wird (vgl. Avenarius/Heckel, Schulrechtskunde, 7. Aufl. 2000, Tz. 1.21; Oppermann, in Isensee/Kirchhof [Hrsg.], Handbuch des Staatsrechts, Band VI, 1989, § 135, Rn 2). Die Unterrichtung der eigenen Kinder durch die Eltern im familiären Umkreis kann daher niemals Schule sein, und zwar auch dann nicht, wenn die Kinder zahlreich und die Eltern selbst ausgebildete Lehrer sind; es fehlt an der organisatorischen Verselbständigung und Verstetigung und an der gemeinsamen Unterrichtung eines im Laufe der Zeit wechselnden Schülerbestandes. Aus demselben Grunde genügt auch die Unterrichtung durch einen Hauslehrer nicht. Schule tritt schon begrifflich der Familie gegenüber.

Das zeigt auch die Geschichte. Vor 1919 hatte in den meisten deutschen Ländern eine bloße Unterrichtspflicht bestanden, der die Eltern entweder durch Heimunterricht oder dadurch genügen konnten, dass sie ihre Kinder in die Schule schickten. Von der Möglichkeit des Heimunterrichts - vor allem durch Hauslehrer - machten vornehmlich begüterte Eltern Gebrauch. Die damit verbundene soziale Absonderung materiell besser gestellter Bevölkerungsschichten wollte die Deutsche Nationalversammlung 1919/1920 beenden. An die Stelle der bloßen Unterrichtspflicht trat die „allgemeine" Schulpflicht (vgl. Art. 145 Satz 1 Verfassung des Deutschen Reichs vom 11.8.1919, RGBl. I S. 1383); Heimunterricht wurde nur noch in eng begrenzten Ausnahmefällen zugelassen (§ 4 des Gesetzes betreffend die Grundschulen und Aufhebung der Vorschulen - Reichsgrundschulgesetz - vom 28.4.1920, RGBl. I S. 851; dazu noch unten II.). Das hat die Verfassung des Landes Baden-Württemberg übernommen (Art. 14 Abs. 1 BW.LV); es liegt - unausgesprochen - auch dem Grundgesetz zugrunde (Art. 7 Abs. 1 GG; vgl. BVerfG [Kammer], Beschluss vom 5.9.1986 - 1 BvR 794/86 - NJW 1987, 180; Avenarius/Heckel, Schulrechtskunde, Tz. 25.1 mwN).

Aus § 76 Abs. 1 Satz 1 SchG ergibt sich nichts anderes. Allerdings ist der Wortlaut dieser Vorschrift missverständlich. Nach ihr sind zum Besuch der in § 72 Abs. 2 Nr. 1 SchG bezeichneten Schulen - also der Grundschule und einer auf ihr aufbauenden Schule - alle Kinder und Jugendlichen verpflichtet, soweit nicht für ihre Erziehung und Unterrichtung in anderer Weise ausreichend gesorgt ist. Der Soweit-Satz enthält jedoch keine gesetzliche Einschränkung der Schulpflicht als solcher; namentlich lässt er die Schulpflicht nicht dann zurücktreten, wenn für die Erziehung und Unterrichtung des Kindes durch Heimunterricht gesorgt ist. Ein solches Verständnis der Vorschrift wäre mit dem Grundsatz der allgemeinen Schulpflicht unvereinbar. Die Entstehungsgeschichte der Vorschrift zeigt, dass sie so auch nicht gemeint war. Der Satz findet sich bereits in der ursprünglichen Fassung des Gesetzes zur Vereinheitlichung und Ordnung des Schulwesens - SchVOG - vom 5.5.1964 (GBl. S. 235), dort als § 45 Abs. 1 Satz 1. Der Landesgesetzgeber von 1964 hat die Vorschrift seinerseits unverändert aus dem Reichsschulpflichtgesetz - RSchPflG - vom 6.7.1938 (RGBl. I S. 799) übernehmen wollen. § 5 Abs. 1 RSchPflG bestimmte jedoch, dass zum Besuch der Volksschule alle Kinder verpflichtet seien, soweit nicht für ihre Erziehung und Unterrichtung in anderer Weise ausreichend gesorgt ist. Die Volksschule umfasste damals acht Jahre; an ihrer Stelle durfte ab der fünften Klasse auch eine mittlere oder höhere Schule - also eine Realschule oder ein Gymnasium - besucht werden, weil dort für die Erziehung und Unterrichtung des Kindes ausreichend gesorgt war. Ebenfalls war eine Erfüllung der Schulpflicht durch den Besuch einer öffentlichen Bekenntnisschule an Stelle der Volksschule möglich (vgl. Art. 146 Abs. 2 WRV). Indem der Landesgesetzgeber von 1964 den Satz, statt auf die Volksschule, auf die in § 72 Abs. 2 Nr. 1 SchG (§ 41 Abs. 2 Buchstabe a SchVOG) bezeichneten Schulen bezog, hat er den Soweit-Satz seines ursprünglichen Sinnes entkleidet. Ob ihm ein neuer Sinn beigelegt werden kann, etwa indem der Bezug zum Besuch einer privaten Ersatzschule hergestellt wird (vgl. § 4 Abs. 2 des Privatschulgesetzes idF vom 1.1.1990, GBl. S. 105, m.sp.Änd.), bedarf keiner Entscheidung. Keinesfalls kann die Vorschrift dahin interpretiert werden, dass die allgemeine Pflicht zum Besuch einer (öffentlichen oder privaten) Schule schon von Gesetzes wegen eingeschränkt wäre.

II. Die Kläger haben - jedenfalls während ihrer Grundschulzeit - keinen Anspruch auf Befreiung von der Schulpflicht oder auf die Gestattung anderweitigen Unterrichts.

1. Eine Möglichkeit zur - ersatzlosen - Befreiung von der Schulpflicht besteht lediglich für ausländische Jugendliche, die mindestens vierzehn Jahre alt sind, in besonderen Härtefällen (§ 72 Abs. 1 Satz 2 SchG). Hierauf können die Kläger sich von vornherein nicht berufen: Die Kläger zu 3) und 4) sind - ungeachtet ihrer Schweizer Staatsbürgerschaft - keine ausländischen Jugendlichen, da sie zugleich deutsche Staatsangehörige sind, und sie sind noch nicht vierzehn Jahre alt.

§ 72 Abs. 4 SchG erlaubt nicht die Befreiung von der Schulpflicht unter Ersetzung durch Heimunterricht. Nach dieser Vorschrift ist die Schulpflicht grundsätzlich durch den Besuch einer deutschen Schule zu erfüllen; ausnahmsweise kann der Besuch einer ausländischen Schule - etwa einer Schule der ausländischen Streitkräfte in Deutschland - gestattet werden. Stets aber geht es um den Besuch einer Schule, nicht um die Gestattung von Heimunterricht an Stelle des Schulunterrichts.

Völkerrechtliche Abkommen oder zwischenstaatliche Vereinbarungen, aus denen die Kläger für sich etwas herleiten könnten (vgl. § 72 Abs. 6 SchG), sind nicht ersichtlich. Auch Europarecht steht der allgemeinen Schulpflicht in Deutschland nicht entgegen, zumal ein europarechtsrelevanter Fall nicht vorliegt.

2. Die Kläger können sich auch nicht auf § 76 Abs. 1 Satz 2 SchG berufen.

a) Nach dieser Vorschrift kann anstelle des Besuchs der Grundschule anderweitiger Unterricht nur ausnahmsweise in besonderen Fällen von der Schulaufsichtsbehörde gestattet werden.

Die Vorschrift stellt die einzige Rechtsgrundlage für die Schulbehörden dar, von der allgemeinen Schulpflicht zu dem Zwecke zu dispensieren, dass Heimunterricht oder sonstiger Unterricht außerhalb einer Schule an die Stelle des Schulunterrichts tritt. Das macht ihre Herkunft zusätzlich deutlich: Sie geht über § 45 Abs. 1 Satz 2 SchVOG 1964 und § 5 Abs. 2 RSchPflG 1938 zurück auf § 4 des Reichsgrundschulgesetzes vom 28.4.1920 (RGBl. I S. 851), wonach „Privatunterricht für einzelne Kinder oder gemeinsamer Privatunterricht für Kinder mehrerer Familien, die sich zu diesem Zwecke zusammenschließen, ... an Stelle des Besuchs der Grundschule nur ausnahmsweise in besonderen Fällen zugelassen werden (darf)". Ihrem Wortlaut nach gilt die Vorschrift nur für die Pflicht zum Besuch der Grundschule, nicht auch für diejenige zum Besuch einer auf ihr aufbauenden Schule (vgl. § 72 Abs. 2 Nr. 1 SchG). Es bedarf keiner Entscheidung, ob auch insoweit eine entsprechende Gestattungsmöglichkeit anzunehmen ist und ob für diese dieselben oder aber weniger strenge Anforderungen zu stellen sind.

Jedenfalls vom Besuch der Grundschule kann nicht in beliebigen Sonderfällen dispensiert werden. Die Besonderheit des Falles muss darin bestehen, dass der Besuch einer Schule gerade als solcher - als einer besonderen Organisation zur gemeinschaftlichen Unterrichtung eines wechselnden Schülerbestandes - im konkreten Einzelfall unmöglich oder nicht mit vertretbarem Aufwand zu ermöglichen ist. Das Gesetz will jedenfalls in der Primarstufe die Pflicht zum Besuch der Schule möglichst ausnahmslos durchführen und Heimunterricht daher nur in zwingenden Ausnahmefällen zulassen. Dies zeigt bereits die doppelte Hervorhebung der Ausnahmelage („ausnahmsweise" - „in besonderen Fällen"); schon der Gesetzgeber des Reichsgrundschulgesetzes 1920 hat mit dieser Doppelung ausdrücklich die Absicht einer engen Begrenzung der möglichen Ausnahmegestattungen verbunden (Deutsche Nationalversammlung, Bd. 332, S. 5200, 5205, 5220 ff., 5441, 5443). Es folgt vor allem aus der überragenden Bedeutung, welche sowohl der Verfassungs- und Gesetzgeber von 1919/1920 als auch der Bundes- und der baden-württembergische Landesverfassungs- und Gesetzgeber nach 1945 der Grundschule beigemessen haben. Gerade die Grundschule sollte für alle gemeinsame Volksschule sein (Art. 146 Abs. 1 Satz 2 WRV 1919). Jedenfalls während der ersten vier Klassen sollten die Kinder sämtlicher Volksschichten, sämtlicher sozialer Klassen und sämtlicher religiösen und weltanschaulichen Bekenntnisse zusammengeführt und gemeinsam unterrichtet werden (vgl. Art. 146 Abs. 1 Satz 3 WRV), um die verschiedenen sozialen Bevölkerungsgruppen unter eine gemeinsame Bildungsidee zu bringen und gleiche Bildungschancen für alle Kinder herzustellen. Damit zählt die für alle gemeinsame Grundschule zu den Grundlagen der Demokratie. Das hat das Grundgesetz aufgegriffen. Zwar wurden die Schulartikel der Weimarer Reichsverfassung nicht ausdrücklich ins Grundgesetz übernommen. Damit wollte der Verfassunggeber jedoch nicht etwa dem Schulwesen eine ganz neue Richtung geben. Dass auch das Grundgesetz von der für alle gemeinsamen öffentlichen Grundschule ausgeht, zeigen das in Art. 7 Abs. 4 Satz 3 GG für das Privatschulwesen besonders hervorgehobene Bestreben des Verfassungsgebers, eine Sonderung der Schüler nach den Besitzverhältnissen zu vermeiden, die Bevorzugung der öffentlichen Volksschule vor der privaten Volksschule in Art. 7 Abs. 5 GG und die Bestimmung in Art. 7 Abs. 6 GG, dass Vorschulen aufgehoben bleiben. Auch für das Grundgesetz ausschlaggebend ist unverändert der sozialstaatliche und egalitär-demokratische Gehalt der Idee einer allgemeinen Volksschule gerade im Grundschulalter der Kinder (vgl. BVerfG, Urteil vom 6.12.1972 - 1 BvR 230/70 und 95/71 - BVerfGE 34, 165 [186]; Beschluss vom 16.12.1992 - 1 BvR 167/87 - BVerfGE 88, 40 [49 f.]). Diese Idee liegt auch der Landesverfassung (Art. 11 Abs. 1 u. 2, Art. 15 BW.LV) und dem Schulgesetz (§ 76 Abs. 1 Satz 2 SchG) von Baden-Württemberg zugrunde.

Welche Gründe dem Besuch einer Schule entgegenstehen müssen, um die Annahme eines Ausnahmefalles zu rechtfertigen, legt § 76 Abs. 1 Satz 2 SchG nicht fest. In Betracht kommen namentlich objektive Hinderungsgründe in der Person des Schülers wie eine länger dauernde oder eine ansteckende Krankheit. Ob auch subjektive Gründe denkbar sind, bedarf keiner abschließenden Erörterung. Jedenfalls müssten sie ebenfalls dazu führen, dass der Besuch einer Schule überhaupt unmöglich oder nicht mit vertretbarem Aufwand zu ermöglichen ist. § 76 Abs. 1 Satz 2 SchG erlaubt damit keine Ausnahme, wenn die öffentlichen (und die privaten) Schulen, so wie sie ausgestaltet sind und bestehen, lediglich wegen ihrer Unterrichtsinhalte und Erziehungsziele abgelehnt werden, und zwar auch dann nicht, wenn dies aus religiösen oder weltanschaulichen Gründen geschieht (ebenso für Nordrhein-Westfalen: OVG.NW, Urteil vom 25.7.1975 - V A 1306/73 - NJW 1976, 341, KirchE 15, 11; für Bayern: BayVGH, Beschluss vom 16.3.1992 - 7 CS 92.512 - NVwZ 1992, 1224, KirchE 30, 131). Es ist zwar richtig, dass in der Deutschen Nationalversammlung bei Erlass des Reichsgrundschulgesetzes die Gestattung von Heimunterricht aus Gewissensgründen für möglich gehalten worden ist (Abg. Mumm [DNVP] und Zöpfel [DDP], Deutsche Nationalversammlung, 165. Sitzung, Bd. 332, S. 5241 ff.). Doch ist dies auf dem historischen Hintergrund des Frühjahres 1920 zu sehen, als noch nicht absehbar war, ob in den öffentlichen Schulen der jungen Republik die Glaubens- und Gewissensfreiheit der Schüler auch in der Praxis respektiert werden würde (vgl. die dahingehende Versicherung des Reichsinnenministers Koch, ebd. 5244). Diese Unklarheit besteht nicht mehr; die öffentliche Schule in Baden-Württemberg ist auf die Einhaltung religiös-weltanschaulicher Neutralität verpflichtet und hält sich in der Praxis auch daran (vgl. noch unten III.1.). Damit fehlt der Anlass, dem Schulgesetz des Landes Baden-Württemberg weiterhin einen derartigen Befreiungsgrund zu unterstellen. Ebenso wenig gestattet § 76 Abs. 1 Satz 2 SchG eine Befreiung von der Pflicht zum Besuch der Grundschule, wenn die Eltern ihr Kind vor den Einflüssen von Mitschülern bewahren wollen, die sie als schädlich erachten. Derartigen Gründen wurde schon in der Deutschen Nationalversammlung eine überaus deutliche Absage erteilt, und zwar auch von Abgeordneten des Zentrums, das dem § 4 Reichsgrundschulgesetz ansonsten eher reserviert gegenüber stand (Abg. Rheinländer [Zentrum] und Abg. Zöpfel [DDP], Deutsche Nationalversammlung, 163. Sitzung, Bd. 332, S. 5200 u. 5220 f.).

Ist der Besuch einer Schule unmöglich oder nicht mit vertretbarem Aufwand zu ermöglichen, so hat die Schulaufsichtsbehörde sicherzustellen, dass das Kind jedenfalls eine ausreichende Erziehung und Unterrichtung erfährt. Für Kinder, die infolge einer längerfristigen Erkrankung die Schule nicht besuchen können, (sowie für Kinder, deren Pflicht zum Besuch einer Sonderschule gemäß § 82 Abs. 3 SchG ruht,) ergibt sich dies aus § 21 SchG; diesen Kindern soll Hausunterricht in angemessenem Umfang erteilt werden. Für andere Kinder folgt dies aus dem allgemeinen Grundsatz, dass auch im Ausnahmefall von der Regel nur so weit wie nötig abgewichen werden darf, und findet einen zusätzlichen Anhaltspunkt in dem Soweit-Satz in § 76 Abs. 1 Satz 1 SchG. Die Unmöglichkeit, eine (öffentliche oder private) Schule zu besuchen, wird regelmäßig dazu zwingen, Heim- oder sonstigen Privatunterricht zu gestatten; dem Verwaltungsgericht könnte nicht zugestimmt werden, sollte es auch in solchen Ausnahmefällen das Erfordernis einer Unterrichtung in einer organisierten Lerngemeinschaft aufrechterhalten wollen. Der Heimunterricht muss jedoch in jedem Falle nach den für die Grundschule allgemein festgelegten Zielen und Methoden sowie durch hierzu ausgebildete Lehrkräfte erteilt werden. Die Unmöglichkeit, eine Schule zu besuchen, schließt nicht zwingend auch die Unmöglichkeit ein, sich qualifiziert unterrichten zu lassen. Andernfalls müsste jeglicher Unterricht, auch der Heimunterricht, unterbleiben; das mag in den Fällen des § 82 Abs. 3 SchG vorkommen, weshalb § 21 SchG auch lediglich als Soll-Vorschrift ausgestaltet ist.

b) Die Voraussetzungen des § 76 Abs. 1 Satz 2 SchG liegen hier nicht vor.

Es fehlt schon an einem Ausnahmefall. Den Klägern zu 3) und 4) ist der Besuch einer Schule nicht unmöglich und erfordert auch keinen unvertretbaren Aufwand. Sie sind schulreif und schulfähig, und aufnahmebereite Grundschulen sind in erreichbarer Entfernung ihrer Wohnung vorhanden. Die Kläger behaupten denn auch keinen objektiven Hinderungsgrund. Sie sehen sich freilich wegen ihrer religiösen Überzeugung - subjektiv - gehindert, eine öffentliche Grundschule oder auch die nächstgelegene evangelische Privatschule zu besuchen. Damit haben sie jedoch einen Ausnahmefall im Sinne von § 76 Abs. 1 Satz 2 SchG nicht dargetan. Wie gezeigt, erlaubt § 76 Abs. 1 Satz 2 SchG eine Abweichung von der allgemeinen Schulpflicht jedenfalls im Grundschulbereich nur dann, wenn gerade der Besuch einer Schule als einer organisierten Form gemeinschaftlichen Lernens einer beliebigen und wechselnden Mehrzahl von Kindern im Einzelfall unmöglich ist, wenn mit anderen Worten dem jeweiligen Kind unmöglich ist, sich zum Zwecke der Erziehung und Unterrichtung „in Gemeinschaft zu begeben". Die Kläger haben nicht dargetan, dass ihnen dies aus Glaubens- oder Gewissensgründen unmöglich ist. Sie wenden sich nicht gegen das gemeinschaftliche Lernen außerhalb ihrer Familie als solches, sondern nur gegen die Inhalte und Methoden der öffentlichen Schule sowie gegen die Mitschülerpopulation, die sie dort und in der nächstgelegenen evangelischen Privatschule erwartet. Gegen den Besuch einer Schule, die ihren inhaltlichen, methodischen und sozialen Vorstellungen entspräche, haben sie nichts einzuwenden. Dann ist ihnen nicht der Besuch einer jeglichen Grundschule schlechthin unmöglich; vielmehr wenden sie sich nur gegen den Besuch bestimmter Grundschulen. Hierzu kann nach § 76 Abs. 1 Satz 2 SchG kein Dispens erteilt werden.

Im Übrigen könnte anderweitiger Unterricht nach § 76 Abs. 1 Satz 2 SchG nicht in der von den Klägern vorgestellten Form gestattet werden. Wie gezeigt, muss der Heimunterricht in jedem Falle nach den für die Grundschule allgemein festgelegten Zielen und Methoden sowie durch hierzu ausgebildete Lehrkräfte erteilt werden. Jedenfalls zu letzterem sind die Kläger nicht bereit. Sie wollen die unmittelbare persönliche Unterrichtung der Kinder den eigenen Eltern vorbehalten. Diese sind weder ausgebildeten Lehrkräfte noch bereit, sich auf die bloße Rolle von Hilfslehrern zurückzunehmen, also sich auf die Ergänzung des Unterrichts durch ausgebildete Lehrkräfte zu beschränken und sich hierbei deren individueller Anleitung und Beaufsichtigung unterzuordnen. Eine solche Bereitschaft kann weder in der Teilnahme am Fernunterrichtsprogramm der „Deutschen Fernschule e.V." noch in der regelmäßigen Leistungsstandkontrolle seitens einer vom Beklagten zu benennenden öffentlichen oder privaten Grundschule zu sehen sein; in beiden Fällen wollen die Kläger zu 1) und 2) die eigene unmittelbare Unterrichtung ihrer Kinder weder aus der Hand geben noch methodisch oder inhaltlich durch andere bestimmen lassen. Auch aus diesem Grunde scheidet eine Gestattung des beabsichtigten Heimunterrichts aus.

Unerheblich ist, ob sich mit Heimunterricht im allgemeinen oder doch mit dem von den Klägern vorgestellten (und praktizierten) Heimunterricht gleiche oder gar bessere Lernerfolge erzielen lassen wie in der öffentlichen Schule. Ebenso unerheblich ist, ob dieser Lernerfolg abhängig ist von der wirtschaftlichen Lage der jeweiligen Eltern. Wie gezeigt, beabsichtigt das Gesetz mit seiner Entscheidung für die möglichst ausnahmslose allgemeine Schulpflicht nicht lediglich einen möglichst guten individuellen Lernerfolg. Vielmehr kommt es ihm gleichermaßen darauf an, in den vier Grundschuljahrgängen möglichst alle Kinder zusammenzuführen und gemeinsam zu unterrichten, um die verschiedenen sozialen Bevölkerungsgruppen unter eine gemeinsame Bildungsidee zu bringen und gleiche Bildungschancen für alle Kinder herzustellen. Daher brauchte der Senat eine Beweiserhebung, wie sie die Kläger im Schriftsatz vom 17.6.2002 nochmals angeregt haben, nicht durchzuführen.

III. Grundrechte der Kläger werden nicht verletzt.

1. Die allgemeine Schulpflicht ist mit dem Elternrecht der Kläger zu 1) und 2) vereinbar. Zwar gewährleistet Art. 6 Abs. 2 GG den Klägern das Recht zur Erziehung ihrer Kinder in jeder, also auch in weltanschaulich-religiöser Hinsicht. Jedoch enthält diese Vorschrift keinen ausschließlichen Erziehungsanspruch der Eltern. In der Schule übt der Staat einen eigenen Erziehungsauftrag aus. Dieser staatliche Erziehungsauftrag in der Schule ist eigenständig begründet und tritt gleichrangig neben das

Erziehungsrecht der Eltern (stRspr.; vgl. BVerfG, Urteil vom 6.12.1972 - 1 BvR 230/70 und 95/71 - BVerfGE 34, 165 [183]; Beschlüsse vom 17.12.1975 - 1 BvR 63/68 - BVerfGE 41, 29 [44], KirchE 15, 128; vom 21.12.1977 - 1 BvR 147/75, 1 BvL 1/75 - BVerfGE 47, 46 [71 f.]; vom 16.10.1979 - 1 BvR 647/70, 1 BvR 7/74 - BVerfGE 52, 223 [236], KirchE 17, 325; vom 16.5.1995 - 1 BvR 1087/91 - BVerfGE 93, 1 [21], KirchE 33, 191). Das staatliche Schulgestaltungsrecht steht damit nicht unter dem Vorbehalt, dass das ausgestaltete Schulwesen den elterlichen Erziehungsvorstellungen im Einzelfall nicht widerspricht. Eltern können deshalb keine Befreiung von der Schulpflicht ihrer Kinder verlangen, weil sie mit den schulischen Bildungs- und Erziehungszielen, den einzelnen Unterrichtsinhalten oder -methoden nicht einverstanden sind. Das gilt auch dann, wenn die eigenen Erziehungsvorstellungen der Eltern religiös oder weltanschaulich motiviert sind.

Die Schulpflicht ist damit von Verfassungs wegen unausweichlich. Das ist den Eltern grundsätzlich zumutbar. Zum einen erfasst die Schulpflicht die Kinder nicht während des gesamten Tages, sondern lässt - gerade im Grundschulalter - am Nachmittag und Abend sowie an den Wochenenden genügend freie Zeit für die eigene familiäre Kindererziehung. Zum anderen stehen den Eltern politische und administrative Wege offen, um auf die inhaltliche und pädagogische Gestaltung der Schule Einfluss zu nehmen. Schließlich können die Eltern den öffentlichen Schulen ausweichen, indem sie ihre Kinder auf eine private Ersatzschule schicken (§ 4 Abs. 2 PSchG). Ihnen ist auch unbenommen, hierzu gegebenenfalls eine Privatschule zu gründen, die ihren religiösen oder weltanschaulichen Vorstellungen entspricht; die Gründung gerade von Bekenntnis- oder Weltanschauungsschulen ist von Verfassungs wegen geschützt und auch im Grundschulbereich privilegiert (Art. 7 Abs. 5 GG). Damit ist den Klägern nicht verwehrt, im Rahmen einer Privatschule das inhaltliche Konzept der „Philadelphia-Schule" zu verfolgen. Verwehrt ist ihnen lediglich deren organisatorisches Konzept, das nämlich auf eine Schule als Ort gemeinsamen Lernens unter planmäßiger Anleitung durch hierzu ausgebildete Lehrer verzichten und durch elterlichen Heimunterricht ersetzen will. Das aber ist zumutbar (zum Konzept der „Philadelphia-Schule" im Ergebnis ebenso BayVGH, Beschluss vom 16.3.1992 - 7 CS 92.512 - NVwZ 1992, 1224, KirchE 30, 131).

Die Kläger zu 1) und 2) können sich auch nicht auf ihr Elternrecht berufen, um ihre Kinder aus der Schule als solcher fernzuhalten, weil sie sie dort den - für schädlich erachteten - Einflüssen seitens der Mitschüler ausgesetzt sehen. Schule ist Gesellschaft; in ihr begegnen sich alle Teile der Gesellschaft, wie diese eben ist. Es ist gerade die Absicht der allgemeinen Schulpflicht, die Kinder ab einem Alter, in dem es ihnen zuzutrauen ist, in diese Gesellschaft einzufügen, damit sie andere - und andere sie - kennen- und mit ihnen umgehen lernen. Das geschieht gerade auch um des Kindeswohls willen; es liegt im wohlverstandenen Interesse des Kindes selbst, in die Gesellschaft hineinzuwachsen. Art. 6 Abs. 2 Satz 1 GG kann mithin kein Recht der Eltern darauf entnommen werden, ihre Kinder von der Gesellschaft abzusondern und ihnen dieses Hineinwachsen vorzuenthalten. Die Eltern können lediglich verlangen, dass der Staat die Einübung sozialer Verhaltensweisen in der Schule nicht sich selbst überlässt, sondern beaufsichtigt und im Sinne eines zivilisierten Umgangs miteinander kindes- und altersgerecht anleitet und steuert. Erst recht können sie verlangen, dass die Schule ihre Kinder vor Gefährdungen seitens ihrer Mitschüler wirksam in Schutz nimmt. Dass der Beklagte dem nicht Rechnung trüge, ist weder vorgetragen noch ersichtlich (vgl. schon VGH.BW, Urteil vom 8.2.1983 - 9 S. 1892/82 - Holfelder/Bosse, Schulrecht Baden-Württemberg, Rechtsprechung, § 72 Abs. 1 SchG E 3; sowie BVerwG, Beschluss vom 9.4.1975 - VII B 68.74 - Buchholz 421 Nr. 42).

2. Auch die Grundrechte aus Art. 4 Abs. 1 u. 2 GG sind nicht verletzt. Dabei legt der Senat die Bekundungen der Kläger zu 1) und 2) zugrunde und unterstellt, dass die Kläger zu 3) und 4) - trotz ihres noch kindlichen Alters - inhaltsgleiche Glaubensüberzeugungen bereits eigenständig entwickelt haben.

a) Art. 4 GG - insofern in Verbindung mit Art. 6 Abs. 2 GG - schließt das Recht der Eltern ein, ihren Kindern die von ihnen für richtig gehaltene religiöse oder weltanschauliche Überzeugung zu vermitteln. Daraus entspringt zwar kein Anspruch gegenüber dem Staat, dass die Kinder in der Schule in der gewünschten weltanschaulichen Form erzogen werden; dieses Recht kann aber durch die Verpflichtung der Erziehungsberechtigten, ihre Kinder einem ihrer Überzeugung widersprechenden weltanschaulich-religiösen Einfluss aussetzen zu müssen, beeinträchtigt werden (BVerfG, Beschluss vom 17.12.1975 - 1 BvR 63/68 - BVerfGE 41, 29 [47 f.], KirchE 15, 128).

Die Kläger zu 1) und 2) haben jedoch nicht dargetan, dass ihre Kinder in der Schule einem ihrer Überzeugung widersprechenden religiösen Einfluss ausgesetzt seien. Die öffentliche Schule - auch die christliche Gemeinschaftsschule im Sinne von Art. 16 BW.LV - ist auf den Grundsatz religiöser Neutralität und Toleranz verpflichtet. Ungeachtet einer allgemeinen christlich-abendländischen Prägung hat sie sich jeglicher Missionierung und Indoktrination zu enthalten (vgl. BVerfG, Beschlüsse vom 17.12.1975, BVerfGE 41, 29 [48 ff., 57 ff.], KirchE 15, 128; und vom 16.5.1995, BVerfGE 93, 1 [21 ff.], KirchE 33, 191; BVerwG, Urteile vom 17.6.1998 - 6 C 11.97 - BVerwGE 107, 75 [80 ff.], KirchE 36, 265; und vom 21.4.1999 - 6 C 18.98 - BVerwGE 109, 40 [46 f.], KirchE 37, 83). So beklagen die Kläger zu 1) und 2) denn auch weniger eine religiöse Ausrichtung der öffentlichen Schule als vielmehr umgekehrt gerade deren Fehlen.

Allerdings meinen sie, der gesamte Schulunterricht vermittle ein menschzentriertes Weltbild, beschränke sich auf eine diesseitige Immanenz und leugne damit jeden göttlichen Einfluss auf die Schöpfung und auf das Weltgeschehen; Gott werde in eine bloß spirituelle Transzendenz verdrängt. Auch damit ist indes ein Eingriff in die Freiheit des Glaubens nicht dargetan. Richtig ist, dass der Schulunterricht wissenschaftlich fundiert ist; er beschränkt sich auf die Vermittlung gesicherten Wissens. Wissenschaft beschränkt sich in der Neuzeit tatsächlich auf die Erkenntnis weltimmanenter Gesetzlichkeiten. Damit wird jedoch keine religiöse Aussage verbunden. Gerade wissenschaftlich fundierter Unterricht verzichtet auf eine (zusätzliche) religiöse Welterklärung. Zu entscheiden, welche Rolle dem Wirken Gottes in dieser Welt zukommt, bleibt jedem selbst überlassen. Auch die Frage, wie sich Wissen und Glauben zueinander verhalten, ob es Glaubensinhalte geben kann, die im Widerspruch zu wissenschaftlichen Erkenntnissen stehen, muss jeder für sich selbst entscheiden. Aus der Glaubensfreiheit folgt nicht der Anspruch eines Schülers, wissenschaftliche Erkenntnisse nicht lernen zu müssen, die mit seinen Glaubensüberzeugungen in Widerspruch stehen. Art. 4 Abs. 1 GG gibt kein Recht dazu, sich der Frage nach dem Verhältnis von Wissen und Glauben nicht stellen zu müssen.

b) Die Glaubensfreiheit nach Art. 4 Abs. 1 u. 2 GG umschließt des Weiteren die Freiheit zur Teilnahme an den kultischen Handlungen, die ein Glaube vorschreibt oder in denen er Ausdruck findet. Dem entspricht umgekehrt die Freiheit, kultischen Handlungen eines nicht geteilten Glaubens fernzubleiben. Diese Freiheit bezieht sich ebenfalls auf die Symbole, in denen ein Glaube oder eine Religion sich darstellt. Der Staat darf auch in der Schule mithin nicht zur Vornahme kultischer Handlungen oder zur zustimmenden Verwendung von Symbolen eines nicht geteilten Glaubens zwingen. Damit übereinstimmend verbietet Art. 140 GG iVm Art. 136 Abs. 4 WRV ausdrücklich, jemanden zur Teilnahme an religiösen Übungen zu zwingen (vgl. BVerfG, Beschluss vom 16.5.1995, BVerfGE 93, 1 [15 f.], KirchE 33, 191).

Die Kläger sehen sich in dieser Freiheit durch den behaupteten Zwang berührt, im Schulunterricht Mandalas ausmalen und „Phantasie-Reisen" unternehmen zu müssen, worin sie okkulte oder magische Praktiken erblicken. Auch damit dringen sie nicht durch. Weder das Mandala-Malen noch die „Phantasie-Reisen" stellen religiöse Übungen dar. Es werden auch keine Symbole einer von den Klägern abgelehnten Religion oder Weltanschauung zustimmend verwendet. Nach den plausiblen Bekundungen des Beklagten handelt es sich um Konzentrationsübungen, denen weder vom Lehrer noch von den (anderen) Schülern irgendein religiöser oder weltanschaulicher Aussagegehalt beigelegt wird. Dasselbe gilt für die Beschäftigung mit Märchen oder die Verwendung von Märchenfiguren (Riesen, Zwergen, Zauberern und Hexen) in Schulbüchern. Diese Figuren sind Kindern regelmäßig aus der Kinder- und Märchenliteratur bekannt und damit Teil ihrer poetisch-literarischen Erfahrungswelt; sie werden im Unterricht auch nur als poetische, keinesfalls als reale Figuren vorgestellt. Damit wird zweifelsfrei kein Aberglaube amtlich verbreitet. Im Gegenteil wird jeder Lehrer einem bei dem einen oder anderen Schüler etwa vorhandenen Aberglauben entgegenwirken, indem er auf den Unterschied zwischen Realität und literarischer Fiktion hinweist.

c) Schließlich entnimmt die Rechtsprechung Art. 4 Abs. 1 u. 2 GG insgesamt das Recht darauf, seinem Glauben entsprechend zu leben, also nicht zu einer Lebensführung gezwungen zu werden, die mit den eigenen Glaubensgeboten in Widerspruch steht (BVerfG, Beschlüsse vom 19.10.1971 - 1 BvR 387/65 - BVerfGE 32, 98 [106], KirchE 12, 294; und vom 16.5.1995, BVerfGE 93, 1 [15], KirchE 33, 191). Auch hierin werden die Kläger durch die allgemeine Schulpflicht nicht berührt:

Die Kläger unterlegen dem bereits angesprochenen Mandala-Malen und dem phantasierenden „Imaginieren" für sich selbst einen religiösen Charakter und sehen darin Handlungen, die ihnen selbst aus Glaubensgründen verboten seien. Ob dieses Glaubensverbot zwingend ist - oder aber eher peripheren Charakter hat -, mag dahinstehen. Eine relevante Pflichtenkollision könnte allenfalls zu dem Anspruch der Kläger zu 3) und 4) führen, sich an derartigen Konzentrationsübungen im Schulunterricht nicht beteiligen zu müssen, oder - bei Unzumutbarkeit einer solchen Sonderstellung - dazu, dass derartige Konzentrationsübungen in ihren Klassen zu unterbleiben haben (vgl. BVerwG, Urteil vom 25.8.1993 - 6 C 8.91 - BVerwGE 94, 82, KirchE 31, 328). Keinesfalls könnte hieraus ein Anspruch auf Befreiung von der Schulpflicht selbst hergeleitet werden.

Die Kläger zu 1) und 2) führen schließlich das religiöse Gebot an, ihre Kinder vor Schaden zu bewahren. Die allgemeine Schulpflicht beeinträchtigt die Möglichkeit der Kläger zu 1) und 2), nach diesem Gebot zu leben, jedoch nicht. Ihnen ist unbenommen, ihren Kindern ihr eigenes religiöses Weltbild zu vermitteln und sie so gegenüber für negativ erachteten weltanschaulichen Einflüssen zu festigen, denen sie in der Schule begegnen mögen (vgl. oben 1.). Ebenso ist ihnen unbenommen, das Ihre dazu zu tun, um ihre Kinder vor den Gefahren in Schutz zu nehmen, die diesen von einigen Mitschülern (ebenso wie im außerschulischen Leben) drohen mögen. Das Schulrecht gibt Eltern im Übrigen genügend Möglichkeiten zur Mitwirkung in der Schule, um so das gemeinsame Leben und Lernen der Kinder in ihrem Sinne zu beeinflussen.

3. Auch der Gleichheitssatz (Art. 3 Abs. 1 GG) ist nicht verletzt.

Die Kläger bemängeln zum einen, dass eine Befreiung von der allgemeinen Schulpflicht und die Gestattung von Heimunterricht etwa wegen der Berufstätigkeit der Eltern (namentlich bei Schaustellern oder Binnenschiffern) zugelassen werde, nicht jedoch mit Rücksicht auf die religiöse oder weltanschauliche Überzeugung des Schülers oder seiner Eltern.

Damit ist eine Verletzung des Gleichbehandlungsgebots nicht dargetan. Ob von der Schulpflicht dispensiert und Heimunterricht gestattet werden dürfte, weil die Eltern des Schülers berufsbedingt keinen festen Wohnsitz haben, mag dahinstehen; der Beklagte hat vorgetragen, dass in derartigen Fällen in der Praxis von der Schulpflicht keineswegs befreit wird, sondern dass lediglich die Art. und Weise des Schulbesuchs der Kinder im Einzelfall an den berufsbedingten Ortswechsel der Eltern angepasst wird. Eine Befreiung könnte in solchen Fällen nur dann erfolgen, wenn die Berufstätigkeit der Eltern den Schulbesuch des Kindes tatsächlich praktisch unmöglich macht; insofern gilt nichts anderes, als wenn der Schulbesuch des Kindes aus Gewissensgründen unmöglich ist. Dass die Berufstätigkeit der Eltern durch Art. 12 Abs. 1 GG grundrechtlich geschützt ist, ist hierfür gleichgültig, so dass es auf einen normativwertenden Vergleich zwischen der Berufsfreiheit und der Religions- oder Gewissensfreiheit nicht ankommt.

Zum anderen rügen die Kläger, der Beklagte behandele sie strenger als andere Familien, die sich aus religiösen oder weltanschaulichen Gründen gegen die allgemeine Schulpflicht gewandt hätten und nunmehr unbeanstandet Heimunterricht erteilten. Sie haben jedoch keinen Fall namhaft gemacht, der ihrem eigenen gleich gelagert wäre und in dem der Beklagte gemäß § 76 Abs. 1 Satz 2 SchG Befreiung von der Schulpflicht erteilt hätte. Die angeführten Fälle liegen, soweit Näheres vorgetragen wurde, anders. Vor allem aber hat die jeweils zuständige Behörde - soweit ersichtlich - die Nichterfüllung der allgemeinen Schulpflicht in diesen Fällen lediglich geduldet. Daraus können die Kläger für sich nichts herleiten. Geduldetes Verhalten bleibt rechtswidrig; aus der Duldung erwächst kein Anspruch auf Legalisierung. Im Übrigen kann die Behörde vielerlei Gründe haben, ein rechtswidriges Verhalten gleichwohl zu dulden. Zwar ist sie grundsätzlich verpflichtet, auf die Herstellung rechtmäßiger Zustände hinzuwirken. Jedoch muss sie dabei auch das Wohl des jeweiligen Kindes beachten. Das kann - je nach Einzelfall - zu einer Hinnahme des rechtswidrigen Zustandes, aber auch dazu führen, dass das Recht mit Zwangsmitteln durchgesetzt wird (vgl. Art. 6 Abs. 2 Satz 2 GG).

51

Die Benutzung eines Namens mit Hinweis auf „Franziskaner" bedarf wegen des prioritätsälteren Rechtes der Einräumung der Namensrechte durch den Franziskanerorden.

OLG Frankfurt am Main, Urteil vom 20. Juni 2002 - 6 U 62/01[1] -

---

[1] MittdtschPatAnw 2003, 285.

Der Kläger, ein eingetragener Verein, ist eine Unterorganisation des Franziskanerordens. Weltweit ist der Orden in verschiedene Sektionen, so genannte Konferenzen, aufgeteilt, von denen für die Bundesrepublik die „Mitteleuropäische Provinzialenkonferenz" zuständig ist. Diese wiederum ist untergliedert in vier Provinzen. Deren Repräsentanten haben den Kläger ermächtigt, die Rechte aus der Ordensbezeichnung „Franziskaner OFM" gegenüber Dritten geltend zu machen und durchzusetzen. Auch der Beklagte, eine nach seiner Darstellung 1985/86 in N. errichtete Ordensgemeinschaft, ist ein eingetragener Verein, dessen Verbindung zum Franziskanerorden zwischen den Parteien streitig ist. Der Beklagte betreibt eine Kapelle in A., in der Heiligenfiguren ausgestellt werden. Im Jahre 1998 meldete der Beklagte eine Wort-/Bildmarke an, deren Wortelement „Franziskaner OFM" lautet.

Auch für den Kläger ist seit 1999 eine Wortmarke „Franziskaner OFM" eingetragen. Der Kläger ist der Auffassung, der Beklagte sei verpflichtet, in die Löschung seiner Wort-/Bildmarke einzuwilligen. Er hat hierzu behauptet, der Beklagte stehe in keinerlei Verbindung zum Franziskanerorden. Demgemäß beantragt der Kläger im vorliegenden Verfahren, den Beklagten zu verurteilen, „in die Löschung der unter Nr. 3 ... beim Deutschen Patent- und Markenamt eingetragenen Wort-/Bildmarke ‚Franziskaner OFM' einzuwilligen.

Der Beklagte meint, der Kläger sei nicht prozessführungsbefugt, weil ihm selbst kein Namensrecht an „Franziskaner OFM" zustehe. Im Übrigen bestehe keine Verwechselungsgefahr zwischen seiner Marke und dem Namen „Franziskaner OFM".

Das Landgericht hat der Klage stattgegeben. Mit seiner Berufung macht der Beklagte u.a. geltend, dass ihm ein eigenes Benutzungsrecht an dem Namen „Franziskaner" zustehe. Denn sein Orden gehöre zur 1938 gegründeten amerikanischen Franziskanerprovinz, nämlich der „X.Y." mit Hauptsitz in A./Ohio und Verwaltungssitz in B./Illinois. Diese sei Bestandteil des Ordens bzw. der Franziskaner und offiziell vom Vatikan anerkannt. Das Urteil des Landgerichts könne auch deshalb keinen Bestand haben, weil der Rechtsweg zu den Verwaltungsgerichten eröffnet sei; es handele sich um eine öffentlichrechtliche Streitigkeit. Außerdem habe der Kläger nicht dargetan, dass er überhaupt ein prioritätsälteres Recht geltend machen könne.

Der Kläger behauptet, eine amerikanische Franziskaner-Provinz „X,Y." gebe es nicht. Eine solche Provinz gehöre nicht zum Franziskanerorden.

Der Senat hat in der mündlichen Verhandlung darauf hingewiesen, der Beklagte könne allein aus der Tatsache, dass er nach seiner Behauptung aus einer US-Provinz des Franziskanerordens hervorgegangen sei, die Berechtigung für eine Markenanmeldung nicht herleiten.

Die Vertreter des Beklagten haben daraufhin nach Rücksprache mit dem Vorstandsmitglied Pater P.-D. vorgetragen, der Beklagte habe die Eintragung der Marke abgestimmt mit Pater L. von der US-Provinz des Franziskanerordens. Pater P.-D. nehme an, dass Pater L. seinerseits in Abstimmung mit der Generalkurie des Franziskanerordens in Rom gehandelt habe.
Die Berufung blieb erfolglos.

Aus den Gründen:

Die Berufung hat in der Sache keinen Erfolg.
Die Klage ist zulässig. Die Frage, ob der Rechtsweg zur Verwaltungsgerichtsbarkeit gegeben sein könnte, stellt sich in der Berufungsinstanz gemäß § 17a Abs. 5 GVG nicht mehr.
Die Klage ist auch begründet, weil der Kläger von dem Beklagten verlangen kann, dass dieser in die Löschung der streitgegenständlichen Marke einwilligt. Der Löschungsanspruch des Klägers besteht, weil er der Marke des Beklagten ein prioritätsälteres Recht im Sinne von § 13 Abs. 1 Markengesetz entgegenhalten kann. Denn der Kläger macht, wie sich aus den von ihm vorgelegten Ermächtigungen ergibt, im Wege der gewillkürten Prozessstandschaft die Namensrechte des Ordens geltend, der, was gerichtsbekannt ist, älter ist als die Wort-/Bildmarke der Beklagten. Diese ist trotz des Bildbestandteils geeignet, Verwechslungen mit dem Namen des Franziskanerordens hervorzurufen. Wie die Beklagtenseite in der mündlichen Verhandlung dargelegt hat, war es von dem Beklagten auch gerade gewollt, seine Verbindung zum bzw. seine Verbundenheit mit dem Franziskanerorden zum Ausdruck zu bringen.
Der Beklagte kann gegen den Löschungsanspruch des Franziskanerordens nicht einwenden, ihm stünde ein Recht zu, kraft dessen er zur Anmeldung der Marke befugt gewesen sei. Das gilt auch dann, wenn man es zugunsten des Beklagten als zutreffend unterstellt, er gehöre zu einer amerikanischen Franziskanerprovinz, die ihrerseits Bestandteil des Franziskanerordens sei, was vom Kläger allerdings dezidiert bestritten wird. Denn allein aus einer etwaigen Zugehörigkeit des Beklagten zu einer US-amerikanischen Franziskanerprovinz und deren Zugehörigkeit zum Franziskanerorden folgt noch nicht seine Befugnis, eine Marke mit dem Wortbestandteil „Franziskaner OFM" anzumelden. Eine solche könnte bejaht werden, wenn der Beklagte mit den hierzu ermächtigten Repräsentanten des Franziskanerordens eine entsprechende Vereinbarung getroffen hätte, aus der sich ein solches Recht herleiten ließe. Da der Beklagte den Namen „Franziskaner OFM" nicht in seinem Vereinsnamen führt und sich aus der Akte auch kein anderer Beleg für eine Benutzung dieses Namens ergibt, ist kein Anhaltspunkt dafür ersichtlich,

dass der Franziskanerorden dem Beklagten Rechte an seinem Namen eingeräumt haben könnte.

Dem Beklagten war anlässlich seines nach einem entsprechenden Hinweis des Senats erfolgten Vortrages in der mündlichen Verhandlung, er habe die Markenanmeldung in Abstimmung mit Pater L. von der US-Provinz des Franziskanerordens vorgenommen, Schriftsatznachlass nicht zu gewähren. Zunächst ist es nicht entscheidend, ob der Beklagte in Absprache mit einem Mitglied einer US-amerikanischen Franziskanergemeinschaft, deren Mitgliedschaft beim Franziskanerorden überdies streitig ist, gehandelt hat. Vielmehr wäre im Einzelnen darzulegen gewesen, dass ein vertretungsberechtigtes Organ des Franziskanerordens selbst sein Einverständnis mit diesem Vorgehen erklärt hat. Das gilt insbesondere deshalb, weil sich in diesem Fall die Frage gestellt hätte wieso der Franziskanerorden, nachdem er den Beklagten ermächtigt hat, die Marke anzumelden, den Kläger ermächtigt, hiergegen vorzugehen.

Schriftsatznachlass war auch deshalb nicht zu gewähren, weil es in diesem Rechtsstreit von Anfang an um die Berechtigung des Beklagten ging, die streitgegenständliche Marke anzumelden. Hätte er tatsächlich bei der Anmeldung der Marke in Abstimmung mit der US-amerikanischen Provinz des Franziskanerordens gehandelt und hätte diese sich für die Anmeldung der deutschen Marke auf eine Legitimation durch die Generalkurie des Franziskanerordens in Rom berufen können, hätte der Beklagte schon in der ersten Instanz Veranlassung gehabt, hierzu vorzutragen.

52

Zur Frage von Verfahrensmängeln iSd § 160 Abs. 2 Nr. 3 SGG (Verletzung des Grundsatzes auf ein faires Verfahren, der Waffengleichheit, des rechtsstaatlichen Übermaßverbots, des Untersuchungsgrundsatzes und des rechtlichen Gehörs) im Zusammenhang mit der Anhörung eines Mitglieds der Scientology-Organisation in der mündlichen Verhandlung zur Klärung der Zuverlässigkeit iSv § 23 Abs. 3 Satz 1 AFG bzw. § 293 Abs. 1 Satz 1 SGB III als Voraussetzung für die Erlaubnis zur privaten Arbeitsvermittlung.

BSG, Beschluss vom 25. Juni 2002 - B 11 AL 21/02 B[1] -

Die Klägerin war Inhaberin einer befristeten Erlaubnis zur Vermittlung von Au-pair-Arbeitsverhältnissen. Diese Erlaubnis entzog die be-

---

[1] Die Verfassungsbeschwerde der Klägerin wurde nicht zur Entscheidung angenommen; BVerfG, Beschluss vom 11.6.2003 - 1 BvR 1466/02 · n.v.

klagte Bundesanstalt für Arbeit nachdem bekannt geworden war, dass die Klägerin Mitglied und Auditor der Scientology-Organisation (SO) ist. Die Bundesanstalt für Arbeit hielt die Klägerin im Hinblick auf die hierarchische Struktur der SO nicht für zuverlässig zur Ausübung der Arbeitsvermittlung.

Ein Urteil des LSG Rheinland-Pfalz vom 28.1.1999 - L 7 Ar 23/98 - (KirchE 37, 8), mit dem das LSG Bescheide der Bundesanstalt für Arbeit aufgehoben und diese verurteilt hat, die Erlaubnis zur privaten Arbeitsvermittlung zu verlängern, hat das Bundessozialgericht mit Urteil vom 14.12.2000 - B 11/7 AL 30/99 R - (KirchE 38, 484) aufgehoben und zur erneuten Verhandlung und Entscheidung an das LSG zurückverwiesen.

Nach der Zurückverweisung an das LSG hat die Klägerin sich unter anderem zu ihrer Lebenseinstellung in einer eidesstattlichen Versicherung geäußert und ausgeführt, von der Ethiklehre der SO sei sie überzeugt. Sie sehe keinen Widerspruch zwischen dieser Lehre und dem geltenden Recht, weil ein ethisch handelnder Mensch sich rechtmäßig verhalte. Sie selbst halte sich stets an geltende Rechtsnormen auch bei ihrer Tätigkeit als Arbeitsvermittlerin. Den Vorwurf, die Vermittlungstätigkeit diene auch den Interessen der SO, weise sie mit Entschiedenheit zurück. Ihre Geschäftsbeziehungen auch für die Ziele der SO einzusetzen, sei von ihr weder verlangt noch erwartet worden. In der mündlichen Verhandlung am 20.9.2001 hat das LSG Auszüge aus der „Einführung in die Ethik der Scientology von L. Ron Hubbard" in das Verfahren eingeführt und dazu Erklärungen der Klägerin entgegengenommen.

Mit dem angefochtenen Urteil vom 20.9.2001 (KirchE 39, 299) hat das LSG festgestellt, die Ablehnung befristeter Erlaubnisse zur Arbeitsvermittlung sei nicht rechtswidrig gewesen. Die Klägerin habe keinen Anspruch auf Erteilung einer unbefristeten Erlaubnis zur Arbeitsvermittlung, weil sie nicht iS des Gesetzes zuverlässig sei.

Mit der Beschwerde macht die Klägerin den Zulassungsgrund Verfahrensmangel geltend. Sie vertritt unter anderem die Ansicht, das Verfahren vor dem LSG widerspreche „allen Grundsätzen der Rechtsstaatlichkeit". Das LSG habe gegen den Anspruch der Klägerin auf ein faires Verfahren verstoßen. Es habe den Anspruch auf Waffengleichheit und das Gebot der Rücksichtnahme verletzt. Die Klägerin habe sich in der mündlichen Verhandlung zu dem Buch von Ron Hubbard, „Einführung in die Ethik der Scientology" erklären müssen. Ihre Aussagen seien als „Beweis" fehlender Zuverlässigkeit gewertet worden, obwohl das sozialgerichtliche Verfahren eine Parteivernehmung nicht kenne. Vor dem Termin habe das LSG die Klägerin nicht davon unterrichtet, dass es die Absicht habe, sie einem „Inquisitionsprozess" vergleichbar in ein „Kreuzverhör" von Vorsitzendem und Berichterstatterin zu nehmen. Die Klägerin sei mit dieser Verfahrensweise zum „Objekt des Verfahrens degradiert" worden. Während einer vier Stunden dauernden „peinlichen Befragung", bei der sich Vorsitzender und Berichterstatterin mit der Verlesung zahlreicher Passagen aus dem erwähnten Buch abgewechselt hätten, habe man der Klägerin zugemutet, sich ohne vorherige Kenntnis der Passagen spontan zu äußern und sich für etwas zu „rechtfertigen, was sie weder geschrieben noch sich zu Eigen gemacht" habe. Das LSG habe der Klägerin damit zu viel zugemutet. Einen Einschnitt im Verfahren habe es gegeben, als die Klägerin auf Grund der inquisitorischen Befragung des LSG in Tränen ausgebrochen sei und erklärt habe, dass sie sich für „zuverlässig und tugendhaft halte" und es sie zutiefst verletze, dass sie über so lange Zeit darstellen müsse, was sie innerlich fühle und für zuverlässig halte. Dieses Vorgehen des LSG verstoße gegen den Anspruch auf ein faires Verfahren und sei mit dem Rücksichtnahmegebot und der Fürsorgepflicht des Gerichts nicht vereinbar. Das LSG hätte die Ausführungen der Klägerin im Termin nicht verwerten dürfen. Stattdessen habe es seine Entscheidung wesentlich auf das Ergebnis der mündlichen Verhandlung gestützt und hieraus den Schluss gezogen, die Klägerin biete nach ihrer Gesamtpersönlichkeit nicht die Gewähr dafür, dass sie Arbeitsvermittlung redlich und ordnungsgemäß durchführe und sich an das geltende Recht halte. Die gegenteilige Beteuerung der Klägerin habe das LSG als nicht glaubhaft gewürdigt. Aus diesem Grunde habe es auch keine Möglichkeit gesehen, der Klägerin die Erlaubnis zur Arbeitsvermittlung unter Auflagen zu erteilen.

Gegen den Anspruch auf rechtliches Gehör nach §§ 62, 107 SGG, Art. 103 Abs. 1 GG und Art. 6 Abs. 1 EMRK habe das LSG verstoßen, weil es von mehreren kirchlichen Sektenbeauftragten und anderen Scientology-Gegnern Stellungnahme bzw. Auskünfte fernmündlich eingeholt und schriftliches Material erhalten habe, ohne dies der Klägerin vor oder in der mündlichen Verhandlung mitzuteilen. Die Klägerin habe ihren Anspruch auf rechtliches Gehör nicht wahrnehmen können, weil sie die Tatsachen, die sich auf Grund dieser geheimen Erkundigungen ergeben hätten, nicht kenne. Die Entscheidung des LSG könne auf diesem Verfahrensverstoß beruhen. Näheres könne sie erst ausführen, wenn ihr bekannt sei, welche Unterlagen und welche Auskünfte die Berichterstatterin erhalten habe. Das werde sich erst aus dienstlichen Stellungnahmen ergeben, die von dem Vorsitzenden und der Berichterstatterin des LSG einzuholen seien. Die mangelnde Mitteilung sei auch nicht damit zu rechtfertigen, aus den Auskünften sei nichts zum Nachteil der Klägerin „verwertet" worden. Falls diese Auskünfte nichts Nachteiliges über die Klägerin ergäben hätten, hätte sie vortragen können, dass Scientology-Mitglieder im Konfliktfall den Richtlinien von Scientology nicht den Vorrang vor der staatlichen Rechtsordnung einräumten. Dieser Punkt sei nach dem Urteil des BSG vom 14.12.2000 entscheidungserheblich. Die mangelnde Mitteilung der Erkundigungen bei den Sektenberatungsstellen und Scientology-Gegnern enthalte auch dann eine Verletzung des Anspruchs auf rechtliches Gehör, wenn das LSG sein Urteil hierauf nicht gestützt haben sollte. In jedem Fall gebiete der Grundsatz der Waffengleichheit, dass die Klägerin die gleichen Kenntnisgrundlagen besitze wie das Gericht.

Ein weiterer Verstoß gegen den Anspruch auf rechtliches Gehör liege darin, dass das LSG nicht das gesamte Vorbringen der Klägerin in der mündlichen Verhandlung zur Kenntnis genommen habe. Es sei nicht auf die Erläuterung der Klägerin zu dem vermeintlichen Widerspruch über die Funktion eines Auditors innerhalb der SO eingegangen. Das LSG habe sich damit auseinander setzen müssen, was die Klägerin unter „Funktion" verstanden habe. Das Gericht sei auch nicht auf die vor Beginn des Verfahrens in allen Instanzen wiederholte Versicherung der Klägerin eingegangen, dass sie strikt zwischen ihrer beruflichen Tätigkeit und ihrer Weltanschauung trenne und im Rahmen ihrer Tätigkeit als Arbeitsvermittlerin nicht missioniere. Auch in der mündlichen Verhandlung habe die Klägerin dies beteuert, ohne dass das LSG diese Einlassung erwogen und begründet habe, weshalb es die Einlassung der Klägerin nicht für glaubhaft oder für widerlegt halte. Soweit das LSG der Klägerin entgegenhalte, sie habe sich nicht von Auffassungen Hubbards distanziert, sei dies unzutreffend. Sie habe nicht nur gesagt, es handle sich bei den Äußerungen Hubbards um eine „innerkirchliche Richtlinie". Ihre differenzierte Einlassung habe das LSG unberücksichtigt gelassen.

Das rechtliche Gehör werde ferner dadurch verletzt, dass das LSG Beweisanträge der Klägerin nicht zur Kenntnis genommen und unberücksichtigt gelassen habe. Diese bezögen sich auf die Lehren Hubbards, die das LSG entgegen des „eindeutigen Auftrages des BSG" nicht in das Verfahren eingeführt, berücksichtigt und gewürdigt habe. Da das LSG den Beweisanträgen, die sich auf den Inhalt der Lehren der Scientology bezögen, nicht nachgekommen sei, habe es auch die Amtsermittlungspflicht verletzt.

Die Beschwerde blieb ohne Erfolg.

Aus den Gründen:

Die Beschwerde ist nicht begründet, denn die Entscheidung des LSG beruht nicht auf einem Verfahrensmangel.

1. Die Rüge, das LSG habe durch und bei der Anhörung der Klägerin in der mündlichen Verhandlung am 20.9.2001 das Prozessgrundrecht auf faires Verfahren, insbesondere den „auf Waffengleichheit" und das „Gebot der Rücksichtnahme" verletzt, greift nicht durch. Zwar ist ein Grundsatz auf faires Verfahren mit Verfassungsrang anerkannt, jedoch

ist nicht zu erkennen, inwiefern das LSG einen diesem Grundsatz zuzuordnenden Rechtssatz für das Verfahren verletzt haben sollte. Zu anerkannten „Rechtsschutzstandards" gehören auch das Gebot der Waffengleichheit zwischen Beteiligten und das Übermaßverbot bei Ermittlungen im Schutzbereich von Freiheitsrechten (Schmidt-Assmann, in: Maunz/ Dürig, Grundgesetz-Kommentar, Art. 19 Abs. 4 Rn 18). Die Beschwerdebegründung verkennt, dass das Vorgehen des LSG durch die Entscheidung des Senats vom 14.12.2000 (BSGE 87, 208 [213 ff.], SozR 3-4100 § 23 Nr. 2) vorgezeichnet war. Die Klägerin konnte sich deshalb darauf einstellen, dass das LSG sie in der mündlichen Verhandlung zu ihrer Haltung zu Lehren des SO-Begründers L. Ron Hubbard anhören werde. Sie konnte sich auf eine solche Anhörung einstellen und vorbereiten. Überdies konnte das LSG davon ausgehen, dass ein SO-Mitglied - als so genannter „operierender Thetan" nach den nicht angegriffenen Feststellungen des LSG ständig in einer gehobenen und hoch qualifizierten Funktion tätig - zu den Lehren Hubbards über Recht und Staat im Hinblick auf das Tatbestandsmerkmal „zuverlässig" Stellung nehmen kann. Insoweit kann dahinstehen, ob der Grundsatz der „Waffengleichheit" sich überhaupt auf das Verhältnis von Verfahrensbeteiligten und Gericht oder nur auf das Verhältnis zwischen den Verfahrensbeteiligten bezieht.

Nach Gegenstand und Umfang verletzt die Anhörung der Klägerin auch nicht das rechtsstaatliche Übermaßverbot (Gebot der Rücksichtnahme) im Verhältnis zu ihren Freiheitsrechten. Der Senat hat bereits in dem erwähnten Urteil vom 14.12.2000 ausgeführt, weshalb es erforderlich ist, die Haltung der Klägerin zum geltenden Recht im Hinblick auf ihre Weltanschauung und zu diesen verlautbarten Lehren über Recht und Staat festzustellen, um das Tatbestandsmerkmal „zuverlässig" als Voraussetzung für die Erlaubnis zur privaten Arbeitsvermittlung zu klären. An diese Rechtsansicht war das LSG nach § 170 Abs. 5 SGG gebunden. Auch eine Anhörung von vier Stunden zu Veröffentlichungen von L. Ron Hubbard, die der Vorsitzende und die Berichterstatterin der Klägerin in der mündlichen Verhandlung vorgenommen haben, verstößt nicht gegen den Grundsatz der Verhältnismäßigkeit. Es ist verständlich, dass die Klägerin eine solche Befragung als belastend empfunden hat. Die Anhörung ist jedoch unerlässlich, weil die Prognose künftigen Verhaltens und die Beachtung des geltenden Rechts ohne Kenntnis der Einstellung der Klägerin zu Recht und Staat nicht zu stellen ist. Auch der zeitliche Umfang von vier Stunden ist bedenken frei, zumal in der mündlichen Verhandlung die rechtskundig vertretene Klägerin im Falle der Ermüdung eine Verhandlungspause oder Vertagung zur Fortsetzung der mündlichen Verhandlung hätte beantragen können. Dies ist ausweislich der Sitzungsniederschrift nicht geschehen.

Die Beschwerdebegründung macht nicht geltend, das LSG habe sich bei der Anhörung unzulässiger Vernehmungstechniken (vgl. z.B.: § 136a StPO) bedient. Allein der Begriff „Inquisitionsprozess" bezeichnet noch nicht unzulässiges Vorgehen des LSG, denn dieses ist nach § 103 SGG dem Ermittlungs- (Inquisitions-) Grundsatz verpflichtet. Auch der Ausdruck „Kreuzverhör" bezeichnet nicht unzulässiges Vorgehen. Diese Vernehmungsform ist im deutschen Recht zwar ungebräuchlich, sie ist ihm aber nicht fremd (vgl. § 239 StPO). Im Übrigen erfüllt das Vorgehen des LSG nicht die Merkmale eines Kreuzverhörs.

2. Die Rüge, das LSG habe eine im sozialgerichtlichen Verfahren nicht zulässige Parteivernehmung der Klägerin durchgeführt, trifft nicht zu. Die Parteivernehmung ist ein Beweismittel des Parteiprozesses, der dem Beibringungsgrundsatz folgt. Das zeigen die §§ 445, 447 ZPO. Das dem Untersuchungsgrundsatz folgende sozialgerichtliche Verfahren schließt jedoch nicht aus, Verfahrensbeteiligte zur Sachaufklärung anzuhören. Das ergibt sich mit aller Klarheit aus § 106 Abs. 1 SGG, wonach der Vorsitzende darauf hinzuwirken hat, dass Verfahrensbeteiligte „alle für die Feststellung und Beurteilung des Sachverhalts wesentlichen Erklärungen" abgeben, und § 106 Abs. 3 Nr. 7 SGG, wonach das persönliche Erscheinen der Beteiligten hierzu angeordnet werden kann. Es wäre auch nicht verständlich, wenn im Verwaltungsverfahren nach §§ 60 ff. SGB I die Mitwirkung von Leistungsberechtigten in den hier gewahrten Grenzen des § 65 SGB I verlangt und nach § 66 SGB I sanktioniert werden könnte, im sozialgerichtlichen Verfahren dagegen die unerlässliche Mitwirkung bei der Sachaufklärung nicht möglich wäre. Nach ständiger Rechtsprechung korrespondiert die Sachaufklärungspflicht der Gerichte mit der Mitwirkungspflicht der Verfahrensbeteiligten (BSGE 81, 259 [264], SozR 3-4100 § 128 Nr. 5 mwN; BVerwGE 66, 237 f.). Mit der Anhörung der Klägerin ist das LSG nicht nur verfahrensfehlerfrei vorgegangen, es hat vielmehr seiner Bindung an das Urteil des BSG vom 14.12.2000 nach § 170 Abs. 5 SGG genügt. Es ist auch nicht ersichtlich, wie das LSG die rechtserheblichen subjektiven Tatsachen anders als geschehen aufklären könnte. Das Ergebnis der mündlichen Verhandlung vom 20.9.2001 kann danach keinem Verwertungsverbot unterliegen.

3. Nach den Ausführungen zu 2. erweist sich die Rüge, das LSG habe mit seiner Entscheidung die Bindung an das Urteil des Senats vom 14.12.2000 verletzt, als unbegründet.

4. Die Rüge, die Entscheidung des LSG verletze aus mehreren Gründen den Anspruch der Klägerin auf rechtliches Gehör, greift ebenfalls nicht durch.

4.1 Soweit die Beschwerdebegründung diese Rüge auf die Behauptung stützt, die Berichterstatterin des LSG habe fernmündliche Auskünfte von kirchlichen Sektenbeauftragten und anderen SO-Gegnern eingeholt und schriftliche Unterlagen erhalten, fehlt es an der Kennzeichnung auch nur einer Tatsache, auf die das LSG seine Entscheidung gestützt hat, zu der die Klägerin nicht hat Stellung nehmen können. Die Klägerin kann auch auf diesem Wege eine Verletzung des rechtlichen Gehörs nicht begründen, weil sie - in anderem Zusammenhang - ausdrücklich rügt, das LSG habe seine Entscheidung „wesentlich" bzw. „allein" auf die Anhörung der Klägerin in der mündlichen Verhandlung am 20.9.2001 gestützt. Jene Äußerungen - Seite 7 der Beschwerdebegründung - betreffen auch nicht etwa Einzelfragen, sie sollen vielmehr die Behauptung begründen, das LSG habe sich weiterer Sachaufklärung entzogen, weil es seine Entscheidung allein auf eine nach Ansicht der Beschwerde unzulässige und damit nicht verwertbare Parteivernehmung gestützt habe. Es ist auch nicht ersichtlich, inwiefern das LSG den Grundsatz des fairen Verfahrens verletzt haben könnte, obwohl es seine Entscheidung - auch nach Ansicht der Beschwerdebegründung - wie in §§ 62, 107, 124 Abs. 1 und § 128 Abs. 2 SGG vorgesehen auf Tatsachen gestützt hat, die es in der mündlichen Verhandlung am 20.9.2001 ermittelt hat. Selbst wenn das behauptete Verhalten geeignet wäre, die Besorgnis der Befangenheit zu begründen, bezeichnet es nicht die Verletzung des rechtlichen Gehörs.

4.2 Eine Verletzung des rechtlichen Gehörs ist auch nicht wegen der Art der Entscheidungsgründe bezeichnet. Das LSG hat ausführlich dargelegt, weshalb es die Beteuerung der Klägerin, sie halte sich an das geltende Recht, nicht für glaubhaft gehalten hat. Selbst wenn es in einem Einzelpunkt einem Missverständnis - z.B. über die Bedeutung der Funktion der Klägerin innerhalb der SO - unterlegen sein sollte, führt dies nicht zu einer Verletzung des rechtlichen Gehörs. Überwiegend sind die Tatsachenfeststellungen, die in die Gesamtwürdigung des LSG (§ 128 Abs. 1 SGG) eingegangen sind, von der Beschwerdebegründung nicht angegriffen. Aus dem Gesamtzusammenhang der Entscheidungsgründe des LSG ergibt sich, weshalb es sich nicht die Überzeugung hat bilden können, die Klägerin gewährleiste die Beachtung des geltenden Rechts bei der Arbeitsvermittlung. In diesem Zusammenhang ist darauf hinzuweisen, dass die Klägerin vor dem LSG erklärt hat: „Ich bekräftige, dass ich auch nach dem Urteil des Bundessozialgerichts die vorstehende Belehrung (sc des Au-pairs über die SO-Mitgliedschaft einer Gastfamilie) nicht vorgenommen habe".

4.3 Das rechtliche Gehör hat das LSG auch nicht bei seiner Würdigung der Einlassung der Klägerin zu den Lehren von L. Ron Hubbard verletzt. Dazu ist klarzustellen, dass diese Lehren nur Anknüpfungspunkt zur Ermittlung der Zuverlässigkeit der Klägerin waren, weil ihr Einfluss auf die Verhaltensweisen der Klägerin nicht von der Hand zu weisen ist. Für die Überzeugungsbildung des LSG war nach dem Urteil des BSG vom 14.12.2000 nicht der „wahre" Inhalt der Lehre Hubbards entscheidungserheblich, sondern deren Verständnismöglichkeiten und deren Verständnis durch die Klägerin, weil zu erwarten ist, dass dieses ihr Verhalten mitbestimmt. Die Würdigung der Einlassung der Klägerin während ihrer Anhörung betrifft die Überzeugungsbildung des Tatsachengerichts (§ 128 Abs. 1 SGG), deren Kritik durch die Beschwerdebegründung nach § 160 Abs. 2 Nr. 3 SGG nicht geeignet ist, den Revisionsrechtszug zu eröffnen.

5. Das LSG hat seine Pflicht zur Sachaufklärung (§ 103 SGG) nicht verletzt. Zwar hat die Klägerin in der mündlichen Verhandlung am 20.9.2001 eine Reihe von Beweisanträgen gestellt, diese beziehen sich aber nicht auf Tatsachen, die nach der insoweit maßgeblichen Rechtsansicht des LSG entscheidungserheblich sind. Das LSG hat zutreffend die Rechtsansicht des BSG im Urteil vom 14.12.2000 zu Grunde gelegt, wonach es auf das von der Klägerin nach ihrer Weltanschauung zu erwartende Verhalten als Arbeitsvermittlerin ankommt. Gegenstand einer Beweisaufnahme kann danach lediglich das Verständnis der Lehren Hubbards durch die Klägerin sein, das auch mögliche Missverständnisse einschließt. Entscheidungserheblich und aufzuklären ist dagegen nicht, welche Lehren zu Staat und Recht L. Ron Hubbard „in Wahrheit" verbreitet hat. Allein darauf beziehen sich aber die Beweisanträge der Klägerin. Ihnen hatte das LSG nach der der Entscheidung zu Grunde zu legenden Rechtsansicht nicht nachzugehen.

53

1. Das Grundrecht der Religions- und Weltanschauungsfreiheit aus Art. 4 Abs. 1 und 2 GG bietet keinen Schutz dagegen, dass sich der Staat und seine Organe mit den Trägern dieses Grundrechts sowie ihren Zielen und Aktivitäten öffentlich - auch kritisch - auseinander setzen. Diese Auseinandersetzung hat allerdings das Gebot religiös- weltanschaulicher Neutralität des Staates zu wahren und muss daher mit Zurückhaltung geschehen. Diffamierende, diskriminierende oder verfälschende Darstellungen einer religiösen oder weltanschaulichen Gemeinschaft sind dem Staat untersagt.

2. Die Bundesregierung ist aufgrund ihrer Aufgabe der Staatsleitung überall dort zur Informationsarbeit berechtigt, wo ihr eine gesamtstaatliche Verantwortung zukommt, die mit Hilfe von Informationen wahrgenommen werden kann.

3. Für das Informationshandeln der Bundesregierung im Rahmen der Staatsleitung bedarf es über die Zuweisung der Aufgabe der Staatsleitung hinaus auch dann keiner besonderen gesetzlichen Ermächtigung, wenn es zu mittelbar-faktischen Grundrechtsbeeinträchtigungen führt.

staat. Warnung vor sog. Jugendsekten

Art. 4 Abs. 1 u. 2 GG
BVerfG, Beschluss vom 26. Juni 2002 - 1 BvR 670/91[1] -

Die Verfassungsbeschwerde betrifft Äußerungen der Bundesregierung über die Bewegung des Rajneesh Chandra Mohan und die ihr angehörenden Gemeinschaften.
Seit den sechziger Jahren des vorigen Jahrhunderts traten in der Bundesrepublik Deutschland vorher unbekannte Gruppierungen in Erscheinung, die alsbald das Interesse der Öffentlichkeit fanden und zumeist als „Sekten", „Jugendsekten", „Jugendreligionen", „Psychosekten", „Psychogruppen" oder ähnlich bezeichnet wurden. Wegen ihrer nach eigenem Verständnis überwiegend religiös oder weltanschaulich geprägten Zielsetzungen, ihrer inneren Struktur und ihrer Praktiken im Umgang mit Mitgliedern und Anhängern wurden sie schnell Gegenstand kritischer öffentlicher Auseinandersetzung. Vorgeworfen wurde den genannten Gruppen dabei vor allem, dass sie ihre Mitglieder von der Außenwelt abschotteten, insbesondere der eigenen Familie entfremdeten, psychisch manipulierten und finanziell ausbeuteten. Das führe zum Abbruch von Ausbildungen, zu Verstößen gegen arbeits- und sozialrechtliche Vorschriften, zur Abhängigkeit der Mitglieder von der jeweiligen Gruppierung und zu schweren seelischen Schädigungen vor allem jugendlicher Personen.
Das Phänomen dieser Gruppierungen und der hinter ihnen stehenden Bewegungen beschäftigte seit den siebziger Jahren auch die Regierungen in Bund und Ländern, die sich in Antworten auf parlamentarische Anfragen mehrfach zur Problematik dieser Gruppen äußerten und in Broschüren, Presseverlautbarungen und Vorträgen die Öffentlichkeit auch unmittelbar darüber informierten. 1996 beschloss der Deutsche Bundestag, einer Empfehlung seines Petitionsausschusses folgend, die Einsetzung einer Enquete-Kommission „Sogenannte Sekten und Psychogruppen" (vgl. BT-Drs. 13/4477). Diese legte 1997 einen Zwischenbericht (vgl. BT-Drs. 13/8170) und 1998 ihren Endbericht (vgl. BT-Drs. 13/10950) vor. In dessen Vorwort ist unter anderem ausgeführt:

Die Enquete-Kommission wurde mit Befürchtungen von ... Bürgern über die Gefahren von „sogenannten Sekten" ebenso konfrontiert wie mit der Besorgnis vieler Gemeinschaften, als „schadensbringende Sekte" etikettiert und entsprechend behandelt zu werden. Die Kommission ... wendet sich ... gegen eine pauschale Stigmatisierung solcher Gruppen und lehnt die Verwendung des Begriffs „Sekte" wegen seiner negativen Konnotation ab. Die Ablehnung des Begriffs „Sekte" wird auch durch das Ergebnis der Arbeit der Enquete-Kommission unterstützt, dass nur ein kleiner Teil der Gruppierungen, die bislang unter dem Begriff „Sekte"

---
[1] Amtl. Leitsätze. BVerfGE 105, 279; EuGRZ 2002, 448; GewArch 2002, 419; JZ 2003, 310; NJW 2002, 2626; NVwZ 2002, 1495 (LS); ZevKR 48 (2003), 90 (LS).

zusammengefasst wurden, problematisch sind. Daher wäre eine weitere Verwendung des Sektenbegriffs für alle neuen religiösen und ideologischen Gemeinschaften fahrlässig.
... Unsere Gesellschaft ist von religiösem Pluralismus geprägt. Neben den Gemeinschaften großer Weltreligionen existieren ... kleinere Gruppen unterschiedlichster Glaubensausrichtungen. Dieser Sachverhalt allein ... veranlasst den Staat nicht zum Handeln. Vielmehr hat der Staat die Entscheidung eines jeden Einzelnen und sein Bekenntnis zu dem von ihm gewählten Glauben zu respektieren. Aber: Wo Gesetze verletzt werden, wo gegen Grundrechte verstoßen wird, wo gar unter dem Deckmantel der Religiosität strafbare Handlungen begangen werden, kann der Staat nicht untätig bleiben.
Unterhalb dieser Schwelle zwingend notwendiger staatlicher Eingriffe ist der Staat ... zu flankierender Hilfe aufgerufen. So wenig er Vorschriften für individuelle Lebensformen geben darf, so sehr kann er seine ... Bürger in einer unübersichtlich gewordenen und sich schnell verändernden Welt durch Information und Aufklärung in ihren Entscheidungsfindungen unterstützen (aaO, S. 4 f.).

Im Bericht selbst heißt es:

Während der Arbeit der Kommission wurde immer deutlicher, dass eine pauschalisierende Herangehensweise, die sich des Begriffs ‚Sekte' als Oberbegriff für alle Formen neuer ... Art von Religiosität und/oder Weltanschauung bedient, der Vielfalt der Phänomene ... nicht gerecht werden kann ... Die Verwendung des populären, aber nebulösen ‚Sekten'-Begriffs ... kann zu Stigmatisierungseffekten führen. Einer religiösen oder weltanschaulichen Gruppe, die öffentlich als ‚Sekte' eingeordnet wurde, entstehen angesichts der hohen Aufmerksamkeit der Öffentlichkeit gegenüber der vermuteten Konfliktträchtigkeit von ‚Sekten' vielfältige Probleme ... (aaO, S. 30).

Speziell für Aufklärungsschriften staatlicher Stellen wird schließlich empfohlen:

In Anbetracht der ... Unschärfe und Missverständlichkeit des Begriffes der ‚Sekte' hält es die Enquete-Kommission für wünschenswert, wenn im Rahmen der öffentlichen Auseinandersetzung mit neuen religiösen und ideologischen Gemeinschaften und Psychogruppen auf die ... Verwendung des Begriffes ‚Sekte' verzichtet würde. Insbesondere in Verlautbarungen staatlicher Stellen - sei es in Aufklärungsbroschüren, Urteilen oder Gesetzestexten - sollte ... die Bezeichnung ... vermieden werden (aaO, S. 154 unter 6.2.12).

Die Beschwerdeführer sind - jeweils in der Rechtsform eines eingetragenen Vereins des bürgerlichen Rechts - Meditationsvereine der so genannten Shree Rajneesh-, Bhagwan- oder Osho-Bewegung des von seinen Anhängern erst Bhagwan, später Osho genannten indischen Mystikers Rajneesh Chandra Mohan (zu ihm und den Zielen seiner Bewegung vgl. etwa Süss, Osho-Bewegung, in: Klöcker/Tworuschka, Handbuch der Religionen: Kirchen und andere Glaubensgemeinschaften in Deutschland,

Abschnitt VIII-8 [Stand: 2001]). Im verwaltungsgerichtlichen Ausgangsverfahren verlangten sie von der Bundesrepublik Deutschland die Unterlassung bestimmter Äußerungen über diese Bewegung und die ihr angehörenden Gemeinschaften.

Den Anlass zur Klageerhebung gaben Antworten der Bundesregierung auf drei Kleine Anfragen, die im Deutschen Bundestag gestellt worden waren, ein Bericht der Bundesregierung an den Petitionsausschuss des Bundestags und eine Rede, die der damalige Bundesminister für Jugend, Familie und Gesundheit auf einer Tagung der Jungen Union Bayern und einer „Elterninitiative zur Hilfe gegen seelische Abhängigkeit und religiösen Extremismus" gehalten hatte.

In der Antwort vom 27.4.1979 (BT-Drs. 8/2790) zum Thema „Neuere Glaubens- und Weltanschauungsgemeinschaften (sogenannte Jugendsekten)" wurde neben anderen die „Shree Rajneesh-Bewegung" zu den so genannten neueren Religions- und Weltanschauungsgemeinschaften gezählt. Diese würden, so ließ die Bundesregierung die Fragesteller wissen, mit generalisierenden Begriffen wie „Jugendsekten", „destruktive religiöse Gruppen" oder „destructive cults" gekennzeichnet. Die Bundesregierung selbst verwandte für sie die Bezeichnungen „Jugendsekten", „pseudoreligiöse und Psycho-Gruppen" sowie durchgängig „Sekten" (vgl. aaO, insbesondere S. 1 f.).

In ihrem Bericht an den Petitionsausschuss des Deutschen Bundestags über „Jugendreligionen in der Bundesrepublik Deutschland" vom Februar 1980, als Band 21 der Reihe: Berichte und Dokumentationen des Bundesministers für Jugend, Familie und Gesundheit veröffentlicht, wies die Bundesregierung einleitend darauf hin, dass mit „Jugendreligionen" oder „Jugendsekten" sehr verschiedenartige Gruppierungen angesprochen würden (vgl. aaO, S. 6). Als eine dieser Gruppierungen wurde die „Gruppe um ‚Bhagwan' (d.h. Gott) Shree Rajneesh" vorgestellt und zu den „Psychobewegungen" gerechnet (vgl. aaO, S. 10 f.).

In der Antwort, welche die Bundesregierung unter dem 23.8.1982 auf eine Kleine Anfrage zum Thema „Sogenannte neue Jugendsekten" erteilte (BT-Drs. 9/1932), wurde die „Bhagwan-Shree-Rajneesh-Bewegung" im Zusammenhang mit der Frage nach der Mitgliederstruktur der „sogenannten neuen Jugendsekten" genannt (vgl. aaO, S. 6 f.). In der Vorbemerkung zu der Antwort wurde darüber hinaus von „sogenannten Psychosekten", in der Antwort selbst durchweg von „Jugendreligionen" gesprochen (vgl. aaO, S. 1 ff.).

Die Antwort vom 10.10.1984 auf eine weitere Kleine Anfrage betraf „Wirtschaftliche Aktivitäten von destruktiven Jugendreligionen und Psychosekten" (BT-Drs. 10/2094). Entsprechend dieser Themenbeschreibung wurden in der Antwort überwiegend die Begriffe „Jugendreligionen" und „Psychosekten" verwendet (vgl. aaO, vor allem S. 1 f.). Zu Frage 6 wurde ausgeführt, es erscheine schwer erreichbar, Regelungen des materiellen Arbeitsrechts bei Vereinigungen zur Geltung zu bringen, „deren Mitglieder weitgehend unter Ausschluss der Öffentlichkeit in ihrem Verhalten manipuliert werden" (vgl. aaO, S. 4). Die Bhagwan-Bewegung wurde dabei nicht ausdrücklich genannt. Sie war jedoch Gegenstand der Antworten zu den Fragen 16 bis 19 (vgl. aaO, S. 7).

In der Rede, die der Bundesminister am 8.12.1984 auf der genannten Tagung zu dem Thema „Neue Jugendreligionen - Die Freiheit des einzelnen schützen" hielt und die in der Broschüre Sauter/Ach/Sackmann/ Schuster, Jugendsekten - Die Freiheit des einzelnen schützen, 1985, S. 11 ff., veröffentlicht ist, wurden mit Bezug auf die behandelten Gruppen die Begriffe „Jugendreligion", „Jugendsekte", „Sekte", „destruktive religiöse Kulte", „Pseudoheilslehren" und „Pseudoreligion" verwendet (vgl. aaO, insbesondere S. 14 f., 21). Die Bhagwan-Bewegung wurde in der Rede selbst nicht erwähnt. Nach den tatrichterlichen Feststellungen im Ausgangsverfahren wurde sie jedoch in der anschließenden Diskussion angesprochen.

Mit ihrer Klage erstrebten die Beschwerdeführer die Verurteilung der Bundesrepublik Deutschland zur Unterlassung mehrerer der in diesen Darstellungen enthaltenen Äußerungen.

Das VG Köln (KirchE 24, 10) hat der Klage stattgegeben, soweit sie darauf gerichtet war, es der Beklagten zu untersagen, in amtlichen Verlautbarungen jeder Art. die Rajneesh-Gemeinschaft als „Jugendreligion", „Jugendsekte" oder „Psychosekte" zu bezeichnen, mit den Attributen „destruktiv" oder „pseudoreligiös" zu belegen sowie weiterhin öffentlich zu behaupten, dass Mitglieder dieser Gemeinschaft weitgehend unter Ausschluss der Öffentlichkeit manipuliert würden. Dagegen hat es die Klage abgewiesen, soweit außerdem begehrt worden war, der Beklagten auch den Gebrauch der Bezeichnungen „destruktiver Kult", „Psychokult" und „Sekte" zu verbieten (KirchE 24, 10 [17 ff.]):

Das OVG Nordrhein-Westfalen (KirchE 28, 106) hat auf die Berufung der Beklagten die Klage in vollem Umfang abgewiesen und die Anschlussberufung der Beschwerdeführer zu 2) und 4), mit der diese die Abweisung der Klage hinsichtlich des Gebrauchs des Begriffs „Sekte" angegriffen hatten, zurückgewiesen (vgl. KirchE 28, 106 [114 ff.]).

Das Bundesverwaltungsgericht (NJW 1991, 1770, KirchE 29, 59) hat die Beschwerde der Beschwerdeführer gegen die Nichtzulassung der Revision durch das Oberverwaltungsgericht zurückgewiesen

Mit der Verfassungsbeschwerde wenden sich die Beschwerdeführer gegen die genannten gerichtlichen Entscheidungen. Sie rügen vor allem die Verletzung von Art. 4 Abs. 1 und Art. 103 Abs. 1 GG und tragen dazu im Wesentlichen vor:

1. Die Äußerungen der Bundesregierung, durch welche die Beschwerdeführer und ihre Mitglieder öffentlich als Anhänger einer „pseudoreligiösen", „destruktiven", die Mitglieder „manipulierenden" „Jugendsekte",

„Jugendreligion" oder „Psychosekte" herabgewürdigt würden, stellten einen unzulässigen Eingriff in das Grundrecht der Religionsfreiheit dar. Die Beschwerdeführer seien nach ihrem Selbstverständnis Religions- und Meditationsvereine, die sich durch das Abhalten von Meditationen sowie durch öffentliche Vorträge, das Begehen religiöser Feiern, den Verkauf von Büchern, Tonbändern und Video- Mitschnitten und das Angebot spiritueller Therapien mit der Verbreitung der Lehre Oshos befassten. Die gegen sie gerichteten Maßnahmen der Bundesregierung berührten deshalb den Schutzbereich des Art. 4 Abs. 1 GG.

Die staatlichen Äußerungen hätten - nicht zuletzt wegen der mit ihnen in Anspruch genommenen staatlichen Autorität - für die Ausbreitung der betroffenen Gemeinschaft schwerwiegende negative Folgen; diese seien, soweit sie das Verhalten der gewarnten Öffentlichkeit beträfen, beabsichtigt und im Übrigen in Kauf genommen. Zu berücksichtigen sei auch die bestehende Konkurrenzsituation. Wertende Äußerungen des Staates verzerrten den Wettbewerb unter den Religionen und Weltanschauungen.

Zu Unrecht werde die Notwendigkeit einer gesetzlichen Grundlage für solche Äußerungen verneint. Es sei verfehlt, aus Schutzpflichten Eingriffsrechte abzuleiten. Auch die Befugnis zur Öffentlichkeitsarbeit könne keine Grundlage für grundrechtsbeschränkende Warnungen sein. Dasselbe gelte für die Rechenschaftspflicht der Bundesregierung gegenüber dem Parlament. Das Verhältnismäßigkeitsprinzip reiche nicht aus, verfassungsunmittelbar eröffneten Eingriffsmöglichkeiten ausreichende Grenzen zu ziehen; notwendig sei - wenigstens in den Grundzügen - eine gesetzliche Festlegung, zum Schutz welcher Verfassungsrechtsgüter Eingriffe in die Religionsfreiheit zulässig seien. Es widerspreche auch der Bedeutung dieses Grundrechts, wenn nicht zumindest minimale Verfahrensregeln insbesondere zur Ermittlungs- und Begründungspflicht der Bundesregierung und zur Beteiligung der betroffenen Religionsgemeinschaften getroffen würden.

Der Bundesregierung fehle auch die Kompetenz für Warnungen vor neuen religiösen Bewegungen. Aus den Kompetenztiteln für öffentliche Fürsorge, Jugendschutz und Gesundheitswesen ergebe sich keine allgemeine Befassungsbefugnis der Bundesregierung mit der Berechtigung, ihre Erkenntnisse und Problemsicht gegenüber Parlament und Öffentlichkeit darzulegen.

Inhaltlich sei in mehrfacher Hinsicht der Verhältnismäßigkeitsgrundsatz verletzt worden. Die Bezeichnung „destruktiv" sei hochgradig abwertend und zur Kennzeichnung von Gefahren ungeeignet. Die Verwendung des Begriffs „pseudoreligiös" sei schon deshalb unzulässig, weil die Gerichte der Osho-Bewegung den Schutz des Art. 4 Abs. 1 GG zuerkannt hätten. Die Weltanschauung Oshos sei keine „Jugendsekte" oder „Jugendreligion". Es sei unwidersprochen vorgetragen worden, dass das Durchschnittsalter der Mitglieder bei 34 Jahren liege. Die Verwaltungsgerichte manipulierten das Tatsachenmaterial, wenn sie sich darüber mit dem Argument hinwegsetzten, gemeint sei Jugend im weiteren Sinne. Zum Begriff „Sekte" sei ebenfalls vorgebracht worden, dass er heute umgangssprachlich abwertend verstanden werde. Das habe der Endbericht der Enquete-Kommission „Sogenannte Sekten und Psychogruppen" des Deutschen Bundestags bestätigt. Die Bezeichnung „Psychosekte" bringe durch den Wortbestandteil „Psycho" eine zusätzliche Abwertung zum Ausdruck. Hinsichtlich des Begriffs „manipuliert" werde daran angeknüpft, dass die Osho-Bewegung verstärkt Erkenntnisse der Psychologie einsetze. Dass dies mit Manipulation verbunden sei, sei eine freie Erfindung.

2. Verletzt worden sei auch der Anspruch der Beschwerdeführer auf rechtliches Gehör nach Art. 103 Abs. 1 GG.

Beim Oberverwaltungsgericht seien die Beiziehung sämtlicher Verwaltungsvorgänge der Bundesregierung und die Gewährung von Akteneinsicht beantragt worden. Dem sei nicht entsprochen worden. Außerdem seien vor allem zur Interpretation der Lehren Oshos Beweisanträge gestellt worden. Das Gericht habe sie mit einer Ausnahme, als es sich selbst für sachkundig erklärt habe, als entscheidungsunerheblich abgelehnt. Soweit die Nichtvernehmung eines sachverständigen Zeugen zu Inhalt und Bedeutung der Lehren Oshos damit begründet worden sei, dass auf den objektiven Erklärungswert der Aussagen für einen in diesem Bereich nicht besonders sachkundigen Dritten abzustellen sei, sei auch dies verfassungswidrig. Zum Teil hätten die im Berufungsurteil erwähnten Aussagen Oshos im Prozess zuvor keine Rolle gespielt. Die Beschwerdeführer hätten deshalb keine Gelegenheit gehabt, sich dazu zu äußern.

Auch die Zurückweisung all dieser Rügen durch das Bundesverwaltungsgericht verletze Art. 103 Abs. 1 GG.

IV. Zu der Verfassungsbeschwerde hat namens der Bundesregierung das Bundesministerium für Frauen und Jugend Stellung genommen. Es hält die Verfassungsbeschwerde für unbegründet.

1. Die Bundesregierung habe aufgrund ihrer verfassungsrechtlichen Stellung und im Hinblick auf die Verpflichtung zum Schutz der Grundrechte und verfassungsrechtlich hervorgehobener Gemeinschaftsgüter die Aufgabe, sich mit gesellschaftlichen Erscheinungen, die in der Öffentlichkeit mit Sorge verfolgt würden, zu befassen, besonders wenn mit ihnen Gefahren für Grundrechte und Gemeinschaftsgüter wie den Jugendschutz verbunden sein könnten. Dass die Jugendreligionen in der für das Urteil des Oberverwaltungsgerichts maßgeblichen Zeit Gegenstand einer von Besorgnis gekennzeichneten öffentlichen Debatte gewesen seien, werde auch die Verfassungsbeschwerde nicht bezweifeln wollen.

Die Bundesregierung sei auch befugt, ihre Erkenntnisse und Problemsicht in Form von Wertungen, Empfehlungen und Warnungen der Öffentlichkeit darzulegen, auch wenn es dabei zu Grundrechtseingriffen kommen könne. Die Bundesregierung habe sich gegenüber dem Parlament zu erklären. Derartige Erklärungen würden in der Öffentlichkeit regelmäßig bekannt. Zutreffend hätten das Ober- und das Bundesverwaltungsgericht das Äußerungsrecht der Bundesregierung aus dieser Erklärungspflicht gegenüber dem Parlament abgeleitet. Eine zweite verfassungsrechtliche Wurzel habe dieses Recht in der schon genannten Schutzpflicht für den Einzelnen und die durch das Grundgesetz hervorgehobenen Gemeinschaftsgüter.

Einer ausdrücklichen gesetzlichen Ermächtigung bedürfe es für Äußerungen der genannten Art. nicht; die Ermächtigung ergebe sich unmittelbar aus der Verfassung. Angesichts der Vielzahl denkbarer Fallgestaltungen wäre eine gesetzlich normierte Ermächtigung auch kaum vorstellbar; sie müsste sich in der bloßen Feststellung eines Äußerungsrechts erschöpfen und könnte als verfassungsrechtliche Voraussetzungen nur den Verhältnismäßigkeitsgrundsatz und das Willkürverbot nennen, die ebenfalls unmittelbar der Verfassung zu entnehmen seien.

Die Bundesregierung habe für die genannten Aufgaben und Befugnisse auch eine Verbandskompetenz. Dass die Länder in gleicher Weise tätig werden könnten, stehe dem nicht entgegen. Es habe sich um Erscheinungen gehandelt, die länderübergreifend im ganzen Bundesgebiet festgestellt worden seien. Auch könnten Erkenntnisse, die bei den Beobachtungen der Bundesregierung anfielen, zu gesetzlichen Maßnahmen nach Art. 74 Abs. 1 Nr. 7 oder 19 GG führen.

Die Äußerungs-, Empfehlungs- und Warnrechte der Bundesregierung bestünden allerdings nicht unbegrenzt. Sie müssten dem Grundsatz der Verhältnismäßigkeit entsprechen und unterlägen ferner dem Willkürverbot, wonach mitgeteilte Tatsachen zutreffen müssten und Werturteile weder auf sachfremden Erwägungen beruhen noch den sachlich gebotenen Rahmen überschreiten dürften. Eine Pflicht zur vorherigen Anhörung betroffener Vereinigungen bestehe dagegen grundsätzlich nicht.

Nach diesen Maßstäben seien die vom Oberverwaltungsgericht überprüften Äußerungen nicht zu beanstanden. Soweit Bezeichnungen als Wertungen einen negativen Inhalt hätten, sei ihre Verwendung durch tatsächliche Feststellungen gedeckt.

2. Die Rüge eines Verstoßes gegen Art. 103 Abs. 1 GG könne ebenfalls keinen Erfolg haben. Das Oberverwaltungsgericht habe den gesamten Vortrag der Beschwerdeführer einschließlich aller Beweisanträge zur Kenntnis genommen und darüber entschieden. Es liege auch kein Überraschungsurteil vor.

Die Verfassungsbeschwerde hatte teilweise Erfolg. Das BVerfG hebt das Urteil des OVG.NW vom 22.5.1990 - 5 A 1223/86 - wegen Verletzung der Grundrechten der Beschwerdeführer aus Art. 4 Abs. 1 u. 2 GG auf, soweit die Klage der Beschwerdeführer hinsichtlich der Attribute „destruktiv", „pseudoreligiös" und des Vorwurfs der Mitgliedermanipulation abgewiesen worden war. Damit wurde der Beschluss des Bundesverwaltungsgerichts vom 13.3.1991 - BVerwG - 7 B 99.90 - insoweit gegenstandslos. Unter Zurückweisung der Verfassungsbeschwerde verweist der Senat die Sache im Umfang der Aufhebung an das Oberverwaltungsgericht zurück.

Aus den Gründen:

Die Verfassungsbeschwerde ist teilweise begründet. Im Ergebnis verfassungsrechtlich nicht zu beanstanden ist, dass die Bezeichnungen „Sekte", „Jugendreligion", „Jugendsekte" und „Psychosekte", welche die Bundesregierung in der Unterrichtung über die Osho-Bewegung und die ihr angehörenden Gemeinschaften für diese verwendet hat, im Ausgangsverfahren für unbedenklich gehalten worden sind. Dagegen kann das Berufungsurteil des Oberverwaltungsgerichts insoweit keinen Bestand haben, als es auch den Gebrauch der Attribute „destruktiv" und „pseudoreligiös" sowie den Vorwurf der Manipulation von Mitgliedern dieser Gemeinschaften als verfassungsmäßig angesehen hat.
I.
Das Urteil verletzt insoweit Art. 4 Abs. 1 u. 2 GG.
1. Die Beschwerdeführer sind Träger dieses Grundrechts. Dass sie als eingetragene Vereine des bürgerlichen Rechts nach § 21 BGB juristische Personen sind, steht dem nicht entgegen. Gemäß Art. 19 Abs. 3 GG gilt das Grundrecht der Religions- und Weltanschauungsfreiheit auch für inländische juristische Personen, wenn ihr Zweck die Pflege oder Förderung eines religiösen oder weltanschaulichen Bekenntnisses ist (vgl. BVerfGE 19, 129 [132], KirchE 7, 242; 24, 236 [247], KirchE 10, 181; 99, 100, [118], KirchE 36, 436). Bei den Beschwerdeführern ist dies nach den tatsächlichen Feststellungen, die das Verwaltungs- und das Oberverwaltungsgericht im Ausgangsverfahren getroffen haben, der Fall. Danach verfolgen die Beschwerdeführer ausweislich ihrer Satzungen jeweils den Zweck, gemeinschaftlich die Lehren des Osho-Rajneesh zu pflegen. Diese bestimmten, wie es das Oberverwaltungsgericht ausgedrückt hat, die Ziele des Menschen, sprächen ihn im Kern seiner Persönlichkeit an und erklärten auf eine umfassende Weise den Sinn der Welt und des menschlichen Lebens. Es ist verfassungsrechtlich nicht zu beanstanden, wenn das Oberverwaltungsgericht daraus gefolgert hat, dass es sich bei den Zielen und Inhalten der Osho-Bewegung jedenfalls um eine Weltanschauung iSd Art. 4 Abs. 1 GG handelt.

Dieser Annahme steht nicht entgegen, dass sich die Beschwerdeführer wie die Osho-Bewegung insgesamt auch wirtschaftlich betätigen. Die ideellen Zielsetzungen dieser Bewegung dienen, wie die Tatsachengerichte im Ausgangsverfahren weiter festgestellt haben, den Beschwerdeführern und ihren Anhängern nicht nur als Vorwand für wirtschaftliche Aktivitäten. Die Tätigkeit der Beschwerdeführer sei nicht einmal überwiegend auf Gewinnerzielung gerichtet. Die Verwaltungsgerichte haben den Beschwerdeführern auf der Grundlage dieser Tatsachenfeststellungen den Schutz des Art. 4 Abs. 1 u. 2 GG zu Recht zuerkannt.

2. Das Grundrecht der Religions- und Weltanschauungsfreiheit umfasst neben der Freiheit des Einzelnen zum privaten und öffentlichen Bekenntnis seiner Religion oder Weltanschauung auch die Freiheit, sich mit anderen aus gemeinsamem Glauben oder gemeinsamer weltanschaulicher Überzeugung zusammenzuschließen (vgl. BVerfGE 53, 366 [387], KirchE 18, 69; 83, 341 [355], KirchE 29, 9). Die durch den Zusammenschluss gebildete Vereinigung selbst genießt das Recht zu religiöser oder weltanschaulicher Betätigung, zur Verkündigung des Glaubens, zur Verbreitung der Weltanschauung sowie zur Pflege und Förderung des jeweiligen Bekenntnisses (vgl. BVerfGE 19, 129 [132], KirchE 7, 242; 24, 236 [246 f.], KirchE 10, 181; 53, 366 [387], KirchE 18, 69). Geschützt sind auch die Freiheit, für den eigenen Glauben und die eigene Überzeugung zu werben, und das Recht, andere von deren Religion oder Weltanschauung abzuwerben (vgl. BVerfGE 12, 1 [4], KirchE 5, 256; 24, 236 [245], KirchE 10, 181).

Bedeutung und Tragweite dieser Gewährleistungen finden darin ihren besonderen Ausdruck, dass der Staat nach Art. 4 Abs. 1 GG, aber auch gemäß Art. 3 Abs. 3 Satz 1, Art. 33 Abs. 3 und Art. 140 GG in Verbindung mit Art. 136 Abs. 1, 4 und Art. 137 Abs. 1 WRV verpflichtet ist, sich in Fragen des religiösen oder weltanschaulichen Bekenntnisses neutral zu verhalten und nicht seinerseits den religiösen Frieden in der Gesellschaft zu gefährden (vgl. BVerfGE 19, 206 [216], KirchE 7, 338; 93, 1 [16 f.], KirchE 33, 191 ; 102, 370 [383], KirchE 38, 502). Art. 4 Abs. 1 GG schützt daher gegen diffamierende, diskriminierende oder verfälschende Darstellungen einer religiösen oder weltanschaulichen Gemeinschaft. Nicht aber sind der Staat und seine Organe gehalten, sich mit derartigen Fragen überhaupt nicht zu befassen. Auch der neutrale Staat ist nicht gehindert, das tatsächliche Verhalten einer religiösen oder weltanschaulichen Gruppierung oder das ihrer Mitglieder nach weltlichen Kriterien zu beurteilen, selbst wenn dieses Verhalten letztlich religiös motiviert ist (vgl. BVerfGE 102, 370 [394], KirchE 38, 502).

Ebenso ist den staatlichen Verantwortungsträgern die Information des Parlaments, der Öffentlichkeit oder interessierter Bürgerinnen und Bürger über religiöse und weltanschauliche Gruppen und ihre Tätigkeit nicht schon von vornherein verwehrt. Art. 4 Abs. 1 u. 2 GG schützt nicht dagegen, dass sich staatliche Organe mit den Trägern des Grundrechts öffentlich - auch kritisch - auseinander setzen. Nur die Regelung genuin religiöser oder weltanschaulicher Fragen, nur die parteiergreifende Einmischung in die Überzeugungen, die Handlungen und in die Darstellung Einzelner oder religiöser und weltanschaulicher Gemeinschaften sind dem Staat untersagt (vgl. BVerfGE 93, 1 [16], KirchE 33, 191; 102, 370 [394], KirchE 38, 502). Weder dürfen von ihm bestimmte Bekenntnisse - etwa durch Identifikation mit ihnen - privilegiert noch andere um ihres Bekenntnisinhalts willen - beispielsweise durch Ausgrenzung - benachteiligt werden. In einem Staat, in dem Anhänger unterschiedlicher religiöser und weltanschaulicher Überzeugungen zusammenleben, kann die friedliche Koexistenz nur gelingen, wenn der Staat selbst in Glaubens- und Weltanschauungsfragen Neutralität bewahrt (vgl. BVerfGE 93, 1 [16 f.] mwN, KirchE 33, 191). Er hat sich deshalb im Umgang mit Religions- und Weltanschauungsgemeinschaften besondere Zurückhaltung aufzuerlegen, deren konkretes Maß sich nach den Umständen des Einzelfalles bestimmt.

3. Diesen Grundsätzen werden die Äußerungen der Bundesregierung, die im Ausgangsverfahren in Bezug auf die Osho-Bewegung und ihre Gemeinschaften vom Berufungsgericht noch zu beurteilen waren, nicht in vollem Umfang gerecht.

a) aa) Zuzustimmen ist den angegriffenen Entscheidungen allerdings darin, dass diese Äußerungen, soweit mit ihnen die Osho-Bewegung und die zu ihr gehörenden Gemeinschaften als „Sekte", „Jugendreligion", „Jugendsekte" und „Psychosekte" bezeichnet wurden, keinen verfassungsrechtlichen Bedenken begegnen. Diese Äußerungen berühren schon nicht den Schutzbereich des Grundrechts der Religions- oder Weltanschauungsfreiheit. Sie enthalten keine diffamierenden oder verfälschenden Darstellungen, sondern bewegen sich im Rahmen einer sachlich geführten Informationstätigkeit über die betroffenen Gemeinschaften und wahren damit die Zurückhaltung, zu welcher der Staat und seine Organe nach dem Gebot der religiös-weltanschaulichen Neutralität verpflichtet sind.

(1) Allerdings soll die Bezeichnung „Sekte" nach der Empfehlung der Enquete-Kommission „Sogenannte Sekten und Psychogruppen" des Deutschen Bundestags in Verlautbarungen staatlicher Stellen über Gruppierungen der hier vorliegenden Art. in Zukunft nicht weiter verwendet werden. Der Gebrauch im seinerzeitigen Kontext war aber verfassungsrechtlich nicht zu beanstanden.

Das Verwaltungsgericht hat den Begriff „Sekte" unter anderem deshalb für unbedenklich gehalten, weil er sämtliche kleineren Religionsgemeinschaften unabhängig von ihrer Herkunft umfasse und jedenfalls eine weit über den Kreis der neuen religiösen und weltanschaulichen Bewegungen hinausgehende Gruppe solcher Gemeinschaften bezeichne.

Gegen diese Beurteilung sind verfassungsrechtliche Einwände nicht zu erheben (vgl. zur Spannweite des Sektenbegriffs außer dem Endbericht der Enquete-Kommission „Sogenannte Sekten und Psychogruppen", BT-Drs. 13/10950, S. 18, etwa noch König, Sekten, in: Staatslexikon, 7. Aufl., 4. Bd., 1988, Sp. 1147 ff.). Gleiches gilt für die Auffassung des Oberverwaltungsgerichts, dass der Begriff „Sekte" seine allgemeine Verwendung typischerweise im religiösen Bereich erfahre und eine gegenüber den großen Glaubensgemeinschaften nicht selten durch besonders pointierte Unterscheidungen in der Lehre unterstrichene Minderheitenrolle indiziere, die bei der Osho-Bewegung ihren Ausdruck unter anderem darin finde, dass sich diese vorrangig an Jugendliche und junge Erwachsene wende.

Dass die Verwendung der Bezeichnung „Sekte" in staatlichen Verlautbarungen vor diesem Hintergrund im Lichte des Neutralitäts- und Zurückhaltungsgebots in religiös-weltanschaulichen Fragen verfassungsrechtlich keinen durchgreifenden Bedenken begegnet, wird nicht dadurch in Frage gestellt, dass dieser Begriff in Bezug auf die neueren religiösen und weltanschaulichen Gruppierungen zum Teil als negativ gefärbt verstanden wird. Dieses Verständnis ergibt sich notwendig aus der Weite und den inhaltlichen Differenzierungen des Sektenbegriffs selbst. Im Übrigen ist der Staat durch die Pflicht zur religiös- weltanschaulichen Neutralität nicht gehindert, in der öffentlichen Diskussion über religiöse oder weltanschauliche Gruppen für diese die Bezeichnungen zu verwenden, die in der aktuellen Situation dem allgemeinen Sprachgebrauch entsprechen und in diesem Sinne von den Adressaten der jeweiligen Äußerung auch verstanden werden.

(2) Entsprechendes gilt für den Gebrauch der Begriffe „Jugendreligion" und „Jugendsekte". Das Oberverwaltungsgericht hat sie auch mit Bezug auf die Osho-Bewegung und die sich zu ihr bekennenden Organisationen als unbedenklich eingestuft, weil diese sich vorrangig an junge Erwachsene wendeten und die Letzteren in einem erweiterten Sinne noch zum Bereich der „Jugend" gerechnet werden könnten, der nach allgemeinem Sprachgebrauch und gesellschaftlicher Praxis auch Angehörige von Altersgruppen deutlich jenseits von 20 Jahren umfasse.

Diese Einschätzung entspricht, wie die Ausführungen im Zwischenbericht der Enquete-Kommission „Sogenannte Sekten und Psychogruppen" des Deutschen Bundestags zeigen, dem Stand der öffentlichen Diskussion über die neuen religiösen und weltanschaulichen Gruppen und Bewegungen, wie sie nach den damals möglichen Erkenntnissen in den Jahren geführt wurde, in denen auch die hier in Rede stehenden Äußerungen gefallen sind. Danach wurden die genannten Gruppierungen fast ausschließlich als ein neues gesellschaftliches Problem wahrgenommen, das vorwiegend Jugendliche oder junge Erwachsene betraf (vgl. BT-Drs. 13/8170, S. 52). Es verletzt nicht das dem Staat in religiösen und weltanschaulichen Angelegenheiten auferlegte Neutralitäts- und Zurückhaltungsgebot, wenn dieser durch seine Organe im Rahmen einer solchen Debatte die Bezeichnungen und Begriffe verwendet, die in der aktuellen Situation den Gegenstand der Auseinandersetzung einprägsam und für die Adressaten seiner Äußerungen verständlich umschreiben, sofern die Äußerungen als solche nicht diffamierend oder sonst wie diskriminierend sind. Diese Voraussetzung war bei den Begriffen „Jugendreligion" und „Jugendsekte" unter den genannten Umständen gegeben, zumal ihr Gebrauch nicht selten mit einschränkenden und relativierenden Zusätzen und Ausdrucksformen („so genannte", Verwendung der Begriffe in Anführungszeichen) verbunden wurde.

(3) Schließlich wahrt auch der Gebrauch der Bezeichnung „Psychosekte" noch die dem Staat vorgegebene Neutralität in religiös-weltanschaulichen Fragen. Das Oberverwaltungsgericht hat diesen Begriff mit Bezug auf die Osho-Bewegung damit erklärt, dass diese - nach der Beurteilung des Bundesverwaltungsgerichts unstreitig - in großem Umfang therapeutische Meditationskurse anbiete und ihre Lehre selbst als eine Synthese aus östlicher Weisheit und westlicher Psychologie bezeichne.

Auch dieser Befund stimmt mit den Erkenntnissen überein, welche die Enquete-Kommission „Sogenannte Sekten und Psychogruppen" des Deutschen Bundestags für die Zeit gewonnen hat, in der die Äußerungen gemacht wurden, gegen deren weiteren Gebrauch die Beschwerdeführer sich wenden. Danach gehörten zu dem so genannten Psychomarkt mit seinen vielfältigen psychologischen und pseudopsychologischen Angeboten zur Lebenshilfe, Lebensorientierung und Persönlichkeitsentwicklung außerhalb der fachlichen Psychologie und des Gesundheitswesens (vgl. BT-Drs. 13/10950, S. 19) auch meditativ orientierte Strömungen wie die Bhagwan/Osho-Bewegung (vgl. ebd., S. 48, 86 f.). Es war vor diesem Hintergrund für die betroffenen Gruppen und ihre Angehörigen nicht diskriminierend, wahrte vielmehr die verfassungsrechtlich gebotene Neutralität, wenn diese Gruppen in der öffentlichen Diskussion über sie von staatlicher Seite auch als „Psychosekten" bezeichnet wurden, zumal auch dies häufig in der Weise geschah, dass dem Begriff der einschränkende Zusatz „so genannte" hinzugefügt wurde.

bb) Nicht mehr in dem verfassungsrechtlich gebotenen Sinne neutral sind dagegen die Attribute „destruktiv" und „pseudoreligiös", mit denen die der Osho-Bewegung angehörenden Gemeinschaften versehen wurden, und der Vorwurf, deren Mitglieder würden von der jeweiligen Gemeinschaft - weitgehend unter Ausschluss der Öffentlichkeit - manipuliert.

(1) Wie schon das Verwaltungsgericht in seinem insoweit nicht angegriffenen Urteil nachvollziehbar angenommen hat, liegt der diffamierende Charakter der Attribute „destruktiv" und „pseudoreligiös" offen zu Tage. Es hat dazu weiterhin festgestellt, dass die Qualifizierung der

Osho-Bewegung und der ihr zugehörigen Gruppen als destruktiv sich nicht auf einzelne als gefährlich eingeschätzte Folgerungen aus der Mitgliedschaft in solchen Gemeinschaften beziehe, sondern dass die genannte Bewegung durch diese Bezeichnung pauschal abgewertet werde und auch die Verwendung des Ausdrucks „pseudoreligiös" die Inhalte der Osho-Bewegung diffamiere und einen darüber hinausgehenden Sinngehalt nicht aufweise. Auch das Oberverwaltungsgericht hat in den genannten Attributen eine abwertende Beurteilung der Osho-Bewegung gesehen. Dass es sie für gerechtfertigt hält, ändert nichts daran, dass damit die in der Auseinandersetzung mit religiösen und weltanschaulichen Gemeinschaften gebotene Neutralität und Zurückhaltung nicht mehr gewahrt wurden.

(2) Das Gleiche trifft für den im Ausgangsverfahren festgestellten Vorwurf der Bundesregierung zu, Mitglieder der Osho-Bewegung und ihrer Gemeinschaften würden weitgehend unter Ausschluss der Öffentlichkeit manipuliert. Nach der Deutung durch das Verwaltungsgericht ist diese - von ihm als negativ gekennzeichnete - Aussage nicht auf bestimmte Tätigkeiten der Bewegung, etwa im Bereich des Arbeits- und Tarifrechts, sondern auf die ihr angehörenden Vereinigungen in ihrer Gesamtheit bezogen. Es habe zum Ausdruck gebracht werden sollen, die Osho-Bewegung wirke insgesamt auf ihre Mitglieder mit unlauteren Methoden ein. Das Oberverwaltungsgericht hat die Würdigung der Äußerung als generelle Aussage geteilt und auch eine stark abwertende Bedeutung des Begriffs „Manipulation" nicht in Abrede gestellt (vgl. KirchE 28, 106 [125]). Von Verfassungs wegen begegnet diese Einschätzung keinen Bedenken.

Mit den Begriffen „Manipulation" und „Manipulieren" wird nicht nur entsprechend dem allgemeinen Sprachgebrauch die Vorstellung einer Beeinflussung von Menschen durch andere verbunden. Durch den Gebrauch dieser Wörter wird vielmehr auch der Gedanke des Lenkens und Steuerns von Menschen ohne oder gegen ihren Willen, ihrer Benutzung als Objekt und des Sichverschaffens von Vorteilen auf betrügerische oder scheinlegale Weise zum Ausdruck gebracht (vgl. die Stichworte „Manipulation" und „manipulieren" in: Brockhaus-Enzyklopädie, 19. Aufl., Bd. 27, 1995, S. 2191; Duden, Das große Wörterbuch der deutschen Sprache, 3. Aufl., Bd. 6, 1999, S. 2505 f.; Duden, Das große Fremdwörterbuch, 2. Aufl. 2000, S. 837). Damit ist die Grenze einer zurückhaltend-neutralen Bewertung religiös-weltanschaulicher Vorgänge und Verhaltensweisen jedenfalls dann überschritten, wenn dies - wie hier - nicht auf konkrete Tatsachen gestützt wird.

b) Die Verwendung der Attribute „destruktiv" und „pseudoreligiös" und die Erhebung des Vorwurfs der Mitgliedermanipulation beeinträchtigen danach das durch Art. 4 Abs. 1 u. 2 GG garantierte Recht der Beschwerdeführer auf eine in religiös-weltanschaulicher Hinsicht neutral und zurückhaltend erfolgende Behandlung. Die Merkmale eines Grundrechtseingriffs im herkömmlichen Sinne werden damit allerdings nicht erfüllt. Danach wird unter einem Grundrechtseingriff im Allgemeinen ein rechtsförmiger Vorgang verstanden, der unmittelbar und gezielt (final) durch ein vom Staat verfügtes, erforderlichenfalls zwangsweise durchzusetzendes Ge- oder Verbot, also imperativ, zu einer Verkürzung grundrechtlicher Freiheiten führt. Keines dieser Merkmale liegt bei den Äußerungen vor, die hier zu beurteilen sind.

Die Kennzeichnung der Osho-Bewegung und der ihr zugehörigen Gemeinschaften als „destruktiv" und „pseudoreligiös" und die Behauptung, diese Gemeinschaften manipulierten - weitgehend unter Ausschluss der Öffentlichkeit - ihre Mitglieder, erfolgten nicht rechtsförmig, sondern waren in Parlamentsantworten enthalten und außerhalb des Parlaments Gegenstand von Rede- und Diskussionsbeiträgen. Sie waren auch nicht unmittelbar an die Organisationen der Osho-Bewegung und ihre Mitglieder adressiert, sondern wollten Parlament und Öffentlichkeit über die Gruppen dieser Bewegung, ihre Ziele und Aktivitäten unterrichten. Weiter war es nicht Zweck der Äußerungen, den angesprochenen Gemeinschaften und ihren Anhängern Nachteile zuzufügen; beabsichtigt war vielmehr nur, Parlament, Öffentlichkeit und hier vor allem den interessierten und betroffenen Bürgerinnen und Bürgern die Risiken aufzuzeigen, die nach Auffassung der Bundesregierung mit der Mitgliedschaft in einer der Osho-Bewegung angehörenden Gruppierung verbunden sein konnten. Nachteilige Rückwirkungen auf die einzelne Gemeinschaft wurden allerdings in Kauf genommen. Sofern sie eintraten, beruhten sie aber nicht auf einem erforderlichenfalls zwangsweise durchsetzbaren staatlichen Ge- oder Verbot, sondern darauf, dass der Einzelne aus der ihm zugegangenen Information Konsequenzen zog und der betreffenden Gruppe fernblieb, aus ihr austrat, auf Angehörige oder andere Personen einwirkte, sich ebenso zu verhalten, oder davon absah, die Gemeinschaft (weiter) finanziell zu unterstützen.

Dies hindert jedoch nicht, Äußerungen der vorliegenden Art. an Art. 4 Abs. 1 u. 2 GG zu messen. Das Grundgesetz hat den Schutz vor Grundrechtsbeeinträchtigungen nicht an den Begriff des Eingriffs gebunden oder diesen inhaltlich vorgegeben. Die genannten Äußerungen hatten in Bezug auf die Beschwerdeführer eine mittelbar faktische Wirkung. Als Beeinträchtigungen des Grundrechts aus Art. 4 Abs. 1 u. 2 GG sind aber auch sie von Verfassungs wegen nur dann nicht zu beanstanden, wenn sie sich verfassungsrechtlich hinreichend rechtfertigen lassen.

c) Das ist nicht der Fall. Zwar hat die Bundesregierung mit den angegriffenen Äußerungen im Rahmen ihrer Informationskompetenz gehandelt (aa). Die Beschwerdeführer sind dadurch jedoch unverhältnismäßig in ihren Grundrechten aus Art. 4 Abs. 1 u. 2 GG beeinträchtigt worden (bb).

aa) Die Bundesregierung durfte Parlament und Öffentlichkeit über die Osho-Bewegung, die ihr angehörenden Gruppierungen sowie deren Ziele und Aktivitäten informieren. Dabei konnte sie sich auf ihre verfassungsunmittelbare Aufgabe der Staatsleitung stützen, ohne dass es einer zusätzlichen gesetzlichen Ermächtigung bedurft hätte.

(1) (a) Die Ermächtigung zur Erteilung derartiger Informationen ergibt sich aus der der Bundesregierung zugewiesenen Aufgabe, im Rahmen ihrer Öffentlichkeitsarbeit auch auf aktuelle streitige, die Öffentlichkeit erheblich berührende Fragen einzugehen und damit staatsleitend tätig zu werden. Diese Aufgabe, bei der es um die politische Führung, die verantwortliche Leitung des Ganzen der inneren und äußeren Politik geht und die sich die Bundesregierung mit den anderen dazu berufenen Verfassungsorganen teilt (zur Staatsleitung als Regierungsaufgabe vgl. schon BVerfGE 11, 77 [85]; 26, 338 [395 f.]), wird nicht allein mit den Mitteln der Gesetzgebung (zur Staatsleitung durch Gesetz vgl. BVerfGE 70, 324 [355]) und der richtungweisenden Einwirkung auf den Gesetzesvollzug wahrgenommen. Staatsleitung durch die Bundesregierung wird vielmehr auch im Wege des täglichen Informationshandelns im Wechselspiel insbesondere mit dem Parlament, aber auch mit der interessierten Öffentlichkeit sowie den jeweils betroffenen Bürgerinnen und Bürgern wahrgenommen.

Die staatliche Teilhabe an öffentlicher Kommunikation hat sich im Laufe der Zeit grundlegend gewandelt und verändert sich unter den gegenwärtigen Bedingungen fortlaufend weiter. Die gewachsene Rolle der Massenmedien, der Ausbau moderner Informations- und Kommunikationstechniken sowie die Entwicklung neuer Informationsdienste wirken sich auch auf die Art. der Aufgabenerfüllung durch die Regierung aus. Regierungsamtliche Öffentlichkeitsarbeit war herkömmlich insbesondere auf die Darstellung von Maßnahmen und Vorhaben der Regierung, die Darlegung und Erläuterung ihrer Vorstellungen über künftig zu bewältigende Aufgaben und die Werbung um Unterstützung bezogen (vgl. BVerfGE 20, 56 [100]; 44, 125 [147]; 63, 230 [242 f.]). Informationshandeln unter heutigen Bedingungen geht über eine solche Öffentlichkeitsarbeit vielfach hinaus (vgl. auch VerfGH.NW, VBl.NW 1992, 14 [15 f.]). So gehört es in einer Demokratie zur Aufgabe der Regierung, die Öffentlichkeit über wichtige Vorgänge auch außerhalb oder weit im Vorfeld ihrer eigenen gestaltenden politischen Tätigkeit zu unterrichten. In einer auf ein hohes Maß an Selbstverantwortung der Bürger bei der Lösung gesellschaftlicher Probleme ausgerichteten politischen Ordnung ist von der Regierungsaufgabe auch die Verbreitung von Informationen erfasst, welche die Bürger zur eigenverantwortlichen Mitwirkung an der Problembewältigung befähigen. Dementsprechend erwarten die Bürger für ihre persönliche Meinungsbildung und Orientierung von der Regierung Informationen, wenn diese andernfalls nicht verfügbar wären. Dies kann insbesondere Bereiche betreffen, in denen die Informationsversorgung der Bevölkerung auf interessengeleiteten, mit dem Risiko der Einseitigkeit verbundenen Informationen beruht und die gesellschaftlichen Kräfte nicht ausreichen, um ein hinreichendes Informationsgleichgewicht herzustellen.

Von der Staatsleitung in diesem Sinne wird nicht nur die Aufgabe erfasst, durch rechtzeitige öffentliche Information die Bewältigung von Konflikten in Staat und Gesellschaft zu erleichtern, sondern auch, auf diese Weise neuen, oft kurzfristig auftretenden Herausforderungen entgegenzutreten und auf Krisen und auf Besorgnisse der Bürger schnell und sachgerecht zu reagieren sowie diesen zu Orientierungen zu verhelfen (vgl. weiter Beschluss des Ersten Senats vom 26.6.2002 - 1 BvR 558/91 und 1428/91 - Glykol). Ein Schweigen der Regierung in solcher Lage würde von vielen Bürgern als Versagen bewertet werden. Dies kann zu Legitimationsverlusten führen.

(b) Die Unterrichtung der Öffentlichkeit über Vorgänge und Entwicklungen, die für den Bürger und das funktionierende Zusammenwirken von Staat und Gesellschaft von Wichtigkeit sind, ist von der der Regierung durch das Grundgesetz zugewiesenen Aufgabe der Staatsleitung auch dann gedeckt, wenn mit dem Informationshandeln mittelbar-faktische Grundrechtsbeeinträchtigungen verbunden sind, wie dies bei den hier in Rede stehenden Äußerungen über die Osho-Bewegung und die ihr angehörenden Gemeinschaften der Fall war. Die Zuweisung einer Aufgabe berechtigt grundsätzlich zur Informationstätigkeit im Rahmen der Wahrnehmung dieser Aufgabe, auch wenn dadurch mittelbar-faktische Beeinträchtigungen herbeigeführt werden können. Der Vorbehalt des Gesetzes verlangt hierfür keine darüber hinausgehende besondere Ermächtigung durch den Gesetzgeber, es sei denn, die Maßnahme stellt sich nach der Zielsetzung und ihren Wirkungen als Ersatz für eine staatliche Maßnahme dar, die als Grundrechtseingriff im herkömmlichen Sinne zu qualifizieren ist. Durch Wahl eines solchen funktionalen Äquivalents eines Eingriffs kann das Erfordernis einer besonderen gesetzlichen Grundlage nicht umgangen werden.

(aa) Unter der Geltung des Grundgesetzes ist der Grundrechtsschutz nicht auf Eingriffe im herkömmlichen Sinne begrenzt, sondern auf faktische und mittelbare Beeinträchtigungen ausgedehnt worden. Damit reagierte die Rechtsordnung auf geänderte Gefährdungslagen. Zugleich ist der Gesetzesvorbehalt ausgedehnt worden, und zwar nicht nur im Interesse des Schutzes subjektiver Rechte, sondern auch zur Stärkung der parlamentarischen Verantwortung und damit der demokratischen Legitimation staatlichen Handelns.

Wegen der zum Teil unterschiedlichen Gründe für die Ausweitung des Grundrechtsschutzes einerseits und des Gesetzesvorbehalts andererseits ist es nicht selbstverständlich, dass der Gesetzesvorbehalt zwangsläufig mit der Ausweitung des Schutzes auf faktisch-mittelbare Beeinträchtigungen von Grundrechten in jeder Hinsicht mitgewachsen ist. Die Anforderungen an eine gesetzliche Ermächtigung werden dadurch mitbestimmt, ob diese dazu beitragen kann, die im Rechtsstaats- und im Demokratieprinzip wurzelnden Anliegen des Gesetzesvorbehalts zu erfüllen. Dies hängt auch von den hierauf bezogenen Erkenntnis- und Handlungsmöglichkeiten des Gesetzgebers ab. Der Sachbereich muss staatlicher Normierung zugänglich sein (vgl. BVerfGE 49, 89 [126]). Ob und inwieweit das der Fall ist, lässt sich nur im Blick auf den jeweiligen Sachbereich und auf die Eigenart des betroffenen Regelungsgegenstandes beurteilen (vgl. BVerfGE 98, 218 [251]).

Die Aufgabe staatlichen Handelns kann der Gesetzgeber ohne weiteres normativ festlegen. Ebenso kann er die Voraussetzungen gezielter und unmittelbarer Eingriffe normieren. Für die faktisch-mittelbaren Wirkungen staatlichen Handelns gilt dies regelmäßig nicht. Hier liegt die Beeinträchtigung nicht in einem staatlicherseits geforderten Verhalten des Normadressaten, sondern in den Wirkungen staatlichen Handelns für einen Dritten, die insbesondere vom Verhalten anderer Personen abhängen. Die Beeinträchtigung entsteht aus einem komplexen Geschehensablauf, bei dem Folgen grundrechtserheblich werden, die indirekt mit dem eingesetzten Mittel oder dem verwirklichten Zweck zusammenhängen. Derartige faktisch-mittelbare Wirkungen entziehen sich typischerweise einer Normierung.

(bb) So liegt es jedenfalls bei einer Informationstätigkeit der Regierung, die aufgrund der Reaktionen der Bürger zu mittelbar-faktischen Grundrechtsbeeinträchtigungen führt. Die Voraussetzungen dieser Tätigkeit lassen sich gesetzlich sinnvoll nicht regeln. Ist eine Aufgabe der Regierung zum Informationshandeln gegeben, steht damit im Hinblick auf die Vielgestaltigkeit und Veränderlichkeit der in Betracht kommenden Lebenssachverhalte in aller Regel nicht im Vorhinein fest, aus welchen Anlässen es zu welchem Informationshandeln der Regierung kommen wird. Die Themen denkbarer staatlicher Informationstätigkeit betreffen praktisch alle Lebensbereiche. Dementsprechend vielfältig sind die Zwecke staatlichen Informationshandelns. Die Art. und Weise des staatlichen Vorgehens werden durch den konkreten Anlass der Äußerung bestimmt, der oft kurzfristig entsteht, sich unter Umständen schnell wieder ändert und deshalb vielfach ebenfalls nicht prognostiziert werden kann. Ungewiss sind auch und vor allem die Wirkungen und weiteren Folgen der staatlichen Informationstätigkeit für den Bürger. Ob und welche nachteiligen Konsequenzen diese Tätigkeit im Einzelfall für den Grundrechtsträger hat, hängt im Allgemeinen von einer Vielzahl unterschiedlichster Faktoren und deren Zusammenwirken ab. Häufig ist hierfür das Verhalten Dritter ausschlaggebend, das, weil es auf deren freier Entscheidung beruht, regelmäßig nicht abschätzbar ist und hinsichtlich seiner Folgen nur schwer kalkuliert werden kann. Weder die rechtsstaatliche, grundrechtsschützende und den Rechtsschutz gewährleistende noch die demokratische Funktion des Gesetzesvorbehalts fordert unter diesen Umständen eine über die Aufgabenzuweisung hinausgehende gesetzliche Ermächtigung. Gegenstand und Modalitäten staatlichen Informationshandelns sind so vielgestaltig, dass sie angesichts der eingeschränkten Erkenntnis- und Handlungsmöglichkeiten des Gesetzgebers allenfalls in allgemein gehaltenen Formeln und Generalklauseln gefasst werden könnten. Ein Gewinn an Messbarkeit und Berechenbarkeit staatlichen Handelns ist für den Bürger auf diesem Wege regelmäßig nicht zu erreichen oder nur in einer Weise, die den Erfordernissen staatlicher Informationstätigkeit nicht gerecht wird. Gleiches gilt für das Ziel, die Entscheidung grundsätzlicher, insbesondere für die Verwirklichung der Grundrechte wesentlicher Fragen (vgl. BVerfGE 47, 46 [79]; 98, 218 [251]) aus Gründen der demokratischen Legitimation wenigstens in den Grundzügen dem parlamentarischen Gesetzgeber vorzubehalten. Angesichts der zwangsläufig weiten und unbestimmten Fassung einer einfachgesetzlichen Ermächtigung zum Informationshandeln der Regierung wäre mit einer solchen Ermächtigung eine Entscheidung zur Sache in Wirklichkeit nicht verbunden.

(c) Dass der Vorbehalt des Gesetzes über die Aufgabenzuweisung hinaus keine besondere gesetzliche Ermächtigung der Bundesregierung zum Informationshandeln erfordert, bedeutet allerdings nicht, dass dieser Tätigkeit keine verfassungsrechtlichen Grenzen gesetzt wären. Auch beim Informationshandeln ist die Kompetenzordnung zu beachten. Auf der Ebene des Bundes ergibt sich die Zuständigkeit im Verhältnis zwischen Bundeskanzler, Bundesministern und der Bundesregierung als Kollegium aus Art. 65 GG. Darüber hinaus ist die föderale Kompetenzaufteilung zwischen Bund und Ländern zu wahren (vgl. BVerfGE 44, 125 [149]). Dabei hängt die Entscheidung über die Verbandskompetenz davon ab, ob die jeweils zu erfüllende Informationsaufgabe dem Bund oder den Ländern zukommt oder ob parallele Kompetenzen bestehen.

Die Aufgabe der Staatsleitung und der von ihr als integralem Bestandteil umfassten Informationsarbeit der Bundesregierung ist Ausdruck ihrer gesamtstaatlichen Verantwortung. Für die Regierungskompetenz zur Staatsleitung gibt es, anders als für die Gesetzgebungs- und Verwaltungszuständigkeiten, keine ausdrücklichen Bestimmungen im Grundgesetz. Das Grundgesetz geht aber stillschweigend von entsprechenden Kompetenzen aus, so etwa in den Normen über die Bildung und Aufgaben der Bundesregierung (Art. 62 ff. GG) oder über die Pflicht der Bundesregierung, den Bundestag und seine Ausschüsse zu unterrichten; Gleiches gilt für die Verpflichtung der Regierung und ihrer Mitglieder, dem Bundestag auf Fragen Rede und Antwort zu stehen und seinen Abgeordneten die zur Ausübung ihres Mandats erforderlichen Informationen zu verschaffen (vgl. zu Letzterem BVerfGE 13, 123 [125 f.]; 57, 1 [5]; 67, 100 [129]). Die Bundesregierung ist überall dort zur Informationsarbeit berechtigt, wo ihr eine gesamtstaatliche Verantwortung der Staatsleitung zukommt, die mit Hilfe von Informationen erfüllt werden kann. Anhaltspunkte für eine solche Verantwortung lassen sich etwa aus sonstigen Kompetenzvorschriften, beispielsweise denen über die Gesetzgebung, gewinnen, und zwar auch unabhängig von konkreten Gesetzesinitiativen. Der Bund ist zur Staatsleitung insbesondere berechtigt, wenn Vorgänge wegen ihres Auslandsbezugs oder ihrer länderübergreifenden Bedeutung überregionalen Charakter haben und eine bundesweite Informationsarbeit der Regierung die Effektivität der Problembewältigung fördert. In solchen Fällen kann die Bundesregierung den betreffenden Vorgang aufgreifen, gegenüber Parlament und Öffentlichkeit darstellen und bewerten und, soweit sie dies zur Problembewältigung für erforderlich hält, auch Empfehlungen oder Warnungen aussprechen.

Mit dieser Ermächtigung der Bundesregierung zum Informationshandeln trifft das Grundgesetz zugleich im Verhältnis zu den Ländern eine andere Regelung im Sinne des Art. 30 GG. Maßgebend für die Kompetenz der Bundesregierung im Bereich des Informationshandelns sind nicht die Art. 83 ff. GG. Die Regierungstätigkeit ist nicht Verwaltung im Verständnis dieser Normen. Zur Ausführung von Gesetzen durch administrative Maßnahmen ist die Bundesregierung im Zuge ihrer Staatsleitung nicht befugt.

Die Informationskompetenz der Bundesregierung endet nicht schon dort, wo zur Behandlung einer Thematik zusätzlich ein Handeln von Staatsorganen mit anderer Verbandskompetenz in Betracht kommt, etwa das der Landesregierungen im Zuge der Wahrnehmung ihrer eigenen staatsleitenden Aufgabe oder das der Verwaltung im Rahmen polizeilicher Gefahrenabwehr. Das Ziel der Aufklärung der Bevölkerung könnte verfehlt werden, wenn die Informationstätigkeit der Bundesregierung sich auf alles andere zur Erreichung dieses Ziels Wichtige beziehen, nicht aber einen Hinweis auf die Gefährlichkeit bestimmter Umstände enthalten dürfte. Die Vollständigkeit einer Information ist ein wichtiges Element der Glaubwürdigkeit. Die problemangemessene und gegebenenfalls Kompetenzen anderer Staatsorgane übergreifende Unterrichtung durch die Bundesregierung ist unter dem Aspekt der föderalen Kompetenzaufteilung unbedenklich, da dieses Informationshandeln weder das der Landesregierungen für ihren Verantwortungsbereich ausschließt oder behindert noch den Verwaltungsbehörden verwehrt, ihre administrativen Aufgaben zu erfüllen.

(2) Nach diesen Maßstäben sind die Äußerungen der Bundesregierung unter Kompetenzgesichtspunkten nicht zu beanstanden.

(a) Die Äußerungen waren Teil der staatsleitenden Informationsarbeit der Bundesregierung. Nach den tatsächlichen Feststellungen insbesondere des Oberverwaltungsgerichts sind die mit den Äußerungen verbundenen Werturteile über die Osho-Bewegung, ihre Ziele und Aktivitäten im Zusammenhang mit den Stellungnahmen zu sehen, die Osho-Rajneesh in seinen Schriften und sonstigen Äußerungen zu den Themen „Ehe und Familie", „menschliches Leben" und „menschliche Würde" abgegeben hatte. Anlass für die abwertende Beurteilung seiner Bewegung sei die Einschätzung gewesen, dass vor allem Jugendliche und junge Erwachsene weiter unter den Einfluss der Osho-Bewegung und ihrer Einzelorganisationen geraten und auf diese Weise Gefahren für die genannten Rechtsgüter entstehen könnten.

Das Informationshandeln der Bundesregierung war danach eine Reaktion auf Vorgänge im gesellschaftlichen Raum, welche die Öffentlichkeit, Jugendliche und junge Erwachsene wie ihre Angehörigen seinerzeit - vor allem als Betroffene - im Hinblick auf die erwähnte Gefahrenlage in erheblichem Maße bewegten. Dabei ging es der Bundesregierung nicht um Gefahrenabwehr im ordnungsrechtlichen Sinne durch Verwaltungshandeln, sondern darum, durch ihre Informationsarbeit den Beitrag in der Auseinandersetzung mit den neuen religiösen und weltanschaulichen Gruppierungen zu leisten, den der Bundestag und die Bevölkerung auch von ihr als staatsleitendem Organ erwarteten. Eigenes Informationshandeln anderer Staatsorgane, insbesondere der Landesregierungen, sollte dadurch ebenso wenig ausgeschlossen werden wie erforderlichenfalls ein Einschreiten der Verwaltungsbehörden im Wege der Gefahrenabwehr.

(b) Die Bundesregierung konnte sich für ihre Äußerungen auch auf die Verbandskompetenz des Bundes für ein Informationshandeln der Regierung stützen. Die über die Osho-Bewegung und die zu ihr gehörenden Gruppen abgegebenen Bewertungen waren überregional geprägt. Sie sind durch Vorgänge und Erscheinungen ausgelöst worden, die nicht auf den Bereich eines Bundeslandes oder einiger weniger Länder beschränkt waren und außerdem auch Bezüge zu religiösen und weltanschaulichen Gruppierungen im Ausland hatten (vgl. BT-Drs. 13/10950, S. 38, 105 ff., 118 ff.). Die Bundesregierung durfte davon ausgehen, dass bewertende Äußerungen allein im Verantwortungsbereich der Länder und ihrer Regierungen dem öffentlichen Handlungsbedarf nicht gerecht geworden wären.

bb) Die Bezeichnung der Osho-Bewegung und ihrer einzelnen Gruppen als „destruktiv" und „pseudoreligiös" und der gegen diese gerichtete Vorwurf, ihre Mitglieder würden weitgehend unter Ausschluss der Öffentlichkeit manipuliert, halten als das Neutralitätsgebot verletzende Äußerungen der verfassungsgerichtlichen Prüfung gleichwohl nicht stand. Sie sind nach den Maßstäben des Verhältnismäßigkeitsgrundsatzes nicht gerechtfertigt.

Geht es wie hier um die Bewertung von Vorgängen, die religiöse oder weltanschauliche Gruppen, ihre Ziele und ihre Verhaltensweisen betreffen, müssen Äußerungen, die den Schutzbereich des Art. 4 Abs. 1 u. 2 GG beeinträchtigen, danach insbesondere dem Anlass, der sie ausgelöst hat, angemessen sein; in diesem Zusammenhang ist von Bedeutung, welche belastenden Folgen die mittelbar-faktisch betroffenen Grundrechtsträger nachvollziehbar zum Abwägungsgegenstand machen können. Die Bezeichnung der Osho-Bewegung und ihrer Gruppierungen als „destruktiv" und „pseudoreligiös" und der Vorwurf, diese manipulierten - weitgehend unter Ausschluss der Öffentlichkeit - ihre Mitglieder, waren unangemessen.

Zwar konnte die Bundesregierung nach den tatsächlichen Feststellungen vor allem des Oberverwaltungsgerichts von der Einschätzung ausgehen, dass insbesondere Jugendliche und junge Erwachsene weiterhin unter den Einfluss der Osho-Bewegung und ihrer Einzelorganisationen geraten und dadurch für sie, aber auch für ihre Familien und für die Gesellschaft insgesamt Folgen entstehen könnten, die zum damaligen Zeitpunkt weite Kreise der Bevölkerung erheblich beunruhigten. In dieser Lage durch aufklärendes Informationshandeln zur Orientierung der Bürger beizutragen, war legitim.

Es war jedoch nicht gerechtfertigt, die Osho-Bewegung und die ihr angehörenden Gruppen mit den Attributen „destruktiv" und „pseudoreligiös" zu versehen und ihnen vorzuwerfen, sie manipulierten ihre Mitglieder. Diese Attribute und dieser Vorwurf sind für die Beschwerdeführer diffamierend. Es ist auch nachvollziehbar, wenn diese geltend machen, infolge dieser Äußerungen hätten sie schwerwiegende Nachteile zu befürchten, etwa den Verlust vorhandener und das Ausbleiben neuer Mitglieder oder das Unterbleiben finanzieller Unterstützungsleistungen. Hinreichend gewichtige, durch konkrete Tatsachen gestützte Gründe, welche die Äußerungen der Bundesregierung angesichts des Zurückhaltungsgebots trotzdem rechtfertigen könnten, sind von dieser weder vorgetragen worden noch sonst ersichtlich. Sie lassen sich insbesondere nicht der Situation entnehmen, in der die Bewertungen durch die Bundesregierung vorgenommen wurden. Sowohl in der Rede des Bundesministers für Jugend, Familie und Gesundheit als auch in den Antworten, welche die Bundesregierung auf die ihr gestellten Anfragen gegenüber dem Bundestag gab, hätten deshalb Ausdrücke und Bezeichnungen, wie sie hier in Rede stehen, vermieden werden müssen. In Anbetracht der Bedeutung des Grundrechts der Weltanschauungsfreiheit und der Neutralitätspflicht des Staates war es überzogen und unangemessen, die genannten Äußerungen über die Osho-Bewegung und Organisationen zu treffen, die sich - wie die Beschwerdeführer - zu dieser Bewegung bekennen.

4. Von den angegriffenen Gerichtsentscheidungen ist demnach das Berufungsurteil des Oberverwaltungsgerichts mit Art. 4 Abs. 1 u. 2 GG unvereinbar, soweit es mit der Klage auch das Begehren der Beschwerdeführer abgewiesen hat, es der beklagten Bundesrepublik Deutschland zu untersagen, in amtlichen Verlautbarungen jeder Art. die Osho-Bewegung und die ihr zugehörigen Gruppen mit den Attributen „destruktiv" und „pseudoreligiös" zu belegen und weiter öffentlich zu behaupten, die Mitglieder solcher Gruppen würden weitgehend unter Ausschluss der Öffentlichkeit manipuliert.

Verfassungsrechtlich nicht zu beanstanden ist dagegen das verwaltungsgerichtliche Urteil. Da die Beschwerdeführer gegen die Abweisung der Klage, soweit diese die weitere Verwendung der Bezeichnungen „destruktiver Kult" und „Psychokult" durch die Bundesregierung betraf, Berufung nicht eingelegt hatten, unterliegt dieses Urteil der Überprüfung durch das Bundesverfassungsgericht nur insoweit, als es außerdem das Verlangen der Beschwerdeführer für unbegründet erachtet hat, der Bundesregierung den Gebrauch des Begriffs „Sekte" zu untersagen. Durch die Verwendung dieses Begriffs wird jedoch, wie ausgeführt, schon der Schutzbereich des Art. 4 Abs. 1 u. 2 GG nicht berührt. Von daher sind auch gegen die Abweisung der Klage insoweit im Blick auf dieses Grundrecht verfassungsrechtliche Bedenken nicht zu erheben.

Schließlich beruht der angegriffene Beschluss des Bundesverwaltungsgerichts nicht auf Erwägungen, die verfassungsrechtlich zu kritisieren wären. Das Bundesverwaltungsgericht hat sich einer eigenen Bewertung der Bezeichnungen und Begriffe enthalten, die im Ausgangsverfahren in der Berufungsinstanz noch im Streit waren. Soweit die von ihm gefundenen Maßstäbe für die Beurteilung von Äußerungen der Bundesregierung auf dem Gebiet des Informationshandelns von den vorstehend dargestellten Grundsätzen abweichen, ist nicht ersichtlich, dass die Berücksichtigung dieser Grundsätze zu einer anderen Entscheidung des Bundesverwaltungsgerichts geführt hätte. Es besteht deshalb kein Anlass, neben dem Berufungsurteil des Oberverwaltungsgerichts auch den Beschluss des Bundesverwaltungsgerichts über die Nichtzulassung der Revision verfassungsrechtlich zu beanstanden.

II.
Weitere Verfassungsrechte der Beschwerdeführer sind nicht verletzt. Insbesondere haben das Oberverwaltungsgericht und das Bundesverwaltungsgericht, deren Entscheidungen insoweit allein angegriffen sind, im Zusammenhang mit den Äußerungen der Bundesregierung, die nach den Ausführungen unter B I im Lichte des Art. 4 Abs. 1 u. 2 GG nicht zu beanstanden sind, nicht gegen ihre Verpflichtung verstoßen, den Beschwerdeführern rechtliches Gehör zu gewähren.

Gemäß Art. 103 Abs. 1 GG sind die Gerichte gehalten, die Ausführungen der Prozessbeteiligten zur Kenntnis zu nehmen und in Erwägung zu ziehen. Dazu gehört auch die Pflicht der Verwaltungsgerichte, Beweisanträge, die sie für erforderlich und geeignet halten, nicht zu übergehen. Zwar gewährt Art. 103 Abs. 1 GG keinen Schutz dagegen, dass das Vorbringen der Beteiligten aus Gründen des formellen oder materiellen Rechts ganz oder teilweise unberücksichtigt bleibt. Die Nichtberücksichtigung eines als sachdienlich und erheblich angesehenen Beweisangebots verstößt aber dann gegen Art. 103 Abs. 1 GG, wenn sie im Prozessrecht keine Stütze mehr findet (vgl. BVerfGE 69, 141 [143 f.]; 79, 51 [62]).

Gemessen daran kann nicht festgestellt werden, dass die angegriffenen Entscheidungen des Ober- und des Bundesverwaltungsgerichts auf einer Verletzung des Anspruchs der Beschwerdeführer auf rechtliches Gehör beruhen.

Nach der verfassungsrechtlich nicht zu beanstandenden Auffassung des Bundesverwaltungsgerichts kam es für die Entscheidung des Berufungsgerichts auf den Inhalt der Akten, in die die Beschwerdeführer Einsicht nehmen wollten, nicht an. Auch die Tatsachen, für die die Beschwerdeführer den Richtern die erforderliche Sachkunde bestreiten, waren danach für die Entscheidung des Rechtsstreits ohne Bedeutung. Hinsichtlich der Verwendung des abwertenden Attributs „destruktiv" hat die Verfassungsbeschwerde schon wegen Verstoßes gegen Art. 4 Abs. 1 u. 2 GG Erfolg.

III. Das Berufungsurteil des Oberverwaltungsgerichts ist gemäß § 95 Abs. 2 BVerfGG wegen dieses Verstoßes unter Zurückverweisung der Sache an das Berufungsgericht aufzuheben, soweit es dem Antrag der Beschwerdeführer nicht entsprochen hat, es der Bundesrepublik Deutschland zu untersagen, in amtlichen Verlautbarungen jeder Art. die Osho-Bewegung und die ihr angehörenden Gemeinschaften mit den Attributen „destruktiv" und „pseudoreligiös" zu belegen und weiter öffentlich zu behaupten, die Mitglieder solcher Organisationen würden weitgehend unter Ausschluss der Öffentlichkeit manipuliert. Der Beschluss des Bundesverwaltungsgerichts über die Nichtzulassung der Revision wird in diesem Umfang gegenstandslos.

54

Solange ein Mitglied einer Kirche in Kenntnis seiner Kirchensteuerpflicht und der Möglichkeit ihrer Beendigung durch einseitige Erklärung an seiner Mitgliedschaft festhält, entspricht es dem Gebot der Gleichbehandlung und ist es deshalb auch nicht sachlich unbillig, es wie die anderen Mitglieder mit entsprechenden Einkünften zur Steuerzahlung heranzuziehen.

§§ 8 NW.KiStG, § 163, 227 AO 1977
BFH, Beschluss vom 26. Juni 2002 - I B 10/01[1] -

Die Klägerin und Beschwerdeführerin war Mitglied der ev.-reformierten Kirche. Die für sie ausgestellten Lohnsteuerkarten für die Jahre 1995 bis 1998 (Streitjahre) enthielten ebenso wie die für die Jahre 1990 bis 1994 eine entsprechende Eintragung. Dennoch behielt der Arbeitgeber vom Arbeitslohn der Klägerin keine Kirchenlohnsteuer ein. Die Klägerin wurde zunächst auch nicht zur ev. Kirchensteuer veranlagt. Diese Fehler stellten die Finanzbehörden erst bei einer Lohnsteueraußenprüfung im März 1998 fest. Um auch künftig einen Abzug von Kirchenlohnsteuer zu vermeiden, trat die Klägerin im April 1998 aus der ev. Kirche aus.

Da hinsichtlich der Kirchensteueransprüche für die Streitjahre noch keine Festsetzungsverjährung eingetreten war, veranlagte das zuständige Finanzamt die Klägerin im Frühjahr 1999 für die Zeit vom 1.1.1995 bis 30.4.1998 zur ev. Kirchensteuer. Die Kirchensteuerbescheide wurden bestandskräftig. Den Antrag der Klägerin, die Steuer wegen sachlicher Unbilligkeit zu erlassen, lehnte der Beklagte und Beschwerdegegner ab. Einspruch und Klage waren erfolglos.

Mit ihrer Beschwerde erstrebt die Klägerin die Zulassung der Revision. Der Beschwerdebegründung lässt sich entnehmen, dass sie in dem von ihr angestrebten Revisionsverfahren folgende Rechtsfrage geklärt haben möchte:

Ist die erstmalige Festsetzung und Erhebung von Kirchensteuer für mehrere zurückliegende Veranlagungszeiträume sachlich unbillig iSd §§ 163, 227 AO 1977 iVm § 8 NW.KiStG, wenn der Kirchensteuerpflichtige bei einer zeitnahen Festsetzung und Erhebung der Steuer bereits im ersten Veranlagungszeitraum mit an Sicherheit grenzender Wahrscheinlichkeit aus der Kirche ausgetreten wäre, um die Steuerpflicht zu beenden?

Die Beschwerde blieb ohne Erfolg.

Aus den Gründen:

II. Die Beschwerde war als unbegründet zurückzuweisen. Die Rechtssache hat keine grundsätzliche Bedeutung.
1. Es ist bereits zweifelhaft, ob sich die von der Klägerin aufgezeigte Rechtsfrage noch in einer Vielzahl vergleichbarer Fälle stellen wird und deshalb ein allgemeines Interesse an ihrer Klärung besteht. Das Mitglied einer Kirche, das - wie die Klägerin - seine Kirchensteuerpflicht

---
[1] BFH/NV 2002, 1496.

und die einfache Möglichkeit ihrer kurzfristigen Beendigung kennt und das auch unbedingt bereit ist, zur Vermeidung von Kirchensteuerzahlungen aus der Kirche auszutreten, wird in der Regel seinen Austritt schon erklären, sobald es mit dem Entstehen einer Kirchsteuerschuld rechnen muss. Es wird mit dem Austritt aus der Kirche nicht - wie die Klägerin - warten, bis die für die Erhebung und Festsetzung der Steuer zuständigen Behörden Kenntnis vom Entstehen der Steuerschuld haben.

2. Doch selbst wenn unterstellt wird, Fälle wie der Streitfall seien keine seltenen Einzelfälle, hat der Rechtsstreit keine grundsätzliche Bedeutung. Denn die Rechtsfrage ist nicht klärungsbedürftig. Es ist offensichtlich, dass die Festsetzung und Erhebung der Kirchensteuer in Fällen wie dem Streitfall keine sachliche Unbilligkeit ist. Solange ein Mitglied einer Kirche in Kenntnis seiner Kirchensteuerpflicht und der Möglichkeit ihrer Beendigung durch einseitige Erklärung an seiner Mitgliedschaft festhält, entspricht es dem Gebot der Gleichbehandlung und ist es deshalb auch nicht sachlich unbillig, es wie die anderen Mitglieder mit entsprechenden Einkünften zur Steuerzahlung heranzuziehen.

Sachregister

Die Seitenzahlen verweisen jeweils auf die erste Seite der Entscheidung.

Algerien, sog. Imam-Ehe 21
Anknüpfungstatbestand, Kultussteuerpflicht 93
Anrechnung, Vordienstzeiten im Kirchendienst 46
Anthroposophie als Weltanschauung 282
Arbeitsvermittlung, priv., Zuverlässigkeit, Scientology 329
Arbeitszimmer, häusl., steuerl. Abzugsfähigkeit 42
Aufklärungspflicht, Bürgschaft eines Mönchs 139
Äußerung, kritische, über Religionsgemeinschaft 109
Angelegenheiten, eigene, d. Kirchen u. Religionsgemeinschaften s. Autonomie
Angestellte, kirchl. s. Arbeitsrecht
Arbeitslosengeld/Arbeitslosenhilfe, Bemessung, Kirchensteuer 211
Arbeitsrecht, kirchl. Arbeitsverhältnisse
– Abmahnung 101
– AVR, Betriebsübergang 121, 203
– AVR, Rechtsnatur 46, 121
– AVR, Tarifvertrag 46, 121, 203
– Betriebsübergang 121, 203
– Betriebsverfassungsgesetz, Anwendung auf Weltanschauungsgemeinschaften 282
– Dritter Weg, Betriebsübergang 203
– KODA-Mitglied, Kündigung 101
– Kündigung, Beteiligung d. Mitarbeitervertretung 247
– Kündigung, kirchenaufsichtliche Genehmigung 247
– Kündigung, Loyalitätsverstoß 101, 164

– Kündigung, Mitglied der Mitarbeitervertretung 101
– Meinungsäußerung eines Mitarbeitervertreters in Fachzeitschrift 101
– Mitarbeitervertretung, Stellungnahme bei Kündigung 247
– Nebentätigkeit, Genehmigung, Krankenpfleger als Bestatter 146
– Treuepflicht kirchl. Arbeitnehmer 101, 164
– Vergütung 46, 121
– Weltanschauungsgemeinschaften 282
– Werbung für andere Religionsgemeinschaft 164
– Arzt 282
– Kindergärtnerin 164, 247
– Krankenpfleger 146, 203
– Raumpflegerin 121
– Sozialarbeiter 46
– s. auch Dienstrecht
Arbeitsrecht, nichtkirchl. Arbeitsverhältnisse
– Arbeitslosenhilfe, Bemessung, Kirchensteuer 211
– Gebetspausen für muslim. Arbeitnehmer 25, 129
– Weltanschauungsgemeinschaft 282
Arbeitsvertragsrichtlinien, kirchl., Betriebsübergang 121, 203
Arzt, Vornahme einer Bluttransfusion bei einem Zeugen Jehovas 51
Asylrecht
– Kirchenasyl 237
– wegen Pflicht zur Beachtung islamischer Bekleidungsvorschriften 279
Aufsicht, kirchenbehördl.
– Genehmigung, Kündigung 247

- Grundstücksgeschäfte des Bischöfl. Stuhls 264
Ausländerrecht
- Abschiebung, sog. Kirchenasyl 237
- Einreise d. Oberhaupts einer Religionsgemeinschaft 299
- Imam-Ehe kein Abschiebungshindernis 21
- s. auch Asylrecht

Ausschluss aus pol. Partei wegen Scientology-Mitgliedschaft 220

Autonomie d. Kirchen u. Religionsgemeinschaften
- Amts- u. Dienstrecht 252
- Arbeitsrecht 121, 164, 203, 282
- Äußerungen, öffentl., über anderen Religionsgemeinschaften 109
- Binnenstruktur 140
- Glockenläuten 155
- Justizgewährungspflicht des Staates 140, 252
- Kirchensteuer, Kirchgeld 39
- Kostenfestsetzungsbeschluss, kirchengerichtl., Vollstreckung 225
- Ordnung, öffentl. 237
- Warnung vor Religionsgemeinschaft 109

Baden-Württemberg, Kirchensteuerrecht 39

Baurecht, öffentl.
- Bebauungsplan, Bürgerbegehren gegen B. 214
- Genehmigungsgebühr, Befreiung 304
- Moschee 214

Bayern, Kirchensteuerrecht 127

Beamter s. Dienstrecht, öffentl.

Beihilfe zur Selbsttötung (assisted suicide) 265

Beiträge an Kirchen u. Religionsgemeinschaften s. Kirchensteuer, Kirchgeld

Bekenntnisfreiheit s. Religionsfreiheit

Berufsfreiheit, verf.-rechtl. Schutz

- Ausnahmegenehmigung für Schächten 1
- Loyalitätspflicht im kirchl. Dienst 164
- Nebentätigkeit, Krankenpfleger als Bestatter 146

Besetzung einer Kirche 237

Besoldung und Versorgung, kirchl. s. Dienstrecht, kirchl.

Bestattungsrecht s. Friedhofs- u. Bestattungsrecht

Besteuerungsrecht d. Kirchen s. Kirchensteuer, Kirchgeld

Betreuer, Stundensatz 171

Betriebsausgaben, Aufwendungen für Kursgebühren und Seminarunterlagen von Scientology 273

Betriebsübergang, BAT-KF/AVR, Fortgeltung 121, 203

Betriebsverfassungsrecht, Anwendung auf Weltanschauungsgemeinschaft 282

Billigkeit
- Behandlung von Kirchenbeiträgen, Kirchensteuer 307, 359
- Billigkeitskontrolle, Arbeitsverhältnisse bei Betriebsübergang 121

Bistum s. Diözese

Bluttransfusion, Ablehnung durch Zeugen Jehovas 51

Bürgerbegehren, kommunalrechtl. 214

Bürgschaft eines Mönchs 139

Caritas u. Diakonie
- AVR, kein Tarifvertrag 46, 121
- Betriebsübergang 121, 203

Darlehen, Bürgschaft eines Mönchs 139

Demokratieprinzip, verf.-rechtl., Kirchensteuererhebung 127

Dienstrecht, kirchl.
- Besoldung 252

Sachregister

- Dienstverhältnis eines Geistlichen, Rechtsweg 252
- Pfarrer, Versetzung in den Wartestand 252
- Rechtsweg 252
- Vordienstzeiten im Kirchendienst 46

Dienstrecht, öffentl.
- Eignung, beamtenrechtl., Lehrer 173
- Lehrerin, muslim., Kopftuch 173
- Lehrer, Dienst- und Treueverhältnis 173
- Vordienstzeiten im Kirchendienst 46

Diözese, röm.-kath., Grundstücksgeschäfte des Bischöfl. Stuhls 264

Diskriminierungsverbot
- Ausnahmegenehmigung für Schächten 1
- Kopftuchverbot f. Lehrerin muslim. Glaubens 173
- Selbsttötung u. Beihilfe 265
- s. auch Religionsfreiheit

Ehe
- glaubensverschiedene, Erhebung von Kirchgeld 39
- konfessionsverschiedene, Kirchensteuer 127
- Imam-Ehe in Deutschland 21

Ehe und Familie, verf.-rechtl. Schutz
- Imam-Ehe in Deutschland 21
- Kindeswohl, Sozialverhalten von Zeugen Jehovas 196

Eherecht, internationales u. ausländisches
- Algerien 21
- Frankreich 21

Eigene Angelegenheiten d. Kirchen u. Religionsgemeinschaften s. Autonomie, Schrankenformel

Eigentum, verf.-rechtl. Schutz
- Arbeitslosengeld/-hilfe, Bemessung, Kirchensteuer 211
- Betrieb, Gebetspausen für muslim. Arbeitnehmer 25, 129

Einkommensteuer
- Betriebsausgaben, Aufwendungen für Kursgebühren und Seminarunterlagen von Scientology 273
- Vermittlungsprovisionen von Scientology 273
- Werbungskosten, häusl. Arbeitszimmer 42

Eltern
- Streit über Termin der Taufe 296
- Personensorge, Zeugen Jehovas 153, 196

Elternrecht
- Kindererziehung 153, 167, 196
- Schulwesen, muslimische Lehrerin mit Kopftuch 173
- Schulwesen, Befreiung von Teilnahme an einer Klassenfahrt 15, 20
- Schulwesen, Befreiung von der Schulbesuchspflicht 310

Erlass v. Kirchensteuer 359

Ermessen, Anrechnung von Vordienstzeiten im Kirchendienst 46

Erziehungsziele, verf.-rechtl., Nordrhein-Westfalen, Befreiung von Teilnahme an einer Klassenfahrt 15, 20

Europarecht
- Betriebsübergangsrichtlinie 121, 203
- Kirchenasyl, Zwangsräumung 237
- Kirchensteuer 127
- Selbsttötung u. Beihilfe 265
- Versammlungsfreiheit 237

Förderung, staatl., Wohnungsbau für Krankenpflegekräfte 229

Folter, Verbot der F. Art. 3 EMRK), Beihilfe zur Selbsttötung (assisted suicide) 265

Franziskaner, Namens-/Markenschutz 326

Friedhofs- und Bestattungsrecht, Krankenpfleger als Bestatter 146

Gebet, Gebetspausen für muslim. Arbeitnehmer 25, 129
Gebührenfreiheit/Gebührenermäßigung, öff.-rechtl., f. Kirchen, Religionsgemeinschaften u. deren Einrichtungen, Baugenehmigung 304
Geistlicher
- Ansprüche, verm.-.rechtl., aus Dienstverhältnis 252
- s. auch Dienstrecht, kirchl., Pfarrer

Gemeingebrauch, Straßenwerbung von Scientology in Fußgängerzone 66
Genehmigung, kirchenaufsichtliche, f. Kündigung 247
Gesetz, für alle geltendes (Art. 140 GG, 137 Abs. 3 WRV) s. Schrankenformel
Gewalt, öffentl. (Art. 19 Abs. 4 GG) Begriff, Abgrenzung zur kirchl. Eigenrechtsmacht 252
Gewerbliche Tätigkeit, Warnung vor g. T. einer Religionsgemeinschaft 109
Gewissensfreiheit, verf.-rechtl. Schutz, Beihilfe zur Selbsttötung (assisted suicide) 265
Glaubens- u. Bekenntnisfreiheit, verf.-rechtl. Schutz s. Religionsfreiheit
Glockenläuten, Einschränkung 155
Gleichheitssatz/Willkürverbot
- Arbeitslosengeld/-hilfe, Berücksichtigung von Kirchensteuer 211
- Ausnahmegenehmigung für Schächten 1
- Kirchensteuer/Kirchgeld, Erhebung, Erlass, Ermäßigung 39
- Schulwesen, Schulbesuchspflicht 310

Gottesdienst, Störung 237
Grundbuchverfahren, Nachweis kirchenaufsichtlicher Genehmigung 264
Grundrechte
- Kollision 173
- ohne Gesetzesvorbehalt, Einschränkung 173
- Grundrechtsfähigkeit jur. Personen 336
- Grundrechtsschutz, Ehe 21
- Verzicht 25

Halbteilungsgrundsatz, Kirchensteuer, Kirchgeld 39
Hebesatz, Kirchensteuer 127

Imam s. Islam
Immissionsschutz, Einschränkung von liturgischem Glockenläuten 155
Information, staatl., über sog. Jugendsekten 336
Intimsphäre, verf.-rechtl. Schutz, Beihilfe zur Selbsttötung (assisted suicide) 265
Islam
- Bekleidungsvorschriften (Kopftuch) 173, 279
- Gebetspausen für muslim. Arbeitnehmer 25, 129
- Imam-Ehe in Deutschland 21
- Kindererziehung, relig. 167
- Moschee, Baugenehmigung 214
- Schächten warmblütiger Tiere, Ausnahmegenehmigung 1
- Schulwesen, Befreiung von Teilnahme an einer Klassenfahrt 15, 20

Israelitische Kultusgemeinde s. Jüdische Kultusgemeinde

Jüdische Kultusgemeinde
- Kultussteuerpflicht, Anknüpfungstatbestand 93
- Streit über Staatsleistungen, Rechtsweg 140

Jugendsekten u. Psychogruppen, behördl. Warnung 336
Juristische Person, Grundrechtsfähigkeit 336
Justizgewährungspflicht d. Staates 140, 225, 220, 252

Sachregister

Karitative Einrichtungen u. Tätigkeiten s. Caritas
Kindererziehung, relig., Personensorge 153, 167, 196
Kirchen, Religions- u. Weltanschauungsgemeinschaften u. deren Einrichtungen als Körperschaften d. öffentl. Rechts
– Grundrechtsschutz 109, 252
– Hoheitsgewalt, Ausübung 252
– Religionsgemeinschaft, Begriff 1, 140, 282
Kirchen u. Staat, rechtl. Grundverhältnis 173, 252
Kirchenasyl, sog. 237
Kirchenaustritt, Kirchensteuer 359
Kirchenbeitrag als Sonderausgabe 307
Kirchengebäude, Zwangsräumung 237
Kirchengemeinde, Glockenläuten, Einschränkung 155
Kirchengut, Grundstücksgeschäfte des Bischöfl. Stuhls, kirchenaufsichtl. Genehmigung 264
Kirchensteuer
– Anforderungen, verf.-rechtl. 127
– Arbeitslosengeld/-hilfe, Bemessung, Kirchensteuer 211
– Billigkeitsentscheidung 307, 359
– Ehe, konfessionsverschiedene 127
– Erlass 359
– Hebesatz 127
– Kirchenaustritt 359
– Kirchenbeitrag als Sonderausgabe 307
– Kirchgeld 39
– Kultussteuerpflicht, Anknüpfungstatbestand 93
– Baden-Württemberg 39
– Bayern 127
Kirchenvermögen s. Kirchengut
Kirchgeld 39

Kirchturm, Einschränkung von liturgischem Glockenläuten 155
Kleidungsvorschriften, relig., Kopftuch 173, 279
Kloster s. Orden u. Genossenschaften, geistl.
KODA (Kommission zur Ordnung des Arbeitsvertragsrechts), Kündigung, außerordentliche, eines KODA-Mitglieds 101
Körperschaft d. öffentl. Rechts (Kirchen, Religions- u. Weltanschauungsgemeinschaften und deren Einrichtungen als K.) 1, 140, 252
Kommunionfeier, Kosten als unterhaltsrechtlicher Sonderbedarf 228
Konkordanz, prakt., Auslegungsprinzip 173
Kopftuch von Frauen muslim. Glaubens 173, 279
Korporation s. Körperschaft
Kostenbefreiung s. Gebührenfreiheit
Kostenfestsetzungsbeschluss, kirchengerichtl., Vollstreckbarkeit 225
Krankenhaus
– Fördermittel im Wohnungsbau für Krankenpflegekräfte 229
– Tendenzbetrieb 282
Kündigung s. Arbeitsrecht
Kultussteuerpflicht, Anknüpfungstatbestand 93
Kunst, Gestaltung von Kirchenfenstern u. sakralen Gegenständen, Umsatzsteuer 189

Lärmschutz, Einschränkung von liturgischem Glockenläuten 155
Leben, verf.-rechtl. Schutz, Ablehnung einer Bluttransfusion durch Zeugen Jehovas 51
Lebensschutz, Schwangerschaftskonfliktberatungsstelle 33
Lebensführungsaufwand als Besteuerungsgrundlage für Kirchgeld 39

Lehrer s. Schulrecht
Loyalitätspflicht kirchl. Arbeitnehmer s. Treuepflicht
Leben u. körperliche Unversehrheit, verf.-rechtl. Schutz, Beihilfe zur Selbsttötung (assisted suicide) 265
Lohnsteuerkarte, negativer Konfessionseintrag 88

Marke, Wortbestandteil „Franziskaner ...", Priorität (§ 13 Abs. 1 MarkenG) 326
Medizinrecht, Vornahme einer Bluttransfusion bei einem Zeugen Jehovas 51
Meinungsfreiheit, verf.-rechtl. Schutz
– Äußerungen in Fachzeitschrift 101
– Loyalitätspflicht im kirchl. Dienst 101
– Parteiausschluss wg. Scientology-Mitgliedschaft 220
– Scientology, Straßenwerbung in Fußgängerzone 66
– Warnung vor Religionsgemeinschaft 109
Menschenwürde, verf.-rechtl. Schutz, religionsrechtl. Bekleidungsvorschriften 279
Menschenrechtskonvention, Europ., Schutz von Ehe und Familie 21
Mitarbeiter, kirchl. s. Arbeitsrecht, Dienstrecht, kirchl.
Mitgliedschaft, kirchl.
– Anknüpfungstatbestand 93
– Kultussteuerpflicht 93
Moschee/Bethaus im Bebauungsplan 214
Mun-Sekte (Vereinigungskirche), Einreiseverweigerung f. Oberhaupt 299

Namensschutz, Wortbestandteil „Franziskaner..." 326
Neutralitätgebot, staatl.
– Information über sog. Psychogruppen u. Jugendsekten 336

– Lehrerin, muslim., mit Kopftuch 173
– Streit über Staatsleistungen an jüd. Kultusgemeinde 140
Niedersachsen, muslim. Lehrerin mit Kopftuch 173

Öffentlicher Dienst s. Dienstrecht, öffentl.
Orden u. Genossenschaften, geistl., Inanspruchnahme von Fördermitteln des Wohnungsbaues für Krankenpflegekräfte 229
Ordnung, öffentl., Zwangsräumung einer Kirche 237
Ordre public, dt., Imam-Ehe in Deutschland 21
Osho-Bewegung, staatl. Warnungen 336

Partei, pol., Ausschluss wegen Scientology-Mitgliedschaft 220
Pastor s. Pfarrer
Persönlichkeitsrecht, allgem., verf.-rechtl. Schutz
– Ablehnung einer Bluttransfusion durch Zeugen Jehovas 51
– Warnung vor Religionsgemeinschaft 109
Personensorgerecht
– Neuregelung wegen Beitritts zu den Zeugen Jehovas 196
– Streit über Termin der Taufe 296
– Umgangsrecht f. Zeugen Jehovas 153
Pfarre s. Kirchengemeinde
Pfarrer
– ev., Versetzung in den Ruhestand/ Wartestand 252
– s. auch Geistlicher
Planungsrecht, öffentl., Moschee 214
Prozessrecht
– Antragsbefugnis im Klageerzwingungsverfahren 48

Sachregister

– Einstweilige Verfügung, Gebetspausen für muslim. Arbeitnehmer 25, 129
– faires Verfahren 329
– Feststellungsklage, Einreiseverweigerung f. relig. Oberhaupt 299
– Gehör, rechtl. 329, 336
– Justizgewährungspflicht d. Staates 140, 225, 220
– Klageerzwingungsverfahren 48
– Kostenfestsetzungsbeschluss, kirchengerichtl., Vollstreckbarkeit 225
– Leistungsklage, Nebentätigkeitsgenehmigung 146
– Übermaßverbot 329
– Untersuchungsgrundsatz 329
– Vollstreckung, kirchengerichtl. Kostenfestsetzungsbeschluss 225
– Vormundschaftsgericht, Zuständigkeit im Streit über rel. Kindererziehung 167
– Waffengleichheit 329
– s. auch Rechtsweg

Psychogruppen, Jugendsekten etc., staatl. Warnung 336

Rechtspersönlichkeit s. Kirchen, Religions- u. Weltanschauungsgemeinschaften u. deren Einrichtungen als Körperschaften d. öffentl. Rechts

Rechtsschutzgarantie, verf.-rechtl. (u.a. Art. 19 Abs. 4 GG) s. Justizgewährungspflicht

Rechtsweg
– Ansprüche, vermögensrechtl., eines Geistlichen 252
– Besoldung, kirchl. Dienst 252
– Staatsleistungen an jüd. Kultusgemeinde 140
– Versetzung in den Ruhestand/Wartestand, ev. Pfarrer 252
– Warnung, behördl. vor Jugendsekten u. Psychogruppen 336

Religionsfreiheit, verf.-rechtl. Schutz
– Arbeitslosengeld/-hilfe, Bemessung/ Kirchensteuer 211
– Äußerungen, kritische, eines kirchlichen Sektenbeauftragten 109
– Bekleidungsvorschriften, islam. 173, 279
– Bluttransfusion bei einem Zeugen Jehovas 51
– Bürgerbegehren gegen Moschee 214
– Dienst, öffentl., muslim. Lehrerin mit Kopftuch 173
– Einreiseerlaubnis für relig. Oberhaupt 299
– Gebetspausen für muslim. Arbeitnehmer 25, 129
– Kirchensteuer 127
– Lohnsteuerkarte, negativer Konfessionseintrag 88
– Kopftuchverbot f. Lehrerin muslim. Glaubens 173
– Kultussteuerpflicht, Anknüpfungstatbestand 93
– Parteiausschluss wg. Scientology-Mitgliedschaft 220
– Schächten warmblütiger Tiere, Ausnahmegenehmigung 1
– Schranken durch Art. 140 GG, 137 Abs. 3 WRV 109
– Schulbesuchspflicht 310
– Schulwesen, Befreiung von Teilnahme an einer Klassenfahrt 15, 20
– Selbsttötung u. Beihilfe 265
– Straßenwerbung in Fußgängerzone 66

Religionsgemeinschaft, Religionsgesellschaft
– Antragsbefugnis im Klageerzwingungsverfahren gem. § 72 StPO 48
– Begriff 1, 282

Scientology (Church, Kirche, Organisation) 66, 220, 273, 329

Sekte
- behördl. Warnung 336
- Sektenbeauftragte, kirchl. 109, 329

Selbstbestimmungsrecht d. Kirchen u. Religionsgemeinschaften s. Autonomie

Shree Rajneesh-, Bhagwan- oder Osho-Bewegung, staatl. Warnung 336

Sittenwidrigkeit (§ 138 BGB), Bürgschaft eines Mönchs 139

Sonderausgabe, steuerl., Kirchenbeitrag 307

Sorgerecht s. Personensorgerecht

Schächten, Ausnahmegenehmigung 1
Schengener Durchführungsübereinkommen, Einreiseverweigerung 299
Schiedsvertrag u. staatl. Justizgewährungspflicht 140
Schrankenformel (Art. 140 GG, 137 Abs. 3 WRV) 252
Schulwesen, öffentl.
- Befreiung von Teilnahme an einer Klassenfahrt 15, 20
- Bildungs- u. Erziehungsauftrag, staatl. 15
- Heimunterricht 310
- Lehrerin, muslim., mit Kopftuch 173
- Schulbesuchspflicht 310

Schwangerschaftskonfliktsberatungsstelle, kirchl., Widerruf der Anerkennung 33

Schweiz, Kopftuchverbot für Lehrerin muslim. Glaubens 173

Staats- u. Kommunalleistungen an Religions- u. Weltanschauungsgemeinschaften, an jüd. Kultusgemeinde in Sachsen-Anhalt 140

Stiftung, Gebührenfreiheit 304

Strafrecht
- Schwangerschaftskonfliktsberatungsstelle 33
- Volksverhetzung (§ 130 StGB), Schutzgut 48

Straßenrecht, Scientology, Straßenwerbung in Fußgängerzone 66

Tarifvertrag, Arbeitsvertragsrichtlinien (AVR) kein T. 46, 121, 203
Taufe, Personensorge, Streit über Termin der T. 296
Tendenzschutz, Betrieb einer Weltanschauungsgemeinschaft 282
Theologiestudium, Bemessungskriterium für Betreuervergütung 171
Tierschutz, Ausnahmegenehmigung für Schächten 1
Toleranzgebot im öff. Schulwesen, Kopftuchverbot für Lehrerin muslim. Glaubens 173
Treu und Glauben, Kündigung eines Arbeitsvertrages ohne Beteiligung einer Mitarbeitervertretung 247
Treuepflicht kirchl. Arbeitnehmer 164

Umgangsrecht, Zeugen Jehovas 153
Umsatzsteuer, Gestaltung von Kirchenfenstern u. sakralen Gegenständen 189
Universelles Leben, Religionsgemeinschaft 48, 109
Unterhaltrecht, Sonderbedarf, Kosten für Kommunionfeier 228,
Unversehrtheit, körperl., verf.-rechtl. Schutz, Ablehnung einer Bluttransfusion durch Zeugen Jehovas 51

Verein
- Klagebefugnis, Einreiseverweigerung f. relig. Oberhaupt 299
- Scientology, Straßenwerbung in Fußgängerzone 66

Sachregister

Vereinigungsfreiheit, verf.-rechtl. Schutz, Arbeitslosenhilfe, Bemessung, Kirchensteuer 211
Verfahrensrecht s. Prozessrecht
Verfolgung aus relig. Gründen s. Asylrecht
Vergütung, Dipl.-Theologe als Betreuer 171
Verhältnismäßigkeit, Kopftuchverbot für Lehrerin muslim. Glaubens 173
Vermögensrecht, kirchl. s. Kirchenvermögen
Versammlungsfreiheit, Zwangsräumung einer Kirche 237
Versorgung u. Besoldung, kirchl. s. Dienstrecht, kirchl.
Verwaltungsstreitverfahren s. Prozessrecht
Volksverhetzung (§ 130 StGB), Schutzgut 48

Vordienstzeiten im Kirchendienst 46

Warnung, behördl./kirchl., vor Sekten 109, 336
Weltanschauungsgemeinschaft, Begriff 282
Werbungskosten, Arbeitszimmer 42
Widerruf eines Bewilligungsbescheids für Wohnungsbauförderrnittel wegen Zweckverfehlung 229

Zeugen Jehovas
– Ablehnung einer Bluttransfusion 51
– Personensorgerecht 196
– Umgangsrecht 153
Zivilprozess s. Prozessrecht, Rechtsweg
Zuverlässigkeit, priv. Arbeitsvermittlung 329
Zweck, karitativer, konfessioneller 282
Zweckverfehlung, Widerruf staatl. Fördermittel 229